Der
deutsche Krieg
von
1866.

Theodor Fontane

Der deutsche Krieg von 1866

Mit Illustrationen von
Ludwig Burger

Band 1
Der Feldzug in Böhmen und Mähren

Das Neue Berlin

KÖNIGGRÄTZ·3·JULI·1866
L·BURGER·GEZ
H·MUELLER GESCHN
BERLIN

INHALTSVERZEICHNIS

Die II. Armee bis zur Ober-Elbe

Vom 1. bis 3. Juli

Königgrätz

Von Königgrätz bis vor Wien

EINLEITUNG

Bis zum 14. August 1865 (Gastein)

ER Frieden von 1864 gebar den Krieg von 1866. Gleich sein erster Paragraph barg das kommende Zerwürfnis. Österreich und Preußen hatten gemeinschaftlich gesiegt, Schleswig-Holstein war gemeinschaftlicher Besitz der beiden Sieger geworden, und diese Gemeinschaftlichkeit enthielt die Keime eines beinah unausbleiblichen Konflikts. Ein Nebeneinander-

Regieren war auf die Dauer unmöglich, der Moment einer Auseinandersetzung mußte kommen. Es fragte sich nur, in welchem Geiste die »Kondominien« an diesen Versuch herantreten würden. Der Natur der Verhältnisse nach mußte der nördliche Großstaat, als beinah unmittelbarer Nachbar, andere Ansprüche erheben als der entfernt gelegene, südliche Mitbesitzer; alles hing davon ab, daß Österreich das, was natürlich war, auch als natürlich auffaßte und daß Preußen durch Entgegenkommen es Österreich leicht machte, das Natürliche auch als natürlich anzusehen. Geschah dies, so war ein friedlicher Ausgleich möglich. Aber – wie vorauszusehen – es geschah nicht. Möglich, daß es Preußen an dem Vollmaß freundlichen Entgegenkommens fehlen ließ, gewiß, daß Österreich der Höhe der Anschauung entbehrte. Es erkannte nicht scharf genug, daß Preußen keine Wahl hatte, daß es mußte, daß es vor einem *nunc aut nunquam* stand. Seine Forderung war keine Laune, seine Forderung war eine Frage seiner Existenz. Dies würdigte Österreich nicht voll. Es konnte aus seinem alten Eifersuchtsgefühl nicht heraus. So entstand der Krieg.

Es wird zunächst unsere Aufgabe sein, der Entwicklung der Ereignisse bis zu diesem Moment hin von Schritt zu Schritt zu folgen, wobei wir einzelne der vorstehenden Sätze zu wiederholen haben werden.

Paragraph I. des Wiener Friedensvertrages trat die Herzogtümer bedingungslos an Österreich und Preußen ab. Der Schlußpassus dieses Paragraphen lautete eigens dahin:

> daß sich der König von Dänemark verpflichte, die Dispositionen anzuerkennen, welche die Majestäten von Österreich und Preußen in betreff dieser Herzogtümer treffen würden.

Weder eines Erbrechtes dieses oder jenes Prätendenten noch des Bundesrechtes war in den Festsetzungen des Friedensvertrages Erwähnung geschehen. Es war Abtretung nach Kriegsrecht.

Der Friedensvertrag hatte etwaige Erbrechts-Ansprüche unerwähnt gelassen, dennoch existierten sie. Selbst Preußen bestritt sie nicht, wenigstens nicht zunächst. Es stellte gewisse ursprüngliche Erbansprüche des Prinzen von Augustenburg nicht in Abrede, aber es behielt sich einesteils eine Entscheidung darüber vor, ob diese ursprünglichen Erbansprüche nicht durch die Zessions-Urkunde vom Juni 1852 erloschen seien, und betonte andrerseits, daß, wie immer die Entscheidung über diesen Punkt ausfallen möge, es in ein Aufgeben seiner eignen erworbenen Rechte nur unter gewissen vorgängigen Zugeständnissen willigen könne.

Der preußischen Anschauung gegenüber stand die des deutschen Bundes. Auch diese war wohl begründet. Preußen stand auf dem

Wiener Friedensvertrag, der deutsche Bund stand auf dem Bundesrecht. Preußen sagte: Schleswig-Holstein ist österreichisch-preußischer Besitz, nur Österreich und Preußen haben darüber zu verfügen; der Bund sagte: der König von Dänemark konnte nicht abtreten, was ihm nicht gehörte; die Bestimmungen des Wiener Friedens sind null und nichtig; Schleswig-Holstein gehört dem deutschen Fürsten, dessen Erbrecht ihm einen Anspruch auf diese Lande gibt; und der deutsche Bund ist der Hüter dieses Rechtes.

Es lag auf der Hand, daß hier eine Rechtsfrage vorhanden war, die schließlich nur als Machtfrage gelöst werden konnte. Alles hing davon ab, wie Österreich und Preußen, die *beati possessores*, sich zueinander stellten. Blieben sie einig, vertrugen sie sich auf einem Rechtsboden, der von allen Großmächten (im Wiener Frieden) als nunmehriger Rechtsboden anerkannt worden war, so war der Bund zu schwach, seine Rechtsansprüche durchzusetzen, so blieb Frieden und der Ausgang war irgendein Kompromiß; wurden sie uneins, trat Österreich vom Rechtsboden des Wiener Vertrages auf den Rechtsboden des Erbrechtes hinüber, so war dies gleichbedeutend mit Aufgeben der Politik, die bis dahin zu so großen Erfolgen geführt hatte, war gleichbedeutend mit der Absicht, Preußen in seinen Ansprüchen zu beschränken, an der Entwicklung seiner Machtentfaltung zu hindern, war gleichbedeutend mit Krieg. Diese Alternative lag vor. Die Politik drehte sich um die Frage: wird Österreich zu Preußen stehen oder zum Bunde? Und in der Tat, die Haltung des Wiener Kabinetts während der nächsten anderthalb Jahre war nichts als ein beständiges Schwanken zwischen dieser Alternative. Als es schließlich seine Entscheidung traf und endgültig von der Seite Preußens auf die Seite des Bundes trat, trat es in den Krieg.

Aber dieser Ausgang (und damit schicken wir uns zu einer chronologischen Darstellung der Ereignisse an) lag zunächst noch fern, als im Spätherbst 1864 die Paragraphen des Wiener Friedensvertrages bekannt und Österreich und Preußen als die alleinigen Besitzer der eroberten Herzogtümer erklärt wurden. Das erste Wölkchen ließ freilich nicht lange auf sich warten, indes es ging bald vorüber. Österreich fragte bei Preußen vertraulich an, ob es gesonnen sei, seine Ansprüche an Schleswig-Holstein zu Gunsten eines Dritten aufzugeben. Preußen lehnte nicht ab, aber es wich aus. Ein Eintreten in die entsprechenden Unterhandlungen, gegen die es prinzipiell keinen Einwand zu erheben hatte, schien ihm fast unmittelbar nach dem Friedensschluß verfrüht, und die entsprechenden Unterhandlungen über diesen komplizierten Punkt, bei dem Meinungsverschiedenheiten fast unausbleiblich waren, vorläufig noch hinausschiebend, wußte es seinerseits Österreich zu einem gemeinschaftlichen Antrag am Bunde zu bewegen, der, wenn nicht geradezu gegen den Bund und den Augustenburgischen Schützling desselben gerichtet, doch in dem entschiedenen sich Stellen auf Paragraph I. des Wiener Friedensvertrages dem Bunde nichts Gutes bedeutete und unverkennbar dartat, daß Preußen gewillt sei, in dem vorhandenen Konflikt entschieden auf die Seite des neuen Vertrages zu treten. Dieser gemeinschaftliche österreichisch-preußische Antrag an den Bund lautete wie folgt:

> »Hohe Bundesversammlung wolle das am 7. Dezember d. J. beschlossene Exekutionsverfahren in den Herzogtümern Holstein und Lauenburg als beendigt ansehen und die mit dem Vollzug desselben beauftragten Regierungen von Königreich Sachsen und Hannover ersuchen, ihre Truppen aus den genannten Herzogtümern zurückzuziehen, so wie die von ihnen dahin abgeordneten Zivil-Kommissare abzuberufen.«

Dieser Antrag wurde mit neun Stimmen gegen sechs (Bayern, Sachsen, Württemberg, Hessen-Darmstadt, Braunschweig-Nassau und die thüringischen Staaten) angenommen. Hannover und Sachsen zogen ihre Truppen in der Mitte Dezember zurück. Freund und Feind glaubte nach diesem Antrage ein Zusammengehen der beiden deutschen Großmächte annehmen zu dürfen. Die süddeutsche Presse erkannte die Gefahr, die darin lag; in Wien selbst aber, wo damals eine preußische Strömung existierte, wurden Stimmen laut, die diese Entwicklung der deutschen Angelegenheit als die einzig richtige, weil natürliche, ansahen. Die österreichische Zeitung schrieb ebenso wahr wie bemerkenswert:

> »Wer jemals mit freiem, unbefangenen politischen Blicke das Wesen und den Grundgedanken des deutschen Bundes erforschte, wer nicht durch Paragraphen-Weisheit, nicht durch Schuldoktrin die Idee außer Augen verlor, dem die deutschen Staatenbünde seine bedeutende Stellung in der europäischen Staatengesellschaft sichert, – der wird unbedingt zugeben müssen, daß Basis und Gipfel, ja die unerläßliche Voraussetzung jeder möglichen Wirksamkeit und Nachhaltigkeit des Bundes das treue und feste Zusammenhalten Österreichs und Preußens war. Ist dieses vorhanden, so besteht der deutsche Bund, besteht mächtig und Frieden gebietend im Herzen Europas, und seine Völker erfreuen sich samt und sonders fester, gesicherter Zustände. Seine Integrität ist unantastbar, die Wohlfahrt nach innen gesichert. Fehlt aber die Voraussetzung, auf welcher das

ganze Gebäude ruht (das feste Zusammenhalten Österreichs und Preußens), dann ist es nicht nur um den inneren Frieden, sondern auch um die Sicherheit und Integrität aller deutschen Länder getan. War allerdings die Leitung des Bundes fehlerhaft im Prinzip von der Begründung bis zum Jahre 1848, so steht doch immerhin als historische Tatsache fest, daß bis dahin, d. h. also, so lange Österreich und Preußen Hand in Hand gingen, durch die Macht dieses Verhältnisses jeder Krieg fern von Mittel-Europa bleiben mußte. Das wird sicherlich auch dermalen und in so lange der Fall sein, als Österreich und Preußen eng befreundet sind.«

So sah man vielfach damals die Sache in Österreich an; der Krieg gegen Dänemark, wo niemand zu intervenieren wagte, hatte die Richtigkeit dieser Sätze dargetan. So dachte man noch Mitte Dezember in den Regierungskreisen Wiens; aber schon die nächsten Tage sollten einen Umschwung bringen. Die alte Eifersucht wurde wach.

In Schleswig-Holstein selbst waren siebzehn Mitglieder des Adels und der Ritterschaft zu einer Adresse zusammengetreten, deren einer Passus – ohne daß er Anstoß geben wollte – doch das alte Feuer wieder schürte. Dieser Passus lautete:

»... Wenn diese Untersuchung (in betreff der Erbfolge) ergeben sollte, daß eine Anwendung der Grundsätze des Erbrechtes zu einer Zersplitterung der Herzogtümer führen würde, vertrauen wir der weisen Fürsorge Euer Majestäten. Ansprüche auf Teile können kein Recht auf das unteilbare Ganze begründen. Solche Ansprüche werden gegen die Rücksicht auf die Wohlfahrt der Lande zurücktreten müssen. Diese erfordert möglichste Sicherung durch genügende Machtverhältnisse, welche Eure Majestäten den Herzogtümern nicht werden vorenthalten wollen. Sie kann ihnen aber nach unserer innigsten Überzeugung nicht besser gewährt werden als durch den engsten Anschluß an eine der deutschen Großmächte, und zwar an die preußische Monarchie als an die nächstbelegene derselben.«

In Preußen wurde diese Adresse, so wie die Deputation, die diese Adresse überbrachte, mit großem Entgegenkommen aufgenommen. Der König ordnete ziemlich gleichzeitig an, daß preußische Kronjuristen über die Erbansprüche des Prinzen von Augustenburg berichten sollten. Die entsprechenden Arbeiten wurden sofort begonnen. Das war mehr als in Wien gefallen konnte, wenn man eben nicht von vornherein gewillt war, sich mit Preußen und seinen natürlichen Ansprüchen gutzustellen. Wie sich bald zeigen sollte, war man das nicht. Die Entgegennahme der Adresse wurde vom Kaiser abgelehnt. Eine Verstimmung griff Platz, man gab ihr Ausdruck dadurch, daß der Freiherr v. Lederer aus Kiel abgerufen und durch den Baron v. Halbhuber, einen Mann von mindrer Affabilität, ersetzt wurde. Baron Halbhuber traf in den letzten Tagen des Jahres in Altona ein. Mit ihm war eine Ära der Reibungen und des Zerwürfnisses inauguriert.

Nicht gleich die ersten Wochen ließen die besondere Mission des Herrn v. Halbhuber in ein klares Licht treten. Im Gegenteil. Der Januar verlief noch unter freundlichen Formen. Österreich nahm seine Anfrage von Mitte November, »ob es nicht Zeit sei zu einer möglichst baldigen Regelung der schleswig-holsteinischen Angelegenheit und zur Einsetzung einer eignen Regierung für die Herzogtümer zu schreiten«, wieder auf. In dieser Anfrage lag an und für sich nichts Unkollegialisches, am allerwenigsten etwas Verletzendes. Preußen stand damals dem Gedanken einer Einverleibung der Herzogtümer noch fern, ebenso fern lag ihm die Absicht, die Herzogtümer *ad infinitum* in Gemeinsamkeit mit Österreich besitzen und regieren zu wollen. Die Abtretung an einen bestberechtigten Dritten erwies sich als die natürlichste Lösung, nur zweierlei mußte vorausgehen: dieser bestberechtigte Dritte mußte zunächst überhaupt nachgewiesen und nach erfolgtem Nachweis zu bestimmten Konzessionen an Preußen, als an den Wächter Norddeutschlands, bereit sein. Hierin waren eigentlich alle Teile einverstanden; Österreich, der Bund, selbst der Prinz von Augustenburg standen in keiner prinzipiellen Gegnerschaft dieser preußischen Anschauung gegenüber, alles hing davon ab, welche Konzessionen gefordert, welche Forderungen von Preußen erhoben werden würden. Das Stellen dieser Forderungen suchte Preußen hinauszuschieben; als Österreich indes in seinen Anfragen immer dringlicher wurde, schritt Preußen zu einer Formulierung seiner unerlässlichen Ansprüche, die, in einer Depesche vom 22. Februar, in Wien überreicht wurden. Es waren dies die berühmten Februar-Forderungen.

Bei der Wichtigkeit dieses Aktenstücks wird es sich geziemen, bei dem Inhalte desselben einen Augenblick zu verweilen. In seinem Eingang hob dasselbe hervor, daß die Herzogtümer bei ihrer geographischen Lage und in Erwägung der bestehenden politischen Verhältnisse einen sehr ausgesetzten Angriffs- und Verteidigungspunkt für das gesamte Norddeutschland bildeten; andrerseits daß sie in einer gesonderten militärischen Stellung nicht im Stande sein würden, sich selbst zu schützen. Preußen würde daher immer ihren Schutz und ihre Verteidigung übernehmen müssen, und wenn es so weitgehende Verpflichtungen übernehmen solle, so müsse es auch die Mittel erhalten, diese Verpflichtungen in wirksamer Weise jederzeit erfüllen zu können. Dazu gehöre, daß die in Schleswig vorhandenen Streitkräfte und militärischen Einrichtungen in einem engen Zusammenhang mit den preußischen sich befänden, daß dieses Herzogtum, in militärischer Beziehung, einen Teil unseres eignen Verteidigungssystems bilde, und wir daher in der Lage seien, einem ersten Angriff schon dort nachhaltig zu widerstehen.

So etwa die Motivierung, an die sich nunmehr die Forderungen selbst anschlossen. Diese lauteten im wesentlichen dahin:

1. Der neu zu gründende Staat Schleswig-Holstein schließt ein ewiges und unauflösliches Schutz- und Trutz-Bündnis mit Preußen, vermöge dessen letzteres sich zum Schutze und zur Verteidigung der Herzogtümer gegen jeden feindlichen Angriff verpflichtet, Schleswig-Holstein dagegen dem Könige von Preußen die gesamte Wehrkraft beider Herzogtümer zur Verfügung stellt, um sie innerhalb der preußischen Armee und Flotte zum Schutze beider Länder und ihrer Interessen zu verwenden.
2. Die Dienstpflicht und die Stärke der zu der preußischen Armee und Flotte von Schleswig-Holstein zu stellenden Mannschaften wird nach den in Preußen geltenden Bestimmungen festgestellt. Dieselben Grundsätze wie für das Landheer treten behufs gemeinsamer Verteidigung zur See auch für die Marine in Kraft.
3. Die preußische Flotte ist in allen schleswig-holsteinischen Gewässern zu freier Bewegung und zur Stationierung von Kriegsschiffen abgabenfrei berechtigt. Auch steht der preußischen Regierung, behufs der wirksamen Ausübung des Küstenschutzes, die Kontrolle über das Lotsen-, Betonnungs- und Küsten-Erleuchtungswesen an der Ost- und Nordsee zu.
4. Die preußische Regierung behält sich vor, in Gemeinschaft mit der österreichischen dem deutschen Bunde den Vorschlag zu machen, Rendsburg zu einer Bundesfestung zu erheben, und die etwaige Regierung des neuen Staats gibt im voraus ihre Einwilligung hierzu. Bis zur Herstellung und Ausführung dieser Einrichtung bleibt Rendsburg von Preußen besetzt.
5. Die Verpflichtung zum Schutze der Herzogtümer und die Lage, in welcher Schleswig fremden Angriffen ausgesetzt ist, machen für Preußen, behufs wirksamer Anlage von Befestigungen, den direkten Besitz von Grund und Boden notwendig, welcher zu diesem Behuf mit vollem Souveränitätsrecht

an Preußen abzutreten ist. Diese Abtretungen werden mindestens begreifen:

a) zum Schutze von Nordschleswig: die Stadt Sonderburg mit einem entsprechenden Gebiete auf beiden Seiten des Alsen-Sundes und das zur Anlage und Befestigung eines Kriegshafens im Hörup-Haff erforderliche Gebiet auf Alsen;
b) behufs Anlegung eines preußischen Kriegshafens in der Kieler Bucht: die Festung Friedrichsort und
c) die Mündungen des Nord-Ostsee-Kanals behufs Anlage von Kriegshäfen und Befestigungen.

6. Das Oberaufsichtsrecht über den anzulegenden Nord-Ostsee-Kanal.
7. Eintritt in den Zollverein.
8. Verschmelzung des Post- und Telegraphenwesens mit dem preußischen.

So die Februar-Forderungen. Der Aufzählung derselben war am Schlusse hinzugefügt: »Alle vorstehenden Bedingungen müssen sichergestellt sein, ehe die Herzogtümer dem künftigen Herrscher übergeben werden dürfen.«

In Wien schien man an den vollen Ernst der preußischen Forderungen (trotzdem dieselben ausdrücklich als ein Minimum bezeichnet waren) nicht glauben zu wollen. Schon in der ersten Hälfte des März traf in Berlin die Antwort ein, worin die Forderungen als »zu weit gehende« bezeichnet wurden. Dabei hatte es sein Bewenden. Der Depeschenwechsel – wenigstens so weit er diese Frage betraf – wurde eingestellt. Die Fehde der Kabinette ruhte.

Die große Fehde ruhte, aber nicht die kleine. Die Herzogtümer selbst waren natürlich der Schauplatz dieser letzteren, deren Neckereien notwendig wieder zur Aufnahme der Hauptfehde führen mußten. Zwischen Wien und Berlin, trotz immer mehr hervortretender Meinungsverschiedenheiten, war eine gewisse Courtoisie des Verkehres möglich, nicht so in Kiel, wo auf engstem Raum neben- und miteinander regiert werden sollte. Zwischen Wien und Berlin schwebte der Streit als eine »große Frage«, deren Lösung ernste Verwicklungen bringen, aber doch hinausgeschoben, zum Gegenstand weitschichtiger Verhandlungen hüben und drüben gemacht werden konnte; zwischen unserem Zivil-Kommissarius Herrn v. Zedlitz und dem österreichischen Herrn v. Halbhuber indes brannte die Frage jeden Tag. Hier bei hundert Kleinigkeiten gab es kein Vertuscheln und Vertagen; was der Tag brachte, verlangte vom Tage auch seine Erledigung. Hier lagen die Forderungen und Weigerungen, die, zunächst reinsachlicher Natur, sehr bald in persönliche Reibungen übergingen und ein unerfreuliches Halbjahr des kleinen Krieges inaugurierten. Kein Tag verging ohne Nadelstiche.

Es würde zu weit führen, dieser kleinen Kriegführung von Stufe zu Stufe folgen zu wollen, nur einiger Momente möge Erwähnung geschehen, um die Art der Kriegführung zu charakterisieren. Freiherr v. Zedlitz beantragte ein Verbot des »F. VIII.« (Friedrich der Achte) in den schleswig-holsteinischen Fahnen und Flaggen, – Freiherr v. Halbhuber lehnte ab; Freiherr v. Zedlitz schlug vor, nach Vereinigung des Zollwesens beider Herzogtümer nicht mehr von einer herzoglich-holsteinischen, sondern (unter Weglassung von »herzoglich«) nunmehr von einer schleswig-holsteinischen Zolldirektion zu sprechen, – Freiherr v. Halbhuber lehnte ab; Preußen feierte den 18. April (Jahrestag von Düppel) – Herr v. Halbhuber lehnte seine Beteiligung ab. Es gab Tage und Wochen, wo sich die Tätigkeit des österreichischen Zivil-Kommissarius auf ablehnen und protestieren beschränkte. Freiherr v. Halbhuber glaubte es wagen zu können; er träumte, so hieß es, von einem »zweiten Olmütz«.

Diese steten Proteste, die nur allzu sehr den Eindruck bloßer Nörgeleien und unfruchtbaren Negierens hervorriefen, machten begreiflich in Berlin böses Blut. Herr v. Zedlitz beschwerte sich in bitteren Worten über die Unkollegialität seines Kollegen. Dennoch konnte man zugeben, daß (ungesucht) in dem preußischen Auftreten etwas Provokatorisches lag. Es verletzte nicht die Rechte seines Mitbesitzers, aber es machte von seinen eigenen Rechten, auch da wo diese die Linie des Zweifelhaften berührten, den weitgehendsten Gebrauch. Es verhandelte über die Düsternbrooker Badeanstalt behufs Anlage eines Marine-Etablissements, es kaufte Grund und Boden zur Anlegung von Festungswerken, es ließ baggern und peilen, es ließ vermessen und Tonnen legen, es befestigte Düppel, es unterstützte die Konstituierung einer »norddeutschen Schiffbau-Gesellschaft«, mit einem Worte, es richtete sich häuslich ein, dem Kondominus bei etwaigen Anfragen und Protesten die einzige Antwort gebend: daß es bei der österreichischen Regierung stehe, ein Gleiches zu tun.

Die österreichische Regierung tat aber nicht ein Gleiches. Sie beharrte einfach bei der Negation und nur in einem war sie rührig: in Förderung der Augustenburgischen Agitation. Herr v. Halbhuber begünstigte alle Bestrebungen, die das verbriefte Anrecht Preußens an Schleswig-Holstein zunichte machen wollten; er machte gemeinschaftliche Sache mit der erbprinzlichen Nebenregierung und gab der legalen schleswig-holsteinischen Landesregierung (die ohnehin aus Freunden des Augustenburgers zusammengesetzt war) nach Möglichkeit einen antipreußischen, also Augustenburgischen Charakter, so daß die Landesregierung wo möglich das tat, was die Nebenregierung inspirierte. Wenn das preußische Organisieren, das rasche Inangriffnehmen von diesem und jenem in Wien verletzen mochte, so verletzte doch dies Halbhubersche gemeinschaftliche Sachemachen mit der Augustenburgischen Agitation noch weit mehr in Berlin.

Nicht mit Unrecht. Diese Agitation sprach dem bestehenden Rechtszustande Hohn, indem sie den Wiener Friedensvertrag ignorierte. Dieses Ignorieren war nicht besser als Hochverrat. (In einem spätern Stadium des Streits faßte man den Mut, es einfach als solchen zu bezeichnen.) Das aus dem Wiener Frieden hergeleitete Vertragsrecht war nichts, das Erbrecht des Augustenburgers alles. Preußen war tatsächlich im Lande, aber nicht zu Recht; es besaß, was nicht seines war, und man glaubte sich berechtigt (eben weil Österreich es zuließ), es ihm täglich sagen zu dürfen. Wenn man 1848 von einer gemütlichen Anarchie gesprochen hatte, so hatte man hier einen gemütlichen Hochverrat. Dabei gefiel man sich in der Vorstellung weitgehendster Dankbarkeit. »Erst unsern Herzog«, so hieß es, »das andere wird sich finden. Wir werden das Land befragen, was es an Preußen bewilligen will, aber – erst unsern Herzog.« Preußen war Mahner, ungebetener Gast, nicht Herr. Freiherr v. Zedlitz drang in den Freiherrn v. Halbhuber, diesem Treiben ein Ende zu machen, es mindestens in seinen Auswüchsen zu beschränken. Herr v. Halbhuber lehnte ab oder ignorierte. Die Agitation nahm ihren Fortgang.

In besonderem Dienst der Agitation standen die »Gedächtnistage«. Sooft es etwas zu erinnern oder zu gedenken gab, so oft war man auch zur Hand. Besonders willkommen waren selbstverständlich die Familien-Festtage des Augustenburgischen Hauses. Der 6. Juli war der Geburtstag des »Herzogs«. Man beschloß eine Feier. »Sechstausend streitbare Männer« sollten sich in Nienstädten versammeln und dem Prinzen zeigen, »auf wie viel er zählen könne«. Als der Tag kam, unterblieb die Demonstration. Wozu hätte es sich auch verlohnt, eine Parade in Szene zu setzen, die – dessen durfte man gewiß sein – ohne Niederlage nicht vorübergegangen wäre, während die Hauptsache durch das bloße Wollen hinlänglich erreicht worden war: Schärfung des Konflikts zwischen Herrn v. Zedlitz und Herrn v. Halbhuber. Hierauf kam alles an. Nachdem nämlich in den Blättern hin und her gestritten war, ob Herr v. Halbhuber seine Zustimmung zu einem Einschreiten gegeben oder verweigert habe, erklärte Herr v. Zedlitz schließlich, »daß weder das eine noch das andere möglich gewesen sei, da Herrn v. Halbhubers Zustimmung gar nicht erbeten worden sei. Die Sache sei Sache des Militär-Oberkommandos, das am besten wissen werde, ob im Interesse der Ruhe und Ordnung einzuschreiten sei oder nicht.« Diese Erklärung – man war klug genug, das einzusehen – leistete der Agitation mittelbar mehr Vorschub, als es die »große Parade zu Nienstädten« vermocht hätte. So begnügte man sich mit dem sicheren Erfolge, der vorlag; die Demonstration der »6000 streitbaren Männer« unterblieb. Dennoch waren sie es, gegen die schließlich vorgegangen werden mußte. Diese 6000 bildeten die Mitglieder der »Kampfgenossen- und schleswig-holsteinischen Vereine«, deren Zahl sich auf 171 oder mehr belief. Sie waren wie ein Netz über das ganze Land ausgespannt und terrorisierten jene breite Masse, die eigentlich der Politik fern steht und bloß dem Stärkeren folgt. Sie verabredeten gemeinschaftliche Maßregeln, sie rüsteten direkt, sie schickten Sprecher durchs Land, die das Volk haranguierten, und sie beherrschten die Presse. Die Kieler Zeitung, die Schleswig-Holsteinische Zeitung und die wichtigen, weil weitverbreiteten Itzehoer Nachrichten waren ihre Organe. Die Fäden, die die Presse und die Vereine dirigierten, lagen in derselben Hand. Der Konflikt wurde immer unvermeidlicher, preußische Bataillone und schleswig-holsteinische Vereine lagen, wie zwei einander feindliche Garnisonen, in denselben Städten. Wie immer in solchen Fällen kam es zu Reibungen; die Volksredner und die Zeitungen der schleswig-holsteinischen Seite wurden nicht müde, gegen die »preußischen Bataillone« zu eifern, und der Moment konnte nicht mehr fern liegen, wo sich zeigen mußte, wer der Stärkere sei. Bei mehr Mäßigung auf Seiten der Vereine hätte die Sache sich hinziehen können, aber die mehr und mehr herausfordernde Haltung, die sie einnahmen, beschleunigte den Zusammenstoß. Preußische Truppen wurden verhöhnt, Schildwachten insultiert und die Kinder unserer Offiziere (in den Schulen, die sie besuchten) sahen sich Schimpfreden und Tätlichkeiten ausgesetzt. Volksredner sprachen von »Preußenpack«, von »hungrigem Volk, das niemand gerufen habe«; hier und da fiel das Wort: »Lieber dänisch als preußisch«. Wie mußte diese Sprache in Berlin berühren! Das Kronsyndikats-Gutachten war inzwischen bekannt geworden, es sprach dem Erbprinzen (dem Prätendenten) jeden Anspruch ab. Damit war natürlich die Geneigtheit nicht gewachsen, sich das Gebaren der Augustenburgischen Werkzeuge gefallen zu lassen. Der Juli endlich brachte die Katastrophe. Dies kam so.

An der Spitze der Augustenburgischen Organisation standen hervorragende Männer, aber, von diesen vorgeschoben, operierte in erster Linie eine rührige, im übrigen ziemlich untergeordnete Persönlichkeit:

der Redakteur May. Seine Zeitung (die Schleswig-Holsteinische) war der Ablagerungsplatz für alles, was antipreußisch war; seine Reden waren von besonders herausforderndem Ton; noch in den letzten Wochen, auf dem Bremer Schützenfeste, hatte er sich in anzüglichen Bemerkungen gegen Preußen, die preußische Armee, auch wohl gegen den König Luft gemacht. Gegen ihn fiel der erste Schlag. Auf einem Ministerkonseil, das in Veranlassung der schleswig-holsteinischen Vorgänge am 21. Juli auf der Reise König Wilhelms von Karlsbad nach Gastein in Regensburg abgehalten wurde, war die Verhaftung Mays beschlossen worden. Am 25. wurde sie ins Werk gesetzt. Eine Militärabteilung umstellte das Haus in Altona, in dem sich die Redaktion der Schleswig-Holsteinischen Zeitung befand, nahm den May (der noch schlief) gefangen und führte ihn von Altona nach Rendsburg ab, wo er auf der dortigen Hauptwache detiniert wurde. Am Tage darauf wurde der preußische Abgeordnete Frese, der sich zu einem Genossen Mays gemacht und während der letzten Wochen ebenfalls in den Herzogtümern aufgehalten hatte, angewiesen, innerhalb vierundzwanzig Stunden das Land zu verlassen.

Dies rasche Vorgehen zeigte, daß Preußen es müde sei, diese Ungebührlichkeiten länger zu ertragen. Der erste Eindruck war Schreck. An Protesten natürlich kein Mangel. Auch Freiherr v. Halbhuber protestierte, und einem dieser Proteste geben wir hier eine Stelle:

> »Nach einer mir soeben von dem preußischen Zivil-Kommissar Freiherrn v. Zedlitz mündlich gemachten Mitteilung hat sich derselbe veranlaßt gefunden, den Redakteur der Schleswig-Holsteinischen Zeitung, May, weil er preußischer Untertan sei und sich gegen die preußischen Gesetze vergangen habe, in Altona verhaften zu lassen. Gegen diesen, ohne meine Zustimmung vorgenommenen Akt erhebe ich als gegen eine gewaltsame Verletzung des österreichischen Mitbesitzrechtes, meines Wirkungskreises und der Landesgesetze Protest und ersuche den preußischen Herrn Zivil-Kommissar, die von ihm einseitig getroffene Verfügung zu widerrufen.
>
> Schleswig, den 25. Juli 1865.
>
> Freiherr v. Halbhuber.«

Dieser Protest, solange Herr v. Halbhuber nur persönlich dahinter stand, war gleichgültig. Alles hing davon ab, wie man sich veranlaßt sehen würde, das preußische Vorgehen in Wien aufzunehmen. Sah man darin einen Übergriff – und formell genommen war es ein solcher –, so war der Konflikt unvermeidlich, der Ausbruch von Zerwürfnissen schon damals indiziert. Das Gewölk stand drohend genug am Himmel.

Aber noch einmal zog es vorüber. Österreich wollte noch nicht schlagen oder konnte nicht; Verhandlungen wurden eingeleitet, Graf Blome kam nach Gastein, die beiden Herrscher sahen sich in Salzburg, alles schien applaniert. In der Tat, man hatte sich geeinigt, und das Resultat dieser Einigung war die Gasteiner Konvention.

Bis zum 13. März 1866 (Rüstungs-Anfang)

N der Gasteiner Konvention hatten wir einen Versuch, den Frieden zu erhalten. Die Gefährdung des Friedens lag weniger in der Stimmung der Kabinette, als in der Schwierigkeit einer gemeinschaftlichen Administration für Schleswig-Holstein. Nicht die Fürsten, nicht Graf Mensdorff und Herr v. Bismarck waren in erster Reihe die Fehde-Führenden, sondern Herr v. Halbhuber und Herr v. Zedlitz. Das Nebeneinander-Regieren in Schloß Gottorp schuf die Reibungen. Diese zu beseitigen war Zweck der Konvention, deren Grundgedanke »Teilung der Verwaltung« war. Zwei Regierungen traten statt einer ins Leben. Die Gasteiner Konvention schuf eine Regierung für Holstein und eine zweite für Schleswig. Die einzelnen Festsetzungen derselben waren folgende:

»Die Ausübung der Rechte auf die Herzogtümer wird fortan geographisch derart geteilt, daß dieselbe in bezug auf das Herzogtum Schleswig von dem Könige von Preußen, in bezug auf das Herzogtum Holstein von dem Kaiser von Österreich bewirkt wird.

Die beiden Fürsten werden am Bunde die Herstellung einer deutschen Flotte in Antrag bringen und für dieselbe den Kieler Hafen als Bundeshafen bestimmen. Bis dahin wird das Kommando und die Polizei über denselben von Preußen ausgeübt, welches berechtigt ist, daselbst die nötigen Befestigungen und Einrichtungen anzulegen und dieselben von preußischen Truppen besetzen und bewachen zu lassen.

Es wird beim Bundestage beantragt werden, Rendsburg zur Bundesfestung zu erheben. Bis dahin wird diese Festung eine Garnison von preußischen und österreichischen Truppen erhalten; der Oberbefehl über dieselben wird jährlich am 1. Juli wechseln.

Die preußische Regierung behält zwei Militärstraßen durch Holstein, die eine von Lübeck auf Kiel, die andere von Hamburg auf Rendsburg. Sie behält die Verfügung über einen Telegraphendraht zur Verbindung mit Kiel und Rendsburg, sowie das Recht, preußische Postwagen mit ihren eignen Beamten auf beiden Linien durch das Herzogtum Holstein gehen zu lassen.

Die Herzogtümer sollen dem Zollverein beitreten.

Preußen ist berechtigt, den anzulegenden Nord-Ostsee-Kanal durch das holsteinische Gebiet zu führen, sowie die Aufsicht über denselben und über seine Instandhaltung auszuüben.

Gegen Zahlung einer Abfindungssumme an die österreichische Regierung überläßt der Kaiser von Österreich seine Ansprüche an das Herzogtum Lauenburg dem Könige von Preußen, so daß die alleinige Herrschaft über dieses Herzogtum endgültig auf den König von Preußen übergeht. Lauenburg zahlt keine Kriegskosten.

Das Herzogtum Holstein wird von den preußischen, Schleswig von österreichischen Truppen geräumt.

Die in Folge dieser Verabredungen zu treffenden Maßregeln – wozu auch die Auflösung der bisherigen gemeinsamen Landesregierung für die beiden Herzogtümer gehört – werden voraussichtlich bis zum 15. September d. J. ausgeführt sein.«

Und sie waren bis zum 15. September ausgeführt, und zwar ausgeführt in einem allem Anschein nach aufrichtigen Geiste der Versöhnung. Von beiden Seiten Entgegenkommen. Der Geburtstag des Kaisers (18. August) wurde mit besonderer Feierlichkeit seitens der preußischen Truppen begangen: in Kiel Salutschüsse, Nationalhymne und ein Flaggen aller Kriegsschiffe, in Rendsburg gemeinschaftliche Parade, ebenso Parade im Lockstädter Lager, wo eben damals (zwischen Itzehoe und Neumünster) gegen 10000 Mann Preußen versammelt waren.

Österreich seinerseits blieb hinter solchen Zeichen freundlichen Entgegenkommens nicht zurück. Herr v. Halbhuber, die Quelle so vieler Verstimmungen und Klagen, wurde abberufen; Feldmarschalleutnant v. Gablenz trat als Gouverneur an die Spitze der Regierung von Holstein. Dies war eine vorzügliche Wahl. Ohne Voreingenommenheit gegen Preußen, liebenswürdig von Natur, ausgerüstet mit all jenen Tugenden, die den Verkehr mit Soldaten so angenehm machen, ließ sich jetzt eine Epoche freundlichen Zusammengehens erwarten, wie die »Ära Halbhuber« eine Ära des Streits und der Zerwürfnisse gewesen war. Preußen seinerseits ernannte den Generalleutnant v. Manteuffel zum

Gouverneur von Schleswig. Dieser residierte in Schloß Gottorp; Feldmarschalleutnant v. Gablenz im Schlosse zu Kiel. Unter beiden war die eigentliche Verwaltung des Landes nach wie vor in die Hände von Zivil-Kommissarien gelegt. Für Schleswig blieb Freiherr v. Zedlitz im Amt; für Holstein trat Geh. Hofrat v. Hoffmann in die Verwaltung ein. Alles ging gut. Man gab sich, wenigstens in Preußen, der Hoffnung eines endlichen Ausgleichs, einer Ablösung der Ansprüche des österreichischen Mitbesitzes hin. Die Abtretung Lauenburgs, wie sie die Gasteiner Konvention stipuliert hatte, galt nur als Vorspiel. Niemand zweifelte, daß ein Äquivalent, wie es für die lauenburger Hälfte gefunden war, auch für die schleswig-holsteinische Hälfte gefunden werden würde; höchstens darüber ging man auseinander, worin dies Äquivalent zu bestehen habe.

Man darf annehmen, daß solche Punkte zwischen den Mitbesitzern wirklich berührt, solche Absichten, wenigstens vorübergehend, auch von österreichischer Seite ernsthaft gehegt worden sind. Erst spätre Zeiten werden darüber Gewißheit geben. Ein versöhnlicher Geist war damals, wenigstens auf Wochen hin, unzweifelhaft vorhanden. Österreich, um nur ein Beispiel zu geben, schloß sich dem Vorgehen Preußens gegen Frankfurt an, dessen Senat unsrerseits in sehr entschiedenen Worten aufgefordert wurde, das Tagen und Lärmen demokratischer (zugleich Augustenburgischer) Vereine innerhalb seiner Mauern zu verbieten. Österreich war lau dabei, aber es folgte doch. Zwischen Kiel und Schleswig jedenfalls etablierte sich ein Ton guten Einvernehmens, soldatischer Kameradschaftlichkeit. Diese Kameradschaftlichkeit überstand selbst Proben, an denen es bald nicht fehlen sollte. Der Augustenburgischen Partei im Lande konnte nichts unbequemer kommen als diese Einigkeit; alle Chancen, die man hatte, beruhten auf dem Zerwürfnis zwischen den Kondominien. Dies Zerwürfnis mußte wieder hergestellt werden, genau in der Weise wie es zwischen Baron v. Halbhuber und Freiherrn v. Zedlitz geherrscht hatte; alles Trachten ging dahin, immer neue Mittel zu diesem Zweck in Szene zu setzen.

Man war erfinderisch genug. Oder vielleicht auch gaben sich die Dinge von selbst. Der erste Zwischenfall, der sich ereignete, mag darüber einen Zweifel gestatten. Es war folgender. Auf Schloß Karlsburg in Süd-Schleswig (Landschaft Schwansen) beschloß Herzog Friedrich, von Kiel aus einen Besuch abzustatten. Die Motive werden sehr verschieden angegeben. Am 14. Oktober früh brach der Herzog auf und sah sich (gleichviel ob mit oder ohne sein Zutun) in Borbye, einer Vorstadt von Eckernförde, zum Gegenstand einer »Augustenburgischen Demonstration« gemacht, Fahnen und Reden, die ihn begrüßten, proklamierten ihn als Friedrich VIII., als rechtmäßigen Herzog von Schleswig-Holstein. Das war zu viel. Auf schleswigschem Boden wenigstens – dazu war man preußischerseits entschlossen – sollten diese Herzogsansprüche ein für allemal ein Ende haben. Man stand auf den Festsetzungen des Wiener Vertrages, der nur Österreich und Preußen als Landesherren kannte; die Zurückweisung der Februar-Forderungen hatte die Geneigtheit zu einer freiwilligen Zession auf ein sehr niedriges Maß herabgedrückt und unter dem Einflusse des Kronsyndikats-Gutachtens, das nunmehr seit einem Vierteljahre vorlag, war das Augustenburgertum und sein Erbrecht so gut wie aus der Reihe der Erwägungen gestrichen worden.

Noch einmal, die Frage lag nur noch zwischen Österreich und Preußen, und man hatte nicht länger Neigung mehr, die Angelegenheit durch Ansprüche eines erledigten Dritten verwirren zu lassen. Aus dieser Anschauung heraus geschah es, daß Freiherr v. Manteuffel in Folge der Eckernförder Vorgänge folgendes Schreiben an den Prinzen Friedrich richtete:

»Schloß Gottorp, 18. Oktober 1865

Ew. Durchlaucht haben sich veranlaßt gefunden, am 14. d. M. in Borbye während des Umspannens auszusteigen, Anreden einzelner Personen entgegenzunehmen, in welchen Sie als Landesherr begrüßt worden sind, und dieselben zu beantworten. Durch die Vorbereitungen zu dieser Reise hatten einzelne Agitatoren Zeit gewonnen, 6-7 Reiter zu versammeln, welche Ihrem Wagen vorritten, und in Eckernförde einen Teil der Bevölkerung zusammenzurotten.

Ew. Durchlaucht Fahrt durch Eckernförde und Aufenthalt in Borbye hat hiernach den Charakter einer politischen Demonstration angenommen. Dergleichen stören den Frieden des Landes, gefährden die Existenzen einzelner Persönlichkeiten und verstoßen gegen die gesetzliche Ordnung des Herzogtums, für deren Aufrechthaltung ich verantwortlich bin. Ich habe daher die gemessensten Befehle gegeben, daß bei ähnlichen Wiedervorkommnissen mit allen zur Aufrechthaltung der öffentlichen Ordnung und zur Vermeidung weiterer Störung geeigneten gesetzlichen Mitteln und nötigenfalls mit Verhaftung eingeschritten wird.

Seine Majestät der König, mein Allergnädigster Herr, haben von Alters her so viel Gnade für Ew. Durchlaucht, Ihren Herrn Vater und dessen ganzes Haus gehabt, daß es mir schmerzlich sein würde, wenn Ew. Durchlaucht Person in Verwicklung mit der Polizei des Herzogtums Schleswig gerieten, und ich fühle mich daher gedrungen, Ew. Durchlaucht von den getroffenen Anordnungen in Kenntnis zu setzen und Sie untertänigst zu bitten, mich rechtzeitig zu benachrichtigen, wenn Ew. Durchlaucht Besuche im Herzogtum Schleswig beabsichtigen, damit ich die nötigen Anordnungen treffen kann, Ew. Durchlaucht vor allen persönlichen Unannehmlichkeiten möglichst zu bewahren.

Den Statthalter des Herzogtums Holstein, Feldmarschalleutnant v. Gablenz, habe ich von dem Vorfall in Eckernförde und Borbye, wo Ew. Durchlaucht die private Stellung, welche Sie im Herzogtum Holstein gegenwärtig einnehmen, nicht beibehalten haben, in Kenntnis gesetzt.

Freiherr v. Manteuffel.«

Es war dies eine herbe Sprache, aber sie war bereits eine unvermeidliche geworden. Um auch nicht den geringsten Zweifel mehr über die Stellung der preußischen Regierung zu lassen, brachte, wenige Tage später, der »Staatsanzeiger« ein Kommuniqué, worin es hieß, »daß das Einschreiten des Gouverneurs in jeder Beziehung die Billigung Sr. Majestät des Königs gefunden habe«, und ein anderes amtliches Organ fand es angezeigt, der Situation folgenden Ausdruck zu geben: »Der Prinz muß endlich zur Klarheit darüber kommen, daß seine bisherige Stellung in den Herzogtümern nicht auf seinem Recht, sondern auf bloßer Duldung beruht und daß die einzige rechtliche Grundlage für die weitere Entwicklung der Herzogtümer die Besitzrechte Preußens und Österreichs sind.«

Im Einklang hiermit war es denn auch, daß Freiherr v. Manteuffel, einen alten Streitpunkt wieder aufnehmend, an den Freiherrn v. Gablenz den Antrag stellte, die Bezeichnung: »Herzog Friedrich VIII.« oder »unser Herzog«, wie sie in den holsteinischen Blättern täglich wiederkehrte, verbieten zu wollen. Beinah gleichzeitig wurden alle holsteinischen Blätter, so weit sie augustenburgisch waren (und das war die große Mehrzahl) innerhalb des Herzogtums Schleswig verboten.

Alle diese Schritte, Anträge und Verbote, weil sie, zwischen den Zeilen, den wenigstens leisen Vorwurf enthielten: »holsteinisches Gouvernement, du bist nicht, was du sein solltest«, enthielten auch einen Stachel gegen den kaiserlichen Kondominus in Wien, insonderheit gegen seine Vertreter, den holsteinischen Gouverneur (Freiherrn v. Gablenz). Sei es nun aber, daß Temperament und Kameradschaftlichkeit ihn vieles übersehen ließen oder daß er im Grunde genommen die preußischen Forderungen, hart wie sie erscheinen mochten, als die korrekteren anerkannte, gleichviel, er kam persönlich darüber hin, verblieb in gutem Einvernehmen mit Schloß Gottorp und hat unter allen Umständen Anspruch auf den Ruhm, eine »Ära Halbhuber« bis zuletzt hin (wo seinem Soldatengefühl viel zugemutet wurde) nicht eingeleitet zu haben.

Aber alle persönliche Liebenswürdigkeit konnte den endlichen Zusammenstoß nicht hindern. Die Verhältnisse waren mächtiger als die Personen. Das Gebieterische der Situation drang durch. Die gefällige Sitte konnte im einzelnen die Form der Dinge bestimmen, nicht die Dinge selbst.

Wieder waren es »Gedenktage« und herzogliche Demonstrationen, die den Bruch vorbereiteten. Das neue Jahr (1866) war inzwischen herangekommen. Die Sache selbst war die folgende:

Die Augustenburger hatten zum 23. Januar eine General-Versammlung aller schleswig-holsteinischen und Kampfgenossen-Vereine nach Altona hin ausgeschrieben; ein Massen-Meeting sollte Resolutionen fassen und auf Einberufung der Stände* dringen. Schon am 16. November, am zweiten Jahrestage der Dolziger Proklamation, hatte man ähnlich demonstriert und an den verschiedensten Orten, bei Festmahlen und Reunions, auf Einberufung der Stände und Einsetzung des Herzogs gedrungen. Die Rufe, die damals einzeln erklungen waren, sollten jetzt zusammen klingen. Man versprach sich einen Effekt davon.

In Berlin, wo man über alle diese Vorhaben unterrichtet war, legte man auf die »General-Versammlung« und ihre zu fassenden Beschlüsse begreiflicherweise ein sehr geringes Gewicht, ein um so größeres aber darauf, wie sich die holsteinische Regierung, wie sich der Kondominus zu dieser Frage zu stellen gedenke, zu einer Demonstration, die dem Wiener Vertrage und der Gasteiner Konvention in gleicher Weise widersprach.

In Wien schien man die Spannung, in der wir uns befanden, zu kennen und zu erwägen; man begriff unsere Gereiztheit und zögerte den Bruch unvermeidlich zu machen. Auf der andern Seite war daselbst

* Die holsteinschen Stände, dessen war man gewiß, standen in ihrer Mehrheit auf Seite des Erbprinzen von Augustenburg. Alles also, was antipreußisch gesonnen war, wünschte so bald wie möglich die Stände versammelt zu sehn, um eine Augustenburgische Kundgebung veranlassen und mit dieser Kundgebung, wie mit einem sanktionierten Landesvotum, beim Bunde sowohl wie bei den europäischen Höfen operieren zu können. Preußen konnte unmöglich ein Interesse haben, ein solches Votum zu extrahieren. Es anerkannte das Recht der Stände, einberufen und gehört zu werden, aber es behielt sich, als Kondominus, die Mitbestimmung über den Zeitpunkt vor. Alles Augustenburgische dagegen verfolgte die Politik, Österreich, ohne Rücksicht auf Preußen, zu einseitigem Vorgehen in dieser Frage zu drängen.

mehr und mehr, von Woche zu Woche die Geneigtheit geschwunden, die schwebende Frage überhaupt in einer Preußen befriedigenden Weise zu Ende zu führen. So schwankte man denn wieder, schwankte, um sich zuletzt für eine halbe Maßregel zu entscheiden. Diese Halbheit bestand darin, daß man zu einem Verbot der beabsichtigten Versammlung sich allerdings aufraffte, aber am Tage selbst, wo diese stattfinden sollte, das Verbot rückgängig machte, einfach auf das Versprechen der Parteiführer hin, keine »Resolutionen fassen zu wollen«.

»Resolutionen« wurden nun freilich nicht gefaßt, aber die Versammlung schien sich in ihrer Ausdrucksweise dafür schadlos halten zu wollen. »Mit Gottes Hülfe«, so rief eines der Häupter, werde »die verachtete öffentliche Meinung zu einem Strome anschwellen, der Junkertum und Despotie« niederreiße; Bergmann aus Altona bemerkte: »Millionenäugig« gucke die Welt auf Schleswig-Holstein; es müsse treu aushalten, sonst würde es »der Verachtung der Frauen und dem Fluch der eignen Kinder verfallen«; Eckstorff (auch aus Altona) drang in plattdeutscher Sprache darauf, daß die Holsteiner das »in preußischen Fesseln liegende Schleswig unterstützen und die Rechtsüberzeugung des Landes gegen die ›Berliner Putzenmacher‹ schützen« müßten. Dies war die Redeweise. Viele proponierten »Steuerverweigerung«, alle drangen auf Einberufung der Stände und fanden sich in der Überzeugung, daß den Preußen »bereits viel zu viel bewilligt worden« sei.

So verlief der 23. Januar. Wüste Reden waren geführt worden, an deren Straffälligkeit eine durchaus unbeabsichtigte Komik nichts ändern konnte. In Berlin war man schnell entschlossen. Das Maß war voll. Am 26. Januar richtete Graf Bismarck eine Depesche nach Wien, die man als den Ausgangspunkt des Zerwürfnisses betrachten kann.

Diese Depesche, nachdem sie dem Befremden darüber Ausdruck gegeben, daß die österreichische Regierung in Holstein ein solches wühlerisches Treiben zugelassen habe, fuhr dann fort:

> »Es erscheint fast unbegreiflich, daß es zu diesem Punkt hat kommen können, wenn wir auf die Tage von Gastein und Salzburg zurückblicken … Das gegenwärtige Verhalten der kaiserlichen Regierung in Holstein trägt einen anderen Charakter. Wir müssen es geradezu als ein unmittelbar gegen uns gerichtetes bezeichnen, und die kaiserliche Regierung steht nicht an, genau dieselben Mittel der Aufwiegelung gegen uns ins Feld zu führen, welche sie mit uns gemeinsam in Frankfurt hat bekämpfen wollen … Durch den Gasteiner Vertrag ist jedes der beiden Herzogtümer, gleichsam als ein anvertrautes Pfand, der Treue und Gewissenhaftigkeit des einen der beiden Mitbesitzer übergeben;

wir hatten die Hoffnung, von da aus zu einer weiteren Verständigung zu gelangen, und wir haben das Recht zu fordern, daß bis zu dem Eintritt dieser Verständigung jenes Pfand selber unverletzt erhalten werde. Eine Beschädigung desselben, wie sie durch diese Umtriebe bewirkt wird, können und wollen wir uns nicht gefallen lassen …

Wir verlangen kein nachgiebiges Zugeständnis, kein Aufgeben irgendeines österreichischen Rechts in den Herzogtümern, sondern nur die Erhaltung des gemeinsamen Rechts; nichts anderes, als was Österreich eben so sehr seiner eigenen wie unserer Stellung schuldig ist; auch nichts anderes, als was die kaiserliche Regierung ohne irgendein Opfer oder Schädigung ihrer Interessen auszuführen in der Lage ist. Mag dies gemeinsame Recht für Österreich von geringem Werte sein, für Preußen ist die Feststellung und Durchführung desselben eine von ihrer Gesamtpolitik untrennbare Lebensfrage der jetzigen Regierung Sr. Majestät des Königs.

Eine verneinende oder ausweichende Antwort auf unsere Bitte würde uns die Überzeugung geben, daß die kaiserliche Regierung nicht den Willen habe, auf die Dauer gemeinsame Wege mit uns zu gehen, sondern daß die Preußen abgeneigten Bestrebungen, daß ein herkömmlicher Widerstreit gegen Preußen in ihr mächtiger ist als das Gefühl der Zusammengehörigkeit und der gemeinsamen Interessen! Es würde dies für die königliche Regierung, es würde vor allem für Se. Majestät den König selbst eine schmerzliche Enttäuschung sein, welche wir wünschen und hoffen uns erspart zu sehen. Aber es ist ein unabweisbares Bedürfnis für uns, Klarheit in unsere Verhältnisse zu bringen. Wir müssen, wenn die von uns aufrichtig angestrebte innige Gemeinsamkeit der Gesamtpolitik beider Mächte sich nicht verwirklichen läßt, für unsere ganze Politik volle Freiheit gewinnen und von derselben den Gebrauch machen, welchen wir den Interessen Preußens entsprechend halten.«

Die österreichische Antwort (vom 7. Februar) lehnte die in der vorstehenden Depesche enthaltenen Anklagen einfach ab; sie betonte dabei, daß die kaiserliche Regierung – und zwar gestützt auf die Festsetzungen der Gasteiner Konvention – in ihrer einstweiligen Verwaltung Holsteins keiner Kontrolle Preußens unterworfen sei und bemerkte zum Schluß, daß, wenn – um die Worte des Grafen Bismarck zu zitieren – »eine Gemeinsamkeit der Gesamtpolitik beider Mächte sich nicht verwirklichen« ließe, der Grund davon woanders als in den Gesinnungen und Handlungen des kaiserlichen Hofes gefunden werden müsse.

Mit diesem Depeschenwechsel war der friedliche Meinungsaustausch über die schleswig-holsteinische Frage geschlossen. Man war im Reinen über das gegenseitige Wollen, und dies Wollen stand sich einander gegenüber. Es war genug gesprochen, Preußen wollte Schleswig-Holstein – darin sah jetzt Österreich klar; und Österreich wollte in diesen Machtzuwachs seines Nebenbuhlers nicht willigen – darin sah jetzt Preußen klar. Ein Nebeneinander-Regieren war auf die Dauer nicht möglich, war im günstigsten Fall ein Vertagen der Frage. Der Augenblick, wo an die Macht, an die *ultima ratio* appelliert werden mußte, rückte immer näher.

Keine Depesche* (so sagten wir bereits), so viele derer auch bis zum Ausbruch des Krieges noch gewechselt wurden, nahm die Kontroverse speziell über die schleswig-holsteinische Frage wieder auf. Der Schneeball, im Sichlösen, Fallen, Stürzen, war zur Lawine geworden, neue Elemente mit sich führend und mit ihnen wachsend. Wir werden im nächsten Kapitel sehen, welche Fragen, ehe die Waffenentscheidung eintrat, die Oberhand gewonnen hatten.

Preußen schwieg den Februar hindurch; es schwieg während der ersten Woche des März. Das war bedeutungsvoll. Bedeutungsvoller als es selbst eine leidenschaftliche Fortsetzung der Kontroverse gewesen sein würde. So faßte man es auch von seiten Österreichs auf. Mitte März traf in Berlin die Nachricht ein, daß am 10. März ein Marschallsrat in Wien stattgesunden habe und daß am 13. März die Rüstung beschlossen worden sei.

Gegen wen? Die Antwort konnte nicht zweifelhaft sein.

* Die einzige Ausnahme bildete die österreichische Depesche vom 6. März. In dieser griff das Wiener Kabinett auf die preußischen Februar-Forderungen von 1865 (siehe S. 18) zurück, ohne übrigens sie voll und blank zu bewilligen. Auch eine rückhaltslose Bewilligung würde Preußen schwerlich zufriedengestellt haben. Die Sachlage war seit dem Februar 1865 (beispielsweise durch das Kronsyndikats-Gutachten) eben eine völlig andere geworden, und was damals noch genügen konnte, genügte jetzt nicht mehr.

Bis zum 5. Juni (Einberufung der holsteinschen Stände)

BIS Mitte März mochte man zweifeln, von da ab wußte man in Berlin, daß Österreich rüste. Aus Wien, aus Böhmen, aus Galizien und Ungarn trafen gleichzeitig die Nachrichten von Vervollständigung der Regimenter und von Truppensendungen nach dem Norden ein. Auch in Sachsen komplettierte man. Jeder Tag bestätigte diese Nachrichten. Die Wiener Presse, soweit sie unabhängig war, hatte dieser Rüstungen kein Hehl; die amtlichen Organe stellten sie wenigstens nicht in Abrede.

In Preußen hielt man sich vorläufig noch zurück; man begnügte sich mit aufmerksamer Beobachtung der Vorgänge jenseits der Grenze. Man mochte schwanken, ob es Österreich Ernst sei oder ob man durch dieses Hin- und Herschieben von Truppen und einen begleitenden Presselärm nur eine Einschüchterung versuchen wolle. Aber dies Schwanken währte nicht lange. In der letzten Woche des März sprachen alle Anzeichen dafür (auch das plötzliche Stillwerden in der Presse), daß Österreich den Krieg wolle oder doch an ihn glaube und daß Preußen die Pflicht zu Gegenrüstungen habe, wenn es nicht Willens sei, eine ähnliche Situation wie die vom Jahre 1850 heraufzubeschwören, wo, wie in klarer Erinnerung, eine österreichische Armee zum Angriff bereit an unserer Grenze stand, ohne daß wir in der Lage waren, derselben die entsprechenden Kräfte entgegenzustellen. Die Folge davon war – Olmütz.

Ein zweites Olmütz aber, trotz Herrn v. Halbhuber, der es prophezeit hatte, sollte nicht über uns kommen. Preußen schritt zu Gegenrüstungen, zunächst zu partiellen. Man wollte nicht herausfordern, aber freilich ebensowenig die Segel streichen. Am 28. März erschien die Order, die Festungen Glatz, Kosel, Neiße, Torgau, Wittenberg, Spandau und Magdeburg zu armieren; mehrere Feldartillerie-Regimenter wurden augmentiert, und den Infanterie-Regimentern der 5., 7. und 9. Division sowie dem ganzen VI. (schlesischen) Armee-Korps ging der Befehl zu, die Reserven einzuziehen. Dies war ein wichtiger Schritt. Sosehr er den Charakter der Defensive an sich trug oder wenigstens an sich tragen wollte, so war es doch vorauszusehen, daß österreichischerseits mit verstärkten Rüstungen darauf geantwortet werden würde. Und so geschah es. Es ging nun Zug um Zug. Staffelförmig rückten die österreichischen Regimenter in Mähren, zu kleinerem Teile auch in Böhmen ein. Am 6. April wurde Oberstleutnant Graf Waldersee, trotz eines regelrechten, auf seinen Namen lautenden Passes, in Prag verhaftet, vor eine militärische Untersuchungs-Kommission gestellt und (nach eingeholtem Wiener Befehl) zwar freigelassen, aber zwangsweise aus Österreich entfernt. Dies war schon ein Kriegsakt, eine Feindseligkeit vor Eröffnung der Feindseligkeiten. Die bis dahin, wenigstens zuletzt, in Abrede gestellten österreichischen Rüstungen waren durch dies Verfahren bewiesen. Es war bewiesen, daß man in Böhmen allerhand zu verheimlichen habe und verheimlichen wolle. Man wußte nun preußischerseits, woran man war. Ohne Lärm, aber auch ohne Verheimlichung wurden unsrerseits die Dinge ins Werk gesetzt; am Anfang Mai erfolgte die Mobilisierung des III., IV., V., VI. Korps sowie der Garden, am 8. Mai war die ganze Armee mobil. In der Mitte Mai, zwei Monate nach Beginn der ersten Rüstungs-Anfänge, standen sich zwei große Heere einander gegenüber, größer, schlagfertiger, als sie die beiden Gegner je vorher ins Feld gestellt hatten.

Aber während sich diese Dinge vorbereiteten, während, in ununterbrochenem Tag- und Nachtdienst, die Eisenbahnen hüben und drüben Hunderttausende der schlesischen und sächsischen Grenze zuführten, ruhten die Federn nicht, und in immer wachsender Progression wurden die Depeschen gewechselt. Neue Fragen (wir hoben dies schon am Schluß unseres vorigen Kapitels hervor) schoben sich in die alten ein und – wie immer in einem Streit zwischen zweien – alle Umstehenden, alle näher und ferner Beteiligten suchten zu helfen und zu raten, wollten beschwichtigen und versöhnen, oder – gaben sich doch das Ansehen davon.

Ein Durchlesen der Schriftstücke, die in diesen Monaten gewechselt wurden, hat im ersten Moment etwas Sinnverwirrendes; wenn man aber unwesentliche Zwischenfälle auszuscheiden und das, was bleibt, zu gruppieren trachtet, so werden sich, wie von selbst, gewisse natürliche Abschnitte ergeben, die einen Überblick, eine Orientierung gestatten. Der erste Depeschenwechsel berührte die heikle Frage: »Wer hat zu rüsten angefangen?« Preußen hob hervor, daß es auf die mit dem 13. März begonnenen Rüstungen Österreichs erst am 28. März mit einer teilweisen, lediglich auf die Defensive gerichteten Augmentierung seiner Armee geantwortet habe; Österreich bestritt aber seinerseits diese Rüstungen Preußens hervorgerufen zu haben. Es erklärte auf das bestimmteste, »daß keine irgend erhebliche Truppen-Ansammlung, geschweige eine Aufstellung derselben an der Grenze angeordnet worden sei; kein ungewöhnlicher Ankauf von Pferden, keine Einberufung von Urlaubern in nennenswertem Umfange habe stattgefunden.« Solche Erklärungen führten begreiflicherweise zu nichts, man schob sich gegenseitig die Schuld zu, endlich trat der Rüstungs-Depeschenwechsel in sein zweites Stadium ein: Man ließ die Frage: »Wer hat angefangen?« fallen. Österreich, »um einen Beweis stiller Friedensliebe zu geben«, erklärte sich in einer Depesche vom 18. April bereit, auf die von Preußen proponierte Abrüstung eingehn zu wollen, wenn Preußen seinerseits bereit sei, an dem vorgeschlagenen Tage (25. April) auf den Friedensstand seiner Armee, wie derselbe vor dem 28. März bestanden habe, zurückzukehren. Preußen akzeptierte; die beiderseitige Abrüstung war im Prinzip angenommen; die Möglichkeit einer Annäherung war wieder gegeben. Aber die Aussicht auf Frieden zerfloß wieder eben so schnell, wie sie gekommen war. Der 25. April kam, ohne daß von einer österreichischen Abrüstung diesseits das geringste bekannt geworden wäre; in Venetien nahmen die Rüstungen (vom 22. ab) immer größere Dimensionen an. Preußen erklärte, daß ein halbes Abrüsten (selbst wenn mit einem solchen ernsthaft vorgegangen würde, was keineswegs der Fall sei) ihm nicht die nötigen Garantien böte, daß es auf eine ganze Maßregel, d. h. auf ein Abrüsten in Nord und Süd, in Venetien wie in Böhmen dringen müsse, wenn es seinerseits zur Wiederherstellung des Präsenzstandes vom 28. März zurückkehren solle. Dies lehnte Österreich ab, unter der Vorgabe: von Italien aus bedroht zu sein. Hiermit hatte auch das zweite Stadium des Rüstungs-Depeschenwechsels sein Ende erreicht. Man rüstete eben weiter; energischer, offner als zuvor. Am 13. Mai ging bereits Feldzeugmeister Benedek zur Nordarmee nach Olmütz ab.

Diese Doppelgruppe von Rüstungs-Depeschen, von denen die eine Gruppe den strittigen Punkt »Wer hat angefangen?«, die andere den noch heikleren »Wer rüstet ab?« ausführlich behandelt hatte, war jetzt zu Ende geführt; aber schon vorher hatte sich eine neue Gruppe von Depeschen und mit ihnen eine neue Frage eingeschoben, die Frage der Bundesreform. Diese Frage, die seit dem Fürstentage von Frankfurt (1863) geruht hatte, wurde jetzt in einem Rundschreiben an die Vertreter Preußens bei allen deutschen Höfen (außer Österreich) wieder aufgenommen. Das Hineinschieben dieser neuen, schwierigen Frage in eine ohnehin mehr als verwickelte Situation möchte auf den ersten Anblick überraschend erscheinen, um so überraschender, als die Friedensaussichten dadurch schwerlich gefördert, die Verwicklungen aber sicherlich gesteigert wurden. Gewiß; indessen mehr scheinbar als wirklich. In Wahrheit sollte sich umgekehrt bald herausstellen, daß die schwierige und komplizierte Situation durch das Hineinschieben einer neuen Frage mehr gelichtet und geklärt als noch verworrener gemacht werde. Sehen wir, wie. In Wien und Berlin, während man noch von Frieden schrieb, glaubte man (ohne den Frieden nun deshalb für geradezu unmöglich zu halten) doch nur noch an Krieg, und vom 13. März ab, wo man in Preußen wußte, »Österreich rüstet«, schritt man in Berlin nicht nur zu Gegenrüstungen, sondern man legte sich auch die Frage vor: Wer sind unsre Bundesgenossen?

Die Allianz mit Italien gewann in jenen Tagen ihr Fundament, aber noch ehe man von Berlin aus zu einem förmlichen Abschluß dieses Bündnisses schritt, wollte man wissen, welche Haltung man, bei einem etwa ausbrechenden Konflikt, von den deutschen Mittel- und Kleinstaaten zu gewärtigen habe, man wollte wissen, wer unabänderlich für das Alte und wer für das Neue, wer für Österreich und wer für Preußen sei. Man wollte es wissen, auf jede Gefahr hin. Zu diesem Behufe bereitete Preußen einen Reform-Antrag beim Bunde vor; – der aber schon vorher ausgestreckte Fühler war die Zirkular-Depesche vom 24. März. Sie drang auf Bundes-Reform. In ihrem Kern bedeutete sie: Hegemonie Preußens, Ausweisung Österreichs, Unterordnung der übrigen Bundesstaaten. Die Stellung, die die letzteren gewillt waren diesem preußischen Bundesreform-Plane gegenüber einzunehmen, mußte die Situation in Wahrheit eher erleichtern, als erschweren. Die Aussichten auf Krieg (eben weil man diesen als gewiß annahm) konnten kaum noch gesteigert werden, wohl aber zwang das Reformprojekt die deutschen Staaten zur Parteiergreifung, zur Entscheidung. Die Gesamtlage war bereits derart, daß klare Feinde Preußen lieber sein mußten als unklare Freunde. Unter allen Umständen aber, wenn denn mal gekämpft werden sollte, wollte man die Gelegenheit nicht ungenützt vorübergehn lassen, unnatürlichen und (für Preußen) unerträglichen Zuständen ein für allemal ein Ende zu machen. Die Herzogtümer-Frage hörte auf, die Situation zu beherrschen; der Kampf Österreichs und Preußens, wenn er unvermeidlich war, sollte ein größeres Objekt haben als Schleswig-Holstein; aus der schleswig-holsteinischen Frage heraus geboren, sollte er doch zugleich die deutsche Frage zur Erledigung bringen. Der erste Schritt dazu, wie wir wissen, den Bundesanträgen vorausgehend, war jene Zirkular-Depesche vom 24. März. Dieses Schriftstück, an die Vertreter Preußens bei allen deutschen Höfen (außer Wien) gerichtet, suchte zunächst die Notwendigkeit der preußischen Verteidigungsmaßregeln darzulegen und betonte dann, wie man, der Unzuverlässigkeit des österreichischen Bündnisses gegenüber, gezwungen sei, die Bürgschaften gegen in Zukunft drohende Gefahren in einer engeren Verbindung mit den deutschen Staaten und in einer festeren Gestaltung der deutschen Bundesverhältnisse zu suchen. Diese wichtigsten Sätze des Bismarckschen Rundschreibens lauteten wie folgt:

»... Vorstehende Erläuterungen (in betreff der unerklärten und deshalb bedrohlichen Rüstungen Österreichs) zu geben, habe ich in dem gegenwärtigen Augenblick nicht unterlassen dürfen, und ich ersuche Sie ergebenst, sich in demselben Sinne gegen die Regierung, bei welcher Sie beglaubigt zu sein die Ehre haben, auszusprechen, damit die Vorbereitungen, zu denen nun auch wir zu schreiten genötigt sein werden, in richtigem Lichte aufgefaßt werden.

Aber Maßregeln zu unserer augenblicklichen Sicherung sind nicht das einzige, was die Situation von uns gebieterisch fordert.

Die Erfahrung, welche wir wiederum über die Zuverlässigkeit eines österreichischen Bündnisses gemacht haben, nötigen uns, auch die Zukunft ins Auge zu fassen und uns nach Bürgschaften umzusehen, welche uns die Sicherheit gewähren können, die wir in dem Bunde mit der andern deutschen Großmacht nicht nur vergebens gesucht, sondern sogar durch dieselbe bedroht sehen. Preußen ist durch seine Stellung, seinen deutschen Charakter und durch die deutsche Gesinnung seiner Fürsten vor allem zunächst darauf angewiesen, diese Bürgschaften in Deutschland selbst zu suchen.

Aber sooft wir diesen Gedanken ins Auge fassen, drängt sich auch von neuem die Erkenntnis auf, daß der Bund in seiner gegenwärtigen Gestalt für jenen Zweck nicht ausreichend ist. Seine Einrichtungen waren darauf berechnet, daß die beiden deutschen Großmächte stets einig seien; sie haben bestehen können, solange dieser Zustand durch eine fortgesetzte Nachgiebigkeit Preußens gegen Österreich erhalten wurde; einen ernsthaften Widerstreit der beiden Mächte können sie nicht ertragen. Ja, wir haben die Erfahrung machen müssen, daß selbst da, wo die beiden Mächte einig waren, die Bundes-Einrichtungen nicht

VON BISMARK-SCHÖNHAUS

ausreichten, um Deutschland an einer tatkräftigen, nationalen und erfolgreichen Politik teilnehmen zu lassen.

Daß auch das Bundes-Militärwesen nicht in einer der Sicherheit Deutschlands genügenden Weise geordnet ist, haben wir wiederholt gegen unsere Genossen im Bunde ausgesprochen. Wir vermögen in der jetzigen Lage der Dinge uns das Vertrauen auf eine wirksame Hilfe des Bundes, im Falle wir angegriffen würden, nicht zu bewahren. Bei jedem Angriffe, sei es von Österreich, sei es von andern Mächten, werden wir immer zunächst auf unsre eignen Kräfte angewiesen sein, wenn nicht ein besonders guter Wille einzelner deutscher Regierungen zu unserer Unterstützung Mittel in Bewegung setzte, welche auf dem gewöhnlichen bundesmäßigen Wege viel zu spät flüssig werden würden, um noch von Wert für uns zu sein. Wir sind gegenwärtig, gegenüber den drohenden Rüstungen Österreichs, in der Lage, an unsere Genossen im Bunde die Frage zu richten, ob und in welchem Maße wir auf diesen guten Willen zählen dürfen. Aber auch der vielleicht bei einigen unsrer Bundesgenossen augenblicklich vorhandene gute Wille gibt uns für kommende Gefahren keine Beruhigung, weil bei der gegenwärtigen Lage des Bundes und dem Stande der Bundes-Militärverhältnisse die rechtliche oder tatsächliche Möglichkeit, ihn zu betätigen, vielfach mangeln wird.

Diese Erwägung und die völlig außergewöhnliche Lage, in welche Preußen durch die feindselige Haltung der andern im Bunde befindlichen Großmacht gebracht ist, drängt uns die Notwendigkeit auf, eine den tatsächlichen Verhältnissen Rechnung tragende Reform des Bundes in Anregung zu bringen.

Wir behalten uns baldige weitere Eröffnungen über diese Verhältnisse vor. Zunächst aber haben wir eine Beantwortung der oben angedeuteten Frage zu erbitten, ob und in welchem Maße wir auf Unterstützung in dem Falle zu rechnen haben, daß wir von Österreich angegriffen oder durch unzweideutige Drohungen zum Kriege genötigt werden.«

Diesem Rundschreiben folgte der entsprechende Antrag Preußens beim Bunde fast auf dem Fuße. In der Sitzung vom 9. April stellte Preußen nachstehenden Antrag:

»Hohe Bundesversammlung wolle beschließen: Eine aus direkten Wahlen und allgemeinem Stimmrecht hervorgehende Versammlung für einen noch näher zu bestimmenden Tag einzuberufen, um die Vorlagen der deutschen Regierungen über eine

Reform der Bundesverfassung entgegenzunehmen und zu beraten; – in der Zwischenzeit aber, bis zum Zusammentritt dieser Versammlung, durch Verständigung der Regierungen untereinander, diese Vorlagen festzustellen.« –

Die Motivierung war umfassend und lehnte sich an das obige Rundschreiben vom 24. März an.

Worin die Bundesreform zu bestehen haben würde, das war weder in diesem Antrage noch in der beigegebenen Motivierung desselben ausgedrückt; im wesentlichen aber wußte man bereits, daß es sich dabei um drei bereits von uns namhaft gemachte Hauptpunkte handeln würde: um Ausweisung Österreichs, um die Suprematie Preußens und um die Unterordnung der Klein- und Mittelstaaten. »Den tatsächlichen Verhältnissen sollte Rechnung getragen werden.« Preußischerseits war man sich wohl bewußt, daß man die Bundesstaaten durch eine Aussicht auf »Reform«, die doch zu wesentlichem Teile Unterordnung unter Preußen bedeutete, nicht zu sich herüberziehen werde; man hielt aber in dem gegebenen Moment – so weit waren die Dinge bereits gediehen – das politisch Korrekte auch für das politisch Kluge. Daß der Gleichberechtigung am Bunde ein Ende gemacht, daß natürliche, in der Macht gegründete Verhältnisse hergestellt werden müßten, darüber war man selbst österreichischerseits nie in Zweifel gewesen. »Es ist gegen die Weltordnung« –, so hatte bei einer frühern Gelegenheit ein Wiener Tagesblatt geschrieben – »daß größere Körper von kleinen angezogen werden; es heißt gegen die mathematischen Gesetze der Natur wie der Politik anrennen, mächtige Staatskörper nötigen zu wollen, um schwache zu kreisen; ... alle Versuche, diese unabänderliche Ordnung, dies Gesetz der Schwere durch Volksversammlungen, Paulskirchen- oder Bundestag-Majoritäten beseitigen zu wollen, müssen immer mißlingen.«

Die Bundesreform-Pläne Preußens wie sie, wenigstens »dem Vernehmen nach«, bekannt wurden, steigerten überall in deutschen Landen (wir deuteten dies schon an) die reichlich gegen uns vorhandenen Antipathien, Antipathien, die alsbald um so unverhohlener glaubten hervortreten zu dürfen, als eben jetzt der Zeitpunkt für die bundesfreundliche Wandlung Österreichs gekommen war. Den Krieg wollend oder ihn doch als unvermeidlich ansehend, suchte das Wiener Kabinett, ganz wie es Preußen tat, nach Bundesgenossen in Deutschland, schlug aber das entgegengesetzte Mittel ein, sie zu gewinnen, kam ihnen entgegen, bequemte sich ihnen und nahm deshalb nicht länger Anstand, selbst auf die Gefahr eines *pater peccavi* hin, seinen vollen Frieden mit dem Bunde zu machen. Seine Schuld, wenn überhaupt wo, lag auf dem

Gebiet der schleswig-holsteinschen Frage; hier hatte auch seine Sühne einzutreten. Sein Zusammengehn mit Preußen hatte Abwendung vom Bunde bedeutet, jetzt wandte es sich dem Bunde wieder zu. Der Bund (plötzlich) hatte wieder Recht, der Bund hatte festzustellen, wem Schleswig-Holstein gebühre, und eine österreichische Depesche vom 26. April gab dieser veränderten Anschauung Ausdruck. Sie gab Preußen auf und stellte sich auf die Seite des Bundes. Die wesentlichen Stellen dieser höchst wichtigen an den Grafen Karolyi gerichteten Depesche aber waren die folgenden:

»Hochgeborener Graf. Je größere Wichtigkeit die kaiserliche Regierung auf die gegenseitigen Erklärungen legt, durch welche in den letzten Tagen die augenblickliche Gefahr eines Konfliktes zwischen den deutschen Großmächten glücklich überwunden worden ist, desto lebhafter wünscht der Kaiser, unser Allergnädigster Herr, daß die Wiederkehr dieser Gefahr, an deren Dasein glauben zu müssen für Se. Majestät peinlich gewesen ist, für immer verhütet werden möge. Dazu ist aber erforderlich, daß sich an das Einverständnis der Kabinette von Wien und Berlin über beiderseitige Entwaffnung alsbald auch ein Einverständnis über gründliche Beseitigung der Ursachen der eingetretenen Spannung knüpfe.«

Die »Ursachen der eingetretenen Spannung« erkennt nun die Depesche in der schleswig-holsteinschen Frage. Sie hebt hervor, daß Österreich die Abtretung der Herzogtümer, wie dieselbe in Artikel III. des Wiener Friedensvertrages ausgesprochen sei, immer nur als eine »vorläufige Zession« angesehen habe, worauf weitere Verfügungen (d. h. also die Einsetzung des Herzogs von Augustenburg) gegründet werden sollten. Österreich räume indessen ein, daß gewisse Zugeständnisse (Kiel, Rendsburg, Sonderburg) an Preußen gemacht werden müßten. Die Depesche, nachdem sie diese Zugeständnisse – die man etwa als »herabgesetzte Februar-Forderungen« bezeichnen darf – präzisiert, schließt dann wie folgt:

»Entzieht sich Preußen dem ungeachtet unseren gerechten und ehrenvollen Vorschlägen, so wird uns keine andre Entschließung mehr übrigbleiben, als dem deutschen Bunde den ganzen Stand der Angelegenheiten offen darzulegen und der gemeinsamen Erwägung unserer Bundesgenossen anheimzugeben, welche Wege in Ermangelung eines Einverständnisses zwischen Österreich und Preußen einzuschlagen seien, um zur bundesgemäßen Regelung der holsteinschen Angelegenheit zu gelangen. Auch wird dann die Stimme des Landes Holstein, die ohne Zweifel vernommen zu werden verdient, um so weniger noch länger ungehört bleiben können, als ohnehin die holsteinschen Stände nach der geltenden Verfassung im Laufe dieses Jahres einberufen werden müssen.«

So die Depesche vom 26. April. Die schleswig-holsteinsche Frage, wie sie den Streit angeregt hatte, rief ihn auch jetzt unmittelbar ins Leben. Preußen, selbstverständlich, »entzog sich den gerechten und ehrenvollen Vorschlägen«, wie sie diese Depesche gemacht hatte und »so blieb denn« – um mit den Worten der Mensdorffschen Depesche zu sprechen – »der österreichischen Regierung keine andere Entschließung übrig, als dem deutschen Bunde den Stand der ganzen Angelegenheit darzulegen.« Dies geschah in der Bundestagssitzung vom 1. Juni. Wie der preußische Bundesantrag vom 9. April nur der in die entsprechende Form gebrachte Ausdruck dessen war, was die Zirkular-Depesche vom 24. März bereits gesagt hatte, so war der österreichische Bundesantrag vom 1. Juni nur der Ausdruck jener Anschauungen und Wandlungen, von denen die österreichische Depesche vom 26. April bereits die erste Kunde gegeben hatte. Die betreffende Erklärung ging ihrem wesentlichen Inhalte nach dahin, »daß eine Wiederkehr der Kriegsgefahr nur dann vermieden werden könne, wenn Preußen gewillt sei, Bundesbeschlüsse zu achten, und wenn (in dem speziell vorliegenden Fall) die schleswig-holsteinsche Frage nicht nach einseitigen Ansprüchen, sondern nach Bundes- und Landesrecht gelöst werde.« Hieran reihte sich, von seiten des österreichischen Gesandten, der Schlußpassus:

> »Daß die Bemühungen Österreichs für einen bundesgemäßen Abschluß der Herzogtümerfrage im Einverständnis mit Preußen fruchtlos geblieben seien, und daß daher die kaiserliche Regierung alles Weitere den Beschließungen des Bundes anheimgebe, welche Österreich befolgen werde. Der kaiserliche Statthalter in Holstein sei bereits bevollmächtigt, die holsteinischen Stände einzuberufen, damit die Wünsche und Rechtsanschauungen des Landes, als ein berechtigter Faktor in der Entscheidung, geltend gemacht werden können.«

Hiermit war die Wandlung und sogleich der Bruch vollzogen. Die preußische Regierung (in einer Depesche vom 3. Juni) erklärte in unmittelbarer Beantwortung des Geschehenen, daß sie die vom österreichischen Bundestagsgesandten abgegebene Erklärung als eine ausdrückliche Lossagung Österreichs vom Gasteiner Vertrage erkenne, daß dadurch die ursprüngliche Festsetzung des Wiener Vertrages, d. h. die gemeinsame Herrschaft in beiden Herzogtümern wieder in Kraft träte und daß, nach Wiederherstellung des Wiener Vertrages, die einseitige (nur von Österreich angeordnete) Einberufung der holsteinschen Stände ein Übergriff Österreichs sei, gegen den sich die preußische Regierung die weiteren Schritte vorbehalte.

In Wien aber, damit in ein neues Stadium eintretend, war man inzwischen über die Frage nach der rechtlichen Zulässigkeit bereits hinausgegangen und befragte nur noch, was politisch zulässig erschien. Nichts aber erschien in diesem Augenblick politischer als Anlehnung an den Bund, Gemeinsamkeit mit den Mittelstaaten gegen den verhaßten Nebenbuhler. Die Wiener Presse gab diesem Gefühle lebhaftesten Ausdruck. »Endlich, endlich!« so schrieb die Ostdeutsche Post, – »was wir so lange als einen unerlässlichen Schritt der österreichischen Politik erkannt und befürwortet haben, ist zur Tatsache geworden. Österreich hat die Angelegenheiten der Herzogtümer in die Hände des deutschen Bundes zurückgelegt, und die holsteinsche Landesvertretung wird einberufen. ... Zur Stunde gibt es keinen Vertrag mehr zwischen Preußen und Österreich. Der deutsche Bund ist es, der am Königsberg und bei Oeversee gekämpft; der deutsche Bund ist es, der die Herzogtümer von Dänemark erobern half; der deutsche Bund ist es, der den Wiener Frieden mit unterzeichnet hat. Österreich war bloß sein Mandatar; die Benefizien, welche in den beiden Verträgen, die seit der Eroberung Schleswigs stattgefunden, von Österreich erworben wurden, sind für den Bund erworben worden.« An dieser Sprache nahmen so ziemlich alle Wiener Blätter teil. Die »Presse«, in relativ gemäßigtem Tone, schrieb: »Zur Ruhe Mitteleuropas ist eine politische Reorganisation Deutschlands im antipreußischen Sinne notwendig; eine Reorganisation, welche es Preußen unmöglich macht, durch Gebietserwerbungen in Deutschland, durch Konventionen mit anderen deutschen Staaten deutsche Länder in ihrer Bedeutung herabzudrücken und seine eigne hierdurch zu erhöhen. Auf friedlichem Wege dürfte es unmöglich sein, Preußen zu solchen Zugeständnissen zu bewegen, und darum scheint uns auch der Friede nicht möglich, gewiß nicht wünschenswert. Ein gegen Preußen geführter glücklicher Krieg würde selbstverständlich eine annehmbare Lösung des großen deutschen Problems herbeiführen. Er würde die deutschen Hauptstaaten vergrößern helfen und ein viel besseres Gleichgewicht der Kräfte derselben herstellen als leider jetzt zu finden ist. Wenn z. B. Sachsen und Hannover doppelt so groß werden können, als sie heute sind, so wäre viel gewonnen.« Andere Blätter gingen über diese gemäßigte Sprache weit hinaus, und den Sieg der neuen Allianz vorwegnehmend, hieß es pomphaft: »Nicht Olmütz, aber – Jena«. »Preußen muß unschädlich gemacht werden; das Intermezzo Friedrichs des Großen muß aufhören.«

Das war die Stimmung in Wien. Der provozierenden Worte waren genug, aber es fehlte noch die Tat. Diese (Einberufung der holsteinschen Stände) war angedroht, alles hing davon ab, ob man sie ausführen werde. – Nicht lange sollte ein Zweifel darüber sein. Am 5. Juni erschien folgendes Patent (Einberufungs-Order) in der Kieler-Zeitung:

»In Folge Allerhöchsten Auftrages Sr. Majestät des Kaisers, meines Allergnädigsten Herrn, tue ich, der kaiserlich königliche Statthalter für das Herzogtum Holstein, hiermit kund, daß ich die Ständeversammlung für das Herzogtum Holstein auf den 11. Juni einberufe. Die Abgeordneten, oder die verordnungsmäßig statt ihrer eintretenden Stellvertreter haben sich zu dem gedachten Tage in der Stadt Itzehoe einzufinden und zu gewärtigen was ich ihnen durch den von mir zu ernennenden Kommissar werde vorlegen lassen. Die Versammlung hat ihre Verhandlungen so einzurichten; daß dieselben innerhalb dreier Monate beendigt sein können.

Kiel, den 5. Juni 1866.

Der kaiserliche Statthalter für das Herzogtum Holstein, Gablenz, Feldmarschalleutnant.«

Bis zum 14. Juni (Bundestags-Beschluß gegen Preußen)

EINE Wahl blieb länger. Das Patent vom 5. Juni hatte den Handschuh hingeworfen, Preußen nahm ihn auf. Die »weiteren Schritte«, die es in seiner Depesche vom 3. Juni angezeigt hatte, es tat sie jetzt, – es überschritt die Eider, es rückte (7. Juni) in Holstein ein. Jeder Fall war vorgesehen. Alles kulminierte für den Moment in der Frage, ob Feldmarschalleutnant v. Gablenz entschlossen war, den Einmarsch in Holstein geschehen zu lassen oder ihn zu hindern. Der Statthalter entschied sich für jenes; vielleicht aus politischen, noch wahrscheinlicher (die Preußen waren doppelt so stark als er, und ihre Kanonenboote lagen in der Elbe) aus rein militärischen Erwägungen. Alle Chancen waren gegen ihn. So unterblieb der Zusammenstoß auf dem Terrain des Streitobjekts. Während die Preußen in Holstein vorrückten, zogen sich die Österreicher in südlicher Richtung zurück. Am 7. mittags verließ der Statthalter Kiel. Man war auch jetzt noch bemüht, den unvermeidlich gewordenen Schritten Formen zu geben, die mehr an die kameradschaftliche Zeit vergangener Monate, als an die Gegnerschaft mahnen sollten, der man entgegenging. Sämtliche preußische Offiziere und Mannschaften hatten sich auf dem Kieler Bahnhof eingefunden. Die Musik des preußischen See-Bataillons spielte bei der Abfahrt der Österreicher die österreichische Nationalhymne. Fast war es der Courtoisie zu viel. Der Moment war kaum noch dazu angetan, eine solche Artigkeit bloß als Huldigung erscheinen zu lassen. Der Erbprinz von Augustenburg, um auch seiner zu erwähnen,* hatte schon am Morgen des 7. Kiel in aller Eile verlassen.

Statthalter v. Gablenz hatte Kiel nicht ohne vorgängigen Protest verlassen. Es hieß darin, daß er »weitere Entschließungen seinem hohen Kabinette vorbehaltend« sich veranlaßt sehe, den Sitz der Statthalterschaft bis auf weiteres nach Altona zu verlegen. Dahin ging er ab; dahin folgte ihm die österreichische Brigade (Kalik), die so lange die Besatzung von Holstein gebildet hatte. Von hier aus gedachte der Statthalter abzuwarten, ob Preußen den Zusammentritt der Stände in Itzehoe tatsächlich hindern werde. Auch dies geschah. Die preußischen Bataillone blieben, auf letztgenannten Ort hin, in Marsch. Am Sonntag, den 10., trafen sie ein; mit ihnen Freiherr v. Manteuffel. Ohne Widerstand machte sich Preußen zum Herrn der Situation. Schon in der Nacht vom 11. zum 12. gaben die Österreicher auch Altona auf und setzten, nach Harburg hin, über die Elbe. Die Brigade ging über Hannover und Kassel nach dem böhmischen Kriegschauplatz ab. Wir werden ihr dort wieder begegnen, in tapfren, aber unglücklichen Kämpfen.

Der Eindruck dieser Vorgänge war in ganz Deutschland ein überwältigender. Bis zuletzt hatte man an den vollen Ernst Preußens nicht glauben wollen, vielleicht selbst in Wien nicht. Die plötzlich entfaltete Energie hatte etwas Lähmendes, um so mehr, als sie nach dem Vorgange von Olmütz nicht erwartet war. Man könnte fast behaupten, daß die Schwäche von 1850 uns 1866 goldene Früchte trug.

Schlag auf Schlag gingen jetzt die Anträge an den Bund. Zum 11. beraumte der österreichische Gesandte eine außerordentliche Sitzung

* Wohl selten ist ein Prätendent ruhmloser, minder beklagt vom Schauplatz abgetreten. Es war ihm nicht vergönnt – kaum bei denen, die mit Ausdauer zu ihm standen – ein lebhafteres Interesse zu erwecken, am allerwenigsten jenen poetischen Zauber, der, wenn ihnen sonst nichts bleibt, das unverlierbare Erbteil der Prätendenten zu sein pflegt. Keine tiefergehende Teilnahme folgte ihm, und daß dem so war, das war nicht Laune, nicht Zufall, nicht Untreue, nicht »preußische Konspiration«, das war nur das natürliche Verhältnis von Ursache und Wirkung. Eine Beratung um sich, die den Grafen Bismarck als einen »staatsmännischen Ignoranten«, als einen »Diplomaten in Stulpenstiefeln« glaubte überlisten zu können; höchsten Ansprüchen nachstrebend unter Dransetzung kleinster Mittel; nirgends persönliche Hingebung, nirgends ein großer Einsatz, nirgends jene »Passion«, die aus dem Glauben an sich selber emporwächst, – so schloß er seine Laufbahn still, geräuschlos, in vorsichtiger Haltung. Unter allen Eigenschaften aber, die ein Prätendent bequem entbehren kann, steht vielleicht die Vorsicht obenan.

an und erklärte, unter Hinweis auf Preußens Vorgehen in Holstein, daß dies ein Bruch des Wiener Vertrages und des Gasteiner Übereinkommens sei, welches Österreich bereit war, bis zur Entscheidung des Bundes fortdauern zu lassen. Der Kaiser sei den Bundesgesetzen treu geblieben, welche verbieten, einen Streit zwischen den Mitgliedern des deutschen Bundes gewaltsam auszutragen. Preußen habe aber einen Akt der Selbsthilfe unternommen, welchem mit allen Mitteln Einhalt zu tun sei. Die Bundesversammlung sei hierzu durch Artikel 19 der Wiener Schlußakte berufen und verpflichtet. Österreich beantrage deshalb: Die schleunige Mobilmachung des ganzen Bundesheeres binnen vierzehn Tagen, mit Ausnahme der zur preußischen Armee gehörigen Korps.

Die Bundesversammlung beschloss, drei Tage später, am 14., über den Antrag Österreichs abzustimmen. Inzwischen (am 12.) erbat der österreichische Gesandte in Berlin, Graf Karolyi, seine Pässe und reiste ab. Preußen, am selben Tage (12.), erließ ein Rundschreiben, in dem es Stellung nahm zu dem österreichischen Antrage vom Tage vorher. »Dem Antrage fehlt jede bundesrechtliche Grundlage«, so hieß es darin. »Durch Annahme desselben lösen die Beteiligten das Bundesverhältnis und treten den bundeslosen Zustand mit einem Akte der Feindseligkeit gegen Preußen an. In dem ausbrechenden Kriege wird Preußen sich nur durch das eigne Interesse und dasjenige der zu ihm stehenden Staaten leiten lassen.«

So kam der 14. Juni und mit ihm die Abstimmung.

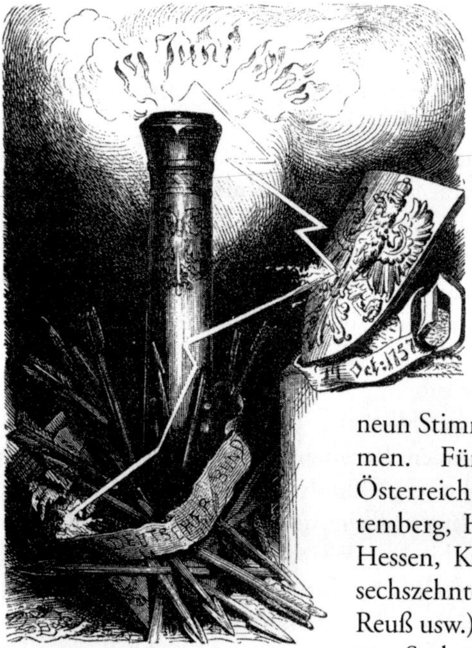

ÖSTERREICHS Antrag vom 11. (Mobilmachung des Bundesheeres gegen Preußen) wurde mit neun Stimmen gegen sechs angenommen. Für Österreich stimmten: Österreich, Bayern, Sachsen, Württemberg, Hannover, Großherzogtum Hessen, Kurhessen, Nassau und die sechszehnte Kurie (Liechtenstein, Reuß usw.). Gegen Österreich stimmten: Sachsen-Weimar und die thüringischen Herzogtümer (außer Meiningen), Oldenburg-Anhalt-Schwarzburg, Mecklenburg, die freien Städte (außer Frankfurt), Luxemburg und Baden. Preußen gab gar keine Stimme, da es, gleich bei Beginn der Sitzung, die ganze Verhandlung für bundeswidrig erklärt hatte.

Unmittelbar nach erfolgter Abstimmung, die also gleichbedeutend war mit: Krieg Österreichs und der deutschen Mittelstaaten gegen Preußen, erhob sich der preußische Bundestagsgesandte (Herr v. Savigny), um eine letzte Erklärung abzugeben. Der Inhalt derselben ging dahin: Der alte Bund ist tot; Preußen fordert auf zur Gründung eines neuen. Die Schlußsätze dieser Erklärung lauteten wörtlich wie folgt:

> »Durch die infolge des österreichischen Antrags und der Abstimmung ausgesprochene Kriegserklärung gegen ein Mitglied des Bundes sieht die preußische Regierung den Bundesbruch als vollzogen an. Im Namen und auf Allerhöchsten Befehl Sr. Majestät des Königs, seines Allergnädigsten Herrn, erklärt der Gesandte daher hiermit, daß Preußen den bisherigen Bundesvertrag für gebrochen und deshalb nicht mehr verbindlich ansieht, denselben vielmehr als erloschen betrachten und behandeln wird.
>
> Indes will Se. Majestät der König mit dem Erlöschen des bisherigen Bundes nicht zugleich die nationalen Grundlagen, auf

denen der Bund auferbaut gewesen, als zerstört betrachten. Preußen hält vielmehr an diesen Grundlagen und an der Einheit der deutschen Nation fest und sieht es als eine unabweisliche Pflicht der deutschen Staaten an, für die letztere den angemessenen Ausdruck zu finden. Die königliche Regierung legt ihrerseits die Grundzüge einer neuen, den Zeitverhältnissen entsprechenden Einigung hiermit noch vor (diese Vorlage erfolgt) und erklärt sich bereit, auf den alten, durch eine solche Reform veränderten Grundlagen einen neuen Bund mit denjenigen deutschen Regierungen zu schließen, welche ihr dazu die Hand reichen wollen. Der Gesandte vollzieht die Befehle seiner Allerhöchsten Regierung, indem er seine bisherige Tätigkeit hiermit nunmehr für beendet erklärt.«

In unmittelbarer Folge eben dieser Vorgänge (vom 14. Juni) richtete Preußen zugleich die Anzeige an alle europäischen Mächte, »daß der bisherige völkerrechtliche Verband zwischen den deutschen Staaten nicht mehr bestehe.«

Wessen ist die Schuld?

LSO der Krieg war da. Wer trug die Schuld? Es dürfte beinahe ungehörig erscheinen, diese Frage da aufzuwerfen, wo, wenigstens nach unserem Dafürhalten, das Segensreiche des Ausganges das Schuldvolle des Beginnens (die Schuld liege auf welcher Seite sie wolle) von vornherein in Zweifel stellt. Und doch nehmen wir die Frage auf, weil wir weit ab davon sind, der »Politik des Erfolges« ohne alle Bedenken zu huldigen, nehmen sie gern auf, weil wir der festen Überzeugung leben, daß Preußen die Beantwortung dieser Frage nicht zu scheuen hat. Preußen hat diesen Krieg nicht gewollt. Seine Gegner (zugegeben, bis zu einem gewissen Grade provoziert) haben ihm diesen Krieg und mit diesem Kriege seine Siege aufgedrungen. Österreich sowohl wie dem Bunde gegenüber war Preußen in seinem Recht. Österreich gegenüber ganz und gar, dem Bunde gegenüber zur besseren Hälfte. Politik und nationaler Beruf schrieben Preußen, auch in Hinblick auf den letztern, seinen Rechtsbrief, aber das formale Recht, wie nicht geleugnet werden soll, war, zu Beginn des Konfliktes, auf Seiten des Bundes.

Es wird sich verlohnen, in Nachstehendem den Nachweis zu führen, worin die Verschiedenheit der Stellung Preußens zum Bunde und zu

Österreich lag, warum es gegen Österreich von vornherein ein ganzes und gegen den Bund nur ein halbes Recht hatte, ein halbes Recht, aus dem sich erst schließlich, und zwar infolge des auch in formaler Beziehung völlig in die Irre gehenden Beschlusses vom 14. Juni, ein ganzes Recht Preußens gegen beide Gegner gebar.

Zunächst ein Wort über Preußens Stellung dem Bunde gegenüber. Wir haben dabei in kurzem auf den November 1863 und den Tod Friedrichs VII. von Dänemark zurückzugehn.

Die Aktion Preußens, wie dieselbe unmittelbar nach dem Tode des eben genannten Fürsten hervortrat, verstieß gegen das formale Recht des Bundes. Der Bund hatte das Londoner Protokoll (das über die Ansprüche des augustenburgischen Hauses hinwegging) nie anerkannt. Nach Ansicht des Bundes war der Erbprinz von Augustenburg der Erbberechtigte in Schleswig-Holstein, den es Pflicht und Aufgabe war in sein Erbe einzusetzen. Dieser Zeitpunkt trat mit dem Hinsterben Friedrichs VII. von Dänemark ein. Der Bund betrachtete vom Todestage dieses Fürsten an (15. November 1863) den Erbprinzen als rechtmäßigen Herzog, und es erübrigte nur, den *de jure* Herzog auch *de facto* zum Herzog zu machen. Die nötigen Schritte wurden zu diesem Behufe eingeleitet, und Preußen, wenn ihm das formale Recht des Bundes höher gestanden hätte als seine nationale Aufgabe, würde – nachdem es aller aus dem Londoner Protokoll herzuleitender Verpflichtungen infolge dänischer Hartnäckigkeit überhoben war – einfach die Pflicht gehabt haben, im Auftrage des Bundes Holstein zu besetzen, im Auftrage des Bundes Schleswig zu erobern und im Auftrage des Bundes das besetzte und eroberte Schleswig-Holstein an den erbberechtigten Prinzen von Augustenburg auszuhändigen. Preußen ging andre Wege. Wir setzen hinzu: glücklicherweise; aber seine Aktion, wie immer wir uns derselben zu freuen haben mögen, verstieß gegen das formale Recht des Bundes.

Dies sein formales Recht hielt der Bund mit Geschick und Konsequenz aufrecht. Es ließ sich durch den Glanz erfochtener Siege nicht blenden, nicht von seinem Rechtsstandpunkt verdrängen. »Wir haben Schleswig-Holstein nicht erobern können, weil man uns daran verhinderte; wir danken dies dem Sieger mitnichten. Preußen hat von Preußens wegen getan, was es von Bundes wegen hätte tun müssen. Es ist über uns und unsere Beschlüsse hinweggegangen; es hat den Bund ignoriert; das einzige, was wir tun können, ist, daß wir die Beleidigung vergessen, aber wir dürfen unser Recht nicht vergessen. Unser Recht aber ist das, über dem Recht eines deutschen Fürsten zu wachen, sein Erbe zu sichern, ihn in sein Erbe einzusetzen. Den Bruch heilt nur eins:

wenn Preußen sich seines Sieger-Anspruches begibt, sich nachträglich unseren Beschlüssen unterwirft und dem Herzoge gibt, was des Herzogs ist.«

Diese Sprache, vom Standpunkte formalen Rechtes aus, war berechtigt. Sie blieb auch berechtigt, nachdem die Festsetzungen des Wiener Friedensvertrages den Bund und seinen Schützling, den Erbprinzen von Augustenburg, abermals außer Betracht gelassen hatten. »Der König von Dänemark (so etwa deduzierte der Bund) hat Schleswig-Holstein zu freier Verfügung an die Sieger abgetreten; das konnte er nicht; es ist ein Unding abzutreten, was man nicht besitzt; der neue König von Dänemark war nie Herzog von Schleswig-Holstein; mit dem Tode Friedrichs VII. fiel die alte dänische Monarchie in zwei Stücke auseinander, der Erbe der einen Hälfte hatte keine Verfügung mehr über die andre, und jede Verfügung, die er über diese andere Hälfte traf, war null und nichtig in sich.«

Preußen, wie bekannt, stellte sich diesen Auslassungen des Bundes gegenüber auf den Wiener Friedensvertrag und hütete die Rechte, die ihm derselbe zusprach. Es waren aber Rechte, die ihm erst dadurch zugefallen waren, daß es sich von Anfang an gegen den Bund in Unrecht gesetzt hatte. Dieses Unrecht – wer, den nicht kleinere Interessen verblenden und beschränken, wollte die Augen dagegen verschließen – ist längst als politisches Recht, als nationale Pflicht, als ein Heil und Segen erkannt worden, aber, wie immer politisch gerechtfertigt, es war von Anfang an eine Verletzung formalen Rechtes, und wenn der Bund die Kraft gehabt hätte, diese Verletzung zu strafen und Preußen auf dem Wege der Exekution mit Krieg zu überziehen, so würden wir, wenn auch unter Reservation und Entschuldigungen, die an der Spitze dieses Kapitels aufgestellte Frage »Wer ist schuld?« immer dahin zu beantworten gehabt haben: Preußen ist schuld.

Es ist aber bekannt, daß der Krieg, der in Wahrheit über uns hereinbrach, in erster Reihe nicht als ein Bundeskrieg gegen Preußen geführt wurde, sondern daß Österreich – der Bundesgenosse Preußens, sein Mitsieger und Mitbesitzer – diesen Krieg einleitete, an den sich dann gewisse Mittel- und Kleinstaaten als eben so viele selbstständige Staaten anschlossen, nicht um das bundesbrüchige Preußen, sondern um das mit Österreich rivalisierende Preußen zu strafen, ein Preußen, das in seiner Fehde mit Österreich im allerbesten Rechte war.

Im besten Rechte, wie wir zu zeigen gedenken. Völlig anders wie zum Bunde war die Stellung Preußens zu Österreich. Wenn wir dem Bunde gegenüber ein formales Unrecht Preußens, eine Schuld konstatierten, so war Österreich einfach der Mitschuldige.

Alle Schritte Preußens, wie sie dem Tode Friedrichs VII. folgten, waren gemeinschaftliche mit Österreich. Gemeinschaftlich ignorierte man den Bund, gemeinschaftlich schlug man den Feind, gemeinschaftlich schloß man Frieden, und gemeinschaftlich trat man den eroberten Besitz an; nachdem man sich bereits zu Anfang des eingegangenen Bündnisses (im Januar 1864) dahin geeinigt hatte, über das zu erobernde Land, unter Ausschluß des Bundes, entscheiden zu wollen. Lag hierin ein Unrecht (und wir haben in Vorstehendem des weiteren ausgeführt, wieweit darin ein Unrecht lag), so war doch das Unrecht gleich verteilt, Österreich und Preußen waren Mitschuldige, sie waren Schuldige gegen einen Dritten, nicht untereinander. Dieser Dritte mochte ihnen vorwerfen: »Ihr seid schuld«, aber ein gegenseitiges: »Du bist schuld« war unzulässig.

Ihre Haltung gegen den Bund, gegen den sie beide Unrecht hatten, führte aber nicht zum Kriege. Zum Kriege führte einfach der Umstand, daß man sich um den Siegespreis von 1864 nicht einigen konnte. Der Konflikt entspann sich auf dem Boden des Paragraphen, der Österreich und Preußen als Kondomini, als gemeinschaftliche Besitzer von Schleswig-Holstein, festgesetzt hatte. Was zurück lag, lag zurück. Wir werden die Schuld des zwischen den Kondominis ausbrechenden Krieges einfach bei dem zu suchen haben, der, auf dem Boden des Wiener Vertrages stehend, seine Befugnisse überschritt und den Mitbesitzer schädigte.

Wer war es nun, der das tat?

Die Tatsachen, die wir in den ersten Kapiteln dieses Abschnitts aufgezählt, übernehmen die Antwort auf die Frage. Werfen wir, rekapitulierend, noch einmal einen Blick auf die Situation, wie sie damals lag. Österreich und Preußen hatten Schleswig-Holstein zu gemeinschaftlichem Besitz. Zweierlei war nur möglich: Entweder man einigte sich darüber, es einem Dritten zu geben, oder man regierte, unter gewissenhafter Wahrung gegenseitiger Rechte, gemeinschaftlich nebeneinander her. Beide Wege wurden versucht. Man einigte sich zunächst, trotz erheblicher Zweifel an dem so viel betonten Erbrecht, ziemlich leicht über den »Dritten«, aber man konnte darüber zu keiner Einigung gelangen, was dieser Dritte, als Äquivalent für alles von Preußen Geleistete und ganz besonders für alles noch ferner zu Leistende, zu bewilligen haben werde. Die Februar-Forderungen wurden nicht angenommen, Preußen machte keinen Kriegsfall daraus, es nahm die Ablehnung hin und bestand nun, nachdem der eine Weg nicht zum Ziele geführt hatte, auf gewissenhafte Innehaltung des zweiten. Das heißt also auf Nebeneinander-Regierung ohne Schädigung gegenseitiger Interessen. So lag die Aufgabe.

Man wird die Reihe der Ereignisse vom Herbst 1864 bis zum Frühjahr 1866 vergeblich nach Schritten oder auch nur nach Anordnungen untersuchen, aus denen sich heraus beweisen ließe, daß Preußen die Interessen seines Mitbesitzers geschädigt habe. Es ist wahr, daß Preußen in beständiger Initiative war, daß es baute und Vermessungen anstellte, daß es Truppen kommen und gehen ließ, daß es organisierte und administrierte; und durch diese Regsamkeit den Gedanken an Sichhäuslicheinrichten, an Festsetzung für immer, wohl aufkommen lassen konnte, aber in allem, was es tat, war es in seinem guten Recht, und bestritt dem zurückbleibenden, immer nachhinkenden Österreich nie und nimmer das Recht, auch mit seinen Garnisonen wechseln, auch Kasernen bauen und Kriegsschiffe in den Kieler Hafen legen zu können. Die gleichen Ansprüche Österreichs waren nie ein Gegenstand des Zweifels, und so lebhaft man preußischerseits es wünschen mußte, daß Österreich sich über kurz oder lang bereit finden lassen möchte, gegen irgendeine Ausgleichsumme (wie es bei Lauenburg ja bereits geschehen war) seine Ansprüche fallenzulassen und seine Hälfte an Preußen abzutreten, so lag doch Preußen die Absicht fern, an die Gewinnung dieses Schleswig-Holstein einen großen Krieg und dadurch mittelbar (denn wer mochte für den Erfolg bürgen) seine Existenz zu setzen. Noch einmal, Preußen richtete sich häuslich ein, bestritt aber nie, weder durch Wort noch Tat, daß ihm die bloße Hälfte des Hauses zugefallen sei.

Anders Österreich. Wohl erkennend, daß ein Hinausschieben der Frage nur immer dem mitbesitzenden Rivalen zugute kommen könne und daß bei längerem Warten die Schleswig-Holstein-Frucht doch notwendig Preußen in den Schoß fallen müsse, nahm es einseitig – ohne sich der Zustimmung Preußens dabei zu versichern – den Plan wieder auf: die schleswig-holsteinische Frage durch Vorschiebung des »Dritten« zu lösen. Wir sagen: einseitig. Und darin lag die Provokation. Preußen selbst, wie wir gesehen, hatte zu einer bestimmten Phase mit diesem Dritten paktieren wollen; die Unterhandlungen hatten sich aber zerschlagen, die Zeit lag zurück, und nur unter gegenseitiger Zustimmung konnten jene wieder aufgenommen werden. Österreich ging aber einseitig vor; immer offener neigte es sich der Politik des Bundes zu, immer entschiedener trat es auf die Seite des Erbprinzen, immer unverhohlener leistete es der Agitation zu seinen Gunsten Vorschub und schädigte dadurch die Interessen seines Mitbesitzers. Es konnte dem Augustenburgertum nicht für die ihm (Österreich) zustehende Hälfte Vorschub leisten, jede Agitation zu Gunsten des Augustenburgers tangierte eben das Ganze, berührte die preußische Hälfte mit, und die Forderungen, die nunmehr Preußen dieser Agitation gegenüber zu erheben begann, waren Forderungen seines Rechts. Diesen Forderungen nicht nachgeben wollen, hieß sich zu Gunsten eines Dritten mit diesem Dritten gegen den Alliierten alliieren und mußte zum Bruche führen.

Das Nicht-Verbot der Altonaer Versammlung vom 23. Januar (vergl. Seite 20), die einseitige Einberufung der holsteinischen Stände, die entsprechenden Anträge an den Bund, die nicht mehr und nicht weniger bedeuteten als Aufgeben der preußischen Allianz, Zurücktritt von den Festsetzungen des Wiener Friedens und Übertritt zu den Anschauungen des Bundes, die bis dahin von Österreich und Preußen gemeinschaftlich bekämpft worden waren, – alles das bezeichnete, wie wir andern Orts bereits hervorhoben, daß dieser Bruch in Wien beschlossene Sache geworden sei. Dieser völlige Wechsel in der Rechtsanschauung war eine Beleidigung; Österreich war an Preußen gebunden und hatte kein Recht mehr, diesen Wechsel zu vollziehen. Es doch tun, ließ Preußen keine Wahl, wenn das Halbhubersche »zweite Olmütz« nicht schließlich eine Wahrheit werden sollte. Der Bund hatte ein gutes, formales Recht, seinerseits immer wieder auf die Einberufung der holsteinischen Stände, immer wieder auf die Erledigung der Erbfolgefrage vor seinem Forum, immer wieder auf die Einsetzung des »Herzogs« zu dringen, der Bund hatte dies Recht, Österreich hatte es nicht. Österreich, durch seine gemeinschaftliche Aktion mit Preußen, durch seine Abstimmungen am Bunde, durch bestimmte Zusagen im Januar 1864, war aufs bestimmteste an Preußen gebunden, und die bis dahin bekämpfte Bundesanschauung plötzlich akzeptieren und plötzlich augustenburgisch werden zu wollen, war eben gleichbedeutend mit Krieg wollen. Die österreichischen Provokationen, wie wir sie vorstehend aufgezählt (Einberufung der holsteinischen Stände usw.), waren es, die zum Kriege drängten. Ohne diese Provokationen würde Preußen den Krieg nicht geführt und im Vertrauen auf seine natürlichen Chancen, auf die unzweifelhaft für ihn günstig liegende Gesamtsituation seine Zeit abgewartet haben. Daß dem so sei, dafür bürgt uns das vor und nach dem Kriege immer wieder und wieder ausgesprochene Wort des Königs »Ich habe diesen Krieg nicht gewollt«*, und dafür bürgt uns schließlich ein unbefangner Blick auf die Tatsachen selbst.

* Als Prinz Friedrich Karl zur Armee abging und sich beim Könige verabschiedete, sagte der letztere bewegt: »Ich bin ein alter Mann und bald 70 Jahr, wie soll ich jetzt noch an Krieg denken, ich will nichts mehr als meinem Volke den Frieden lassen, wenn ich sterbe. Ich weiß auch, daß ich's vor Gott und meinem Gewissen verantworten muß. Ich kann's bezeugen vor Gott, ich hab alles getan, gebeten hab ich den Kaiser, gebeten, wie man nur bitten kann; ich will auch keinen Fuß breit Landes; ich will alles zugestehen, was ich mit

Die Bundesabstimmung vom 14. Juni, wie folgenschwer immer, sie schuf nicht den Krieg, sie gab einer vorhandenen Situation nur den Abschluß. Sie zeigte einfach, wer für uns und wer gegen uns war, sie entschied über die Allianzen der Mittel- und Kleinstaaten, und sie entkleidete den Bund, indem er formale Fehler beging, seines formalen Rechtes gegen uns. Auch er, bis dahin so korrekt, setzte sich schließlich ins Unrecht. Über den Krieg selbst aber war entschieden; als Feldmarschalleutnant v. Gablenz die Einberufungsorder für die holsteinischen Stände veröffentlichte. Dies war der Handschuh. Österreich hatte ihn hingeworfen; Preußen nahm ihn nur auf.

Für uns ist die Frage entschieden: Wer ist schuld?

der Ehre Preußens vereinen kann. Ich habe viel angeboten, aber sie wollen ja den Krieg; sie wollen es so wieder haben, wie es vor dem Siebenjährigen Kriege war, und das geht doch nicht, dann ist ja Preußen nicht Preußen mehr!« Ein Ohr- und Augenzeuge dieser Begegnung hat diese Worte aufgezeichnet.

ÖSTERREICH UND PREUSSEN RÜSTEN

NEBEN den Noten und Depeschen, die, wie wir vorstehend gezeigt, das Feuer schürten, mal es zu dämpfen schienen, gingen die Rüstungen hüben und drüben einher, im wesentlichen unbeeinflußt von dem wechselnden Stand der Verhandlungen. Österreich ging voran; so wenden wir uns denn auch in unsrer Darstellung zuerst den Rüstungen unsrer Gegner zu.

Mitte März, vielleicht schon früher, begann man in Wien militärische Vorbereitungen zu einem Kriege zu treffen. Zunächst noch unter der Hand. Man schritt zu Truppendislokationen, indem man italienische und ungarische Regimenter, vorläufig noch auf ihrem Friedensfuße, nach Böhmen zog und wieder andere Truppen nach Italien schickte. Die Garnison von Wien, als dem Haupt-Eisenbahnknoten, wurde bedeutend verstärkt, alle übrigen Truppen an die Eisenbahnen heranbeordert. Die Monturs-Anstalten arbeiteten Tag und Nacht und erreichten so viel, die Armee zu der vielleicht bestbeneideten zu machen. Die Grenzregimenter wurden in der Zahl ihrer Bataillone verdoppelt, die vierten Bataillone (welche im Frieden nur als Depot-Kader dienen) komplettiert; die Errichtung eines fünften Bataillons bei jedem Infanterie-Regiment wurde angeordnet. Alle diese Maßregeln erfolgten bereits im März. Es waren Maßregeln von einem halbkriegerischen Charakter. Wenn es zum Kriege kam (so mochte das Wiener Räsonnement gehen), so wollte man nicht völlig unvorbereitet in denselben eintreten, man wollte mindestens die Maschine derartig fertig haben, um sie nötigenfalls jeden Augenblick energisch in Gang setzen zu können, aber andererseits zögerte man eine große Anstrengung zu machen, da man, trotz entgegengesetzter Sprache, an den vollen Ernst des Gegners nicht glauben und die Anschauung nicht aufgeben wollte, daß eine bloße Rüstungs-Demonstration Preußen schließlich zur Nachgiebigkeit bewegen werde. So demonstrierte man denn in einer Weise, die, wenn der Gegner Furcht hegte, gerade stark und gerade offen genug war, diesen völlig einzuschüchtern, und gerade wiederum versteckt genug war, um, wenn die Verhältnisse es forderten, die stattgehabten Rüstungen überhaupt bestreiten zu können.

Diese Halbheit dauerte auch noch durch den April hin. Erst vom 4. Mai ab, wo preußischerseits die Mobilmachung von fünf Armee-Korps angeordnet, die übrigen vier Armee-Korps aber auf Kriegsstärke erhoben wurden, erst von diesem Zeitpunkt ab ging man auch österreichischerseits laut, öffentlich und unter Dransetzung aller Kräfte vor. Die Zeit bloßen Demonstrierens »um Einschüchterungs willen« war vorüber, ebenso hatten Geheimhalten und Versteckenspielen nicht länger einen Zweck. Der Gegner (Preußen), indem er sich offen zu seinen Rüstungen bekannte, machte jede Maske überflüssig.

Österreich rüstet!

ESTERREICH rüstete nunmehr mit Gewalt. Die Stimmung im Lande kam ihm entgegen und half über vorhandene Schwierigkeiten hinweg. Der Presse und dem Klerus gelang es, die große Masse zu fanatisieren. Es gelang, diesen Krieg populär zu machen. Es war nicht nur, wenn man den österreichischen Organen sein Ohr lieh, ein Krieg des Rechts gegen das Unrecht; an mehr als einer Stelle (wir kommen gleich darauf zurück) wußte man ihm den Lichtglanz eines heiligen Krieges zu geben.

Die Wiener Presse überbot sich selbst. In Unfreiheit großgezogen, überkam es sie wie ein Rausch, urplötzlich einer ungebundenen Freiheit sich hingeben zu können. Die gewährte Freiheit war freilich keine andere als die, dem »Alliierten« und seiner Regierung, dem preußischen Volk und seinem Heer, all und jedes Unliebsame nachsagen zu können; aber, welcher Art auch, es war doch immerhin eine Freiheit. Und man machte den vollsten Gebrauch davon. Die Wendungen »zweites Olmütz« und »zweites Jena« (wir gedachten ihrer schon) wurden stehend, und hundertfältig gefiel man sich darin, uns »nach Canossa« zu laden. Ja, man ging weiter. »Das Joch der Erniederung genügt nicht; es genügt nicht, dies Preußen durch die kaudinischen Pässe zu treiben. Der anderthalb hundertjährige Störenfried Deutschlands muß unschädlich gemacht, Preußen muß zerbröckelt werden. Die Episode Friedrichs des Großen muß ihr Ende erreichen.« So hieß es täglich. Die Schlesischen Kriege, die große Erhebung von 1813, die siegreichen Kämpfe von Düppel und Alsen, deren Augenzeuge man gewesen war, alles war vergessen, dagegen sah man in erhitzter Phantasie 30 000 Reiter unter Baron Edelsheim, wie zur Zeit der Tartaren und Mongolen, aufs neue Schlesien überschwemmen und bezeichnete die Stelle, wo man den entscheidenden Schlag zu tun gedachte, im voraus als das »Preußengrab«. Spottlieder auf Preußen und seine Armee waren an der Tagesordnung, und die Wiener »Presse«, das gelesenste Blatt der Hauptstadt, brachte folgenden Spottvers, den es als Schlachtgesang den heranrükkenden Preußen empfahl:

Bronzell-beschimmelt,
Düppel-entbrannt,
Doppel-bekümmelt,
Reußenverwandt,
Stehen wir da,
Schreien Hurra.

In derselben Zeitung erschien ziemlich gleichzeitig folgendes »Eingesandt«: »Löbliche Redaktion! Da Graf Bismarck als Landwehrmajor gegen uns ins Feld zu ziehen gedenkt, und ich den Grafen gern einmal anders denn als Gast unseres Kaisers im Lande wissen möchte, so sage ich hundert Gulden demjenigen Krieger zu, der sotanen Grafen Bismarck der Erste ergreift, und sei es allein oder mit Hilfe anderer, sei es mit ganzem oder durchlöchertem Fell, sei es tot oder lebendig zum Gefangenen macht. Dr. Joseph Hundegger, Advokat in Murau.«

So die Haltung der Presse. Von vielleicht noch größerem Einfluß war die Haltung des Klerus. Auf mehr als einer Kanzel wurde »gegen die Türken« gepredigt, und die Schrecken eines Religionskrieges (durch Gottes gnädige Fügung schließlich von uns abgewandt) zogen wenigstens drohend herauf. Die hohen Prälaten gingen voran. »Sonst vermöge meines Amtes ein Friedensbote« – so begann der Hirtenbrief des Bischofs von Brixen – »verkündige ich euch heute den Krieg«, und in einem kirchlichen Manifeste des Kardinal-Fürstbischofs Rauscher hieß es wörtlich:

»Der zweite deutsche Staat überläßt sich der Leitung eines Mannes, welcher Mazzini und Genossen zum Vorbild erkoren hat. Er kann nicht leugnen, daß Preußen auf Schleswig-Holstein keine anderen Ansprüche hat als Österreich; aber Preußen braucht die Herzogtümer, also hat es ein Recht, sie zu besitzen. Und der Mann, welcher das Vaterland in einen frevelhaften Bruderkrieg stürzt, hat bei Jung-Italien noch anderes gelernt als die Verhöhnung des Rechts durch freche Gewalttat. Die gemeinen Ränke, die boshaften Kunstgriffe, die schamlosen Lügen, durch die er seit Monaten das Ausland zu täuschen, Preußens Bevölkerung aufzustacheln und Österreichs Geduld zu erschöpfen sucht, haben nichts Deutsches an sich.«

Solche Sprache wurde nicht umsonst geführt; das Volk lieh ihr willig sein Ohr. Nie war ein Krieg populärer; aus allen Landesteilen, mit alleiniger Ausnahme der Italiener, eilte man freudig zu den Fahnen: die Strengkatholischen aus konfessionellem Antagonismus, die Deutsch-Österreicher aus Rivalität, die Ungarn und Slawen aus Rassenhaß. Die große Masse, in Volk wie Armee, versprach sich einen leichten Sieg. »In seltsamer Logik« – so schrieb später ein süddeutscher Offizier – »zogen die Wiener aus den Unglückskämpfen von Magenta und Solferino den Schluß, daß die französische Armee allerdings die erste, die österreichische aber, unmittelbar folgend, die zweite Armee der Welt sei … Niemand hatte eine Ahnung davon, daß sich schließlich die Kräfte zueinander verhalten würden wie ein österreichischer Papiergulden zu einem preußischen Taler.«

Anfang Mai waren die Rüstungen beendet, die Urlauber eingestellt, die Bataillone komplettiert; schon am 11. eben genannten Monats (sechs Tage früher als in Preußen) konnten die Truppenkonzentrierungen der mehr in Front stehenden Brigaden ihren Anfang nehmen. Am 20. Mai begann der Massentransport der noch rückwärts befindlichen Korps nach Mähren. Am 10. Juni war die Aufstellung folgende:

I. Armee-Korps (Clam-Gallas), Hauptquartier: Prag

II. Armee-Korps (Graf Thun), Hauptquartier: Zwittau; Mähren

III. Armee-Korps (Erzherzog Ernst), Hauptquartier: Brünn; Mähren

IV. Armee-Korps (Graf Festetics), Hauptquartier: Littau; Mähren

VI. Armee-Korps (Ramming), Hauptquartier: Prerau; Mähren

VIII. Armee-Korps (Erzherzog Leopold), Hauptquartier: Auspitz; Mähren

X. Armee-Korps (Graf Huyn; später Gablenz), Hauptquartier: Blansko; Mähren

Sechs Armee-Korps also, wie aus der nachstehenden Zeichnung ersichtlich, standen an den verschiedenen Eisenbahnlinien hin, die

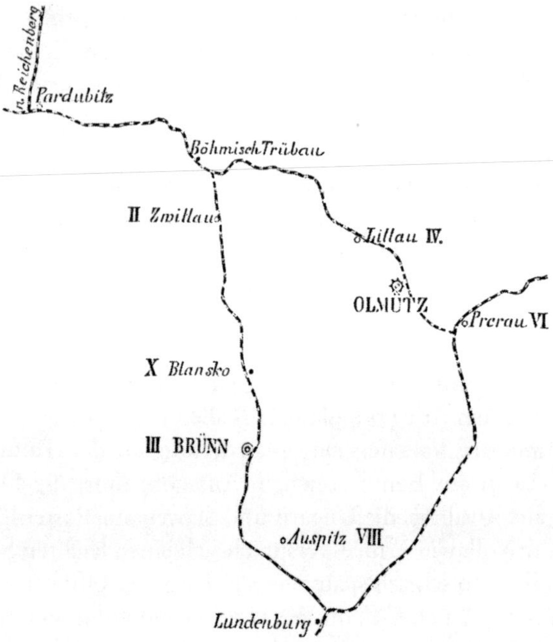

Mähren durchschneiden. Es war eine gute Zentrumsstellung, von wo aus sich, je nach Bedürfnis, gleich leicht in Front oder nach den Flügeln hin operieren ließ. – Die Zusammensetzung der einzelnen Korps* aber – es scheint uns hier die beste Stelle dieselbe zu geben – war folgende:

I. Armee-Korps (Clam-Gallas)

Brigade Poschacher
- 18. Jäger-Bataillon (Böhmen)
- Infanterie-Regiment König von Preußen Nr. 34 (Ungarn)
- Infanterie-Regiment Martini Nr. 30 (Polen)

Brigade Leiningen
- 32. Jäger-Bataillon (Böhmen)
- Infanterie-Regiment Graf Gyulai Nr. 33 (Ungarn)
- Infanterie-Regiment Graf Haugwitz Nr. 38 (Italiener)

Brigade Piret
- 29. Jäger-Bataillon (Ungarn)

* Wir geben in unserer Aufzählung der Korps ausschließlich die Zusammensetzung der Infanterie-Brigaden, von denen immer vier ein Armee-Korps bildeten. (Nur das I. Armee-Korps, nach Eintreffen der Brigade Kalik aus Holstein, hatte fünf Brigaden.) Jeder einzelnen Brigade war immer noch eine vierpfündige Brigade-Batterie zu acht Geschützen und außerdem jedem einzelnen Korps immer noch ein Husaren- oder Ulanen-Regiment und eine Korps-Geschütz-Reserve, meist sechs Batterien stark, zugeteilt.

Infanterie-Regiment Großfürst Constantin Nr. 18 (Böhmen)
Infanterie-Regiment Erzherzog Sigismund Nr. 45 (Italiener)
Brigade Ringelsheim
26. Jäger-Bataillon (Kärntner)
Infanterie-Regiment König von Hannover Nr. 42 (Böhmen)
Infanterie-Regiment Württemberg Nr. 73 (Böhmen)

II. Armee-Korps (Graf Thun)

Brigade Thom
2. Jäger-Bataillon (Böhmen)
Infanterie-Regiment Roßbach Nr. 40 (Polen)
Infanterie-Regiment Jellacic Nr. 69 (Ungarn)
Brigade Henriquez
9. Jäger-Bataillon (Steiermärker)
Infanterie-Regiment Hessen Nr. 14 (Oberösterreicher)
Infanterie-Regiment König der Belgier Nr. 27 (Steiermärker)
Brigade Saffran
11. Jäger-Bataillon (Steiermärker)
Infanterie-Regiment Sachsen-Weimar Nr. 64 (Ungarn)
Infanterie-Regiment Holstein Nr. 80 (Italiener)
Brigade Württemberg
20. Jäger-Bataillon (Steiermärker)
Infanterie-Regiment Hartung Nr. 47 (Steiermärker)
Infanterie-Regiment Mecklenburg Nr. 57 (Polen)

III. Armee-Korps (Erzherzog Ernst)

Brigade Appiano
4. Jäger-Bataillon (Mähren)
Infanterie-Regiment Sachsen-Meiningen Nr. 46 (Ungarn)
Infanterie-Regiment Erzherzog Heinrich Nr. 62 (Szekler)
Brigade Benedek
1. Jäger-Bataillon (Böhmen)
Infanterie-Regiment Erzherzog Franz Karl Nr. 52 (Ungarn)
Infanterie-Regiment Sokcsevics Nr. 78 (Kroaten)
Brigade Kirchsberg
3. Jäger-Bataillon (Oberösterreicher)
Infanterie-Regiment Erzherzog Albrecht Nr. 44 (Ungarn)
Infanterie-Regiment Baron Heß Nr. 49 (Niederösterreicher)
Brigade Prohaska
Kombiniertes Jäger-Bataillon Nr. 33
Kombiniertes Jäger-Bataillon Nr. 34

Grenzer-Regiment Nr. 13 (Roman-Banater)
4. Bataillon vom Regiment Gondrecourt (Polen)
4. Bataillon vom Regiment Gorizutti (Polen)

IV. Armee-Korps (Graf Festetics)

Brigade Brandenstein
- 27. Jäger-Bataillon (Steiermärker)
- Infanterie-Regiment Erzherzog Wilhelm Nr. 12 (Ungarn)
- Infanterie-Regiment Großfürst Michael Nr. 26 (Italiener)

Brigade Fleischhacker
- 13. Jäger-Bataillon (Böhmen)
- Infanterie-Regiment Graf Coronini Nr. 6 (Ungarn)
- Infanterie-Regiment Großfürst Thronfolger Nr. 61 (Ungarn)

Brigade Poeckh
- 8. Jäger-Bataillon (Kärntner)
- Infanterie-Regiment Erzherzog Joseph Nr. 37 (Ungarn)
- Infanterie-Regiment Erzherzog Karl Ferdinand Nr. 51 (Siebenbürger)

Brigade Erzherzog Joseph
- 30. Jäger-Bataillon (Polen)
- Infanterie-Regiment Ritter v. Schmerling Nr. 67 (Ungarn)
- Infanterie-Regiment Freiherr v. Steininger Nr. 68 (Ungarn)

VI. Armee-Korps (Ramming)

Brigade Waldstätten
- 6. Jäger-Bataillon (Böhmen)
- Infanterie-Regiment Graf Hartmann Nr. 9 (Polen)
- Infanterie-Regiment Ritter v. Frank Nr. 79 (Italiener)

Brigade Hertwek
- 25. Jäger-Bataillon (Mähren)
- Infanterie-Regiment Baron Kellner Nr. 41 (Bukowina)
- Infanterie-Regiment Gorizutti Nr. 56 (Polen)

Brigade Jonak
- 14. Jäger-Bataillon (Böhmen)
- Infanterie-Regiment Prinz von Preußen Nr. 20 (Ungarn)
- Infanterie-Regiment Wasa Nr. 60 (Ungarn)

Brigade Rosenzweig
- 17. Jäger-Bataillon (Mähren)
- Infanterie-Regiment Deutschmeister Nr. 4 (Wiener)
- Infanterie-Regiment Gondrecourt Nr. 55 (Polen)

VIII. Armee-Korps (Erzherzog Leopold)

Brigade Fragner
- 5. Jäger-Bataillon (Mähren)
- Infanterie-Regiment Nassau Nr. 15 (Polen)
- Infanterie-Regiment Karl Salvator Nr. 77 (Ungarn)

Brigade Kreyßern
- 24. Jäger-Bataillon (Polen)
- Infanterie-Regiment Baron Reischach Nr. 21 (Böhmen)
- Infanterie-Regiment Este Nr. 32 (Ungarn)

Brigade Schulz
- 31. Jäger-Bataillon (Slowaken)
- Infanterie-Regiment Baron Gerstner Nr. 8 (Mähren)
- Infanterie-Regiment Nobili Nr. 74 (Böhmen)

Brigade Rothkirch
- Infanterie-Regiment Baron Mamula Nr. 25 (Ungarn)
- Infanterie-Regiment Toscana Nr. 71 (Ungarn)

X. Armee-Korps (Graf Huyn; später Gablenz)

Brigade Mondl
- 12. Jäger-Bataillon (Polen)
- Infanterie-Regiment Mazzuchelli Nr. 10 (Polen)
- Infanterie-Regiment Parma Nr. 24 (Polen)

Brigade Grivicics
- 16. Jäger-Bataillon (Mähren)
- Infanterie-Regiment Kaiser Alexander Nr. 2 (Ungarn)
- Infanterie-Regiment Airoldi Nr. 23 (Polen)

Brigade Knebel
- 28. Jäger-Bataillon (Siebenbürger)
- Infanterie-Regiment Kaiser Franz Joseph Nr. 1 (Schlesier)
- Infanterie-Regiment Erzherzog Karl Nr. 3 (Mähren)

Brigade Wimpffen
- Infanterie-Regiment Freiherr v. Bamberg Nr. 13 (Italiener)
- Infanterie-Regiment Erzherzog Stephan Nr. 58 (Polen)

Zu diesen sieben Armee-Korps gesellten sich noch (ebenfalls in Mähren aufgestellt) fünf Kavallerie-Divisionen und die große Armee-Geschütz-Reserve. Später die Brigade Kalik aus Holstein. Alles in allem 58 Infanterie-Regimenter* und 28 Jäger-Bataillone, 158 Eskadronen, 744 Rohrgeschütze und 6 Raketen-Batterien. Das sächsische Armee-Korps, das erst im letzten Drittel des Juni sich mit der kaiserlichen Armee vereinigte, ist in diese Zahlen nicht mit einbegriffen. Die

Gesamtheit der sieben österreichischen Korps (samt Artillerie und Kavallerie gegen 240 000 Mann stark) führte den Namen »Nord-Armee«. An ihrer Spitze, als General *en chef*, stand Feldzeugmeister v. Benedek; Generalstabschef Feldmarschalleutnant Baron Henickstein. – Ehe wir zu einer Schilderung der preußischen Rüstungen übergehen, ein Wort über den Feldzeugmeister, den in seltener Einmütigkeit Heer und Volk an die Spitze der Armee berufen hatte.

Ludwig v. Benedek, der Sohn eines protestantischen Arztes, wurde im Jahre 1804 zu Ödenburg in Ungarn geboren. Von Jugend auf voller Neigung für die militärische Laufbahn, trat er zunächst in die Militär-Bildungsanstalt zu Neustadt, dann aus dieser, 18 Jahr alt (1822), als Kadett in die Armee ein. 1829 war er Unterleutnant, 1831 rückte er zum nächsten Grade auf und wurde nach Italien zum Generalstab versetzt. 1835 zum Hauptmann ernannt, ging er 1840 als Major und Adjutant des General-Kommandos nach Galizien, wo er 1843 seine Beförderung zum Oberstleutnant und 1846 zum Obersten erhielt. Es war dies das Jahr, wo die polnische Bevölkerung von Galizien, besonders das Landvolk, jenen Aufstand machte, der eine so vernichtende Wendung gegen den Adel nahm. Die Zahl der österreichischen Truppen war gering und hätte weder die Verschwörung unterdrücken noch der Wut der Bauern Schranken setzen können, wenn nicht gewandte und energische Führer den Sieg ermöglicht hätten. Zu ihnen gehörte auch Benedek, der durch die Besiegung der Polen bei Gdow die Ent-

* Wenn wir, was nicht unwichtig ist, diese 58 Infanterie-Regimenter nach Nationalitäten gruppieren, so ergibt sich, daß Ober- und Nieder-Österreich, Wien, Schlesien, Siebenbürgen, Banat, Kroatien, Bukowina und das Szekler-Land je ein Regiment, Mähren und Steiermark je zwei stellten. Außerdem rekrutierten sich

aus Italien sechs (Haugwitz, Sigismund, Holstein, Großfürst Michael, Ritter Frank, Freiherr v. Bamberg),
aus Polen (Galizien) sieben,
aus Böhmen zehn,
aus Ungarn einundzwanzig.

Unter den Jägerbataillonen, die eine Elite-Truppe bildeten, war kein italienisches. Jene sechs aus Venetien rekrutierenden Infanterie-Regimenter bildeten allerdings einen besonders wunden Punkt der österreichischen Armee und mögen an den Mißerfolgen zu ihrem Teile beigetragen haben. »Die Italiener taugen nichts; wenn sie aber gut sind, sind sie vorzüglich« – war ein feststehender und gern zitierter Satz unter den österreichischen Offizieren. Auch diesmal wieder mag sich der Satz, im allgemeinen wie im besonderen, bewährt haben. Einzelne Bataillone (beispielsweise vom Regiment Bamberg bei Trautenau, vom Regiment Frank bei Nachod) entwickelten eine große Bravour, trotz enormster Verluste; im ganzen aber war die Haltung der italienischen Regimenter energielos und unzuverlässig, und es kann nur auffallen, daß in keinem österreichischen Bericht, so viel wir deren gelesen, diese Tatsache ausgesprochen wird. Haben wir darin Klugheit oder Indifferenz zu sehen? Oder ist es eine, selbst den Verlust Venetiens überdauernde, kameradschaftlich-chevalereske Gesinnung?

scheidung vorbereitete, die dann durch das Vorrücken des Generals Collin gegen Krakau gegeben wurde. Erzherzog Ferdinand Este, damals Gouverneur von Galizien, stellte dem 42 jährigen Obersten das glänzendste Zeugnis aus. Die Geheimnisse dieser nach allen Seiten hin sehr mörderischen Aufstands- und Kriegsepisode sind noch nicht vollständig aufgeklärt. Benedek erhielt für die Herstellung der Ruhe und Ordnung im östlichen Teile der polnischen Provinz das Leopoldkreuz und ein Jahr später den Befehl, mit seinem aus Ungarn bestehenden Regiment Gyulai-Infanterie zur Armee nach Italien zu stoßen.

Im Feldzuge gegen die italienische Volkserhebung des Jahres 1848 wurde seine Kaltblütigkeit und Geistesgegenwart gerühmt. Besonders zeichnete er sich bei dem Angriffe auf die doppelte, von Geschützen starrende Linie von Curtatone aus, welche ihre Verteidiger für uneinnehmbar hielten, die aber dennoch nach zwei vergeblichen Stürmen mit dem Bajonett genommen wurde. So viele Ergebenheit für die Sache Österreichs blieb nicht unbemerkt. Radetzky lobte ihn im nächsten Tagesbefehl mit den wärmsten Ausdrücken und empfahl ihn für den Maria-Theresia-Orden. Als die Piemontesen im nächsten Jahre (1849) den verzweifelten Kampf von neuem begannen, drang Benedek an der Spitze seines Regiments in Mortara (21. März) ein, warf die Italiener hinaus und nahm eine Brigade gefangen. Auch bei Novara trug er durch sein Ausharren bis zur Ankunft des dritten Armee-Korps wesentlich zum Siege bei.

Am 3. April 1849 wurde Benedek zum Generalmajor befördert und zur Armee in Ungarn (unter Haynau) versetzt. Hier befehligte er anfangs eine Brigade in dem Korps des Feldmarschalleutnant Vogel, dann eine solche im vierten oder Reserve-Armee-Korps. In verschiedenen Treffen und Schlachten, bei Raab, bei Komorn und Szegedin focht er mit Auszeichnung; seine Tapferkeit wurde sprichwörtlich in der Armee. Bei Szegedin wurde er leicht, in den Gefechten von Szöreg und Ozs-Ivany aber so schwer verwundet (durch einen Granatsplitter am Fuß), daß er am ungarischen Kriege nicht weiter teilnehmen konnte.

Nach seiner Herstellung erfolgte seine Ernennung zum Chef des General-Quartiermeister-Stabes bei der zweiten Armee unter Radetzky, eine Ernennung, die ihn also von Ungarn nach Italien zurückführte. Gleichzeitig war er zum Inhaber des Infanterieregiments Latour ernannt worden. 1853 zum Feldmarschalleutnant befördert, erhielt er das Jahr darauf (1854), in Aussicht einer Beteiligung auch der österreichischen Armee am Krimkriege, den Befehl über das vierte Armee-Korps in Lemberg. Bekanntlich kam es indessen zu keiner eigentlichen militärischen Aktion von seiten Österreichs.

Beim Ausbruch des Krieges von 1859, der, so wenig glänzend sonst, wenigstens dazu bestimmt war, dem Namen Benedeks einen besonderen Glanz zu leihen, erhielt dieser das achte Armee-Korps in Italien. Anfangs fand er kaum Gelegenheit sich auszuzeichnen. Der Po-Übergang bei Cornale führte nur zu unbedeutenden Scharmützeln. An der Schlacht von Magenta konnte sich nur noch, und zwar spät Abend erst, ein Regiment seines Korps beteiligen; beim Rückzug jedoch bestand er mit einer seiner Divisionen das blutige Gefecht bei Melegnano (8. Juni). In der Aufstellung hinter dem Mimio nahm Benedek den äußersten rechten Flügel, östlich von Peschiera, ein. Beim neuen Vorrücken (23. Juni) überschritt er den Mincio bei Salionza, ging bis Pozzolengo und schob seine Avantgarde noch weiter vor.

Der nächste Tag, der Tag von »Solferino«, wurde sein Ruhmestag. Wie alle übrigen Korps vom Feinde angegriffen, stand er, auf dem äußersten Flügel, mit seinem etwa 27 000 Mann starken achten Korps, der gesamten piemontesischen Armee gegenüber, die wenigstens 40000 Mann zählte. Er warf die Piemontesen bei San Martino in allen ihren Angriffen zurück, bis ein heftiges Gewitter, zwischen vier und fünf Uhr, auch hier den Kampf unterbrach. Bald darauf erhielt er den Befehl zum Rückzuge. Widerstrebend gehorchte er. Es wird erzählt, daß er Tränen vergossen und sich in bitteren Worten über die oberste Armeeleitung ausgelassen habe. Schon hieß es, daß er den Abschied nehmen werde, als er zum Feldzeugmeister *ad honores* (d. h. ohne das Gehalt des Ranges) und dann an Heß' Stelle zum Generalquartiermeister der Armee ernannt wurde. Im April 1860 ersetzte er den Erzherzog Albrecht als Generalgouverneur von Ungarn und Leiter der politischen Angelegenheiten dieses Landes, aus welcher Stellung er jedoch bereits im November desselben Jahres schied, um als Oberkommandant an die Spitze der italienischen Armee zu treten. Hier verblieb er bis unmittelbar vor Beginn des Krieges gegen Preußen.

Dies war der Mann, den Kaiser Franz Joseph zur Führung der großen Nord-Armee berufen hatte. Volk und Armee, als Masse, waren einig darin, daß diese Wahl die einzig mögliche sei. Seine unbestrittene Tapferkeit, sein Soldatenglück, das selbst am Unglückstage von Solferino ihm wenigstens treu geblieben war, seine bürgerliche Abkunft, seine rücksichtslose Sprache gegen Erzherzöge, Magnaten und sonstige *Grand Seigneurs* machten ihn in den Wochen, die seiner Ernennung vorausgingen oder unmittelbar folgten, zum populärsten Mann des Landes; überall, auf der Straße und im Theater, wurde er der Gegenstand lautester Ovationen, und die Wiener Damen drängten sich an seinen Wagen, um ihm Blumenbouquets zuzuwerfen.

Dieser Enthusiasmus war wohl begründet. Österreich hatte keinen General, der mehr Erfolge aufzuweisen gehabt hätte, dennoch scheint es, daß einzelne in die Verhältnisse Eingeweihtere schon damals seinen Feldherrngaben mißtrauten, und zwar keineswegs aus bloß kleinlichen Motiven. Der Kaiser selbst – wenn kursierenden Gerüchten Glauben zu schenken ist – hielt ihn für eine tüchtige, von Glück und Volksgunst getragene, aber doch nur für eine beschränkte Kraft.* Schon vor Ausbruch des Krieges schrieb ein ehemaliger General, der 1859 unter Benedek kommandiert hatte: »Benedek ist mit einem schweren Hammer zu vergleichen, der, wohin er fällt, gewichtige Schläge tut. Wird er von einer geschickten Hand geführt, so wird man es dort, wohin seine Schläge fallen, gewiß empfindlich verspüren; führt ihn aber eine ungeschickte Hand, so trifft er auch häufig vorbei und kommt in Gefahr zu zerbrechen. Benedek wird rasch den Sieg bringen, oder – die Armee hält seine Führung nicht lange aus.« Diesem Urteil ist doch so viel zu entnehmen, daß der »Hammer« unter allen Umständen geführt, von einer dominierenden Kraft geleitet werden müsse. Jetzt aber lag die Führung beim Hammer selbst.

Fast scheint es, daß Benedek selbst die Aufgabe, die ihm wurde, für größer ansah als seine Kraft. Allerhand Anzeichen deuten darauf hin, daß ihn von Anfang an ein gewisses Mißtrauen in den Erfolg erfüllte, und nur darüber kann ein Zweifel bleiben, ob er mehr der eignen Kraft oder der Kraft der Armee mißtraute. Einzelne seiner Äußerungen lassen vermuten, daß er dem an ihn ergangenen Rufe lediglich glaubte gehorsamen zu müssen und daß er vielleicht der einzige war, der seinen Gegner nicht unterschätzte. Ein süddeutscher Offizier, der ihm bei Beginn des Feldzuges nahestand, schrieb später: »Trotz aller seiner Popularität fühlte sich Benedek innerhalb der Armee vereinsamt. Sein durch Erfahrung geschärfter Instinkt und seine Schlauheit ließen ihn die tiefen Gebrechen der Heeresmaschine klar erkennen; – alle seine Bemühungen, die ärgsten Übel, beispielsweise das Inhabersystem zu beseitigen, waren gescheitert. Der Feldzeugmeister ahnte den Ausgang des Krieges; er hatte weder zu sich noch zum Heere ein Vertrauen. Der Zwang, den er sich antat, ein solches Vertrauen zur Schau zu tragen, gab seinem Hauptquartiere jenes unerquickliche Gepräge, welches welterfahrenen Leuten allsogleich auffiel.« Andere Aussagen bestätigen dies. Es fehlte ihm weder an Ehrgeiz noch Eitelkeit, aber Eitelkeit

* Bei Hofe hatte er die aristokratisch-klerikale Partei und in der Armee, unbeschadet seiner sonstigen Popularität, die »junge Intelligenz« des Heeres gegen sich, jene Allesbesserwisser, an denen die österreichische Armee, wie ihre Militärliteratur zeigt, reicher ist als irgend eine andere. Nicht zu ihrem Vorteil.

macht nicht immer blind, und während sie in Wünschen hochfliegt, erschrickt sie vor der herantretenden Verantwortlichkeit und macht der Selbsterkenntnis Platz. Benedeks erster Armeebefehl (12. Mai) betonte sein altes »Soldatenglück«. Vielleicht hatte er ein lebhaftes Gefühl davon, daß er in dem Kampfe, dem er entgegenging, dieses Glückes bedürfen werde.

von Roon.

REUSSEN folgte erst vierzehn Tage später dem Beispiele, das Österreich gegeben; nicht vor dem 27. erging Befehl, die Truppenteile der an der österreichisch-sächsischen Grenze garnisonierenden fünf Divisionen auf eine erhöhte Friedensstärke zu setzen. Dieser Befehl, der die Armee um höchstens 20 000 Mann vermehrte, war den Provokationen Österreichs gegenüber so maßvoll wie möglich. Er war ein bloßer »Avis« nach Wien hin. Man vermied alles, was durch Überbietung den Charakter des Herausfordernden hätte annehmen können, man begleitete die österreichische Aktion nur und deutete an, daß man gewillt sei, mit den gegnerischen Maßregeln gleichen Schritt zu halten. Richtiger noch: ihnen auf dem Fuße zu folgen. Es lag Preußen daran, auf das stete Vorangehen Österreichs hinweisen zu können und seine Heereseinrichtungen gestatteten es ihm, sich dieses politischen Vorteils zu versichern, ohne sich dadurch militärisch in Nachteil zu bringen.

Bis in das letzte Drittel des April hinein hielt Preußen an der Möglichkeit des Friedens fest. Es ging, durch unruhige vier Wochen hin, über jenen ersten Schritt nicht hinaus, den es am 27. März bereits getan hatte; endlich, der immer drohender werdenden Lage gegenüber (die sich namentlich auch in den Rüstungen der deutschen Mittelstaaten zu erkennen gab), sah sich Preußen zu raschen und umfangreichen

Rüstungen genötigt, wenn es nicht einem plötzlich an seinen Grenzen erscheinenden Feinde wehrlos gegenüber stehen wollte. Die militärischen Anordnungen folgten nun wie rasche Schläge aufeinander: Am 24. April erging Befehl, fünf Armee-Korps auf Kriegsstärke zu bringen; am 4. Mai wurden eben diese fünf Armee-Korps mobil erklärt, am 7. Mai die ganze Armee.

Die Stimmung, die diese Schritte der Regierung begleitete, war eine der österreichischen gerade entgegengesetzte. Man war ernst; man enthielt sich aller Ruhmredigkeit und Selbstüberhebung; kein Hohn, kein Spott wurde laut, man fühlte das Entscheidende des Moments, und in den Ernst der Lage trat man in ernster Stimmung ein.

Man war ohne Hochmut, ohne Übermut, so sagten wir, und daß man es war – gleichviel aus welchen Motiven –, das war ein Glück. Aber wir dürfen uns nicht verhehlen, daß unsre maßvolle Haltung zum allergeringsten Teile in wirklicher Demut ihren Grund hatte; im großen und ganzen war man nicht übermütig, weil der Mut selbst nur niedrig flakkerte, und man war nicht übermütig-lustig, weil man – nicht kriegslustig war.

Diese Kriegs-Unlust durchdrang beinah alle Schichten des Volks, war etwas Allgemeines, nur die Motive waren verschieden.

Die einen – nicht nach der Zahl, aber nach Ansehen und Gewicht ein Haupt-Bruchteil der konservativen Partei – waren kriegsunlustig, weil sie den Bruch mit Österreich als einen schweren politischen Fehler betrachteten. Sie erinnerten an das Testament Friedrich Wilhelms III., der ein Zusammengehen mit Österreich als politische Richtschnur Preußens aufgestellt hatte. Sie sahen, im Einklang mit dem heimgegangenen König, in Österreich den Hort der konservativen Interessen und im Bruch mit ihm, namentlich aber im Bündnis mit Italien, ein Bündnis mit der Revolution. Bis zuletzt, als unsere Truppen schon mit klingendem Spiele an die Grenze rückten, erhoben sie ihre Stimme und warnten vor einem Kriege, den sie als unklug und ungerecht darstellten und der kein anderes Resultat haben könne, als den »Mann an der Seine« zum Schiedsrichter über Deutschland zu machen.

Die andern waren kriegsunlustig, weil sie unserer Kraft, ganz besonders der Schlagfertigkeit unserer Armee mißtrauten. Nicht daß sie diese für absolut nicht gut gehalten hätten, sie hielten nur einfach die österreichische für besser. Das ganze »preußische System«, trotzdem es fünfzig Jahre alt war, trotzdem zwei Generationen an seiner Ausbildung gearbeitet hatten, hatte eine eigentliche, ernste Probe noch nicht bestanden, Düppel-Alsen konnte nicht dafür gelten, und so war die Besorgnis nicht ungerechtfertigt, daß die »alten Soldaten des Kaisers« (erst der

Krieg zeigte, daß wir über ältere Soldaten verfügten) unseren junggedienten Leuten, unserm wertvolleren Material gegenüber, »das überall geschont werden« müsse, sich als überlegen erweisen würden. Das Zündnadelgewehr, trotz des Probegefechts bei Lundby, hatte seine Überlegenheit gegen einen ebenbürtigen Feind erst zu beweisen; jedenfalls kannte die österreichische Armee in ihrem alten Bestande an Offizieren und Unteroffizieren den Krieg, jedenfalls war sie tapfer (selbst die Unglückstage von Magenta und Solferino hatten es bewiesen), und vor allem hatte sie bewährte Führer: Ramming, Gablenz, Benedek, von denen der letztere, »selbst am Tage der Niederlage unbesiegt«, wohl ein Recht hatte, auf sein Soldatenglück hinzuweisen.

Die dritten (und sie waren die zahlreichsten im Lande) waren kriegsunlustig, weil sie den Personen unlustig, unwillig gegenüberstanden, die eben daran waren, trotz der stündlich sich mehrenden Gefahren, den Krieg als unvermeidlich, als einen Krieg für die Ehre des Landes zu wagen. Diese dritten im Lande sahen die Gefahr nicht in Österreich, weder in seiner Armee, noch seinen Hilfsquellen, noch seinen Allianzen, sondern einzig und allein in der »inneren Fehde«, in der Zersplitterung der eignen Kraft, in dem unausgeglichenen Budgetstreit, in der Unpopularität derer, die im Bewußtsein dieser Unpopularität doch den Krieg zu unternehmen gedachten. Diese dritten wollten den Krieg, den sie für gerecht und für notwendig hielten, aber sie wollten ihn selber führen. Nur das politisch-zufriedengestellte, nur das liberale Preußen war dieser Kriegsaufgabe gewachsen. Unter den gegebenen Verhältnissen aber war der Krieg unmöglich; ein Bismarcksches Preußen durfte man diesen Existenzkrieg nicht führen lassen.

In Österreich war man über diese kriegsunlustige Stimmung in Preußen sehr wohl unterrichtet. »Preußen kann keinen Krieg führen, denn das preußische Volk will ihn nicht,« so etwa rechnete man in Wien und baute darauf seine Intimidierungs-Politik. Der zweite Tag von Olmütz schien ihnen unausbleiblich zu sein. Sie machten die Rechnung ohne den Wirt; sie brachten nicht die das ganze preußische Wesen durchdringende Disziplin in Ansatz, die bei »innerlichem Räsonieren« (worin volle Freiheit herrscht) in einer gewissen dienstbegeisterten Freudigkeit gehorcht, sobald der König ruft. Es ist dies etwas Spezifisch-Preußisches und konnte sich nur in einem Lande ausbilden, wo seit anderthalb Jahrhunderten das Königtum dem Volke in Pflichterfüllung vorangeht und wo, trotz gelegentlichen, übrigens nicht tiefgehenden Schmollens und Grollens, jene Patriarchalität fortbesteht, die den schlichten Mann auf seiner Hufe fühlen läßt: »Mein König ruft mich nur, wenn er mich braucht.«

Dies stolze »ich dien'«, das im Herzen jedes Preußen geschrieben steht, hatte man in Wien außer Rechnung gelassen, und in der Tat, sie durften es, denn es trat in einer Weise, wir wagen das Wort, in einer Großartigkeit in die Erscheinung, die selbst diejenigen überraschte, die diesen Zug des preußischen Wesens sehr wohl gekannt und ihm vertraut hatten. Willig oder nicht, jeder setzte seine Ehre darin, zu rechter Stunde an rechter Stelle zu sein. Keiner blieb aus. Es war, als ob sich ein ganzes Volk das Wort gegeben habe, es koste, was es wolle, seine Pflicht zu tun. Es geschah dies mitunter unter den schwierigsten Verhältnissen. Aus unsrer eignen Erfahrung möchten wir an dieser Stelle ein paar Beispiele geben.

In ein und demselben Hause mit uns wohnt ein alter, ehrbarer, aber schlichter Mann, ein Eisenbahnbeamter. Seine drei Söhne, sämtlich Landwehr-Unteroffiziere, wurden einberufen. Der älteste (Klempnermeister) arbeitete in Birmingham, der zweite (Tischler) war in Lüttich, der dritte (Postkondukteur) hatte seinen Hochzeitstag bereits festgesetzt. Vor Ablauf von zehn Tagen standen alle drei in Reih und Glied. Der jüngste hinkt jetzt; bei Nachod hat ihm eine Kugel den Hüftknochen zerschmettert.

Im Posenschen wurde Gottlieb Kruschel einberufen. Er hatte früher bei der Garde gestanden. Nun war er verheiratet (fünf Kinder) und hatte des Vaters Hof. Als die Order kam, war viel Bangen im Hause. Ein Lediger, der auch früher gedient, trat an Kruschel heran und bot ihm an: Er wolle »für ihn eintreten«. Alles redete zu. Kruschel besann sich eine Weile. Dann sagte er: »Der König hat noch keinen Krieg ohne mich geführt«, und als das nicht gelten sollte, schnitt er die Verhandlung damit ab: »Der König hat mich gerufen und nicht dich; was sollte daraus werden, wenn jeder einen andern schicken wollte; – ich gehe.« Und er ging. Er erlag der Seuche. Auf dem Pohrlitzer Kirchhof bei Brünn ist er bestattet worden.

Ein schönstes Zeugnis legt aber wohl ein Brief ab, der Anfang Juli von einem märkischen Reservisten – wenn wir nicht irren von Tilsit oder Gumbinnen aus – an seine alte Mutter in Lunow (Uckermark) gerichtet wurde. Dieser Reservist hatte in Rußland in Lohn und Arbeit gestanden, hatte, mit vielen anderen, als er von dem Aufruf des Königs hörte (wir geben diesen Aufruf später), Rußland verlassen und schrieb nun von der preußischen Grenze aus, die er auf der Rückreise eben passiert hatte, wie folgt: »Meine teure, geliebte Mutter! ... Ich arbeitete in Orly (bei Pskow), dreißig Meilen von Petersburg. Nachrichten von Deutschland hatte ich so wenig wie irgendein anderer Landsmann, deren wir wohl dreihundert in der Stadt waren. Preußen waren hundertundzwanzig dabei; die andern waren meist Sachsen und Bayern.

Eines Tages wurde uns bekannt, daß der Kaiser nach der Stadt käme. Alles war in Bewegung, ihn würdig zu empfangen. Bevor der Tag aber herankam, erhielten wir noch eine andere Nachricht durch die preußische Gesandtschaft in Petersburg, die Nachricht nämlich, das Vaterland sei in Gefahr und der König rufe alle braven Preußen ins Vaterland zurück. Einer sagte es dem andern, aber alle hatten nur den einen Gedanken: Auf nach Preußen und das Schwert in die Hand! Das war der Ruf, mit dem wir an demselben Tage die Arbeit kündigten. Liebe Mutter, es blieb nicht ein Preuße da. Der Tag unsrer Abreise war derselbe, wo der Kaiser kam. Schon früh war das Militär auf dem Bahnhofe, um ihn zu empfangen. Wir versammelten uns, um Rußland, vielleicht für immer, zu verlassen. Es hatten sich viele Neugierige um uns versammelt, die unsern Abmarsch erwarten und mitansehen wollten. Jeder von uns hatte eine schwarz-weiße Schärpe erhalten, und nun ein Musikkorps an der Spitze, marschierten wir unter den Klängen des Liedes: »Ich bin ein Preuße« dem Bahnhofe zu. Da öffneten sich die Fenster, und manches Lebewohl und mancher Abschiedsgruß wurde uns von den Russen, denen wir liebe Gäste sind, nachgesandt.

Auf einmal erschallt Militärmusik vor uns. Der Kaiser ist da und kommt an der Spitze seiner Garden in die Stadt. Wir wollen ausbiegen in eine andere Straße, aber auch das geht nicht mehr, und der Kaiser hält plötzlich vor uns. Halt! erschallt es, und alles ist totenstill. Die Russen kreideweiß vor Bangen, wir ruhig und gelassen wartend, was kommen würde. Da reitet der Kaiser, nachdem er uns eine Zeit lang gemustert, heran an uns. ›Wer seid ihr?‹ Preußen, Ew. Majestät. Ich stand ihm zufällig am nächsten und mußte antworten. ›Was bedeutet dieser Aufzug?‹ Wir ziehen in unser Vaterland zurück. ›Gefällt es euch in meinem Lande nicht mehr, oder treibt man euch hier fort?‹ Liebe Mutter! Da trat ich noch einen Schritt weiter vor und sagte: ›Nein, Majestät! Aber unser König ruft uns, unser Vaterland retten zu helfen, welches der Feind bedroht, und da dürfen wir nicht fehlen!‹ Da leuchtete es hell auf in seinen Augen, lange betrachtete er uns, dann sprach er: ›Ihr werdet es auch nicht mehr retten!‹ Mutter! Da zuckte ein heißer Schmerz durch unsere Brust; so groß hatten wir uns die Gefahr nicht gedacht. ›Dann werden wir uns mit ihm begraben lassen!‹ Das war der Ruf, mit dem wir ihm antworteten. Da, meine liebe Mutter, habe ich gesehen, wie der Mann, vor dem Millionen zittern, mit Mühe seine Tränen, die ihm in die Augen drangen, zurückhielt. ›Zieht in Frieden, tut eure Pflicht und baut auf Preußens Freunde, es wird nie untergehen, wie sich die Zeit auch gestalten mag. Geht mit Gott!‹ – Dann sprach er einige Worte mit seinem Adjutanten, ein Wink mit der Hand und die Musik vom Garde-Regiment Ingermanland war an unsrer Spitze; dann: Präsentiert's Gewehr! und unter dem Ruf: ›Es lebe der Kaiser, es leben die Prussack‹, unter dem donnernden Ruf der Garde zogen wir weiter. Das, meine Mutter, war ein schöner Augenblick meines Lebens, den ich nie vergessen werde.

Jetzt bin ich nun wieder in Preußen, um das weitere abzuwarten und habe sofort an Dich schreiben wollen.«

Dieser Geist, wie er sich in diesem Briefe so schön ausspricht, war lebendig in allen denen, die mal unter den Fahnen Preußens gestanden hatten.* Alles strömte den Sammelplätzen zu, und als die kriegerischen Klänge erst wieder auf allen Straßen lebendig wurden und als es dann an ein Scheiden ging, da fiel es wie ein böser Traum von den Seelen aller, das preußische Herz begann zu schlagen, und vor dem Ernst der Situation, angesichts des Todes, dem so viele Angehörigen auf den Ruf ihres Königs entgegengingen, verschwand das Schmollen und Grollen wie ein Nebelrauch und ein lang entbehrter Sonnenschein lag wieder über dem Lande.

Allen voran schritt Schlesien. Hier zuerst (an der bedrohtesten Stelle) schlug ein reines Feuer aus dem Qualm und Rauch langdauernder Verstimmung auf. Breslau, ein Name, schon einmal eingeschrieben auf der glänzendsten Seite unserer Geschichte – warf den Unfrieden hinter sich und mit einem »Hier sind wir wieder« trat es, in einer Adresse voll patriotischer Hingebung, an den Thron. Dies Beispiel soll unvergessen sein. Die Worte aber, die die Hauptstadt Schlesiens an den König richtete, waren folgende:

»Allergnädigster König und Herr!

In dieser ernsten Zeit, in welcher Preußen und Deutschland von schweren Kriegsgefahren bedroht sind, sei es den städtischen Behörden Breslaus, als der Hauptstadt derjenigen Provinz, die zuerst und zunächst dem Kriege mit seinen Wechselfällen ausgesetzt ist, gestattet, dem Throne Euer Majestät mit einer ehrfurchtsvollen Vorstellung zu nahen.

Euer Majestät haben die Mobilmachung der gesamten Armee befohlen. Wir wissen, daß Euer Majestät sich mit schwerem Herzen dazu entschlossen haben. Euer Majestät kennen die Leiden, welche die in den langen Friedensjahren so reich entwickelte Erwerbstätigkeit des preu-

* Wir können uns nicht versagen, hier noch einen Zug zu erzählen, der – wiewohl erst den Wochen nach dem Kriege angehörig – auch noch nachträglich ein Licht darauf wirft, wie ernst man es damals in Preußen nahm. Die Geschichte ist die. König Wilhelm, auf der Fahrt nach Dresden (im Februar 1867), passierte das Städtchen Hertzberg. Der Perron war mit Menschen besetzt, auch mit Reservisten, die von Düppel-Alsen und Sadowa her ihre Kriegsdenkmünzen auf der Brust trugen. Der König winkte den vordersten heran, sprach zutraulich und fragte ihn in heiterer Laune, »ob ihm wohl auch bange ums Herz geworden sei.« Der Angeredete rührte sich nicht, sah den König fest an und sagte dann ablehnend: »ich habe für meinen König und mein Vaterland gefochten.« König Wilhelm streichelte ihm die Backe, schwieg und lehnte sich ins Coupé zurück.

ßischen Volkes bereits getroffen und im Falle des Ausbruchs des Krieges in noch weit höherem Grade treffen werden; es müssen also schwerwiegende Gründe sein, die Euer Majestät zu dem ernsten Entschlusse bestimmt haben.

Wir glauben an Allerhöchster Stelle die Versicherung abgeben zu dürfen, daß Breslau an Opferwilligkeit, wie im Jahre 1813, so auch jetzt keiner anderen Stadt Preußens nachstehen wird.

Wir fühlen gemeinsam mit Euer Majestät die Drangsale des Krieges; wir unterschätzen nicht die Lasten, welche das preußische Volk zu tragen haben wird; wir kennen die Opfer, welche der Krieg fordert. Demungeachtet sprechen wir es aus und glauben hierin der Zustimmung unserer Mitbürger sicher zu sein, daß wir, wenn es die Macht und die Ehre Preußens, seine Stellung in Deutschland und die mit dieser Stellung in notwendigem Zusammenhange stehende Einheit unseres gemeinsamen Vaterlandes gilt, den Gefahren und Nöten des Krieges mit derselben Opferwilligkeit und Hingebung entgegengehen, wie die schlesischen Männer es unter der Führung von Euer Majestät hochseligem Vater getan. Können jene höchsten Güter Preußens und Deutschlands erhalten werden im Frieden, so begrüßen wir denselben freudigen Herzens; sollten aber die Gegner Preußens und Deutschlands, wie es im Jahre 1850 geschehen, wieder eine Minderung der Machtstellung Preußens, wiederum eine Demütigung Preußens erstreben, so wird Schlesien lieber alle Lasten und Leiden des Krieges auf sich nehmen, als die Lösung der historischen Aufgabe Preußens, die Einigung Deutschlands, wieder auf Jahrzehnte hinausrücken lassen.«

So Breslau (15. Mai). Der König antwortete:

»Die Worte, welche Magistrat und Stadtverordnete der Stadt Breslau in der Vorstellung vom 15. d. M. an Mich richten, habe Ich gern vernommen. Ich erkenne in ihnen den Ausfluß desselben Geistes, welcher im Jahre 1813 die Väter der heutigen Bewohner Breslaus beseelte; es hat Mir wohlgetan, daß die Vertreter der Stadt diesem Geiste mit Ernst und Wärme Ausdruck gegeben haben. Niemand kann die Schwere der Opfer, welche der Krieg dem Vaterlande auferlegen würde, schmerzlicher empfinden, als Ich, niemand das Bedürfnis lebhafter fühlen, daß dieselben von Herrscher und Volk in ungetrübter Eintracht getragen werden. Möge Mein Wort der Stadt Breslau als Bürgschaft dienen, daß kein ehrgeiziges Streben, selbst nicht dasjenige, welches im Interesse des großen gemeinsamen Vaterlandes berechtigt genannt werden könnte, sondern nur die Pflicht, Preußen und seine heiligsten Güter zu verteidigen, Mich Mein Volk hat zu den Waffen rufen lassen.«

Diese königliche Antwort drückte das Siegel auf den Stimmungswechsel, auf den Umschwung, der sich bereits von dem Moment an, wo man dem Kriege ernst ins Auge sah, in den Gemütern vollzogen hatte. Die Grundstimmung blieb ernst, man hütete sich auch jetzt noch vor Sichersein und Überhebung, aber eine gewisse Freudigkeit (eine Freudigkeit, wie sie die Hoffnung gibt) wuchs aus dem Ernste auf.

Am 19. war die Antwort des Königs an die Stadt Breslau erfolgt; schon am 15. hatten von Ost und West her die Truppen-Konzentrationen begonnen. Anfang Juni war die Aufstellung (eine vorläufige, die vierzehn Tage später eine Änderung erfuhr) beendet, vier Korps unter dem Kronprinzen (II. oder schlesische Armee) deckten Schlesien, vier und ein halbes Korps unter Prinz Friedrich Karl und General Herwarth v. Bittenfeld (I. und Elb-Armee) deckten die Lausitz und die Mark. Die Aufstellung zu diesem Zeitpunkt war vorwiegend defensiver Natur. »Der Diplomat mußte mit dem Soldaten aufs engste Hand in Hand gehen.« Die besondere Schwierigkeit lag darin, daß, während die Politik vorläufig noch die Defensive gebot, die Chancen einer Offensive nicht aus der Hand gegeben, nicht unmöglich gemacht werden durften. Man darf sagen, daß man dieser Schwierigkeit und mancher andern Herr wurde. Der Plan (ein relativ bester) stand fest; nicht in den Details, wohl aber in den großen Zügen, ganz im Einklang mit jenem napoleonischen Satze: »Man muß zwei Drittel berechnen und ein Drittel dem Zufall überlassen.« Wer zu wenig berechnet, tritt gleich wirr in die Ereignisse ein, wer zu viel berechnet, wird wirr unter dem freien Gang der Ereignisse.

Das Volk begann zu hoffen, so sagten wir. Einer aber (er wäre sonst erlegen) hatte die ganze Zuversicht des Sieges – Graf Bismarck. Er kannte die Kräfte hüben und drüben. »Die Kabinette und die Völker unterschätzen uns; die Welt wird mit Staunen sehn, welcher Kraftentwicklung dies verspottete Preußen fähig ist.«

DIE OKKUPATION SACHSENS.
DIE MANIFESTE

PREUSSEN stand Mitte Juni in einer Defensiv-Stellung an der sächsisch-schlesischen Grenze. Politische Rücksichten schrieben dies vor, und gewisse militärische Vorteile, wie sie eine sofortige Besetzung Sachsens und die Vorbereitungen zu einem keilartigen Vorstoß von Nord nach Süd geboten hätten, wurden aus der Hand gegeben um des Bundes willen. Die Neutralität desselben, in dem großen Zweikampf zwischen den beiden Rivalen, lag doch immer noch in der Möglichkeit. Alles sollte vermieden werden, was Besorgnis erwecken und dadurch zum Aufgeben einer etwa beabsichtigten Neutralität hätte hindrängen können. Erst als die Abstimmung des Bundes vom 14. Juni über seine Gegnerschaft gegen Preußen keinen Zweifel mehr ließ, als Preußen dadurch der Pflicht überhoben wurde, auf die Haltung des Bundes Rücksicht zu nehmen, war der Moment da, aus der Defensive in die Offensive überzugehen.

Diese Offensive bestand in der sofortigen Besetzung von Hannover, Kassel, Dresden.

UR der letztere Vorgang beschäftigt uns an dieser Stelle.

Am 15. stellte Preußen seine Sommation. In der Nacht zum 16., nachdem König Johann abgelehnt hatte, rückten die Preußen an die Grenze; am andern Morgen überschritten sie dieselbe an verschiedenen Punkten auf der ganzen Linie zwischen Leipzig und Görlitz.

Die Elb-Armee (Herwarth v. Bittenfeld) nahm ihre Richtung über Riesa und Meißen auf Dresden, die I. Armee (Prinz Friedrich Karl) über Bautzen und Löbau auf Zittau. Beide Armeen suchten Fühlung mit einander zu behalten und stellten durch Seiten-Korps, die einen von links, die andern von rechts her, eine Verbindung untereinander her. Bischofswerda, halben Wegs zwischen Dresden und Bautzen, bildete diesen Berührungspunkt. Doch konnte diese Fühlung bei dem Weitervormarsch nicht festgehalten werden. Erst das Gefecht bei Münchengrätz stellte elf Tage später diese Verbindung der beiden Armeen wieder her.

Die Sachsen, nachdem die Überschreitung der Grenze stattgefunden, begnügten sich damit, durch Aufreißen der Eisenbahnschienen, durch Wegführung von Lokomotiven und Elbdampfern, endlich durch Brükkensprengung dem Vormarsch der Preußen Hindernisse in den Weg zu stellen, zogen alsdann ihre nach den Flügeln hin detachierten Korps rasch an sich, gaben Dresden auf und gingen, elb-aufwärts, durch die Täler der sächsischen Schweiz hindurch, bis Bodenbach zurück.

Der Glaube war ziemlich allgemein unter den abziehenden Truppen verbreitet, daß man der sächsischen Heimat nur auf kurze Zeit den Rücken wende und nur »ein Stück Weges« der verbündeten Hauptarmee unter Benedek entgegengehe, von welcher man voraussetzte, daß nur die rasche Initiative Preußens und nebenbei vielleicht auch ein wenig das österreichische »Immer langsam voran« sie verhindert habe, rechtzeitig an der Stelle zu sein, die man für die entscheidende hielt.

INKS sich haltend, oder richtiger am linken Ufer der Elbe hin, überschritt man die böhmische Grenze. Nirgends hatte ein Zusammenstoß stattgefunden.

Die Mittel, die versucht waren, um den preußischen Vormarsch zu hindern, erwiesen sich als verfehlt; bei der nahen Entfernung von der Grenze bis Dresden hatte den Preußen von Anfang an eine Benutzung der Eisenbahnen (was nur aufgehalten haben würde) fern gelegen, noch nutzloser aber – da die Preußen eben zu beiden Seiten der Elbe in Sachsen eindrangen – erwies sich die Zerstörung der schönen Brücken zu Riesa und Meißen. Die Sachsen selber schüttelten den Kopf darüber. Das Anzünden der Brückenpfeiler und die hoch aufschlagenden Flammen schienen keinen andern Grund zu haben als den eines Fanals, eines Wahrzeichens. Die hoch aufschlagende Flamme rief ins Land hinein: »Der Krieg ist da!«

Unsrerseits machten sich Pontonnier-Abteilungen sofort ans Werk. Während sie aber tätig waren, um den immerhin wünschenswerten Verkehr zwischen den Ufern wieder herzustellen, drangen bereits die zu beiden Seiten übergegangenen Divisionen in Geschwindmärschen auf Dresden vor. Am 16. wurden die kleinen Ortschaften an der Leipzig-Dresdner Bahn: Wurzen, Dahlen, Oschatz usw., am 17. Meißen besetzt. Der nächste Tag mußte den Einmarsch in die sächsische Hauptstadt bringen. Schon am 16., unmittelbar nach Überschreitung der Grenze, hatte General Herwarth v. Bittenfeld folgende Proklamation erlassen:

> »Sachsen! Ich rücke in Euer Land ein; nicht aber als Euer Feind, denn ich weiß, daß Eure Sympathien nicht zusammenfallen mit den Bestrebungen Eurer Regierung. Sie ist es gewesen, die nicht eher geruht hat, als bis aus dem Bündnis von Österreich und Preußen die Feindschaft beider entstanden; sie allein ist die Veranlassung, daß Euer schönes Land zunächst der Schauplatz des Krieges werden wird. Aber meine Truppen werden Euch in demselben Maße als Freunde, gleichwie Einwohner unseres eigenen Landes behandeln, als Ihr uns entgegenkommen und bereit sein werdet, die nicht zu vermeidenden Lasten des Krieges willig zu tragen. In Eurer Hand also wird es liegen, die Leiden des Krieges zu mildern und die Bestrebungen zu vereiteln, die so gern ein Gefühl von Feindseligkeit den verwandten Volksstämmen einimpfen möchten.«

Überall, wohin die Truppen kamen, folgte man ihnen verwunderten Blicks. Ihr Auftreten, ihre Heiterkeit, ihre Adrettheit riefen eine gewisse Überraschung hervor. Ein Brief aus Meißen, in jenen Tagen geschrieben, drückt diese Überraschung am besten aus: »... Sonntag früh sprengten blaue Husaren durch unsere Stadt. Mittags und nachmittags mehrte sich der Zuzug und dauerte bis in die Nacht. Alles nahm die Richtung auf Dresden. Am Montag früh folgten neue Massen, Infanterie, Ulanen und etwa hundert Kanonen. Wir waren wie benommen. Solch Schauspiel hatten wir nie gesehen. Man hatte uns erzählt, daß es in Preußen an allem gebräche, daß es der Mittel entbehre, eine große Armee ins Feld zu stellen, und nun blitzten Waffen und Geschirr, und endlos schien der Zug.«

Am 18. gegen Mittag rückten die ersten Preußen in Dresden ein. Es waren Abteilungen vom Königs-Husaren-Regiment; von drei Seiten her, vom Albertsbahnhof, durch das Gehege und von Neustadt aus sprengten sie dem Mittelpunkt der Stadt zu und vereinigten sich an der Brücke vor der katholischen Kirche. Alsbald – den Kommandierenden an ihrer Spitze – folgte Infanterie: das Hohenzollernsche Füsilier-Regiment Nr. 40, das Ostpreußische Füsilier-Regiment Nr. 33, dann Ulanen, Jäger, Artillerie. Sofort wurden die hauptsächlichsten Staatsgebäude besetzt: das Post- und Telegraphen-Amt, der Leipziger, Böhmische, Schlesische und Albertsbahnhof, das königliche Schloß; einzelne Offiziere sprengten nach anderen Gebäuden. Die alte Elbbrücke wurde nur auf kurze Zeit gesperrt, der Verkehr dann wieder freigegeben. Bis in die späten Nachmittagstunden dauerte der Einmarsch fort; General Herwarth, der im Hotel Bellevue Quartier genommen, ließ die nach ihm eintreffenden Regimenter an sich vorbei defilieren. Die Truppen, soweit sie nicht gleich durchgingen, wurden teils in den Kasernen, teils in Privathäusern untergebracht. Andern Tages war große Messe in der katholischen Kirche (die eingerückten Mannschaften waren Rheinländer und Westfalen). – Auflehnungen hatten nirgends stattgefunden. In Ruhe ließ die Bevölkerung über sich ergehen, was sie nicht ändern konnte. Ihre Haltung war höflich wie immer, aber reserviert. Nur die vielen in Dresden lebenden Preußen gaben ihrer patriotischen Freude einen lebhaften Ausdruck. Sie wehten mit Tüchern und begrüßten unter nicht endenden Hochs und Hurras die Einziehenden.

Der 19. war ein Ruhetag für die Elb-Armee. Während aber die dem General Herwarth unterstellten Truppen rasteten, wurde Leipzig durch vorgeschobene Abteilungen eines erst in Bildung begriffenen Reserve-Korps besetzt. Diese Besetzung der zweiten Hauptstadt des Landes war nur eine Defensiv-Maßregel und verfolgte keinen andern Zweck, als die rechte Flanke der Elb-Armee zu schützen. Ein Vorgehen auf dieser Linie (Leipzig-Hof) war nicht beabsichtigt oder doch zur Zeit noch unausführbar. Man mußte sich, bei der Unausreichendheit der augenblicklich zur Verfügung stehenden Kräfte, damit begnügen, ein Hervorbrechen der Bayern an dieser Stelle zu hindern.

Schon am 18. waren Husarenpatrouillen in Reudnitz – einem vorstadtartigen Dorfe dicht vor Leipzig – eingetroffen, hatten zu erforschen gesucht, ob Bayern in der Nähe seien, und waren dann rasch wieder verschwunden; erst am 19. früh erfolgte die wirkliche Besetzung der

Stadt. Vier Uhr morgens langten am äußeren Dresdner Tor einige dreißig Bauernwagen mit hundertfünfundzwanzig Mann Infanterie an, die an der Johanniskirche, in der Nähe des Tores, abstiegen und durch die Stadt hindurch nach dem Bayerischen Bahnhof zogen. Wachen wurden ausgestellt, während ein Teil der Mannschaften die Wagen wieder bestieg und nach Altenburg weiterfuhr.

Die sich anschließenden Vorgänge dieses Tages entnehmen wir am besten der Schilderung eines Augenzeugen: Um 9½ Uhr vormittags folgte ein vierzig Mann starkes Pikett Brandenburgischer Dragoner, die durch die Grimmaische Straße ritten, der vorderste Mann mit erhobener Pistole, wie in Kriegszeiten üblich, umringt und vielfach freundlich angeredet von einer zahlreich versammelten neugierigen Menge. Der Befehlshaber begab sich auf das Rathaus und verlangte, daß die Bekanntmachung des preußischen kommandierenden Generals in Sachsen, Herwarth v. Bittenfeld, seitens des Rats öffentlich angeheftet werden sollte (was verweigert ward, worauf die Militärbehörde selbst Druck und Anheftung verfügte). Um 11 Uhr vormittags endlich trafen Infanterie-Kolonnen in der Dresdner Vorstadt ein; es war ein Bataillon des vierten Garde-Regiments, tausend Mann stark, unter dem Befehl des Oberstleutnants v. Conta. Sie waren am Montag von Torgau, wohin sie vor elf Tagen aus Berlin gekommen waren, auf schlechtem Wege nach Eilenburg und von da gestern in fünf Stunden hierher marschiert. Sie kamen staubbedeckt und erhitzt an, aber nicht erschöpft. Das Bataillon marschierte ohne Trommelklang über den Augustusplatz durch die Schillerstraße ins Schloß, die alte Pleißenburg. Im Schloßhofe wurden die Gewehre zusammengestellt und jeder machte sich's bequem. Über Mittag drängte sich eine so große Menge Neugieriger in die Pleißenburg, daß die Torflügel geschlossen wurden. Alle Mannschaften waren nach kurzer Zeit wieder frisch. Sie haben ein kriegerisches Aussehen. Es sind hohe, kräftige Männer, bärtig, sonnverbrannt und der Mehrzahl nach mit dem Düppelkreuz geschmückt. Im Verkehr mit dem Publikum sind sie anständig und freundlich, und dieses kommt ihnen entgegen. Man fraternisiert.

Der Empfang in Leipzig war herzlicher gewesen als in irgendeiner andern Stadt des Landes, soweit dasselbe bis zum 19. in unseren Händen war; die preußischen Sympathien der zweiten Hauptstadt des Landes hatten sich nicht verleugnet. Aber erst im östlichen Teile Sachsens, zwischen Stolpen, Neustadt, Hohenstein, auf jenem engen Terrain, wo Sachsen, Schlesien, Böhmen zusammenstoßen, trat eine Hinneigung zu Preußen beinah unverhohlen vor. Hier, aus langem Grenzverkehr nach zwei Seiten hin, hatte man seit langem zwischen preußischem und österreichischem Wesen unterscheiden gelernt, und das Abwägen war nicht zu unserem Nachteil ausgefallen.

Auf ihrem Vormarsch nach diesem Plateau hin haben wir aber die Elb-Armee, die, wie wir wissen, am 19. Ruhetag hatte, zunächst noch zu begleiten. Am Morgen des 20. rückte die gesamte Elb-Armee mit klingendem Spiele über die Dresdner Brücke, passierte die Neustadt und zog, unter Sing und Sang, am Waldschlößchen vorbei, an den schönen Berglehnen hin, auf Bischofswerda und Stolpen zu. Das letztere wurde noch am Abend desselben Tages, am 21. aber der noch näher der Grenze zu gelegene Flecken Neustadt besetzt. Das ganze sonst so stille Plateau war zu einem einzigen großen Waffenlager geworden. Prächtig war der Anblick, besonders zur Nachtzeit. Von dem hochgelegenen Schloß Stolpen aus sah man bis an die Grenze hin die Biwakfeuer brennen. Dazwischen die Dörfer wie schwarze Schattenbilder. Große Rauchsäulen stiegen gen Himmel auf, dann und wann, wenn ein Wind kam, senkten sie sich und lagerten sich auf das Feld und seine Lichter.

So haben wir die Elb-Armee bis an die böhmische Grenze geführt. Am 22. wurde bekanntgegeben: »Morgen früh rücken wir ein.« Lauter Jubel war die Antwort. Die Avantgarde marschierte noch am selben Tage (22.) bis Schluckenau.

Und wie die Elb-Armee über Dresden, so war die Erste Armee (Prinz Friedrich Karl) über Bautzen und Löbau bis an die Grenze vorgedrungen. Die Szenen und Ereignisse waren dieselben. Die Eisenbahnen, wo sie zerstört waren, wurden im Fluge wieder hergestellt, die Telegraphen in Betrieb, die Beamten – so weit es der Dienst erheischte – in Pflicht genommen. Der Prinz erließ eine Proklamation, in der es ähnlich wie in der Bekanntmachung General Herwarths hieß, »daß der Krieg nicht gegen Land und Bewohner, sondern gegen die Regierung geführt werde, gegen die Regierung, deren feindselige Haltung gegen Preußen diese Aktion heraufbeschworen« habe. Requisitionen wurden in Aussicht gestellt und gegen Empfangsbescheinigung erhoben. Am 22. stand die I. Armee in dem Dreieck Zittau, Ostritz, Seidenberg. Am 23. früh erfolgte auch hier der Einmarsch.

Das gemeinschaftliche Aktionsfeld der I. wie der Elb-Armee war das Isergebiet. Am Mittellauf dieses Flusses, zwischen Turnau und Münchengrätz, mußten beide Armeen, von denen die eine südöstlich, die andere südwestlich marschierte, mutmaßlich zusammentreffen. Und so geschah es. Wir sehen später, wie.

Die Manifeste

M 16. früh war die telegraphische Meldung von dem Einmarsch in Sachsen in Wien. Am 17. erließ Kaiser Franz Joseph folgendes Kriegsmanifest an seine Völker:

»An Meine Völker!

Mitten im Werke des Friedens, das Ich unternommen, um die Grundlagen zu einer Verfassungsform zu legen, welche die Einheit und Machtstellung des Gesamtreiches festigen, den einzelnen Ländern und Völkern aber ihre freie innere Entwickelung sichern soll, hat Meine Regentenpflicht Mir geboten, Mein ganzes Heer unter die Waffen zu rufen. An den Grenzen des Reiches, im Süden und Norden, stehen die Armeen zweier verbündeten Feinde, in der Absicht, Österreich in seinem europäischen Machtbestande zu erschüttern.

Keinem derselben ist von Meiner Seite ein Anlaß zum Kriege gegeben worden. Die Segnungen des Friedens Meinen Völkern zu erhalten habe Ich, dessen ist Gott der Allwissende Mein Zeuge, immer für eine Meiner ersten und heiligsten Regentenpflichten angesehen und getreu sie zu erfüllen getrachtet.

Allein, die eine der beiden feindlichen Mächte bedarf keines Vorwandes: lüstern auf Raub von Teilen Meines Reiches, ist der günstige Zeitpunkt für sie der Anlaß zum Kriege.

Verbündet mit den preußischen Truppen, die uns als Feinde nunmehr entgegenstehen, zog vor zwei Jahren ein Teil Meines treuen und tapferen Heeres an die Gestade der Nordsee.

Ich bin diese Waffengenossenschaft mit Preußen eingegangen, um vertragsmäßige Rechte zu wahren, einen bedrohten deutschen Volksstamm zu schützen, das Unheil eines unvermeidlichen Krieges auf seine engsten Grenzen einzuschränken und in der innigen Verbindung der zwei mitteleuropäischen Großmächte – denen vorzugsweise die Aufgabe der Erhaltung des europäischen Friedens zuteil geworden – zum Wohle Meines Reiches, Deutschlands und Europas eine solche dauernde Friedensgarantie zu gewinnen.

Eroberungen habe Ich nicht gesucht; uneigennützig beim Abschlusse des Bündnisses mit Preußen, habe Ich auch im Wiener Friedensvertrage keine Vorteile für Mich angestrebt. Österreich trägt keine Schuld an der trüben Reihe unseliger Verwickelungen, welche bei gleicher uneigennütziger Absicht Preußens nie hätten entstehen können, bei gleicher bundestreuer Gesinnung augenblicklich zu begleichen waren.

Sie wurden zur Verwirklichung selbstsüchtiger Zwecke hervorgerufen und waren deshalb für Meine Regierung auf friedlichem Wege unlösbar.

So steigerte sich immer mehr der Ernst der Lage.

Selbst dann aber noch, als offenkundig in den beiden feindlichen Staaten kriegerische Vorbereitungen getroffen wurden und ein Einverständnis unter ihnen, dem nur die Absicht eines gemeinsamen feindlichen Angriffes auf Mein Reich zugrunde liegen konnte, immer klarer zutage trat, verharrte Ich im Bewußtsein Meiner Regentenpflicht, bereit zu jedem mit der Ehre und Wohlfahrt Meiner Völker vereinbaren Zugeständnisse, im tiefsten Frieden.

Als Ich jedoch wahrnahm, daß ein weiteres Zögern die wirksame Abwehr feindlicher Angriffe und hierdurch die Sicherheit der Monarchie gefährde, mußte Ich Mich zu den schweren Opfern entschließen, die mit Kriegsrüstungen unzertrennlich verbunden sind.

Die durch Meine Regierung gegebenen Versicherungen Meiner Friedensliebe, die wiederholt abgegebenen Erklärungen Meiner Bereitwilligkeit zu gleichzeitiger gegenseitiger Abrüstung erwiderte Preußen mit Gegenansinnen, deren Annahme eine Preisgebung der Ehre und Sicherheit Meines Reiches gewesen wäre.

Preußen verlangte die volle vorausgehende Abrüstung nicht nur gegen sich, sondern auch gegen die an der Grenze Meines Reiches in Italien stehende feindliche Macht, für deren Friedensliebe keine Bürgschaft geboten wurde und keine geboten werden konnte.

Alle Verhandlungen mit Preußen in der Herzogtümerfrage haben immer mehr Belege zu der Tatsache geliefert, daß eine Lösung dieser Frage, wie sie der Würde Österreichs, dem Rechte und den Interessen Deutschlands und der Herzogtümer entspricht, durch ein Einverständnis mit Preußen bei seiner offen zutag liegenden Gewalt- und Eroberungspolitik nicht zu erzielen ist.

Die Verhandlungen wurden abgebrochen, die ganze Angelegenheit den Entschließungen des Bundes anheimgestellt und zugleich die legalen Vertreter Holsteins einberufen.

Die drohenden Kriegsaussichten veranlaßten die drei Mächte Frankreich, England und Rußland, auch an Meine Regierung die Einladung zur Teilnahme an gemeinsamen Beratungen ergehen zu lassen, deren Zweck die Erhaltung des Friedens sein sollte. Meine Regierung, entsprechend Meiner Absicht, wenn immer möglich den Frieden für Meine Völker zu erhalten, hat die Teilnahme nicht abgelehnt, wohl aber ihre Zusage an die bestimmte Voraussetzung geknüpft, daß das öffentliche europäische Recht und die bestehenden Verträge den Ausgangspunkt dieser Vermittelungsversuche zu bilden haben und die teilnehmenden Mächte kein Sonderinteresse zum Nachteile des europäischen Gleichgewichtes und der Rechte Österreichs verfolgen.

Wenn schon der Versuch von Friedensberatungen an diesen natürlichen Voraussetzungen scheiterte, so liegt darin der Beweis, daß die Beratungen selbst nie zur Erhaltung und Festigung des Friedens hätten führen können.

Die neuesten Ereignisse beweisen es unwiderleglich, daß Preußen nun offen Gewalt an die Stelle des Rechtes setzt.

In dem Rechte und der Ehre Österreichs, in dem Rechte und der Ehre der gesamten deutschen Nation erblickte Preußen nicht länger eine Schranke für seinen verhängnisvoll gesteigerten Ehrgeiz. Preußische Truppen rückten in Holstein ein, die von dem kaiserlichen Statthalter einberufene Ständeversammlung wurde gewaltsam gesprengt, die Regierungsgewalt in Holstein, welche der Wiener Friedensvertrag gemeinschaftlich auf Österreich und Preußen übertragen hatte, ausschließlich für Preußen in Anspruch genommen und die österreichische Besatzung genötigt, zehnfacher Übermacht zu weichen.

Als der deutsche Bund, vertragswidrige Eigenmacht hierin erkennend, auf Antrag Österreichs die Mobilmachung der Bundestruppen beschloß, da vollendete Preußen, das sich so gerne als Träger deutscher Interessen rühmen läßt, den eingeschlagenen verderblichen Weg. Das Nationalband der Deutschen zerreißend, erklärte es seinen Austritt aus dem Bunde, verlangte von den deutschen Regierungen die Annahme eines sogenannten Reformplanes, welcher die Teilung Deutschlands verwirklicht, und schritt mit militärischer Gewalt gegen die bundesgetreuen Souveräne vor.

So ist der unheilvollste, ein Krieg Deutscher gegen Deutsche, unvermeidlich geworden.

Zur Verantwortung all des Unglücks, das er über einzelne, Familien, Gegenden und Länder bringen wird, rufe Ich diejenigen, die ihn herbeigeführt, vor den Richterstuhl der Geschichte und des ewigen allmächtigen Gottes.

Ich schreite zum Kampf mit dem Vertrauen, das die gerechte Sache gibt, im Gefühle der Macht, die in einem großen Reiche liegt, wo Fürst und Volk nur von Einem Gedanken – dem guten Rechte Österreichs – durchdrungen sind, mit frischem vollem Mute beim Anblicke Meines tapferen kampfgerüsteten Heeres, das den Wall bildet, an welchem die Kraft der Feinde Österreichs sich brechen wird, im Hinblick auf Meine treuen Völker, die einig, entschlossen, opferwillig zu Mir emporschauen.

Die reine Flamme patriotischer Begeisterung lodert gleichmäßig in den weiten Gebieten Meines Reiches empor; freudig eilten die einberufenen Krieger in die Reihen des Heeres; Freiwillige drängen sich zum Kriegsdienste; die ganze waffenfähige Bevölkerung einiger zumeist bedrohter Länder rüstet sich zum Kampfe, und die edelste Opferwilligkeit eilt zur Linderung des Unglückes und zur Unterstützung der Bedürfnisse des Heeres herbei.

Nur Ein Gefühl durchdringt die Bewohner Meiner Königreiche und Länder: das Gefühl der Zusammengehörigkeit, das Gefühl der Macht in ihrer Einigkeit, das Gefühl des Unmutes über eine so unerhörte Rechtsverletzung.

Doppelt schmerzt es Mich, daß das Werk der Verständigung über die inneren Verfassungsfragen noch nicht so weit gediehen ist, um in diesem ernsten, zugleich aber erhebenden Augenblick die Vertreter aller Meiner Völker um Meinen Thron versammeln zu können.

Dieser Stütze für jetzt entbehrend, ist Mir jedoch Meine Regentenpflicht um so klarer, Mein Entschluß um so fester, dieselbe Meinem Reiche für alle Zukunft zu sichern.

Wir werden in diesem Kampfe nicht allein stehen.

Deutschlands Fürsten und Völker kennen die Gefahr, die ihrer Freiheit und Unabhängigkeit von einer Macht droht, deren Handlungsweise durch selbstsüchtige Pläne einer rücksichtslosen Vergrößerungssucht allein geleitet wird; sie wissen, welchen Hort sie für diese ihre höchsten Güter, welche Stütze für die Macht und Integrität des gesamten deutschen Vaterlandes sie an Österreich finden.

Wie wir für die heiligsten Güter, welche Völker zu verteidigen haben, in Waffen stehen, so auch unsere deutschen Bundesbrüder.

Man hat die Waffen uns in die Hand gezwungen. Wohlan! jetzt, wo wir sie ergriffen, dürfen und wollen wir sie nicht früher niederlegen, als bis Meinem Reiche sowie den verbündeten deutschen Staaten die freie innere Entwicklung gesichert und deren Machtstellung in Europa neuerdings befestigt ist.

Auf unserer Einigkeit, unserer Kraft ruhe aber nicht allein unser Vertrauen; unsere Hoffnung; Ich setze sie zugleich noch auf einen höheren, den allmächtigen gerechten Gott, Dem Mein Haus von seinem Ursprunge an gedient, Der die nicht verläßt, die in Gerechtigkeit auf Ihn vertrauen.

Zu Ihm will Ich um Beistand und Sieg flehen und fordere Meine Völker auf, es mit Mir zu tun.

Gegeben in Meiner Residenz- und Reichs-Hauptstadt Wien am siebzehnten Juni Eintausendachthundertsechsundsechzig.

Franz Joseph m. p.«

So das Manifest des Kaisers.

Einen Tag später (den 18.), am Jahrestage von Fehrbellin und Belle-Alliance, erschien das preußische Manifest:

»An Mein Volk!

In dem Augenblicke, wo Preußens Heer zu einem entscheidenden Kampfe auszieht, drängt es Mich, zu Meinem Volke, zu den Söhnen und Enkeln der tapfern Väter zu reden, zu denen vor einem halben Jahrhundert Mein in Gott ruhender Vater unvergessene Worte sprach.

»Das Vaterland ist in Gefahr!«

Österreich und ein großer Teil Deutschlands steht gegen dasselbe in Waffen!

Nur wenige Jahre sind es her, seit Ich aus freiem Entschlusse und ohne früherer Unbill zu gedenken, dem Kaiser von Österreich die Bundeshand reichte, als es galt, ein deutsches Land von fremder Herrschaft zu befreien. Aus dem gemeinschaftlich vergossenen Blute, hoffte Ich, würde eine Waffenbrüderschaft erblühen, die zu fester, auf gegenseitiger Achtung und Anerkennung beruhender Bundesgenossenschaft und mit ihr zu all dem gemeinsamen Wirken führen würde, aus welchem Deutschlands innere Wohlfahrt und äußere Bedeutung als Frucht hervorgehen sollte. Aber Meine Hoffnung ist getäuscht worden. Österreich will nicht vergessen, daß seine Fürsten einst Deutschland beherrschten; in dem jüngeren, aber kräftig sich entwickelnden Preußen will es keinen natürlichen Bundesgenossen, sondern nur einen feindlichen Nebenbuhler erkennen. Preußen – so meint es – muß in allen seinen Bestrebungen bekämpft werden, weil, was Preußen frommt, Österreich schade. Die alte unselige Eifersucht ist in hellen Flammen wieder aufgelodert: Preußen soll geschwächt, vernichtet, entehrt werden. Ihm gegenüber gelten keine Verträge mehr, gegen Preußen werden deutsche Bundesfürsten nicht bloß aufgerufen, sondern zum

Bundesbruch verleitet. Wohin wir in Deutschland schauen, sind wir von Feinden umgeben, deren Kampfgeschrei ist: »Erniedrigung Preußens!«

Aber in Meinem Volke lebt der Geist von 1813. Wer wird uns einen Fußbreit preußischen Bodens rauben, wenn wir ernstlich entschlossen sind, die Errungenschaften unserer Väter zu wahren, wenn König und Volk, durch die Gefahren des Vaterlandes fester als je geeint, an die Ehre desselben Gut und Blut zu setzen, für ihre höchste und heiligste Aufgabe halten. In sorglicher Voraussicht dessen, was nun eingetreten ist, habe Ich seit Jahren es für die erste Pflicht Meines Königlichen Amtes erkennen müssen, Preußens streitbares Volk für eine starke Machtentwickelung vorzubereiten. Befriedigt und zuversichtlich wird mit Mir jeder Preuße auf die Waffenmacht blicken, die unsere Grenzen deckt. Mit seinem Könige an der Spitze wird sich Preußens Volk ein wahres Volk in Waffen fühlen! Unsere Gegner täuschen sich, wenn sie wähnen, Preußen sei durch innere Streitigkeiten gelähmt. Dem Feinde gegenüber ist es einig und stark; dem Feinde gegenüber gleicht sich aus, was sich entgegenstand, um demnächst im Glück und Unglück vereint zu bleiben.

Ich habe alles getan; um Preußen die Lasten und Opfer eines Krieges zu ersparen, das weiß Mein Volk, das weiß Gott, der die Herzen prüft. Bis zum letzten Augenblicke habe Ich, in Gemeinschaft mit Frankreich, England und Rußland, die Wege für eine gütliche Ausgleichung gesucht und offen gehalten. Österreich hat nicht gewollt, und andere deutsche Staaten haben sich offen auf seine Seite gestellt. So sei es denn. Nicht Mein ist die Schuld, wenn Mein Volk schweren Kampf kämpfen und vielleicht harte Bedrängnis wird erdulden müssen: aber es ist uns keine Wahl mehr geblieben! Wir müssen fechten um unsere Existenz, wir müssen in einen Kampf auf Leben und Tod gehen gegen diejenigen, die das Preußen des großen Kurfürsten, des großen Friedrich, das Preußen, wie es aus den Freiheitskriegen hervorgegangen ist, von der Stufe herabstoßen wollen, auf die seiner Fürsten Geist und Kraft, seines Volkes Tapferkeit, Hingebung und Gesittung es emporgehoben haben.

Flehen wir den Allmächtigen, den Lenker der Geschicke der Völker, den Lenker der Schlachten an, daß Er unsere Waffen segne! Verleiht uns Gott den Sieg, dann werden wir auch stark genug sein, das lose Band, welches die deutschen Lande mehr dem Namen als der Tat nach zusammenhielt, und welches jetzt durch diejenigen zerrissen ist, die das Recht und die Macht des nationalen Geistes fürchten, in anderer Gestalt fester und heilvoller zu erneuen!

Gott mit uns!

Berlin, den 18. Juni 1866.

(gez.) Wilhelm.«

An demselben Tage (wie wir bereits wissen) wurde Dresden besetzt. Dieser Schritt war moralisch wie militärisch von der höchsten Bedeutung. Bis dahin – wie unwahrscheinlich immer – lag eine Beilegung des Streits wenigstens innerhalb der Möglichkeit. Mit dem Einrücken in Sachsen war auch diese Möglichkeit dahin. Das Aufflammen der Riesaer Brücke hatte wirklich den Krieg signalisiert.

Jeder in preußischen Landen erkannte die Bedeutung jener vier Tage, die uns, bis an die böhmische Grenze hin, in den Besitz Sachsens gesetzt hatten. Eine Schlacht war gewonnen, noch eh der erste Schuß gefallen war. Über alle Herzen kam eine freudige Zuversicht. Jeder empfand wohltuend einen festen Willen, eine geschickte Hand. Aus den bloßen Demonstrationen war man heraus. »Es ging los.« Und der kriegerische Geist der Väter, der tief geruht, an den man selbst den Glauben fast verloren, er war wieder da.

All das hatte dieser erste Schritt bewirkt. Hätte es noch eines Beweises bedurft für seine Bedeutung, so konnten wir diesen Beweis aus der Haltung unserer Gegner entnehmen. Ein süddeutscher Offizier rief aus: »Nun sind wir verloren.« Ebenso wirkte die Nachricht in Wien. In richtigem Instinkt erkannte die Masse die Wichtigkeit der erfolgten Okkupation. So groß die Zuversicht gewesen war, so groß waren jetzt die Zweifel. Die Vertrauensseligkeit war erschüttert, und Zweifel in die Benedeksche Unfehlbarkeit begannen laut zu werden. Man sprach bereits von »Versäumnissen«; in den leitenden Kreisen empfand man die Notwendigkeit, die aufgeregte Stimmung zu beruhigen. Verschiedenen Blättern fiel die Aufgabe zu, den Beweis zu führen, daß nichts verloren sei, daß allem Geschehenen oder Nicht-Geschehenen ein wohldurchdachter Plan zugrunde liege und daß die Ruhe, das Abwarten, das Stabile der österreichischen Heerführung in dem Gefühl überlegener Kraft ihre Wurzel habe. »Der Besetzung Dresdens durch die Preußen« – so schrieb ein militärisches Fachblatt – »wird eine Bedeutung zugeschrieben, welche dieselbe absolut nicht hat. Eine Verstärkung der Sachsen durch ein österreichisches Korps, um Dresden zu halten, wäre ein Aufgeben aller Vorteile gewesen, welche die konzentrierte Stellung unserer Nord-Armee in sich schließt, und hätte nur wieder das alte Kordonssystem und das grundfalsche Prinzip, jeden Fußbreit Landes besetzen zu wollen, zu einer höchst zweifelhaften Geltung gebracht. Wer alles verteidigen will, verteidigt gar nichts, das ist ein strategischer und taktischer Grundsatz, der sich stets bewährt und seine Illustrationen in allen Niederlagen gefunden hat, die noch immer alle jene erlitten, welche gegen ihn fehlten. Daß die Preußen Dresden besetzen würden, war vorauszusehen. Jedermann darf überzeugt sein, daß die Besetzung

Dresdens unsererseits nicht etwa aus Mangel an Zeit oder Truppen oder an Energie unterlassen wurde, sondern daß diese Unterlassung wohl überdacht ist und mit dem ganzen Feldzugsplane Benedeks im vollen Einklange steht.«

Diese Sprache, wie man jetzt weiß, war insoweit der Wahrheit gemäß, als ein verspätetes Zustandekommen der österreichischen Rüstungen den Feldzeugmeister in der Tat bestimmt hatte, von jeder Offensive abzustehn und den Feind entweder in guter Stellung zu erwarten oder ihm erst zwischen Iser und Elbe entgegenzutreten.

Am 22. und 23. stiegen unsere Kolonnen in den böhmischen Kessel hinab. Eh wir ihnen auf diesem Vormarsch folgen, werfen wir noch einen Blick auf das Terrain, auf dem sich der Kampf in ungeahnter Raschheit entscheiden sollte.

BÖHMEN UND DAS ISERGEBIET.
DIE KRIEGSPLÄNE

BÖHMEN – der alte Schlachtengrund zwischen Preußen und Österreich – ist der bastionsartig nach Norden vorspringende Teil des Kaiserstaats. Nach allen Seiten hin durch Gebirge abgeschlossen, zeigt es auch in seinem Innern ein stark-hügliges und wellenförmiges Terrain. Namentlich sind es die gegen Norden und Nordwesten hin die Grenze bildenden Gebirgszüge, welche ihre Vorberge zum großen Teil weit in das Land hinein erstrecken. Tief eingeschnittene Flußtäler wechseln hier mit steil ansteigenden bewaldeten Bergkegeln. Die Landschaften sind fast überall gleich anziehend.

Fast das ganze Königreich gehört dem Flußgebiet der Elbe an. Der bedeutendste Nebenfluß dieser, zugleich der eigentlich böhmische Strom, ist die Moldau. Beide – die Elbe von Melnik, die Moldau von Königsaal abwärts – werden mit kleinen Dampfern, welche hauptsächlich als Schleppschiffe dienen, befahren.

Böhmen ist von alters her durch die Fruchtbarkeit seines Bodens bekannt. Böhmisches Obst und böhmischer Hopfen (letzterer von unübertroffener Güte) sind bis diesen Augenblick Gegenstand der Pflege wie der Nachfrage. Alle Vorbedingungen für das wirtschaftliche Prosperieren eines Landes sind gegeben. Aber wie groß der natürliche Reichtum sein mag, die Schätze des Bodens sind fast nirgends gehoben. Die Art der Güterverteilung, der fortwirkende Einfluß ungesunder politischer und kirchlicher Zustände, endlich eine gewisse Indolenz im Volkscharakter, die neben einer leicht zum Fanatismus zu steigernden Erregbarkeit hergeht, machen, daß das Land der Segnungen seiner Natur nicht in vollem Maße teilhaftig wird. Die Landwirtschaft krankt an den beiden wirtschaftlichen Extremen: an der Vereinigung zu großer Güterkomplexe einerseits und an übertriebener Güter-Zerschlagung (mit entsprechend häufigem Besitzwechsel) andrerseits. Was die »zu großen Güterkomplexe« angeht, so finde hier die Notiz Platz, daß von den 146 großen Fideikommiß-Besitzungen, die in den Händen von nur 52 Familien des hohen Landesadels ruhen, einzelne die Ausdehnung kleiner deutscher Länder haben. Die dem Fürsten Schwarzenberg gehörige Herrschaft Krumau umfaßt beispielsweise – ihr sonstiges Areal ungerechnet – zehn Quadratmeilen Wald. Trotz dieser und ähnlicher ausgedehnten Besitzungen ist der hohe Landesadel, bis auf wenige Ausnahmen, tief verschuldet. Die kleinen Leute, das günstigste zu sagen, kommen nicht vorwärts; die hohen Abgaben tragen das ihrige dazu bei, ein allgemeines Aufblühen unmöglich zu machen.

Die Bevölkerung von Böhmen, wenn man die Zählung von 1857 zugrunde legt, dürfte zur Zeit etwa fünf Millionen betragen, darunter drei Millionen Tschechen und zwei Millionen Deutsche. Die tschechischen Statistiker kommen freilich zu Resultaten, welche ihre Nationalität als ungleich überwiegender erscheinen lassen und die Zahl der Deutschen kaum auf ein Viertel der Gesamtbevölkerung zugeben wollen. Widersprechende Angaben dieser Art finden sich in allen Ländern gemischter Nationalität, wenn sie auch nicht überall mit gleicher Heftigkeit auftreten, wie in dem durch die Nationalitäts-Agitation bis ins Innerste aufgewühlten Böhmen. Einen Hauptstreitpunkt bilden namentlich die Bevölkerungsverhältnisse in der Hauptstadt. Von den 140 000 Einwohnern derselben wollen die Deutschen den Tschechen nur 60 000 zugestehen, so daß sie Prag in erster Reihe als eine deutsche Stadt bezeichnen und als solche für sich in Anspruch nehmen. Allerdings ohne Erfolg. Das Tschechentum herrscht.

Mit Eifer und Sorgfalt, wenn auch freilich nicht ohne Parteilichkeit, sind neuerdings Versuche gemacht worden, innerhalb der weiten Gebiete des Königreichs bestimmte Sprach- und Nationalitäts-Grenzen zu ziehen. Als unzweifelhaft geht aus diesen Versuchen nur hervor, daß die nordwestlichen und westlichen sowie ein Teil der nördlichen Grenzdistrikte (die Landstriche längs des Fichtel- und Erzgebirges sowie einzelne Bezirke in der Nähe der Lausitz und des schlesischen Riesengebirges) fast ausschließlich von Deutschen bewohnt werden, während im Zentrum des Landes sowie im Osten und Süden die tschechische Nationalität überwiegt. Da indes im ganzen Lande beide Nationalitäten vermischt durcheinander wohnen, die Angehörigen der einen auch vielfach der Sprache der anderen vollkommen mächtig sind, endlich tschechische Familiennamen unter den Deutschen und deutsche Familiennamen unter den Tschechen vorkommen, so ist die Bestimmung der Nationalität in den einzelnen Fällen sehr schwierig.* Mit ziemlicher Sicherheit läßt sich behaupten, daß der tschechischen Nationalität die Masse des niedren Volkes in Stadt und Land, die Mehrzahl des Bauernstandes und der kleinen Handwerker, endlich einige wenige adlige Familien angehören, während die Deutschen den größeren Grundbesitz und den größeren Handels- und Gewerbsstand zu den ihrigen zählen. Dies tritt namentlich auch in Prag hervor, wiewohl es hier (wir

* Wir entnehmen einem Bericht über diese interessante Frage noch folgendes: Eine eigentliche Sprachgrenze in Böhmen gibt es nicht, Deutsche und Tschechen sind bunt durcheinander verteilt. Zwischen ganz böhmischen Orten liegen deutsche, und umgekehrt zwischen deutschen Gegenden liegen wieder ganz böhmische. Böhmisch oder tschechisch wird nicht nur in Böhmen, sondern auch in Mähren, in erheblichen Teilen von Ungarn und Slawonien und mit einer Abweichung auch in Österreichisch-Schlesien gesprochen. Die tschechische Sprache ist bildsam und reich. Viele Gegenstände drückt der Böhme nach der Klangbildung aus, so die Namen der Tiere nach ihrer Stimme, wie z. B. Kruta, die Truthenne, Kachna, die Ente. Der Gesang der Böhmen ist wohlklingend und anmutsvoll, denn sie können mit ihrer Sprache die Alphabete aller Sprachen aussprechen. Zwar hat das Böhmische Mangel an sonoren Vokalen, und die Häufung der Konsonanten ist groß, dies ist indes auf die Rechnung geschmackloser Schriftsteller zusetzen, denn im Munde des Volkes erscheint die Sprache kräftig und geschmeidig. Böhmen hatte eine sehr reiche Literatur; im Jahre 1620, nach der Schlacht am weißen Berge, wurden aber alle böhmischen Bücher, der Ketzerei verdächtig, verbrannt, die deutsche Sprache eingeführt und die böhmische abgeschafft. So kam es, daß in den Jahren 1729 bis 1749 die Böhmen beinahe aufhörten, böhmisch zu sprechen.

deuteten dies schon an) der überwiegend tschechischen Gemeinde-Repräsentation gelungen ist, die öffentlichen Schulen bis auf wenige Ausnahmen zu tschechisieren.

Die Nationalitätsfrage, das wiedererstandene nach Herrschaft strebende Tschechentum ist eine Erscheinung jüngsten Datums, ist eine Hervorbringung des Jahres 1848. Bis dahin hatte das Metternichsche Regime gleich schwer auf deutsch wie tschechisch gelegen, und ein tschechisch nationales Sichauflehnen gegen die deutsche Regierungsgewalt schien noch ferner zu liegen als ein freiheitliches Sichauflehnen gegen die absolute Regierungsgewalt. Nirgends, für den, der Böhmen damals bereiste, traten Gegensätze im Volksleben selbst hervor. Harmlos, gleichmäßig von der Bürokratie mißhandelt, gleichmäßig in der Ehrfurcht vor derselben, lebte das Volk, national-ununterschieden, in Stadt und Land dahin. Hier und da hatte das Deutsch einen fremden und scharfen Akzent; das war alles: Nichts deutete auf die Vorgänge hin, die im Frühjahr 1848 rasch und mit beispielloser Heftigkeit in die Erscheinung traten. Kaum hatte das junge Wien den greisen Träger eines hinfällig gewordenen Systems beseitigt, als unter den berauschten Akteuren der Hauptstadt plötzlich ein besonderes Böhmentum in den Vordergrund trat. Von literarisch gebildeten Feuerköpfen ausgehend, in slawisch-fantastischer Tracht einherschreitend, in einem Idiome redend, das sich die Welt als ein untergehendes anzusehn bereits gewöhnt hatte, begann sich plötzlich aus der tschechischen Nationalität heraus eine wilde Agitation zu entwickeln, welche neben den bald als verfehlt erkannten Zielen des Panslavismus zunächst die unbeschränkteste Autonomie für Böhmen, im Endziele aber die bedingungslose Herrschaft des Tschechentums über das deutsche Element forderte. Es war charakteristisch, daß die Deutschen diese im Gewande der allgemeinen freiheitlichen Erhebung antretenden Bestrebungen in ihren Anfängen begünstigten, ja selbst sich unter ihren Vertretern hervortaten. Die Ernüchterung aus dem großen Rausche, in den auch sie geraten waren, ließ indes nicht lange auf sich warten, und bald stand Nationalität der Nationalität schroff und erbittert gegenüber. Das Tschechentum, allmählich von den revolutionären Elementen sich läuternd, wußte alle tüchtigen Kräfte des Volksstammes, namentlich auch die klerikalen Faktoren an sich zu ziehen, und auf allen geistigen Gebieten in Kirche, Schule, Kunst, Literatur mit Geschick und Konsequenz seine Ziele verfolgend, glückte es ihm, das Deutschtum aus seinen Positionen zu verdrängen. Das deutsche Element hat seit achtzehn Jahren vielfach an Terrain verloren.

Das Tschechentum knüpft daran die weitgehendsten Hoffnungen.

Wir unsrerseits sehen in diesen leidenschaftlichen Wiederbelebungsversuchen nur ein Aufflackern, wie es dem Erlöschen vorausgeht. Wir finden diese Bestrebungen hoffnungsloser, aussichtsloser als die der Polen, die die große Front der slawischen Welt bilden, während Böhmen (durch Schlesien abgetrennt) eine halbgermanisierte slawische Insel ist, die, weil von deutschem Leben rings umgeben, unter veränderten politischen Verhältnissen notwendig germanisch werden muß. Ein dagegen ankämpfender Fanatismus, ein beständiges Borgen und sich Rats erholen bei Jahrhunderten, die um ein Jahrtausend zurückliegen, das Einführen des Balladenstoffs in die Politik, ist, weil Schemen unterschiebend, wo es sich um Leben und Wirklichkeit handelt, der Weg zum Untergang, ein Verpuffen, ein Verbrauchen der letzten Kräfte. Wir sehen dasselbe Schauspiel an der »grünen Harfe Irlands«, wir haben das Scheitern dieser Überschwenglichkeiten und Anmaßungen in Dänemark gesehen. So wird an den realen Machtverhältnissen auch das Tschechentum scheitern.

Uns, während des Krieges, den wir eben geführt, war das Tschechentum (trotz allem Deutsch-Haß, der es charakterisiert) eher ein Bundesgenosse als ein Gegner. Eine einmütig kaiserlich und einmütig österreichisch gesinnte Bevölkerung hätte es leicht gehabt, im Rücken unsrer Armeen einen Volkskrieg zu organisieren, der, wenn er an dem Ausgang des Krieges auch nichts geändert hätte, doch die Zahl unserer Opfer leicht hätte vermehren können. Es unterblieb, weil Deutschtum und Tschechentum zu gemeinschaftlichem Kampfe sich nicht einigen konnten. Ganz vorzugsweise mit Rücksicht auf die Tschechen konnte ein Augenzeuge vom Kriegsschauplatz aus schreiben: »Ich muß Ihnen schließlich offen bekennen, daß ich nie geglaubt habe, einen so vollständigen Mangel an Anhänglichkeit an das Kaisertum hier in Böhmen zu finden. Blinder, fanatischer Haß gegen die Feinde und Ketzer findet sich wohl, aber Anhänglichkeit und Pietät fand ich nur für böhmische Könige und böhmische Taten.«

Das Isergebiet. Land und Leute

REILICH nicht das ganze Königreich Böhmen (von dem wir im vorigen Kapitel eine Schilderung versucht), sondern nur seine östliche Hälfte war Kriegsschauplatz. Und nur auf einer Hälfte dieser Hälfte wiederum, im Nordosten, fielen die entscheidenden Schläge; – die südliche Ost-Hälfte wurde nur durchzogen.

Von Süden her durch andre habsburgische Kronländer umspannt, gegen Westen hin durch Bayern und das »Reich« nie ernsthaft gefährdet, war der Norden und Nordosten Böhmens immer der strategisch wichtigste, weil der einzig ernsthaft bedrohte Punkt des Landes. Wir finden deshalb hier zumeist die Schlachtfelder und die Festungen Böhmens.* Aber wie auch sonst wohl (wir erinnern beispielsweise an die große sächsische Ebene) die für den Krieg wichtigsten und deshalb vom Kriege am meisten heimgesuchten Gegenden zugleich bevorzugte Kulturgegenden sind, so auch hier. Gewerbe und Industrie haben – mehr als an irgendeiner andern Stelle des Landes – ihre Stätte hier; die Friktion der Nationalitäten, den schlimmsten Feind des Landes, die Indolenz, bekämpfend, gebiert neben manchem Unerfreulichen doch auch geistiges Leben, Energie und Unternehmungsgeist, und die Fruchtbarkeit des Bodens, dem Unternehmungsgeist entgegenkommend, schafft speziell an der Ober-Elbe hin, beispielsweise auch bei Königgrätz, weite Distrikte, die zu den bevölkertsten in ganz Deutschland zählen.

Und wie durch Fruchtbarkeit ausgezeichnet, so zeichnet sich diese Landesstrecke auch durch landschaftliche Schönheit aus. An den Wasserläufen, die vom Gebirge her der Elbe zufließen, ganz besonders an

* Hier, in diesem Nordostviertel des Landes, liegen Josephstadt, Königgrätz, Theresienstadt und zu beiden Seiten der Elbe hin die Schlachtfelder von Soor und Czaslau, von Lowositz, Prag, Kollin. Selbst bei Chlum kam es schon früher zu Renkontres.

der Iser hin, konzentrieren sich diese Schönheiten. Bald durch barock geformte Felsen beengt, bald sich in Wiesenauen verbreiternd, hier mit Inselchen in seiner Mitte, dort von Schloßruinen überragt, geben die Ufer dieses Flusses die abwechselndsten und zugleich anmutigsten Bilder. Von besonderer Schönheit ist die Eisenbahnstrecke zwischen Eisenbrod und Turnau. Die Schönheiten dieser Landschaft, auch ihre Eigentümlichkeiten schildern wir am besten durch Auszüge aus einem Briefe, der, fast unmittelbar nach den großen Ereignissen geschrieben und sich allgemein über »Land und Leute« dieser Gegenden verbreitend, ersichtlich von dem Streben diktiert wurde, parteilos die Dinge wie die Menschen zu betrachten.

»Ich habe nun acht Tage lang«, so entnehmen wir dem Briefe, »diese Gegenden zwischen Elbe und Iser durchfahren, über die so viele Klagen laut geworden sind, und wenn Du mich fragst, wie ich es gefunden, so muß ich sagen: Reizende Bilder haben sich mir erschlossen, und von Ungastlichkeit und Unkultur, von Verwilderung und Verworfenheit ist nichts an mich herangetreten. Lass Dir erzählen von der Landschaft, von Dörfern und Städten, auch von den Leuten, wie ich sie gefunden.

Mit allem was fehlen mag (und ich werde dies Fehlende wenigstens andeuten), es ist doch ein gesegnetes, ein Sinne labendes, ein einschmeichlerisches Stück Erde und über dem Ganzen ein Ziehen und Wehen, ein Himmel und ein Luftton, die einem sagen: Das ist historisches Land! So fand ich es in Brandeis und Münchengrätz, in Sobotka und Gitschin. Am schönsten ist Jung-Bunzlau gelegen, das mit seiner Häuserfront und vom höchsten Punkte des Hügels aus mit seiner Kastell-Kaserne in das Isertal hinunterblickt.

Der Reichtum des Landes gibt ihm auch landschaftlich ein eigentümliches Gepräge. Es fehlen – eine Folge seiner reichen Kultur – die weiten Flächen; auf verhältnismäßig kurze Distanzen hin wachsen die Dörfer am Wege oder auf den Feldern auf und geben dadurch der Landschaft einen Charakter, der mehr an die niedersächsische als an die slawische Art erinnert. Und doch ist die Ähnlichkeit nur landschaftlich, nur für das Auge da, keineswegs im Bebauungs-Prinzip. Die niedersächsische Art lehnt sich gegen das ›geschlossene Dorf‹ auf, sie setzt die Teile über das Ganze, sie ist der Gegensatz der städtebauenden Konzentration. Nach diesem niedersächsischen Prinzip nun sind die böhmischen Dörfer keineswegs gebaut, im Gegenteil, der zentrale Hang ist da. Es liegt aber auf der Hand, daß, wenn es aus diesem Grunde nur zur Bildung kleinerer, sich auf kurze Strecken wiederholender Gruppen kommt, zuletzt Dörfer entstehen müssen, die in allem, was landschaftliche Erscheinung angeht, an die ausgestreuten, reichgegliederten niedersächsischen Gehöfte erinnern. Und das ist in der Tat der Fall. Die reiche böhmische Landschaft, besonders an der Elbe hin, gewährt ein ähnliches Bild wie von den Oderhöhen ins Oderbruch hinein – das Ganze ein Felderteppich mit Dörfern gemustert.

So viel über das, was die böhmischen Dörfer landschaftlich bedeuten. Es bleibt noch die Frage, wie wirken sie an und für sich, wie sind sie, wenn man in sie eintritt, statt sie bloß wie ein Bild von ferne her auf sich wirken zu lassen! Nun, sie sind wenigstens besser als ihr Ruf.

Es fehlen die massiven Häuser mit stattlicher Vortreppe und gemauerter Veranda, es fehlen die Erkertürme und die Balkone, ja es fehlt, in neun Fällen von zehn, das Ziegeldach, und altmodisch sitzt die moosbedeckte Strohkappe auf dem niedrigen, kleinfenstrigen, aus Horizontalbalken aufgezimmerten Blockhause. Aber wenn man selten eine gefällige Neuschöpfung bemerkt, aus der einem (was unsere Dörfer so sehr charakterisiert) ein rasch wachsender Fortschritt, ein rasch von Stufe zu Stufe steigendes Prosperieren entgegentritt, so begegnet man doch auch nicht seinem Gegenteil. Es fehlen die Bilder des Reichtums, aber doch auch die der Armut, und selbst das Betteln, das darauf hindeuten könnte und unzweifelhaft zu den Landplagen zählt, ist mir in vielen Fällen mehr wie eine schlechte Gewohnheit, mehr wie ein schlaraffenhaftes Hinschleppen der Tage, denn als wirkliche Not und Verkommenheit erschienen. Vielleicht indes hat mich das Malerische, das in diesem schönen Lande allem wie eine unveräußerliche Mitgift anhaftet, über das Maß dieser Not getäuscht, und die weinumrankten, aus dem Grün zahlloser Obstbäume hervorschimmernden Häuser und Hütten, dazu die graziösen, halbbekleideten Frauen- und Kindergestalten, haben mich, weil sie meinem Auge ein gewisses künstlerisches Genüge taten, möglicherweise über manches Elend hinwegsehen lassen, das nichtsdestoweniger vorhanden war. Das Pittoreske hat eben eine bestechliche Kraft.

Malerisch wie die böhmischen Dörfer sind auch die böhmischen Städte, soviel ich deren im Nordosten des Landes kennenlernte. Daß sie nicht groß sind, tut ihnen keinen Abbruch. Sie sind klein, aber sie sind nicht unbedeutend. Im Gegenteil, alle sehen nach etwas aus und der ›Ring‹ auch des kleinsten Städtchens macht in der Regel einen großstädtischen Eindruck. Hier stehen Kirche und Rathaus, in der Mitte erhebt sich eine Mariensäule, und Arkaden oder Lauben umziehen den Platz und steigern den stattlichen Eindruck des Ganzen. Man empfindet etwas von einer alten Kultur; alte Zusammenhänge mit dem Süden, mit Italien werden sichtbar.

An diesem Ring befindet sich denn auch der Hostinec, der Gasthof. Wie alles hier typisch ist, so auch das Gasthaus. Es ist groß, geräumig, ein breiter Flur scheidet links das Gastzimmer von der rechts gelegenen Küche, deren Herdfeuer beständig brennt und deren dampfender Fettwrasen das Haus durchzieht. Küchengeheimnisse kennt der Hostinec nicht; wer nicht dem Broden abmerkt, was es gibt, dem sagt es das Auge, denn das Backen und Braten, selbst der mißliche Prozeß des Wurststopfens, alles vollzieht sich vor dem Auge des Gastes, und zwar mit einer gewissen Ostentation, die besagen will: ›Hier bin ich; ich habe das Licht des Tages nicht zu scheuen.‹

So interessant wie die Küche ist auch das Gastzimmer. Meist durch die ganze Tiefe des Hauses sich ziehend, ist es nach vorn hin sonnig, nach hinten zu dunkel und schattig. Man sucht sich helle und dunkle Plätze, je nach Gefallen. Breite, lederüberzogene Bänke laufen an den Wänden hin, und feste, mächtige Tische stehen davor. Alles zeigt jenen verräucherten Ton, jene noch ununtersuchte Patina, die einem Gastzimmer so wohl kleidet, es so behaglich macht. Und auf dies Behagen kommt alles an. Unseren großstädtischen Gasthäusern fehlt alles das, was wohltut; sie geben uns Flitter dafür. Wer nicht auf den Höhen wandelt, bringt es über das Gefühl eines bloßen Geduldetseins nicht

hinaus; er mag von Glück sagen, wenn er Artigkeit findet, Behagen findet er sicher nicht. Behagen aber ist in einem Hostinec. Von Eleganz, diesem Schreckensartikel, keine Rede; es fehlen die gestickten Gardinen, die Goldleisten, die Repräsentations-Bilder, was von Kunst an den Wänden hängt, passiert nur eben, aber es paßt zum Ganzen und stimmt trefflich zu dem langen, halbdunklen Tisch, von dessen unterem Ende eben die Ungarweinflaschen fortgeräumt werden, um einer dampfenden Glühweinbowle aus Melniker und rotem Oberungar Platz zu machen.

Die ewige Klage, der man begegnet, ist die Unsauberkeit. Nun denn auch darüber ein Wort. Es hat mit dieser Klage seine Richtigkeit, aber es kommt darauf an, wer sie vorbringt. Viele von denen, die ich klagen hörte, täten gut, zunächst vor ihrer eignen Tür zu fegen. Jedenfalls hat niemand ein Recht, sich in einem böhmischen Hostinec als an den Grenzen aller Kultur zu schildern. Im Gegenteil. Die Verpflegung ist im großen und ganzen vorzüglich; Kaffee, Weißbrot, Butter sind gut; das Bier, wie im nachbarlichen Bayern, ein Labsal; die Kipfel eine Delikatesse; Wildbret ist ausgezeichnet, die Fleischspeisen passieren. Die Art des Servierens erregt Bedenken, was nicht ganz bestritten werden soll. Das Tischzeug kommt weniger aus dem Schrank als aus der Presse, der Wasser- und Handtuch-Luxus ist noch unbekannt, und das Ein-

Waschbecken-Prinzip wird noch in rigoroser Weise aufrechterhalten. Aber wie viel kleine Städte, auch im anspruchsvollen Norden, gibt es, die siegreich damit gebrochen haben?

So viel über Dörfer und Städte, über Ring und Hostinec. Auch noch ein Wort über die Menschen? Ich habe sie so schlimm nicht finden können. Freund oder Feind, – der Wahrheit die Ehre.

Die Tschechen, was immer ihre Antipathien sein mögen, sind umgänglich, verbindlich. Sooft wir um Auskunft fragten, wurde uns diese Auskunft erteilt, in der Regel mit Zuvorkommenheit; da wo man aus berechtigtem Vaterlandsgefühl diese Zuvorkommenheit nicht zeigen wollte, trat eine gewisse reservierte Haltung ein, aber diese reservierte Haltung nahm nie die Form eines direkten Abweises an. Mitunter flammte in den Augen etwas wie Haß auf; sie sahen uns scharf an, musterten uns und schienen sagen zu wollen ›wir sehen uns wieder‹; aber all der Groll, der in ihnen kochen mochte, hielt sie nicht ab, auf die ruhig gestellte Frage eine ruhige Antwort zu geben. Von Schabernack, von absichtlichem Irreführen und ähnlichen Eulenspiegeleien keine Spur; die Armen immer bereit, einen Trunk Wasser herbeizuschaffen.

Der hervorstechende Zug im Volkscharakter schien mir eine scheue, leise sprechende, leise auftretende Artigkeit zu sein. Alles machte den Eindruck, als ob man sich auf Socken bewege, während unser preußisches Auftreten nur allzu sehr an Stiefel und Sporn erinnert. Die Tschechen, nach ihrer Erscheinung zu urteilen, sind ein fein gebautes, glattes Volk. Sie haben ›Formen‹, und diesen Formen gegenüber wird der mehr oder weniger formlose Norddeutsche immer eine Neigung haben, von Falschheit und Tücke zu sprechen.

Übrigens ist es in jener Nordostecke Böhmens, die den eigentlichen Kriegsschauplatz bildete und meiner Schilderung ausschließlich zu Grunde liegt, doppelt mißlich, jede Ungebühr, die vorgekommen sein mag, auf das Tschechentum, auf feine sittliche Inferiorität oder auf seinen Rassenhaß zurückführen zu wollen, denn eben diese Nordostecke Böhmens, wie ich Dir schon früher geschrieben habe, ist derjenige Teil des Landes, wo Böhmen und Deutsche am gemischtesten durcheinander wohnen. Ja, der sächsischen und schlesischen Grenze zu zieht sich deutsches Land und – Trautenau und Reichenberg sind deutsche Städte.«

Wir haben dieser Schilderung nichts hinzuzufügen; vielleicht daß sie in dem Streben nach Gerechtigkeit hier und da »gerechter« geworden ist, als die Gerechtigkeit selbst gestatten würde. Durch wie freundliche Gläser aber auch der Briefsteller (dem wir die Schilderung entnehmen) geblickt und wie mancherlei nicht zu Verteidigendes sich seinem Auge entzogen haben mag, jedenfalls war es – wie irrtümliche Auffassungen zu schildern versucht haben – kein Land der Not, des Elends, der Unkultur, in das unsere Bataillone von den lausitzer und schlesischen Bergen niederstiegen. Ein lachender Garten war es, ein Parkland, auf dem die Würfel der Entscheidung fielen.

Der preußische Plan. General v. Moltke

WIR kehren zur Armee zurück.

Die Okkupation Sachsens (wie die gleichzeitige von Hannover und Hessen) hatte jenes Kriegs-Vorspiel beendet, dessen erster, rasch gespielter Akt die Überschreitung der Eider durch General v. Manteuffel gewesen war. Jetzt, am Schlusse dieses Vorspiels, standen wir, einen stumpfen Winkel bildend, an dem bastionsartigen Norden Böhmens, d. h. also links am Riesen- und rechts am Lausitzer-Gebirge hin, jeden Augenblick bereit, in tiefen Kolonnen durch die Gebirgspässe von Schlesien und Sachsen in den böhmischen Kessel niederzusteigen.

Die Gesamtheit der Armee, teils in Korps, teils in Divisionen gegliedert, bildete (wie wir in der Kürze schon andeuteten) drei Hauptgruppen, drei gesonderte Armeen, von denen die

I. Armee (Kronprinz) an der schlesischen Grenze hin den linken Flügel,

die II. Armee (Prinz Friedrich Karl) in der sächsischen Oberlausitz das Zentrum,

die Elb-Armee (General Herwarth v. Bittenfeld) unmittelbar daneben, bis zur Elbe hin, den rechten Flügel

bildete.

Getrennt – so war der Plan – sollten diese drei Heerkörper die verschiedenen Grenzpässe passieren, konzentrisch vordringen und zur Entscheidungsschlacht, mutmaßlich auf dem Plateau zwischen Gitschin und Königgrätz, sich vereinigen. Es ist bekannt, mit welcher Präzision und welchem Erfolg dieser Plan (auf den wir zurückkom-

PRAG
WIEN
MOLTKE
GEN.D.INFANT.

men) durchgeführt wurde. Er war das Werk, der Gedanke General v. Moltkes.

Helmut Karl Bernhard Freiherr v. Moltke wurde am 26. Oktober 1800 zu Parchim in Mecklenburg geboren. In dem Hause seines Vaters, welcher im Regiment Möllendorf gedient hatte und als königlich dänischer Generalleutnant verstarb, erhielt v. Moltke die erste Erziehung. Sein Vater hatte sich im Holsteinischen eine Besitzung gekauft, und auf dieser verblieb er bis zu seinem zwölften Jahre. Darauf, mit seinem älteren Bruder im Jahre 1811 nach Kopenhagen gebracht, gehörte er sechs Jahre lang dem dortigen Landkadetten-Institute an. Hier wurden die jungen Zöglinge sehr streng gehalten und frühzeitig an Entbehrungen aller Art gewöhnt. Zu jugendlichem Frohsinn kam es selten. Am 22. Januar 1818 wurde v. Moltke zum Pagen des Königs von Dänemark mit dem Range eines Offiziers ernannt und blieb in diesem Verhältnis bis zum 1. Januar 1819. An diesem Tage trat er als Leutnant in das dänische Infanterie-Regiment Oldenburg. Am 5. Januar 1822 nahm v. Moltke den Abschied aus dänischem Dienst, um in die preußische Armee, die seine bleibende Heimat werden sollte, überzutreten. Hier, auf einem weiteren Gebiete, konnten die Talente des jungen Offiziers sich reicher entfalten, als es die früheren Verhältnisse gestattet hätten.

Am 12. März wurde v. Moltke als jüngster Sekondeleutnant in dem 8. Infanterie-(Leib-)Regiment angestellt und kam nach Frankfurt a. O. in Garnison. Die Kriegsschule in Berlin absolvierte er, als gerade seine Eltern durch eine Reihe von Unglücksfällen ihr Vermögen eingebüßt hatten. Nach seiner Rückkehr zum Regiment wurde er mit der Führung der Divisionsschule betraut und hierauf zu den topographischen Vermessungen des Generalstabes kommandiert. In dieser Stellung nahm er an den Aufnahmen in der Provinz Schlesien und Posen teil. Am 30. März 1833 zum Premierleutnant befördert, trat er in den Generalstab über und avancierte am 30. März 1835 zum Hauptmann. In diesem selben Jahre (vom 23. September ab) machte er eine Reise nach Konstantinopel, wo er zur Instruktion und Organisation der türkischen Truppen kommandiert und später durch vier preußische Offiziere bei der Lösung dieser höchst schwierigen Aufgabe unterstützt wurde. Nach vierjähriger Abwesenheit kam v. Moltke im August 1839 aus der Türkei zurück. In dieser Zeit sammelte er einen Schatz von Erfahrungen, eine Fülle von Kenntnissen, und wurde sowohl von seiten des Sultans ausgezeichnet (Nischan-Orden mit Brillanten und Ehrensäbel) als auch von König Friedrich Wilhelm III. für seine hervorragende Teilnahme an dem Feldzug 1838 in Kleinasien mit dem Orden *pour le mérite* dekoriert.

Nach dieser Periode tritt v. Moltke als Schriftsteller auf, indem er charakteristische Schilderungen über die Türkei herausgab (anonym) und ein kriegshistorisches Werk, »Der russisch-türkische Feldzug von 1828 – 1829«. Letzteres erschien unter seinem Namen. Es zeichnet sich durch große Klarheit der Darstellung und Schärfe des militärischen Urteils aus und erweist sich ebensosehr als das Erzeugnis eines militärischen Denkers wie eines erfahrenen Soldaten. Auch für kartographische Zwecke war der Aufenthalt v. Moltkes in der Türkei ersprießlich. Nach der Schlacht von Nisib in Kleinasien durchforschte v. Moltke dies Land, um die bisher sehr unvollständigen Karten zu verbessern, und legte zu diesem Behufe eine Strecke von tausend geographischen Meilen bei den Rekognoszierungsfahrten zurück. Er drang durch die mesopotamische Wüste, untersuchte den Durchbruch des Euphrat durch das kurdische Gebirge und befuhr – ebenso wie Xenophon – den Euphrat auf aufgeblasenen Hammelhäuten. Der Fortschritt der Jahrtausende ist an diesen Gegenden spurlos vorübergegangen; die Horden, welche das Gebirge Kurdistans bewohnen, schließen sich auf eine sehr primitive Weise von dem Einfluß der Zivilisation ab, indem sie jeden Europäer töten. Vor v. Moltke hat nachweisbar nur Xenophon jenen Durchbruch des Euphrat beobachtet; bis dahin waren alle Reisenden ein Opfer der Barbarei der Eingeborenen geworden.

Nachdem v. Moltke am 12. April 1842 zum Major befördert worden war, verheiratete er sich mit Fräulein v. Burt aus Holstein. In den Jahren 1845 – 1846 verweilte er in Rom als persönlicher Adjutant des kranken Prinzen Heinrich von Preußen. Seine »Contorni di Roma«, die im Stich erschienen sind, sind eine Frucht dieses Aufenthalts. Nach dem Tode des Prinzen, dem Major v. Moltke ein treuer Gefährte gewesen war, wurde v. Moltke nach Magdeburg versetzt, woselbst er sieben Jahre blieb. Am 22. August 1848 wurde er Chef des Generalstabes beim vierten Armee-Korps; am 26. September 1850 avancierte er zum Oberstleutnant, am 2. Dezember 1851 zum Oberst.

Am 1. September 1855 zum ersten persönlichen Adjutanten des Prinzen Friedrich Wilhelm von Preußen ernannt, wohnte er in Balmoral der Verlobung des Prinzen mit der Prinzessin Royal bei. Das nächste Jahr verlebte er mit dem Prinzen in Breslau und begleitete denselben noch mehrmals nach England.

Am 9. August 1856 erfolgte seine Ernennung zum Generalmajor, und am 29. Oktober 1857 vertauschte er seinen bisherigen Wirkungskreis mit der Führung der Geschäfte des Generalstabes der Armee und wurde am 18. September 1858 zum Chef des Generalstabes der Armee ernannt. In dieser Stellung ist er geblieben. Die allmähliche Vergrößerung und Reorganisation des Generalstabes ist wesentlich als sein Werk anzusehn.

An dem schleswig-holsteinischen Kriege nahm General v. Moltke einen hervorragenden Anteil. Als nach der Erstürmung von Düppel verschiedene Personal-Veränderungen in der Operationsarmee in Schleswig und Jütland stattfanden, arbeitete er mit dem Feldmarschall Wrangel einen Plan zur Landung auf Fünen aus, welcher damals sehr wohl ausführbar war, aber nur mit Hilfe der Österreicher bewerkstelligt werden konnte, da gerade die preußischen Streitkräfte im Sundewitt und in Jütland, die österreichischen aber an der schleswig-jütischen Grenze, um Kolding, standen. Dem österreichischen Feldmarschalleutnant v. Gablenz wurde der Oberbefehl über ein aus Preußen und Österreichern gemischtes Korps angeboten; aber wie sehr dies und überhaupt das Wagnis der Expedition dem unternehmenden Sinne jenes Generals zusagten, so lag doch diese Landung zu wenig im speziellen Interesse des Wiener Kabinetts, als daß dieselbe zur Ausführung gelangt wäre. Es blieben daher nur der Angriff auf Alsen und die vollständige Besetzung Jütlands als letzte Zwangsmittel.

Schon 1859 war v. Moltke zum Generalleutnant avanciert; am 8. Juni 1866, also kurz vor Ausbruch der Feindseligkeiten, erhielt er seine Ernennung zum General der Infanterie.

Das Jahr 1866 sollte ihm zu voller Entfaltung seiner glänzenden Gaben (wenn dies das rechte Wort ist für das Denken, Rechnen und Schaffen einer tief angelegten Natur) die Gelegenheit bieten. Sein, wie wir schon andeuteten, war der strategische Gedanke, der diesen glorreichen Krieg einleitete und zu Ende führte.

Und doch, trotz einer Reihe von Erfolgen, wie sie die Kriegsgeschichte kaum zum zweiten Male aufzuweisen hat, ist dieser Gedanke einer herben Kritik nicht entgangen. Im Auslande hat man ihn vielfach verurteilt, im Inlande ihn, in seiner Korrektheit wenigstens angezweifelt; Nebenbuhlerschaft und Doktrinarismus, die nirgends so zu Hause sind als auf strategischem Gebiet, haben ihre Stimme nicht zurückgehalten. Namentlich sind die »jungen und alten Napoleons« der österreichischen Armee bestrebt gewesen, den Beweis anzutreten, »daß sich die strategischen Kombinationen der preußischen Heerführung kaum über das Niveau des Mittelmäßigen erhoben« hätten. Diese relative Verurteilung bezieht sich jedesmal auf den Moltkeschen Grundgedanken: »Teilung und Einmarsch des Gesamtheerkörpers in drei Armeen und Vereinigung dieser drei Strahlen in einem Brennpunkt«.

Wir unsrerseits sind von der Richtigkeit dessen, was geschah, tief überzeugt, im Gegensatz zu jenem Mode-Axiom, das der unbedingten Konzentration, dem »Vorstoß mit ganzer Kraft« das Wort redet. Es will uns mindestens fraglich erscheinen, ob ein solcher Satz ein für allemal zum strategischen »Paragraph I.« erhoben werden kann. Er ist so lange richtig, wie er dauert. Und wir möchten fast die Vermutung aussprechen, daß das »Stoßprinzip«, wenigstens in seiner Ausschließlichkeit, durch den Krieg von 1866 selber einen Stoß erhalten hat. Wir maßen uns nicht an, diese schwierige Frage, mit der Miene der Berechtigung, beurteilen zu wollen; aber zwei Punkte drängen sich doch auch dem Laien auf, die wohl angetan sein dürften, gegen die Alleinberechtigung des Operierens mit ganzer Kraft auf einer Linie allerhand Zweifel aufkommen zu lassen. Zunächst kann von Terrain wegen, nach dem Erfahrungssatze, »daß Gepfropftheit immer noch schlimmer ist als Zersplittertheit«, eine Teilung der Kräfte zum obersten Gesetze werden; aber, ganz abgesehen von diesem nicht zu unterschätzenden Punkte, will es uns doch auch erscheinen, daß besonders eine rechtwinklige oder eine halbkreisförmige Aufstellung – selbstverständlich ohne zu kolossale Ausdehnung – von vornherein die Möglichkeit einer Umfassung, eines Kesseltreibens und dadurch eines raschen Gesamtresultates gewährt, wie es der konzentrierte Frontal-Angriff, der den Gegner fortstößt, aber ihm, links und rechts, Raum zum Entkommen läßt, nie zu erreichen vermag. Daß der Moltkesche Plan scheitern konnte, wer wollte es leugnen! Ein Plan siegt eben nie durch sich selbst, wie klar auch der Gedanke, wie richtig die Berechnung gewesen sein möge, die ihn gebar. Aber ein lichtvoller Gedanke, wenn er auch nicht der Sieg selber ist, ist eine Gewähr des Sieges. Wie ein elektrischer Funken durchzuckt er das Ganze, stählt und zündet, gibt Nerv und Leben und bereitet eben dadurch auch die glückliche Ausführung vor, indem er dem Ganzen ein energischeres Leben leiht. Diese Kraft hat aber immer nur der richtige, der echte, der geistgeborne Gedanke.

Wir versagen es uns nicht, unsere Ansicht, wie wir sie in den ersten Monaten nach dem Kriege niederschrieben, durch ein seitdem erschienenes Urteil von kompetenterer Seite zu bekräftigen.

»Österreichischerseits«, so heißt es darin, »hat man unsere preußische Heerführung mittelmäßig genannt. Sie mag es gewesen sein. Man wird in dem erschwerenden Element der Kriege selten das Ideale erreichen, aber selbst das Mittelmäßige kann (wie der Erfolg gezeigt hat) noch den Zweck erreichen. Die Vereinigung der preußischen Heere im rechten Augenblick ist, wenigstens vom preußischen Generalstabe, niemals als eine besonders geistreiche Idee oder tiefgelehrte Kombination in Anspruch genommen worden. Es war die verständig angeordnete und energisch durchgeführte Abhilfe einer ungünstigen, aber notwendig gebotenen ursprünglichen Situation.«

»Man hat unsrer Strategie den Vorwurf gemacht, daß sie, vor Beginn des Feldzuges, zwei oder drei Heere aufgestellt habe, anstatt alle Kräfte, und zwar in der Lausitz, zu versammeln.«

»Wir möchten diesem Vorwurf gegenüber nur andeuten, daß bei der so spät befohlenen Mobilmachung der preußischen Armee keine Zeit zu verlieren war, daß nach zwei (oder drei) Sammelpunkten mehr Eisenbahnen führen als nach einem und daß man, bloß der Theorie vom ›Zusammenhalten aller Kräfte‹ zuliebe, in der Praxis niemals eine reiche Provinz wie Schlesien der Invasion eines an der Grenze sich ansammelnden Feindes schutzlos preisgeben wird.«

»... Die unbestreitbaren Vorteile der inneren Operationslinie (auf der sich die österreichische Armee, infolge unserer Aufstellung, bewegen durfte) behalten ihre Geltung nur, solange man Raum genug hat, um dem einen Gegner mindestens auf einige Märsche entgegen zu gehen, um Zeit zu gewinnen, ihn zu schlagen, zu verfolgen und dann sich gegen den anderen, inzwischen nur beobachteten Gegner zu wenden.«

»Verengt sich aber dieser Raum (wie es, fast von Beginn der Operationen an, der Fall war) in dem Maße, daß man den einen Feind nicht mehr angreifen kann, ohne Gefahr zu laufen, es zugleich mit dem andern zu tun zu bekommen, der uns in Flanke oder Rücken anfällt, dann verkehrt sich der strategische Vorteil der inneren Operationslinie in den taktischen Nachteil des Umfaßtseins im Gefecht.«

»... Gesetzt, wir hätten unsere ganze Heerkraft in der Lausitz konzentriert, so würden sich unsere Quartiere, bei einer Front von Torgau bis Görlitz, in der Tiefe mutmaßlich bis Berlin und Frankfurt a. O. erstreckt haben.«

»Alle für Truppen gangbaren Straßen aus diesem weiten Bezirk nach Böhmen hinein drängen sich bei Überschreitung des Grenzgebirges auf den engen Raum von fünf Meilen, zwischen Rumburg und Friedland, zusammen. Die senkrechten Talwände des Schandauer Sandsteingebirges auf der andern Seite verbieten jede weitere Ausbreitung. Beim Vormarsch durch dies Defilee konnten daher die vordersten Divisionen auf den Feind stoßen, ohne daß die in zwei und drei Tages-Echellons nachfolgenden irgend vermocht hätten, sie zu unterstützen.«

»Jede enge Anhäufung großer Massen ist an sich eine Kalamität. Sie ist gerechtfertigt und geboten, wenn sie unmittelbar zur Schlacht führt. Es ist gefährlich, in Gegenwart des Feindes sich wieder aus derselben zu trennen, und unmöglich, auf die Dauer in derselben zu verharren.«

»Die schwere Aufgabe einer guten Heeresleitung ist, den getrennten Zustand der Massen, mit diesem aber die Möglichkeit der zeitgerechten Versammlung zu wahren.«

»Dafür lassen sich keine allgemeine Regeln geben; die Aufgabe wird jedesmal eine andere sein.«

»Noch einmal, wir vermögen den Vorteil nicht einzusehn, welcher uns erwachsen wäre, wenn eine preußische Armee von über 200 000 Mann in der Wald- und Sumpfregion der Lausitz zusammengedrängt worden wäre. Dagegen sind wir der Meinung, daß es die Konzentration zur Entscheidung, die Ernährung, die Unterbringung und den Anmarsch der österreichischen Armee wesentlich erleichtert hätte, wenn dieselbe bei Beginn des Feldzuges statt in einer, in zwei Hauptgruppen, bei Olmütz und Prag versammelt worden wäre, ganz abgesehen von den strategischen Vorteilen, welche die Anwesenheit gleich anfangs einer bedeutenden Heeresmasse im nördlichen Böhmen gewähren mußte.«

Die Wahrheit dieser Sätze wird schwer anzufechten sein.

Der österreichische Plan

OFFENSIVE oder Defensive? Diese Frage hatte bis Mitte Juni hüben und drüben geschwankt.

Keiner der beiden Kriegführenden vermochte genau zu sagen, welche Rolle ihm zufallen würde. Erst der Bundesbeschluß vom 14. und, infolge dieses Beschlusses, der Einmarsch in Sachsen (16.) hatten die Situation geklärt.

Von diesem Tage an stand bei Preußen die Offensive, bei Österreich die Defensive fest. Letzterem, wenn es nicht von Mähren aus in Schlesien einbrechen und in der linken Flanke unsrer Armeen auf Berlin marschieren wollte, während wir auf Wien gingen, blieb keine andere Wahl mehr als Defensive. Nur darüber scheint man einen Augenblick geschwankt zu haben, ob der Defensivkampf in Mähren zwischen Olmütz und Brünn oder in Böhmen zwischen Iser und Elbe aufzunehmen sei. Etwa am 19. entschied sich Benedek für das letztere. Am 20. setzten sich seine an den mährischen Eisenbahnlinien konzentrierten sechs Korps auf Böhmen zu in Marsch, das bis zum Eintreffen dieses Gros der Armee nur die Sachsen und das von Anfang an vorgeschobene I. Korps (Clam-Gallas) zu seiner Verteidigung hatte. Der Benedeksche Plan, wie er nunmehr feststand, war der folgende: Im Vormarsch sollte eine Teilung der Hauptarmee in eine kleinere Hälfte (zwei Korps) und eine größere Hälfte (vier Korps) erfolgen. Die kleinere Hälfte nach rechts hin detachierend, sollte die größere Hälfte ihren Vormarsch gegen Norden fortsetzen, das Clam-Gallassche Korps und die Sachsen an sich ziehen und nunmehr bis auf sechs Korps vermehrt, einen entscheidenden Schlag gegen unsere I. und Elb-Armee ausführen. Nach diesem Schlage sollte die Armee ostwärts schwenken, die beiden, während des Vormarsches, nach rechts hinausgeworfenen Korps degagieren und in einer zweiten Schlacht auch die Kronprinzliche Armee werfen bzw. vernichten.

In Gemäßheit dieses Planes ist gehandelt worden. Er missglückte. Aber man würde Unrecht tun, diesen Mißerfolg dem Plane als einem von Anfang an wirr geborenen Gedanken zur Last legen zu wollen. Der Benedeksche Plan, wie wir ihn kurz skizziert, war keineswegs rundweg verwerflich. Er ging freilich von Anschauungen aus, die mehr aus der lebendigen Gesamt-Situation, mehr aus Personal-Erwägungen als aus der Theorie genommen waren; aber dies ist eben so oft ein Lob als ein Tadel. Möglich, daß eine Konzentrierung der Armee in Böhmen statt in Mähren (welche letztre übrigens, wie wir wissen, mehr gezwungen als freiwillig erfolgte) erhebliche Vorteile geboten hätte; sehr wahrscheinlich ferner, daß ein Aufrollen der aus den Gebirgspässen einzeln hervorbrechenden Korps der II. Armee besser gewesen wäre als der Marsch an dem Flanken-Feind (Kronprinz) vorbei, um den Feind in der Front (Prinz Friedrich Karl) *coûte qu'il coûte* zu erreichen. Zugegeben alles das. Aber wie bereit wir zu derartigen Zugeständnissen sein mögen, wie gern wir einräumen wollen, daß der Plan ein die Regel ignorierender und in eigensinnig-vorgefaßter Meinung ein Gefahren heraufbeschwörender war, so war er doch immer mehr kühn als schlecht, so recht ein Plan, der, wenn ihm der Erfolg zur Seite gestanden hätte, hinterher bewundert worden wäre. Dieser Erfolg blieb aus; der Plan scheiterte

einerseits an unserer großen taktischen Überlegenheit, wobei das Zündnadelgewehr eine nicht unwesentliche Rolle spielte;

andrerseits an jener Fülle von Hemmnissen, die man kurzweg als »österreichisches System« zu bezeichnen pflegt.

An geistigen Fähigkeiten gebrach es der österreichischen Heeresleitung keineswegs, wohl aber an moralischen, und das gut Angelegte, kühn und klar Gedachte, es ging in erster Reihe zugrunde nicht an einem Verstoß gegen sogenannte Fundamental-Prinzipien, sondern es litt Schiffbruch eben am »System«, an Geheimniskrämerei und Wichtigtuerei, an Rivalität und falscher Rücksichtsnahme, an Misstrauen und Eigensucht. Andere Faktoren kamen hinzu.

Es ist wahr, daß im Laufe der Ereignisse, insonderheit vom 28. ab, ein Zustand erkennbar wurde, der eher einem Chaos von Plänen als einem »Plane« glich, aber diese Verwirrung war bereits das Produkt sich häufender Mißerfolge und darf den ursprünglichen, strategischen Gedanken nicht um sein Recht bringen, als er selbst beurteilt zu werden.

Wir werden in späteren Abschnitten Gelegenheit finden, auf diese Frage eingehender zurückzukommen.

DER FELDZUG IM ISERGEBIET.
DIE ELB- UND I. ARMEE BIS GITSCHIN

Die Iser-Armee
Das I. Korps (Clam-Gallas). Die Sachsen

M 20., so sagten wir, hatte Benedek das Gros seiner Armee von Mähren aus in Marsch gesetzt. Ziel: die Iserlinie oder doch das südlich derselben sich streckende Plateau von Gitschin. Hier hoffte der Feldzeugmeister den Prinzen Friedrich Karl (I. und Elb-Armee) zu finden, zu fassen, zu vernichten.

Bei der erheblichen Entfernung von Olmütz bis Gitschin lag es indessen auf der Hand, daß ein Eintreffen der Haupt-Armee bei Gitschin oder gar an der Iser vor dem 27. oder 28. sich nicht ermöglichen werde, und so fiel dem einen vorgeschobenen österreichischen Armee-Korps (Clam-Gallas) und der ihm beigegebenen Kavallerie-Division Edelsheim* die nicht leichte Aufgabe zu, dem am 21. bereits mit 120000 Mann an der böhmischen Grenze stehenden Gegner durch eine ganze Woche hin das Vordringen zu wehren oder doch zu erschweren.

Das Clam-Gallassche Korps, was gleich hier bemerkt sein mag, war seit dem 16. Juni durch das Erscheinen der in Holstein gestandenen Brigade Abele (22. Jäger-Bataillon und Regimenter Ramming und Khevenhüller) auf die Stärke von fünf Brigaden gekommen. Die Zusammensetzung dieses Korps zeigte deutlich, daß man gewillt war, Böhmen, so weit wie möglich, durch seine Landeskinder verteidigen zu lassen. Unter den fünfunddreißig Bataillonen des Korps befanden sich dreizehn böhmische; ebenso waren die zur Kavallerie-Division Edelsheim gehörigen Regimenter Savoyen- und Windischgrätz-Dragoner böhmische Regimenter. Ähnliche Erwägungen mochten auch dahin geführt haben, dem Grafen Clam-Gallas an dieser Stelle das Korps-Kommando zu geben. Reich begütert im Norden Böhmens, hatte er nicht nur sein Land, sondern speziell auch seinen Besitz zu schützen. Seiner Fähigkeit freilich wurde vielfach mißtraut, und das alte Wort wurde wieder lebendig: »Gallas, die Heertrommel! Man hört sie nur, wenn sie geschlagen wird.« Anekdoten, wenig verbindlich, gingen von Mund zu Mund, Fehler, von Solferino her, wurden ihm wieder vorgerechnet; es scheint aber fast, daß Rankünen und politischer Antagonismus eine große Rolle bei dieser Beurteilung spielten. Sosehr wir geneigt sind, wo irgend möglich, für den Feldzeugmeister einzutreten, so müssen wir uns doch in der Fehde Benedek contra Clam-Gallas zu gutem Teile auf die Seite des letzteren stellen. Wir kommen nach dem Gefecht bei Gitschin auf diesen Punkt zurück.

* Die Kavallerie-Division Edelsheim hatte folgende Zusammensetzung:

Brigade Oberst Appel:
- Windischgrätz-Dragoner (Böhmen),
- Liechtenstein-Husaren,
- 4pfündige Kavallerie-Batterie.

Brigade Oberst Graf Wallis:
- Savoyen-Dragoner (Böhmen),
- König von Preußen-Husaren,
- 4pfündige Kavallerie-Batterie.

Brigade Oberst Fratricievic:
- Radetzky-Husaren,
- Hessen-Kassel-Husaren,
- 4pfündige Kavallerie-Batterie.

UHIG, fest, umsichtig die Aufgabe auszuführen, die dem Clam-Gallasschen Korps zugefallen war, war nichts Kleines. Allerdings hatte sich dasselbe nach Eintreffen der Sachsen* (am 22. und 23.) zu einer etwa 60000 Mann starken Iser-Armee erweitert, über die nunmehr der Kronprinz von Sachsen das Kommando übernahm; nichtsdestoweniger blieb die Lage dieser Armee eine sehr schwierige, wenn der Gegner rasch vordrang und Zwischenfälle – wie wirklich geschah – den Anmarsch des Gros der Armee verzögerten. Die bestimmte Order: unter leichtem Gefecht sich auf die Hauptarmee, und zwar gleichviel bis zu welchem Punkte, zurückzuziehen, würde die Situation vereinfacht und minder schwierig gemacht haben. Aber bestimmte Ordres waren

* Das sächsische Korps bestand aus vier Brigaden zu je fünf Bataillonen. Diese vier Brigaden waren:

1. Infanterie-Brigade (Kronprinz); Oberst v. Boxberg: 1., 2., 3., 4. Infanterie-Bataillon und 1. Jäger-Bataillon.
2. Infanterie-Brigade; Generalmajor v. Carlowitz: 5., 6., 7., 8. Infanterie-Bataillon und 2. Jäger-Bataillon.
3. Infanterie-Brigade; Oberst v. Hake-, 9., 10., 11., 12. Infanterie-Bataillon und 3. Jäger-Bataillon.
4. (Leib-)Infanterie-Brigade; Oberst v. Hausen: 13., 14., 15., 16. Infanterie-Bataillon und 4. Jäger-Bataillon.

Dazu vier Reiter-Regimenter und zehn Batterien.
Die 1. und 4. Brigade bildeten die Division Stieglitz, die 2. und 3. die Division Schimpff.

nicht Benedeks Sache, und so entstanden, erst um die Iserlinie, dann um die Position von Gitschin zu halten, eine Anzahl von Gefechten, die, während sie das Clam-Gallassche Korps dezimierten und aufs tiefste erschütterten, bei präziserer Befehlsgebung, bei fester Durchführung eines an und für sich wohlüberlegten und keineswegs verwerflichen Planes wahrscheinlich ganz zu vermeiden gewesen wären.

Mit Schilderung dieser ziemlich zahlreichen Gefechte leiten wir das Folgende ein, Gefechte, die abwechselnd von der I. und von der Elb-Armee, oder aber (wie bei Münchengrätz) von beiden geführt wurden und in denen uns anfangs nur einzelne Regimenter der Kavallerie-Division Edelsheim, dann (bei Hühnerwasser und Podol) die Brigaden Leiningen und Poschacher, endlich (bei Gitschin) nahezu alle Teile der austro-sächsischen Iser-Armee gegenüberstanden.

Wir beginnen unsere Darstellung am rechten Flügel, wo die Elb-Armee durch den vielgenannten Gabel-Paß in Böhmen eindrang, und begleiten dieselbe bis zu ihrem ersten Gefecht (26.) bei Hühnerwasser.

Vorher geben wir in Kürze die Zusammensetzung dieser den rechten Flügel bildenden Armee.

Die Elb-Armee
General Herwarth v. Bittenfeld

IE Elb-Armee bestand aus westfälischen und rheinländischen Truppen und zwar aus der 14., 15. und 16. Division. Die Zusammensetzung der einzelnen Divisionen war die folgende:

14. Division (Generalleutnant Graf Münster-Meinhövel)
- Brigade Schwartzkoppen
  - Infanterie-Regiment Nr. 16, Oberst Schwartz
  - Infanterie-Regiment Nr. 56, Oberst v. Dorpowski
- Brigade Hiller
  - Infanterie-Regiment Nr. 17, Oberstleutnant v. Kottwitz
  - Infanterie-Regiment Nr. 57, Oberst v. d. Osten
  - Westfälisches Jäger-Bataillon Nr. 7
- Divisions-Kavallerie
  - Westfälisches Dragoner-Regiment Nr. 7, Oberst v. Ribbeck

15. Division (Generalleutnant v. Canstein)
- Brigade Stückradt
  - Hohenzollernsches Füsilier-Regiment Nr. 40, Oberstleutnant v. Zimmermann
  - Infanterie-Regiment Nr. 65, Oberst du Trossel
- Brigade Glasenapp
  - Infanterie-Regiment Nr. 28, Oberst v. Gerstein-Hohenstein
  - Infanterie-Regiment Nr. 68, Oberst v. Gayl
- Divisions-Kavallerie
  - Königs-Husaren-Regiment Nr. 7, Oberst v. Lindern

16. Division (Generalleutnant v. Etzel)

Brigade Schöler

Infanterie-Regiment Nr. 29, Oberst Schuler v. Senden

Infanterie-Regiment Nr. 69, Oberst v. Beyer

Füsilier-Brigade

Ostpreußisches Füsilier-Regiment Nr. 33, Oberst v. Wegerer

Pommersches Füsilier-Regiment Nr. 34, Oberst v. Schmeling

Rheinisches Jäger-Bataillon Nr. 8

Die 15. und 16. Division bildeten das VIII. Armee-Korps. An Kavallerie gehörten der Elb-Armee noch das 8. Kürassier-, das 5. und 7. Ulanen- und das 11. Husaren-Regiment zu, an Artillerie 120 Geschütze.

An der Spitze aller drei Divisionen, als Befehlshaber der gesamten Elb-Armee, stand General Herwarth v. Bittenfeld.

Karl Eberhard Herwarth v. Bittenfeld wurde am 4. September 1796 zu Großwerther in der ehemaligen Grafschaft Hohenstein (Provinz Sachsen) geboren. Im elterlichen Hause und auf dem Gymnasium zu Brandenburg a. H. erzogen, trat der junge Eberhard, den Traditionen seiner Familie folgend, am 15. Oktober 1811 in die preußische Armee ein. Alle seine Vorfahren hatten den Soldatenrock getragen; sein Vater war bei Auerstädt verwundet worden, sein Großvater an der Spitze seines Regiments bei Kollin gefallen.

Eberhard v. Herwarth trat in das Normal-Infanterie-Bataillon ein, wurde 1812 zum Portepee-Fähnrich, am 21. Februar 1813 zum Offizier ernannt. Die ersten Schlachten des bald darauf ausbrechenden Krieges mitzumachen, war ihm, weil zum Ersatz-Bataillon kommandiert, versagt; nach dem Waffenstillstand aber dem inzwischen formierten 2. Garde-Regiment zu Fuß überwiesen, nahm er im Füsilier-Bataillon dieses Regiments an der Kampagne von 1813 und 1814 teil. Bei verschiedenen Gefechten gegenwärtig, machte er am 30. März vor Paris den Sturm auf den Montmartre (Belleville) mit und fand Gelegenheit, sich bei dieser für das 2. Garde-Regiment glänzenden Aktion persönlich auszuzeichnen. 1815 kam sein Truppenteil nicht mehr zur Aktion.

In die Garnison Berlin zurückgekehrt, verblieb er eine lange Reihe von Jahren hindurch, von 1815 bis 1835, beim 2. Garde-Regiment. Im letztgenannten Jahre, nachdem er schon am 30. März 1821 zum Hauptmann und Kompanie-Chef ernannt worden war, erhielt er – nunmehr als Major – das Kommando über das in Spandau garnisonierende 2. Bataillon des Garde-Reserve-Regiments (jetzt Garde-Füsilier-

HERWARTH·V·BITTENFELD·GEN·D·INF·
SUUM·CUIQUE

Regiment), mit dem er, in demselben Jahre noch, die preußisch-russische Revue in Kalisch mitmachte.

1839 mit der Führung des 1. Bataillons im 1. Garde-Regiment zu Fuß, 1846 (als Oberstleutnant) mit der des Kaiser Franz Grenadier-Regiments betraut, erfolgte am 30. März 1847 seine Ernennung zum Kommandeur des I. Garde-Regiments, das er, ein Jahr später, am 18. März in den Straßen Berlins kommandierte.

Seit dem 10. Mai Oberst, verblieb v. Herwarth an der Spitze seines Regiments bis zum Frühjahr 1850.

Im Juni desselben Jahres erhielt er das Kommando über die kombinierte Brigade bei der Division Bonin, welche, infolge der drohenden Konflikte mit Österreich, bei Kreuznach zusammengezogen wurde. Im Oktober rückte er mit dieser seiner Brigade nach Hessen ab, erhielt bald darauf das Kommando über die preußischen Besatzungstruppen in Frankfurt a. M., wurde am 23. März 1852 zum Generalmajor, 1854 zum Kommandanten der Bundesfestung Mainz, 1856 (im Juni) zum Kommandeur der 7. Division (Magdeburg) ernannt. Am 15. Oktober desselben Jahres rückte er zum Generalleutnant auf.

1860 erhielt er das VII. Armee-Korps (Westfalen). Dies führte er bei den großen Herbstmanövern am Rhein, 1861, nach Beendigung welcher ihn des Königs Majestät zum Chef des 1. Westfälischen Infanterie-Regiments Nr. 13 ernannte. Am 17. März 1863 erfolgte seine Ernennung zum General der Infanterie.

In dem Kriege gegen Dänemark 1864, an dem vom VII. Armee-Korps die 13. Infanterie-Division Wintzingerode unter dem Befehl des Prinzen Friedrich Karl von Preußen teilnahm, erhielt der General v. Herwarth, nachdem der Prinz nach Rückberufung des Feldmarschalls Graf v. Wrangel das Oberkommando über die preußisch-österreichischen Truppen übernommen, im Mai jenes Jahres das Kommando über das preußische I. kombinierte Armee-Korps (6. und 13. Infanterie-Division).

Da die mittlerweile zu London gepflogenen Friedensverhandlungen resultatlos blieben, wurde kurz vor Ablauf der mit Dänemark abgeschlossenen Waffenruhe (26. Juni) das bis dahin in Kantonnements im Schleswigschen liegende kombinierte Korps im Sundewitt zusammengezogen, um den entscheidenden Schlag durch die Wegnahme des letzten von den Dänen noch besetzten schleswigschen Territoriums, der Insel Alsen, zu führen.

Das Resultat der in der Kriegsgeschichte nahezu beispiellos dastehenden Wegnahme der Insel Alsen war der am 1. September 1864 zu Wien erfolgende Friedensschluß der deutschen Großmächte mit Dänemark.

Dem Führer des kombinierten Korps an diesem denkwürdigen Tage übersandte Seine Majestät der König den Orden *pour le mérite*, und stellte ihn kurze Zeit darauf *à la suite* des 6. Westfälischen Infanterie-Regiments Nr. 55, das vielfach Gelegenheit gehabt hatte, sich in diesem Feldzug auszuzeichnen. – Infolge des Wiener Friedens wurde zwischen Preußen und Österreich eine gemeinsame Regierung über die Elbherzogtümer eingesetzt. Dem General v. Herwarth wurde das Oberkommando über das zu deren Besetzung zurückbleibende preußisch-österreichische Korps mit dem Sitz in Kiel übertragen.

Als nach dem Vertrage von Gastein die deutschen Großmächte übereinkamen, die Verwaltung des Herzogtums Schleswig auf Preußen, die Administration Holsteins auf Österreich zu übertragen, wurde auch das bisherige gemeinsame militärische Oberkommando aufgelöst. Während der Generalleutnant v. Manteuffel zum Gouverneur von Schleswig ernannt wurde, ward General v. Herwarth – 29. Juni 1865 – zum kommandierenden General des VIII. Armee-Korps nach Koblenz berufen.

Dies Korps sowie die 14. Division führte er jetzt gegen den Feind.

Die Elb-Armee vom 22. bis 26. Juni
Das Doppelgefecht bei Hühnerwasser*

FÜNF Bataillone stark rückte die Avantgarde der Elb-Armee in Böhmen ein. Die Zusammensetzung derselben war die folgende:

Königs-Husaren-Regiment Nr. 7, Rheinisches Jäger-Bataillon Nr. 8, Füsilier-Bataillon vom 28., 2. Bataillon vom 33., 2. Bataillon vom 40., Füsilier-Bataillon vom 69. Zwei Batterien.

Oberst v. Gerstein-Hohenstein kommandierte die Infanterie, Generalmajor v. Schöler die gesamte Avantgarde. Unter Hurra wurde die Grenze überschritten. Das Gros folgte unmittelbar.

Der erste Marsch, am 22., ging bis Schluckenau, der zweite, am 23., bis Rumburg; am 24. wurde Groß-Mergenthal, am 25. das Dorf Dorstrum erreicht. Nirgends war man des Feindes ansichtig geworden; der formidable Gabelpaß – in den Kriegen des vorigen Jahrhunderts so oft genannt – war unbesetzt geblieben; erst am 26. stießen wir auf den Feind.

Dem Briefe eines Unteroffiziers vom Hohenzollernschen Füsilier-Regiment Nr. 40 entnehmen wir folgendes über die ersten friedlichen Marschtage: »… Am 22. Juni 6 Uhr früh rückten wir ein. Es ging über Hainspach, Schönau, Kaiserswalde; schon um 12 Uhr waren wir in Schluckenau. Wir setzten Vorposten aus und lagerten auf dem Markt-

* Dies ist die richtige Schreibweise, nicht »Hünerwasser« oder gar »Hünnerwasser«. Es ist eine wörtliche Übersetzung des böhmischen kuri (Hühner) und voda (Wasser). Zwar tragen die Wegweiser und Stadt-Tafeln die Bezeichnung »Hünerwasser« ohne »h«, aber wer hätte nicht in Böhmen erfahren, was es daselbst mit der deutschen Rechtschreibung auf sich hat! Inschriften wie: »Mahderiahl wahren hantlunk« waren keineswegs vereinzelt.

platz. Essen wurde gebracht; Bier und sonstige kleine Bedürfnisse konnten wir kaufen. Zu unsrem größten Erstaunen wurde uns unser Silbergeld, klein oder groß, in lauter Papier umgesetzt, und neugierig betrachtete jeder die kleinen Papierstreifchen, welche zehn Kreuzer vorstellen. Wir waren nun also in Österreich! Von nun an mußte man sich daran gewöhnen, einen vollständigen Kurszettel im Kopfe zu haben. Der Unterschied zwischen Papier und Silber trat stark zutage. Ich bezahlte mein Glas Bier mit einem Silbertaler und erhielt einen Papiertaler und zehn Kreuzer zurück ... Am 23. in Rumburg »requirierten« wir Tabak, füllten unsre Beutel und setzten nach Tisch die erste Pfeife österreichischen Tabaks in Brand ... Am 24. kamen wir an den Paß. Wir hatten Grund zu glauben, daß uns der Feind den Übergang über den Gebirgskamm streitig machen werde. So wurde in der Angriffskolonne aufmarschiert. Da jedoch vom Feinde nichts bemerkt werden konnte, so setzten wir unsern Marsch fort und passierten gegen zehn Uhr die »hohe Lausche«, deren Gipfel ganz in Nebel gehüllt war. Wir bezogen Biwak in Groß-Mergenthal ... Der 25. war sehr heiß; im Laufe des Tages kam ein heftiges Gewitter, und triefend erreichten wir Dorstrum. Wir lagerten auf einem Kartoffelfelde, dessen stark durchweichter Boden bald zu einem Teige geknetet war. Nahbei war ein Wald, der uns Holz und Hüttenreisig lieferte, und die rasch aufgebauten Hütten schützten uns nunmehr einigermaßen vor dem gegen Abend wieder in Strömen herabfallenden Regen. Am 26. hatten wir das erste Gefecht.«

Zur Schilderung dieses ersten Gefechts (eigentlich eines Doppelgefechts am Morgen und am Abend des Tages) gehen wir nunmehr über.

Am 26. früh brach die Avantgarde von Dorstrum auf; die 3. Schwadron (Rittmeister v. d. Goltz) vom Königs-Husaren-Regiment hatte die Tête; die anderen Schwadronen folgten, dann Infanterie. An der Spitze der Infanterie-Kolonnen marschierte das 2. Bataillon vom 33. Regiment, Oberstleutnant v. Marschall. Um neun Uhr erreichte die 3. Eskadron das Städtchen Niemes. Rittmeister v. d. Goltz ging im Trabe durch, auf Hühnerwasser zu.

ÜHNERWASSER selbst liegt etwa eine Meile hinter Niemes. Erst ist die Straße frei, dann Wald zu beiden Seiten, dann wieder frei. Dann kommt Hühnerwasser, an dessen entgegengesetztem Ausgang (also Münchengrätz und der Iser zu) der Wald wieder anhebt. Diese Waldstücke diesseits und jenseits Hühnerwasser bezeichnen die Punkte, wo gekämpft wurde. Diesseits Hühnerwasser am Morgen, jenseits Hühnerwasser am Abend.

Rittmeister v. d. Goltz, nach Passierung von Niemes, als er wieder ins Freie kam, stieß, halben Wegs zwischen der Stadt und dem Walde, auf eine Schwadron Nicolaus-Husaren. Er attackierte sofort, warf sie über den Haufen und machte eine Anzahl Gefangene, darunter zwei Offiziere. Seinen Vorteil indes all zu hitzig verfolgend, kam er unter das Feuer feindlicher Infanterie-Abteilungen, die von der Waldlisiere ihn mit Salven empfingen. Er konnte nicht weiter vordringen; die Gefangenen gingen wieder verloren, Leutnant Graf Moltke stürzte schwer verwundet vom Pferde, mußte zurückgelassen werden und geriet in Gefangenschaft. Die Eskadron zog sich auf Niemes zurück; Infanterie mußte vor.

Generalmajor v. Schöler gab die entsprechenden Ordern, das zweite Bataillon vom 33. Regiment ging im Geschwindschritt vor, das 8. Jäger-Bataillon folgte. Dies genügte. Fast ohne Widerstand wurde der Feind aus dem vorgelegenen Walde geworfen, auf Hühnerwasser zu, dann über dies Städtchen hinaus, bis in den dahinter gelegenen Wald. Auch hier war seines Bleibens nicht. Drei unsrer Bataillone, unmittelbar nachdringend, nahmen sofort eine Vorpostenstellung jenseits der Stadt, zwei gegen Weißwasser und Gablonz, das dritte (Füsilier-Bataillon 69) gegen Münchengrätz zu. Der Rest der Avantgarde, der um Mittag durch das 1. und 3. Bataillon 40. Regiments verstärkt worden war, bezog Alarm-Quartiere in Hühnerwasser.

Jetzt erst, nach Einbringung von etwa 80 Gefangenen, die sich in dem Walde zwischen Niemes und Hühnerwasser und dann in Hühnerwasser selbst ohne Widerstand gefangen gegeben hatten, ließ sich erkennen, mit welcher feindlichen Truppe dieses Morgengefecht denn eigentlich geführt worden war. Es waren Italiener vom Regiment Haugwitz; man durfte also annehmen, daß man sich der österreichischen Brigade Leiningen (Regiment Haugwitz, Regiment Gyulai und 32. Feldjäger-Bataillon) gegenüber befinde. Und so war es auch. Die Brigade Leiningen bildete den von Münchengrätz aus vorgeschobenen linken Flügel der austro-sächsischen Iserarmee.* Graf Gondrecourt (der Adlatus Clam-Gallas') leitete an dieser Stelle die Bewegungen.

Mittag und Nachmittag vergingen in ungestörter Ruhe. Man lag in dem Städtchen zu fünfzig, und selbst zu hundert Mann in jedem Hause. Sämtliche Einwohner waren geflüchtet; Lebensmittel, Vieh, alles Bewegliche war mit weggenommen. Aber man war doch unter Dach und Fach. Zum ersten Mal seit Dresden. Der Nachtruhe indes sollte noch ein zweites, ernsteres Renkontre vorausgehen. Man erwartete es fast.

Wenn der Wald vor Hühnerwasser der Schauplatz des Morgengefechtes gewesen war, so war der Wald hinter Hühnerwasser (wir deuteten dies schon an) der Schauplatz des Abendgefechtes.

»In diesen Wald hinein – so schreibt ein 40er vom 1. Bataillon –

* Am 25. abends stand die ganze Iserarmee, mit Ausnahme der Brigade Ringelsheim und einiger gegen unsre I. Armee plänkelnden Kavallerie-Abteilungen, in konzentrierter Stellung bei Jung-Bunzlau und Münchengrätz. (Brigade Ringelsheim, die zur Aufnahme der Sachsen bis gegen Teplitz hin detachiert worden war, traf erst am 26. wieder in Münchengrätz ein.) Von dieser Stellung Jung-Bunzlau – Münchengrätz aus erfolgten nun gegen unsre anrückenden beiden Armen (Elb-Armee und I. Armee) verschiedene Vorstöße: am 26. früh und abends Brigade Leiningen gegen Hühnerwasser; am 26. abends Brigade Poschacher gegen Podol. – Dann Ruhe bis zum 28.

waren unsre Vorposten vorgeschoben worden. Wir selbst gehörten zu den in der Stadt verbliebenen Soutien-Bataillonen. Eben sollten die Lebensmittel verteilt werden, als das Alarmsignal ertönte und eine Ordonnanz mit der Meldung heransprengte, daß unsre Vorposten stark angegriffen würden. Alles sprang auf, jeder beeilte sich auf den Alarmplatz zu kommen. Aus dem eine Viertelstunde entfernten Walde war bereits ein starkes Tirailleurfeuer zu hören, und in sechs Minuten war unser Bataillon bereits im Vormarsch, um die Vorposten zu unterstützen. Mit uns zugleich gingen 33 er Füsiliere und 8. Jäger (die schon am Morgen den Tanz zu bestehen gehabt hatten) vor; wir hielten die Verbindung zwischen beiden. Zwei unsrer Kompanien wurden in Schützenzügen vorgezogen, die beiden andern Kompanien folgten geschlossen als Reserve. Bei diesen letztern beiden befand ich mich. Das Geknatter der Tirailleure wechselte mit den Salven ganzer Kolonnen; Zweige fielen auf uns herab, aber wir hatten keine Verwundeten. Die 33 er und die Jäger, die in rascherem Tempo vordrangen, hatten das Glück und die Ehre, noch im letzten Moment des Gefechtes mit eingreifen, vielleicht es entscheiden zu können; wir folgten nur. Feindliche Verwundete und Tote lagen am Wege und in den Hecken. Die eintretende Dämmerung und das ganz bewachsene Terrain hinderten eine weitere Verfolgung; nach allen Seiten durch den Wald hin riefen die Signale unsre Schützen zurück. Um neun Uhr rückten wir wieder in unsre Quartiere ein, um die Vorbereitungen zur Mahlzeit fortzusetzen.«

So der Brief. – Sehen wir, wie der Kampf selbst, dessen Lärm nur das Ohr unsres 40ers traf, inzwischen draußen im Walde verlaufen war.

Unsre drei Vorposten-Bataillone hatten derart Aufstellung genommen, daß

das 2. Bataillon vom 40. Regiment, Major v. Henning, den linken Flügel,

das Füsilier-Bataillon vom 69. Regiment, Major v. Sulicki, das Zentrum,

das Füsilier-Bataillon vom 28. Regiment, Major Mettler, den rechten Flügel

bildete. Feldwachen und Piketts waren ausgestellt. So kam sechs Uhr.

Um diese Stunde war es, daß Graf Gondrecourt es für angemessen hielt, einen Versuch zur Wiedernahme Hühnerwassers zu machen. Er stellte sich persönlich an die Spitze des 32. Feldjäger-Bataillons und eines Bataillons von Gyulai-Infanterie, drang auf der Münchengrätzer Straße, also im Zentrum unserer Aufstellung, in den Wald ein und attackierte die vorgeschobensten Abteilungen, 10. und 11. Kompanie unsrer 69er Füsiliere. Der Stoß war kräftig geführt, und die zunächst

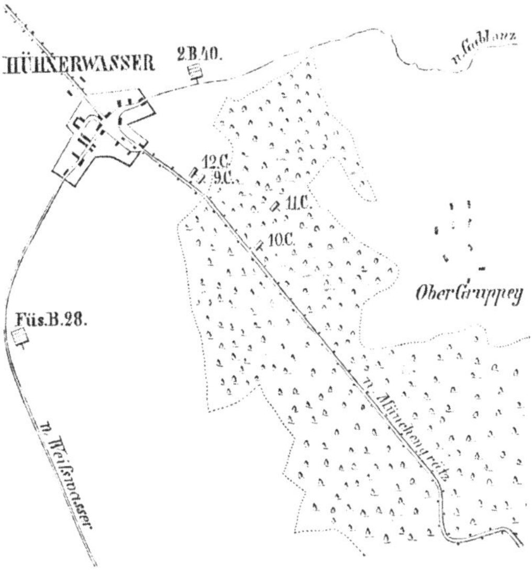

Betroffenen wichen; aber noch ehe sie aus dem Walde hinausgedrängt waren, drangen die beiden andern Kompanien (9. und 12.) als zunächst stehendes Soutien, Luft schaffend und den Kampf wiederherstellend, ihrerseits in den Wald hinein. Der Feind, in guter Position, fest formiert und energisch geführt, gab Salve auf Salve. In diesem Feuer hatte das Füsilier-Bataillon 69 sich zu behaupten bzw. Stellung zu nehmen. Die Verluste begannen empfindlich zu werden, der Bataillons-Adjutant (Leutnant Albrecht) war verwundet, noch immer fiel diesseits kein Schuß. Ein Augenzeuge schreibt: »Es läßt sich fragen, warum wir zögerten. Aber dies Abwarten war richtig. Die zum Abgeben einer wirksamen Salve nötige Ruhe war noch nicht eingetreten; eine mißglückte Salve aber hätte unsre Leute von vornherein mit Mißtrauen gegen sich selbst erfüllt. Zudem hatten uns die verschiedenen, in die Bäume hinein verirrten Salven des Feindes überzeugt, daß sein Feuer mehr plaffte als wirkte; mit jeder neuen Salve verminderte sich der erste erschreckende Eindruck, und in gleichem Grade stieg unsre Zuversicht. Gerade dadurch, daß wir der Ungeduld unsrer Leute, die zum Schießen drängten, nicht ohne weiteres nachgaben und sie mitten im feindlichen Feuer zum Ausführen unsrer Befehle nötigten, stellten wir bald die gewünschte Ordnung her. Der Erfolg sollte alsbald für uns sprechen. Schon nach der dritten Salve der feindlichen Jäger wurden diesseits spöttische Bemerkungen laut: »Was müßten die Kerls drüben bei uns nachzielen«; jetzt aber hieß es: »Auf vierhundert Schritt, kleine

Klappe, legt an, Feuer!«, und unsre Kugeln pfiffen durch den Wald. Nach wenigen Sekunden hatte sich der Pulverdampf verzogen und ließ uns erkennen, wie drüben eine Anzahl Feinde am Boden lag und wie die Offiziere sich mühten, den über diese Verluste bestürzten Haufen zu ordnen. Aber lange Zeit wurde ihnen dazu nicht gelassen. Eine zweite Salve, die prasselnd in die dichten Glieder der Österreicher hineinfuhr, richtete eine noch größere Verheerung unter ihnen an und genügte, alles, was nicht getroffen liegen blieb, entsetzt zu beiden Seiten in den Wald zu jagen. Neue Kompanien, so scheint es, wurden herangezogen und stellten momentan das Gefecht wieder her, aber eben jetzt war auch der Zeitpunkt gekommen, wo zunächst, von rechts und links her, die neben uns stehenden 28er und 40er, und nur um wenige Augenblicke später auch die aus Hühnerwasser selbst herbeieilenden Soutiens: 40er (1. und 3. Bataillon), 33er und 8. Jäger, in das Gefecht eingriffen und im ersten Anlauf den Feind bis über den Teperberg und Ober-Gruppay hinaus zurückwarfen. Unsrerseits war Hauptmann Moldenhauer vom 40. Regiment gefallen; drei Offiziere waren verwundet. Gesamtverlust: 4 Offiziere, 46 Mann.«

Sehr erheblich (verhältnismäßig) mußte die Einbuße des Feindes gewesen sein. Als anderthalb Tage später, in kalter Morgenfrühe, die Unsren ihren Weitermarsch antraten, bot das Terrain, das sie passieren mußten, einen traurigen Anblick. »Gleich das Kornfeld hinter Hühnerwasser zeigte deutliche Spuren des Kampfes. Die Halme waren am Saume des Fichtenwaldes, durch welchen der Weg sich zieht, niedergetreten; überall lagen österreichische Jägerhüte (die Federbüsche schon ausgerupft), dazwischen Blechgeschirre, Tornister, Gamaschen, zerbrochene Kolben. Wir durchritten das Kornfeld, um möglicherweise noch Tote oder Verwundete aufzufinden; das Feld war aber bereits durchsucht und alles Lebendige aufgelesen. Weiter hin trat der Wald bis an die Chaussee heran. Zu beiden Seiten lagen die Leichen österreichischer Jäger, die bleichen, blutlosen Gesichter von mitleidiger Hand mit Uniformstücken oder Fichtenzweigen überdeckt. Vorn am Wege ein Jägerleutnant, blutjung, den Degen noch in der Rechten; waldeinwärts im hohen Farnkraut lagen andre. Dorthin waren sie gekrochen und gestorben. Im ersten Frührot zogen wir daran vorüber.«

So war das Feld am 28. früh.

An letztgenanntem Tage dirigierte sich die Elbarmee auf Münchengrätz. Noch eh Mittag vorüber war, war dieser wichtige Punkt unter Mitwirkung der I. Armee genommen.

Bevor wir zur Schilderung dieses Gefechtstages übergehen, begleiten wir auch die I. Armee (Prinz Friedrich Karl) auf ihrem Vormarsch bis an die Iser.

Die I. Armee. Prinz Friedrich Karl

ART an der Grenze, unmittelbar links neben der Elbarmee (die wir im vorigen Kapitel bis zum Gefecht bei Hühnerwasser begleiteten) stand die I. Armee und rückte gleichzeitig (23.) in Böhmen ein. Eh wir derselben auf ihrem Vormarsch folgen, geben wir zunächst ihre Zusammensetzung. Sie bestand aus drei Armee-Korps, dem II., III., IV., und aus einem eigens für diesen Krieg formierten Kavallerie-Korps unter Befehl des Prinzen Albrecht (Vater).

II. Armee-Korps (Pommern)

Kommandierender General: Generalleutnant v. Schmidt
Chef des Generalstabes: Generalmajor v. Kameke
Kommandeur der Artillerie: Generalmajor Hurrelbrinck
Kommandeur der Pioniere: Oberst Leuthaus

3. Division (Generalleutnant v. Werder)

Brigade Januschowsky
Grenadier-Regiment König Friedrich Wilhelm IV., Oberst v. Reichenbach
5. Pommersches Infanterie-Regiment Nr. 42, Oberst v. Borcke
Brigade Winterfeld
3. Pommersches Infanterie-Regiment Nr. 14, Oberst v. Stahr
7. Pommersches Infanterie-Regiment Nr. 54, Oberstleutnant v. Kurowski
Pommersches Jäger-Bataillon Nr. 2
Divisions-Kavallerie
Blücher-Husaren Nr. 5, Oberst v. Flemming

4. Division (Generalleutnant Herwarth v. Bittenfeld)

Brigade Schlabrendorff
2. Pommersches Grenadier-Regiment (Colberg) Nr. 9, Oberst v. Sandrart
6. Pommersches Infanterie-Regiment Nr. 49, Oberst v. Wietersheim
Brigade Hanneken
4. Pommersches Infanterie-Regiment Nr. 21, Oberst v. Krane
8. Pommersches Infanterie-Regiment Nr. 61, Oberst von Michaelis
Divisions- Kavallerie.
1. Pommersches Ulanen-Regiment Nr. 4, Oberst v. Kleist
Korps-Reserve-Artillerie unter Oberst v. Puttkamer
4 gezogene Batterien. Ebenso 4 Batterien bei jeder Division. Zusammen beim Korps 72 Geschütze

III. Armee-Korps (Brandenburg)

5. Division (Generalleutnant v. Tümpling)

Brigade Schimmelmann
Leib-Regiment (1. Brandenburgisches) Nr. 8, Oberst v. Berger

5. Brandenburgisches Infanterie-Regiment Nr. 48, Oberst v. Diringshofen

Brigade Kamiensky

2. Brandenburgisches Grenadier-Regiment Nr. 12, Oberst v. Debschütz

1. Posensches Infanterie-Regiment Nr. 18, Oberst v. Kettler

Divisions-Kavallerie

1. Brandenburgisches Ulanen-Regiment Nr. 3, Oberstleutnant v. Tresckow

Divisions-Artillerie

4 gezogene Batterien unter Major Rüstow

6. Division (Generalleutnant v. Manstein)

Brigade Gersdorff

Brandenburgisches Füsilier-Regiment Nr. 35, Oberst v. Rothmaler

7. Brandenburgisches Infanterie-Regiment Nr. 60, Oberst v. Hartmann

Brigade Kotze

4. Brandenburgisches Infanterie-Regiment Nr. 24, Oberst Graf v. Hacke

8. Brandenburgisches Infanterie-Regiment Nr. 64, Oberst v. Götz

Brandenburgisches Jäger-Bataillon Nr. 3, Major v. Witzleben

Divisions-Kavallerie

Brandenburgisches Dragoner-Regiment Nr. 2, Oberstleutnant Heinichen

Divisions-Artillerie.

4 Batterien unter Major Roeckner

IV. Armee-Korps (Magdeburg-Thüringen)

7. Division (Generalleutnant v. Fransecky)

Brigade Schwartzhoff

1. Magdeburgisches Infanterie-Regiment Nr. 26, Oberst Freiherr v. Medem

3. Magdeburgisches Infanterie-Regiment Nr. 66, Oberst v. Blanckensee

Brigade Gordon

2. Magdeburgisches Infanterie- Regiment Nr. 27, Oberst v. Zychlinski

4. Magdeburgisches Infanterie-Regiment Nr. 67, Oberst v. Bothmer

Divisions-Kavallerie

Magdeburgisches Husaren-Regiment Nr. 10, Oberst v. Besser

Divisions-Artillerie

4 Batterien unter Major Weigelt

8. Division (Generalleutnant v. Horn)

Brigade Bose

1. Thüringisches Infanterie-Regiment Nr. 31, Oberst v. Freyhold

3. Thüringisches Infanterie-Regiment Nr. 71, Oberst v. Avemann

Brigade Stückradt

4. Thüringisches Infanterie-Regiment Nr. 72, Oberst Graf Gneisenau

Magdeburgisches Jäger- Bataillon Nr. 4, Oberstleutnant v. Colomb

Divisions-Kavallerie

Thüringisches Ulanen-Regiment Nr. 6, Oberstleutnant Freiherr v. Langermann und Erlenkamp

Divisions-Artillerie

4 Batterien unter Major Heinrich

Kavallerie-Korps
(General der Kavallerie Prinz Albrecht von Preußen)

1. schwere Kavallerie-Brigade, Generalmajor Prinz Albrecht (Sohn)

Garde du Korps, Oberst Graf Brandenburg

Garde-Kürassier-Regiment, Oberstleutnant v. Lüderitz

2. schwere Kavallerie-Brigade (Generalmajor v. Pfuel)

Brandenburgisches Kürassier-Regiment (Kaiser Nicolaus) Nr. 6, Oberst v. Rauch

Magdeburgisches Kürassier-Regiment Nr. 7, Oberst v. Hontheim

3. schwere Kavallerie-Brigade (Generalmajor v. d. Goltz)

Pommersches Kürassier-Regiment (Königin) Nr. 2, Oberst v. Schaevenbach

2. Pommersches Ulanen-Regiment Nr. 9, Oberst Freiherr v. Diepenbroick-Grüter

1. leichte Kavallerie-Brigade (Generalmajor Baron v. Rheinbaben)
1. Garde-Ulanen-Regiment, Oberst v. Colomb
2. Garde-Ulanen-Regiment, Oberst Graf Brandenburg
1. Garde-Dragoner-Regiment, Oberstleutnant v. Barner
2. leichte Kavallerie-Brigade (Generalmajor Herzog Wilhelm von Mecklenburg-Schwerin).
2. Garde-Dragoner-Regiment, Oberst v. Redern.
Brandenburgisches Husaren-Regiment (Zietensche) Nr. 3, Oberstleutnant v. Kalkreuth.
2. Brandenburgisches Ulanen-Regiment Nr. 11, Oberstleutnant Prinz Hohenlohe-Ingelfingen.
3. leichte Kavallerie-Brigade (Generalmajor Graf v. d. Gröben).
Neumärkisches Dragoner-Regiment Nr. 3, Oberstleutnant v. Willisen.
Thüringisches Husaren-Regiment Nr. 12, Oberst Freiherr v. Barnekow.

Von diesen sechs Brigaden, wahrscheinlich weil man von vornherein die Schwierigkeit empfand, mit einer solchen Kavallerie-Masse zu operieren, waren zwei Brigaden abkommandiert, und zwar
die 1. schwere Kavallerie-Brigade zur II. (Kronprinzlichen) Armee,
die 3. schwere Kavallerie-Brigade zum II. (Pommerschen) Armee-Korps.

Aus den verbleibenden vier Brigaden waren zwei Divisionen: die Division Alvensleben und die Division Hann, gebildet worden. Außerdem verfügte das Kavallerie-Korps über fünf reitende Batterien, zusammen 30 Geschütze.

Wie aus dieser kurzen Übersicht hervorgeht, waren das III. und IV. Armee-Korps ohne spezielle General-Kommandos*, standen vielmehr unmittelbar unter dem Oberkommando der Ersten Armee. Dies Oberkommando hatte folgende Zusammensetzung:
Chef des Generalstabes: Generalleutnant v. Voigts-Rhetz.
General-Quartiermeister: Generalmajor v. Stülpnagel.
Kommandeur der Artillerie: Generalmajor v. Lengsfeld.
Kommandeur der Pioniere: Generalmajor Keiser.
Oberkommandierender selbst aber war Prinz Friedrich Karl von Preußen.

* Es mochte dies seinen Grund darin haben, daß Prinz Friedrich Karl, bis dahin Kommandierender des III. Armee-Korps, nunmehr die Erste Armee führte, General v. Schack aber, Kommandierender des IV. Korps, als »Gouverneur der sächsischen Lande« (Provinz und Königreich) in Dresden zurückgeblieben war.

Prinz Friedrich Karl, Sohn des Prinzen Carl von Preußen (zweiten Bruders König Friedrich Wilhelms IV.), wurde am 20. März 1828 in Berlin geboren. Militärisch erzogen, wie alle Prinzen des Königshauses, zeigte sich früh sein Feuereifer für die Armee; das Leben, die Schlachten des »großen Königs« wurden Gegenstand seines begeisterten Studiums. Bei Ausbruch des ersten dänischen Krieges 1848 war er Hauptmann und wohnte als solcher, im Gefolge des Generals Wrangel, der Schlacht bei Schleswig bei. Hier mußte letzterer, gleich beim Beginn des Kampfes, dem sich allzu sehr exponierenden Prinzen die bestimmte Weisung erteilen, an seiner Seite zu bleiben. Im weiteren Verlauf des Gefechts führte der Prinz, auf Befehl des Kommandierenden, das 2. (Königs-) Regiment in die rechte Flanke des Feindes, eine Bewegung, die über den Ausgang des Tages entschied.

Dem Feldzug in Baden 1849 wohnte Prinz Friedrich Karl als Major im Stabe seines Oheims, des damaligen Prinzen von Preußen und gegenwärtigen Königs Wilhelm I., bei und wurde im Gefecht bei Wiesenthal, wo er in Person eine zur Zeit nur 87 Pferde starke Eskadron des 9. Husaren-Regiments gegen eine feindliche Abteilung – 400 Mann badensche Infanterie – führte, schwer in Arm und Schulter verwundet. Sein Adjutant, Premierleutnant v. Busche-Münch, fiel an seiner Seite, von fünf Kugeln tödlich getroffen.

Der Prinz durchlief in den folgenden Jahren die militärischen Grade bis zum Generalleutnant. 1858 war er zu kurzem Aufenthalt in Paris.

Am 18. Oktober 1861 wurde er zum General der Kavallerie und Kommandeur des III. Armee-Korps ernannt, das er dann während der großen Manöver im Herbst 1863, gegen das Garde-Korps (Prinz August von Württemberg) führte. Wenige Monate später begann der Krieg gegen Dänemark. Feldmarschall Wrangel erhielt den Oberbefehl über die aus drei Korps bestehende alliierte Armee, deren Erstes Korps (aus einer brandenburgischen und westfälischen Division kombiniert) dem Befehl des Prinzen Friedrich Karl unterstellt wurde. Es war dies das Korps, das vorzugsweise zur Aktion kam, das bei Missunde angriff, das den Flankenmarsch über die Schlei ausführte, in Flensburg und Sundewitt einrückte und nach zweimonatlicher Belagerung (nachdem die Garden und die 5. Division es verstärkt hatten) am glorreichen 18. April die Düppelschanzen erstürmte. Der Waffenstillstand folgte.

Während desselben empfing der Prinz, an Stelle des zurücktretenden Feldmarschalls, das Oberkommando über alle drei Korps, und unter seiner obersten Leitung vollzogen sich die letzten glänzenden Akte des Krieges: die Überschreitung des Limfjord, die Eroberung Alsens, die Besetzung der friesischen Westsee-Inseln.

MUENCHENGRAETZ GITSCHIN
KOENIGSGRAETZ
FRIEDR· CARL· PRINZ· V· PR
Pour le Mé
L. BURGER
A. LOYKE

Noch vor Abschluß des Friedens kehrte er nach Berlin zurück; – er übernahm aufs neue das Kommando des III. (brandenburgischen) Armee-Korps.

Nicht lange Ruhe war ihm gegönnt. Als, im Frühjahr 1866, der Krieg mit Österreich unvermeidlich erschien, richteten sich die Augen auf ihn als auf einen erprobten Führer. Der König berief den Prinzen an die Spitze der Ersten Armee. »Karl, du hast schon einen Auftrag gehabt, da hast du's gut gemacht; – jetzt bekommst du eine viel schwerere Aufgabe«, so etwa waren die Worte König Wilhelms, mit denen er den Prinzen bei dessen Abgang zur Armee entließ. Dieser traf bald darauf in Görlitz ein; die alte Liebe, das alte Vertrauen seiner Soldaten (namentlich vom III. Korps) jubelten ihm entgegen. In der Nacht vom 15. zum 16. Juni, wie bereits erzählt, führte er die I. Armee über die sächsische, jetzt nun, am 23., über die böhmische Grenze.

Einmarsch der I. Armee. Die ersten Renkontres

EIL Dir im Siegerkranz« und das Preußenlied hallten in den Bergen wider, als vier Divisionen der I. Armee, zwei magdeburgisch-thüringische (7. und 8.) und zwei brandenburgische (5. und 6.) am 23. früh auf drei Hauptlinien, und zwar über Zittau, Seidenberg, Marklissa in Böhmen einrückten. Wir werden zunächst das Überschreiten der Grenze, dann die kleinen Renkontres der ersten Tage, ausschließlich Kavallerie-Scharmützel, zu schildern haben.

An allen drei Punkten erfolgte der Einmarsch ziemlich gleichzeitig (zwischen 7 und 8 Uhr früh) unter klingendem Spiel und Hurraruf. Die über Zittau vordringenden Truppen der 7. und 8. Division bildeten den rechten Flügel. An dieser Stelle hielt Prinz Friedrich Karl und ließ die Regimenter an sich vorbeidefilieren. Ein Augenzeuge, der an der Seite des Prinzen war, schildert diesen Einmarsch wie folgt.

»Ein Chausseehaus, mit schwarzgelbem Schlagbaum, bezeichnete die Grenze zwischen Sachsen und Böhmen. Hier hielt der Prinz. Ulanen, die die Avantgarde bildeten, überschritten die Grenze zuerst; dann folgte Infanterie. Sooft die vorderen Reihen der Bataillone des Schlagbaumes und der österreichischen Farben ansichtig wurden, erhoben sie einen Freuderuf, der sogleich von den hinteren Reihen aufgenommen und immer aufs neue wiederholt wurde, bis die Leute das Chausseehaus erreichten und ihren »Soldaten-Prinzen« auf der Grenzscheide stehen sahen. Bei seinem Anblick ging das Hurrarufen in jubelndes Entzücken über, dessen laute Demonstrationen endlich nur aufhörten, um durch den Gesang eines Kriegsliedes ersetzt zu werden, das von jedem einzelnen Bataillon aufgegriffen und wiederholt wurde, sowie es den böhmischen Boden betrat. Der Befehlshaber selbst hielt ruhig an der Landstraße; mit stillem Stolz sah er auf die vorüberziehenden Regimenter. Und wohl durfte er diesen Stolz empfinden, denn noch nie überschritt eine Armee die Grenze eines feindlichen Landes besser ausgerüstet, besser verpflegt und von höherem Mute beseelt als diejenige, welche heute aus Sachsen in Böhmen einmarschierte. Dann und wann begrüßte der Prinz einen Offizier oder Gemeinen, der bereits unter ihm gedient hatte, und eroberte sich durch eine freundliche Frage das Herz des Angeredeten; denn Soldaten fühlen Liebe für Vorgesetzte, die ein persönliches Interesse für sie zeigen.«

Von den vier Divisionen, die am 23. früh die Grenze überschritten, rückten drei (die 7., 5. und 6.) auf Reichenberg zu; die 8. Division hielt sich rechts, um Fühlung mit der Elb-Armee zu unterhalten. Wir verlieren diese letztgenannte Division vorläufig aus dem Auge, um ihr erst am 26. (Gefecht bei Liebenau und Podol) wieder zu begegnen. Bis dahin folgen wir den drei andern Divisionen auf ihrem konzentrischen Vormarsch gegen Reichenberg, das am andern Tage (24.) früh erreicht und besetzt wurde. Die im Zentrum marschierende Kolonne (5. Division) stieß, flüchtige Begegnungen abgerechnet, nirgends auf den Feind; die beiden Flügel-Kolonnen aber hatten kleine Gefechte mit feindlichen Husaren. Bei dem besonderen Respekt, mit dem man allgemein auf die gefeierte und auch gefürchtete Reiterei des Gegners blickte, mag es sich geziemen, bei diesen kleinen Renkontres des Einmarsch-Tages eingehender zu verweilen.

An der Spitze der rechten Flügel-Kolonne (7. Division) marschierten die 10. Husaren. Die 3. Eskadron, unter Major v. Hymmen, erhielt Befehl über Wetzwalde und Ober-Wittig auf der Straße nach Einsiedel vorzugehen, um womöglich einige Gefangene einzubringen. Als die Spitze der Avantgarde eine Hügelkuppe in unmittelbarer Nähe vor Einsiedel erreichte, von der aus man die von Einsiedel nach Friedland führende Straße überblicken konnte, wurde Major v. Hymmen, der sich an der Tête befand, einer feindlichen Patrouille von acht bis zehn Husaren ansichtig, auf die er sofort einsprengte, dem Leutnant v. Maltzahn zurufend, ihm mit dem Avantgarden-Zuge zu folgen. Der Feind, die Gefahr erkennend, in der er sich befand, machte kehrt und suchte sich der Attacke zu entziehen. Die Unsren in raschem Jagen hinterher. Einer der feindlichen Reiter stürzte, ein anderer (trotz des Vorsprungs, den sie hatten) wurde von Leutnant v. Maltzahn überholt und gefangengenommen. Es waren Radetzky-Husaren. Man erfuhr von ihnen, daß der Feind bei Reichenberg stehe. Der Zweck der Rekognoszierung war erreicht.

Der 23. sollte indes den 10. Husaren noch ein zweites Renkontre mit dem Gegner bringen, das minder glücklich verlief. Die Division war bis Kratzau vorgegangen und hatte, auf der Straße nach Reichenberg zu, Vorposten ausgestellt. Diese bestanden aus Abteilungen vom 27. Regiment und einer Husaren-Schwadron (der 1.). Noch hatten die Truppen nicht abgekocht, als Meldung einlief, daß ein Trupp feindlicher Husaren sich in starkem Trabe nähere. Premierleutnant Graf v. d. Schulenburg ging ihm mit seinen beiden Zügen entgegen; eh er aber an den Feind heran war, nahm er wahr, daß, hinter einem Gehöft hervor, zwei oder drei neue Züge des Feindes hervorbrachen und sich in seine Flanke dirigierten. Er ließ nun kehrtmachen, aber zu spät; – die vorderen Glieder waren bereits im Handgemenge. Die Unsren mußten zurück. Wir hatten mehrere Verwundete; einer (Husar Ahlefeld, der sich wie ein Held mit vier Gegnern herumgeschlagen) war in die Hände des Feindes gefallen.

So am rechten Flügel. Auch der linke, wie wir schon andeuteten, hatte seine Scharmützel. An der Spitze der linken Flügelkolonne marschierte

das Brandenburgische Dragoner-Regiment Nr. 2, »die Schwarzklappigen«. Die neugebildete 5. Eskadron hatte die Spitze. Ebenfalls in der Nähe von Einsiedel (wie die 10. Husaren) stießen sie auf den Feind. Zwei Züge unter den Leutnants v. Haugwitz und v. d. Heydt attackierten sofort, warfen den Gegner in raschem Anlauf über den Haufen und machten Beutepferde und Gefangene. Leutnant v. Haugwitz war leicht verwundet worden. Der Feind ließ mehrere Tote auf dem Platz. Unsere »Schwarzklappigen« sangen bald ein hübsches Lied zu Ehren ihrer »fünften Schwadron«. Das lautete:

Wir rückten zur Schlacht, ein alt Regiment,
Das Preußens Geschichte mit Freude nennt;
Die alten Schwadronen, die ersten vier,
Und eine neue hatten wir:
Die fünfte.

Die erste, das ist die Stabschwadron,
Die zweite kämpfte bei Dennewitz schon,
Die dritte kühn die Standarte führt,
Die vierte vor unsrer Front flankiert, –
Doch die fünfte?

Die fünfte, die muß erst neuen Ruhm
Erringen zu bleibendem Eigentum,
Damit sie, die noch gar so neu,
Den andern ebenbürtig sei,
Die fünfte.

Kaum haben also wir gedacht,
Da hat sie's auch zur Tat gemacht:
Die erste war sie in den Feind,
Hat's mit dem Einhau'n brav gemeint,
Die fünfte.

Der Heydt hat herrlich attackiert,
Pigur hat sechse zusammengeschmiert,
Der Haugwitz schoß sich brav heraus;
Ungrische Husaren reißen aus
Vor der fünften.

So ist denn die fünfte den andern gleich,
An Ruhm und Kriegesehre reich,
Und in dem ganzen Regiment
Ein jeder Mann mit Stolz jetzt nennt
Die fünfte.

Das waren die kleinen Renkontres am 23. Sie hatten ihre Bedeutung. Am rechten und linken Flügel hatte man sich mit Radetzky- und Liechtenstein-Husaren herumgeschlagen, man hatte Hiebe ausgeteilt und empfangen und die Zuversicht gewonnen, daß man dem Gegner nicht minder im Tummeln der Pferde wie im Gebrauch der blanken Waffe gewachsen sei. Ruhig sah man ernsteren Begegnungen entgegen. Der nächste Tag konnte sie bringen.

Was er brachte, war zunächst die Besetzung der wichtigen Stadt Reichenberg. Die Avantgarden der 5. und 7. Division waren am 23. bis gegen Reichenberg hin vorgeschoben worden, und schon um 6 Uhr früh (am 24.) wehten auf den hohen Bergrücken, die Reichenberg einschließen, die schwarzweißen Fähnchen der brandenburgischen Ulanen. Zwei Stunden später rückten die ersten Bataillone in die Stadt.

»Das Leibregiment hatte die Tête«, so schreibt ein Augenzeuge. »Alle Bataillone marschierten herrlich. Nach einem langen, unter herabströmenden Regen gemachten Tagemarsch kamen sie in geschlossenen Reihen und in so vollkommen taktmäßigem Schritt wie zur Parade heran. Von Ermüdung war nichts zu merken. Das 64. Regiment, dessen Chef der Prinz ist, folgte. Viele trugen die Düppel-Medaille; alte Soldaten. Die Gesichter verrieten, daß sie ihren Prinzen erkannten; ohne Zuruf rückten sie an ihm vorüber, aber in einer Haltung, die dem, der sich auf Soldaten versteht, mehr sagt als Jubel und Hurra.«

Nirgends, wie schon hervorgehoben, war man auf Widerstand gestoßen. Da die Stadt von den Bergen aus eingesehen wird, so wäre er auch nutzlos gewesen. Die feindlichen Abteilungen zogen sich gegen die Iser hin zurück.

Unsere Vortruppen folgten und bezogen Biwak bei Gablonz (halben Wegs zwischen Reichenberg und Turnau).

Ein Angriff Liechtensteinscher Husaren, die das Biwak stören wollten, wurde abgewiesen.

Die 7. Division bis an die Iser

Turnau

IE Bewegung der Ersten Armee auf Reichenberg zu war zunächst eine konzentrische gewesen. Die auf den Linien Zittau, Friedland, Neustädtl das Gebirge überschreitenden Kolonnen stießen in Reichenberg und Umgegend zusammen, aber sie einigten sich an diesem Knotenpunkt dreier Straßen nur,

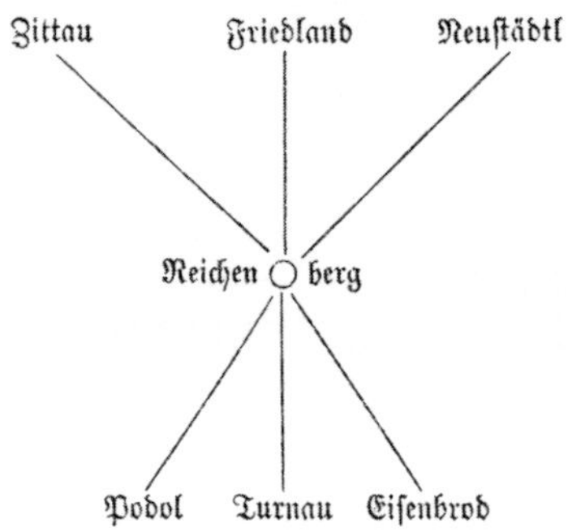

um sich sofort wieder zu teilen und auf abermals drei Straßen weiter südwärts zu gehn. Der Marsch nach und von Reichenberg wird also etwa durch vorstehende Linien ausgedrückt. Drei Divisionen nahmen die Spitze, drei Divisionen folgten. Aufgabe war, an den drei östlichen Iser-Übergängen (Turnau, Podol und Eisenbrod) etwa um denselben Zeitpunkt einzutreffen, an dem die Elbarmee den mehr westlichen Iser-Übergang: Münchengrätz, erreicht haben würde. Diese Aufgabe wurde gelöst. Am 26. abends stand die Elbarmee zwischen Hühnerwasser und Münchengrätz. Am selben Tage wurden die drei östlichen Iser-Übergänge von den drei vorgeschobenen Divisionen der I. Armee besetzt, Turnau und Eisenbrod ohne Kampf, Podol nach einem heftigen Gefecht. Wir werden alle drei Divisionen auf ihrem Vormarsch von Reichenberg bis an die Iser zu begleiten haben. Zuerst die siebente.

Die 7. Division (Generalleutnant v. Fransecki) ging auf Turnau. Am 26. wurde es von den vorgeschobensten Bataillonen der Avantgarde erreicht und besetzt, nachdem schon am Abend vorher die Aschersleb-ner Husaren bis an die Iserbrücke vorgesprengt waren. Das Gros der Avantgarde traf erst am 27. ein. Das Vorgehn selbst wie die erste Besetzung der Stadt (26.) geschahen, ohne daß der plänkelnde Feind einen ernstern Widerstand versucht hätte. Eine anmutige Schilderung dieses Marsches aber, die uns vorliegt, gibt uns Veranlassung, die Division auf diesem ihrem, nur eine Reihe friedlicher Bilder bietenden Vormarsch bis an die Iser zu begleiten, und zwar um so lieber, als wir im Verlauf unsrer Schilderungen viel von Schlacht und Graus und wenig von den heitren Zwischenfällen des Kriegslebens zu berichten haben werden. Ein Unteroffizier vom 67. Regiment, dessen Bataillon erst am 27. in Turnau eintraf, erzählt wie folgt:

»Der 26. ließ sich friedlich an. Wir hatten am Abend vorher Maffersdorf erreicht, halben Wegs zwischen Reichenberg und Gablonz. Da wir bis 10 Uhr morgens noch keinen Marschbefehl erhalten hatten, rechneten wir mit Sicherheit auf einen Ruhetag, gruben unsere Kochlöcher und erwarteten mit Ungeduld die Verteilung des Proviants. Aber die gewünschte Ruhe trat nicht ein, denn ehe noch die Lebensmittel vollständig ausgegeben waren, hörten wir von allen Seiten zugleich Alarmsignale, und wie ein Lauffeuer ging die Nachricht durch unsre Reihen, daß unsere Vorposten überfallen worden seien.

Wir brachen unverzüglich auf. Die Nachricht von einem stattgehabten Überfall bestätigte sich freilich nicht, einmal in Marsch aber, marschierten wir weiter und erreichten ohne Aufenthalt das Städtchen Gablonz. Hier hatten wir eine kurze Rast. Die Einwohner, mit großer Willfährigkeit, brachten uns Wasser und Bier (wobei sie die Annahme jeder Zahlung verweigerten), dann ging es weiter, oft querfeldein, um bei den starken Biegungen des Weges jeden unnützen Schritt zu vermeiden. Dabei machte ich aber, fast im Widerspruch hiermit, gleichzeitig die Wahrnehmung, daß bei allen Mannschaften ohne Ausnahme ein großer Sinn für Naturschönheit vorhanden war. Dieselben Leute, die eben geflissentlich bemüht gewesen waren, eine Wegbiegung abzuschneiden, scheuten keinen Umweg, um rechts oder links einen hervorspringenden Felsen zu erreichen, von dem aus sich ihnen ein Blick in die seitwärts liegenden romantischen Täler ermöglichte. Ich glaube schwerlich, daß bei irgendeiner andern Nation als der deutschen in so ernsten Momenten, wie die waren, denen wir entgegengingen, ein so offnes Auge für die Schönheiten der Natur zu finden ist.

Die Blicke, die sich uns darboten, waren aber auch von unvergleichlicher Schönheit. Spitze Kegel, hier und dort mit Burgruinen gekrönt, ragten auf, und drunten im Tale, drin sich die Kultur niedergelassen, lagen Dörfer und Städte mit ihren weithin sichtbaren Kirchen, dazwischen Flüsse, Felder und nach Osten hin das blaue schlesische Gebirge, von Osten her das Bild umrahmend. Nur eines fehlte: das Leben; kein Mensch ließ sich auf Wegen und Feldern sehen, kein Tier befand sich auf der Weide, kein Wagen bewegte sich die Straßen entlang. Alles war versteckt oder geflohen.

Der 26. führte uns bis an die Iser, ohne daß wir sie überschritten; erst am andern Morgen (den 27.) zogen wir in Turnau ein, das freilich schon tags vorher von unsrer Avantgarde besetzt worden war.

Um uns vor jedem Überfall zu sichern, wurden einzelne Kompanien an die verschiedenen Ausgänge der Stadt detachiert, woselbst sie einige Straßen ungangbar machten, indem man Wagen umstürzte, Fässer hinwälzte, schwere Balken herbeischaffte und so wahre Barrikaden bildete. Ferner wurden in den Eckhäusern die Fenster ausgehoben, um im Fall eines Angriffs als Schießscharten benutzt zu werden. Rekognoszierungen ergaben indes, daß der Feind schwerlich gemeint sei, uns den Besitz Turnaus wieder streitig zu machen; so wurden denn die Gewehre zusammengesetzt, das Gepäck abgelegt und der Hälfte der Mannschaft erlaubt, sich in den umliegenden Häusern nach Kochplätzen umzusehen. Das Soldatenleben – und darin liegt ein Teil seines Zaubers – ist eben ein beständiger Wechsel zwischen körperlicher Ermattung und körperlicher Stärkung, jeder Augenblick der Ruhe wird benutzt, sich von den Anstrengungen zu erholen, die man hatte, und sich für Entbehrungen zu kräftigen, denen man entgegengeht. Turnau war ein solcher Ruhepunkt; was Wunder, daß wir nichts Eiligeres zu tun hatten, als uns so gütlich zu tun wie nur möglich. Ich riet den Offizieren Tisch und Bänke vor dem Bäckerladen zu etablieren, in dessen Nähe unsre Kompanie Stand genommen hatte, und binnen weniger als einer Viertelstunde war die Tafel gedeckt und mit Weißbrot, frischer Butter und dampfendem Kaffee serviert. Nur Zucker fehlte. Aber ein Krämer gegenüber, der aus Furcht vor »Requisition« bis dahin seinen Laden geschlossen gehalten hatte, half rasch aus der Verlegenheit, als wir ihm eine Sauvegarde versprachen, und als er gar die Bekanntschaft unsres Silbergeldes machte, brachte er Zigarren und präsentierte sie mit dem Bemerken, daß es »gute geschmuggelte« seien.

Unser Freund der Krämer hatte einen guten Geschäftstag, was aber am meisten verlangt wurde und zwar so, daß seine Vorräte binnen kurzem erschöpft waren, das war Schreibmaterial: Papier, Dinte, Feder usw. Überall, in den Häusern und auf den Lagerplätzen, sah man die Soldaten mit Briefschreiben beschäftigt: Hier saß einer der Spielleute, die Trommel als Tisch benutzend, dort, lang ausgestreckt, lag ein andrer, Tornister und Schreibbogen vor sich, und sooft auch der harte Bleistift, der weichen Unterlage halber, durch das Papier fuhr, er ließ sich nicht abhalten, seinen Brief zu vollenden.

Das waren behagliche Stunden in Turnau, nur den Turnauern selbst vergingen sie mühevoll und beschwerlich; während wir ruhten und uns pflegten, mußten sie für uns arbeiten. Die abziehenden Österreicher hatten ihnen auferlegt, die feste Iserbrücke abzubrechen, und wir zwangen sie jetzt, dieselbe wieder zu bauen, da die Pontonbrücke, auf welcher wir bei unserem Einmarsch den Fluß passiert hatten, bei weitrem Vorgehn mitgenommen werden mußte.

Der Bürgermeister und die Räte der Stadt erklärten die Unmöglichkeit, diese Aufgabe zu erfüllen. Bald war kein Holz da, keine Balken und Bretter, bald keine Nägel und Äxte, und endlich fehlte es an arbeitsfähigen Händen. Alle diese Entschuldigungen halfen aber nichts, und die beigegebene militärische Unterstützung wußte bald Rat zu schaffen. Haus für Haus wurde besichtigt, und was sich nicht, um Alters oder Krankheits willen, als absolut unfähig erwies, das wurde zur Arbeit herangezogen. In weniger als einer Stunde waren 100 Arbeiter beisammen, aus allen Klassen der Bevölkerung bunt zusammengewürfelt: Hier ein Alter, ernst und gebeugten Hauptes der Truppe voranschreitend; dicht hinter ihm ein junger Mann, offenbar den reicheren Ständen zugehörig, die Faust ballend und in tschechischer Sprache Flüche und Verwünschungen vor sich hinmurmelnd; dann Arbeitsleute, in abgeschabten Kitteln, die einen taumelnd von genossenem Branntwein, die andern Gott und alle Heiligen anrufend, sie aus unsern Händen zu befrein. In grellem Kontrast zu dieser Verzweiflung sah man die halbwüchsige Jugend spielen und lärmen und sich neugierig um die fremden Gäste drängen; ihnen hatten wir eine ungebundene

Freiheit gebracht, und sie schienen sich dieser Errungenschaft freuen zu wollen.

Von unsrem Alarmplatze aus konnten wir dem allmählichen Fortschritt der Brücken-Arbeit folgen; endlich (es war Spätnachmittag geworden) hörten wir Musik, und unser Füsilier-Bataillon, trotz eines ermüdenden Tagesmarsches bei glüher Sonnenhitze, rückte festen Schritts in die Stadt ein, einzelne die Musik mit Gesang begleitend, andere scherzend und mit uns Worte wechselnd. Die Füsiliere lösten uns ab; eine Stunde später rückten wir in dasselbe Biwak ein, das wir am selben Tage in früher Morgenstunde verlassen hatten; – am andern Tage (28.) hatten wir das Gefecht bei Münchengrätz.«

Wir haben diese Schilderung des Marsches auf Turnau und der Besitzergreifung des Ortes, wie wir schon andeuteten, zunächst um ihrer selbst willen gegeben; aber doch auch um eines anderen Grundes willen. So unwichtig nämlich die Ereignisse waren, die unsren Vormarsch gegen Turnau begleiteten, so wichtig war die Besetzung selbst. Die Truppenteile, die dieselbe ausführten, hatten am wenigsten eine Ahnung davon. Erst aus den später zu unsrer Kenntnis gelangten Ordern des österreichischen Oberkommandos ist ersichtlich geworden, wie schwer die Besetzung Turnaus wog und daß, wenn dieselbe bei Eingang eines am 26. nachmittags eintreffenden Befehls des Oberkommandierenden noch nicht erfolgt gewesen wäre, dieser Umstand den Operationen des Generals Clam-Gallas sehr wahrscheinlich eine andere Gestalt gegeben haben würde. Clam-Gallas, anstatt bei Münchengrätz einen Widerstand zu versuchen, würde alsdann ganz vorzugsweise die mehr östlichen Iser-Übergänge mit aller Macht zu halten versucht und den Vormarsch der Preußen auf Gitschin, diesen Rendezvouspunkt der I. und II. Armee, wenigstens aufzuhalten versucht haben. Dieser Plan, der von Bedeutung war, wurde aufgegeben, mußte aufgegeben werden, weil Turnau bereits in unseren Händen war, als der bestimmte Befehl einging: die Iserlinie zu halten.

Die 8. Division bis an die Iser

Liebenau. Podol

GENERAL Horn mit der 8. Division, wie S. 157 bereits hervorgehoben, war, gleich am ersten Marschtage in Böhmen, von Grottau aus rechts abgebogen und ging nunmehr in der rechten Flanke der 7. Division ebenfalls gegen die Iser vor. Der Vormarsch erfolgte derart, daß die, wie wir gesehen haben, auf Turnau marschierende 7. Division die Verbindung hielt zwischen dem III. Armee-Korps (5. und 6. Division) zur Linken und der 8. Division zur Rechten, während die 8. Division wieder die Verbindung hielt zwischen der 7. Division zur Linken und der Elb-Armee zur Rechten.

Der Vormarsch der 8. Division war zunächst von denselben Szenen begleitet, wie wir sie im vorigen Kapitel mit einiger Ausführlichkeit geschildert haben; andrerseits war es ihr beschieden, eher als die übrigen Truppenteile der I. Armee in eine ernstere Aktion einzutreten. – Zunächst die Marschtage und Scharmützel.

Am 23., ihren Marsch über die Ortschaften Spittelgrund und Paß nehmend, erreichte die Division Pankraz und bezog Biwak. Auf den Feind war sie nirgends gestoßen.

Am 24., über Schönbach und Chriesdorf, wurde Eichicht erreicht. Dies war ein harter Tag gewesen; der steile, fast 3000 Fuß hohe Jeschkenberg, der passiert werden mußte, hatte der Division viel zu schaffen gemacht, namentlich der Artillerie und dem Fuhrwesen. An diesem

Tage fand auch ein Scharmützel statt. Zwischen Eichicht und Langenbrück stießen die 6. (thüringischen) Ulanen auf ungarische Husaren, hieben sich mit ihnen herum und jagten sie in die Flucht. Ein Ulan blieb, Major v. Guretzki wurde verwundet; die Husaren hatten drei Tote.

Der 25. war ein Ruhetag. Die Division bedurfte desselben nach den Strapazen der letzten vierzehn Tage. Man lag in engen Kantonnements zwischen Eichicht und Langenbrück. Die vier Toten, Freund und Feind, vom Tage vorher wurden auf dem Langenbrücker Gottesacker beigesetzt, die Musik des 72. Regiments blies den Choral, der katholische Pfarrer sprach den Segen. – Der nächste Tag brachte die ersten Gefechte.

Am 26. erhielt die Division Befehl vom Armee-Kommando, eine Rekognoszierung südwärts gegen die Iser hin auszuführen.

General v. Horn beorderte demgemäß die Brigade Schmidt gegen Liebenau vor. Die Brigade bestand aus dem Infanterie-Regiment Nr. 72, aus dem Magdeburgischen Jäger-Bataillon, aus einer 4pfündigen Batterie und einer Eskadron vom Thüringischen Ulanen-Regiment. Gerzmanitz war Rendezvous für die eben genannten Truppenabteilungen. Liebenau, das die Österreicher verlassen hatten, wurde bald erreicht. Erst jenseits der Stadt stieß man auf den Feind. Es kam zu einer mehrstündigen Kanonade, die unter den verschiedensten Namen als Artilleriegefecht bei Liebenau, bei Gillowey oder Schloß Sichrow bezeichnet zu werden pflegt. Alle drei Punkte liegen in unmittelbarer Nähe des Gefechtsfeldes. Wir geben, was den Kampf selber angeht, die Schilderung eines Augenzeugen (vom 72. Regiment).

Das Gefecht bei Liebenau

»Die Talränder jenseits Liebenau« – so erzählt er – »werden durch bedeutende Höhen mit schroffen Wänden begrenzt. Diese Höhen waren von abgesessener österreichischer Kavallerie besetzt (Infanterie, vgl. die Anmerkung S. 143, war bis hierher nicht vorgeschoben). Das 1. Bataillon 72. Regiment und das 4. Jäger-Bataillon bildeten die Avantgarde. Beide Bataillone marschierten im Talgrunde, der dem oben erwähnten Hochplateau vorlag, in Kolonnen auf; das Gros formierte sich dahinter. Von halb 8 Uhr an pfiffen die ersten Kugeln über unsre Köpfe weg. Eine durchbohrte die Brust eines 72ers, – der erste Tote unsres Regiments. Zwei Kompanien Jäger wurden, vom Dorfe Gillowey aus, links gegen die Höhen vorgeschickt; die 1. Kompanie vom 72sten auf der Chaussee, die 3. an der Eisenbahn; die 2. und 4. folgten. Die Schützen erreichten den Fuß des Talrandes und erklommen ihn. Die österreichischen Husaren zogen sich im Trabe zurück.

Ein Verhau war oben auf dem Höhendamm quer über die Chaussee angebracht. Nur wenige Minuten hielt er die hier vordringende 2. und 4. Kompanie auf; die vereinigten Pionier-Sektionen beseitigten ihn schnell.* Auf der Höhe angekommen, erhielten die Kompanien Granatfeuer, verließen deshalb die Chaussee und gingen rechts ab in den Wald in der Richtung zwischen Sichrow und »Golden Stern«. Auf einem zweiten Berge, von dem erstgenannten durch ein tiefes, schmales Tal getrennt, stand in trefflicher Position eine österreichische gezogene Halb-Batterie von vier Geschützen. Ihr Granatfeuer begann uns sehr lästig zu werden. Gelang es, schnell das Tal zu überschreiten und den Fuß des jenseitigen Randes zu erreichen, so war man wenigstens unter dem Feuer der Batterie; ja, man konnte den steilen Abhang erklimmen, an die Batterie heranschleichen und sie nehmen. Dies war das Ziel der 4. Kompanie unter Premierleutnant Freytag. Der Bataillons-Komman-

* Sich ein klares Bild von diesem »Gefecht bei Liebenau« zu machen, ist schwer, weil die Berichte teils lückenhaft sind, teils (in Ermangelung guter Spezialkarten) nicht in alle Details hinein verfolgt werden können. Wenn wir den im Text abgedruckten Brief des 72ers und den Bericht im österreichischen Generalstabswerk (zwei Darstellungen, die sich sehr gut ergänzen) zugrunde legen, so haben wir uns das Gefechtsfeld als eine in Nord und Süd von Höhenzügen eingefaßte, von der Chaussee senkrecht durchschnittene Quer-Mulde zu denken. Die anrückenden Preußen standen auf dem nördlichen, die Österreicher auf dem südlichen Höhenzug, dem sogenannten »Semmelberg«. Da, wo die ab- und aufsteigende Chaussee die Höhe des Semmelberges erreicht, befand sich das Zentrum der feindlichen Stellung. Hinter einem Verhau hielten abgesessene Züge von Preußen-Husaren, links daneben Liechtenstein-, rechts Radetzky-Husaren; am äußersten linken Flügel, in einer Schräg-, vielleicht in einer Haken-Stellung, Savoyen-Dragoner und eine Kavallerie-Batterie. Gegen die so verteidigte Berglinie gingen unsere 72er vor. Die Preußen-Husaren gaben ihre Salve ab und zogen sich dann zurück; die Husaren rechts und links folgten, ebenso die Geschütze. In dieser rückwärts gelegenen Stellung (bei Dauby) hielt jetzt die ganze Division Edelsheim: drei Brigaden und drei Batterien. Man kanonierte sich herum; als unsere Infanterie aber die Stellung zu flankieren drohte, brach der Feind das Gefecht ab. Dies der Verlauf. Im wesentlichen werden die Angaben richtig sein.

deur, Major Hensel, marschierte an der Tête der Kompanie und zeigte ihr den Weg auf die Höhe; die 2. Kompanie folgte in einiger Entfernung. In der Talsohle wurde das Feuer am heftigsten, gegen fünfzig Granatschüsse wurden getan, aber glücklicherweise gingen sie fast alle zu hoch, nur einer krepierte acht Schritt vor der Kompanie, riß einem Mann das Bein, einem andern ein Stück Schulter weg und verwundete einen dritten leicht. Die meisten Granaten fielen in den Verbandplatz. Kaum war die erste darin explodiert, als die drei Pferde der Ärzte nichts Eiligeres zu tun hatten, als sich den Händen der Trainsoldaten zu entziehen und den österreichischen Reihen mit Sack und Pack entgegen zu galoppieren. Trotz des heftigen Feuerns avancierte die 4. Kompanie und hinter ihr die 2. brillant, ohne nur einen Moment aus der reglementarischen Ordnung zu kommen. Der Schützenzug schwärmte, 150 Schritt voraus, unter Führung des Leutnants v. Bömcken. Endlich war der Fuß der Anhöhe erreicht, noch immer riß das feindliche Feuer die Baumäste über unsern Häuptern herab; aber wir konnten einen Augenblick, ziemlich gedeckt, verschnaufen. Das Marschieren über Berg und Tal mitten durch mannshohe Kornfelder, verbunden mit dem schweren Gepäck, hatte uns unsern Atem fast ganz genommen, und dieser war dringend notwendig zur Ersteigung des Berges! Nur langsam konnte dies wegen der bedeutenden Steilheit vor sich gehen, mehrere Male mußten wir kurze Zeit ruhen. Endlich erreichte der Schützenzug den Kamm – er befand sich 200 Schritt von der Batterie und eröffnete ein lebhaftes, wirksames Feuer gegen die Pferde und Bedienungsmannschaften, um die Batterie am Abfahren zu verhindern. Leider war die Kompanie noch nicht so nahe, um mitwirken zu können. Die Österreicher hielten es aber für geraten, aufzuprotzen, und zwar in solcher Eile, daß sie Wischer, Schnapsflaschen, Mützen und selbst Kartuschen im Stich ließen, die von unseren Leuten jubelnd als Beute mitgeschleppt wurden. Hätten wir die Tornister nicht zu tragen gehabt, die Batterie wäre unser gewesen. Die Kompanie erhielt demnächst den Auftrag, die Waldlisiere in der Richtung nach Sichrow zu halten. Eine Schwadron österreichischer Husaren wagte nicht, uns hier anzugreifen.

Unterdessen hatte die 1. Kompanie, nachdem sie den Verhau und das Granatfeuer passiert, sich auf Zdiarek dirigiert und war hier stehen geblieben, während die 3. der Eisenbahn gefolgt und in der Richtung auf »wilde Gans« vorgegangen war. Sie wurde von einer Schwadron ungarischer Husaren, die sie keinen Augenblick verließ, belästigt. Ein Generalstabs-Offizier brachte der 4. Kompanie den Befehl, den »Goldnen Stern« zu besetzen, um einer Kavallerie-Rekognoszierung, ausgeführt vom Zietenschen Husaren-Regiment, als Stützpunkt (an der

Chaussee) zu dienen. Allmählich sammelte sich das 1. Bataillon beim »Goldnen Stern«, mit Ausnahme der 3. Kompanie, und avancierte in der Richtung auf Schloß Sichrow und »wilde Gans«. Östlich derselben stellte es sich mit den übrigen Bataillonen der Brigade auf, zur Dekkung einer Artilleriereihe von 18 Geschützen, die einen heftigen Artilleriekampf erst mit zwei, dann mit drei österreichischen Batterien engagierte. Letztere schossen sehr brav wieder, aber die erste Zeit stets hundert Schritt zu kurz, später wieder mehrere hundert Schritt zu weit. Nur eine Granate traf unsre Batterie, ohne Schaden zu tun. Ein bedeutender Bruchteil der feindlichen Granaten krepierte gar nicht. Unsere Batterie schoß die ersten Schüsse (die Probeschüsse) zu kurz, korrigierte sich aber Schuß um Schuß mehr und wirkte schließlich so brillant, daß die österreichischen Batterien ihr Feuer einstellten und abfuhren. Der Artilleriekampf hatte drei Viertelstunden gedauert. Unterdessen hatte sich die ganze 8. Division konzentriert, und die Österreicher brachen zwölf ein halb Uhr das Gefecht ab.

Unser Regiment, und speziell das 1. Bataillon, hatte die Feuertaufe erhalten. Die Verluste waren gering. Nach beendigtem Kampfe wurde eine Vorpostenaufstellung bei »wilde Gans« bezogen, um unter deren Schutze abzukochen. Gegen Abend rückte die Division bis an die Iser vor, um hinter dieser Linie, jenseits des Flusses, zu biwakieren. Dies Vorrücken führte zu dem Nachtgefechte von Podol.«

Ehe wir zu einer Schilderung dieses Gefechtes übergehen, werfen wir zuvor einen Blick auf die Gesamt-Situation, wie sie sich (im Isergebiet) am Nachmittage des 26. darstellte.

Zuerst die Preußen. Sie waren überall bis an die Iser oder doch bis in die unmittelbare Nähe derselben vorgedrungen. Ihr linker Flügel (7. Division) hielt Turnau besetzt; ihr Zentrum (8. Division) stand, südlich von Schloß Sichrow, gegen Podol zu; ihr rechter Flügel (Elb-Armee) befand sich in und bei Hühnerwasser, anderthalb Meilen von Münchengrätz.

Wie standen die Österreicher dem gegenüber? Sie hielten die Linie besetzt, die sie im wesentlichen unverändert seit dem 18. innegehabt hatten, die Linie Jung-Bunzlau-Münchengrätz. Alle detachierten Abteilungen: Brigade Ringelsheim, Radetzky- und Liechtenstein-Husaren waren wieder herangezogen, und man stand eben auf dem Punkt, über Sobotka auf Gitschin zurückzugehen, von wo man die Vereinigung mit der Hauptarmee zu bewerkstelligen hoffte, als am 26. mittags, zu nicht geringer Überraschung, der Befehl vom Armee-Oberkommando (Benedek) eintraf: die Iser-Linie, d. h. die Strecke Turnau-Münchengrätz unter allen Umständen zu halten.

Es galt jetzt, wenigstens so weit wie möglich, diesem Befehle nachzukommen. Turnau – wenn es auch glückte, diesen östlichen Übergang uns wieder zu entreißen – war nicht der Punkt, der durch eine bloß passive Verteidigung festgehalten werden konnte; zudem war eine Teilung der Kräfte zwischen Turnau und Münchengrätz gefährlich. Es wurde also beschlossen, am 27. früh angriffsweise vorzugehen, die Iser zu überschreiten und bei Gillowey, also etwa auf demselben Terrain, wo oben die Kanonade stattgefunden hatte, Stellung zu nehmen. Die vorbereitenden Bewegungen dazu sollten schon am Abend des 26. erfolgen: Turnau sollte durch Überfall wieder genommen und – nördlich von Podol – die Höhe bei Schloß Swigan durch eine Brigade besetzt werden. Hierzu wurde die Brigade Poschacher (18. Jäger-Bataillon, Martini- und König von Preußen-Infanterie) bestimmt.

In der Gesamt-Situation lag also ein Renkontre für die nächsten Stunden so gut wie vorgezeichnet. Die 8. Division hatte Befehl, am Abend des 26. nach Süden zu bis an die Iser (bei Podol) vorzudringen; die Brigade Poschacher hatte Befehl, um ebendieselbe Zeit, nach Norden zu, bis Podol und drüber hinaus zu rücken. Ein Zusammenstoß an diesem ungefähr halben Wegs zwischen Turnau und Münchengrätz gelegenen Iser-Übergang war also unvermeidlich geworden. Und in der Tat, er fand statt.

Gefecht bei Podol

ODOL ist nur ein kleines Dorf. Es liegt am Nordufer der Iser und besteht aus einer einzigen Gasse, die zuletzt beinah rechtwinklig auf den Fluß stößt. Die Häuser, ein am Eingang gelegenes, winkliges, aber ausgedehntes Gehöft abgerechnet, sind klein und blockhausartig aus Holzstämmen aufgeführt. Es ist ein malerisches Dorf. Zwischen den Blockhäusern und dem Straßendamm ziehen sich Vorgärten hin, mit gelben Studentenblumen und dunklen Stockmalven, während Kürbis und Pfeifenkraut alle Fenster umranken. Von der Rückseite her nehmen Obstbäume jedes einzelne Hans in Schutz und ragen über die alten Strohdächer hinweg. Diese an einzelnen Stellen eingesunken, tragen Moos und Hauslauch und überschatten, weit vorspringend, die kleine Holzbank, die unter den Fenstern hinläuft. Die Bedeutung des Dorfes ist lediglich eine strategische, weil hier Chaussee und Eisenbahn die Iser passieren. Das breite, um die Sommerzeit halb-aufgetrocknete, aber verschiedene Wasserrinnen zeigende Flußbett ist steil, und nebeneinanderher laufen zwei Dämme durch dasselbe hin, von denen der Chaussee-Damm durch drei Brücken, der Eisenbahn-Damm durch eine lange Gitterbrücke unterbrochen wird. Der Chaussee-Damm ist die Verlängerung der Dorfstraße und wird durch den Eisenbahn-Damm von rechts her flankiert. Die erste Brücke hinter dem Dorf ist eine Bohlenbrücke; hinter der dritten und letzten, auf dem Wege nach Münchengrätz zu, erhebt sich links ein massives Haus, und hinter diesem Hause wiederum senkt sich das Terrain und gestattet eine günstige, weil gedeckte Aufstellung.

So die Lokalität. – Was den Kampf angeht, so geben wir zunächst den österreichischen Bericht, der sich durch Kürze und Übersichtlichkeit empfiehlt und dessen Angaben dazu dienen werden, uns über Unsicherheiten und Widersprüche in den diesseitigen Berichten hinwegzuhelfen.

Der Clam-Gallassche Bericht sagt wörtlich:

»Als die Brigade Poschacher – die schon vorher im Laufe des Nachmittags Podol mit einer und bald darauf mit einer zweiten vorgeschobenen Kompanie von Martini-Infanterie besetzt hatte – am Abend des 26. das eben genannte Dorf erreichte, um durch dasselbe hindurch gegen Schloß Swigan und zwar zur Besetzung der dortigen Höhen vorzugehen, fand die genannte Brigade das Dorf bereits vom Feinde besetzt, der die vorgeschobenen Kompanien über die Brücken (bis an das »massive Haus«) zurückgedrängt hatte. Das 18. Jäger-Bataillon und die nach einander eintreffenden Bataillone von Martini- und König von Preußen-Infanterie warfen indes unter Oberst Bergon den Feind aus Podol wieder hinaus und besetzten das Dorf.

Der Feind seinerseits gedachte uns nicht in Besitz dieses wichtigen Punktes zu lassen, und es entstand nunmehr ein hartnäckiges und blutiges Nachtgefecht, das den eben genannten Truppenteilen große Verluste bereitete. Die Verluste des Gegners indes müssen noch bedeutender gewesen sein. Der Korps-Kommandant (Clam-Gallas) stets in den vordersten Reihen bemüht, die durch nächtliche Dunkelheit und Nebel erschwerte Leitung der Abteilungen zu besorgen, zog auch die Brigaden Abele (Kalik) und Piret zur Unterstützung herbei, und der Kampf dauerte mit abwechselndem Erfolge bis 2 Uhr morgens, wo das Gefecht abgebrochen und das Regiment Martini, samt dem 18. Jäger-Bataillon, hinter das 2. Bataillon Ramming-Infanterie (das in musterhafter Ordnung zunächst der vom Feinde besetzten Brücke stehen blieb) zurückgenommen wurde.

Der Feind selbst, sehr erschöpft und hart mitgenommen, folgte nicht. – Der Überfall auf Turnau wurde bei der veränderten Sachlage aufgegeben.«

So der österreichische Bericht. Er konstatiert zunächst eine Zweiteilung des Gefechts: eine erste Hälfte, in der uns die Brigade Poschacher (nach anfänglichen Erfolgen unsererseits) aus dem Dorfe hinauswarf, und eine zweite Hälfte, in der dieselbe Brigade von den Unseren, nach eingetroffener Verstärkung, wieder hinausgeworfen wurde. Und so war es in der Tat. Auf diese Zweiteilung des Gefechts ist in den Darstellungen, namentlich aber auch in der Kritik, die die engagierten Truppenteile untereinander geübt haben, nicht immer die gebührende Rücksicht genommen worden. Es läßt sich nämlich nicht in Abrede stellen, daß die erste Hälfte des Gefechtes, wiewohl sie mit einem Mißerfolg endete, anfänglich ein glänzenderes Resultat aufzuweisen hatte als die siegreiche zweite Hälfte, die zwar den Mißerfolg wieder in einen Erfolg verwandelte, aber doch den ersten allergünstigsten Gefechtsmoment (vor Eintreffen der größeren österreichischen Streitkräfte) nicht wieder zu erreichen vermochte. Nur in diesen ersten Stadien des Gefechts drangen die Unseren über alle drei Brücken und sehr wahrscheinlich auch über den parallel-laufenden Eisenbahn-Damm bis an das »massive Haus« vor; – in der zweiten Hälfte hatten sie sich mit Wiedereroberung des Dorfes zu begnügen. In der ersten Hälfte waren die Füsiliere vom 72. Regiment und das 4. Jäger-Bataillon, in der zweiten Hälfte vier Bataillone vom 31. und 71. Regiment engagiert.

Wir geben zunächst die Schilderung jener (der ersten Hälfte) nach dem Briefe eines 72ers.

»Um fünf Uhr nachmittags wollte unser Bataillon die Vorpostenaufstellung decken, da brachten Ulanen die Nachricht, Podol sei bereits

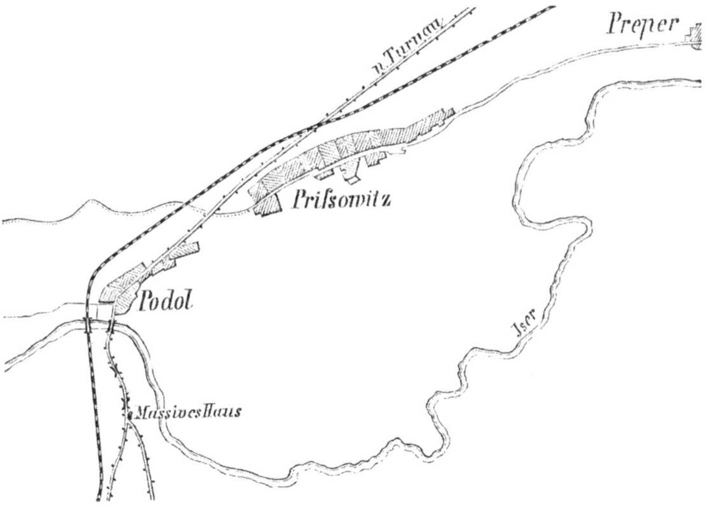

besetzt. Nun kommt ein Gefecht, wie es glänzender kaum geliefert werden kann. Das Dorf war durch Verhaue vollständig zu einer nachhaltigen Verteidigung eingerichtet. Kurz und gut, wir gingen, ohne das Terrain zu kennen und ohne eine Ahnung zu haben, was und wie viel im Dorfe stecke, mit Hurra auf der Straße vor, welche zwischen dem Dorfe links und dem Eisenbahn-Damm rechts bis zur Iser führt, jenseits der Brücke sich in einem Bogen links um das Dorf wendet und in der Höhe desselben noch über einen Iserarm führt.* Als wir das Dorf erreichten, detachierten wir zwei Kompanien nach links zur Flankendeckung, zwei Kompanien (die 10. und 11.) gingen bis zur zweiten Brücke vor und detachierten dort eine halbe Kompanie nach dem rechts gelegenen Eisenbahndamm, der höchstens achtzig Schritt von der Iser entfernt ist. Auf diesem schmalen Raum standen wir, nachdem wir die zweite Iserbrücke überschritten hatten und bei einem massiven, vom Feinde besetzten Hause angelangt waren, anderthalb Kompanien stark den Österreichern gegenüber, auf unsre eignen Kräfte angewiesen; denn die beiden innerhalb des Dorfes schon nach links hin detachierten Kompanien waren jetzt durch die Iser von uns getrennt. (Dies ist richtig.) Das massive Haus war bald geräumt, und hier, achtzig Schritt von den Österreichern entfernt, standen unsere Leute, kaum 400 Mann stark, 33 Minuten im Feuer. Die Kugeln flogen um uns herum wie die Bienen. Es war heller Mondschein; wir sahen die Österreicher gegen uns losrücken, und auf ihre Kompanie-Kolonnen eröffneten wir jetzt ein Feuer, wie ich es nicht für möglich gehalten habe. Wie der Ausweis am andern Tage ergab, haben wir dort, d. h. unsre 11. Kompanie, in 33 Minuten 5700 Patronen verschossen, also der Mann durchschnittlich 22 Patronen. Die Chaussee, auf der wir standen, hatte fünfzig Schritte vor uns eine Senkung; in dieser gedeckt lagen die österreichischen Bataillone. Die Österreicher haben ein Signal, auf welches hin angegriffen wird; sobald es ertönte, erhoben sie sich vor uns, vom Mondlicht, das ihnen gerade ins Gesicht schien, scharf beleuchtet, und rückten mit Hurra an. Die vordersten stürzten, die Hintermänner traten an ihre Stelle; sie kamen uns nie näher als vierzig Schritt, dann machten sie kehrt. Viermal rückten sie vor, dreimal warfen wir sie; beim vierten Mal gingen wir langsam bis zur ersten Brücke und dann über dieselbe zurück; unsre Leute konnten die Gewehre nicht mehr halten, – die Läufe brannten wie Feuer. Da ertönte ein Hurra hinter uns; zwei Bataillone 31er und 71er rückten zu unseren Beistande vor. Wir begrüßten sie mit lautem Zuruf. Zwei Stunden lang hatten wir das Dorf gehalten. Unsere Leute sanken vor Ermattung um.«

* Die Terrainschilderung, wie gewöhnlich in unmittelbar nach dem Gefecht abgefaßten Berichten, weist hier erhebliche Irrtümer auf. Es ist dies aber für den Hauptgefechtsmoment (Kampf um das massive Haus) gleichgültig. Wir verweisen, behufs leicht anzustellender Korrektur auf die beigegebene Zeichnung.

Dieser mit großer Lebendigkeit geschriebene Bericht ist einseitig wie alle Darstellungen derart. Er gibt das unmittelbar Erlebte und hat kein Auge für das, was um und neben ihm geschah. So vergißt er beispielsweise die hervorragende, nach einer andern Version dem Angriff der 72er sogar vorausgehende Teilnahme zweier Kompanien vom 4. Jäger-Bataillon an dieser ersten Hälfte des Gefechts. Ein Jäger schreibt: »Wir waren (es mochte neun Uhr sein) bis auf 200 Schritt an das Dorf heran, als wir von einer Bataillonssalve empfangen wurden. Wir stoben auseinander, um Deckung zu suchen und uns rechts und links vor dem feindlichen Feuer zu sichern. Nur unser geliebter Hauptmann (v. Michalowski) saß fest im Sattel und schoß einen der Österreicher, die inzwischen gegen uns herangestürmt waren, mit seinem Revolver nieder. Unser Feldwebel sprang jetzt vor; »Jäger, wollt ihr euren Hauptmann im Stiche lassen« rief er uns zu, und die ganze Kompanie stürzte nach. Die Österreicher stutzten, dann machten sie kehrt bis an das Dorf, in dessen Häusern und Gehöften sie sich festzusetzen suchten. Wir ließen ihnen aber wenig Zeit dazu und drängten nach, erst durch das Dorf hindurch, dann über den Damm und die Brücken hinweg. So kamen wir (es war inzwischen vollständig dunkel geworden) bis an ein massives Haus, das die Österreicher, die hier frische Abteilungen vorfanden, wie es schien, zu einer wahren Festung gemacht hatten. Aus den Dachluken, dem Keller und den Fenstern wurden wir wie mit Hagel überschüttet; sie schossen glücklicherweise zu hoch und pfeifend gingen die Kugeln über unsere Köpfe weg. Aber nicht lange; es wurden ihrer immer mehr, und wir mußten zurück; das Pferd unsres Hauptmanns stürzte zusammen, gleich darauf erhielt er selbst eine Kugel in die linke Brust. Er starb den schönen Tod fürs Vaterland, der ersten einer. Wir haben ihn an der andern Seite des Dorfes, dicht an der Straße, die nach Turnau führt, unter jungen Birnbäumen begraben.«

Dieser Brief ergänzt nicht nur die Mitteilungen des 72ers, er bestätigt sie auch in wesentlichen Punkten. Wir kommen darauf zurück.

Das Gefecht (es mochte inzwischen 10½ Uhr geworden sein) trat jetzt in seine zweite Hälfte. Die 72er und die Jäger hatten Podol nicht halten können; Generalmajor v. Bose – der nunmehr unsrerseits mit frischen Truppen: den beiden 2. Bataillonen der Regimenter 31 und 71 heranrückte – traf die Sichzurückziehenden bereits am Ausgange des Dorfes. Er beschloß sofort, Podol wiederzunehmen, was ihm auch nach dreistündigem Gefecht gelang, nachdem Oberst v. Avemann mit den beiden Füsilier-Bataillonen der eben genannten Regimenter zu weiterer Unterstützung eingetroffen war.

Die Schilderung dieses zweiten Kampfes nun, der sich mit gesteigerter Erbitterung entspann, entnehmen wir dem nachstehenden Briefe eines Offiziers vom 2. Bataillon des 31. Regiments.

»Wir lagen in Biwak bei Preper, etwa eine halbe Meile nördlich von Podol. Es mochte neun Uhr sein oder etwas später, als wir lebhaftes Flintenfeuer hörten, in der Richtung nach dem Flusse zu. »An die Gewehre!« Im Laufschritt ging es vorwärts; unser zweites Bataillon war zuerst auf dem Platze. Die halbe Meile Entfernung wurde in einer halben Stunde zurückgelegt. Kurz vor dem Dorfe kam uns das 4. Jäger-Bataillon (vielleicht nur einzelne Kompanien) entgegen, das zunächst das Dorf genommen hatte, aber, nach tapferer Verteidigung, von der österreichischen Übermacht wieder hinausgeworfen war. Die Jäger riefen uns zu: »Schießt nur tief, die Österreicher schießen alle zu hoch«.

Noch fünf Minuten vorwärts und ein Hagel von Kugeln aus den Häusern und den zwischen diesen liegenden Gärten und Gehöften sowie aus den Verhauen ging über uns weg. Sie schossen wirklich zu hoch. Das Bataillon (unter Major v. Hagen) ging vor:

die 6. Kompanie rechts, am Eisenbahn-Damm hin, um von dort aus das Dorf zu beschießen,

die 5. und 7. Kompanie blieben auf der Straße, um den Eingang zu erzwingen,

die 8. ging links vor, um die etwa fünfzig Schritt von der Straße in der linken Flanke gelegenen Gehöfte anzugreifen.

Auf allen Punkten begann das Feuer sofort mit ungemeiner Heftigkeit. Freilich war bei der herrschenden Dunkelheit, die kaum eine Sehweite von zwanzig Schritt gestattete, das Schießen ein etwas unsicheres. Das Blitzen der Gewehre sowie hier und da auftauchende und verschwindende dunkle Massen waren die einzigen Zielpunkte, die sich dem Auge boten. Trotzdem zeigte am andern Morgen die große Menge der toten und verwundeten Österreicher, wie gut die Unsrigen geschossen hatten.

Allmählich wurde der Feind in unsrer rechten Flanke durch die wohlgezielten Salven des zur Unterstützung herangekommenen 2. Bataillons 71. Infanterie-Regiments bis an die Iser zurückgetrieben, während zu gleicher Zeit unsre beiden Kompanien (5. und 7.) auf der Straße unter großen Schwierigkeiten über die Verhaue in das Dorf eindrangen. Hier war es, wo der Hauptmann v. Prittwitz durch zwei Kugeln tödlich verwundet wurde; hier befanden sich auch der Bataillonskommandeur und der Generalmajor v. Bose, welcher, mit einem Gewehr bewaffnet, in der vordersten Linie seine Befehle erteilte, zugleich den Soldaten ein leuchtendes Vorbild der Kaltblütigkeit und des Mutes.

Inzwischen war in der linken Flanke auch die 8. Kompanie nicht untätig gewesen und hatte den Feind trotz des heftigsten Feuers aus den links belegenen Gehöften vertrieben. Leider konnte es die genannte Kompanie nicht wagen, nachzudringen und (wie es, nach der am andern Tage sich bietenden Anschauung des Terrains, recht wohl möglich gewesen wäre) durch Umgehung der linken Dorflisiere, sowie Durchwatung des an vielen Stellen passierbaren Flusses, den Feind an der Iserbrücke abzuschneiden oder wenigstens hart ins Gedränge zu bringen, da das hinterliegende Terrain vollständig unbekannt war und die dort gelegenen Wiesen infolge des darauf lagernden Nebels als eine Wasserfläche erschie-

nen. Schauerlich während dieses Kampfes war das unaufhörliche Ertönen der feindlichen Signalhörner in unsrer unmittelbaren Nähe, deren dumpfer Ton die feindlichen Schützen zur Verstärkung und Fortsetzung des Feuers antrieb. Zwei Musketiere der 8. Kompanie hatten es sich zur Aufgabe gemacht, einen dieser lästigen Hornisten zum Schweigen zu bringen. Freilich war dies keine leichte Aufgabe, denn wohlgedeckt stand derselbe hinter einem vorliegenden Gebäude und brauchte wacker sein schreckliches Instrument. Kurz entschlossen krochen jene aber auf dem Bauche an der Wand des Hauses entlang und erreichten, geschützt durch die Dunkelheit, glücklich die vordere Ecke. Nun war es um ihn geschehn ... Mit dem Verstummen der Signalhörner verstummte auch allmählig das Feuer. Das 2. Bataillon sah sich bis in die Gegend der Iserbrücke im Besitz des Dorfes, aus dessen Häusern nun zu Dutzenden die darin versteckten Österreicher hervorgeholt wurden. Allein der Kampf sollte noch nicht zu Ende sein. Unser tapfrer General v. Bose war mit einem halben Siege nicht zufrieden. Er selbst ging mit der ihm zunächst stehenden ersten Sektion der 8. Kompanie auf der Straße gegen die Brücke vor, und die hörbare Wirkung einiger nach der Brücke hin gerichteten Probeschüsse überzeugte ihn, daß dieselbe noch besetzt sei.

In diesem Augenblick erschien der Oberstleutnant v. Drigalski mit dem Füsilier-Bataillon 31 und erhielt die Erlaubnis, die Brücke zu stürmen. Mit Ungestüm stürzten die Füsiliere vorwärts und warfen den Feind im ersten mächtigen Anlauf von der Brücke herab. Der Kampf war kurz, aber heftig. Unter den Gefallenen auf unsrer Seite war der heldenmütige Kommandeur des Füsilier-Bataillons und zeitige Führer des Regiments, Oberstleutnant v. Drigalski, der an der Spitze seiner Leute, von zwei Kugeln durch den Kopf geschossen, niedersank.*

Der Gedanke, ihren braven Führer zu rächen, wurde den Füsilieren ein frischer Sporn. Unaufhaltsam drangen sie vor und nahmen auch die

* Oberstleutnant v. Drigalski wurde an derselben Stelle (siehe S. 177) bestattet, wo Hauptmann v. Michalowski ruht. Das Grab des ersteren trägt einen Denkstein und darauf die Inschrift: »Im Sturm auf das Dorf Podol starb den Heldentod für König und Vaterland an der Spitze seiner Füsiliere der Königlich preußische Oberstleutnant Eugen v. Drigalski, Kommandeur des Füsilier-Bataillons 1. Thüringischen Infanterie-Regiments Nr. 31, in der Nacht des 26. Juni 1866. – Die Kameraden seines Regiments.« Übrigens war uns (bei einem Besuche in Podol) die Wahrnehmung interessant, wie bald nach einem Ereignis die Sage bereits in Kraft tritt und den oft erst Wochen alten Hergang romantisch ummodelt. So wurde uns, an Ort und Stelle, der Tod Drigalskis in folgender Version erzählt. »Der Oberstleut-

zweite Brücke. Hierdurch war der Mut der Feinde gebrochen; sie gingen rasch zurück. Der Iser-Übergang war unser. An eine Verfolgung unsrerseits war wegen der Dunkelheit nicht zu denken. Das Füsilier-Bataillon setzte Feldwachen aus; das 2. Bataillon kehrte auf Befehl des Generals in seine alte Biwakstellung zurück, wo es gegen zwei Uhr morgens ankam. Unsere Verluste waren im Vergleich zu denen der Feinde (wir hatten allein gegen 600 zu Gefangenen gemacht) wunderbar gering. Die feindlichen Kugeln gingen meist zu hoch. Uns gegenüber stand die Brigade Poschacher, die sogenannte ›eiserne Brigade‹.* Die Sicherung des Iser-Überganges war ein schönes Resultat, der Haupterfolg bestand aber in dem Vertrauen, das die junge Truppe zu ihrer eignen Kraft gewonnen hatte. Ebenso niedergeschlagen waren unsre Gegner. Nach Aussage der Gefangenen hatten die österreichischen Führer einen neuen Angriff versuchen wollen, mußten aber davon abstehn, weil die Soldaten nicht mehr zum Vorgehn zu bewegen waren.«

Wir haben der Schilderung beider Gefechtshälften, wie wir dieselbe vorstehend nach Berichten direkt Beteiligter gegeben haben, nur noch wenige Bemerkungen hinzuzufügen. Ein Vergleich stellt unverkennbar heraus, daß die erste Gefechtshälfte – wie wir S. 173 bereits entwickelt – momentan zu einem weiter gehenden Erfolge führte, als ihn die später eintreffenden 31er und 71er bei veränderter Sachlage erringen konnten. Nur das 4. Jäger-Bataillon und die 72er Füsiliere drangen, zu Beginn des Kampfes, bis über die dritte Brücke (der Bericht sagt fälschlich, die zweite) und zwar bis in Höhe des »massiven Hauses« vor. In der zweiten Gefechtshälfte, dem immer neue Bataillone heran ziehenden Feinde gegenüber, mußten sich unsere 31er und 71er mit der Wiedereroberung des Dorfes und mit Zurückwerfung des Feindes über die erste Brücke begnügen.

nant, als er zur Attacke vorging, traf inmitten der Brücke auf einen österreichischen Jäger-Korporal, der seinen eben tödlich getroffenen Offizier mit beiden Armen aufgefangen hatte; mit seiner Linken hielt er gleichzeitig die Büchse fest in der Hand. »Gewehr weg« rief ihm der Oberstleutnant zu; – der Korporal rührte sich nicht. »Gewehr weg« zum zweiten Mal. In diesem Augenblick warf der Angerufene einen raschen Blick auf das Antlitz des Offiziers und wahrnehmend, daß er nur noch eine Leiche in seinen Armen habe, ließ er den bis dahin sorglich Gehaltenen rasch zur Erde fallen, packte mit der Rechten nach seiner Büchse und stach den Oberstleutnant mit dem Haubajonett nieder.« So die Erzählung. Sie ist ausschließlich Fiktion. v. Drigalski fiel, wie wir oben berichtet.

* Ein Hauptmann vom Regiment Martini, der drei Tage später bei Gitschin verwundet und gefangen wurde, sagte zu einem preußischen Offizier: »Wie wird's kommen?! Wenn wir von der eisernen Brigade es nicht gemacht haben, die andern werden es halt auch nicht machen.«

Diesseits der Iser (im Dorfe selbst) biwakierten die Unsrigen, nachdem sie zuvor, um gegen einen Überfall gesichert zu sein, die Brücke teils abgetragen, teils in Brand gesteckt hatten. Letzteres, als Oberstleutnant v. Drigalski heranrückte, hatten schon die Österreicher versucht, um dadurch den Sturm und die Wegnahme der Brücke zu hindern; der die Fackel haltende, in hellem Flammenschein stehende Offizier aber(Oberleutnant v. Zimmermann) wurde sofort ein Zielpunkt für unsere Füsiliere und fiel verwundet in unsere Hände, eh er seine Aufgabe hatte ausführen können.

Der diesseitige Verlust betrug 101. Tot: 2 Offiziere und 21 Mann; verwundet: 7 Offiziere und 69 Mann; vermisst 2 Mann. Der Verlust der Österreicher stellte sich unverhältnismäßig hoch: 33 Offiziere und 1015 Mann nach eigner Angabe. 9 Offiziere waren tot, 21 verwundet, 3 unverwundet gefangen. Am härtesten waren das Regiment Martini (20 Offiziere und 600 Mann) und das 18. Jäger-Bataillon (6 Offiziere und 189 Mann) betroffen worden.

Der erste ernstere Strauß hatte also auch hier, wie bei der Elb-Armee, zum mindesten die Überlegenheit unsrer Waffe und die Unanwendbarkeit der österreichischen Kampfesweise dieser Waffe gegenüber bewiesen.

Die Vereinigung der I. Armee mit der Elb-Armee
Münchengrätz

DIE I. Armee, nach den Vorgängen, wie wir sie in den beiden letzten Kapiteln geschildert, stand also an der Iser und hatte die beiden östlichen Brücken-Defileen von Turnau und Podol in der Hand. Der Vormarsch zur Vereinigung mit der II. (Kronprinzlichen) Armee – die, wie wir später zeigen werden, an ebendiesem Tage durch die »drei Tore Böhmens« in Feindesland einzog – ging südöstlich auf Gitschin zu; diesem südöstlichen Vormarsch aber hatte, wie wir in früheren Kapiteln bereits andeuteten, eine Vereinigung mit der am rechten Flügel marschierenden Elb-Armee vorauszugehen. Ein bloßes Stehenbleiben in der Stellung Turnau-Podol, ein einfaches Abwarten, bis die Elb-Armee (von Hühnerwasser aus) heran sei, verbot sich mit Rücksicht darauf, daß die ganze austro-sächsische Armee, wie wir wissen in fester Stellung, zwischen unsrem rechten Flügel und unsrem Zentrum stand. Diese Stellung zu forcieren, war die Elb-Armee, wenn ihr nicht Hilfe kam, zu schwach. So beschloß denn Prinz Friedrich Karl, eine Diversion von Osten her zu machen, während die Elb-Armee von Westen her avancierte, und durch dies Manöver den Feind zwischen zwei Feuer zu bringen. Die Ausführung dieses Planes führte zu dem Doppelgefecht von Münchengrätz.

Münchengrätz, am linken Iser-Ufer, ist eine tschechische Stadt von nahezu 4000 Einwohnern. Seine Bauart ist dieselbe wie die der meisten böhmischen Städte: ein großer, mit Arkaden umstellter, mit Marien- oder Nepomuk-Säulen geschmückter Marktplatz, auf den die Straßen von allen vier Himmelsgegenden einmünden. An und für sich, seinen Marktplatz abgerechnet, ziemlich unscheinbar, hat es doch eine gewisse historische Bedeutung. In der Kapellenkirche des im Norden der Stadt gelegenen großen Waldsteinschen Schlosses wurden, nachdem sie 150 Jahre in der Kartause zu Gitschin geruht, die Überreste Wallensteins beigesetzt. Die Gruft ist jetzt leer.* Im Schlosse selbst, das

* Am 12. Juli begab sich Graf Leonhard v. Schwerin, damals Etappenkommandant von Münchengrätz, in Begleitung des Schloßverwalters, des Bürgermeisters und einer Anzahl Offiziere vom Garde-Landwehr-Bataillon Düsseldorf, in die Münchengrätzer Schloßkirche (Annen-Kapelle), um die Frage festzustellen: »Wo ruht Wallenstein?« Schon damals scheinen Zweifel darüber gewaltet zu haben. Die Annen-Kapelle liegt östlich vom Schloß, wie dieses auf einer Höhe, rings von Bäumen umgeben. Im Innern enthält sie Bilder und Schnitzwerk ohne künstlerische Bedeutung. Vom Eingang aus zur rechten Hand befindet sich in einiger Erhöhung vom Fußboden eine weiß gestrichene, hölzerne Flügeltür, nach Art eines Wandschrankes. Hier ruhe Wallensteins Leiche, so wurde von den Münchengrätzern versichert. Da der Schlüssel nicht aufzutreiben war, so mußte ein Schlosser, den man vorsorglich mitgenommen hatte, die Gruft öffnen. Er tat es ersichtlich ungern. Endlich fiel die eiserne Stange, welche der Tür vorgelegt war; auch die Flügel selbst öffneten sich, aber – der Raum war leer. Der Bürgermeister wiederholte auf das bestimmteste, er habe den Sarg Wallensteins dort früher gesehen. Diese Aussage ward alsbald auch bestätigt durch einen großen Bogen Papier, welcher auf der Innenseite der rechten Flügeltür angeheftet war und daselbst, allem Anscheine nach, schon sehr lange geklebt hatte, da er vergilbt, zum Teil eingerissen und seine Schrift verblaßt war. Teils in Fraktur, teils mit gewöhnlichen lateinischen Lettern stand darauf (in den zwei Eingangszeilen wahrscheinlich nicht ganz korrekt) Folgendes:

Supra cooperculum tumbae stanneae Waldecensium religiosa pietas et grata posteritas extrui jussit in scuto ex parte. – Quaeris Viator: quis hic jacet? Albertus Eusebius Waldstein, Dux Fridlandiae, qui 1634 die 25. Februarii aegre fatis cessit Egrae, fulgebat olim Splendore Martis, dum pro Deo, pro Ecclesia, pro Caesare, pro Patria fortiter pugnavit et triumphavit heros Inclytus. Eum, quoniam legitime certavit, Deus ad se vocavit coelestique corona praemiavit.

Cujus jam bello fossa
Hic in pace quiescant ossa.

In freier Übersetzung etwa: »Über dem Deckel dieses zinnernen Sarges haben die Pietät der Walditzer Mönche und die Dankbarkeit der Nachwelt diese erzene Tafel aufgerichtet. – Fragst Du, Wanderer, wer hier ruht? Albert Eusebius Waldstein, Herzog von Friedland, der am 25. Februar 1634 seinem Schicksal zu Eger erlag, nachdem er durch Kriegsruhm geglänzt, für Gott, Kirche und Kaiser gestritten und als Held triumphiert hatte. – Ihn, der einen guten Kampf gekämpft, hat Gott zu sich gerufen und ihn belohnt mit seiner himmlischen Krone.

Sein im Kriege gebrochen Gebein,
Hier schlaf es, hier soll es ruhig sein.«

Diesen Worten (ersichtlich eine Kopie der ursprünglichen Inschrift in der Walditzer Karhochgelegen und von einem prächtigen alten Parke umgeben ist, fand im Jahre 1833 eine Zusammenkunft der Kaiser von Rußland und Österreich und des Königs von Preußen statt. So viel über das historische Münchengrätz.

Eine vielleicht größere Bedeutung hat es als strategischer Punkt. Es bildet eine vortreffliche Defensiv-Stellung gegen einen von Sachsen her heranrückenden Feind. Auf welcher Straße derselbe auch vorrücken möge, ob geradeaus (über Mohelnic, an der Iser hin) oder ob in den Flanken (rechts von Hühnerwasser, links von Turnau-Podol aus), überall wird er ein schwieriges Defilee: Hohlwege, Brücken, oder eine von Bergkuppen beherrschte Straße zu passieren haben.

Das eingeschnittene Terrain – zumal beim Dorfe Kloster, 2000 Schritt von Münchengrätz, einen völligen Hohlweg bildend – liegt vorzugsweise nach Westen zu, von wo die Elb-Armee anrückte; die den Zugang beherrschenden Bergkuppen hingegen erheben sich nach Osten hin, von wo die I. Armee unter Prinz Friedrich Karl zu erwarten war. Die drei hervorragendsten dieser Kuppen sind der Kaczow-, der Horka- und der Musky-Berg, die im Halbkreise Münchengrätz umstehen. Jeder derselben hatte seine Bedeutung für die Verteidigung der Stadt bzw. der Iserlinie; doch kam der letztgenannte (der Musky-Berg) vorzugsweise in Betracht.

So waren denn die Punkte, um die es sich bei dem Doppelanmarsch handelte: das Dorf Kloster im Westen, der Musky-Berg im Osten, und in der Tat entschieden sich hier die Gefechte.

tause) waren weitere lateinische Zeilen beigefügt, die über die Überführung der Leiche von Gitschin nach der Münchengrätzer Schloßkapelle Auskunft gaben. Diese beigefügten Zeilen waren schwerer zu entziffern, doch ließ sich Folgendes mit Bestimmtheit aus ihnen entnehmen:

»Unter der Regierung Josephs II., Kaisers von Österreich und Königs von Böhmen, sind durch Vincenz Grafen v. Waldstein und Wartenberg die früher in der Kartause zu Gitschin befindlichen Sarkophage hierher zu den Kapuzinern in der St. Anna-Kapelle transferiert und am 3. März 1785 wiederum feierlich beigesetzt worden.«

Es kann nach all diesem kein Zweifel sein, daß der Sarg Wallensteins (und zwar mutmaßlich über 80 Jahre lang) in der St. Annen-Kapelle zu Münchengrätz gestanden hat. Aber wo befindet er sich jetzt? Graf Leonhard v. Schwerin spricht die Vermutung aus, daß der Sarg überhaupt nicht aus der Schloßkapelle entfernt worden sei, sondern nur innerhalb derselben seinen Platz gewechselt habe. Wahrscheinlich sei er, um ihn schwerer ausfindig zu machen, aus seiner Spezialgruft in die große Familiengruft gestellt worden. Dies kann sein. Doch bemerken wir eigens, daß uns Ende August in Gitschin auf unsere bezügliche Nachfrage erzählt wurde: Die Leiche Wallensteins sei schon vor längerer Zeit, wahrscheinlich um ihr einen besseren Platz zu geben, aus der Münchengrätzer Schloßkapelle weiter westlich, auf ein in der Nähe von Eger gelegenes Waldsteinsches Gut übergeführt worden. Der Name des Gutes ist uns leider entfallen. Eigens nach Böhmen hin gerichtete Aufragen sind ohne Antwort geblieben.

ANSICHT AUF DAS GEFECHTSFELD VON MUENCHENGRAETZ
vom Kirchhofe in Kloster aus gesehen.

Die Dispositionen für den Tag lauteten im wesentlichen dahin:

die 15. und 16. Division dirigieren sich (östlich) über Nieder-Gruppay und Weißleim,
die 14. Division (südlich) über Mohelnic,
die 8. Division (westlich) über Brezina,
die 7. Division (auch westlich) über den Musky-Berg

auf Münchengrätz zu. Die 6. Division folgt der 8.

Begleitet man diese Angaben auf der Karte, so ergibt sich eine Umstellung des Feindes von drei Seiten her. Nur nach Süden hin blieb ihm der Abzug frei, aber auch dieser war gefährdet, wenn es (wie später nahezu geschah) überflügelnden Kolonnen von links und rechts her glückte, die auf Sobotka und Jung-Bunzlau führenden Straßen zu durchschneiden.

Aus der Gesamt-Disposition, wie wir sie in ihren großen Zügen mitgeteilt, geht genugsam hervor, daß man preußischerseits an dieser Stelle einen ernsten Widerstand erwartete. Man mußte ihn erwarten. Wollte man feindlicherseits die ganze Iserlinie leichten Kampfes oder wohl gar ohne allen Kampf preisgeben, so hatte die Aufstellung einer 60 000 Mann starken Armee bei Münchengrätz überhaupt keinen Sinn, so war es geboten, der von Süden heranziehenden eigenen Hauptarmee ehmöglichst entgegenzugehn, aber nicht der von Norden heranziehenden feindlichen Armee sich entgegenzustellen. Dies letztre war geschehn, welche andre Bedeutung konnte die Aufstellung an der Iser haben als die eine: die Iser halten zu wollen. Sollte sie aber mit ganzer Kraft, d. h. mit 60 000 Mann in einer trefflichen Defensiv-Stellung gehalten werden, so war es durchaus indiziert, ihnen mit 5 Divisionen, also mit etwa gleicher Kraft entgegenzutreten. Die Dinge kamen anders, und das Gefecht gewährt deshalb den Eindruck einer zum Schlage ausgeholten schweren Waffe an einer Stelle, wo eine leichte Rapierklinge genügt hätte. Diejenigen aber, die daraus einen Tadel haben herleiten wollen, sollten nicht vergessen, daß alles das, was jetzt bekannt ist, damals nicht gewußt und aus Gründen, die wir gegeben, auch nicht einmal vermutet werden konnte.

Die Dinge kamen anders, so sagten wir, und zwar deshalb, weil bei Münchengrätz allerdings ein Widerstand versucht wurde, aber nicht mit ganzer, sondern nur mit halber Kraft. Man begnügte sich feindlicherseits mit Abzugsgefechten. Wir geben zunächst den Gegner nach Zahl und Stellung.

Wie am 26., so stand auch noch am folgenden Tage die gesamte austro-sächsische Iser-Armee bei Münchengrätz vereinigt: 37 000 Österreicher, 23 000 Sachsen. Absicht war nach wie vor, die Iserlinie zu halten. Der am 26. Mittags eingegangene Befehl (s. S. 171) war eben noch in Kraft und ließ keine Wahl. Aber noch am Abend des 27. änderte sich die Situation. Ein neuer Befehl aus dem Hauptquartier traf ein, dahin lautend: sich auf Gitschin abzuziehn, wohin der Oberkommandierende von Süden her seine Richtung nehmen werde. In Ausführung dieser Order trat nunmehr, in der Nacht vom 27. auf den 28., die Iser-Armee (in Brigade-Echellons) ihren Abmarsch an: Die Sachsen dirigierten sich auf Jung-Bunzlau, die Brigade Ringelsheim ging auf Sobotka, die Brigade Poschacher, an der Brigade Ringelsheim vorbei, direkt auf Gitschin. In Münchengrätz blieben nur drei Brigaden zurück. Diese, als unser Angriff begann, standen wie folgt:

Brigade Leiningen (linker Flügel) hielt Münchengrätz selbst, wie alle nach Westen zu vorgelegenen Punkte: Kloster, Haber, Weißleim besetzt;

Brigade Piret (rechter Flügel) hatte Aufstellung auf dem Musky-Berge genommen;

Brigade Abele stand, rechtwinklig auf die Brigade Piret, am Fuße des Musky-Berges, zwischen Berg und Stadt.

Am meisten in Betracht, wie sich später erwies, kam die Aufstellung der Artillerie.

Dies war die komplizierte Stellung, gegen welche von drei Seiten her unsere Kolonnen vorgingen. Die von Norden her vorgehende Kolonne (14. Division) hatte kein eigentliches Gefecht, wohl aber die Kolonnen, die von West und Ost her avancierten.

Beide Gefechte verliefen vollständig voneinander getrennt. Wir nennen, um beide leichter zu unterscheiden, das eine »das Gefecht bei Kloster«, das andere »das Gefecht am Musky-Berg«.

Das Gefecht bei Kloster

Die 15. und 16. Division, so sagten wir bereits, dirigierten sich, über Nieder-Gruppay und Weißleim, direkt auf Münchengrätz. Dieses war von der Brigade Leiningen derartig besetzt, daß

das 32. Jäger-Bataillon das Waldsteinsche Schloß,

das Regiment Haugwitz (Italiener) das Plateau nördlich von Kloster und dies Dorf selbst,

das Regiment Gyulai(Ungarn) die gegenübergelegene südliche Position in Händen hatte.

Die Brigade-Batterie hielt neben dem Regiment Haugwitz, nördlich von Kloster; eine zweite Batterie war auf dem Judenkirchhof, unmittelbar westlich neben der Stadt aufgefahren.

Unsererseits trat nur die Avantgarde unter Generalmajor v. Schöler in den Kampf ein. Diese bestand aus denselben Bataillonen, die schon das Abendgefecht bei Hühnerwasser gehabt hatten, und zwar aus

dem Hohenzollernschen Füsilier-Regiment Nr. 40 (Oberst Zimmermann), alle drei Bataillone,
dem 2. Bataillon Nr. 33,
dem Füsilier-Bataillon Nr. 28,
dem Füsilier-Bataillon Nr. 69,
dem 8. Jäger-Bataillon,

und brach um 4½ Uhr früh von Hühnerwasser auf. Der Marsch ging zunächst über das Gefechtsfeld vom 26. abends, das wir (s. S. 146) bereits in kurzen Zügen beschrieben haben.

Um 6½ Uhr hatte das Têten-Bataillon die Dörfer Nieder-Gruppay und Unter-Rokitay erreicht und setzte sich – das Gros der Avantgarde war inzwischen ebenfalls heran – gegen das Dorf Weißleim, das nur noch eine halbe Meile von Münchengrätz entfernt ist, in Marsch. Eh indessen Weißleim erreicht war, eröffnete die nördlich von Kloster haltende feindliche Batterie ihr Feuer.

General v. Schöler disponierte nunmehr über seine Bataillone rasch dahin, daß

das Füsilier-Bataillon Nr. 28 und zwei Kompanien des 8. Jäger-Bataillons ihren Marsch auf Weißleim fortsetzen,
das 2. Bataillon Nr. 33, samt dem Füsilier-Bataillon Nr. 69 eine linke,
das 1. Bataillon Nr. 40 samt zwei Jägerkompanien eine rechte Flügelkolonne bilden,
das 2. und 3. Bataillon Nr. 40 aber als Soutien auf der Hauptstraße folgen sollten.

Gleichzeitig fuhren rechts und links die Batterien Wolf und Fuchsius auf, um das feindliche Artilleriefeuer zu erwidern.

Die Dinge entwickelten sich nun sehr rasch. Die Mittelkolonne, das 2. und 3. Bataillon vom Regiment Nr. 40 vorziehend, nahm erst Weißleim, dann Haber, endlich, mit scharfer Wendung sich links haltend, die steile, zur Verteidigung so geschickte Position von Kloster. Damit war auf dem westlichen Gefechtsfelde der Kampf im wesentlichen entschieden. Der Feind, über die Iser zurückgehend, zerstörte freilich die einzig vorhandene Brücke und zwang dadurch die Unseren, soweit sie nicht den Fluß durchwateten (S. 190), eine Ponton-Brücke zu schlagen; der Zeitverlust, der daraus erwuchs, war aber unerheblich, und um 11½ Uhr rückten die Avantgarden-Bataillone in Münchengrätz ein. Sie fanden es bereits durch das Füsilier-Bataillon Nr. 56 besetzt, das – als

Tête der 14. Division über Mohelnic avancierend – von Norden her, fast ohne jeglichen Kampf, in die Stadt eingedrungen war und nahezu 200 Mann vom 32. Jäger-Bataillon gefangengenommen hatte.

Der Widerstand hatte überall wenig Energie gezeigt, wobei die verschiedensten Momente zusammenwirkten. Die Order lautete auf »Abzugsgefecht«, – das war eins; die Italiener vom Regiment Haugwitz mochten wenig Lust haben sich zu schlagen, – das war ein zweites; vor allem aber mahnte der immer näherkommende Kanonendonner von Osten her, sich die Rückzugslinie nicht durchschneiden zu lassen.

Noch ein viertes kam hinzu, das, den Frontalangriff unterstützend, über den Besitz von Kloster und dadurch (auch unter andern Gesamtverhältnissen) über den Ausgang des Kampfes entschieden haben würde. Es war dies die mit großer Präzision seitens der linken Flügelkolonne ausgeführte Umgehung der feindlichen Stellung, die uns, unter geschickter Benutzung der Sabrtitzer Schlucht, von Norden her in Dorf Kloster eindringen ließ, als es der Feind, nach Süden hin, gegen die von der Hauptstraße her anstürmende Mittelkolonne verteidigen sollte.

Über diesen geschickten, den feindlichen rechten Flügel treffenden Vorstoß liegt uns der interessante Bericht eines Offiziers vom Füsilier-Bataillon 69 vor, dem wir folgendes entnehmen:

»Auf der Chaussee, in Höhe des Dorfes Nieder-Gruppay angelangt, wurde das 2. Bataillon 33. und das Füsilier-Bataillon 69. Regiments (ersteres weiter vor) zur Deckung der linken Flanke der Avantgarde links abgeschickt. Der Umweg, den wir machen mußten, war bedeutend; schlimmer aber als der Umweg war das Terrain und die Hitze.

Nach kurzem Marsche standen wir vor einer Schlucht, steil abfallend die diesseitige wie die jenseitige Wand. Da hinunter mußte das Bataillon auf engem Pfade, in schmale Front abbrechend, mal stolpernd, mal rutschend, den Kolben des Gewehrs gegenstemmend, um nicht zu fallen. Langsam dann ging es an der andern Seite wieder hinauf, die Gewehre jetzt als Stütze benutzend, den Oberkörper weit vornüber gebeugt, häufig mit der linken Hand an den Sträuchern uns hochziehend.

Indes endlich war's überstanden; die Höhe war erreicht. Die Glieder schlossen sich enger und tief Atem holend zogen wir weiter. Nicht lange (kaum 400 Schritt) und eine Schlucht, noch tiefer, wenn möglich noch steiler, öffnete sich gähnend unseren Blicken. Und wieder müssen wir hinunter und hinauf. Schon versagen uns die Knie den Dienst, einzelne können nicht weiter und bleiben liegen, raffen sich auf, bleiben wieder zurück. Das Bataillon setzt seinen Marsch fort, da steht es an einer dritten Schlucht.

Schwerkeuchend, todmatt – wir brauchten volle 20 Minuten, um den dritten Abhang zu erklettern.

Ich erfreue mich eines äußerst kräftigen Körpers; aber wenn ich bedenke, daß ich jetzt kaum noch imstande war, mich vor Ermattung aufrecht zu erhalten, so kann ich nicht umhin, meine Verwunderung und Bewunderung darüber auszusprechen, daß unsere Soldaten, die mir an Körperkräften zum weitaus größten Teile bedeutend nachstanden und außerdem wohl um 20 Pfund schwerer belastet waren, sich noch so lange mitgeschleppt hatten. Ich muß gestehen, daß die Willenskraft, vermöge deren sie dies möglich machten, die allerlebhafteste Anerkennung verdient.

Auf der letzterstiegenen Höhe führte uns der Weg durch ein großes Gehöft, zugleich hörten wir jetzt rechts neben uns das Knattern des Tirailleurfeuers, das Krachen der Salven. Hinter dem Gehöft konnten wir das Vorterrain übersehen; 1500 Schritt vor uns lag ein Dorf (Ober-Buckowina), nach rechts hin erhöhte sich die Landschaft, und hinter dieser Erhöhung (Schusterberg) schien der Kampf am heftigsten entbrannt. Dort lag Weißleim, wo die Mittelkolonne ihr Gefecht hatte.

Im Eilmarsch gingen wir vorwärts; die Aufregung, die Kampfbegierde gaben uns neue Kräfte: »Vorwärts« riefen sich die Leute zu, »vorwärts« ermahnten die Offiziere. Jetzt streiften wir bereits das Gefechtsfeld; am Wege lagen einzelne Tote; auf der Straße die von Weißleim nach Ober-Buckowina führt, machte das Bataillon halt.«

Wir unterbrechen hier den Gang der Erzählung, um sie, nach kurzer Andeutung dessen, was in der nächsten halben Stunde geschah, am entscheidenden Punkte wieder aufzunehmen. Die 9. und 12. Kompanie wurden zum Gefecht vorgezogen; die 10. und 11. Kompanie folgten geschlossen als Soutien. So ging es über das Plateau hin, bis (in Höhe von Kloster bereits) eine von einem Bach durchflossene, 70 Fuß tiefe Schlucht abermals das Terrain von Nord nach Süd durchschnitt. Man war jetzt bereits in das Kleingewehrfeuer des Feindes eingetreten, der das jenseits gelegene Plateau – besonders ein Hopfenfeld auf demselben – mit einzelnen Kompanien besetzt hielt, unbegreiflicherweise aber nicht am Rande der Schlucht, sondern mehrere hundert Schritt hinter derselben Aufstellung genommen hatte. Wir fahren nun in der Erzählung fort:

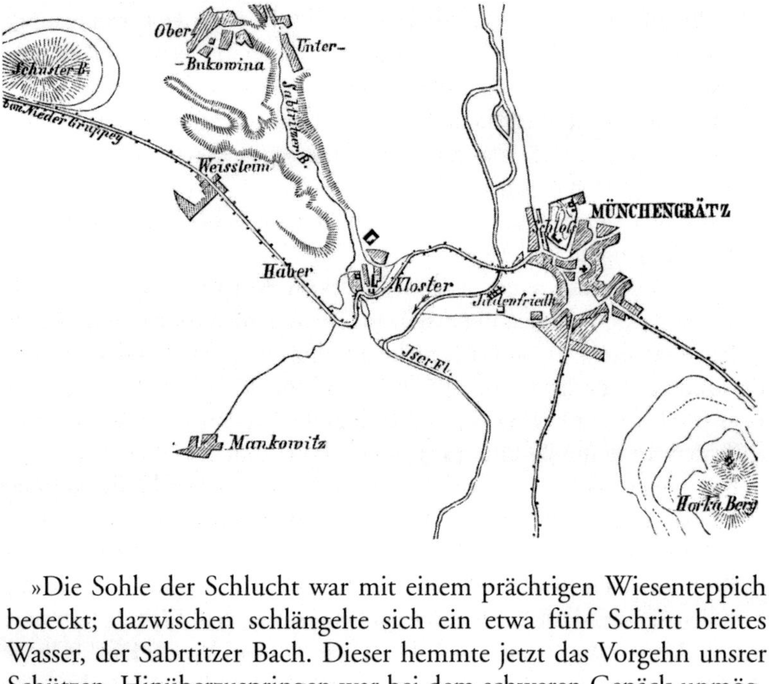

»Die Sohle der Schlucht war mit einem prächtigen Wiesenteppich bedeckt; dazwischen schlängelte sich ein etwa fünf Schritt breites Wasser, der Sabrtitzer Bach. Dieser hemmte jetzt das Vorgehn unsrer Schützen. Hinüberzuspringen war bei dem schweren Gepäck unmöglich; meine Leute sahen mich fragend an. Ich steckte Revolver und Pfeife in die Brust des Rockes und schritt voran. Aber wie wenn man eine Treppe hinuntergeht und zwei Stufen tief tritt, während man nur noch eine vor sich zu haben glaubt, so stürzt' ich vornüber in die unvermutete Vertiefung und lag bis an den Hals im Wasser. Schneller als gesagt, rafft' ich mich wieder auf und war hinüber; aber Revolver und Pfeife waren hin. Die Füsiliere, die Gewehre über den Bach hinweg sich zuwerfend, wateten gleichfalls hindurch. Dann warf sich alles nieder; Kochkessel ab und ein gieriges Trinken begann.

Hier am Bachrand waren wir vorläufig in Sicherheit und hörten mit einem gewissen Behagen, hoch über unseren Köpfen hin, das Pfeifen und Zischen der Geschosse. Hätten die Österreicher nur eine Sektion an dem Abhange aufgestellt, zu dessen Füßen wir jetzt standen, keiner von uns wäre lebend von der Stelle gekommen.

Einige Minuten hatten wir so gerastet, dann hieß es wieder: Vorwärts, die Schluchtenwand hinauf! Was oben unsrer harrte, konnten wir aus dem Pfeifen der Kugeln abnehmen. Todmüde, mit gepacktem Tornister, hungrig, begann abermals das Klettern im glühen Sonnenbrand. Die meisten blieben auf halbem Wege liegen, unfähig sich zu rühren, an einen Baum geklammert, um Gegenhalt zu haben und nicht wieder hinab zu rollen. Es gibt eben einen Grad der Ermattung, wo der festeste Wille seine Herrschaft über den Körper verliert.

Endlich hatte ich den oberen Rand der Schlucht erreicht; mit mir vielleicht noch 8 Mann. Kaum wurden unsere Helme sichtbar, so begrüßte uns auch schon ein heftiges Kleingewehrfeuer; schnell warfen wir uns in das niedrige dichte Gerstenfeld nieder. Wir selbst waren dadurch den Blicken des Feindes entzogen, während dieser, auf Kernschußweite, fast ungedeckt in einem Hopfenfelde stand.

Wir eröffneten Schnellfeuer; dann rief ich einem Sergeanten, der mit einer Anzahl Schützen der 9. Kompanie jetzt eben heran war, zu, den linken Flügel des Feindes zu umfassen, und drang nun meinerseits in der Front auf das Hopfenfeld los. Der Feind überschüttete uns mit Kugeln; als wir bis auf 150 Schritt heran waren, stolperte ich und fiel. Der Flügelmann meines Zuges, Gefreiter Aufdermauer, beugte sich über mich und fragte: ›Sind Sie tot, Herr Leutnant?‹ Ohne in diesem Augenblick das Naive dieser Frage zu fühlen, verneinte ich sie einfach.

›Dann müssen wir weiter‹, rief Aufdermauer, ›hier können wir nicht bleiben; die Zwockels haben's gerade auf uns abgesehen.‹

Ich raffte mich auf und von neuem ging's vorwärts.

Die Österreicher dachten: Der Klügste gibt nach, und als wir bis auf 80 Schritt heran waren, machten sie kehrt. Wir unter Hurrageschrei nach; je mehr sie liefen, desto lauter schrien wir, und je mehr wir schrien, desto rascher liefen sie. Wechselwirkung!

Alsbald hatten wir denn auch das Hopfenfeld, von dem aus unsren anrückenden Kompanie-Kolonnen so erheblicher Schade zugefügt worden war; wir schwenkten nun rechts, um den Feind gegen Kloster hin zu verfolgen.

Ich hatte nur noch vier Mann bei mir, die Gefreiten Aufdermauer und Weber, den Füsilier Herpel der 12. und den Füsilier Groß der 9. Kompanie. Das war das erste Treffen. Dahinter folgten, auf hundert Schritt Entfernung, acht bis zehn Schützen der 9. und 12. Kompanie. Alles andere war liegengeblieben.

Etwa 200 Schritt mochten wir die Österreicher verfolgt haben, als sie plötzlich wie verschwunden waren. Ich ging deshalb, um mich zu orientieren, über einen Fahrweg fort, der parallel mit der Sabrtitzer Schlucht nach Kloster führt. Hier hielt ich Umschau. Dicht neben mir stand Füsilier Herpel. Plötzlich pfiffen uns Kugeln um die Ohren; ich beugte mich vor, Herpel ebenfalls; in demselben Augenblick hörte ich ein Knirschen und Krachen, dann ein dumpfes Röcheln. Herpel, von einer Kugel gerade in den Mund getroffen, fiel rücklings tot zu Boden. Im Fallen breitete er die Hände aus und krampfhaft um sich greifend, faßte er mich am rechten Arm. Diese Berührung ging mir durch Mark und Bein, und beim Anblick dieses jähen und schrecklichen Überganges vom Leben zum Tode schrak ich zusammen.*

Aber die eigne Gefahr riß mich heraus; als ich scharf nach vorn blickte, da gewahrt' ich, in einer Grube am Fahrweg, einen ansehnlichen Haufen Österreicher, die jetzt mit gefälltem Bajonett auf uns losstürmten, vorn ein Offizier mit hochgeschwungnem Säbel.

Die einzige Rettung war, daß wir dem Feinde entgegengingen, 4 gegen 22. In einer Reihe laufend (Aufdermauer, Weber, Groß und ich) und brüllend wie Besessene, stürmten wir vor. Jetzt waren wir bis auf zehn Schritt heran und schlossen unsere Rechnung mit dem Him-

* »Eine halbe Stunde später sucht' ich und fand ich meinen tapferen Herpel unter den Toten. Eine Träne stahl sich mir ins Auge. Dann bedeckt' ich dem Braven den verstümmelten Kopf mit einem Tuche. ›Dir schenke Gott die ewige Ruh.‹ Und sooft ich das Lied höre vom guten Kameraden:

> Eine Kugel kam geflogen –
> Gilt sie mir oder gilt sie Dir?
> Ihn hat sie weggerissen,
> Er liegt zu meinen Füßen
> Als wär's ein Stück von mir –

gedenk ich jedes Mal an jenes Hopfenfeld bei Kloster und an meinen braven Herpel. Er war Landwehrmann und hinterließ Frau und zwei Kinder in Dürftigkeit.«

mel, – da, von panischem Schrecken ergriffen, wandte sich der Feind und floh, so schnell ihn die Beine tragen wollten. Der österreichische Offizier stand einen Moment starr da; ich las in seinen Zügen den Ausdruck von Grimm und Enttäuschung, aber was half's, er mußte zurück. Weit kam er nicht; zwanzig Schritt entfernt, drehte er sich um und drohte mit dem Säbel; in diesem Augenblick traf ihn eine Kugel von Aufdermauer gerade durch den Kopf.

Zwei andere Schüsse meiner Begleiter streckten noch einen feindlichen Unteroffizier und einen Gemeinen zu Boden. Die Gefallenen lagen nah beieinander, unmittelbar an der Chaussee, die von Givina nach Kloster führt.

Kaum zehn Schritt weiter stand ein massives Heiligenhäuschen; hinter dieses hatten sich die Österreicher geflüchtet. Wir vier Preußen warfen uns zwanzig Schritt davor in einen kleinen Graben; aber kaum lagen wir da, als plötzlich hinter der Wand des Heiligenhäuschens Gewehre mit weißen Taschentüchern an den Bajonetten hin und her geschwenkt wurden. Das Zeichen der Ergebung. Wir nahmen 18 Mann gefangen.

Während dieses kleinen Gefechts im Hopfenfeld hatte sich bei Kloster der Kampf entschieden. Die als Soutien folgende 10. und 11. Kompanie waren ebenfalls in die Sabrtitzer Schlucht hinabgestiegen, und dem Lauf des Baches folgend hatten sie von Norden her Dorf Kloster genommen, als die Mittelkolonne eben zum Sturm in der Front sich anschickte. Der erste an dieser Stelle (von Norden her) war Feldwebel Schmidt von der 11. Kompanie; beinah gleichzeitig mit ihm war Leutnant Graf Keller mit seinem Schützenzug in das Dorf eingedrungen.

Der Besitz von Kloster entschied über den Besitz von Münchengrätz.«

Das Gefecht am Musky-Berg

Gleichzeitig mit der Elb-Armee (nur, wie wir wissen, von entgegengesetzter Seite her) avancierte der am meisten westlich stehende Teil der I. Armee gegen Münchengrätz. Es waren dies die 8. und 7. Division. Die 8. Division, wir rekapitulieren zum Teil, erhielt Befehl von Podol aus über Brezina, die 7. Division von Mokry und Wschen aus als linke Flankendeckung vorzugehn. Die Aufgabe war für beide Divisionen gleich schwer, wenn auch die Schwierigkeiten verschiedener Art waren. Die 8. Division hatte einen Talgrund zu passieren, der überall von der links daneben liegenden mit Artillerie besetzten Bergmasse beherrscht wurde, die 7. Division aber ebendiese Bergmasse, den Musky-Berg, sei es am Abhang, sei es über die Höhe hin (die für pfadlos und unpassierbar galt) zu überschreiten. Die ganze Aufgabe erschien anfänglich als eine fast unlösbare; dennoch stellte sich bald heraus, daß sie, wenn man die 8. Division nicht den schwersten Verlusten aussetzen wollte, nur eben durch die 7. Division, die sich wenigstens mehr oder minder dem Feuer zu entziehen vermochte, gelöst werden konnte. Und sie wurde gelöst. Sehen wir, wie.

Generalleutnant v. Fransecky zog die Regimenter 27 und 66 vor und bildete aus ihnen drei Kolonnen zu je zwei Bataillonen. Die erste Kolonne: 2. und Füsilier-Bataillon Nr. 27, führte Oberst v. Zychlinski; die zweite Kolonne: 2. und Füsilier-Bataillon Nr. 66, führte Oberst v. Blanckensee; die dritte Kolonne endlich: 1. Bataillon vom 27. und 1. Bataillon vom 66. Regiment, führte Generalleutnant v. Fransecky selbst.

Nur die erste Kolonne, Oberst v. Zychlinski, wurde, ihrer Aufgabe nach, zu einer eigentlichen Umgehungs-Kolonne. Sie erhielt Befehl, den Musky-Berg von Osten her zu erklettern und der am Nordabhang befindlichen feindlichen Artillerie-Aufstellung in den Rücken zu kommen, während den beiden anderen Kolonnen die Order zuging, unter geschickter Gewinnung und Ausnutzung des toten Winkels, am Fuß des Berges hin, zu avancieren. Alle drei Kolonnen lösten ihre Aufgaben mit gleichem Geschick, und während Oberst v. Zychlinski die erste Kolonne über den steilen Musky-Berg führte, führten Oberst v. Blanckensee und Generalleutnant v. Fransecky ihre Kolonnen am Musky-Berge entlang. So wurde auf der Höhe Dorf Musky, am Abhang Dorf Dneboch genommen, an der Westseite des Berges aber, nach vorhergegangener Wiedervereinigung aller drei Kolonnen, die Burgruine von Bossin (die am besten verteidigte Stellung des Feindes) erstürmt. – Dies war zwischen 12 und 1, um dieselbe Zeit, als sich auch bei Kloster und Münchengrätz die Dinge entschieden hatten. Der Feind ging auf Fürstenbrück zurück. Sein Abzug wurde nicht gestört.

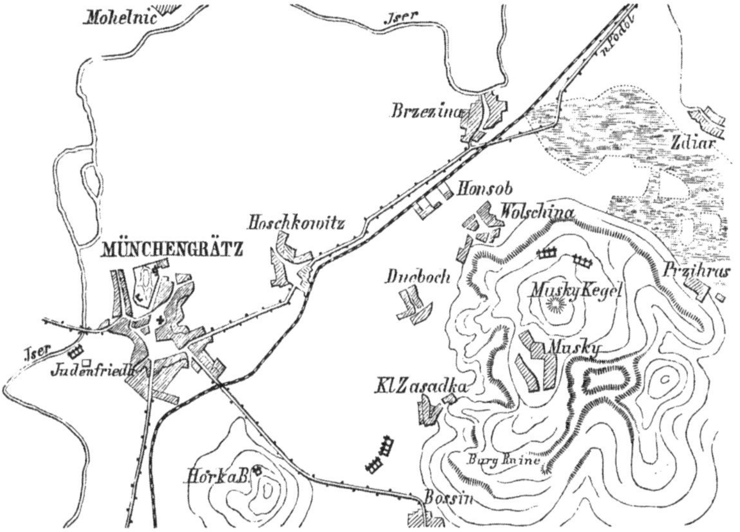

Es ist wohl nicht in Abrede zu stellen, daß die geschickte Umgehung der feindlichen Artillerie-Aufstellung in erster Reihe den Ausschlag gab. Es würde auch anderweitig geglückt sein, aber mit ungleich schwereren Opfern. Oberst v. Zychlinski selbst hat über seinen »Zug über den Musky-Berg« in anschaulichster Weise berichtet. Wir geben daraus das Folgende:

»Also über den Musky-Berg! so lautete die Order. Wie ineinandergeschlungene Kränze starrten uns die Felsen dieses isolierten kleinen Gebirges an, in dessen Mitte die spitze Höhe, der »Musky-Kegel«, uns als Orientierungspunkt diente.

Führer, die wir mitgenommen hatten, erneuerten und wiederholten die Erklärung, daß über jenes Gebirge (den Musky-Berg) nicht zu marschieren sei.

Endlich fand ich einen Deutschen, der, im Dorfe Zdiar zu Hause, im Begriffe stand, seine ganze Habe auf einer Karre irgendwohin (er wußte selbst nicht wohin) zu flüchten. Seine junge Frau trug ein Kind an der Brust; zwei andere lagen, in Betten gewickelt, auf der Karre, die der Vater eben durch einen Bach schieben wollte. Ich stellte dem Mann die Torheit seines Unternehmens vor und machte ihn zutraulich, worauf er endlich erklärte, daß zwischen Teichen hindurch und über sumpfige Wiesen wohl ein Weg bis Przihraz führe, von da ab aber nur mit Umgehung der Musky-Höhe, über welche letztre nur ein Fußsteig gehe. Gut, also diesen!

Immer noch glaubte ich indes, daß ein grüner Saum zwischen zwei Waldstreifen vor mir mich leichter und in breiterer Front hinaufführen würde. Ich schickte zwei Husaren, die man mir zum Melden beigegeben hatte, zum Rekognoszieren voraus. Sie kamen bald zurück mit dem Bericht, daß sie im morastigen Boden fast versunken wären. Ich erkannte nun, daß der vor mir ansteigende Abhang einer jener trügerischen Abfälle wäre, wie sie auch in der Falkenberger Gegend bei Neiße häufig vorkommen. Gewarnt durch ein Begebnis bei einer Generalstabsreise in dortiger Landschaft, folgte ich nunmehr meinem Führer, den Fußsteig hinauf.

Anfangs ging's leidlich in Reihen; dann aber, bald von dichtem gestrüppartigen Wald umgeben, bald in engen Felsschluchten, die mitunter an das Annatal bei Eisenach, öfter aber an die Pfade um die Heuscheuer erinnerten, beschwerlich nur zu einem. Die Berittenen hatten ihre Pferde den Husaren zurückgelassen; nur mein Adjutant und der des 2. Bataillons führten die ihren. Später sind alle Pferde denselben Weg nachgekommen. Ich hätte nie geglaubt, daß die Tiere so klettern könnten.

In jeder Lichtung des Waldes, jeder Erweiterung der Schlucht erwarteten wir von den Felsen durch einen bleiernen Regen begrüßt zu werden. Aber nein. Nur die höchste und engste Stelle des Passes hatte man durch einen Verhau vollends gesperrt. Der Fall war vorgesehen: Die Pioniersektion räumte das Hindernis fort. Wir passierten die Stelle. Vom Feinde war bis dahin nichts zu hören, nichts zu sehen gewesen.

Kaum aber war etwa ein Zug in dem lichteren Wald auf dem Plateau angelangt, als wir starkes Granatfeuer hörten; die Richtung blieb uns ziemlich unklar, da der Schall im Walde uns irreführte. Kleingewehrfeuer umzischte uns, so daß die Zweige um uns her splitterten. Es schien das eigentümliche Zischen unsres Langbleis. Ein Weg führte rechts hin, wahrscheinlich nach Dneboch hinab. Einige folgten diesem Wege; am Abhange wurden sie von preußischen Flintenkugeln empfangen. Wir hatten das eigentümliche Zischen richtig verstanden. Die 14. Brigade, bald auch die 13., befanden sich im Tal, an der Nordseite des Musky-Berges, bereits im Kampfe gegen feindliche Infanterie und wurden besonders durch eine Batterie aufgehalten und bedrängt.

Gleichzeitig hörten wir auf der linken Seite im Walde ein kleines Hurra. Eine Sektion hatte eine österreichische Patrouille von 6 Mann gefangengenommen.

Wir hielten uns nunmehr links. Lichter wurde es. Als wir nahezu die Lisiere des Waldes erreicht hatten, erschien vor uns der spitze Kegel des Musky-Berges. Aber im selben Augenblicke auch umsprühten uns die wohlgezielten Schüsse österreichischer Jäger, wahrscheinlich vom 29. Jäger-Bataillon.* Die 11. und 9. Kompanie, erschöpft vom Klettern (obgleich wir ohne Gepäck unsre Expedition ausführten), sammelten

* Wir wiederholen hier das über die Aufstellung des Feindes bereits Gesagte, teils erweitern wir es. Der Feind hatte hier zwei Brigaden im Gefecht, die fast im rechten Winkel zueinander Stellung genommen hatten. Die Brigade Piret, zunächst Front nach Norden, hielt das Plateau des Musky-Berges und Dorf Musky besetzt; die Brigade Abele (Kalik) stand am westlichen Abhang der Bergmasse und zwar das Regiment Ramming in und bei Dneboch, das Regiment Khevenhüller in Sasadka und Bossin. Der erste Zusammenstoß fand mit der Brigade Piret, der zweite, ernstere, mit der Brigade Abele statt. Die Artillerie, wahrscheinlich 8 Geschütze, stand in halber Höhe des Abhanges, östlich von Dneboch.

sich im Innern des Holzes, und nur die Schützenzüge wurden bis zur Lisiere vorgeschoben. Anfangs wollte ich die vollständige Versammlung beider Bataillone abwarten; ich stand jedoch davon ab, als ich hinter der Höhe eine Bewegung zu bemerken glaubte, die verschieden gedeutet werden konnte, mich aber veranlaßte, einen umfassenden Angriff des inzwischen gesammelten Füsilier-Bataillons gegen den Kegel anzuordnen. Er glückte sofort, wenn auch nicht ohne Opfer. Die Kompanien des Füsilier-Bataillons avancierten strahlenförmig über das von tiefen Schluchten nach allen Richtungen hin zerschnittene Plateau. Die 10. Kompanie ging geradeaus auf das Dorf Musky; die 11. Kompanie dirigierte sich rechts nach dem Tal zu, um der dort aufgestellten feindlichen Batterie in den Rücken zu fallen (diese fuhr jedoch früher ab, als wir unsere Absicht erreichen konnten); die 9. und 12. Kompanie umgingen das Dorf links.

Das 2. Bataillon sammelte sich inzwischen und folgte in zwei Halb-Bataillonen dem rechten und linken Flügel. Das allgemeine *Point de vue* war eine auf einem Felsenkegel gelegene Burgruine beim Dorfe Bossin.

So rapide ging die Vorwärtsbewegung, daß der Feind in den zahlreichen Aufnahmstellungen sich nicht zu setzen vermochte, obgleich er sich in sehr bedeutender Überlegenheit vor und in den verschiedenen, durch Schluchten, Lisieren, zerstreute Ortschaften und Höfe gebildeten Abschnitten befand. Scharenweise gingen zunächst die Italiener vom Regiment Sigismund zu uns über, froh, daß sie unseren Zündnadelgewehren entgingen, die trotz des fortwährenden Avancierens und geringen Verbrauchs an Patronen verheerend wirkten. In einer neuen Position fanden wir augenblicklich einen heftigeren Widerstand, aber

eben auch nur augenblicklich. Es waren Ungarn vom Regiment Ramming, das bis dahin in Holstein gestanden hatte. Später, bei der Wegnahme von Bossin (siehe die vorstehende Seite), hatten wir es noch mit Böhmen vom Regiment Khevenhüller zu tun. Hier war der Kampf am ernstesten. Alles in allem wurden 400 Mann gefangengenommen.

Der Feind wich auf Fürstenbrück.«

Die Erfolge dieses Tages waren unsrerseits mit verhältnismäßig geringen Verlusten erkauft; sie stellten sich in beiden Gefechten beinah gleich. Die Elb-Armee(Avantgarde v. Schöler) verlor bei Weißleim und Kloster 167, die I. Armee am Musky-Berge 164 Mann. Major Junk, vom Hohenzollernschen Füsilier-Regiment Nr. 40, war, als er sein 3. Bataillon gegen Haber vor führte, tödlich getroffen worden. Die Verluste der Österreicher waren erheblich, namentlich an Gefangenen (1400 Mann).

In Münchengrätz

Die Avantgarde v. Schöler hatte sich inzwischen in Münchengrätz und Kloster eingerichtet, während das Gros der Elb-Armee auf dem von der Iser durchflossenen Wiesen-Terrain zwischen beiden Ortschaften Biwak bezog.

Kaum 50 Einwohner waren in Münchengrätz verblieben, in Kloster noch weniger; alles zeigte Feindseligkeit und Verbissenheit; die Brunnen waren in widerwärtigster Weise verschüttet oder das Wasser untrinkbar gemacht; alle Lebensmittel fortgeschleppt oder versteckt und vergraben. Verdarb dies alles an und für sich schon unsren aufs äußerste erschöpften* Leuten die Laune, so kam noch ein Fall oder doch mindestens ein Gerücht hinzu, das den Unmut zur höchsten Empörung steigerte. In Kloster, so hieß es, seien einige 60 Leute unter dem Vorwand, »ihnen einen guten Trunk reichen zu wollen«, weit nach hinten in ein Kellergewölbe gelockt und schließlich durch ein mehr

* Wie groß die Erschöpfung war, mag aus folgender Schilderung erhellen: »Die Hitze war gegen Mittag unerträglich. Endlich führte uns der Weg an einem Morast vorbei und wir tranken gierig. Aber gleich nach dem Genuss des widerlichen und beinah lauwarmen Wassers fing ich an zu wanken und wie ein Trunkener zu taumeln. Ich fiel hierbei auf unsern Tambourmajor; dieser nahm gutmütig mein Gewehr auf die Schulter und gab mir den Arm. Ich schämte mich aber meiner Schwäche und riß mich los. Einen Augenblick siegte der Wille, dann brach ich zusammen; da lag ich, sah aber, wie im Traume, die Mannschaften an mir vorbeimarschieren. Ich hatte nicht die Kraft aufzustehen. Glücklicherweise sah mich mein Putzkamerad, reichte mir etwas Flüssiges, ob Schnaps, ob Wasser weiß ich nicht zu sagen, und half mir auf. Gleichzeitig, kurz entschlossen, warf ich meinen Tornister weg und erlangte dadurch die Möglichkeit einer freieren Bewegung. Endlich hieß es »Halt!«, und im selben Augenblick lag die ganze Truppe am Boden. Alle Kraft war hin.«

nach vorn zu gelegenes, in Brand gesetztes Spiritusfaß, dessen Inhalt alsbald durch alle Kellerräume lief, am Rückzug verhindert worden. Man sprach von dreizehn Verbrannten. Die Nachricht davon lief selbst wieder wie ein Feuer von Bataillon zu Bataillon und erzeugte eine ungeheure Wut. Zwei der Brennknechte hielt man für schuldig; einer wurde niedergehauen, der andre, aus einer tiefen Genickwunde blutend und mit auf den Rücken gebundenen Händen, wurde fortgeschleppt, um verhört und abgeurteilt zu werden. Man hat ihn später »trotz seiner Galgenphysiognomie, die doch am Ende kein Beweis war« (wie ein Bericht sich ausdrückt), wieder laufen lassen. Beim Verhöre hatte sich nämlich herausgestellt, daß sein eignes Weib und seine Kinder in dem brennenden Hause waren. Dies sagt genug. Wir sind fest überzeugt, daß unsre eigne Schuld: Übermut, Unmäßigkeit und Unvorsichtigkeit, das Unglück im Gefolge hatten. Im Abzapfen des Branntweins vergaß man oder hielt es nicht für der Mühe wert, den Hahn zu schließen, die Flüssigkeit strömte durch die dunklen Räume, und Licht und Feuer, mit denen man sorglos umherschritt, setzten endlich den Spiritus in Brand. Man sollte, und zwar nicht bloß um phrasenhafter »Ehre der Menschheit willen«, solche Dinge nicht eher glauben, als bis sie bewiesen sind. Nicht die Tugend, aber die Furcht hält in Momenten, wie die hier gegebenen, die Menschen davon ab, rachsüchtig zu Kannibalen zu werden.

Die Spirituskeller in Kloster waren nicht zu unserem Heile erschlossen worden, aber die nachbarlichen Bierkeller brachten alles wieder ins Gleiche. Als nach zehnstündigem Marsch die Not am höchsten war und jeder froh war, mit seinem Kochgeschirr ein dickes Pfützenwasser schöpfen zu können, in diesem Augenblicke höchsten Elendes hatte man diesen Schatz entdeckt: einen unergründlich tiefen, weiten Felsenkeller. Der Braumeister wurde herbeigerufen, als man den Inhalt zu erraten begann, und sofort wurden durch den Flaschenzug ganze Batterien des herrlichsten, eiskalten Bieres heraufgewunden. Lechzend drängte sich alles um den schwarzen Abgrund, in welchem der Schatz lag. »Unerschöpflich sei der Vorrat«, so beruhigte der Beamte. Drei Tage hätten hier die Österreicher und Sachsen die Fässer in Masse herausgehoben, aber selbst wenn wir acht Tage hier lägen, wir würden den Vorrat nicht leeren können. Wie das klang nach den Durstqualen, die die Unsrigen ausgestanden hatten! Diese Waldsteinsche Bier-Brauerei mit ihrem unerschöpflichen Felsenkeller war der schönste Fang, den die Elb-Armee während des 66er Feldzuges tat. Den ganzen Nachmittag hindurch drängten sich Offiziere aller Waffen um diese Quelle; mehr und mehr gelangte die

Nachricht davon in alle Lagerplätze, und Requisitions-Kommandos kamen und schleppten die Fässer bis in die fernsten Biwaks.

Unbezahlbares Labsal; ein Ozean wurde vertilgt! So berichtet einer, der damals mitgetrunken.

Aber kein Bissen Brot war zu haben. Die Herren vom General-Kommando, die sich im Waldsteinschen Schlosse einlogiert hatten, hatten nichts zu Abend als Champagner mit Kartoffeln. Wenigen glückte ein Fang; dies waren Sonntagskinder. »Eben hatte ich mich niedergelegt«, so erzählt ein Offizier von den 69ern, »so stürzte mein Bursche atemlos herein und rief: ›Herr Leutnant, da unten im Hof ist ein Ferkel.‹ Ein Ferkel! welche Botschaft! Ohne Mütze, Rock und Binde stürzt' ich hinunter, nahm unterwegs einen Hauptmannsburschen als Verstärkung mit, und nun ging im Hof unsre Jagd auf das göttliche Ferkel los, das endlich, unter den Streichen der beiden Burschen, seinen Geist aufgab. Mein Bursche, geschickt und willig zu allem, brachte demnächst einen brennenden Strohwisch, sengte damit die Haut ab und schabte sie mit dem Säbel. Nun in die Küche. Töpfe und Pfannen waren in Menge da; endlich unter einem Spinde fanden wir eine Schüssel mit einer zweifelhaften Substanz, die wir den Mut hatten als eine Mischung von Butter und Sirup anzusehen. Gleichviel, sie tat vortreffliche Dienste, und das Spanferkel war fertig. Dazu Kartoffeln aus dem Keller; so hielten wir einen Götterschmaus. Durch den Geruch angelockt, erschien zunächst unser Major und nahm schmunzelnd seinen Anteil in Empfang. Jüngere Offiziere, die in die vollgepfropfte Stube nicht mehr hinein konnten, abonnierten von draußen her und standen, durch Tür und Fenster hineinlugend, angesichts unsres Appetits Höllenqualen aus, bis die Reihe an sie kam.« Aber nicht überall war ein Spanferkel gefangen. Die meisten – bis zur Mitte der Nacht, wo die Proviantkolonnen eintrafen – hatten nichts als den Gerstensaft aus dem Waldsteinschen Keller. »Niemals«, so schreibt einer, »empfand ich so sehr die Wahrheit, daß Bier flüssiges Brot sei.« So kam die Nacht. Von dem hochgelegenen Schlosse aus genossen die Unsern eines prächtigen Blicks über das Isertal. Bis zum Horizont hin lodernde Biwakfeuer, hier und da ein wirbelnder Rauch und darüber der dunkle, stille Sternenhimmel.

Die 3. Division bis Gitschin

Podkost

AM Nachmittage des 28., unmittelbar nach den Gefechten bei Münchengrätz, die (wie wir im vorigen Kapitel sahen) zur Vereinigung der 7. und 8. Division mit den drei Divisionen der Elb-Armee geführt hatten, standen die übrigen Truppenteile der I. Armee wie folgt:

die 6. Division bei Brzina dem Musky-Berge gegenüber,
die 5. Division (links davon) bei Rowensko,
die 4. Division zwischen Daubrow und Zidar,
die 3. Division zwischen Zidar und Zehrow.

Bis zum 28. hatten Horn und Fransecky (8. und 7.) die Tête gehabt; jetzt wurden die 5. und 3. Division in die Front gezogen und erhielten Order: die 5. Division über Rowensko und die 3. Division über Podkost-Sobotka auf Gitschin zuzugehn.

Beide Divisionen stießen auf den Feind; die 3. zuerst; wir folgen deshalb dieser zunächst auf ihrem Vormarsch.

Die 3. Division – um mit einem kurzen Rückblick zu beginnen – hatte, der 8. Division folgend, am 23. von Zittau aus die böhmische Grenze passiert. Ihre Marschroute bis zum 28. war folgende gewesen: am 23. bis Grottau; am 24. bis Kratzau; am 25. und 26. Kantonnements in Kratzau und Umgegend; am 27. erst bis Reichenberg, dann rechts ab bis Liebenau; am 28. (nachdem man, vom Sichrower Plateau aus, Augenzeuge des Gefechtes von Münchengrätz gewesen war) bis Zehrow und Zidar. Das Gros bezog Biwaks zwischen diesen Dörfern; in Erwägung aber, daß der auf den 29. festgesetzte Vormarsch durch den Paß von Podkost führte, schien es geraten, dies Defilee schon vorher aufklären zu lassen. Oberst v. Stahr, Kommandeur des 14. Infanterie-Regiments, wurde dazu ausersehn und erhielt Befehl, noch am Abend des 28. eine Rekognoszierung über die Vorposten hinaus vorzunehmen. Dies führte zu dem interessanten Nachtgefecht:

Im Walde von Podkost

Eh wir zu einer Schilderung dieses Gefechtes übergehn, geben wir zuvor, dabei einzelnes rekapitulierend, eine kurze Darstellung der Situation und des Terrains.

Die österreichisch-sächsische Iser-Armee stand am Abend des 28., nach den Gefechten von Münchengrätz, zwischen letztgenanntem Orte und Gitschin in Brigade-Echellons, und zwar wie folgt:

Brigade Poschacher (am weitesten vor) bei Gitschin,
Brigade Piret bei Sobotka,
Brigade Leiningen (dahinter) bei Wosek,
Brigade Abele (dahinter) bei Ober-Bautzen.*

Diese Aufstellung involvierte eine erhebliche Gefahr. Glückte es der 3. preußischen Division, die, wie wir eingangs hervorhoben, Befehl

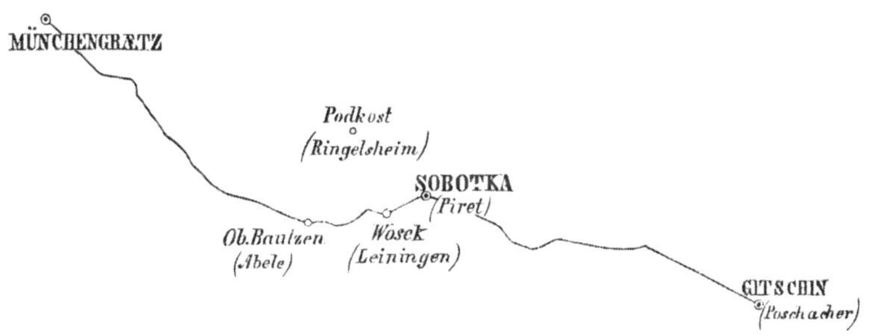

hatte »über Podkost und Sobotka auf Gitschin zu gehn«, sich in der Nacht vom 28. auf den 29., also zu einem Zeitpunkt, in welchem die

* Die Sachsen, auf ihrem Vormarsche mehr eine Kurve beschreibend, standen südlich von der Linie, die die österreichischen Brigaden innehatten, und zwar teils bei Unter-Bautzen, teils zwischen Brezno-Liban.

Brigaden Leiningen und Abele noch rückwärts von Sobotka standen, an letztgenanntem Orte festzusetzen, so waren die Brigaden Leiningen und Abele abgeschnitten. Dieser Gefahr vorzubeugen, war die Brigade Ringelsheim (siehe S. 188) bereits am 27. abends detachiert worden, um das leicht zu verteidigende Defilee von Podkost und damit die einzige, von Norden her auf Sobotka führende Straße zu schließen.

Das Defilee (der Wald von Podkost) ist eine Felspartie von großem malerischen Reiz. An der Ostseite des Musky-Berges vorbei zieht sich der Weg zunächst durch Tannenwald hin, der, flach und eben daliegend, nicht im geringsten die Nachbarschaft grotesker Felspartien ahnen läßt. Plötzlich wachsen zwischen den Tannenstämmen einzelne Kegel wie Zuckerhüte auf, das Terrain zunächst noch mit den Bäumen teilend. Aber wenige hundert Schritte weiter südwärts genügen, um dem Bilde ein völlig anderes Ansehn zu geben: Die einzelnen Felskegel sind nicht mehr die Gäste im Walde, sie sind die Herren geworden, und zu beiden Seiten des immer schmaler werdenden Weges hohe Wände bildend, tragen sie nunmehr die Tannen, die eben noch ebenbürtig an ihrer Seite standen, wie eine leichte Last auf ihrem Rücken.

So der Wald von Podkost. Nach etwa 10 Minuten erweitert sich diese Enge wieder, die Tannen, die Felsen treten zurück, und Linden

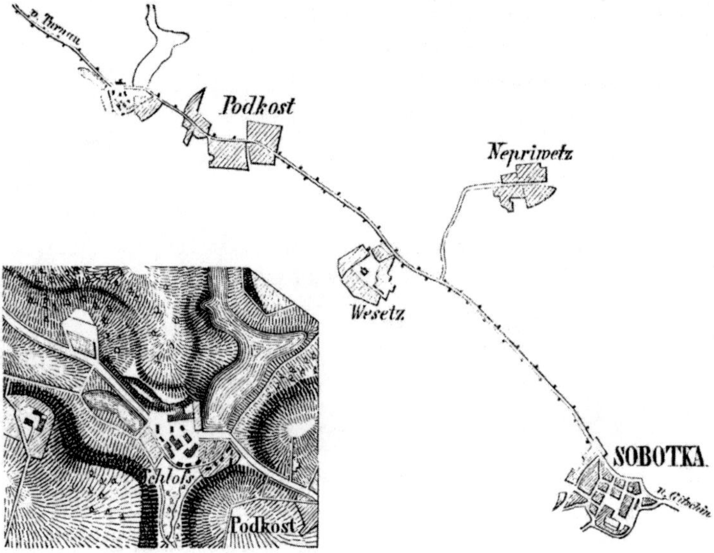

und alte Nußbäume beginnen den freien Platz zu füllen, der sich mitten in dieser Enge auftut. Hinter den Bäumen aber, dieselben um mehr als hundert Fuß überragend, steigt auf einem vorspringenden Felsblock »Schloß Kost« auf und sperrt mit seiner Häusermasse den Weg. Alles was hier hindurch will, hat zunächst eine Art Schloßhof, dann das Schloßtor selbst zu passieren, in dessen Rücken abermals hohe Felswände aufsteigen, während ein Flüßchen (Bili-Rybnik), das sich an dieser Stelle zu einem Wasserbecken erweitert, den Raum zwischen dem Schloßtor und den dahinter gelegenen Felsen ausfüllt.

Dies war der Paß (Felsenwald und Felsenschloß), den die Brigade Ringelsheim seit 24 Stunden besetzt hielt. Gegen diesen Paß richtete sich nun die 3. Division; – zunächst das Detachement Stahr.

Das Detachement Stahr war etwa 10 Kompanien stark und bestand aus zwei Bataillonen vom 14. Regiment und zwei Kompanien (1. und 3.) Greifswalder Jäger. Hundert Pioniere und ein Zug Blücher-Husaren waren beigegeben. Die Jäger hatten die Tête. Um 10 Uhr brach das Detachement aus dem Biwak bei Zehrow auf; eine Stunde später trat es in die Wald- und Felsen-Enge ein, wie wir dieselbe vorstehend geschildert haben. Bald stießen unsere Jäger auf die Vortruppen des Feindes, die teils im Walde, teils hinter einem Verhau steckten. Die Enge

des Weges und das Tannendunkel, das über den Weg fiel, ließ wenig erkennen, trotzdem der Mond hell am Himmel stand. Die Unsrigen wechselten einige Schüsse mit dem Feinde, der ohne ernsteren Widerstand zu versuchen, seine erste Position aufgab, um sich hinter einer zweiten (abermals ein Verhau) zu setzen. Hier entspann sich nun ein längeres Feuergefecht. Da es indessen resultatlos blieb und ein ernsteres Vorgehen sich um der Dunkelheit willen verbot, so hielt es Oberst Stahr für geraten, etwa um 1 Uhr nachts das Gefecht abzubrechen. Aber nicht auf lange. Beim ersten Büchsenlicht griffen unsere Jäger (denen sich jetzt 2 Kompanien 14er angeschlossen hatten) den Feind aufs neue an und warfen ihn, trotz wiederholter hartnäckiger Gegenwehr, bis Schloß Kost zurück. Bei diesem Vorrücken fiel Leutnant L'homme de Courbière von der 1. Jäger-Kompanie, durch eine Kugel ins Herz getroffen.

Dem alten Felsenschloß gegenüber, dessen oberste Fenster eben im Frührot glühten, hielt jetzt das Detachement. Sollte man zum Angriff schreiten? Es schien gewagt. Alle Zugänge waren verbarrikadiert; der Feind zeigte mehrere Geschütze und eröffnete bald darauf sein Feuer. (Siehe die vorstehende Seite.) Außer dem 26. Jäger-Bataillon, das bis dahin unseren pommerschen Jägern gegenübergestanden hatte, wurden mehrere Infanterie-Bataillone sichtbar. Das Schloß selbst war durch 2 Kompanien vom Regiment Württemberg besetzt. Oberst Stahr meldete daher um 6 Uhr früh die Gefechtslage und bat um weitere Befehle. Eh diese aber eintreffen konnten, hatte sich an Ort und Stelle die Frage bereits erledigt. Um 7¾ Uhr waren die 14er Füsiliere, ohne Widerstand, in Schloß Kost eingedrungen und hatten den abziehenden, eben jenseits des Bili-Rybnik-Wassers verschwindenden Sektionen einzelne Schüsse nachgeschickt.

Dieser Abzug des Feindes war freiwillig erfolgt. Bereits 6½ Uhr früh war Meldung eingetroffen, daß die Brigaden Leiningen und Abele an Sobotka vorüber seien. So lag denn kein Grund mehr vor, die Position zu halten. Generalmajor Ringelsheim gab die entsprechenden Ordern. Die Unseren, nachdem das Gros der Division heran war, rückten nach.

Das Nachtgefecht bei Podkost hatte uns 3 Tote (darunter Leutnant Courbière) und 17 Verwundete gekostet; die Verluste des Feindes beliefen sich auf 5 Offiziere und 72 Mann, fast ausschließlich vom 26. Jäger-Bataillon.

Das Gefecht bei Unter-Lochow

Das Gros der 3. Division (siehe S. 204) hatten wir am Abend des 28. in seinen Biwaks am Musky-Berge zwischen den Dörfern Zidar und Zehrow verlassen.

Am Vormittag des 29. traf von seiten des Oberkommandos (Prinz Friedrich Karl) Befehl ein:

»Schloß Kost zu nehmen, den Feind auf der Straße Sobotka-Gitschin zu verfolgen und letzteren Ort zu besetzen.« (Bei Ausfertigung des Befehls war die, wie wir wissen, inzwischen erfolgte Einnahme von Schloß Kost im Hauptquartiere noch nicht bekannt geworden.)

Also auf Gitschin! Das Defilee zwischen Podkost und Sobotka war geöffnet, der Feind im Rückzug. Sollte dieser Tag noch einen Zusammenstoß bringen, so war er nur auf der zweiten Hälfte des Weges, auf der Straße zwischen Sobotka und Gitschin zu erwarten. Und in der Tat, hier fand er statt.

Die Division unter Generalleutnant v. Werder brach um 12 Uhr mittags, bei glühender Sonnenhitze, aus ihren Biwaks auf. Um 1 Uhr wurde Schloß Kost erreicht, die Truppenteile des Detachements Stahr traten in ihre Bataillons-, beziehungsweise in ihre Regiments-Verbände zurück, und nach Bildung einer neuen Avantgarde wurde der Weg auf Sobotka fortgesetzt. Die neue Avantgarde bestand aus 1 Schwadron Blücher-Husaren, 2 Kompanien Greifswalder Jäger, 2 Kompanien vom 14. Regiment, Füsilier-Bataillon (Malotki) vom 42. Regiment und der 4pfündigen Batterie Gallus. Die 5. Brigade folgte in kurzem Abstand; die 6. schloß. Die Zusammensetzung beider war die folgende:

Gros

5. Brigade (Generalmajor v. Januschowski)

1. Bataillon v. Briesen 2. Bataillon v. d. Osten Füsilier-Bataillon v. Stölting	vom 2. Regiment, (Oberst v. Reichenbach)

1. und 2. Bataillon vom 42. Regiment
4pfündige Batterie Ekensteen
6pfündige Batterie Dewitz
12pfündige Batterie Crüger vom 2. Feldartillerie-Regiment

6. Brigade (Generalmajor v. Winterfeld)
1. und Füsilier-Bataillon vom 14. Regiment
1. und 2. Bataillon vom 54. Regiment
1. und 3. Kompanie vom 2. Jäger-Bataillon
2. Pionier-Bataillon
Drei Schwadronen Blücher-Husaren hatten die Tête; die Reserve-Artillerie des II. Armee-Korps schloß.

Nur die Avantgarde und die 5. Brigade traten direkt und aktiv in den Kampf ein, der sich am Nachmittage entspann.

Um 2½ Uhr war das Städtchen Sobotka erreicht. Der Marsch hatte erst drittehalb Stunden gedauert, schon aber, bei Sonnenbrand und drückender Schwüle, war eine große Zahl Erschöpfter am Wege liegen geblieben. Auf dem Markt in Sobotka wurde Halt gemacht; alles eilte den brennenden Durst zu löschen und warf sich dann in den Schatten der Steinlauben nieder, die hier, wie überall in Böhmen, den Marktplatz umziehen. Nach kurzer Rast wieder »an die Gewehre«, und aus den engen Straßen defilierend, bogen die bestaubten Kolonnen, schwerbepackt und den Sonnenglast auf Helm und Gewehrläufen, nach links hin in die breite, zum Glück baumbestandene Chaussee ein, die von Jung-Bunzlau und Münchengrätz, bei Sobotka sich vereinigend, nach Gitschin führt.

An einem hellen Herbsttage in leichtem Gefährt hier die Straße entlang rollen, ist eine Lust für Auge und Herz, und die böhmische Landschaft, überall anmutig, erschließt hier ihren vollen Zauber, ihre ganze Eigentümlichkeit. Wellig dehnt sich das Land, Waldparzellen schieben sich in bestellte Äcker und wiederum breite Kornfeldstreifen in Tannenholzung hinein, bläulich dämmert der Horizont, und in den blauen Dämmer steigen Höhenzüge und Burgruinen auf, keine prächtiger als »Burg Trosky«, die Ziska zertrümmerte und die, in Trümmern noch, auf Meilen hin das Land beherrscht.

So der Weg zwischen Sobotka und Gitschin; aber die heut in Staub und Sonnenbrand marschierenden Bataillone hatten kein Auge für Burg Trosky, die Zunge klebte am Gaumen,* das Lied, das der eine oder andere anstimmte, verklang wieder; – – aber jetzt (alle Köpfe richteten

* Auf diesem Marsche kam Folgendes vor. Im Dorfe Samsin umdrängte eine Masse Soldaten den Brunnen, und einige wollten eben den Eimer an die Lippen setzen, als eine Stimme rief: »Trinkt nicht, der Brunnen ist vergiftet.« Bestürzt ließen die Durstigen den Eimer los und stellten ihn unter wahren Tantalusqualen auf die Erde. Da trat ein junges Mädchen, eine Deutsch-Böhmin, aus dem verlassen geglaubten Hause und schritt, halb mitleidig, halb entrüstet, durch die dichten Gruppen feindlicher Soldaten auf den Brunnen zu. Schweigend nahm sie einem Infanteristen das Trinkgeschirr aus der Hand, schöpfte aus dem Eimer

sich auf) von Rowensko, von der Turnau-Gitschiner Straße her, klang Kanonendonner herüber. Dort rückte unsre 5. Division vor. Alles war wie elektrisiert; die Ermattung wie abgetan. »Kommen wir an den Feind?« – nur diese Frage noch ging durch die Kolonnen. Das Feuer drüben hielt an, ging aber erkennbar mehr und mehr auf Gitschin zu und hatte bald gegen die auf der Sobotkaer Straße vorrückende 3. Division so viel Vorsprung gewonnen, daß diese die Aussicht auf ein Renkontre glaubte aufgeben zu müssen. Aber fälschlich. Als die Avantgarde (es war inzwischen 6 Uhr geworden) eben aus den Häuserreihen von Woharitz ins Freie heraustrat, empfing sie Feuer auf nahe Distanz. Man befand sich vor dem Defilee von Ober- und Unter-Lochow, und die Unerläßlichkeit, dies Defilee zu passieren, führte zu dem blutigen Gefecht von Unter-Lochow. Wir geben zunächst das Terrain und die feindliche Aufstellung.

Das Terrain. Die feindliche Aufstellung

Der Weg von Woharitz nach Ober- und Unter-Lochow führt über ein waldbestandenes Plateau, das nach rechts hin allmählich sich abflacht, nach links hin ansteigt und in einer parallel mit dem Wege

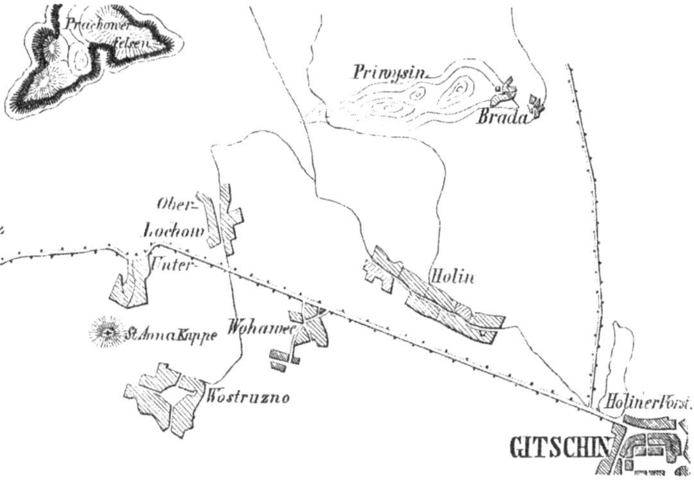

und trank; der vorwurfsvolle Blick, den sie mit hochgeröteten Wangen auf ihre Umgebung warf, war beredter als tausend Worte. Wie die Verschmachteten in der Wüste tranken nun die Leute.

laufenden Felsenpartie (die Prachnower Felsen) endigt. Unmittelbar vor Ober- und Unter-Lochow, von denen das erstere nördlich, das andere unmittelbar südlich von der Chaussee gelegen ist, erheben sich mehrere Höhenzüge, die das vorgelegene Terrain: den Wald und die inmitten desselben führende Straße, beherrschen. Diese Höhenzüge sind derart verteilt, daß die beiden nördlichen, in geringem Abstand von einander, vor Ober-Lochow sich hinziehen, während in Front von Unter-Lochow nur ein einziger Höhenzug samt der Sankt-Annen-Kuppe, im Rücken des Dorfes aber ein Plateau gelegen ist, das nach Westen hin (dem Dorfe zu) ziemlich steil abfällt. Unter-Lochow liegt also wie in einer Mulde und kann von einem von Westen her anrükkenden Feinde erst nach Wegnahme des vorgelegenen Höhenzuges überhaupt besetzt und erst nach Eroberung des im Rücken gelegenen, dominierenden Plateau-Randes behauptet werden. In der Tat wurde durch Eroberung dieses Plateau-Randes das Gefecht von Unter-Lochow entschieden. Die Vorgänge am linken Flügel, also in Front von Ober-Lochow, hatten nur eine nebenhergehende Bedeutung.

Eh wir die Vorgänge schildern, die zur Eroberung des Plateau-Randes und dadurch zur Offenlegung des Weges nach Gitschin führten, geben wir die österreichische Aufstellung.

Die Position von Ober- und Unter-Lochow war durch die Brigade Ringelsheim (dieselbe, die das Nachtgefecht im Walde von Podkost gehabt hatte) und durch einige Bataillone der Brigade Abele besetzt. Ein sächsisches Reiter-Regiment stand am linken Flügel, etwas zurück, in Reserve. Die Verteilung der einzelnen Truppenkörper war wie folgt:

Erstes Treffen

Unter-Lochow (Zentrum): 1. und 2. Bataillon Hannover
Ober-Lochow (rechter Flügel): 3. Bataillon Hannover
Sankt-Annen-Kuppe (linker Flügel): Sächsische Reiter
In Front von Ober-Lochow zwei, nach anderer Angabe drei Batterien

Zweites Treffen

Auf dem Plateau zwischen Unter-Lochow und Wohawec (Zentrum):
26. Jäger-Bataillon, drei Bataillone Württemberg
An den Prachnower Felsen, hinter Ober-Lochow (rechter Flügel):
22. Jäger-Bataillon, 1. Bataillon Ramming; beide von der Brigade Abele
Hinter der Sankt-Annen-Kuppe, bis nach Wostruzno hin (linker Flügel): Nicolaus-Husaren

Die Avantgarde nimmt Unter-Lochow. Artillerie-Kampf. Mißerfolg am linken Flügel

Wir verließen unsere Avantgarde in Woharitz, als sie eben aus der Hauptstraße des Dorfes, auf Ober- und Unter-Lochow zu, debouchierte. Es handelte sich zunächst um Aufklärung des Waldterrains. Die 4pfündige Batterie Gallus fuhr auf (links); bald auch griffen von rechts her die Batterien Ekensteen und Dewitz in das Gefecht ein, und unter dem Schutz ihres gemeinschaftlichen Feuers (die Batterie Gallus hatte schon vorher eine rückgängige Bewegung des Feindes erzielt) rückten unsere Avantgarde-Kompanien zu beiden Seiten des Weges vor. Die Greifswalder Jäger, die den rechten Flügel hatten, besetzten die Sankt-Annen-Kuppe, die 42er Füsiliere, Major v. Malotki, warfen den Feind aus Unter-Lochow hinaus, die zwei links der Chaussee vorgegangenen Kompanien 14er avancierten auf Ober-Lochow zu.

Bis hierher stand das Gefecht gut. Es schien ein leichter Sieg werden zu sollen, wie im Walde von Podkost. Aber bald änderte sich die Situation. Der Feind, mit dessen Vortruppen wir es bis zu diesem Augenblick nur zu tun gehabt hatten, ging nunmehr seinerseits zum Angriff über. Aus Ober-Lochow brachen das 22. Jäger-Bataillon und das 1. Bataillon Ramming hervor, die bis dahin, rechts, gegen die Prachnower Felsen hin, gestanden hatten und trieben unsern linken Flügel (die zwei Kompanien 14er) mit Leichtigkeit durch den Wald zurück; die Batterie Gallus, die dadurch jeder Deckung verloren ging, mußte dieser Bewegung folgen und zog sich in ihre erste Stellung, links in Front von Woharitz, zurück.

Ähnlich ungünstig schienen sich die Dinge in Unter-Lochow, dem eigentlichen Schlüssel der Stellung, gestalten zu wollen. Der Feind war in Übermacht. Wir hatten hier nur 4 Kompanien; die 42er Füsiliere kamen hart ins Gedränge, Major v. Malotki wurde verwundet, Hauptmann v. Puttkamer fiel. In diesem Moment drohendster Gefahr wurde eine der am Fuß der Kuppe von Sankt-Anna stehenden Jäger-Kompanien, zur Unterstützung der Füsiliere, nach links hin ins Dorf beordert. Es war die 4. Kompanie unter Hauptmann v. Reibnitz. Diese Seitwärtsbewegung, die eine ernste Gefahr beseitigen sollte, beschwor aber fast eine größere herauf. Wir verweilen einen Augenblick bei diesem Zwischenfall.

Die Kompanie, um Unter-Lochow zu erreichen, mußte aus der Vertiefung, in der sie stand, zunächst in einen querdurchschneidenden, noch tiefer gelegenen Hohlweg hinein. Kaum standen die Greifswalder vier Glieder tief in dieser sechs Fuß hohen und kaum 30 Schritt breiten Rinne, als ihr linker Flügel plötzlich mit Kolbenstößen und Hirschfängern attackiert wurde, während 15 Schritt vor ihnen in langer Linie die grauen Mäntel und dunklen Federhüte der österreichischen Jäger sichtbar wurden. Das 26. Feldjäger-Bataillon, das in dem kupierten Terrain unmittelbar in der linken Flanke der Unseren, aber von diesen völlig unbemerkt gestanden hatte, brach hier hervor und ging, unter lauten Hochs auf den Kaiser, auf unsere Jäger los. Von der ganzen Kompanie Reibnitz konnten nur vereinzelte, die bis an den Rand des Hohlweges in die Höhe kletterten, mit Erfolg schießen; alles übrige war wehrlos eingesperrt. Aber nicht lange dauerte diese bedrohliche Situation. Einem Impulse folgend rannte die Kompanie 60 Schritt seitwärts aus der Falle heraus, postierte sich in vollkommner Ordnung auf eine rasch erkletterte Wand und gab im selben Augenblick ein wohlgeordnetes Schnellfeuer auf die Österreicher ab. Nach weniger als einer halben Minute war vor Pulverdampf nichts mehr zu erkennen; als der Rauch verzogen war, war der Feind mit fort.

Unsere Jäger zogen sich nun unbehindert auf Unter-Lochow zu, wo ziemlich gleichzeitig mit ihnen auch die Spitze der 5. Brigade (das 2. Bataillon vom Grenadier-Regiment König Friedrich Wilhelm IV.) eintraf und das, wie wir schon andeuteten, auch hier zurückgehende Gefecht wieder herstellte.

Umgehung des feindlichen linken Flügels. Durchbrechung des Zentrums

Das Gefecht hatte um 6 Uhr begonnen. Es mochte 7½ Uhr sein (das häufige Halten und Rasten hatte die Bataillone der Avantgarde und des Gros mehr als billig auseinander gebracht), als endlich die 5. Brigade und bald darauf auch die 6. am Ausgange von Woharitz, also in unmittelbarer Nähe des Gefechtsfeldes eintrafen. Die 6. Brigade hielt sich links, drängte durch einige vorgenommene Kompanien den Feind, der hier, wie wir wissen, kleine Vorteile errungen hatte, auf Ober-Lochow zurück, begnügte sich aber im wesentlichen damit, ein zweites Hervorbrechen an dieser Stelle zu hindern.

Die Entscheidung erfolgte inzwischen durch das an der Tête der 5. Brigade marschierende Grenadier-Regiment (König Friedrich Wilhelm IV.) das – im Vormarsch zwei Angriffskolonnen bildend – mit der einen Kolonne, nach rechts hin, den feindlichen linken Flügel umging, mit der andern Kolonne das feindliche Zentrum durchbrach.

Wir folgen beiden Kolonnen bei ihrem Vorgehn.

Die Umgehungs-Kolonne, zwei Bataillone stark, führte Oberst v. Reichenbach, Kommandeur des Regiments. Sie bestand aus dem 1. und

Füsilier-Bataillon, hielt sich südlich, passierte den Wald, schwenkte rechts um die Sankt-Annen-Kuppe herum, erstieg von Süden her das zwischen Unter-Lochow und Wohawec sich dehnende Plateau und rückte, *en ligne*, wie auf dem Exerzierplatz, auf das letztgenannte Dorf zu, teils in den Rücken desselben. Die hier haltenden Reserven des Feindes fühlten sich, weil auch in der Front attackiert, nicht stark genug, dem Vormarsch unserer beiden Bataillone, denen sich am äußersten rechten Flügel die Batterie Dewitz angeschlossen hatte, entgegen zu treten. Sie zogen sich zurück. Die Rückzugslinie des Feindes war durch diese mit großer Präzision ausgeführte Umgehung bedroht.

Ziemlich gleichzeitig entschieden sich auch die Dinge im Zentrum. Hier rückte, hart neben der Chaussee, das 2. Bataillon (Major v. d. Osten) vom Grenadier-Regiment vor und drang in Unter-Lochow ein.

Der Kampf, wie ihn die Avantgarde an dieser Stelle bis dahin geführt hatte, hatte vorwiegend den Charakter eines heftigen Schützengefechtes gehabt. Terrain war gewonnen, zuletzt wieder verloren worden. Nur wenige Gehöfte, vielleicht nur eins, befanden sich noch in unseren Händen. Aber nicht hierin lag die Gefahr; sie lag vielmehr darin, daß auf dem mehrgenannten dominierenden Plateau im Rücken des Dorfes, eben jetzt, neben den beiden Bataillonen Hannover, die bisher den Kampf im Zentrum geführt hatten, auch zwei Bataillone Württemberg sichtbar wurden, die, wenn sie mit vereinter Kraft vorstießen, eh unser Gros heran war, notwendig unsre schon dezimierte Avantgarde zertrümmern mußten.

Diesem Vorstoß indessen kamen wir glücklicherweise zuvor.

Major v. d. Osten ließ das Gepäck ablegen. Beim Heraustreten aus Unter-Lochow, in Kolonne nach der Mitte, den dicht besetzten Plateau-Abhang dicht vor sich, war das Bataillon kaum 50 Schritt vorgerückt, als es durch die Heftigkeit des umfassenden Feuers, das auf die Front und von jenseits der Chaussee auf die linke Flanke traf, zum Stehen gebracht wurde und zu schwanken anfing. Die mehr zurückstehenden Abteilungen zeigten Neigung, ins Dorf zurückzuweichen. Major v. d. Osten wurde verwundet. Nur mit der größten Anstrengung gelang es dem Hauptmann v. Keyserlingk, der den Befehl übernahm, das Bataillon in seiner Stellung zu erhalten. Unser Schnellfeuer säuberte endlich den Abhang, die Front war frei, und das überall Deckung suchende, oft sich zu Boden werfende Gros des Bataillons erreichte wenigstens so viel, sich in dem zwischen Dorf und Abhang gelegenen Grunde festsetzen zu können. Nach links hin gewährte der Chausseedamm einen mäßigen Schutz. Ein Bataillon Hannover, das sich von der andern Seite des Dammes her auf die Chaussee hinauf wagte, erlitt großen Verlust.

Eine nächste Gefahr war abgewandt, ja, es war ein gewisser Erfolg erzielt. Aber mehr ein scheinbarer als ein wirklicher, jedenfalls nur ein untergeordneter. Wir hatten das Dorf wieder, hatten selbst den Abhang des Plateaus klar gemacht, aber das Plateau selber war nach wie vor in Händen des Feindes. Hier stand er, auch jetzt noch, mit drei intakten Halb-Bataillonen, fest entschlossen, die Position nicht aufzugeben, ohne einen letzten, entscheidenden Versuch gegen uns gemacht zu haben. An Zahl und Stellung war er uns noch immer überlegen. Alle Chancen, wenn er energisch war und ein Äußerstes wagte, waren für ihn. In drei Kolonnen rückte er bis an den Plateaurand und ging mit Hurra und Trommelschlag hügelab gegen unsere ermüdeten Grenadiere vor. Hauptmann v. Keyserlingk übersah rasch, was allein helfen konnte; er warf Schützen auf die Chaussee vor, rangierte sein Bataillon, nahm zwei Kompanien der Avantgarde (die nach dem Eintreffen der Grenadiere in die zweite Linie zurückgezogen waren) an die rechte Flanke vor und stürmte mit Zusammennehmung letzter Kraft dem anstürmenden Feinde entgegen. Der dichte Pulverdampf, der zwischen den Kämpfenden lagerte, ließ die Lage des Bataillons, das bereits auf 400 Mann zusammengeschmolzen war, nicht erkennen; ein kurzer Zusammenstoß, – dann stob der Feind auseinander. Der Höhenrand war gewonnen, und der Feind, von unsrem Feuer verfolgt, an dem in erster Reihe auch die

Batterien Gallus und Ekensteen teilnahmen, floh jetzt über das nirgends Deckung bietende Plateau hin. Auf dieser Flucht erlitt er seine schwersten Verluste, teils durch das Schnellfeuer, das wir ihm nachschickten, noch mehr durch die Granaten der beiden Batterien, deren Einschläge noch am andern Tage sich deutlich markierten. Am Plateaurand, wo der Zusammenstoß stattgefunden hatte, lagen die Toten von Freund und Feind in gleicher Anzahl; 500 Schritt ostwärts aber, fast halben Wegs nach Wohawec zu, lagen nur Österreicher, mehr als hundert (darunter 3 Offiziere), die unsrem verfolgenden Feuer erlegen waren.

Abhang und Rand, und auch das Plateau selber, waren unser. Ein ohne besondere Energie versuchter Kavallerie-Angriff wurde abgewiesen. Der Feind, in seinem Zentrum durchbrochen, zog sich bei rasch einbrechender Dunkelheit (es war 9 Uhr) auf Gitschin zurück.

Die Erstürmung des Plateau-Abhanges hatte die Entscheidung gebracht; vielleicht auch fiel sie nur mit anderen, entscheidungsgebenden Momenten zusammen. Es ist nämlich nicht unwahrscheinlich, daß in Nähe und Ferne Mitwirkendes, wie wir schon andeuteten, diesen Erfolg miterringen half. In der Nähe die etwa gleichzeitig ausgeführte Umgehung des Plateaus durch die beiden anderen Bataillone des Grenadier-Regiments, in der Ferne das Vorrücken der 5. Division, die um dieselbe Zeit die Brada-Position erstürmte. Die Dinge lagen an diesem Tage so eigentümlich günstig für uns, daß die Vorgänge bei der 3. Division das Vorrücken der 5. und die Vorgänge bei der 5. das Vorrücken der 3. unterstützten.

Gleichviel indes inwieweit der Bravourakt, den wir ausführlicher geschildert haben, über den Ausgang des Gefechtes entschied oder nicht, die Aktion selbst wird immer zu den glänzendsten, auch zu den poetischsten Episoden dieses Krieges zählen. Und so darf es denn nicht Wunder nehmen, wenn mehr als ein Lied das »2. Bataillon vom pommerschen Königs Regiment« gefeiert hat.

Und näher rückt das Bataillon,
Es sieht dem Feind ins Auge schon,
Groß ist die Überzahl;
Fünf gegen eins, fast ist's zu schwer,
Es stutzt und sieht nach Hilf' umher,
Nur Feinde überall.

Da knien sie nieder »Gott, Herr Gott,
Hilf Vater, hilf in dieser Not
Und wär's durch Tod zum Sieg!«
Und nun in Gottes Namen drauf
Und weithin schallt's im Sturmeslauf:
»Hilf Gott, durch Tod zum Sieg.«*

Unter den Gefallenen waren ein Massow, ein Borcke, ein Dewitz, Träger von drei der ältesten pommerschen Namen. Sie ruhen in einem

* Der, unmittelbar nach der Schlacht, mit großer Lebendigkeit geschriebene Bericht, der diesen Strophen zugrunde liegt, ist der folgende: Ein furchtbares Gewehrfeuer empfing uns bei unsrem Heraustreten aus dem Dorf; der Kommandeur, Major v. d. Osten, stürzte zusammen; die Offiziere vor die Front, – und wieder ging das Bataillon *tambour battant* vor. Wir fühlten nur den Feind, da wir in dem dicken Pulverdampf nichts erkennen konnten. Das Schießen wurde untersagt, da wir unsere Schützen vor uns glaubten, die sich aber mehr links zur Säuberung der Chaussee gezogen hatten. Bald war die Aufklärung da. Neue Schützen wurden vorgenommen, und vorwärts rückte das Bataillon. Aber das Feuer des Feindes schien zu wachsen. Jeden Moment hörte man einen Aufschrei oder sah einen Kameraden lautlos zusammenstürzen; zwei Drittel der Offiziere waren schon tot oder verwundet. Die Kräfte drohten uns zu verlassen, die feindliche Übermacht war zu groß (vier Bataillone, so schien es, standen uns gegenüber), als unser Bataillon laut zu beten begann: »Vater hilf« – »Keine Schande« – »Sieg oder Tod!« Hauptmann v. Keyserlingk, der, nach Verwundung v. d. Ostens, das Bataillon führte, ergriff die Fahne, die Tamboure schlugen, alles setzte die letzten Kräfte ein, und mit Hurra ging's wieder auf den Feind, der sich gefangen gab oder flüchtend auflöste. Wir hatten das Plateau und hielten es fest.

Grabe. v. Dewitz erhielt von einem österreichischen Offizier, dem er Pardon gegeben, einen Revolverschuß, als er ihm den Säbel abforderte; – noch im Todeskampf stieß er dem verräterischen Gegner den Degen durch die Brust.

(Wir wissen nicht ob ein anderes Ereignis, das berichtet wird, in Beziehung zu dem oben Erzählten steht. Ein junger Offizier, so heißt es, der bei Unter-Lochow kämpfte und fiel, hatte schon am Tage des Einmarsches in Böhmen einen Traum, daß er am 29. Juni abends von einer Kugel getroffen werden würde. Er teilte seinen Traum mit. Die üblichen Scherze blieben nicht aus. So kam der 29. Das Gefecht war vorüber; die Truppen schickten sich an, ihre Biwaks zu beziehen, und die Kameraden fragten mit so viel Heiterkeit, wie der Moment zuließ, wie es nun mit der Erfüllung seines Traumes stehe? Die Antwort lautete: Es sei der Abend noch nicht da! Bald darauf kam Befehl zum Vorrücken. Der junge Offizier hatte die Führung des ersten Schützenzuges. Unter einer Brücke auf der Chaussee nach Gitschin zu, hatten sich 30 Österreicher festgesetzt. Sein Zug nimmt sie gefangen. Sie haben schon die Gewehre abgegeben und stehen hinter dem Führer des Schützenzuges, der dem verwundeten feindlichen Kameraden eben aus dem Graben hilft, als einer der gefangenen Soldaten ein daliegendes Gewehr ergreift und ihm von hinten durchs Herz schießt.)

Die Verluste

Das Gefecht von Unter-Lochow kostete der Division 28 Offiziere und 466 Mann. Die schwersten Verluste hatten das Füsilier-Bataillon vom 42. und das 2. Bataillon vom Grenadier-Regiment Friedrich Wilhelm IV., jenes, das in der Avantgarde Unter-Lochow gegen den übermächtigen Feind behauptete, dieses, das nach wiederholtem Ansturm ihn endlich warf. Das 2. Bataillon vom Grenadier-Regiment verlor an Toten und Verwundeten 11 Offiziere und 131 Mann; das Füsilier-Bataillon vom 42.: 7 Offiziere und 126 Mann. Von erstgenanntem Bataillon kehrten nur 5 Offiziere unversehrt aus dem Gefecht zurück.

Die Verluste des Feindes, trotz der Vorteile, die ihm seine Stellung gewährte, stellten sich ungleich erheblicher. Die Brigade Ringelsheim verlor nah an 1000 Mann, darunter 55 Offiziere. Die Einbuße, die einzelne Bataillone der Brigade Abele in Ober-Lochow erlitten, war gering.

Verhältnismäßig schweren Verlust hatte das sächsische Reiter-Regiment (das 3.), das, der Brigade Ringelsheim zugeteilt, am äußersten linken Flügel der österreichischen Aufstellung hielt und, ohne in den Gang des Gefechts eingreifen zu können, (die mehr erwähnten Kavallerie-Angriffe scheinen von österreichischen Husaren ausgegangen zu sein) das Granatfeuer der Batterien Dewitz und Gallus auszuhalten hatte. Drei Offiziere, darunter Oberst v. Ludwiger, der Kommandeur des Regiments, wurden verwundet; Rittmeister v. Fabrice* fiel.

Marsch auf Gitschin

Um 9 Uhr hatte das Gefecht geendet. Die Truppen nach 9-stündigem Marsch, der Anstrengungen des Kampfes ganz zu geschweigen,

* Rittmeister v. Fabrice wurde (wie sich später ergab) mit vielen andern Toten in ein gemeinschaftliches Grab gelegt. Nach etwa drei Wochen erschien der sächsische General a.D. v. Heygendorf, um nach dem gefallenen Rittmeister zu forschen und die Leiche desselben nach Sachsen überzuführen. Da dies vielfach geschah und dabei sächsischerseits mit ebensoviel Umsicht wie Mut und Ausdauer verfahren wurde, so mag hier die Schilderung stehn, wie es dem General v. Heygendorf glückte, die Leiche des Gefallenen ausfindig zu machen. General v. Heygendorf wirkte sich zunächst die Erlaubnis aus, die Gräber öffnen lassen zu dürfen; dann begab er sich nach Unter-Lochow, in dessen Nähe (darauf beschränkte sich alle Kenntnis) der Rittmeister gefallen sein sollte. Er fand mehrere große Gräber, in denen Österreicher, Sachsen und Preußen zu je 50 bis 100 am Tage nach der Schlacht von Trainsoldaten der preußischen Armee beerdigt worden waren. Wer aber von den böhmisch sprechenden Landleuten sollte jetzt noch Auskunft geben, in welchem der sächsische Rittmeister seine Ruhestatt gefunden habe! Und doch, es gelang. General v. Heygendorf fuhr zu dem Geistlichen, stellte diesem sein Anliegen vor und ließ durch ihn als Dolmetscher den Einwohnern von Unter-Lochow für jedes militärische sächsische Abzeichen einen Gulden bieten. Da brachte zuerst eine alte Frau ein Epaulett eines sächsischen Rittmeisters. Sie erhielt ihren Gulden, und die mißtrauischen Böhmen nun mehr ermutigt, brachten zunächst einen Orden der eisernen Krone, dann einen Trauring und erzählten jetzt, nach Entgegennahme ihrer Belohnung, alles was sie wußten. Der Träger dieser Stücke sei spät nachmittags am 29. hinter dem einen Gehöfte angekommen, anscheinend schwer blessiert; man habe ihm zugerufen, er solle hereinkommen, es seien keine Preußen da; danach wäre er abgestiegen und im Garten tot zusammengebrochen. Am andern Morgen sei er dann in dem großen Grabe an der Landstraße mit etwa 50 andern Toten beerdigt worden, So weit die Aussagen. Da Orden, Trauring (mit den Anfangsbuchstaben seiner Frau) unzweifelhaft dem Rittmeister v. Fabrice gehörten, so schien es dem General v. Heygendorf sicher, daß er die Leiche seines Freundes in dem bezeichneten Grabe finden würde. Es wurde geöffnet, doch, da inzwischen drei Wochen verflossen waren, konnte man die Gesichtszüge nicht mehr erkennen. Schon war die erste Reihe vergeblich durchsucht, da schimmert der hellblaue Waffenrock der sächsischen Gardereiter durch. Man erkennt, es ist ein Offizier, und das Zeichen in den Strümpfen v. F. mit den Nummern 3 und 4 (von denen die entsprechenden anderen beiden Nummern sich in des Rittmeisters Gepäck, das beim Regiment geblieben war, vorfanden) ließen keinen Zweifel, daß man die gesuchte Leiche vor sich habe. General v. Heygendorf ließ aus Gitschin einen Sarg holen, und ist die Transportierung nach Dresden demnächst erfolgt. – (Die Aufgabe, wie wir gleich eingangs hervorhoben, war also mit großer Umsicht gelöst worden. Ob es andrerseits geraten ist, sich solche Aufgabe überhaupt zu stellen, mag ununtersucht bleiben. Es ist das Sache des Gefühls. Wir – wenn sich die Überführung nicht gleich ermöglicht – möchten dafür sein, die Ruhe der Toten nicht zu stören.)

waren aufs äußerste erschöpft, dennoch mußte eine letzte Anstrengung gemacht werden; der Befehl lautete aufs bestimmteste: Gitschin im Laufe des 29. zu besetzen.

Also vorwärts! Da es auf dem Plateau und selbst in den Dörfern an Wasser mangelte, Gitschin aber, wenn auch sonst nichts, so doch wenigstens ein paar Brunnen aufweisen mußte, so half die Aussicht, den Durst zu löschen, über die Müdigkeit hinweg, und auf der staubigen Chaussee hin, rechts und links über schon niedergetretene Getreidefelder weg, zogen die Kolonnen lautlos auf die im Dunkel liegende, an ihren Türmen kaum erkennbare Stadt zu. Das Füsilier-Bataillon vom Grenadier-Regiment hatte die Tête, das 2. Bataillon vom 54. rückte nach. Gefangene wurden eingebracht; wo der Feind sich setzte, in einzelnen Gehöften am Wege, wurde sein Widerstand schnell gebrochen.

Dicht vor Gitschin fand sich Wasser, schlecht, lehmig, aber doch ein Labsal für die Halbverdursteten. Vorgeschickte Patrouillen brachten alsbald die Meldung, daß die Stadt unbesetzt sei, und Major v. Stölting erhielt Befehl, mit seinen Füsilieren einzurücken. Dies geschah. Ein leicht errungener Erfolg schien den Tag beschließen zu sollen. Aber es kam anders. Ein wenigstens momentaner Echec war uns an dieser Stelle noch vorbehalten.

Wir kommen in einem folgenden Kapitel (vgl. S. 250) darauf zurück.

Die. 5. Division bis Gitschin

Rekognoszierung unter Oberstleutnant Heinichen

UCH die 5. Division, nachdem sie am 23. die Grenze bei Seidenberg überschritten, war (erstes Biwak bei Dittersbach; Avantgarde bis Einsiedel) auf Reichenberg gegangen, das sie am 24. erreichte. Des Feindes war man nirgends ansichtig geworden, so daß selbst die kleinen Scharmützel fortfielen, wie sie die 7. und 8. Division mit ihren Kavallerie-Têten: Aschersleber Husaren und Thüringische Ulanen gehabt hatten.

Am 25. Ruhetag in Reichenberg. Am 26. bis Gablonz, am 27. bis Eisenbrod, am 28. früh (man war schon um 3 Uhr aufgebrochen) bis Rowensko. Die Avantgarde stand an der Gitschiner Straße bis über Ktowa hinaus.

Am andern Tage sollte die Division auf Gitschin gehn. Es schien nötig, vorher festzustellen, ob dasselbe vom Feinde besetzt und ob dieser willens sei, es zu halten. Eine Rekognoszierung wurde beschlossen und ein kombiniertes Reiter-Detachement dem Oberstleutnant Heinichen, Kommandeur des 2. (brandenburgischen) Dragoner-Regiments, zu diesem Behufe unterstellt. Das Detachement bestand aus 6 Schwadronen und einer reitenden Batterie. Von den sechs Schwadronen gehörten je zwei den Fürstenwalder Ulanen, den Ascherslebner Husaren und den Schwedter Dragonern zu. Bald nach 9 Uhr brach man auf. Die 1. Eskadron der Fürstenwalder Ulanen hatte die Tête.

Wir entlehnen einem Berichte des letztgenannten Regimentes folgendes: »Nachdem wir zwei Meilen fast in anhaltendem Trabe auf staubiger Chaussee bei großer Hitze zurückgelegt hatten, stießen zwei Züge unsrer 1. Eskadron beim Dorfe Kbelnitz ungefähr ¼ Meile vor Gitschin auf den Feind. (Die am andern Tage so hartnäckig verteidigte Position am Brada-berg war noch unbesetzt.) Drei Jäger, mutmaßlich vom 18. Feldjäger-Bataillon, die wir in der Nähe von Kbelnitz in einem Kornfeld gefangen nahmen, bald aber auch die um uns her pfeifenden Kugeln ließen schließen, daß die Stadt in Händen des Feindes sei. Um den Gegner zur Entwicklung seiner Kräfte zu veranlassen, vereinigte sich jetzt der übrige Teil der beiden Eskadrons mit den Avantgarde-Zügen und trabte vor. Der im Korn liegende Feind unterhielt hierbei ein anhaltendes Gewehrfeuer, ohne jedoch zu treffen. Plötzlich zeigten sich südlich von Gitschin in unsrer rechten Flanke, also von Münchengrätz her, dicke Staubwolken, als deren Ursache man zuerst heranrückende Kavallerie vermutete. Die Eskadronen unternahmen infolgedessen, um ein zur Attacke günstiges Terrain zu gewinnen, mehrere Flankenbewegungen, als der bekannte Sauseton, der den Granaten eigentümlich ist, unsren Irrtum aufklärte. Es wurden nun zunächst auch die andern 4 Eskadronen, Husaren und Dragoner, herangezogen, da aber das Terrain auf weithin nirgends eine passende Deckung zu bieten schien, die Aufgabe der Rekognoszierung: Feststellung, ob Gitschin besetzt sei oder nicht, auch als im wesentlichen gelöst zu betrachten war, so gab Oberstleutnant Heinichen den Befehl zum

Rückzug. Die erste Feuerprobe war bestanden. 30 bis 40 Granaten platzten in unmittelbarer Nähe der Eskadrons, unsrem Leutnant v. Busse wurde das Pferd unterm Leibe durch eine Granate auseinandergerissen, drei andere schlugen in die Eskadron des Rittmeisters Grafen Häseler (von den Schwedter Dragonern) ein, ohne erheblichen Schaden anzurichten. Mit großer Ordnung zogen sich die Eskadronen zurück. Die Ulanen verloren 2 Mann tot, 4 verwundet. Die Verluste der andern Schwadronen waren noch geringer. Über Mittag, nach einem Ritt (hin und zurück) von 4, 6 und 8 Meilen, je nach dem Punkt, von dem man aufgebrochen war, traf das Detachement wieder zwischen Rowensko und Ktowa ein. Reiter und Pferde, bei der Hitze des Tages, waren ziemlich hart mitgenommen. Dreißig Stunden später (am 29.) hielten unsere Ulanen fast an derselben Stelle zum zweiten Male im Granatfeuer; auch an diesem zweiten Tage, bei größerem Verlust, ohne zum Angriff zu kommen.«

Das Resultat der Rekognoszierung lautete also dahin: »Gitschin ist besetzt.« Man verschob den Angriff bis zum andern Tage. Und in der Tat, Gitschin war besetzt, aber doch anders, wie wir damals annehmen zu müssen glaubten. Der Feind war um vieles schwächer, als er erschien, und bestand, namentlich was seine Infanterie angeht, aus einer einzigen detachiert gewesenen Kompanie vom 18. Jäger-Bataillon, die erst am Morgen des 28. (oder kurz vorher) von Eisenbrod in Gitschin eingetroffen war. In Wahrheit stand uns nichts gegenüber als die von drei reitenden Batterien

begleitete leichte Kavallerie-Division unter Generalmajor v. Edelsheim. Die Zusammensetzung dieser Division haben wir S. 132 bereits gegeben.

Daß Oberstleutnant Heinichen, mit völlig unausreichenden Kräften (6 Schwadronen gegen 6 Regimenter) dieser Reitermasse gegenüber nicht zur Attacke schritt, war gerechtfertigt; zugleich aber scheint festzustehen, daß er durch die schwache Jäger-Abteilung einerseits, durch das heftige Feuer der Kavallerie-Batterien andrerseits irregeleitet, in das Lager bei Rowensko ein Bild mit zurücknahm, das der eigentlichen Sachlage nicht entsprach.

Gitschin

EGEN Mittag am 29. traf Befehl bei der 5. Division ein: sofort auf Gitschin zu gehn, die Stadt zu nehmen und zu besetzen. Die Ausführung dieses Befehls führte im Laufe des Nachmittags zu einer Reihe blutiger Gefechte. Eh wir zu einer Schilderung derselben übergehn, geben wir zuvor eine kurze Beschreibung der Stadt selbst und ihrer Umgebung.

Gitschin (böhmisch: Jičin) ist die Hauptstadt des gleichnamigen Kreises, eines der fruchtbarsten im Königreich. Die Einwohner, etwa 6000, sind vorwiegend tschechisch. Der Ort, größer und geräumiger als seine Einwohnerzahl erwarten lassen sollte, hat ein historisches Gepräge, ganz im Einklang mit seiner Geschichte. Bis zum Ausbruch des böhmischen Aufstandes (1618) war es ein ärmlicher, aus etwa 200 Lehm- und Schindelhäusern bestehender Flecken, der während der Insurrektionsjahre wo möglich noch an Ansehen verlor. 1623 brachte Albrecht Graf v. Waldstein (Wallenstein) Stadt und Umgegend käuflich an sich und vereinigte beides mit seiner Herrschaft Friedland zu einem Lehen, das zwei Jahre später durch kaiserliche Gnadenverleihung zu einem Herzogtum Friedland erhoben wurde. Gitschin wurde Residenz.

Schon 1623, also gleich nach der Besitzergreifung, hatte Wallenstein mit einem großartigen Schloßbau* nach florentinischem Muster begonnen. Der Bau interessierte ihn lebhaft, so daß er die Fortführung desselben auch in seiner Abwesenheit überwachte. An das Schloß selbst lehnte sich ein Garten, an diesen ein Fasanenpark und an den Fasanenpark wiederum ein großer, reich bestandener Tiergarten. Berühmt war die von ihm angelegte Musterstuterei, für welche er die kostbarsten Zelter aus Italien, arabische Hengste aus der Türkei und die edelste und kräftigste Zucht aus Mecklenburg hatte herbeischaffen lassen. 1630 war der eigentliche Schloßbau beendet. Der Herzog verlebte hier insonderheit die Monate, die zwischen seiner Absetzung (1630) und der Wiederaufnahme seines Kommandos lagen. Hier entfaltete er jene oft

* Dies Schloß wurde auf dem Grund und Boden des alten Smirsitzkischen Herrenhauses erbaut, das im Jahre 1620 durch eine Pulver-Explosion zerstört wurde. Gleichzeitig ging das alte, eben erwähnte Geschlecht zugrunde. Die Ereignisse haben ein sehr charakteristisch alt-böhmisches Gepräge, weshalb wir dieselben hier in der Kürze geben. 1618 war der letzte männliche Sproß der Familie Smirsitzki (wie es heißt, an einem Übermaß von Reizmitteln) gestorben. Es hinterblieben zwei Schwestern. Die ältere befand sich wegen eines verbotenen Liebesverhältnisses in Haft auf Schloß Kumburg, die jüngere war an einen Slawata vermählt. Diese jüngere Schwester hatte der Bruder zu seiner Universalerbin eingesetzt. Sie sollte dieses Besitzes aber nicht froh werden. Die ältere Schwester wurde aus ihrer Gefangenschaft durch Heinrich Otto v. Wartenberg befreit, der sich gleich darauf mit der Befreiten vermählte. Beide erhoben nun Ansprüche an das ihnen vorenthaltene Erbe, bewaffneten 1000 Bauern und nahmen Gitschin, Stadt und Schloß, in Besitz. Die Slawatas aber hatten Friedrich von der Pfalz, den sogenannten »Winterkönig«, auf ihrer Seite, der nunmehr eine Kommission ernannte, die den Wartenberg und seine Gemahlin »mit Ernst aus dem Besitz von Gitschin entfernen sollte«. Ein kursächsischer Gesandtschaftsbericht schildert, was nun geschah, wie folgt: »Als solche verordnete Kommission, bei der sich auch Slawata befand, am Sonnabend, dem 4. Februar 1620, bei dem v. Wartenberg und seiner Frau in Gitschin anlangte, ist unversehens die daselbst von dem verstorbenen Herrn Smirsitzki aufs stattlichste erbaute Behausung von untersetztem Pulver über den Haufen geworfen. Und nicht allein Herr v. Slawata und sein Bruder, sondern auch alle andern anwesenden Kommissarien samt der Frau v. Wartenberg, welche gerade zur Zeit gesegneten Leibes gewesen, sind, nebst vielen anderen Personen (man zählt über 60) elendiglich um das Leben gebracht worden.« Ein anderer Bericht sagt: »Die Schloßherrin, Frau v. Wartenberg, der man die Explosion schuld gab, mußte ihren fanatischen Heroismus grausam büßen. Man fand sie, noch lebend, bis zur Hälfte des Leibes verschüttet, an Gesicht und Händen furchtbar verbrannt. Sie begehrte zu trinken, aber der Schloßverwalter (der im Dienste der Gegenpartei war) versagte ihr nicht nur diesen Trunk, sondern riß ihr gewaltsam die kostbaren Ohrgehänge aus den Ohren, so daß Blut danach floß, so wie ferner die Ketten und Kleider vom Hals und Leib und auch die Ringe vom Finger und ließ sie so nackend stehen und grausam verschmachten. In solchem Zustande wurde die Leiche zu einem Bürger getragen, der ihr aus Erbarmen ein Totenhemd anzog, eine schwarze Truhe anschaffte und in einem kleinen Kirchlein vor der Stadt beisetzen ließ«. So endete dieser Hader. Die jüngere Schwester, Frau v. Slawata, nunmehr Witwe, mußte nach der Schlacht am Weißen Berge flüchtig werden, und die vom Kaiser eingezogenen Güter kamen drei Jahre später, durch Kauf, an Wallenstein.

beschriebene Pracht, hier bemaß er seine Pläne. Deshalb blieb ihm Gitschin teuer, und seine Bestimmung lautete bekanntlich dahin, in der »Kartause zu Gitschin« begraben zu sein. Dieser Wunsch ging ihm erst 1636 in Erfüllung, nachdem seine Leiche bis dahin im Franziskanerkloster zu Mier gestanden hatte. Seine Gitschiner Grabesruhe wurde oft gestört. 1639 ließ der Feldmarschall Baner Kopf und rechten Arm des Friedländers aus der Gruft nehmen und schickte beides nach Schweden; 1785 endlich erwirkte Graf Vincenz von Waldstein die Erlaubnis, die Überreste seines großen Ahnherrn aus der Gitschiner Kartause nach dem nunmehrigen Waldsteinschen Erbbegräbnis in der St. Annen-Kapelle zu Münchengrätz überführen zu dürfen. (Vgl. S. 184.)

Nach Wallensteins Tode kam Gitschin zunächst an seinen ehemaligen Kriegsgefährten, den aus den »Piccolominis« männiglich bekannten General v. Tiefenbach, von diesem an die Reichsgrafen von Sternberg, von den Sternbergs endlich an die Grafen (nunmehrige Fürsten) von Trauttmannsdorff. In Besitz dieser ist es noch.

1813 gelangte Gitschin auf kurze Zeit zu erneutem Ansehen. Kaiser Franz, während der Waffenstillstands-Monate, nahm hier, im alten Wallensteinschen Schloß, einen fünfwöchentlichen Aufenthalt, während welcher Zeit das für die damalige Weltlage entscheidende Bündnis zwischen Rußland-Preußen einerseits und Österreich andrerseits abgeschlossen wurde. Im Gitschiner Schloß erfolgte die definitive Unterzeichnung des Allianz-Vertrages. Das Zimmer, in welchem die Unterzeichnung erfolgte (Metternich, Nesselrode, Wilhelm v. Humboldt), wird kraft fideikommissarischer Bestimmung für immerwährende Zeiten in dem Zustande erhalten, in welchem es damals war.

Gitschin ist von drei Vorstädten: der Prager, Holiner und Walditzer, eingefaßt.

Das eigentliche Gitschin besteht aus dem »Ring« und einigen zunächst gelegenen Straßen. Am Ringe, eine Seite desselben zum größeren Teile einnehmend, befindet sich das weiter oben geschilderte Waldsteinsche Schloß, das jetzt als Regierungsgebäude und zwar als Sitz verschiedener Behörden, des Oberlandesgerichts, des Forstamts usw. dient. Zwischen dem Ringe und der Walditzer Vorstadt, die beide nur durch ein Turmtor miteinander in Verbindung stehen, erhebt sich die schöne Jesuiten-Kirche, die nach dem Muster der Wallfahrtskirche zu San Jago de Compostella erbaut wurde. Im Zusammenhange damit, an der Nordseite der Stadt sich hinziehend, liegt das Jesuiten-Kollegium, dessen Bau, ebenfalls durch Wallenstein, gleichzeitig mit dem Bau des Schlosses unternommen wurde.

In naher Entfernung von der Stadt, deren Umgebung eine Fülle der reizendsten Landschaftsbilder bietet, befindet sich eine Anzahl kleiner, malerisch gelegener Ortschaften: Wockschütz, die Kartause, Libun, Lommitz, Eisenstadtl. Alle am 29. viel genannt. Die Kartause, durch eine prächtige aus vier Baumreihen bestehende Allee mit der Stadt verbunden, liegt dieser zunächst. Wir werden nach der Schlacht daselbst eintreten.

Das Treffen bei Gitschin

NACHMITTAG den 29. rückten die preußischen Kolonnen auf zwei Straßen gegen Gitschin vor. Die eine Kolonne (3. Division) kam von Westen; wir haben sie im vorigen Kapitel durch das Defilee von Ober- und Unter-Lochow bis Gitschin begleitet; die andre Kolonne (5. Division) kam von Norden; wir begleiten dieselbe jetzt, nach vorgängiger Beschreibung des Terrains, durch das Defilee von Brada-Podulsh.

Das Terrain

Die von Norden her nach Gitschin führende Straße (die Turnauer Chaussee) tritt bei dem Dorfe Libun, ungefähr eine Meile nördlich von Gitschin, auf ein Plateau, läuft dreiviertel Meilen lang, Kniznitz, Ginolitz, Podulsh, Kbelnitz vorbei, über dies Plateau hin und steigt von hier aus, geradlinig gegen Süden, in den Talgrund nieder, in dem Gitschin gelegen ist. Dieser Weg über das Plateau hin ist der nächste; er ist aber, weil im Osten durch drei Einzelberge, im Westen durch eine Berglehne, den bewaldeten Priwysin,* flankiert, ein schwer passierbares Defilee.

* Die drei Einzelberge im Osten sind der Tesin- oder Eisenberg bei Eisenstadtl, der Zebin-Berg bei der Walditzer Kartause und der Soudnaer Spitzberg, dicht vor Gitschin. Nur die beiden erstgenannten, was gleich hier erwähnt sein mag, waren armiert. – Der »Priwysin«, an der gegenübergelegenen Seite des Defilees, ist ein flacher, waldbestandener Kegel von etwa ¼ Meile im Quadrat; nach Westen hin geht er in die Prachower Felsen über, die, bei Ober-Lochow, mit ihrem Südabhange die von Sobotka nach Gitschin führende Chaussee berüh-

Wer hier durch will, eine ausreichende Verteidigung vorausgesetzt, hat ein dreifaches Feuer zu überwinden, in Front und beiden Flanken.

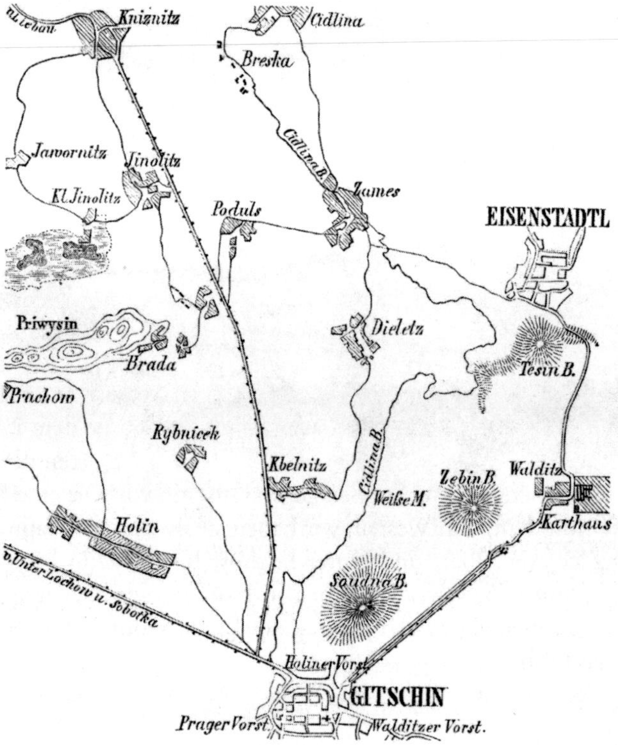

Fast parallel mit dieser Turnauer Chaussee läuft eine zweite Straße von Norden her auf Gitschin zu; sie folgt, am Fuße des Plateaus, im wesentlichen dem Wasserlauf des Cidlina-Flüßchens, berührt die Dörfer Cidlina, Bresca und Zames, biegt östlich aus bis zu dem Flecken Eisenstadtl und der Walditzer Kartause hin und läuft dann, wieder westlich, im Rücken des Zebin- und Sondnaer Spitzberges auf Gitschin zu.

ren. Nach Norden hin legt sich ein breiter Sumpfstreifen vor die ohnehin schon feste Position, ein Sumpfstreifen an dessen Nordufer das Dorf Ginolitz, an dessen Südufer Klein-Ginolitz gelegen ist. Unsere Karte gibt dies nicht ganz genau. Nach Osten hin hat der Priwysin seine eigentliche Front. Mehr oder weniger steil abfallend, ziehen sich hier seine Abhänge bis an die Turnauer Chaussee heran, die er vollständig beherrscht. Am Fuße des Abhangs, von der Chaussee durchschnitten, liegt zunächst das große Dorf Podulsh, dahinter, in halber Höhe des Abhangs, das Dorf Brada. Im Rücken von Brada ein Kegel: der Brada-Berg. Dies sind die Punkte, auf die es ankommt.

Diese beiden Straßen standen zur Wahl; die eine (über das Plateau hin) völlig ungedeckt, überall vom Feinde eingesehen, aber zuverlässig, mit festem Grund unter den Füßen, die andre (am Fuße des Plateaus hin) minder vom feindlichen Feuer beherrscht, aber partiell unsicher, wie alles Sumpf- und Wiesenterrain; dabei ein Umweg.

General v. Tümpling, weniger die Gefährlichkeit des Feindes als die Gefährlichkeit des Bodens scheuend und darin gewiß die beste Wahl treffend, entschloß sich, auf geradestem Wege vorzugehn, dies sein Vorgehn auf der Hauptstraße aber durch Umgehungen links und rechts zu unterstützen. Er teilte zu diesem Behuf die 12 Bataillone seiner Division in 3 Angriffskörper, in zwei Umgehungs-Kolonnen und eine Kolonne für das Zentrum.

Die Ordern wurden dahin gegeben, daß

die linke Umgehungs-Kolonne an der Cidlina entlang,

die rechte Umgehungs-Kolonne über den beinah pfadlosen Priwysin,

die Zentrums-Kolonne endlich auf der Turnauer Straße vorzugehn habe. – An dieser letzteren Straße lag der Schlüssel der feindlichen Stellung, die Dörfer Podulsh und Brada.

Eh wir die einzelnen Kolonnen auf ihrem Vormarsch begleiten, geben wir die feindliche Stellung.

Die Aufstellung des Feindes

Die Aufstellung des Feindes, in natürlicher Benutzung des Terrains, entsprach der Angriffs-Disposition, wie wir dieselbe eben gegeben.

Eine Brigade, die Brigade Piret, stand bei Eisenstadtl. Sie bildete den äußersten rechten Flügel und hatte die Aufgabe, den Cidlina-Grund zu sperren. Die linke Umgehungs-Kolonne der Preußen mußte mutmaßlich auf diese Brigade Piret stoßen.

Eine zweite Brigade, die Brigade Poschacher (die sogenannte »eiserne«, die schon bei Podol im Feuer gewesen war), hielt Zentrum und linken Flügel besetzt und zwar derart, daß das Regiment König von Preußen den östlichen Abhang des Priwysin, das Regiment Martini aber die Nordlisiere des eben genannten Waldberges gegen den anrükkenden Feind zu verteidigen hatte. Die auf der Turnauer Straße vorrückende Zentrums-Kolonne mußte also unter das Flankenfeuer des Regiments König von Preußen, unsre als rechte Umgehungs-Kolonne vorrückenden Bataillone aber in das Frontfeuer des Regiments Martini geraten.

Diese zwei Brigaden (Piret und Poschacher) hatten, wie ein erstes Treffen, in vorderster Reihe die von Norden her auf Gitschin zulaufende Straße zu schließen; zwei weitere Brigaden aber wirkten mit: die Brigade Leiningen, im Rücken des Regiments König von Preußen, soutenierte dieses; die Brigade Abele, in Flanke und Rücken des Regiments Martini, verlängerte den feindlichen linken Flügel* und steigerte die Schwierigkeit einer Umgehung an dieser Stelle.

Noch wichtiger war die Heranziehung einer dritten Reserve-Brigade, der sächsischen Brigade Kronprinz. Diese wurde, unmittelbar nach Beginn des Kampfes, aus dem zweiten Treffen in das erste Treffen vorgenommen und besetzte das am Südabhange des Plateaus zwischen dem Cidlina-Bach und der Turnauer Straße gelegene Dorf Diletz.

Dieser Punkt, weil die Hauptstellung Brada-Podulsh fast schon tournierend, war für den Gang des Gefechts von besondrer Bedeutung.

Die gesamte Stellung war von großer natürlicher Widerstandskraft; 96 Geschütze liehen ihr etwas von Unnahbarkeit. Sieben Batterien der Korps-Geschütz-Reserve standen bei Beginn des Gefechts quer über das Plateau fort, zwischen den Dörfern Podulsh und Zames; dahinter die Kavallerie-Division Edelsheim. Außerdem aber waren, wie bereits S. 229

* Was hier, Front gegen Norden, in Verlängerung des feindlichen linken Flügels (Regiment Martini) stand, war nur die Hälfte der Brigade Abele und zwar das Regiment Khevenhüller. Die andere Hälfte: Regiment Ramming, stand Front gegen Süden bei Ober-Lochow, am Fuß der Prachower Felsen und griff hier, wie wir wissen, in das Gefecht gegen unsre 3. Division mit ein.

und S. 230 hervorgehoben, der Priwysin links und die beiden Einzelberge (der Tesin- und Zebin-Berg) rechts durch mehrere Batterien armiert.

Gegen diese Aufstellung rückten um 3½ Uhr die Preußen an. Durch Linien ausgedrückt war die österreichische Aufstellung die folgende:

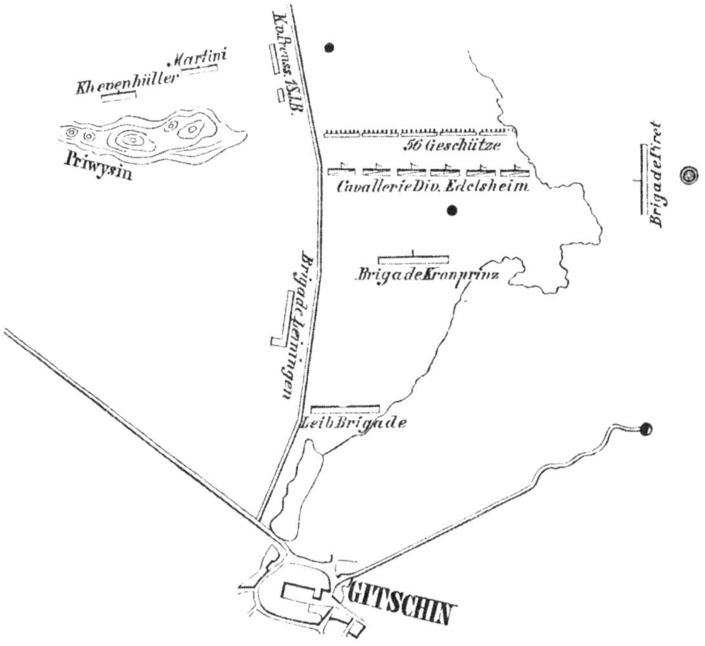

Die Zentrums-Kolonne nimmt Podulsh, scheitert an Brada

Etwa 3½ Uhr hatte die Division Tümpling Libun passiert und stand *à cheval* der Chaussee zwischen dem ebengenannten Dorfe und Unter-Kniznitz. Von hier aus gestattete sich ein Überblick über das Terrain und die feindliche Stellung. General v. Tümpling ließ die Divisions-Artillerie auf einem Höhenzug zwischen Kniznitz und Cidlina auffahren und das Feuer gegen die, wie wir wissen, auf der Linie Podulsh-Zames stehende Geschützlinie des Feindes eröffnen. Um 5½ Uhr gingen die Unseren in drei Kolonnen, der bereits angegebenen Disposition gemäß, zum eigentlichen Angriff über.

Zuerst die Zentrums-Kolonne; vier Bataillone: die Musketiere vom 48. und die Grenadiere vom Leib-Regiment.

Die Kolonne dirigierte sich auf den mehrgenannten Schlüsselpunkt der feindlichen Stellung, passierte Unter-Kniznitz, schob sich, unter Vermeidung der großen Straße, auf Cidlina und von hier aus schräg vorwärts über das Plateau hin. Die gleichzeitig vorgehenden Umgehungs-Kolonnen deckten die Flanken; Ginolitz und Daubrowitz – rechts und links von der Marschlinie über das Plateau hin gelegen – waren bereits von vorgeschobenen Abteilungen besetzt worden.

Der Vormarsch ging zunächst auf Podulsh. Dieses, das wird hier einzuschalten sein, ist ein aus zwei Hälften bestehendes Dorf, dessen geschlossene Hälfte diesseits der großen Turnauer Straße gelegen ist, während seine ausgebauten Gehöfte jenseits liegen und beinah unmittelbar in das Dorf Brada übergehn. Beide Hälften waren vom Feinde (Regiment König von Preußen und 18. Jäger-Bataillon) stark besetzt.

Gegen die geschlossene Dorfhälfte, als den vorgelegensten Punkt, richtete sich der erste Angriff. General v. Tümpling zog das 1. Bataillon vom Regiment Nr. 48, Major Spicker, an die Spitze; zwei Bataillone vom Leibregiment folgten. Das 2. Bataillon vom 48., in gleicher Höhe mit dem 1. Bataillon, begleitete den Vormarsch an der Cidlina hin und zwar derart, daß die 5. Kompanie, am Plateau-Abhang marschierend, den rechten Flügel bildete, also dem über das Plateau vorgehenden 1. Bataillon zunächst avancierte.

So der Vormarsch. Die 3. Kompanie (Hauptmann v. Steinbach) hatte die Tête. Hauptmann v. Steinbach ließ ausschwärmen und Schnellfeuer eröffnen, während er selbst den Rest der Kompanie *tambour battant* gegen Podulsh führte. Das Dorf wurde im ersten Anlauf genommen; der Feind zog sich auf die ausgebauten Gehöfte jenseits des Weges, überhaupt auf seine Kernstellung (Brada-Podulsh) unter nicht unerheblichen Verlusten zurück, die ihm zu wesentlichem Teile durch das geschickte Eingreifen der aus dem Cidlina-Grunde heraufsteigenden, den Ost- und Südrand des Dorfes rasch umspannenden 5. Kompanie bereitet wurden. Ein Hauptmann und 60 Mann fielen gefangen in unsere Hände.

Ein fester Punkt war gewonnen, aber dieser feste Punkt war doch erst ein Außenwerk. Die eigentliche Stellung Brada-Podulsh befand sich nach wie vor in Händen des Feindes. Es galt, ihm diese zu entreißen. Noch drei Kompanien (1. 2. 4.) des Bataillons waren intakt; Major Spicker entschloß sich, die 2. Kompanie gegen den Priwysin hin einschwenken und die 1. und 4. Kompanie, links und rechts vorgezogen, gegen die jenseits der Chaussee gelegenen Gehöfte von Podulsh avancieren zu lassen. Unter Hurra gingen die Kompanien vor; aber trotz größter Bravour der Offiziere und Mannschaften wurde dieser Angriff durch das feindliche Feuer abgeschlagen. Frische Kompanien vom Regiment König von Preußen und 18. Jäger-Bataillon, verstärkt durch die Abteilungen, die sich aus dem geschlossenen Dorf hierher zurückgezogen, hatten die Häuser zu einer Art Etagenfeuer eingerichtet. Den in erster Linie stehenden besten Schützen wurden von hinten her die geladenen Gewehre gereicht, so daß man eine Feuerkraft erzielte, die dem Schnellfeuer unserer Zündnadelgewehre in nichts nachstand. Premierleutnant v. Massenbach, der die 2. Kompanie führte, Leutnant v. Ledebur von der 1., Premierleutnant v. Borkowski von der 4. Kompanie wurden tödlich getroffen, viele andere Offiziere und Mannschaften verwundet. Major Spieker zog die 3. und 5. Kompanie, die nach Wegnahme von Podulsh im Dorf zurückgeblieben waren, an die Chaussee heran und ließ Schnellfeuer gegen die Ausbauten eröffnen, ohne jedoch, vor Eintreffen von Verstärkungen, zu einem erneuten Angriff übergehen zu können.

Ein Erfolg war hier errungen, aber nur ein halber. Podulsh blieb besetzt; das 2. Bataillon vom 48., oder doch die Mehrzahl seiner Kompanien, setzte im Cidlina-Grunde seinen Vormarsch fort; die beiden Grenadier-Bataillone vom Leib-Regiment standen in Reserve. Es war 6 Uhr.

General v. Tümpling glaubte, vorläufig sich an dem Erreichten genügen lassen und, vor Wiederaufnahme eines Angriffs im Zentrum, bestimmte Erfolge der Umgehungs-Kolonnen abwarten zu müssen.

Wir blicken zunächst nach der rechten Umgehungs-Kolonne aus.

Vormarsch in der rechten Flanke. Das Waldgefecht der 18er und 12er

Gleichzeitig (5 Uhr) mit der Zentrums-Kolonne, die, wie wir sahen, über das Plateau hin auf Podulsh und Brada vorging, setzte sich die rechte Umgehungs-Kolonne in Marsch. Diese Kolonne (fast die ganze 10. Infanterie-Brigade) bestand aus 5 Bataillonen unter dem Brigadier Generalmajor v. Kamiensky. Es waren drei Bataillone 18er und die beiden Grenadier-Bataillone vom Regiment Nr. 12.

Unmittelbar nach Passierung von Libun erhielt das 1. Bataillon vom 18. Regiment Befehl, südlich gegen Jawornitz und nach Besetzung dieses Dorfes weiter gegen die nördlichen Waldabhänge des Priwysin vorzugehn. Dem 1. Bataillon folgte das 2., dem 2. das Füsilier-Bataillon 18. Regiments; die beiden Grenadier-Bataillone vom 12. wurden in Reserve zurückbehalten.

Das 1. Bataillon 18er besetzte Jawornitz, gleich darauf eine dahinter gelegene Höhe; als sich das Bataillon aber anschickte, eine zweite mit der ersten parallel laufende Hügellinie zu nehmen, sah es sich in seinem

Vorgehn durch einen sumpfigen Wiesenstreifen (vergl. die Anmerkung S. 229 und S. 230) aufgehalten, der in ziemlicher Breite zwischen dem diesseitigen und dem jenseitigen, bewaldeten Höhenzug lag. Eine Brücke, ein Damm, eine trockne Stelle waren entweder nicht da oder nicht zu finden, ein Durchwaten aber um so mißlicher, als der gegenüberliegende, von feindlichen Schützen staffelförmig besetzte Abhang unsere vorgeschobenen Abteilungen sofort unter ein heftiges Feuer nahm.

Unter diesen Umständen beschloß General v. Kamiensky unsrem rechten Flügel einen äußersten rechten Flügel zu geben, in der Hoffnung, schließlich in weitrem Bogen eine Umgehung ausführen zu können, die sich im engeren Bogen, wegen Unpassierbarkeit des Terrains, nicht ermöglichen wollte.

Die zunächststehenden zwei Bataillone (2. und Füsiliere) vom 18. wurden vorgezogen, das 2. Bataillon, setzte sich rechts neben das 1., das Füsilier-Bataillon wiederum rechts neben das 2. Bataillon und die so nach rechts hin verlängerte Linie stieß endlich, 2000 Schritt südwestlich von Jawornitz, auf eine passierbare Stelle. Hier defilierten die beiden Bataillone, drangen, wie nach der Sachlage geboten, gegen Süden vor, gerieten aber, unter nunmehrigem lebhaften Avancieren nicht auf die Nordabhänge des Priwysin, um deren Erstürmung es sich handelte, sondern in die weiter westwärts im Rücken der Brada-Podulsh-Stellung gelegenen, mehrfach genannten Prachower Felsen. Diese, zum Überfluß, waren auch noch vom Feinde stark besetzt; in Verlängerung des feindlichen linken Flügels standen hier, wie wir wissen, mit Front gegen Norden, die Bataillone des Regiments Khevenhüller (Brigade Abele).

Auf pfadlosem Waldterrain, drin sich die feindlichen Schützen eingenistet hatten, entspann sich nunmehr ein Feuergefecht, das viele Opfer kostete und aus dem herauszukommen beide Teile ein gleich großes Interesse hatten. Unsere 18er deshalb, weil sie, lediglich zur Umgehung des Priwysin und seiner Besatzung (Brigade Poschacher) bestimmt, unmöglich ihre Aufgabe darin finden konnten, mit einem neuen Gegner anzubinden, an dessen Flanke man vorbei, aber in dessen Front man sich nicht, unter Dransetzung von Zeit und Blut, verbeißen wollte; – die Österreicher deshalb, weil sie fürchten mußten (wenn unsere Pommern bei Unter-Lochow vordrangen) unter zwei Feuer genommen und abgeschnitten zu werden.

Beide Teile trafen danach ihre Vorkehrungen. Oberst Kettler vom 18. ließ eine Halblinksschwenkung machen, um wieder in die richtige Direktion, die nach links und nicht nach rechts hin lag, zu kommen, während Oberst v. Abele einen heftigen Vorstoß anordnete, um unter dem Einfluß desselben frei zu werden und seinen Rückzug bewerkstelligen zu können. Mit geschlossenen Kolonnen griffen die Österreicher an. Es kam in den Felsen zu einem erneuten Kampf, erbitterter als vorher. Aus dem Feuergefecht wurde ein Kampf mit Kolben und Bajonett. Als derselbe zu einem momentanen Zurückweichen unsrer 18er führte, wurde dieser Moment zu einem schnellen Rückzug von Oberst v. Abele benutzt. Unsrerseits hatten wir vorzugsweise die 5., 7. und

8. Kompanie im Gefecht gehabt. Hauptmann Schorr (7.) wurde tödlich getroffen, Leutnant v. Unruh (5.) fiel; Premierleutnant Offermann, Leutnant v. Dioszeghy waren schwer verwundet. Die 5. Kompanie hatte am meisten gelitten.

(Die 12er bei Klein-Jinolitz.) Die Umgehung durch die 18er, die auf die Prachower Felsen statt auf den Priwysin geführt hatte, war eigentlich gescheitert, gescheitert einerseits, weil man in den Felsen auf einen unerwarteten, frischen Feind gestoßen war, und gescheitert nicht minder, weil die in zu weitem Bogen ausgeführte, gleichsam über das

Ziel hinaus schießende Schwenkung keinen Druck an der Stelle (dem Priwysin) auszuüben vermochte, wo der Druck eigentlich ausgeübt werden sollte.

Generalmajor Kamiensky beschloß also, der Umgehung im weiteren Bogen eine Umgehung im engeren Bogen folgen zu lassen und die beiden Bataillone 12er, die er noch hatte, in gleicher Höhe mit den 18ern, aber links neben dieselben vorzuschieben. Dieser engere Bogen mußte notwendig auf den Priwysin führen, vorausgesetzt, daß es glückte (was dem 1. Bataillon der 19er nicht geglückt war), einen Übergang durch den Sumpfstreifen zu finden.

Die beiden Bataillone 12er traten an (6 Uhr); Oberst v. Debschitz führte sie vor; nach kurzem Kampf wurde Klein-Jinolitz durch die Têten-Kompanie (1.) genommen, und – wichtiger als das – unmittelbar hinter Klein-Jinolitz ward ein Knüppeldamm sichtbar, der, quer durch den Sumpfstreifen hindurch, zum Priwysin hinaufführte. Hier hatte man also, was man wollte; ein passierbarer Weg war gegeben; aber der Feind, wohl wissend, daß dies die Stelle sei, von wo aus unser Angriff überhaupt nur erfolgen konnte, hatte das gegenübergelegene Wald-Terrain auch hier wieder etagenförmig mit seinen Schützen vom Regiment Martini besetzt. Man schoß sich herum. Mannigfache Verluste waren zu beklagen. Ein Angriff des Feindes, um Klein-Jinolitz wieder zu gewinnen, scheiterte; aber ebenso scheiterte ein Angriff unsrerseits, um den Feind aus seiner Waldposition zu werfen. Er hielt den Schlüssel seiner Stellung fest: den Priwysin und das Dorf Brada.

Auch hier (wie im Zentrum) stand das Gefecht.

Vormarsch in der linken Flanke. Die Füsilier-Bataillone 12 und 48 nehmen Zames und Diletz (6 und 7½ Uhr)

Die linke Flügel-Kolonne (Füsilier-Bataillone 12 und 48) war am nördlichen Eingang von Ober-Kniznitz abgebogen und dirigierte sich durch Unter-Kniznitz auf Cidlina.

Cidlina-Breska, als diese unsre Flankenbewegung sich kenntlich machte, wurde durch Granatfeuer des Feindes in Brand geschossen, ohne daß es ihm dadurch gelungen wäre, unsern Vormarsch aufzuhalten.

Dieser wurde vielmehr im Cidlina-Grunde auf Zames fortgesetzt, derart jedoch, daß das Füsilier-Bataillon vom 48. eine kurze Zeit lang auf das Plateau zur Rechten hinaufgezogen wurde, um unsere hier eben auffahrende 1. sechspfündige Batterie gegen feindliche Kavallerie (die bei Podulsh sich zeigte) zu schützen.

Das Füsilier-Bataillon vom 12. avancierte, bis es sich östlich, nach links hin, in Höhe von Zames befand. Hier bemerkte Major des Barres, der das Bataillon führte, von links her Kavallerie und Infanterie (rasch vorgeschobene Abteilungen von der Brigade Piret), die vor ihm das Dorf erreichen wollten. Im Laufschritt ging jetzt das Füsilier-Bataillon vor und besetzte Zames. Dasselbe lag unter dem Granatfeuer einerseits der auf dem Priwysin, andererseits der am Fuße des Eisen- und Zehin-Berges aufgefahrenen Batterie und war in wenigen Minuten in Brand geschossen. Major des Barres hielt aber das Dorf, sowohl gegen dies Feuer von links und rechts wie auch gegen die ebengenannten Abteilungen feindlicher Kavallerie und Infanterie, die ihren Versuch nicht ohne weiteres aufgeben wollten. Es waren Kompanien vom Regiment Sigismund (Italiener). Einige Salven genügten, den ohne besondere Energie unternommenen Angriff abzuweisen. Zames blieb in den Händen unserer Füsiliere; das Füsilier-Bataillon vom 48. war inzwischen nachgerückt (6 Uhr).

Zames lag bereits in der Flanke der feindlichen Aufstellung; seine Besetzung indes, bei den überlegenen Kräften, über die der Gegner verfügte, war nicht wirksam genug, um diesen zur Aufgabe einer seiner Positionen, am wenigsten seiner Stellung am Priwysin, zu vermögen.

Was aber das einfache Flanke-Abgewinnen nicht vermocht hatte, vermochte vielleicht eine weitere und kühnere Vorwärtsbewegung. So wurden die beiden Füsilier-Bataillone beordert, von Zames aus gegen das bereits am Südabhange des Plateaus gelegene Diletz vorzugehn. Glückte dies, so war viel gewonnen: Ein Keil war zwischen die Brigaden Poschacher und Piret getrieben und die Stellung des Priwysin halb im Rücken gefaßt.

Auf dies wichtige Dorf also richtete sich jetzt der Vormarsch.

Es wiederholten sich hier die Dinge, wie beim Vorgehn gegen Zames, nur (zunächst wenigstens) mit minder günstigem Erfolg.

Auch Diletz war unbesetzt; die Sachsen standen um 6 Uhr noch bei Gitschin, um 6½ passierten sie Kbelnitz und gingen nun auf das mehrgenannte Dorf (Diletz) vor, um dasselbe mit der Brigade Kronprinz zu besetzen.

So entstand denn wiederum ein Wettstreit, wer zuerst heran sein würde.

Generalmajor v. Schimmelmann, Kommandeur der 9. Infanterie-Brigade, der, vom Gros aus – als er das rasche Vorrücken der sächsischen Bataillone bemerkte – sich an diese Stelle begeben hatte, befahl den beiden vordersten Schützenzügen, im Laufschritt durch Diletz hindurchzugehen und die jenseitige Lisiere des Dorfes zu gewinnen. Bevor es jedoch dem General gelang, weitere Truppen in das Dorf zu werfen, waren die sächsischen Bataillone bereits heran und drängten unsere Schützenzüge hinaus. Diletz war also 6¾ Uhr in Händen der Sachsen. Die Aufstellung, die sie nahmen, wird aus dem sächsischen Bericht (siehe S. 242) am besten erhellen.

Dieser wichtige Punkt durfte aber nicht in Händen des Gegners bleiben. Er mußte genommen werden, wenn man an einen Erfolg im Zentrum denken wollte, und Generalleutnant v. Tümpling suchte deshalb an dieser Stelle zu konzentrieren, was er irgend vermochte, ohne andere Punkte zu schwächen oder bloßzustellen. Er gab zunächst dem Major Rüstow (Porträt siehe auf dieser Seite), vom 3. Artillerie-Regiment, Befehl zu avancieren und nördlich des zwischen Zames und Podulsh führenden Weges mit drei Batterien eine günstige Position zu nehmen, um von hier aus sowohl die gegen Diletz vorrückenden feindlichen Abteilungen als auch die feindlichen Batterien am Eisen- und Zehin-

Berge wirksam beschießen zu können. Gleichzeitig detachierte er, aus seiner Stellung bei Podulsh, das 2. Bataillon vom Leib-Regiment zur Unterstützung der eben gegen Diletz vorgehenden Füsilier-Bataillone, denen sich außerdem noch, von anderer Seite her, drei Kompanien, die 11. vom Leib-Regiment und die 6. und 7. vom Regiment Nr. 48 angeschlossen hatten.

Zur Verwendung kamen hier also 3 Bataillone und 3 Kompanien und zwar:

Füsilier-Bataillon vom 12.,
Füsilier-Bataillon vom 48.,
2. Bataillon vom Leib-Regiment,
1 Kompanie (11.) vom Leib-Regiment,
2 Kompanien (6. und 7.) vom 48.

Der Angriff erfolgte nun derart, daß er das Dorf von drei Seiten her faßte:

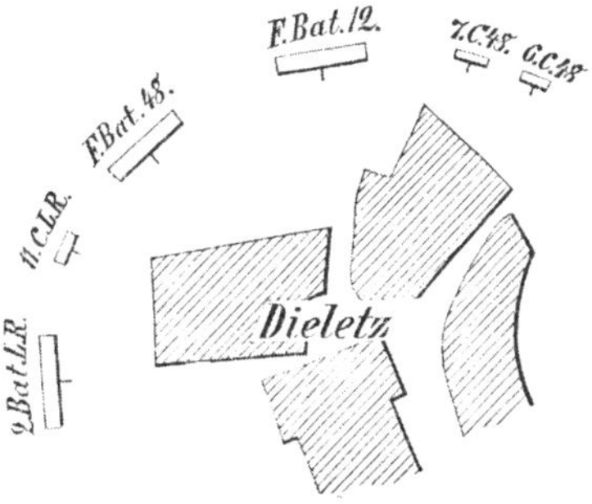

Die 2 Füsilier-Bataillone und die 11. Kompanie vom Leib-Regiment gingen also gegen Nord und Nordwesten des Dorfes.

Das 2. Bataillon vom Leib-Regiment faßte das Dorf von Südwest.

Die 6. und 7. Kompanie vom 48. attackierten mehr nordöstlich.

Bei Kbelnitz, 2000 Schritt hinter Diletz, standen die sächsischen Reserven: die Leib-Brigade.

Der konzentrische Angriff unserer 15 Kompanien erfolgte mit großem Elan. Die Bataillone des Gegners, der wenig Zeit gefunden hatte, sich an der Lisiere des Dorfes wie in dem unmittelbar vorgelege-

nen Terrain (die Jäger standen in einer Obstbaumplantage) festzusetzen, wurden in schnellem Anlauf geworfen und in die Gassen und Gehöfte zurückgedrängt. Unter lautem Hurra folgten die Unsern, und es kam nun im Dorfe selbst zu einem heftigen Kampfe, in dem die Energie unserer Offiziere und Soldaten in Verbindung mit der Überlegenheit des Zündnadelgewehres zum Siege führte. Schnell hintereinander abgegebene kleine Salven streckten den Feind reihenweise zu Boden. Feindliche Kavallerie: Eskadronen von Liechtenstein und Nicolaus-Husaren, die (man vermutet, wider Willen) hier ins Gefecht kamen, wurden abgewiesen, und mehrere von jenseits des Cidlina-Baches (wo ein Bataillon vom Regiment Sigismund stand) irrtümlich auf das sächsische Jäger-Bataillon abgegebene Salven steigerten die Verwirrung und die Verluste unsres Gegners. Um 7½ Uhr war Diletz vollständig in unseren Händen. Die Brigade Kronprinz versuchte sich außerhalb des Dorfes zu raillieren und aufzumarschieren. Indessen ein heftiges von der Süd-Lisiere her gegen sie abgegebenes Feuer richtete aufs neue große Verheerungen in ihren Reihen an und zwang die Brigade zum Rückzug über den Cidlina-Bach. Die Unsrigen folgten bis zur mittleren Mühle.

Sehr abweichend hiervon lautet der sächsische Bericht. Wir entnehmen demselben Folgendes:

»Gegen 6½ Uhr erschien die in zwei Kolonnen formierte sächsische erste Infanterie-Brigade (Brigade Kronprinz) vor Diletz, welches kurz zuvor, von Zames her, von feindlicher Infanterie besetzt worden war. Beide Kolonnen erschienen fast gleichzeitig an der Süd-Lisiere des Dorfes, attackierten mit dem Bajonett und nahmen das Dorf im ersten Anlauf. Die Lisieren wurden nunmehr besetzt und zwar derart, daß drei Bataillone (das 2., 4. und 1.) den Nord- und Westrand des Dorfes besetzt hielten, während das 1. Jäger-Bataillon in einer vor dem Dorfe gelegenen Obstbaumplantage, das 3. Infanterie-Bataillon (als unmittelbare Reserve) im Süden des Dorfes Stellung nahm. Die Leib-Brigade, unsere Haupt-Reserve, stand ebenfalls nach Süden hin im Schutz eines Höhenzuges, der Diletzer Höhe.

Der Feind rückte alsbald mit verstärkten Kräften an, ein lebhaftes Feuergefecht entspann sich an den Rändern des Dorfes hin, welches im Verein mit dem feindlichen Granatkartätschenfeuer der Brigade erhebliche Verluste bereitete. Die sehr ausgedehnte und zerstreute Bauart des Dorfes wie der Mangel einer zusammenhängenden Umfassung erschwerten die Gefechtsleitung, Verteidigung und Übersicht außerordentlich. Gleichwohl behaupteten die Bataillone, welche sehr bald die Mehrzahl ihrer Kompanie-Kommandanten verloren (die Hauptleute

Fickelscherer, v. Rex, Klette blieben, fünf andere wurden verwundet), mit Standhaftigkeit ihre Position. Auch hielten, durch ein unglückliches Mißverständnis, die unfern des rechten Flügels bei Eisenstadtl anschließenden Österreicher die Sachsen eine Zeit lang für Preußen und beschossen das erste Jäger-Bataillon im Rücken, wodurch demselben neue Verluste erwuchsen.*

Das Gefecht kam zum Stehen, und es war ersichtlich, daß der vom Feinde beabsichtigte Durchbruch des diesseitigen Zentrums, weder bei

* War dieser Zwischenfall an und für sich unheilvoll genug, so hatte derselbe noch ein größeres Unheil im Gefolge. Sächsische Jäger, als sie jene Salven empfingen, sprangen vor und winkten mit weißen Tüchern, um den Österreichern ein Zeichen zu geben. Dies Tücherwinken sahen aber auch die eben anrückenden Preußen, deuteten es irrtümlich dahin, daß man sich ergeben wolle, kamen näher und – wurden mit lebhaftem Feuer empfangen. Nun hieß es: Verrat! Solche Kampfes-Momente sind eben nicht Momente der Aufklärung. Der Bataillons-Kommandeur v. Nostitz hat öffentlich erklärt: »Die Preußen zu täuschen hat uns ganz ferngelegen. Auch würde eine derartige Hinterlist so gemein sein, daß sie braven Truppen und ehrenhaften Offizieren, als welche die sächsischen sich hinreichend bewährt haben, nicht zugetraut werden kann.«

Brada (wo die Brigade Poschacher unerschüttert stand) noch bei Diletz, gelingen werde.

Dies war die Gefechtslage, als um 7½ Uhr ein Befehl des Feldzeugmeister Benedek auf dem Schlachtfelde eintraf, welcher dem ganzen Gefecht eine andere Wendung gab. Dieser Befehl besagte, daß der Feldzeugmeister seine Bewegung gegen die Iserlinie sistiert habe, daß die Behauptung Gitschins gegenstandlos geworden sei und die austro-sächsische Iser-Armee sich mit der Haupt-Armee zu vereinigen, größere Gefechte aber zu vermeiden habe.

Als dieser Befehl eintraf, war die Situation speziell der sächsischen Truppen derart, daß an eine Behauptung des Dorfes Diletz für den Rest des Tages nicht zu zweifeln war, dennoch mußte dem höheren Befehle gehorsamt werden. 7½ Uhr wurde der Befehl zum Abbrechen des Gefechts erlassen.

Die Räumung von Diletz seitens der 1. Infanterie-Brigade (Kronprinz) konnte der Natur der Dorfgefechte nach und bei dem erschöpften Zustande der Truppen nicht in geregelter Ordnung erfolgen. Die Kompanien waren sehr durcheinandergekommen, zum Teil ihrer Führer beraubt und mußten den Rückzug über ein ganz offnes, von Wassergräben und Hohlwegen durchschnittenes Terrain antreten. Der rasch ins Dorf nachdringende Feind bereitete daher den Truppen auf diesem Rückzug noch große Verluste durch Infanterie-Feuer, wobei der Brigadier Oberst v. Boxberg und Major v. Sandersleben verwundet wurden. Das erste Jäger-Bataillon, auf dem rechten Flügel, vollzog in fester, unerschütterlicher Haltung den Rückzug nach St. Magdalena. Die Divisions-Reiterei, welche bis dahin die Verbindung gegen die Bradahöhen hin unterhalten hatte, wendete sich gegen Gitschin. Eben dahin, bis an die Nordseite der Stadt, rückte auch die Brigade Kronprinz. Die Dunkelheit brach an; der Feind drängte nirgends nach.«

So die Auszüge aus einem sächsischen Bericht. Seine Abweichungen von dem preußischen, wie wir schon andeuteten, sind erheblich. Nach preußischer Ansicht wurden die Sachsen aus Diletz hinausgeworfen, nach sächsischer Darstellung zogen sich die Sachsen, auf höheren Befehl, aus Diletz zurück.

Es ist schwierig und peinlich zugleich, solchen Meinungsstreit schlichten, die Ansprüche hüben und drüben auf ihr rechtes Maß zurückführen zu wollen. Im vorliegenden Fall aber müssen wir uns doch dahin aussprechen, daß wir, selbst aus dem sächsischen Berichte, nicht die Überzeugung haben gewinnen können: die Brigade Kronprinz habe Diletz freiwillig und lediglich auf höheren Befehl geräumt. Das Zurücknehmen von Bataillonen aus einer siegreich behaupteten Stellung erfolgt unter andern Aspekten, gewährt ein andres Bild. Andrerseits räumen wir gern ein, daß unter Heranziehung der in Reserve stehenden Leib-Brigade es, bei erneuertem Angriff, den Sachsen höchstwahrscheinlich gelungen wäre, uns Diletz wieder zu entreißen. Wir kommen darauf zurück.

Der Vorstoß der Brigade Piret (7¾ bis 8 Uhr)

Um 7½ Uhr war Diletz in den Händen der Preußen, es war geglückt, einen Keil zwischen die Priwysin-Stellung und die Stellung bei Eisenstadtl einzutreiben, und General Piret de Bihain, dessen Brigade, wie wir wissen, Eisenstadtl und die nächstgelegenen Punkte besetzt hielt, hielt die Schlacht für verloren, als er die Sachsen von Diletz aus ihren Rückzug antreten sah.

Ob sie diesen Rückzug antraten, weil sie sich gegen den Ansturm der Preußen nicht behaupten konnten, oder aber lediglich in Folge höheren Befehls,* vermochte an seiner Lage nichts zu ändern. Unsre vorgeschobene linke Umgehungskolonne hatte ihn außer Zusammenhang mit dem Zentrum gebracht, er stand in der Luft, und wenn auch, da seine ganze rechte Flanke frei war, seine Rückzugslinie nicht unmittelbar bedroht werden konnte, so mußte er doch mindestens fürchten, die, nach Diletz zu, am Fuße des Zehin- und Eisenberges aufgefahrenen österreichischen Batterien gegen einen raschen Coup der Preußen verloren gehen zu sehn. Vorzugsweise um dieser gefährdeten Batterien willen beschloß er, in der Absicht, sie frei zu machen, einen Angriff.

In drei Kolonnen debouchierte die Brigade aus Eisenstadtl.

Die erste Kolonne, zwei Bataillone Constantin im ersten, ein Bataillon Sigismund im zweiten Treffen, überschritt die Cidlina und ging auf Diletz. Unter klingendem Spiele rückten die Bataillone auf die Nordostecke des Dorfes vor, auf dieselbe Obstbaumplantage, die eine Stunde vorher vom sächsischen 1. Jäger-Bataillon so tapfer gegen die Unsrigen verteidigt worden war. Jetzt hatten sich zwei Kompanien (die 6. und 7.) vom 48. hier festgesetzt und erwarteten den Angriff. Auf 350 Schritt

* Von dem Inhalte des Benedekschen Befehls (Vermeidung größerer Gefechte behufs rascherer Vereinigung mit der Haupt-Armee) konnten die zerstreut stehenden und einzeln operierenden österreichischen Brigadiers nur mit großer Mühe und verhältnismäßig spät unterrichtet werden. 7½ Uhr traf die Order beim Kronprinzen von Sachsen, als dem Kommandierenden der austro-sächsischen Iser-Armee, ein. Erst um eine halbe Stunde später war es möglich, denselben Befehl an General Clam-Gallas (der sich auf dem Priwysin befand) gelangen zu lassen, so daß 9 und für einige Abteilungen 10 Uhr herankam, eh sie den Befehl zum Abbrechen des Gefechts erhalten konnten.

Feuer. Die Österreicher stutzten, aber einen Augenblick nur; unter lautem Zuruf ihrer Offiziere avancierten sie weiter. Eine zweite, eine dritte Salve, und die Reihen lichteten sich; die Gewehre wegwerfend, suchten sie in vollem Lauf über die Höhe zu gelangen.

Die zweite Kolonne (1. Bataillon und 1. Eskadron) überschritt die Cidlina an derselben Stelle, hielt sich dann nordwärts am Rande des Plateaus hin und ging auf Zames. General v. Tümpling, der, von Podulsh aus, diesen Vorstoß beobachtete, warf der anrückenden Kolonne das einzige noch intakte Bataillon, das ihm zur Verfügung stand, das 1. Batail-

lon vom Leib-Regiment unter Major v. Rheinbaben entgegen. Das Bataillon ging, links weg, quer über das Plateau und erhielt Granatfeuer; Major v. Rheinbaben fiel, von einem Sprengstück tödlich getroffen, Hauptmann v. Wussow übernahm das Kommando; alles drängte vorwärts, um, den Abhang hinabsteigend, den Cidlina-Grund zu erreichen, in dem das österreichische Bataillon herankam. Dieses seinerseits hatte eben das Plateau vom Grund aus erstiegen; ziemlich am Rande des Abhangs stieß man zusammen. Die Unsern warfen die Österreicher wieder in den Grund hinein. Hier suchten sich die Letztern festzusetzen, die Eskadron (Liechtenstein-Husaren) sprengte vor, aber von Schnellfeuer empfangen, zog sie sich rasch zurück. Weitere Versuche wurden nicht gemacht. Unsrerseits war das Gefecht im wesentlichen von der 1. und 3. Kompanie des Leibregiments geführt worden.

Die dritte Kolonne (zwei Bataillone stark) ging ebenfalls auf Zames, aber zunächst am jenseitigen Ufer des Cidlina-Baches hin. Erst in Höhe von Zames (das diesseits der Cidlina liegt) überschritten sie den Bach und avancierten nun unter »Gott erhalte Franz den Kaiser« auf die Ostlisiere des Dorfes zu. Gegen diese dritte Kolonne wandten sich jetzt die 2. und 4. Kompanie vom Leib-Regiment. Als die Kolonne bis auf 250 Schritt heran war, wurde sie mit Schnellfeuer empfangen. Die Musik verstummte, die Bataillone wandten sich zur Flucht, teils nordwärts, teils über den Bach zurück. Was sich noch diesseits der Cidlina unter dem Weidengestrüpp zu halten suchte, wurde durch Schützenzüge unter Führung der Leutnants v. Rohr, v. Studnitz und Petersen über den Bach zurückgeworfen.

Überall ein rasches und glänzendes Resultat. Mit 6 Kompanien hatten die Unsern 6 Bataillone der Brigade Piret zurückgeschlagen. In kurzer Rekapitulation war das Gefecht wie folgt verlaufen:

Die 6. und 7. Kompanie vom 48. Regiment wiesen bei Diletz den Angriff von 3 Bataillonen ab.

Die 1. und 3. Kompanie vom Leib-Regiment warfen, südlich von Zames, ein feindliches Bataillon vom Plateau in den Grund hinab.

Die 2. und 4. Kompanie vom Leib-Regiment schlugen, östlich von Zames, die beiden Bataillone zurück, die, in Höhe des eben genannten Dorfes, die Cidlina passiert hatten.

General Piret seinerseits durfte sich insoweit ebenfalls eines Erfolges rühmen, als die Rücknahme der Batterien am Eisen- und Zehin-Berge (wie wir wissen, das Hauptmotiv des Angriffs) während dieser Kampfesmomente hatte erfolgen können.

Erstürmung der Stellung am Priwysin um 8½ Uhr abends

Der Vorstoß der Brigade Piret hatte lediglich den Charakter einer Episode gehabt; alle Angriffe waren abgewiesen; die Lage des Gefechts war um 8 Uhr im wesentlichen dieselbe, wie sie um 7½ Uhr gewesen war. Überblicken wir, eh wir uns dem entscheidenden Vorgang im Zentrum zuwenden, die Gesamtsituation, wie sich dieselbe um 8 Uhr darbot.

Unsre Zentrums-Kolonne, nur 5 Kompanien stark, stand in Podulsh, diesseits der Chaussee. An den jenseits der Chaussee gelegenen Gehöften war sie gescheitert.

Die rechte Umgehungs-Kolonne, nach langem Hin- und Hersuchen, hatte endlich die Übergänge über den Sumpfstreifen gefunden, der, nach Norden hin, die ausgedehnte Priwysin-Stellung deckte. Diese Stellung selbst aber, durch Etagenfeuer verteidigt, hatte, auch nachdem die Zugänge geöffnet waren, von den Grenadier-Bataillonen des 12. Regiments nicht genommen werden können. Die 18er waren, nach rechts hin, zu weit abgekommen.

Die linke Umgehungs-Kolonne hatte zunächst Cidlina-Bresca, dann Zames, zuletzt Diletz genommen. Hierdurch war die Priwysin-Stellung umgangen, fast schon im Rücken gefaßt; die Brigade Piret war abgetrennt.

So die Gefechtslage um 8 Uhr. Im Zentrum und am rechten Flügel waren kleine Erfolge, am linken Flügel, durch Wegnahme von Diletz, war ein großer errungen. Dennoch, auch noch nach Abweis des Vorstoßes der Brigade Piret, war unsre Lage eine höchst prekäre. Wir standen einer großen Übermacht gegenüber, und der Gegner brauchte sich dieser Übermacht nur bewußt zu werden, um unsre von Kampf und Hitze auf den Tod ermüdeten, zum Teil hart mitgenommenen Bataillone aus den gewonnenen Positionen wieder hinauszuwerfen. Der Feind hatte, seiner Kavalleriemassen zu geschweigen, noch zwei völlig intakte Brigaden: die Brigade Leiningen und die sächsische Leib-Brigade; wir unsrerseits hatten nichts mehr in Reserve. Erkannte dies Clam-Gallas, eh ihm der Rückzugs-Befehl übermittelt war, ging er, unsre Schwäche benutzend, zum Angriff über, so mußten wir, nach menschlicher Voraussicht, diesem Angriff unterliegen. Unsre Lage, trotz unserer Erfolge, war also mißlich genug, wenn der Feind ein richtiges Auge hatte.

General v. Tümpling war sich dessen sehr wohl bewußt. Der Rückzug der Sachsen auf Gitschin zu, das Abweisen der Brigade Piret hatten diese Lage zwar verbessert, aber ihres bedrohlichen Charakters keineswegs entkleidet. Das Zentrum des Feindes stand fest; wie, wenn der

Feind jetzt seinerseits zur Offensive überging, unser schwaches Zentrum durchbrach und unsere Flügelkolonnen überflügelte?

Solchem Vorstoß, der verhängnisvoll werden konnte, mußte nach Kräften begegnet werden. General v. Tümpling entschloß sich, die beiden Grenadier-Bataillone vom Regiment Nr. 12 vom rechten Flügel her in sein Zentrum zurückzunehmen und dadurch seine Stellung an der Turnauer Straße gegen ein plötzliches Vorbrechen des Feindes zu schützen. Erfolgte ein solches Vorbrechen aber nicht, lieferte der Feind dadurch den Beweis, daß er zu erschüttert oder von Westen her, durch die pommersche Division, zu bedroht sei, um überhaupt noch an Angriff denken zu können, so war General v. Tümpling entschlossen, nunmehr um 2 frische Bataillone stärker, seinerseits zum Angriff überzugehn und um 8½ Uhr einen zweiten Versuch gegen die Brada-Stellung zu unternehmen. Der erste Ansturm, 6 Uhr, wie wir S. 234 erzählt haben, war gescheitert.

Um 8½ Uhr trafen die beiden Grenadier-Bataillone vom rechten Flügel her im Zentrum ein. Da der Feind noch immer nicht Miene zum Angriff machte, so formierte General v. Tümpling seine Sturmkompanien. Das 1. Bataillon vom Regiment Nr. 48, dem sich vereinzelte Kompanien (die 5. vom 48., die 9. vom Leib-Regiment) angeschlossen hatten, nahm die Tête; die Grenadier-Bataillone vom 12. schlossen sich an. Über die Chaussee ging es im Sturmschritt fort, die ausgebauten Gehöfte von Podulsh wurden im ersten Anlauf genommen, die 2. und 4. Kompanie aber rückten geschlossen durch, schwenkten rechts und nahmen unter Hurra und Trommelschlag das Dorf Brada. Die Stellung am Priwysin war unser.

Die 5. Division hatte den Strauß gegen fünf Brigaden, von denen Poschacher, Piret, Halb-Abele und die Brigade Kronprinz im Feuer gewesen waren, siegreich bestanden. Der Feind – durch Abteilungen vom 18. Regiment eben jetzt auch in seinem Rücken umgangen – zog sich in Unordnung auf Gitschin zurück. Erschöpfung und die einbrechende Dunkelheit hinderten eine rasche Verfolgung.

Das Nachtgefecht in Gitschin

ER blutige Tag hatte noch ein Nachspiel: das Nachtgefecht in den Straßen Gitschins. Die Darstellung desselben ist nur möglich, wenn man den sehr komplizierten Hergang in seine verschiedenen Teile zerlegt. Wir unterscheiden folgende Momente:

Gefangennahme von 2 Bataillonen Gyulai und 1 Bataillon Khevenhüller im Vorterrain von Gitschin (11 Uhr).

Erstes Straßengefecht (11½ Uhr). Die Pommern werden zurückgeworfen.

Zweites Straßengefecht (12½ Uhr). Die Vortruppen der 5. Division besetzen Gitschin.

Eh wir in eine Schilderung dieser einzelnen Momente eintreten, suchen wir klarzulegen, wie der österreichische Rückzug ging.

Sehr zutreffend sagt ein sächsischer Bericht: »Jedes Abbrechen eines Gefechts ist schwierig. Die Schwierigkeiten wachsen aber, wenn, wie im vorliegenden Falle, eine Schwenkung damit verbunden ist, der Rückzug über ein von Hohlwegen und Wassergräben durchzogenes Terrain führt und Dunkelheit eintritt. Wegen der Fortschritte des Feindes von Sobotka (Unter-Lochow) her, wo die Brigade Ringelsheim sein Vordringen vergebens aufzuhalten gesucht hatte, wurde es nötig, alle vor Gitschin noch befindlichen Truppen schleunig durch diese Stadt abziehn zu lassen. Der Befehl hierzu wurde bald nach 9 Uhr erteilt, etwa um dieselbe Zeit, wo der Kampf bei Unter-Lochow durch Erstürmung des Plateaus von Wohawec, der Kampf am Priwysin durch Erstürmung der Brada-Höhe zugunsten der Preußen entschieden war.«

Der Rückzug ging auf Horsitz und Miletin, in der Richtung auf Königgrätz zu. Was die Hauptschwierigkeit ausmachte, war, wie es der vorstehende Bericht sehr richtig hervorhebt, daß, alles, was nördlich und westlich von Gitschin stand, durch die Stadt selbst hindurch mußte. Hierdurch entstanden Verwirrung und Ratlosigkeit. Nichtsdestoweniger glückte es, diesen Rückzug ohne erhebliche Einbuße auszuführen. Nur drei Bataillone gingen verloren, mehr durch eigne Schuld als durch unser Verdienst. Sie liefen uns in die Hände.

Gefangennahme von zwei Bataillonen Gyulai und einem Bataillon Khevenhüller im Vorterrain von Gitschin

Erschöpfung und Dunkelheit hatten eine rasche Verfolgung des sich auf Gitschin zurückziehenden Feindes gehindert, aber nicht das Folgen überhaupt. General v. Tümpling (beim Vorführen der beiden Grenadier-Bataillone verwundet) hatte das Kommando mit dem bestimmten Befehle niedergelegt: »daß der Vormarsch auf Gitschin anzutreten und dieser wichtige Punkt unter allen Umständen zu nehmen und zu besetzen sei.« Diesem Befehle wurde Folge gegeben. Generalmajor v. Kamiensky übernahm das Kommando der Division. Der Vormarsch erfolgte in zwei Kolonnen: auf der Chaussee und links neben der Chaussee, am Dorf Kbelnitz vorbei.

Auf der Chaussee marschierte die Hauptkolonne:

das 1. Bataillon vom 18ten,
die 2 Grenadier-Bataillone vom 12ten,
das 1. Bataillon vom 48sten,
9. und 10. Kompanie vom Leib-Regiment,

Links neben der Chaussee marschierte:

das Füsilier-Bataillon vom 12ten,

das Füsilier-Bataillon vom 48sten,
2 Bataillone vom Leib-Regiment (als Reserve).

Der Rest der Division verblieb wohl auf dem Schlachtfelde.

Schon unterwegs wurden viele Versprengte und kleine Trupps eingebracht, aber erst dicht vor Gitschin, bis wohin von Westen her (siehe S. 221) die pommersche Division bereits vorgedrungen war, glückte es, dem Feinde einen erheblicheren Abbruch zu tun.

Jede der beiden Divisionen operierte dabei auf eigne Hand. Seitens der Pommern wurden zwei Bataillone Gyulai-Infanterie (Ungarn), seitens der Brandenburger ein Bataillon Khevenhüller (Böhmen) zu Gefangenen gemacht.

Die Gefangennahme der zwei Bataillone Gyulai-Infanterie durch die Pommern wird zwar nirgends, auch nicht in den pommerschen Berichten, mit Bestimmtheit ausgesprochen, ergibt sich aber durch Vergleich und Schlußfolgerung aus den Gefechts-Relationen von Freund und Feind.

Der österreichische Bericht sagt: Besonders unglücklich waren zwei Bataillone Gyulai- und ein Bataillon Khevenhüller-Infanterie, welche nicht mehr rechtzeitig den Rückzug antreten konnten, in der Dunkelheit dann in einen sumpfigen Teich gerieten und sehr viele Gefangene verloren.

Der pommersche Bericht sagt: Eine kurze Strecke vor Gitschin, etwa gegen 11 Uhr, wurde das Füsilier-Bataillon vom Regiment König Friedrich Wilhelm IV., Major v. Stölting, an die Tête genommen; das 2. Bataillon, Major v. Voß, vom 54. Regiment folgte. Das Têten-Bataillon erhielt alsbald Feuer aus einem am Wege gelegenen Gehöft und drang in dasselbe ein. Gleich darauf wurden starke österreichische Trupps, die in der Richtung vom Dorfe Holin, also von Nordwesten her, herankamen, von den nachfolgenden (pommerschen) Bataillonen gefangengenommen.

Der brandenburgische Bericht sagt: Die linke Flügel-Kolonne ging jetzt (bald nach 11 Uhr) gegen Gitschin vor. Das Füsilier-Bataillon vom 48. Regiment überschritt die Cidlina etwa an der Weißen Mühle an verschiedenen Stellen, und das Bataillon Khevenhüller, das hier stand und das sich, im Dunklen von verschiedenen Seiten angegriffen, auch in einen Sumpf gedrängt sah, gab sich großenteils gefangen. Es waren 1 Oberstleutnant, 5 Offiziere, 1 Kadett und 478 Gemeine.

Halten wir diese drei Berichte zusammen, so füllen sich die Lücken ohne Schwierigkeit aus. Der österreichische Bericht konstatiert die Gefangennahme von drei Bataillonen, der brandenburgische Bericht nimmt eins davon in den bestimmtesten Ausdrücken für sich in

Anspruch, bleiben, wie von selber, die beiden Bataillone Gyulai für die pommersche Division übrig.

Die Gefangennahme der drei Bataillone erfolgte übrigens weder zu selber Zeit noch am selben Ort, wie man aus der kurzgefaßten Angabe des österreichischen Berichtes schließen könnte. Die zwei Bataillone Gyulai wurden westlich von Gitschin an der Sobotkaer Straße und zwar um elf Uhr, das Bataillon Khevenhüller nördlich, an der Turnauer Straße, und zwar um zwölf Uhr gefangengenommen. (Da die Pommern ihr »Straßengefecht in Gitschin« – über das wir nunmehr zu berichten haben werden – um 11½ Uhr, die Brandenburger das ihrige um 12½ Uhr hatten, so werden die vorstehenden Zeitangaben annähernd richtig sein.)

Erstes Straßengefecht (11½ Uhr). Die Pommern werden zurückgeworfen

Den Rückzug zu decken, – der übrigens bis 11 Uhr, wie bereits hervorgehoben, unbehelligt vonstatten ging –, dazu war die sächsische Leib-Brigade ausersehen worden. Sie hatte Befehl erhalten. Gitschin zu besetzen und den etwa nachrückenden Feind an dieser Stelle festzuhalten. Dieser Aufgabe unterzog sich die Brigade mit ebensoviel Mut wie Geschick. Den ersten Angriff, der seitens der Pommern erfolgte, wies sie zurück. Wir geben die Details, soweit sie vorliegen.

Um 11 Uhr hatten die Vortruppen der 3. Division, wie bereits S. 221 erzählt, die Nordwestecke von Gitschin, die »Holiner Vorstadt«, erreicht. Das Füsilier-Bataillon vom Regiment Friedrich Wilhelm IV. hatte die Tête. Major v. Stölting schickte Patrouillen in die Stadt hinein, die Meldung brachten, daß »Gitschin unbesetzt« sei. Lediglich auf diese Meldung hin wurde die Besetzung der Stadt beschlossen. Der Kommandierende, General v. Werder, wollte ein Straßen- und Nachtgefecht vermeiden. Es sollte aber anders kommen.

Um 11 Uhr, als Major v. Stölting seine ersten Patrouillen nach der inneren Stadt hineingeschickt hatte, war diese allerdings unbesetzt gewesen. Die österreichischen Brigaden waren glücklich aus der Stadt hinaus und die sächsische Leib-Brigade noch nicht hinein. Eine halbe Stunde später aber hatte sich die Situation geändert: Die sächsische Brigade war von Norden her eingerückt und hatte den großen Ring der Innenstadt sowie alle Zugänge zu demselben besetzt. So traf es sich, daß die um dieselbe Zeit (11½ Uhr) von der Vorstadt nach der Innenstadt vorrückenden Pommern: Bataillon Stölting und Bataillon v. Voß, ganz unerwartet auf den Feind stießen. Als die vordersten Züge in die Nähe des Ringes gekommen waren, erhielten sie Feuer aus Front und Flanke. Die vordersten stutzten, wichen zurück, es gab Unordnung und Gedränge. Die Dunkelheit ließ nicht erkennen, was man vor sich hatte. Unsere vorgeschobenen Abteilungen wurden in die Vorstadt zurückgenommen.

An der Brücke angelangt und wieder geordnet, wurde das Bataillon Stölting zum zweiten Male vorgeführt, um etwa abgekommene Abteilungen wieder freizumachen. Aber der Ausgang war derselbe. Eine dichtgedrängte Feindesmasse vor sich, die, soweit sich erkennen ließ, unseren Abteilungen vielfach überlegen war, dabei in nächster Nähe aus den im Dunkel daliegenden Häusern beschossen, gab General v. Werder Befehl zur völligen Räumung des Orts. Das Bataillon Voß setzte Vorposten aus.

Die Sachsen hatten unsren ersten Angriff auf Gitschin abgewiesen.

Das Straßengefecht 12½ Uhr. Die Vortruppen der 5. Division besetzen Gitschin

Die sächsische Leib-Brigade war um 11½ Uhr in Gitschin eingerückt, gleich darauf hatte sie das eben geschilderte Gefecht mit den Pommern. 12½ Uhr, nach einem abermaligen Gefecht, zog sie sich vor den Vortruppen der brandenburgischen Division zurück. Sie hatte also die Stadt eine Stunde lang besetzt gehalten.

Über diesen zweiten Straßenkampf liegen ausführlichere Angaben vor, sowohl brandenburgischer- wie sächsischerseits.

Um 12 Uhr, so etwa berichten die Unsern, standen die Füsilier-Bataillone vom 12. und 48. Regiment am Nordrande der Stadt und nahmen hier (wie bereits erzählt) ein Bataillon Khevenhüller gefangen. Oberstleutnant Girodz v. Gaudi, der unsre Kolonne führte, nahm jetzt das Füsilier-Bataillon vom 12. Regiment (Major des Barres) an die Spitze und drang in das geräumige Gehöft des ehemaligen Jesuiten-Klosters ein. Als er von diesem Gehöft aus, weiter südwärts nach dem Markt hin, vordringen wollte, erhielten die vordersten Züge heftiges Feuer. Dies Feuer rührte von den sächsischen Jägern her, deren 1. Bataillon die Arrièregarde bildete, während die 4 Infanterie-Bataillone der Brigade (das 13., 14., 15. und 16. Bataillon) bis auf eine kleine Abteilung schon abgezogen waren. Major des Barres sammelte nun seine Füsiliere wieder im Jesuiten-Hof, ließ, eine Kompanie (die 9.) als Reserve zurück und ging mit den drei andern, *tambour battant* und unaufgehalten durch das Gewirr von Gassen, auf den Marktplatz vor. Er nahm ihn, die Sachsen wichen zurück. Inzwischen waren, links neben den 12ern, die 48er Füsiliere unter Major v. Zglinitzki an andrer Stelle in die Stadt eingedrungen und hatten, von Osten her, erst den großen Platz in der Walditzer Vorstadt, dann den eigentlichen »Ring« besetzt. Die Sachsen wichen überall zurück, Gitschin war unser. Lichter mußten an die Fenster gestellt werden, die Häuser wurden abgesucht, man fand noch 300 in den Wohnungen Versteckte und 4 bis 500 Verwundete im Gitschiner Hospital.

Der sächsische Bericht (die Defensive gestattete eine bessere Orientierung) ist von besondrer Anschaulichkeit, namentlich mit Rücksicht auf die Lokalität und die letzten Momente des Gefechts.

Alle Bataillone, auch das 4. Jäger-Bataillon, waren bereits aus der Stadt hinaus, und nur eine kleine Abteilung (eine halbe Kompanie des 14. Bataillons) war mit der Weisung zurückbehalten worden: »vorläufig auf dem Markte stehnzubleiben, einen Angriff des Feindes abzuwarten und abzuschlagen, dann aber gegen einen 100 Schritt östlich des Marktes gelegenen Torturm zurückzuweichen und erst nach einem Versuche, auch diesen zu verteidigen, dem Bataillone zu folgen.« Diese nur 90 Mann starke Arrièregarde hatte wohl das Hauptgefecht gegen die nachrückenden Preußen. Wir zitieren nun aus dem sächsischen Berichte selbst:

»Der Markt oder Ring Gitschins bildet ein Quadrat, dessen Seiten den vier Himmelsgegenden entsprechen. Rechtwinklig von der Mitte der Nordseite läuft eine Gasse 50 bis 60 Schritte gerade aus und teilt sich dann in mehrere Arme. Aus diesen war der nächste Angriff zu erwarten. In der südöstlichen Ecke führt in östlicher Richtung vom Markte eine lange, etwas breitere Gasse, in welcher sich der erwähnte, ziemlich hohe Torturm befindet, der die Stadt von der Vorstadt trennt. Die gerade Verlängerung der Gasse bildet die Chaussee nach Arnau, wogegen die Straße nach Neu-Biczow und Königgrätz sich noch innerhalb der Vorstadt, ungefähr 100 Schritte jenseits des Torturmes, unter rechtem Winkel von dieser Gasse, abzweigt.

Auf dem Neubiczower Wege waren die sächsischen Truppen abmarschiert. Das zurückgelassene Peloton stand in Sektionskolonne auf dem Markte, etwa 40 Schritte der nach Norden führenden Gasse gegenüber. Der Vollmond verbarg sich hinter grauem Gewölk und trat nur auf kurze Augenblicke hervor. In der Stadt herrschte tiefe Stille, nirgends war ein Mensch, weder an den meist erleuchteten Fenstern, noch auf der Straße, zu sehen. Die Behauptung, daß sich Einwohner mit am Kampfe beteiligt und aus den Fenstern geschossen hätten, ist ebenso aus der Luft gegriffen wie das Märchen von den auf sächsischen Hörnern nachgeahmten preußischen Signalen.

Der Hauptmann richtete eine kurze, ermunternde Ansprache an

seine Leute und ermahnte diese, ja nicht zu hoch und daher lieber wenige Schritte vor sich aufs Pflaster, als über die Köpfe hinweg zu schießen. Vertrauensvoll und beherzt blickten ihm die Augen seiner Soldaten entgegen, das kleine Häuflein war sich des Ernstes der Lage und der Wichtigkeit der Aufgabe bewußt, aber es ging mannhaft in den ungleichen Kampf.

Bald ließen sich aus der im Dunkel liegenden Gasse Kommandostimmen und der Gleichtritt einer anrückenden Abteilung hören. Noch einen Augenblick Stille, dann ein schrilles Hornsignal. Eine schwarze Masse füllt jetzt die Gasse, sie wälzt heran, sie erreicht den Markt, – da kracht das Feuer der vorderen Sektion, diese macht Platz und schnell folgt eine neue Salve der Sachsen. Unter lautem Wehklagen der Verwundeten macht der Feind kehrt; nach wenigen Sekunden ist wieder Stille ringsum.

Der eine Teil der Aufgabe war gelöst. Es galt nun, den Torturm zu besetzen, bevor der Feind den Angriff erneuern konnte. Dies geschah, schnell wurden Möbel aus den nächsten Häusern herbeigeschafft und die Toröffnung durch eine Barrikade geschlossen. Noch war die Verrammlung nur sehr notdürftig hergestellt, so ertönte wieder das Hornsignal, welches den Angriffen der Preußen voranzugehen pflegt. Der jetzt verlassene Marktplatz war wieder der Gegenstand dieses Angriffs, der unter Trommelschlag und Hurrarufen wie der erste erfolgte. Ein minutenlanges, ununterbrochenes Feuern und das Klirren der zerschossenen Fensterscheiben gab Kunde, daß sich der Feind in den unbestrittenen Besitz des Marktes gesetzt hatte. Es mußte ihm nun bald klar werden, wo er die verschwundenen Gegner zu suchen hatte, und die Stille, welche dem Tumulte folgte, mit dem die Besitzergreifung des Ringplatzes verbunden war, ließ darauf schließen, daß er nun ohne langes Zögern zum Angriffe des Torturmes vorschreiten werde.

Der Hauptmann und der Oberleutnant waren beschäftigt, ihre Mannschaft hinter der schwachen Torbarrikade zu ordnen, als plötzlich der Ruf: »Wir sind umgangen!« aus dem kleinen eben noch so unverzagten Häuflein erschallte. Und wirklich, kaum 100 Schritte hinter demselben zeigte sich ein dunkler Streifen in der Straße, unverkennbar eine feindliche Abteilung von überlegener Stärke (die Füsiliere vom 48., vergl. S. 254). Noch stand dieselbe so, wie sie wahrscheinlich durch die Gärten der östlichen Vorstadt eingedrungen war, mit der Straße gleichlaufend, Front gegen Süden, aber es bedurfte nur eines Rechtsaufmarsches, und der einzige Rückzug war den Sachsen verschlossen. In aufgelöster Ordnung stürzte jetzt das Peloton dem schmalen Auswege zu, der sich noch zur Rettung darbot. Galt es doch, in dem Abstande von mäßiger Straßenbreite, einer verderblichen Feuerlinie entlang zu laufen, um der Gefangenschaft zu entgehen. Eine betäubende Salve empfing die Fliehenden; jedoch trotz oder vielleicht gerade infolge der ungewöhnlichen Nähe fielen nur wenige durch die feindlichen Geschosse. Die meisten Kugeln schlugen über den Fenstern des Erdgeschosses an die Häuser. Leider befand sich unter den zurückbleibenden Verwundeten der Führer der 2. Sektion (Halbzug), Sergeant Schütze. Erst viele Wochen später, nachdem dem wackeren Unteroffizier die silberne Militärverdienstmedaille zuerkannt worden, ging der Truppe die Nachricht zu, daß Schütze bereits am folgenden Tage (30. Juni) seinen Wunden erlegen war. Auch der Hauptmann erhielt einen Prellschuß an die Hüfte, stürzte vor der feindlichen Front nieder und hatte beim Aufstehen noch eine zweite Salve auszuhalten, entkam jedoch glücklich. Die wenige Schritte von der verhängnisvollen Stelle rechts abführende Neubiczower Straße war nicht besetzt und gestattete das Entkommen der kleinen Schar aus einer Situation, wie sie in solcher Weise nur durch die Verwirrung eines nächtlichen Straßenkampfes herbeigeführt werden kann.

Die dem Peloton gewordene Aufgabe, den Abzug der sächsischen Truppen dem Feinde eine Zeitlang zu verbergen und letzteren solange als möglich aufzuhalten, war in der Hauptsache vollständig erreicht, denn wenn auch unter solchen Verhältnissen Zeitangaben, welche sich nicht auf wirkliche Beobachtung der Uhr gründen, häufig Irrungen unterliegen, so glauben wir uns nicht zu täuschen, wenn wir den Zeitabschnitt zwischen dem Abmarsche der Truppen vom Markte und der eben erzählten Schlußkatastrophe auf 25 bis 30 Minuten berechnen, während welcher das Peloton in Gitschin allein einem Feinde gegenüberstand, der nach seinen eigenen Angaben mehrere Regimenter gegen die Stadt in den Kampf gesendet hat.«

Der Kampf bei Gitschin, der nach 9-stündigem Gefecht (von 3½ bis 12½ Uhr) mit diesem Straßengefecht in der Stadt selbst abschloß, war ein großer strategischer Erfolg.

Wie der Tag bei Münchengrätz (28.) zur Vereinigung der I. Armee mit der Elb-Armee geführt hatte, so bedeutete der Tag von Gitschin, wenigstens annähernd, die Vereinigung dieser beiden Armeen einerseits mit der II. (Kronprinzlichen) Armee andrerseits. Die wirkliche Vereinigung fand erst vier Tage später auf dem Königgrätzer Schlachtfelde statt, aber der Sieg am 29. (Gitschin) gab doch die erste Fühlung zwischen den zwei großen Heereskörpern; man vermochte sich nunmehr unbehindert die Hand zu reichen, kein Feind stand im ehr zwischen ihnen.

Das Treffen von Gitschin, wir wiederholen es, war ein großer strategischer Erfolg, und auch die Österreicher stimmen dem schließlich bei, ohne indessen auf das Gefecht selbst ein besondres Gewicht zu legen. Sie anerkennen die Bedeutung des Resultats, ohne den Weg der zu diesem Resultate führte, genugsam zu würdigen. Mit andren Worten, sie unterschätzen, ja bestreiten fast die hervorragende Bravour, mit der unsrerseits bei Gitschin gefochten wurde, und legen alles Gewicht auf den Nachtmarsch, der zur Besetzung der Stadt führte. Dieser Nachtmarsch krönte freilich erst das Werk, aber um ihn anordnen und ausführen zu können, dazu mußte eine Erschütterung des Feindes vorausgegangen sein. Daß diese Erschütterung, bei der formidablen Stellung und Übermacht des Feindes glückte – glückte, eh der Benedeksche Rückzugsbefehl eintraf oder bekannt geworden war –, bleibt doch immer der eigentliche Ruhm des Tages. Hiergegen verblendet sich die österreichische Militärkritik. So finden wir beispielsweise folgendes:

»In den Beschreibungen, die von preußenfreundlicher Seite über den Krieg erschienen sind, klingt es freilich wunderbar, daß in diesem Gefechte von eigentlich nur 2 Divisionen die von Natur so starke, mit einer Unzahl von Geschützen gespickte, von dem austro-sächsischen Truppen-Korps verteidigte Stellung in kurzer Zeit mit stürmender Hand genommen wurde. Von österreichischer Seite waren an diesem Tage nur 2 ganze Brigaden, 2 Bataillone einer dritten und die Korps-Geschütz-Reserve, also 16 Bataillone, 4 Eskadronen und 6 Batterien (48 Geschütze) im Kampfe, der aber beinah ausschließlich auf eine Kanonade beschränkt blieb.* Geht man der Sache mehr auf den Grund und läßt nur die Wahrheit sprechen, so erhält das Bild eine weniger überraschende Färbung, und es sinken die todesmutigen, den Stempel der Unüberwindlichkeit tragenden Taten zu ganz gewöhnlichen Unternehmungen herab.«

* Der österreichische Offizier, von dem diese Angaben herrühren, vermißt sich zwar, »nur die Wahrheit sprechen zu lassen«, er spricht sie aber dennoch nicht. Wobei wir dahingestellt sein lassen, ob er nicht kann oder nicht will. Bei dieser Art von Berechnungen kommt nie etwas heraus, weil zuletzt jede Seite, mit größerem oder geringerem Recht, den Beweis wird antreten können, daß von der und der Division nur die eine Brigade, von der und der Brigade nur das eine Regiment oder Bataillon, von dem und dem Regiment nur 2 oder 4 Kompanien überhaupt ins Feuer gekommen sind. Es heißt da: Hat man Truppen, so gebrauche man sie. Versteht man das nicht, nun desto schlimmer. Übrigens sind, ganz abgesehn von diesem Punkt, alle Angaben, wie sie der österreichische Bericht gibt, völlig falsch. Auch wenn die Brigade Leiningen, der wir schließlich 2 Bataillone als Gefangene abnahmen, wenn wir die sächsische Leib-Brigade, mit der wir das zwiefache Straßengefecht in Gitschin hatten, und endlich wenn wir die 6 Regimenter starke Edelsheimische leichte Kavallerie-Division samt sächsischer Kavallerie und Artillerie gar nicht in Rechnung bringen, so steht die Partie doch immer noch wie folgt:

Der vorstehende österreichische Bericht zeigt uns die Unterschätzung des Kampfes bei Gitschin, der nachstehende kurze Bericht, von mehr offiziellem Charakter, zeigt die Überschätzung, die man auf das Eindringen in die Stadt legte:

»Nicht die Schlacht (so heißt es darin), sondern die nachteiligen Rückzugsverhältnisse störten die Ordnung in einzelnen unserer Truppenkörper ... Der bedauernswerte Vorfall des Eindringens der Preußen in Gitschin wirkte in mehrfacher Richtung verhängnisvoll auf die Folgen des Tages. Das Korps-Kommando befand sich in der Stadt, als die Preußen eindrangen, es wurde im Ausfertigen der nötigen Befehle durch das Erscheinen des Feindes gestört und kam in Gefahr, gefangengenommen zu werden.«

Wir ersehen aus dieser kurzen Darstellung nur, daß das Korps-Kommando ein besondres Gewicht auf das legt, was bestimmt war, ihm persönlich störend und unbequem zu werden.

Nur diese besondre Bedeutung des Störenden und Unbequemen hatte die tatsächliche Besetzung von Gitschin, vielleicht noch eine moralische, aber mehr für uns als für den Feind. Im übrigen, wenn unsere Bataillone an der Lisiere der Stadt haltenblieben, so war – da an weitre Beunruhigung des Feindes nicht gedacht, seine Rückzugslinie nirgends bedroht wurde – der taktische und strategische Erfolg des Tages im wesentlichen derselbe. Und doch scheint das Korps-Kommando dies in Abrede stellen zu wollen. Hätte es, bevor es diesen Bericht abfaßte, beim Regiment Württemberg, das in Unter-Lochow,

Österreich-Sachsen	
Brigade Ringelsheim	7 Bataillone
Brigade Poschacher	7 Bataillone
Brigade Piret	7 Bataillone
Brigade Abele	7 Bataillone
Brigade Kronprinz	5 Bataillone
Artillerie	96 Geschütze
33 Bataillone Infanterie und 96 Geschütze (nämlich 5 Brigade-Batterien – auch die Batterie der Brigade Leiningen kam zur Verwendung – und 7 Batterien der Korps-Geschützreserve)	

Preußen	
Division Werder	12 Bataillone
Division Tümpling	12 Bataillone
Pommersche Artillerie	18 Geschütze
Brandenburgische Artillerie	18 Geschütze
24 Bataillone und 36 Geschütze	

Diese Zahlen sind zuverlässig. Dazu die formidable Position. Und welche Verluste! Jeder mag danach sein Urteil bilden, ob Gitschin ein heißer Tag war oder nicht. Daß, um schließlich den österreichischen Offizier nochmals zu zitieren, »todesmutige, den Stempel der Unüberwindlichkeit tragende Taten zu ganz gewöhnlichen Unternehmungen herabsinken«, kann man zuletzt von allem sagen, auch von Morgarten und Sempach.

beim Regiment Constantin, das am Cidlina-Bach, oder bei der Brigade Kronprinz, die in Diletz dezimiert wurde, vorher anfragen wollen, anstatt, im günstigsten Falle, die Verlustlisten mit bürokratischer Gelassenheit zu überfliegen, so würden ihm die zerschossenen Bataillone gesagt haben, wo der Hauptmoment des Tages gelegen habe und wo nicht.

Die Verluste.

Der große Erfolg des Tages war auch seitens der 5. Division mit erheblichen Opfern erkauft. Gitschin kostete den Brandenburgern 43 Offiziere (11 tot) und 1016 Mann. Am schwersten gelitten hatten die Regimenter 12 und 48, von denen jenes 13 Offiziere und 278 Mann, dieses (das 48.) 12 Offiziere und 353 Mann verlor.

Fünffach höher bezifferte sich der Verlust unsrer Gegner. Die Sachsen (bei Diletz) büßten 27 Offiziere und 566 Mann ein, die Österreicher – unter Ausschluß der Brigade Ringelsheim, deren Verluste wir bei Unter-Lochow angaben – verloren 111 Offiziere und 3600 Mann. Am härtesten waren das 18. Jäger-Bataillon und die Regimenter Constantin, Sigismund und König von Preußen betroffen worden; die beiden erstgenannten Truppenteile verloren bis zu einem Viertel ihres Bestandes. Die meisten Gefangenen büßte das Regiment Gyulai ein, und es muß deshalb überraschen, daß – während die offizielle österreichische Darstellung den Verlust von 2 Bataillonen Gyulai-Infanterie einfach zugibt – die offizielle Verlustliste nur von 217 verwundet und unverwundet Gefangenen spricht. Die eine oder andere Angabe muß der Berichtigung bedürfen.

Gitschin am 30. Juni

RST der nächste Morgen ließ erkennen, wie heiß die Kämpfe des vorhergehenden Tages gewesen waren. In aller Frühe hatten Krankenträger und Truppen-Kommandos die Aufklärung des Schlachtfeldes begonnen, und schon gegen Mittag waren mehr als tausend Verwundete in Privathäusern und öffentlichen Gebäuden untergebracht. Die meisten lagen im Schloß, im Amtsgebäude, in der Kaserne und in den Schulen. Aber immer neue Hunderte wurden hereingetragen, und bald lagen die Unglücklichen, in Ermangelung jedes anderen geschützten Raums, unter den Arkaden des Marktplatzes, einzelne auf Heu und Stroh oder einer hingeworfenen Decke; die meisten auf dem nackten Stein. Ganz Gitschin war ein Lazarett. An allem war Mangel, an Nahrung, an Verbandzeug, an chirurgischer Hilfe. Amputationen mußten verschoben werden, weil es an der erforderlichen

Anzahl von Ärzten* gebrach. In den verschiedensten Sprachen rief man nach einem Bissen Brot. Hunderte waren froh, wenn sich eine milde Hand fand, die ihnen wenigstens einen Trunk Wasser reichte. Erschütterndes, Stoisches und Herz-Erhebendes drängte sich zusammen. Ein Sachse, dem ein Seitenschuß beide Augen weggenommen hatte, tappte sich umher und bat in leidenschaftlichen Worten, ihn zu töten. Verwundete Österreicher und Preußen, die das schleswigsche Kreuz oder die Düppelmedaille trugen, erneuerten jetzt, in gemeinschaftlichem Leid, die alte Kriegskameradschaft und unterstützten sich gegenseitig mit Rat und Hilfe.

Ein besonders ergreifendes, zugleich malerisches Bild gewährten die Kirchen. Hohe Prozessionslaternen, barock geschnitzt und rot bemalt, dazwischen Fahnen aus dem Dreißigjährigen Kriege her, bestaubt, zerrissen, hingen oder standen an den Wänden hin; auf den Stufen des Altars aber hockten ungarische Husaren, die einen blau und gold, die andern in weiße Mäntel gehüllt, – das helle Mittagslicht fiel auf Adlerfeder und Kutsma. Italiener vom Regiment Sigismund lagen in den Gängen und Nischen umher, einer mit einer Rose zwischen den blassen Lippen; Böhmen vom 18. Jäger-Bataillon kauerten in den Kirchenstühlen und blickten bittend nach dem Marienbilde auf, bittend um Hilfe oder – um Erlösung. Zur Seite, auf bloßen Fliesen und an die Pfeilerwand gelehnt, saß eine böhmische Frau; dicht neben ihr ein verstümmelter Soldat vom Regiment Gyulai. Die Frau, vor Ermattung, war eingeschlafen. Der Verstümmelte rührte sich nicht. Er hatte den Arm um seine Pflegerin gelegt und ihren Kopf an seine Brust gezogen.

Die Offiziere waren meist in Privathäusern untergebracht. Unter den Österreichern, einige vierzig an der Zahl, befanden sich bekannte Namen: Graf Nicolaus Bethlen (ein Nachkomme des siebenbürgischen

* Acht österreichische Ärzte, die gefangengenommen worden waren, lehnten es ab, hilfreiche Hand zu leisten. Selbst ihren eigenen Soldaten, so sagen preußische Berichte aus, verweigerten sie Beistand. Gegnerischerseits wird dies allerdings aufs bestimmteste bestritten. Der österreichische Regimentsarzt Dr. Kraus erklärt in dieser Angelegenheit: »Als Mitangeklagter berufe ich mich auf die Tatsache, daß die sämtlichen österreichischen und sächsischen Offiziere und circa 900 Mann, die auf dem Verbandplatze in der Infanterie-Kaserne, dem nebenanliegenden Gymnasium, den beiden Kirchen und einzelnen Privathäusern untergebracht waren, ohne irgend eine Weigerung von uns gepflegt wurden, solange sie in Gitschin gewesen sind. Übrigens werden die Generalärzte Dr. Löffler und Bardeleben, der Leibarzt Sr. Majestät Dr. Lauer, der Oberstabsarzt Dr. Starke und eine ganze Anzahl hochgestellter preußischer Militärs diese meine Aussage bezeugen.« Der Widerspruch löst sich vielleicht dahin, daß die österreichischen Ärzte von einem bestimmten Zeitpunkt ab, und dann allerdings durch viele Wochen hin, eine aufopfernde Tätigkeit zeigten, in den ersten Tagen aber, verstimmt durch ihre Gefangennehmung und deprimiert durch Strapazen, die geforderte Hilfe ablehnten.

Fürsten Bethlen Gabor), Graf Bulgarini vom Generalstab (erlag später seiner Verwundung), Graf Pejacsevich, Oberst und Kommandeur des Regiments Liechtenstein-Husaren, der, zwei Tage später, bei Eintreffen des Königs, Erlaubnis erhielt, zur Heilung seiner Wunden über Dresden nach Wien zurückkehren zu können.

2000 Verwundete lagen am Abend des 30. in Gitschin; eine gleich große Zahl war in den Flecken und Dörfern, in unmittelbarer Nähe des Schlachtfeldes, untergebracht.

Ihr Los war sehr verschieden. In der Walditzer Kartause fanden die daselbst Untergebrachten (meist Österreicher) die liebevollste Pflege. Hier war, wenn nicht Fülle, so doch das Ausreichende an Speise, Trank, Pflege vorhanden, und die an dieser Stelle jahraus jahrein waltenden barmherzigen Schwestern erweiterten nur den Kreis ihrer täglichen Wirksamkeit.*

* Die berühmte Wallensteinsche »Kartause«, drin, vor ihrer Überführung nach Münchengrätz, die sterblichen Überreste des Friedländers ruhten, ist seit Anfang dieses Jahrhunderts kein Kloster mehr, wohl aber seit etwa zwanzig Jahren eine Strafanstalt. Diese wird in so eigentümlicher, zugleich in so musterhafter Weise geleitet, daß es uns gestattet sein mag, darüber ein Wort an dieser Stelle zu sagen. An der Spitze der Anstalt, in die nur schwere Verbrecher (keiner unter zehn Jahren Strafzeit) aufgenommen werden, stehen zwanzig barmherzige Schwestern und deren Oberin. Außer dem Strafanstalts-Geistlichen, dem Inspektor und einer schwachen militärischen Besatzung, die, zur Zeit unserer Okkupation, aus wenigen österreichischen Halb-Invaliden bestand, ist kein männliches Personal vorhanden. Die barmherzigen Schwestern besorgen die ganze Verwaltung und den unmittelbaren Verkehr mit den Gefangenen, deren meistens siebenhundert vorhanden sind. »Es ist erstaunenswert – so schreibt ein Besucher –, wenn man die zwanzig Schwestern, in ihrer kleidsamen Tracht, mit der ihnen eigentümlichen Ruhe, Leutseligkeit und Milde, unter diesen siebenhundert Mördern, Räubern, Brandstiftern, schaffen und wirken sieht. Seit 12 Jahren, wo diese weibliche Verwaltung ins Leben gerufen wurde, ist auch nicht ein einziger Exzeß, seit 5 Jahren kein Fluchtversuch vorgekommen. Man muß es sehn, mit welcher Verehrung diese Verbrecher an den Schwestern, besonders an der Oberin, hängen und wie ihr Gesicht von Freude strahlt, wenn letztere die Arbeitssäle oder die Zellen betritt und einige freundliche Worte mit ihnen wechselt. . . Die Schwestern stehen dem Haushalt und der Arbeit vor. Überall dienen ihnen die Gefangenen selbst als Gehilfen. Nur die ganz schweren Verbrecher sind mit Ketten belastet, doch bewegen sich alle frei in den großen Räumen, Sälen und Klostergängen umher. Selten ist die Auferlegung einer Strafe (meist bloße Entziehung gemeinschaftlicher Arbeit) nötig. Alles wird durch Liebe, Güte, Milde beherrscht; der rohste Verbrecher wird zum folgsamen Kinde. Ergreifend ist ein Gottesdienst an dieser Stelle. Die ganze innere Einrichtung, Altar, Kanzel, Betstühle, alles ist nach und nach von den Gefangenen selbst gearbeitet. Die Altar- und Heiligen-Bilder sind von ihnen gefertigt (meist von Malern, die als Falschmünzer 20 bis 30 Jahre zu verbüßen haben) und die Holzrahmen kunstvoll geschnitzt. In den Chorstühlen, dem Altar zunächst, sitzen die barmherzigen Schwestern. Die ganze Anstalt, in ihrer Einrichtung wie in ihren Erfolgen, ist vielleicht einzig in ihrer Art.« (Seitdem dies geschrieben wurde, ist ein erheblicher Exzeß vorgekommen und eine neue Organisation der Strafanstalt beschlossen, wenn wir nicht irren, auch schon ausgeführt worden.)

Einer gleich ausgezeichneten Pflege genossen die zahlreichen Verwundeten, die nach dem Städtchen Lomnitz, in der Nähe von Eisenstadtl, gebracht worden waren. Sie gehörten österreichischerseits meist dem Regiment Constantin, unsererseits dem Leib-Regiment an, die sich, als die Brigade Piret um 8 Uhr abends ihren Vorstoß machte, an der Cidlina hin gegenübergestanden hatten. In Lomnitz* – ein gewiß seltener Fall – vereinigten sich in einer und derselben Person die Berufstätigkeiten des Arztes und des Bürgermeisters, so daß die Verwaltungsautorität der Heilkunst direkt assistieren konnte.

Aber um so trauriger sah es in den Dörfern aus, in denen die flüchtig gewordene Bevölkerung oft weiter nichts zurückgelassen hatte, als ausgeleerte Hütten und verschüttete Brunnen. In Unter-Lochow lagen die Pommern, darunter Leutnant v. Weyher vom Grenadier-Regiment König Friedrich Wilhelm IV., ein junger Offizier (eben erst aus dem Kadettenkorps eingetreten), dem ein Granatsplitter den Hirnschädel verletzt und das Gehirn bloßgelegt hatte. Andere von der pommerschen Division hatten in Sobotka, in Wohawetz und Wokschitz ein kümmerliches Unterkommen gefunden.

Am erschütterndsten aber war der Anblick in Libun. Das Dorf selbst war zerschossen, halb niedergebrannt. Kirche und Pfarrhaus waren zu Lazaretten eingerichtet. In den Glockenturm wurden alle diejenigen getragen, die ihren Wunden oder der Amputation erlegen waren; es war

* Ende August befanden sich noch fünf Grenadiere vom Leib-Regiment im Lazarett zu Lomnitz. Unser Weg führte uns dorthin, mit uns war ein Offizier genannten Regiments, der, von Prag aus, eigens die Reise gemacht hatte, um sich zu überzeugen, inwieweit noch mit Rat und Tat ein übriges für die verwundeten Mannschaften geschehen könne. Wir traten ein. Wer beschreibt die Freude der braven Grenadiere, als sie ihren Offizier erkannten, unter dem sie am Wasserlauf der Cidlina so tapfer gefochten hatten! Vier von den fünf hatten wir bald gefunden und begrüßt. Wir suchten nun nach dem fünften. Bei diesem Suchen führte uns ein glücklicher Zufall in eines der ersten Zimmer zurück. Ein glücklicher Zufall, wenn nicht mehr! Schon während unsrer ersten Anwesenheit in diesem mit acht Betten belegten Raume hatten wir bemerkt, daß sich, all die Zeit über, aus einer Ecke des Zimmers zwei Augen mit einem unendlich schmerzlichen Ausdruck auf uns gerichtet hatten. Jetzt (der hinzutretende Arzt übernahm die Vermittlung) sollte uns klar werden, was dieser schmerzliche Blick bedeutet hatte. Der beinah regungslos Daliegende, mit wachsfarbenem Gesicht und jenem verschleierten Augenausdruck, der wenig Hoffnung auf Genesung gibt, war auch ein Preuße, auch ein Brandenburger (vom 48.), ein unmittelbarer Landsmann jener Grenadiere vom Leib-Regiment, und doch hatte er auf dem Punkt gestanden, nur weil er einem andern Regiments-Verbande angehörte, uns ohne Gruß und ohne Trost, wie an einem Fremden, an sich vorbeigehen zu sehn. Welche bittren Empfindungen mußten durch das Herz dieses Mannes gegangen sein, als er verlassen und vergessen dalag, während seine Landsleute eine Szene des Wiedersehns feierten! Nun aber wurde der bittre Kelch von ihm genommen, und jeder mühte sich doppelt, die willenlos angetane Kränkung wieder auszugleichen. Freilich, nur das dankbare Lächeln eines Sterbenden war unser Lohn.

eine lange Reihe. Am schlimmsten sah es im Pfarrhaus aus. Hier lagen, schwer verwundet, die meisten auf einer Schütte Stroh, preußische, österreichische und sächsische Offiziere bunt durcheinander. Die preußischen Offiziere gehörten meist den Füsilier-Bataillonen vom 8., 12. und 48. Regimente an, die Cydlina und Zames genommen und Diletz, in blutigem Kampf, der sächsischen Brigade Kronprinz entrissen

hatten. Hier lag Hauptmann v. Simon vom 12. Regiment, Schwiegersohn des Generals Vogel v. Falckenstein, einen Schuß durch Brust und Oberarm; hier lagen, an der einen Längswand hin, die Leutnants v. Borowsky, Tapper, v. d. Osten, alle drei vom 48. Regiment; ihnen gegenüber drei sächsische Offiziere: Oberst v. Boxberg, sein Adjutant v. Minckwitz und Freiherr v. Seckendorf; in gleicher Reihe mit ihnen ein junger österreichischer Offizier, Alois Graf Voß, vom Dragoner-Regiment Savoyen. Fast alle starben, auch die, die Hoffnung gaben; der am schwersten verwundet schien, kam mit dem Leben davon. Dies war Leutnant Hellhof vom 12. Regiment. Als der Johanniterritter v. Werder (so erzählt dieser selbst) an das Lager des jungen Offiziers herantrat und ihn teilnehmend fragte, wo er verwundet sei, sagte dieser ruhig: »Ich bin scharf mitgenommen«, hob die Decke auf und zeigte dem Fragenden die Stummel der beiden amputierten Füße. Welch Jammeranblick! Und gerade Leutnant Hellhof genas. Schon dem Einzuge vermochte er auf einem Roll-Krankenstuhle beizuwohnen, und die Wintermonate sahen ihn in Italien. (Es ist dies derselbe Leutnant Hellhof, der, während seiner Reise in Italien, im Theater zu Florenz von einem süddeutschen Offizier insultiert wurde. Die Tatsache ist richtig, aber die Ursache ist nicht recht aufgeklärt worden. Zur Ehre des fremden Offiziers glauben wir annehmen zu dürfen, daß ein Mißverständnis vorlag. Wer keine Füße hat oder an den Füßen schwer verwundet ist – wir haben selber solche Fälle erlebt –, wird natürlich unbehilflich in seinen Bewegungen und kommt dadurch in die Lage, die kleinen Rücksichten nicht nehmen, die Höflichkeiten nicht erweisen zu können, die man sonst im Verkehr erwartet. Unfähig, den steifen Fuß rasch einzuziehen, liegt derselbe im Theater, im Postwagen, im Coupé, unbeweglich wie ein Schlagbaum da, und ehe noch Erklärungen möglich sind, fallen bereits erzürnte Worte. So erklären wir diese peinliche Szene. Alles andre wäre Barbarei.)

Der 29. war ein heißer Tag gewesen. Und doch nur Vorspiel! Während in den Dörfern an der Lisiere des Schlachtfeldes und unter den Arkaden von Gitschin noch Hunderte auf den ersten Verband warteten, drang die Armee weiter südlich vor – zur Entscheidung.

Der Feldzug im Isergebiet

DIE Kriegführung der austro-sächsischen Iser-Armee ist hart angegriffen worden und, wie zugestanden werden muß, mit Recht.

Zwei Wege, so will es uns erscheinen, standen offen, nach zwei Plänen konnten die Operationen geleitet werden:

Entweder die Austro-Sachsen mußten von Anfang an entschlossen sein, die Iserlinie zu halten, zäh, fest, mit allen Mitteln;

oder sie mußten sie gar nicht halten, vielmehr gewillt sein, sich unter bloßem Geplänkel, zur Vereinigung mit der Haupt-Armee und zu gemeinschaftlicher Aktion mit dieser, auf Gitschin oder Miletin zurückzuziehn.

Die Austro-Sachsen taten aber weder das eine noch das andere: Sie gaben die Iserlinie auf, als es noch möglich war, sie zu halten, und sie wollten sie halten, nachdem sie schon verloren war.

Wen trifft die Schuld?

In erster Reihe Benedek.

An dem Widerspruchsvollen der Befehle des Ober-Kommandierenden – wenn der, der diese Befehle empfing, nicht den Mut hatte, sie zu durchbrechen – mußte jeder Unterfeldherr scheitern, auch ein bessrer als Clam-Gallas.

Als Beweisführung mag es genügen, wenn wir einfach die Ordern hier zusammenstellen, wie sie innerhalb vier Tagen vom Ober-Kommando beim Korps-Kommando beziehungsweise beim Kronprinzen von Sachsen eingingen.

Bis zum 26. mittags: Die Iser nicht halten. Vielmehr Aufstellung hinter der Iser.

Am 26. mittags: Die Iser um jeden Preis halten.

Am 27. mittags: Die Iser lieber nicht halten. Rückzug auf Gitschin.

Am 29. mittags: Gitschin halten.

Am 29. abends: Gitschin nicht halten.

Ist jemals, innerhalb weniger Tage, wechselnder, widerspruchsvoller, verwirrender kommandiert worden?

Die Aufstellung zwischen Jung-Bunzlau und Münchengrätz (eigentlich ein verlorener Posten im großen Stil) war ein Fehler von Anfang an. Münchengrätz lag seitab. Die Punkte, auf die es ankam, waren Turnau und Gitschin; dazu letzteres von so günstiger Lage, strategisch wie taktisch, daß selbst noch am 29. abends alle bis dahin begangenen Fehler ausgeglichen werden konnten, wenn statt der Order »das Gefecht abzubrechen«, umgekehrt der Befehl eintraf: die Position unter Dransetzung aller Kraft und mit Aufgebot jedes Opfers zu halten. Aber darin versah es Benedek. Bis dahin, trotz aller Schwankungen und Widersprüche, wenigstens fest (fest bis zum Eigensinn) in dem einen Punkt: den ersten entscheidenden Schlag gegen den Prinzen Friedrich Karl zu führen, entschlug er sich dieses Eigensinns gerade in dem Augenblick, wo einzig und allein noch eigensinnigstes Festhalten und zugleich das rücksichtsloseste Vorwärtsstürmen nach einer Richtung hin gewisse Chancen des Erfolges gehabt haben würde. Eigensinnig und schwankend, beides zur Unzeit, fällt die Hauptschuld für die Mißerfolge der Iser-Armee, wie wir wiederholen müssen, auf Benedek, und bis zu einem gewissen Grade (wir werden weiter unten zeigen, bis zu welchem Grade) hatte der auf eignes Verlangen vor ein Kriegsgericht gestellte Clam-Gallas Anspruch auf das folgende, ein Vierteljahr später erscheinende und seine Freisprechung besiegelnde Handbillett des Kaisers:

> »Mein lieber General der Kavallerie, Graf Clam-Gallas!
>
> Nachdem die Voruntersuchung den Mangel eines jeden Sie gravierenden Tatbestandes konstatiert hatte, genehmigte Ich gern die von Ihnen zur eigenen Rehabilitierung erbetene kriegsrechtliche Untersuchung und spreche Ihnen nun Meine volle Befriedigung darüber aus, daß das in allen Instanzen bestätigte Kriegsrechtsurteil Ihre vollständige Schuldlosigkeit anerkannt und dadurch Meiner Armee und dem Staate den Ruf und Namen eines tapfren Generals, der Mir und Meinem Hause lange Jahre mit wahrer Hingebung diente, makellos erhalten hat.
>
> Schönbrunn, 13. Oktober 1866.«

So das Handbillett des Kaisers, dessen Schlußworte freilich uns über das allein zulässige Maß der Anerkennung hinauszugehen scheinen. Denn wie geneigt wir sein mögen, die Hauptschuld: das Verwirrung schaffende Schwanken, auf seiten Benedeks zu finden, so ist doch Clam-Gallas weitab davon, sein Armee-Korps »ohne Schuld und

Makel« geführt zu haben. Zweimal, wenn er energischer war, hatte er das Spiel in der Hand: am 26. abends und am 29. nachmittags. Er mußte (und er gebot durchaus über die dazu nötigen Mittel) Erfolge zu erringen suchen, eh er durch widersprechende Befehle in seinen Operationen gestört werden konnte. Bei Podol (26.) mußte er siegen, Turnau mußte er wieder nehmen – die Mittel dazu waren vorhanden. Dasselbe gilt, nur gesteigert, von Gitschin. Als um 8½ Uhr abends der Befehl zum Abbrechen des Gefechtes bei ihm eintraf, mußte bereits ein Sieg errungen sein. Die österreichische Übermacht war so groß, daß, wenn der rechte Mann dahinter stand, unsre vorrückenden vier Brigaden durch neun Brigaden und eine dreifach überlegne Artillerie (der formidablen Position ganz zu geschweigen) geschlagen werden mußten. Daß dies nicht geschah, daran trug nicht Benedek (der einen Sieg, auch einen nicht befohlenen, unter allen Umständen dankbar hingenommen hätte), daran trug allein die Unausreichendheit des Unterfeldherrn die Schuld.

Soviel über die Kriegführung unsres Gegners »an der Iser«. Auch ein Wort über die unsrige.

Dem Ober-Kommando der I. Armee ist vorgeworfen worden, daß es sich durch die Seitenpromenade nach Münchengrätz hin an dem

Fehler mitbeteiligt habe, der österreichischerseits durch das Festkleben an der eben genannten Iser-Position begangen worden sei. Wir finden darüber folgendes: »Das Gefecht bei Münchengrätz war brillant in der Anlage, aber es war überflüssig, ja mehr als das, es glich – weil zeitraubend und von wichtigeren Aufgaben abziehend – dem Belagern einer Festung, die es geratener ist ganz liegen zu lassen. Statt am 28. am Muskyberge zu kämpfen, mußte am 27. abends schon die 7. Division auf Sobotka, die 5. auf Gitschin rücken. Clam-Gallas war dann umgangen, seine Verbindungslinie mit der Hauptarmee durchschnitten.«

Man kann diese Kritik bis zu einem gewissen Grade und vom rein theoretischen Standpunkt aus vielleicht gelten lassen, aber sie übersieht jedenfalls das eine, daß man an dem Tage, an dem die Operationen mit einer im großen und ganzen kriegsungeübten Armee begannen, vor allem erst sich selber kennenlernen mußte. Dies wies darauf hin, zunächst auf taktische Erfolge und nicht auf strategische Schachzüge, ja nicht einmal auf strategische Korrektheit zu sehen, solange diese Korrektheit selbst das Kühnere, das dem Erfolge nach Ungewissere war. Es war freilich verlockend, 60000 Mann, oder auch nur die Hälfte davon, abzuschneiden, aber die Durchführung dessen, was in der Theorie vielleicht das allein Richtige war, umschloß zugleich eine große Gefahr, wenn die taktische Leistungsfähigkeit der Truppe mit der strategisch richtig gespielten Partie nicht gleichen Schritt hielt. Daß man das Zeug dazu hatte, im Fluge zu siegen, daran glaubten die einen nicht, und die andern waren dessen wenigstens nicht sicher. Man wollte aber durchaus sicher gehn.

Aus diesem Gesichtspunkte müssen die Operationen der I. Armee vom 26. bis 29. Juni, ganz besonders das Gefecht bei Münchengrätz, beurteilt werden. Nach dem Tage von Gitschin, wo man die eigne volle Überlegenheit hatte kennenlernen, operierte man bereits kühner, und die Schlacht von Königgrätz wurde, ihrer ganzen Disposition nach, bis zu einem erheblichen Grade im Vertrauen auf diese überlegene Kraft geschlagen. Man glaubte es, schlimmstenfalls (wenn der Kronprinz ausblieb) auch 1 gegen 2 wagen zu können. Nach Königgrätz ging man in diesem Wagen vielleicht zu weit; es schien, als müsse es glücken. Was aber nach dem 3. Juli einigermaßen statthaft war, war eine Woche früher verboten.

Das etwa sind die Gesichtspunkte, aus denen heraus die Operationen der I. Armee, soweit wir dieselben bis hier geschildert, ganz besonders aber das Gefecht bei Münchengrätz und die erst nachher erfolgende Besetzung von Gitschin beurteilt sein wollen.

Wie bei Aufstellung der Armee in zwei Heerkörpern, die auch von der Theorie verurteilt worden ist, haben wir es auch hier mit Fragen zu tun, die nicht nach einer überkommenen Formel (bekanntlich immer die bequemste Weise) entschieden werden können. Jede neue Aufgabe, weil sie innerhalb des immer neu sich gestaltenden Lebens nie einer vorhergehenden gleich ist, erheischt auch jedes Mal ihre eigne Lösung. Diese Erkenntnis, die Fehler nicht ausschließt, hat uns zum Siege geführt.

DIE II. ARMEE BIS ZUR OBER-ELBE

Die II. Armee in Schlesien

IN Gesamtüberblick möge den neuen Abschnitt einleiten.

Zwei Armeen (wenn wir die Elb- und I. Armee als eine Einheit fassen) operierten gegen den Feind.

Der Plan, von dem Augenblick an, wo die Offensive* feststand, ging auf Vereinigung beider Armeen an der Ober-

* Dieser Offensiv-Gedanke, wie wir wohl schon früher andeuteten, wurde verhältnismäßig spät gefaßt. Bis zum 14. Juni stand die Defensive fest. Wir kommen im Verlauf des Kapitels darauf zurück.

Elbe oder in ihrer Nähe, etwa bei Gitschin. Diese Vereinigung zu bewerkstelligen, setzte sich die eine Armee am 22. und 23. von Sachsen, die andere am 26. und 27 von Schlesien aus in Bewegung. Dem Vormarsche jener sind wir bis Gitschin gefolgt; dem Vormarsche dieser folgen wir jetzt.

Die II. (die sogenannte schlesische Armee) stand unmittelbar vor Ausbruch der Feindseligkeiten, 4 Armee-Korps stark, im Norden der Grafschaft Glatz, des Befehls zum Einmarsch in Böhmen gewärtig. Diese 4 Korps waren die folgenden:

Das 1. (ostpreußische) Armee-Korps. Generalleutnant v. Bonin
Das 5. (posensche) Armee-Korps. General v. Steinmetz
Das 6. (schlesische) Armee-Korps. General v. Mutius
Das Garde-Korps. Prinz August v. Württemberg

Generalstabschef der gesamten II. Armee: Generalmajor von Blumenthal (der in gleicher Eigenschaft bereits im Kriege gegen Dänemark sich bewährt hatte)
Oberbefehlshaber: der Kronprinz

An die kurze biographische Darstellung, die wir nunmehr folgen lassen, knüpfen wir zugleich eine Aufzählung der Ereignisse: Märsche, Truppenaufstellungen und Inspizierungen, die dem Einmarsche der II. Armee in Böhmen während der ersten Juni-Wochen vorausgingen.

Friedrich Wilhelm, Kronprinz von Preußen, wurde am 18. Oktober 1831 im Neuen Palais zu Potsdam geboren und erhielt in der am 13. November, am Geburtstage der Königin Elisabeth, durch Bischof Eylert vollzogenen Taufe die Namen: Friedrich Wilhelm Nicolaus Karl.

Die erste Erziehung leitete Frau Godet; im achten Lebensjahre begannen die Exerzierübungen, an denen die in gleichem Alter stehenden: Rudolf v. Zastrow und Adolf Graf v. Königsmarck teilnahmen. Der junge Prinz unterzog sich dem Dienst mit Eifer, und der Park von Babelsberg sah damals seine ersten kriegerischen Spiele: Festungen wurden gebaut und gestürmt. Man nahm es ernst genug. Einmal regnete es. Ein Lakai brachte einen Schirm. »Hast du je einen preußischen Prinzen unter einem Regenschirm gesehn?« Damit war die Sache erledigt.

Nach zurückgelegtem zehnten Lebensjahr (18. Oktober 1841) trat der Prinz in das 1. Garde-Regiment zu Fuß, empfing den Stern zum Schwarzen Adlerorden und wurde, behufs seiner militärischen Studien, der Leitung des Obersten v. Unruh, der bis dahin Adjutant beim Prinzen von Preußen gewesen, unterstellt. Den allgemein-wissenschaftlichen Unterricht leitete, von 1844 ab, Professor Curtius.

In den Jahren 1847 und 1848 nahm der Prinz an den Schießübungen und Exerzitien mit gemischten Waffen teil, worauf er am 3. Mai 1849 dem 1. Garde-Regiment zu dauernder Dienstleistung überwiesen wurde. Bei dieser Gelegenheit hielt der Prinz von Preußen (bei der Paroleausgabe im Potsdamer Lustgarten) folgende Ansprache: »Zu dauernder Dienstleistung tritt nunmehr mein Sohn in Ihre Reihen ein. Ich hoffe, er wird seinem Namen und seinen Ahnen Ehre machen. Dafür bürgt mir der Geist, den Gott in ihn gelegt hat, nicht wir. Und Dir, mein Sohn, wünsche ich, daß Du dereinst dasselbe erfährst, was Dein Vater in der Mitte seiner Kameraden erfahren hat. Meine Herren, es ist die schönste Freude meines Lebens gewesen, zu sehen, wie die Treue und innige Teilnahme meiner Untergebenen sich in schweren Tagen in der Nähe und in der Ferne nicht verleugnet hat! Das wünsche ich auch Dir. Und so tue nun Deine Schuldigkeit.«

Den bald darauf beginnenden kurzen Feldzug in Baden mitzumachen, war dem Prinzen nicht vergönnt. Im folgenden Jahre (1850) besuchte er die Universität Bonn und machte dann eine größere Reise. Am 15. Oktober 1851 erfolgte seine Ernennung zum Hauptmann im 1. Garde-Regiment, im nächsten Jahre wurde er mit selbstständiger Führung der 6. Kompanie betraut. Der 23. August 1853 (es war der Gedenktag des 40 Jahre zuvor erfochtenen Sieges bei Großbeeren) gab dem Prinzen Gelegenheit zu einer ersten öffentlichen Ansprache. Unter Teilnahme vieler tausend Bewohner aus Berlin und Umgegend, inmitten eines weitgespannten Kreises von Schülern, Soldaten und Veteranen, die alle mit ihren Fahnen und Bannern erschienen waren, wurde die Feier begangen. Der Prinz trat in den Kreis: »Heute sind es vierzig

Jahre, daß auf dieser blutigen Wahlstatt der Sieg errungen wurde, an dem zunächst die Rettung der Hauptstadt des Landes hing. Aber er bedeutete mehr. Er zeigte zugleich der Welt, daß die preußischen Waffen mutvoll mit jedem Gegner in die Schranke treten.«

Am 15. Oktober 1854 erhielt der Prinz die Ernennung zum Kommandeur des 1. Bataillons 2. Garde-Landwehr-Regiments, avancierte am 31. August des folgenden Jahres zum Obersten und übernahm am 3. Juli 1856, also an demselben Tage, der zehn Jahre später für ihn und das Regiment so bedeutungsvoll werden sollte, die Führung des 1. Garde-Regiments.

Unmittelbar vorher war er aus Schottland zurückgekehrt, wo in Balmoral seine Verlobung mit der Prinzess royal von England stattgefunden hatte.

Noch im Herbst desselben Jahres, auf des Prinzen besonderen Wunsch: auch den Dienst bei der Linie kennenzulernen, erfolgte (am 3. Oktober) seine Ernennung zum Kommandeur des 11. Infanterie-Regiments in Breslau, eine Stellung, in die er am 1. November eintrat. Alle Mühen und Anstrengungen mit den Mannschaften getreulich teilend und für deren Wohl mit eigner Aufopferung sorgend, erfüllte der Prinz seine Pflichten nicht nur gewissenhaft, sondern gewann sich auch das volle Vertrauen und die Zuneigung aller seiner Untergebenen.

Am 25. Januar 1858 erfolgte seine Vermählung mit der Prinzess royal in London; am 8. Februar, unter dem Jubel der Bevölkerung, zogen die Neuvermählten in die preußische Hauptstadt ein. Schon am Hochzeitstage war der Prinz zum General ernannt worden.

Am 1. Juli 1860 rückte er zum Generalleutnant auf, am 18. Oktober 1861 – nunmehr (nach dem Tode König Friedrich Wilhelms IV.) Kronprinz von Preußen – wohnte er der feierlichen Krönung zu Königsberg bei. Der Krieg gegen Dänemark 1864 führte ihn nach Schleswig-Holstein und Jütland. Er übernahm kein Kommando, aber er wohnte den Operationen bei, war am 22. Februar, vor Düppel, zum ersten Mal im Feuer und bekundete, neben einem scharfen und raschen Blick in militärischen Dingen, vor allem in der Behandlung höchst schwierig liegender Personal- und Rivalitäts-Fragen, eine Objektivität, eine über den Parteien stehende, heitre Milde, die für den Augenblick das gute Einvernehmen wahrte und für die Zukunft ein volles Vertrauen erweckte.

Dies Vertrauen aufs glänzendste, weil unter gesteigert schwierigen Verhältnissen, zu betätigen, lag jetzt die Gelegenheit vor. Am 17. Mai war er zum Oberbefehlshaber der II. Armee, am 2. Juni zum Militär-Gouverneur von Schlesien ernannt; am 4. ging er nach Breslau, von da nach Fürstenstein ab, um auf diesem alten Schlosse, halben Wegs zwischen Breslau und der Grenze, sein Hauptquartier aufzuschlagen.

Schloß Fürstenstein (die »Perle Schlesiens«, wie es in alten Reisebeschreibungen heißt) ist alter Besitz der Grafen v. Hochberg. 1847 fiel den Hochbergs und zwar speziell der Fürstensteiner Linie das Fürstentum Pleß in Oberschlesien zu, infolgedessen die Grafen den entsprechenden Fürstentitel annahmen. Der jetzige Fürst hat für die Verschönerung des Schlosses durch Bauten und Anlagen viel getan; die Bibliothek ist eine der reichhaltigsten, besonders mit Rücksicht auf vaterländische Geschichte. Schloß und Umgegend sind voll historischer Erinnerungen. In der Nähe des Schlosses befindet sich der Turnierplatz, wo im Jahre 1800 bei Anwesenheit des Königs Friedrich Wilhelm III. und der Königin Louise der schlesische Adel ein Turnier im Ritterkostüm aufführte. Die äußere Umfassung, mit den Plätzen, auf denen die Ritterdamen saßen, ist noch erhalten. Unter den Erinnerungen aus der Vorzeit, welche die Zimmer der »alten Burg« bergen, befindet sich auch der Schreibtisch, auf welchem Friederich der Große den Plan zur Schlacht von Hohenfriedberg (das Schlachtfeld liegt 1½ Meilen entfernt) entwarf. In den zwanziger Jahren dieses Jahrhunderts verweilte König Friedrich Wilhelm IV., damals noch Kronprinz, gern an dieser Stelle; ebenso war der jetzige

Kronprinz während seines zweimaligen längern Aufenthalts in Schlesien, in den Jahren 1857 und 1859, auf Schloß Fürstenstein zu Gast gewesen.

Jetzt, unter veränderten Verhältnissen, war er abermals der Gast des Schlosses. Ein Brief aus jenen Tagen (Anfang Juni) schildert den Aufenthalt wie folgt: »… Der Kronprinz ist seit einigen Tagen hier. Er bewohnt die rechte Seite des Hauptgeschosses; gleich an den Torgebäuden des Schlosses steht die Wache des Hauptquartiers, und die hundert Offiziere, die aus- und eingehen, die Kavallerie-Ordonnanzen, die hin und her fliegen, beweisen genugsam, daß der Frieden dieser Täler bald dem Lärm des Krieges weichen wird … Die durch den Ernst der Zeit gebotenen Arbeiten füllen fast den ganzen Tag, nur nach Tisch finden sich einige Stunden der Erholung. Die fürstliche Familie, sowie die Offiziere des Stabes, versammeln sich dann um den Kronprinzen auf den Terrassen des Schlosses. Dann erscheint auch wohl das Musik-Chor dieses oder jenes Regiments auf der vor dem Schlosse gelegenen Blumen-Terrasse, und Besuch aus den Städten drängt sich herzu, um sich des Schauspiels zu freuen. Unter den Gästen sind auch bereits unfreiwillige. Ein paar Windischgrätz-Dragoner wurden gestern eingebracht, die sich diesseits der Grenze hatten betreffen lassen. Der Kronprinz beschenkte sie und schickte sie ihrem Regiment zurück.«

So der Brief. Er spricht die Befürchtung aus, »daß der Frieden dieser Täler dem Lärm des Krieges weichen« werde, und in der Tat, zu Anfang Juni, wo die strikte Aufrechthaltung der Defensive noch als politisches Programm feststand, mochte kaum ein Zweifel darüber herrschen, daß diese schlesischen Täler der Schauplatz des Krieges werden würden. Die politische Lage schloß – wie wir wissen – jeden Angriffsgedanken aus.

Noch am 10. Juni stand die Defensive derart fest, daß der Kronprinz seine bis dahin an der Grenze der Regierungsbezirke Liegnitz und Breslau konzentrierte Armee in der Nähe von Neisse Aufstellung nehmen ließ, um hinter dieser Festung und durch den gleichnamigen Fluß geschützt einen Angriff des Feindes mit größerer Ruhe erwarten zu können. Im Einklang mit dieser Maßregel erfolgte auch die Verlegung seines Hauptquartiers von Fürstenstein nach Neisse.

Die Defensive stand fest. Erst der 14. Juni (die Bundesabstimmung) schaffte hierin Wandel. Wir betrachteten uns von diesem Tage an als die Herausgeforderten, und die politische Rücksicht bestimmte oder hemmte nunmehr nicht länger die strategische Bewegung. Nicht Erhaltung des Friedens, sondern Selbsterhaltung wurde erstes Gebot, – der Defensiv-Gedanke war aufgegeben, die Offensive trat an die Stelle.

Am 19. erging die Order, die Armee zum Vormarsch gegen die böhmische Grenze fertig zu halten.

Am 20. erließ der Kronprinz seinen ersten Armee-Befehl.

Am 21. erfolgte die Kriegserklärung.*

Am 22. traf der Befehl des Königs ein: gemeinschaftlich mit der I. Armee die Offensive nach Böhmen hin zu ergreifen und in der Richtung auf Gitschin zu operieren.

Am 23. verließ der Kronprinz Neisse, das seit dem 10. sein Hauptquartier geblieben war. Die Fahnen und Flaggen, die von dem Tage seiner Ankunft an vom Ratsturm und dem Berliner Torturm herab geweht hatten, wurden eingezogen, vorher aber versammelte der Scheidende das Offizier-Korps und die Behörden der Stadt noch einmal um sich und richtete folgende Ansprache an dieselben:

> »Ich habe mich überzeugt, daß die Festung in guten Händen ist. Haben Sie Vertrauen zu den Kommandeuren, sie verdienen es. Die getroffenen Anordnungen sind musterhaft zu nennen. Ich rechne es mir zu hoher Ehre, daß mein königlicher Vater diese Armee mir anvertraut hat, die, wenn auch nicht vielleicht zur unmittelbaren Aktion bestimmt, dem Vaterlande, namentlich dieser Provinz, zu deren Gouverneur ich ernannt bin, gute Dienste leisten soll. Sie, meine Herren« (zu den Offizieren gewandt), »nennen Ihre Pflicht, ich verweise Sie auf die Geschichte Preußens, aus der Sie wissen, welche Aufgaben Preußen zu erfüllen hat. Dazu beizutragen, sind Sie berufen. Ihnen, meine Herren« (zu den Behörden gewandt), »wird es nicht erspart werden, noch manches Harte zu ertragen, doch das glaube ich Ihnen sagen zu dürfen, daß dieser Teil der Provinz nicht unmittelbar der Schauplatz des Krieges werden wird. Haben Sie Wünsche, so wenden Sie sich an den König. Im übrigen danke ich Ihnen für das stille Beileid, das Sie mir bei dem Verluste,** der mich betroffen, gezeigt haben; je weniger laut diese Teilnahme war, um so wohler hat sie mir getan. Ich werde Ihrer aller gern gedenken.«

* Diese Kriegserklärung, die vor Europa durch die »Manifeste« (s. S. 94) und die Abberufung der beiderseitigen Gesandten erfolgt war, erfolgte an Ort und Stelle dadurch, daß am Morgen des obenangegebenen Tages (21.) bei sämtlichen gegenüberstehenden feindlichen Vorposten-Kommandeuren Schreiben des Kronprinzen abgegeben wurden, worin es kurz hieß: »daß durch den von seiten Österreichs provozierten Bundestagsbeschluß vom 14. der Kriegszustand faktisch ausgebrochen sei und die preußischen Truppen Weisung erhalten hätten, demgemäß zu verfahren.«

** Prinz Sigismund (geb. 15. Sept. 1864) starb am 18. Juni im Neuen Palais zu Potsdam. Königin Augusta begab sich noch am selben Abend von Berlin nach Neisse, um ihrem Sohne mit ihrem Troste zur Seite zu stehn.

So die Worte des Kronprinzen am 23. Juni. So offen, so herzlich sie waren, so beobachteten sie doch, in betreff der einzuschlagenden Operationen, eine kluge Zurückhaltung. Wenn auch der Feind über die beschlossene Offensive nicht länger zu täuschen war, da an eben diesem Tage (23.) bereits die Armeen unter General Herwarth und Prinz Friedrich Karl in Böhmen einrückten, so sollte doch wenigstens so lange wie möglich ein Zweifel darüber bleiben, nach welcher Richtung hin wir von Schlesien aus vorzugehn, mit andern Worten, ob wir südwärts oder westwärts, ob wir auf Mähren oder auf Böhmen zu, zu operieren gedächten. Wir wissen jetzt, daß seit dem 19. die letztre Alternative (Einmarsch in Böhmen) beschlossene Sache war, aber gerade weil dem so war, galt es diesen Vormarsch gegen Westen zu maskieren und die Operationslinie nach Süden als die wahrscheinlichere erscheinen zu lassen. Schon am 22. Juni waren zu diesem Behuf die beiden Divisionen des VI. Korps in der Richtung auf Olmütz vorgeschoben worden und hatten, bei Kalkau, Friedeberg, Freiwalde, Zuckmantel und an verschiedenen anderen Orten die Grenze überschreitend, überall die Nachricht zu verbreiten gesucht, daß sie die Avantgarde der ihnen folgenden übrigen Armee-Korps bildeten. Auch Demonstrationen an der Südspitze Schlesiens, nach Krakau zu, verfolgten denselben Zweck. Ob diese Scheinbewegungen den Feind über unsere Absichten wirklich täuschten, mag dahingestellt bleiben; jedenfalls gelang es uns, von Oberschlesien aus die nordwestlich gelegenen, zum Einrücken in Feindesland bestimmten drei Punkte zu erreichen (am 23. u. 24.), ohne daß dieser Marsch, hinter der Grafschaft Glatz fort, vom Gegner bemerkt oder ihm, mit Bestimmtheit, bekannt geworden wäre.

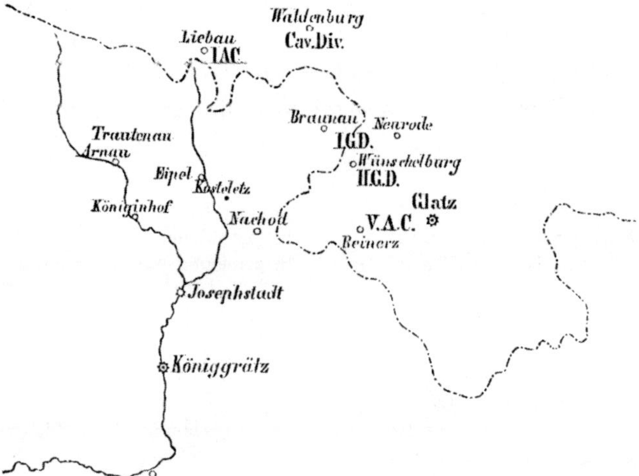

Am 25. stand die II. Armee, mit Ausnahme des VI. Korps, das noch in der früheren Aufstellung (Neisse) zurückbelassen war, an den »drei Toren Böhmens«, der Order zum Einmarsch gewärtig. Der Kronprinz aber erließ folgenden Armee-Befehl:

»Soldaten der II. Armee!

Ihr habt die Worte unsres Königs und Kriegsherrn vernommen! Die Bemühungen Sr. Majestät, dem Lande den Frieden zu erhalten, waren vergeblich. Mit schwerem Herzen, aber stark im Vertrauen auf die Hingebung und Tapferkeit seiner Armee, ist der König entschlossen zu kämpfen für die Ehre und die Unabhängigkeit Preußens, wie für die machtvolle Neugestaltung Deutschlands. Durch die Gnade und das Vertrauen meines königlichen Vaters an Eure Spitze gestellt, bin ich stolz darauf, als der erste Diener unsres Königs mit Euch Gut und Blut einzusetzen für die heiligsten Güter unsres Vaterlandes. Soldaten! Zum ersten Male seit über 50 Jahren steht unsrem Heere ein ebenbürtiger Feind gegenüber. Vertraut auf Eure Kraft, auf unsre bewährten vorzüglichen Waffen, und denkt, es gilt denselben Feind zu besiegen, den einst unser größter König mit einem kleinen Heere schlug. Und nun vorwärts mit der alten preußischen Losung: Mit Gott für König und Vaterland!«

Das VI. Korps in Oberschlesien

Die Detachements Knobelsdorff und Stolberg. Das Gefecht bei Oswiecim

AS VI. Armee-Korps, so schlossen wir unser voriges Kapitel, war, während das Gros der Kronprinzlichen Armee hart an der Grenze seine Kolonnen zum Einmarsch formierte, in einer Stellung an der Neiße zurückgeblieben, teils um den Abmarsch der übrigen Korps zu maskieren, teils um Oberschlesien so lange wie möglich zu schützen.

Wir wenden diesem VI. Korps, aus Gründen, die wir später darlegen werden, zunächst unsre Aufmerksamkeit zu.

Die Zusammensetzung des VI. Korps war die folgende:

11. Division (Generalleutnant v. Zastrow)

21. Infanterie-Brigade: Generalmajor v. Hanenfeldt
    1. Schlesisches Grenadier-Regiment Nr. 10, Oberst Freiherr v. Falkenstein
    3. Niederschlesisches Infanterie-Regiment Nr. 50, Oberst v. Natzmer

22. Infanterie-Brigade: Generalmajor v. Hoffmann
    4. Niederschlesisches Infanterie-Regiment Nr. 51, Oberst Paris
    Schlesisches Füsilier-Regiment Nr. 38, Oberst v. Witzleben

2. Schlesisches Dragoner-Regiment Nr. 8, Oberstleutnant v. Wichmann

2. Fuß-Abteilung Schlesischen Feldartillerie-Regiments Nr. 6, Major Bröcker
Schlesisches Pionier-Bataillon, Oberstleutnant Dieterich

12. Division (Generalleutnant v. Prondzynski)
Kombinierte Infanterie-Brigade: General-Major v. Cranach
1. Oberschlesisches Infanterie-Regiment Nr. 22, Oberst v. Ruville
2. Oberschlesisches Infanterie-Regiment Nr. 23, Oberst Stein v. Kaminski
Kombinierte Infanterie-Brigade: Generalmajor v. Knobelsdorff
3. Oberschlesisches Infanterie-Regiment Nr. 62, Oberst v. Malachowski
4. Oberschlesisches Infanterie-Regiment Nr. 63, Oberstleutnant v. Eckartsberg
2. Schlesisches Husaren-Regiment Nr. 6, Oberst v. Trotha
Schlesisches Kürassier-Regiment Nr. 1, Oberst v. Barby
Schlesisches Ulanen-Regiment Nr. 2, Oberst Baumgarth
Schlesisches Jäger-Bataillon Nr. 6, Oberstleutnant Graf zu Dohna
1. Fuß-Abteilung Schlesischen Feld-Artillerie-Regiments, Major Forst
Reserve-Kavallerie:
1. Schlesisches Husaren-Regiment Nr. 4, Oberstleutnant v. Buddenbrock
Reserve-Artillerie:
5 Batterien unter Oberst v. Scherbening

So die Zusammensetzung des VI. Korps. Über seine Detachierungen, die zeitweilig das Korps auf seine halbe Stärke herabdrückten, berichten wir an andrer Stelle. Kommandierender war der General der Kavallerie v. Mutius.

Louis v. Mutius wurde am 20. März 1796 zu Öls geboren. Sein Vater (als General gestorben) stand damals im Regiment Württemberg-Husaren; seine Mutter war eine Lützow. Louis v. Mutius trat, erst 16 Jahre alt, am 1. Februar 1813 zu Juliusburg als Gemeiner in das Schlesische Kürassier-Regiment Nr. 1 (jetzt Leib-Kürassier-Regiment) ein, machte im Mai desselben Jahres schon die Schlacht von Groß-Görschen, die Arrièregarden-Gefechte bei Görlitz und Bunzlau und das Gefecht bei Haynau als Portepee-Fähnrich sowie (vom 20. Mai ab) als Sekondeleutnant mit und erhielt für die bei Haynau bewiesene Bravour das Eiserne Kreuz 2. Klasse. Von den übrigen Kampfestagen der Jahre 1813 und 1814 wohnte er der Schlacht bei Dresden, den Gefechten bei Graupen

(Kulm), Libertwolkwitz und Gülden-Gossa, der Schlacht bei Leipzig und den Gefechten von Montmirail und Etoges mit Auszeichnung bei.

In die Friedensgarnison des Regiments nach Breslau heimgekehrt, wurde er am 6. Juli 1818 zum Premierleutnant befördert und vermählte sich dort, am 18. Januar 1819, mit Marie, der jüngsten Tochter des nachherigen kommandierenden Generals des V. Armee-Korps, damaligen Divisions-Kommandeurs v. Röder. Obwohl ihm sein pekuniäres Interesse nunmehr die Übernahme und eigne Bewirtschaftung der anteilig mit ererbten Herrschaft Seitenberg und des väterlichen Gutes Thomaswaldau geboten hätte, so zog er es dennoch vor, im Dienste zu bleiben und verkaufte später sogar, da ihm die vielen Versetzungen (im ganzen elf an der Zahl) die Beaufsichtigung der fremden Händen überlassenen Verwaltung dieses großen Grundbesitzes völlig unmöglich machten, sein gesamtes Erbe, um weiteren namhaften Verlusten vorzubeugen.

1821 wurde er als diensttuender Adjutant zur 10. Division nach Posen versetzt, 1829 als Rittmeister dem 5. Kürassier-Regiment aggregiert, 1833 als Adjutant zum General-Kommando des V. Armee-Korps kommandiert, am 28. März 1835 mit vordatiertem Patent zum Rittmeister und Eskadronenchef im 1. Kürassier-Regiment befördert. In demselben Jahre avancierte er zum Major unter Beibehaltung der Eskadron. Am 20. März 1841 ward er etatsmäßiger Stabsoffizier. Das Sturmjahr 1848 brachte ihm die Versetzung nach Trier als Kommandeur des 8. Ulanen-Regiments.

Der badische Feldzug des Jahres 1849 sah ihn in voller kriegerischer Tätigkeit. An der Spitze der aus gemischten Waffen zusammengesetzten Avantgarde der Division des Generals v. Webern machte er, von Saarbrücken aufmarschierend, die Gefechte bei Homburg in der Pfalz und bei Rinnthal, die Rekognoszierung von Federbach bei Muggensturm, die Gefechte von Bischweier, Kuppenheim und Isselsheim mit und erwarb sich hierbei den Ruhm eines außerordentlich geschickten, umsichtigen und kühnen Avantgardeführers. Am 19. November 1849 avancierte er zum Oberstleutnant und am 19. April 1851 zum Obersten. Mehrere Versetzungen fielen in diese unruhigen Jahre. Im November 1849 kam das 8. Ulanen-Regiment nach Düsseldorf, dann nach der Demobilmachung des Jahres 1851 nach Bonn und im Herbst 1852 nach Elbing. Aber schon am 18. November 1852 wurde v. Mutius zum Kommandeur der 16. Kavallerie-Brigade ernannt und von Elbing wiederum nach Trier versetzt; hier folgte am 13. Juli 1854 seine Beförderung zum Generalmajor. Im Winter 1855 ward er als Mitglied der behufs Umarbeitung des Kavallerie-Exerzier-Reglements unter dem Vorsitz des Generals (jetzigen Feldmarschalls Grafen) v. Wrangel niedergesetzten Kommission nach Berlin berufen. In das Frühjahr 1858 fiel seine Beförderung zum Kommandeur der 13. Division, mit der eine abermalige Versetzung nach Münster verbunden war, wo er im November auch mit der einstweiligen Führung der Geschäfte des General-Kommandos des VII. Armee-Korps beauftragt und am 22. desselben Monats Generalleutnant wurde.

Das Jahr darauf, als der österreichisch-französische Krieg in Italien zur teilweisen Mobilmachung der preußischen Armee führte, ernannte ihn der König zum Kommandeur der mobilen 13. Division und versetzte ihn im November desselben Jahres als Kommandeur der 12. Division nach Neisse. 1860 ward er zu Sonnenburg zum Rechtsritter des St. Johanniter-Ordens ernannt, erhielt 1861 den Roten Adler-Orden

1. Klasse mit Eichenlaub und Schwertern und versah bei der Krönung König Wilhelms I. zu Königsberg den Ehrendienst beim Großfürsten Nikolaus von Rußland. Im August 1862 mit der Leitung der Übungen der zusammengezogenen acht Garde-Kavallerie-Regimenter und der drei reitenden Garde-Batterien bei Berlin beauftragt und am 23. Oktober desselben Jahres zum Kommandeur der 11. Division ernannt, feierte er am 1. Februar 1863 in Breslau, seiner ersten Garnison, das fünfzigjährige Dienstjubiläum unter allseitiger herzlicher Teilnahme seiner Vorgesetzten, Untergebenen und aller, die ihm amtlich oder gesellig nahestanden; zwei Tage vorher schon war er zum kommandierenden General des VI. Armee-Korps ernannt und den Tag zuvor mit dem Kronenorden I. Klasse geschmückt worden. Zum Festtage selbst verlieh ihm sein ehemaliger Regimentskamerad, der regierende Großherzog zu Sachsen-Weimar, auch noch das Großkreuz des Falken-Ordens.

Schon früher hatte General v. Mutius für den erkrankten und beurlaubten General v. Lindheim die Geschäfte des schlesischen General-Kommandos monatelang geführt; dies kam ihm zustatten. Das Verhältnis des General-Kommandos zu sämtlichen Behörden der Provinz war unter ihm das freundlichste und entgegenkommendste. Selbst von Geburt ein Schlesier und mit warmem Heimatgefühl an der Provinz hängend, konnte wohl niemand für das schlesische General-Kommando besser passen als er; er besaß das Vertrauen aller Schlesier, denn vom höchsten Magnaten bis zum geringsten Bürger oder Bauer waren ihm die Verhältnisse und Bedürfnisse, welche Rücksicht oder Nachsicht verdienten, bekannt und persönlich ans Herz gewachsen.

Im September 1863 wurde er als Schiedsrichter zu den Feldmanövern des III. Armee-Korps abkommandiert, zugleich nahm in diesem Jahre die Grenzbewachung Schlesiens gegen das im Aufstand begriffene Polen seine ganze Tätigkeit in Anspruch. Im Juni 1864 wurde er General der Kavallerie.

Im Mai 1866 traf ihn die Mobilmachung seines Armee-Korps in keiner Weise unvorbereitet. War er es doch gewesen, der in unablässiger Fürsorge für das in erster Linie exponierte Schlesien, seit dem Beginn einer feindlichen Haltung Österreichs gegen Preußen, stets die genauesten Nachrichten von jedem militärischen Schachzug des Gegners nach Berlin zu rapportieren sich beeilt hatte. Am 18. Mai marschierte er mit dem Stabe des VI. Armee-Korps zur mobilen Armee ab, und gegen Ende des Juni, wie wir am Eingang dieses Kapitels bereits andeuteten, die Arrièregarde und Flankendeckung der II. (Kronprinzlichen) Armee bildend, zog er mit seinem Korps, oder richtiger mit der bloßen Hälfte desselben (zwei Infanterie-Brigaden und drei Kavallerie-Regimenter waren abgegeben), in die Umgegend von Habelschwerdt. Der siegreiche Gang der Ereignisse machte ihn und sein Korps alsbald aus dieser Arrièregarden-Stellung frei und gestattete beiden, noch an der großen Aktion des 3. Juli teilzunehmen.

Wir haben geglaubt, ein Gesamtbild des VI. Armee-Korps, wenigstens was seine Zusammensetzung angeht, an dieser Stelle vorausschikken zu müssen; im übrigen liegt uns in Nachstehendem mehr die Aufgabe ob, über denjenigen Bruchteil des Armee-Korps und namentlich ein aus Landwehren gebildetes Anhängsel desselben zu berichten, der, an den Aktionen in Böhmen nicht teilnehmend, für die ganze Dauer des Krieges mit dem Schutze Oberschlesiens, speziell gegen einen etwa von Krakau oder Olmütz aus erfolgenden Vorstoß des Feindes, betraut wurde.

Dieser Bruchteil des Armee-Korps war in erster Reihe die aus den Regimentern 62 und 63 kombinierte Brigade, der das Schlesische Ulanen-Regiment Nr. 2 und die 1. 6pfündige Batterie, Hauptmann v. Balluseck, beigegeben waren. Im südwestlichsten Teile der Provinz, im Kreise Ratibor, aufgestellt, führte diese schließlich 6000 Mann starke Truppe nach ihrem Führer den Namen: Detachement Knobelsdorff.

Neben diesem Detachement Knobelsdorff – und wir treten damit unsrer Aufgabe abermals um einen Schritt näher – stand in loserem Zusammenhange mit dem VI. Korps eine zweite, ebenfalls zur Landesverteidigung bestimmte Truppe, das Detachement Stolberg. Es besaß keinen Mann Linienmilitär, verfügte vielmehr lediglich über Landwehr und Landsturm. Seine Zusammensetzung war die folgende:

Infanterie der Landes-Verteidigung

Bataillon v. Calliat – Bataillon v. Bessel
Bataillon v. Kehler – Bataillon v. Kleist
Bataillon v. Osten-Sacken – Bataillon v. Schmidt

Landwehr-Kavallerie-Brigade

2. Landwehr-Ulanen-Regiment
6. Landwehr-Husaren-Regiment
Eine freiwillige Jäger-Kompanie
Eine 6pfündige Ausfall-Batterie (erst spät eintreffend)

Im Summa etwas über 5000 Mann.

Es traf sich, daß dies zweitgenannte Korps, das Detachement Stolberg, in eine lebhaftere Aktion eintrat.

Den Aufzeichnungen eines Offiziers, der diesem Korps angehörte, entnehmen wir über die Eigenartigkeit desselben folgendes:

»Die Bewohner Oberschlesiens«, so schreibt er, »als sie in Erfahrung brachten, daß die ganze Armee nach Böhmen hineingehen und ihr am meisten exponiertes Land fast ganz ohne Schutz bleiben würde, glaubten sich stiefmütterlich behandelt und waren entschlossen, eher eine allgemeine Bewaffnung zu versuchen und in den ausgedehnten Wäldern der Provinz einen Verzweiflungskampf zu führen, als die österreichische Armee ins Land zu lassen. Es war deshalb, gleich von Anfang an, viel die Rede gewesen von Errichtung von Freikorps und von Parteigängerkrieg, – war doch hier der Schauplatz erbitterter Kämpfe dieser Art seit dem Siebenjährigen Kriege gewesen, lebten doch noch zum Teil die Genossen der kühnen Freischaren aus den Jahren 1806, 1807, 1813 und 1814. Wenn irgendwo in Deutschland, so ist in Oberschlesien einem Parteigänger die Möglichkeit geboten, dauernd mit Erfolg zu operieren. Kupiertes Terrain, Wälder, Wasserläufe und an ihren Ufern hin in allen Arten und Gestalten – die Weide. Ganze Gegenden sind wie für das Jägergefecht geschaffen; sowohl an der Weichsel, wie an ihren vielen kleinen Zuflüssen hin, ziehen sich doppelte und dreifache, oft sehr hohe Dämme, deren Kronen (wie in allen Niederungsgegenden) mit Weiden bepflanzt sind. Ebenso sind die Flußufer selbst mit Baum und Strauch, mit Werft und Weide dicht besetzt, so daß der Jäger überall seine Deckung findet.

Das Terrain war also da für einen Parteigängerkrieg; – vor allem auch der kriegerische Geist, der immer die Hauptsache bleibt. Um indessen die Übelstände zu vermeiden, die von solcher Kampfesweise unzertrennlich sind, nahm das Gouvernement die Sache in die Hand und stellte aus den Mannschaften der jüngeren Jahrgänge der Landwehr ein selbstständiges Korps her. Das war ein glücklicher Gedanke; Wunsch der Bevölkerung und Interesse der Regierung fielen zusammen. Alles drängte herzu. Kaum waren die Aufgebote erlassen, so stellten sich freiwillige Landwehrmänner von allen Seiten ein, darunter alte, nur noch dem Landsturm angehörige Leute. Alsbald stand der einundzwanzigjährige Reservist und der vierzigjährige Landwehrmann in Reih und Glied nebeneinander; unter den Jägern, die sich zu einer Kompanie zusammentaten, befand sich ein Großvater.«

»Dementsprechend«, so fahren die Aufzeichnungen fort, »waren auch die Offiziere des Detachements. Fast alle gehörten sie der hohen schlesischen Aristokratie an und waren meist über das Alter hinaus, das sie unter eine Einberufungsorder klassifiziert hätte. Sie kamen freiwillig, erboten sich zum Dienst auf eigene Kosten und eigenen Pferden und das in solcher Anzahl, daß sie bei den Truppen nicht unterzubringen waren. Daher waren einige vierzig beim Stabe versammelt und bildeten bei ihrer Orts- und Menschenkenntnis der Grenzbezirke, mit edlen Pferden beritten, ein Eclaiereur-Korps, wie es wohl selten einer Truppe zu Gebote gestanden hat. Obwohl viele dieser Herren bedeutende Besitzungen in Österreich hatten und mit großen Kapitalien in österreichischen industriellen Unternehmungen engagiert waren, so hatte doch keiner einen Moment gezögert, sein Geschick an das der Hohenzollern zu knüpfen.«

Von einer derartig zusammengesetzten Truppe war Initiative, Umsicht, Entschlossenheit zu gewärtigen und in der Tat – wenn auch einzelnes mißglückte (weil man größere Aufgaben stellte, als vielleicht gestellt werden durften), so haben doch diese Landesverteidigungs-Bataillone und mehr noch ihre Schwadronen sich in Scharmützeln und Renkontres mannigfach bewährt, als deren bedeutendstes wir nunmehr das »Gefecht bei Oswiecim« zu schildern haben.

Das Gefecht bei Oswiecim

Dem Detachement Stolberg – nachdem am 21. Juni bei Oswiecim die Kriegserklärung überreicht und am 22. der Eisenbahn-Viadukt bei Pruchna, wie überhaupt die von Krakau nach Olmütz führende Bahn durch diesseitige Detachements zerstört worden war – ging am Nachmittage des 26. seitens des Ober-Kommandos der Befehl zu, eine starke Rekognoszierung über die Weichsel zu machen. Dies hatte ohnehin in der Absicht des Grafen Stolberg gelegen. Der Zweck war ein doppelter: einmal die Stärke des bei Oswiecim stehenden Feindes in Erfahrung zu bringen, dann aber auch durch Demonstrationen den Gegner über unsere Pläne zu täuschen oder doch unsicher zu machen.

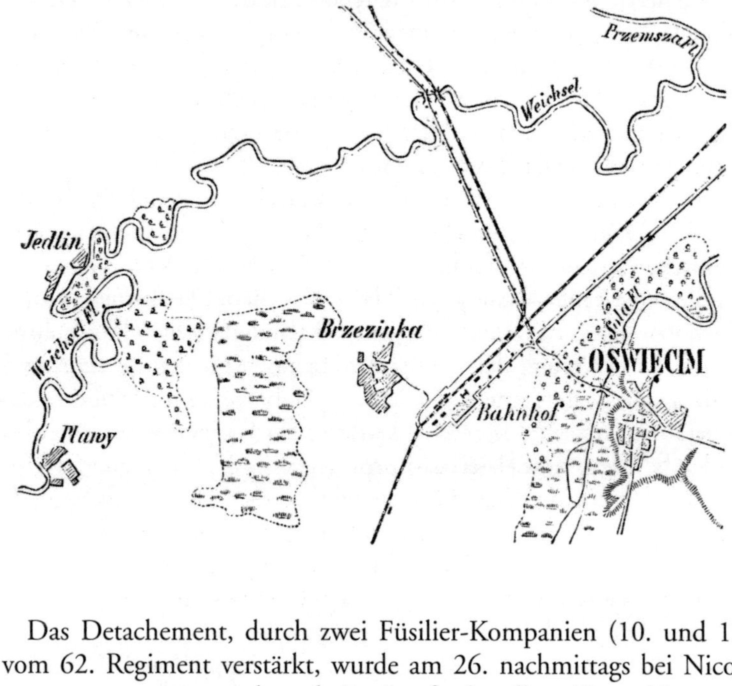

Das Detachement, durch zwei Füsilier-Kompanien (10. und 11.) vom 62. Regiment verstärkt, wurde am 26. nachmittags bei Nicolai zusammengezogen und noch im Laufe desselben Tages bis an die

Grenze vorgeschoben. Die Bataillone (zum Teil zu Wagen) schlugen verschiedene Straßen ein; Rendezvous war der Jedliner Wald. Das Bataillon v. Calliat erhielt Befehl, von Myslowitz aus in der linken Flanke (auf die Prsemsza zu) zu demonstrieren, wo dann das genannte Bataillon ein abgetrenntes kleines Gefecht hatte.

Am 27. früh 4 Uhr brach das Detachement in der Stärke von 5 Bataillonen, den beiden Füsilier-Kompanien, dem Landwehr-Ulanen-Regiment und 2 Geschützen vom Jedliner Walde auf. Man schlug zwei Straßen ein:

Die 11. Kompanie 62er unter Hauptmann v. Massow, das Landwehr-Bataillon Osten-Sacken, das Ulanen-Regiment und die 2 Geschütze gingen über Plawy,

die 10. Kompanie 62er unter Hauptmann Graf Königsdorff und die Landwehr-Bataillone v. Bessel, v. Kleist und v. Schmidt gingen über Brzczinka gegen Oswiecim vor.

Was das Detachement außerdem noch zur Verfügung hatte, blieb in einer Aufnahmestellung an der Weichsel, bei Plawy, zurück.

Die zweite Kolonne, die sich über Brzczinka dirigierte, trat zuerst ins Gefecht. Zunächst bei Brzczinka selbst. Die 10. Kompanie vom 62., Hauptmann Graf Königsdorff, hatte die Tête; das Bataillon v. Bessel folgte. Nach ziemlich hartnäckigem Widerstande wurden die vordersten Häuser des mehrgenannten Dorfes genommen, zuletzt, als die bei Plawy übergegangene Kolonne, namentlich die 11. Kompanie unter Hauptmann v. Massow, mit eingriff, das Dorf selbst. Die Österreicher zogen sich auf den Bahnhof von Oswiecim zurück; die Unsren folgten am Eisenbahndamme hin.

Als sie den Bahnhof erreicht hatten, um dessen Besitz es sich nun ausschließlich zu handeln begann, trat das Gefecht in seine zweite Phase. Unsre zwei Geschütze eröffneten ihr Feuer, und die nunmehr vereinigte Infanteriekraft unsrer beiden Kolonnen drang gegen den wahrscheinlich von 3 Bataillonen der Brigade Trentinaglia* verteidigten Bahnhof vor. Das massive Restaurationsgebäude (der wichtigste Punkt) war durch das 4. Bataillon vom Regiment Mecklenburg besetzt. Der Ansturm schien glücken zu wollen: Alle Schuppen und Nebengebäude

* Die Brigade Trentinaglia bildete neben der Brigade Braisach die 12000 Mann starke Besatzung von Krakau. Beide Brigaden bestanden nur aus 4. Bataillonen. Überraschender Weise (z. B. auch bei Skalitz, vergl. daselbst) schlugen sich diese in die verschiedenen Festungen gelegten Garnisons-Bataillone mit besonderer Bravour. Speziell zur Brigade Trentinaglia gehörten die 4. Bataillone der Regimenter: Parma, Kronprinz von Preußen, Schmerling, Sachsen-Weimar, Roßbach, Mecklenburg. Es heißt, daß die letztgenannten drei bei Oswiecim engagiert waren; das Bataillon Mecklenburg gewiß.

wurden von unsren mit großer Bravour vorgehenden Truppen genommen. Nur das ebengenannte massive Haus war noch in Händen des Feindes. So stand das Gefecht, als unsre Landwehr-Ulanen erschienen und durch glänzendes Eingreifen ein neues Gewicht zu unsren Gunsten in die Schale warfen. Leider, wie schon hier gesagt sein mag, ohne Erfolg für das Ganze.

Major v. Busse, Kommandeur des genannten Regiments, war im Vorgehen zweier Eskadronen Grünne-Ulanen ansichtig geworden, die sich dann plötzlich wieder seinem Auge entzogen hatten; der Major beschloß sofort, die ihm aus dem Gesicht gekommenen aufzusuchen und dabei womöglich, durch Umgehung des feindlichen Zentrums, unsre am Bahnhof kämpfenden Bataillone zu degagieren.

Es bedurfte keines langen Suchens. Als unsre 1. und 2. Eskadron den jenseitigen Abfall des Eisenbahndammes erreicht hatten, gewahrten sie die in hohem Getreide haltenden Grünne-Ulanen (zwei schwache Schwadronen), die nun ihrerseits sofort links schwenkten, um sich im Galopp auf die kaum aufmarschierte preußische Linie zu werfen.

Major v. Busse hielt eine kurze, kernige Ansprache, ließ die Trompeter Trab blasen, und geschlossen rückten unsre beiden Schwadronen vor. Die feindlichen Ulanen schienen durch diese ruhige Haltung überrascht, stutzten, fielen in Trab, wurden lose; aber von ihrem braven voransprengenden Führer angefeuert, ritten sie vor und gaben auf 50 Schritt eine Salve. Zwei der Unsrigen stürzten. Weiter ging die Attacke. Der Kommandeur der Grünne-Ulanen, mit dem seinem Regiment voransprengenden Major v. Busse zuerst zusammentreffend, verwundete diesen in die linke Schulter, während der Major mit zwei Hieben antwortete, von denen einer die Zügelfaust, der andere den Kopf seines Gegners traf, so daß dieser sogleich vom Pferde sank. Fast im selben Moment war, dicht neben dem Major, Vize-Wachtmeister Graf Lottum durch zwei Lanzenstiche und einen Säbelhieb verwundet worden.

Die Landwehr-Ulanen, als sie ihre Führer derart im Kampfe sahen, stachen und hieben alles nieder, was ihnen entgegentrat. Die Österreicher, ihrerseits wahrnehmend, daß es auf Tod und Leben ging, wehrten sich wie Verzweifelte, so daß die Erbitterung der Wehrreiter in solchem Maße erregt wurde, daß unsere Eskadronen verhältnismäßig wenig Gefangene machten.* Nur 15 feindlichen Ulanen gelang es,

* Bei dieser Aktion, namentlich auch bei der Verfolgung, zeichnete sich der Landwehr-Ulan Joseph Schupka durch besondre Bravour aus. Er hatte sechs Lanzenstiche am Kopf, einen tiefen zwei Zoll langen Säbelhieb an der linken Seite des Halses, einen Säbelhieb am rechten Ohr, einen andern am Rücken, ferner Lanzenstiche ins linke Schulterblatt, in der

indem sie einen Weg erfaßten, durch die Schnelligkeit ihrer Pferde zu entkommen; alle anderen wurden zusammengehauen.

Unsrerseits hatten nur die 1. und 2. Eskadron den Schock mitgemacht, die 4. traf noch rechtzeitig ein, um sich an der Verfolgung, die auf Oswiecim ging, beteiligen zu können.

Die Verluste, die dies Ulanen-Renkontre begleiteten, waren auf beiden Seiten erheblich. Wir hatten 7 Tote und 23 Verwundete, darunter außer den beiden genannten Offizieren (Major v. Busse und Graf Lottum) Leutnant Graf Ballestrem. Der Feind verlor 27 Mann, nach

rechten Leistengegend und am rechten Oberschenkel, zusammen 12 Wunden, 9 durch Lanze, 3 durch Säbel. Für tot liegenbleibend, fiel er in Gefangenschaft. In höchst ritterlicher Weise (wie sich übrigens die Kaiserlichen Kavallerie-Offiziere bei fast jeder Gelegenheit benommen haben) wurde dem Schupka später folgendes Tapferkeitszeugnis ausgestellt:

»Bei dem am 27. Juni 1866 bei Oswiecim stattgehabten Gefechte waren wir Gefertigte Augenzeugen von der außerordentlichen Bravour und Tapferkeit, mit welcher der königlich preußische Ulan Joseph Schupka nach beendigter Attacke allein unseren Abteilungen folgte, einzelne unserer Leute angriff, endlich aber umzingelt, nach tapferer Gegenwehr vom Pferde gehauen als tot liegenblieb. Im Laufe des Tages wurde dieser Brave von Landleuten noch lebend angetroffen, nach Oswiecim gebracht und dem dortigen kaiserlich königlichen Militär-Kommando übergeben. Wir fühlen uns verpflichtet, diesen Zug seltener Tapferkeit hiermit ehrend und anerkennend zu bezeugen.

Garnisons-Spital zu Krakau, am 30. Juli 1866.

August Br. Bertoletti
Rittmeister I. Klasse im
königlich kaiserlichen 1. Ulanen-Regiment

Johann Basté,
königlich kaiserlicher Leutnant
im 1. Ulanen-Regiment.«

eigner Angabe; nach diesseitiger Schätzung mehr als das Doppelte. Gefallen waren Rittmeister Baron Lehmann (dem noch nachträglich das Ritterkreuz des Maria-Theresien-Ordens zuerkannt wurde) und Leutnant v. Schönberg; verwundet: Rittmeister Baron Bertoletti und Leutnant Bartel. In Gefangenschaft geraten war Oberleutnant Graf zur Lippe.

Im Zentrum waren inzwischen die Dinge zur Entscheidung gediehn, aber, wie wir schon andeuteten, nicht zu unseren Gunsten. Unsre zwei Geschütze konnten sich gegen die feindliche Batterie nicht behaupten und gingen, nachdem sie 18 Schuß abgegeben (nach einem andern Bericht nur 4 Schuß), wieder zurück. Ebenso mißglückte der mehrfach wiederholte Sturm auf das Restaurations-Gebäude. Die beiden Füsilier-Kompanien vom 62., mit ihnen, in erster Reihe, die Landwehr-Bataillone v. Kleist und v. Schmidt, versuchten ein äußerstes, Hauptmann Graf Königsdorff, Führer der 10. Kompanie, fiel, Oberstleutnant v. Schmidt und Hauptmann v. Massow wurden verwundet, aber alle Anstrengungen scheiterten an der Position und Tapferkeit, vielleicht auch an der Überzahl des Feindes. Unsere Landwehr-Bataillone waren numerisch schwach. Sie wichen endlich.

Unter dem Schutze der Füsilier-Kompanien und des Ulanen-Regiments wurde um 8½ Uhr früh der Rückzug angetreten. Einzelne Truppenteile waren ziemlich hart mitgenommen; die 62er, nur zwei Kompanien stark, hatten 3 Offiziere und 29 Mann, das Bataillon v. Kleist 1 Offizier und 49 Mann verloren. Unser Gesamtverlust betrug 172 Mann.

In Nicolai, wohin man gegen Abend zurückkehrte, fand man, statt freundlicher Quartiere, meist verschlossene Häuser und ausgeleerte Stuben. Alles war geflohen; beim Eintreffen der ersten Verwundeten und Versprengten hatte sich der ganzen Stadt ein panischer Schrecken bemächtigt. Erst der nächste Tag führte die Bewohner in ihre Stadt und die Besorgnisse auf das rechte Maß zurück.

Alle Abteilungen des Detachements hatten sich tapfer gehalten; aber man hatte ihnen, wie wir schon andeuteten, eine Aufgabe gestellt, die, so gut die Truppe in ihrer Art war, doch jenseits ihrer Kräfte lag. Bataillone, die im »kleinen Krieg« vortrefflich verwendbar gewesen wären, hatte man, noch dazu in zum Teil mangelhafter Ausrüstung, gegen eine feste, gut verteidigte Stellung geführt. Das war zu viel. Jede landsturmartige Truppe (wir erinnern namentlich an die Guerillas und die Tiroler) ist nur, auch bei bestem Geiste, innerhalb gewisser Grenzen verwendbar.

Von dieser Wahrheit hatte man sich bei Oswiecim aufs neue überzeugt. Man gab es auf, mit Bataillonen, die sehr richtig den Namen

»Landesverteidigung« führten, Offensivstöße ausführen zu wollen, und nahm die genannten 6 Bataillone, zu besserer Adjustierung, wenn wir nicht irren, bis nach Breslau zurück. Erst nach dem 18. Juli trafen sie wieder ein. Bis dahin bestand das Detachement nur aus einer Jäger-Kompanie, aus den 2. Landwehr-Ulanen, die sich bei Oswiecim so ausgezeichnet hatten, und aus dem 6. Landwehr-Husaren-Regiment. Dies schwache Korps – übrigens für den kleinen Krieg vorzüglich qualifiziert – stand, während der ganzen Zeit, hart an der Grenze in Pleß und Umgegend. Bewachung der Weichsel-Übergänge war seine Hauptaufgabe. Es unterzog sich derselben mit großer Umsicht. Die bald darauf eintretende Waffenruhe machte auch hier dem Grenzkrieg ein Ende.

Die Jäger-Kompanie hatte am 15. Juli noch ein interessantes kleines Gefecht. Dies kleine Gefecht war das Gefecht bei Dzieditz. Weil es charakteristisch ist für die Art und Weise, wie hier der kleine Krieg geführt wurde, geben wir es an dieser Stelle in kurzer Schilderung.

»Die halbe Ruhe, in die wir nach dem Gefecht bei Oswiecim eingetreten waren, dauerte bis zum 15. Juli. An diesem Tage wurden 50 Jäger von Pleß bis an die Weichsel vorgeschickt, weil gemeldet war, daß ein Detachement österreichischer Truppen aller drei Waffen hinter Dzieditz halte. Die Weichsel macht hier die Grenze, Dorf Hoczalkowitz liegt diesseits, Dzieditz jenseits auf österreichischem Gebiet. Es handelte sich im wesentlichen um den Besitz der Brücke. Der Jägeroffizier, als er auf eine achtel Meile heran war, hörte Kanonenschüsse); er kommandierte Laufschritt und erreichte glücklich die Brücke, ehe die österreichische Infanterie heran war. Um dem Gegner nicht den Schutz des hohen Dammes auf österreichischem Ufer zu lassen, eilten die Jäger über die Streckbalken der Brücke fort und besetzten den erwähnten Damm, der zwischen der Weichsel und Dzieditz etwa 150 Schritt vor dem Ausgang dieses Dorfes liegt. Eine Patrouille wurde vorgeschickt. Als der Feind ihrer ansichtig wurde, brach ein Zug seiner Infanterie aus Dzieditz vor und avancierte gegen die Brücke; er mochte eben glauben, es nur mit dieser Patrouille zu tun zu haben. Statt dessen bekamen die sorglos Vorrückenden Feuer aus 25 Büchsen auf 150 Schritt; nun erst versuchten die nicht Getroffenen eine Deckung zu finden, was aber nicht leicht war. Die 50 Jäger hatten eine Front von vielleicht 150 Schritt durch drei kleine Feuergruppen besetzt, und der Damm war wie dazu gebaut: an dieser Stelle mit zwei bastionartig vorspringenden Winkeln, zwischen denen die Brücke lag. Die Krone war fast überall mit Weidenbüschen besetzt, so daß die feindlichen Tirailleurs sich in einer schlimmen Lage befanden. Selten nur sahen sie einen Kopf undeutlich schimmern, den Körper ihrer Gegner bekamen sie nicht zu sehn. Ebensowenig konnten sie die Zahl bestimmen.

So dauerte das Gefecht bis gegen 10 Uhr; von Zeit zu Zeit pfiff eine Granate über beide Parteien hin. Jetzt erst beschloß der Gegner – was er bis dahin unbegreiflicherweise vernachlässigt hatte – an beiden Flügeln vorzugehn. Aber er faßte diesen Entschluß zu spät; der Rest unsrer Jäger-Kompanie war inzwischen auf immer bereitstehenden Leiterwagen von Pleß her eingetroffen und hatte den preußischen, diesseits der Weichsel gelegenen Damm besetzt, auf welchem sich auch die bis dahin jenseits im Gefecht gestandenen Jäger, durch eine Furt hindurch, mit großem Geschick zurückgezogen hatten.

Die Österreicher glaubten nun gewonnen Spiel zu haben, erstiegen mit lautem Hurra den ihnen zunächst gelegenen Damm, empfingen aber in demselben Augenblick, in dem sie auf der Krone des österreichischen Dammes erschienen, von dem preußischen Damm aus ein Schnellfeuer aus 90 Büchsen auf ganz nahe Distanz. Natürlich waren sie wie der Blitz von der Krone herunter und suchten Deckung hinter dem Damm.

Es entspann sich nun ein mehrstündiges Schützengefecht; über die Brücke konnte keiner, weil sie auf 60 Schritt unter Feuer war. Gegen 1 Uhr marschierten die Österreicher nach Kenty zurück, wir nach Pleß. Der Jägeroffizier aber, der dies Gefecht geleitet hatte, wurde – nach dem Vorgange der Schillianer, die sich auch einen Herzog von Dodendorf kreierten – zum ›Herzog von Dzieditz‹ ernannt.«

Von diesem Exkurs – als den wir die vorstehende Schilderung des »kleinen Krieges« in Oberschlesien anzusehen haben – kehren wir nunmehr zur Darstellung der großen Ereignisse und zwar zunächst zu dem Gros der Kronprinzlichen Armee zurück, das wir, am 25., in seiner Aufstellung an der böhmischen Grenze verließen.

Die drei Tore Böhmens

M 25. Juni, so schlossen wir unser vorletztes Kapitel, war die Aufstellung der Kronprinzlichen Armee vollendet, jede Kolonne, mit Ausnahme des bei Neisse zurückgehaltenen VI. Korps, zum Einmarsch in Böhmen bereit.

Die drei andern Korps standen in enggezogenem Halbkreis um jene Halb-Enklave herum, die, unmittelbar im Norden der Grafschaft Glatz, sich von Böhmen aus nach Schlesien hineinbuchtet.

Das I. Armee-Korps hatte den rechten Flügel und hielt die Linie zwischen Liebau und Schömberg.

Das V. Armee-Korps hatte den linken Flügel und stand zwischen Glatz und Reinerz.

Die Garden hatten das Zentrum und standen zwischen Neurode und Eckersdorf.

Am 26. wurden die Truppen bis unmittelbar an die Grenze gezogen (die Garden schon drüber hinaus), um am nächstfolgenden Tage die »drei Tore Böhmens«:

den Paß von Trautenau (I. Korps),
den Paß von Braunau-Eypel (Garden) und
den Paß von Nachod (V. Korps) passieren zu können.

Am 27. wurde diese Aufgabe gelöst; bei Trautenau freilich nur halb. Die Forcierung der »drei Tore« war gleichbedeutend mit ebenso vielen Gefechten. Eh wir indessen zur Schilderung derselben übergehn, überblicken wir zuvor, zu bessrer Orientierung, jenes östlichste Stück des nordöstlichen Böhmens, zu dem jene mehrgenannten drei Tore den Eingang bilden. Wir werden dabei einiges schon Berührte in der Kürze zu wiederholen haben.

Die Elbe und ihre zwei Nebenflüsse: die Iser und die Adler, stellen hier, nach Sachsen und Schlesien zu, eine derartig eigentümliche Gruppierung des Landes her, daß das ganze Nordost-Viertel Böhmens wie in drei bestimmte Teile geteilt erscheint.

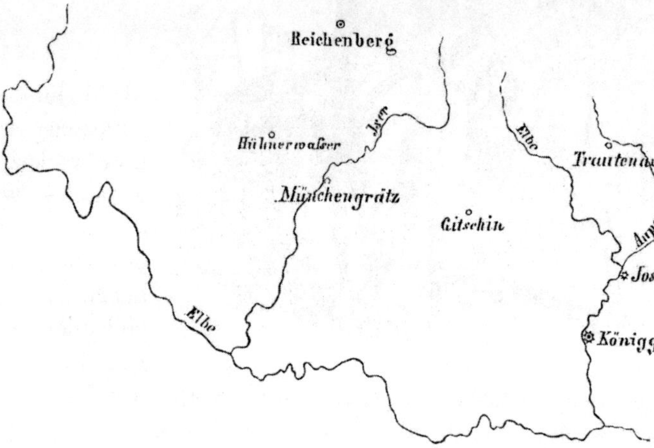

Das erste Drittel (westlich) wird durch Elbe, Iser und Lausitzer Gebirge gebildet. –

Das zweite Drittel (Mittelstück) wird durch Elbe, Iser und Riesengebirge gebildet. –

Das dritte Drittel (östlich) wird durch Elbe, Adler und Riesengebirge gebildet.* –

* Auf unsrer vorstehenden Karte ist das östliche Drittel nicht völlig sichtbar geworden, wodurch unser Zweck: die natürliche Dreiteilung des von unsern drei Armeen durchzogenen Gebiets zu markieren, in etwas verloren geht. Wir bitten die kleine Karte auf Seite 282 zu Hilfe zu nehmen, die das östliche Drittel bis zur schlesischen Grenze vollständig gibt.

Durch alle drei Teile dieses böhmischen Nordostviertels ging der Vormarsch der Preußen:

durch das erste Drittel (westlich) rückte die Elb-Armee,
durch das zweite Drittel (Mittelstück) rückte die I. Armee,
durch das dritte Drittel (östlich) rückte die II. Armee.

Die Elb-Armee und die I. Armee haben wir bereits auf ihrem Vormarsch begleitet. Dem Vormarsch der II. Armee zu folgen, ist die Aufgabe, die noch erübrigt.

Der Vormarsch, weil man von entgegengesetzter Seite kam, ging auch in entgegengesetzter Richtung. Elb-Armee und I. Armee von Nordwesten kommend gingen südöstlich, die II. Armee, weil von Osten kommend, ging westlich. An der Ober-Elbe, zwischen Arnau und Pardubitz,* diesseits oder jenseits des Flusses mußte man sich treffen.

* Die Städte, die hier in kurzen Zwischenräumen an der Ober-Elbe sich hinziehn, sind in der Richtung von Süd nach Nord die folgenden: Arnau, Königinhof, Jaromirz, Josephstadt, Königgrätz, Pardubitz. Alle diese Städte, von denen die meisten 5000 Einwohner nicht erreichen, haben doch eine merkantile oder historische oder militärische Bedeutung: Arnau durch seine Leinewandwebereien, Königinhof (der alte Witwensitz der böhmischen Königinnen) durch die »Königinhofer Handschrift«; Pardubitz durch sein Schloß, sein Gestüt, seinen Ring (in altböhmischer Bauart) und vor allem als Vereinigungspunkt der durch das Zusammentreffen der von Prag und von Reichenberg aus nach Olmütz, Brünn und Wien führenden Eisenbahnen.

Von besondrer Wichtigkeit sind die in naher Entfernung voneinander gelegenen Festungen: Josephstadt und Königgrätz. Königgrätz, schon 1055 ansehnlich, ist der ältere und bedeutendere Ort (gegen 8000 Einwohner). Er ist ein Bischofssitz, hat Schulen, Seminare (früher auch ein Jesuiten-Kollegium) und 4 Kirchen, unter denen die schöne, weithin im Elbtal sichtbare Kathedrale hervorragt.

Der Schutz, den Königgrätz gab, wurde während der andauernden Kämpfe mit Friedrich II. nicht ausreichend befunden, und so beschloß man, 3 Meilen weiter elbaufwärts zur Sicherung der Flanke eine zweite Festung an dieser Stelle aufzuführen. So entstand, wo früher das Dorf Pleß gestanden hatte, in den Jahren 1781 – 1787 die Festung Josephstadt. (Um dieselbe Zeit wurde auch nordwestlich, nach der sächsischen Grenze zu, die Festung Theresienstadt erbaut, selbstverständlich ebenfalls zum Schutze gegen Preußen, mit welcher Josephstadt in seinem Aussehen und seiner ganzen Anlage die größte Ähnlichkeit hat.)

Josephstadt liegt am linken Ufer der Elbe; die Außenwerke greifen indes auf das rechte Ufer über. Felder, Gärten, Wiesen liegen innerhalb der Werke. Die drei, mit Zugbrücken versehenen Haupttore sind: das Königgrätzer, das Jaromirzer, das Neustädter. Neben diesen Toren dienen für den Fall der Not mehrere Poternen (Ausfallpforten) zur Kommunikation nach außen. Die großen massiven Häuser, von denen etwa 15 zu militärischen Zwecken bestimmt sind, die breiten, geraden, massiv gepflasterten Straßen, die auf den Seitenplätzen gleich beim Tor in langen Haufen aufgeschichteten Geschützkugeln verleihen Josephstadt etwas bei aller Monotonie Imposantes. Auf dem großen mit Ketten umschlossenen Paradeplatz erhebt sich die Kirche zu Maria Himmelfahrt (1808 – 1810 erbaut), deren Turm weithin die geradlinigen Festungswälle überragt und einen prächtigen Blick auf das schlesische Gebirge gestattet.

Eine kleine halbe Stunde nördlich von Josephstadt liegt Jaromirz, mit welchem Joseph-

Die II. Armee, weil sie, bis zur Ober-Elbe hin, die im wesentlichen als Rendezvous galt, einen kürzeren Weg hatte, hatte den beiden andern Armeen einen mehrtägigen Vorsprung zu gönnen. Fünf Tage später als die Elb-Armee, vier Tage später als die I. Armee (Prinz Friedrich Karl) zog die II. Armee (Kronprinz) in drei Kolonnen durch die drei Tore Nachod, Braunau-Eypel und Trautenau in Böhmen ein.

Die linke Flügel-Kolonne (V. Korps) ging durch das Tor Nachod.

stadt bis zum Jahre 1833 gewissermaßen eine einzige Stadt bildete, da die Zivilbevölkerung von Josephstadt dem Magistrat von Jaromirz unterstand. Jaromirz besteht nur aus einer Gasse zwischen zwei Toren und zählt etwa 4700 Einwohner.

Das V. Korps. General v. Steinmetz

DAS V. Korps (9. und 10. Division) bestand aus posenschen, westpreußisch-schlesischen, märkischen und westfälischen Bataillonen und unterschied sich durch diese bunte Zusammensetzung von allen übrigen Armee-Korps, die bekanntlich mehr oder weniger eine provinzielle Einheit repräsentieren. Das posensche Armee-Korps, im Gegensatz dazu, verfügte nur über ein posensches Regiment, das 58. Von den drei andern, den Namen dieser Provinz führenden Regimentern befand sich das 18. beim III. (brandenburgischen) Korps, das 19. und 59. bei der Main-Armee.
Die Ordre de Bataille des V. Korps war die folgende:

9. Division (Generalmajor v. Löwenfeld)

17. Brigade: Generalmajor v. Ollech
    Westfälisches Füsilier-Regiment Nr. 37, Oberst v. Below
    3. Posensches Infanterie-Regiment Nr. 58, Oberst v. François
18. Brigade: Generalmajor v. Horn
    Königs-Grenadier-Regiment (2. Westpreußisches) Nr. 7, Oberst v. Voigts-Rhetz
Kavallerie:
    1. Schlesisches Dragoner-Regiment Nr. 4, Major v. Mayer

10. Division (Generalmajor v. Kirchbach)

19. Brigade: Generalmajor v. Tiedemann

1. Westpreußisches Grenadier-Regiment Nr. 6, Oberstleutnant v. Scheffler
3. Westpreußisches Infanterie-Regiment Nr. 46. Oberst Walther v. Monbary

20. Brigade: Generalmajor Wittich

4. Westpreußisches Infanterie-Regiment Nr. 47, Oberst v. Massow
6. Brandenburgisches Infanterie-Regiment Nr. 52, Oberst v. Blumenthal

Kavallerie:

Westpreußisches Ulanen-Regiment Nr. 1, Oberst v. Tresckow

Dem Korps gehörte ferner das 5. Jäger-Bataillon an; außerdem waren ihm das 2. Schlesische Dragoner-Regiment Nr. 8, Oberstleutnant v. Wichmann und die Brigade Hoffmann, beide vom VI. Korps, für die Tage des Einmarsches beigegeben.

Diese, wie schon eingangs hervorgehoben, aus Regimentern der verschiedensten Landesteile kombinierte Truppe wurde durch den starken Willen ihres Führers fest und einheitlich zusammengehalten. Dieser Führer, dem die Aufgabe zufiel, den mutmaßlichen Flankenstoß des mit verschiedenen Korps von Süden her anrückenden Feindes zu parieren, war – General v. Steinmetz.

Karl Friedrich v. Steinmetz wurde am 27. Dezember 1796 zu Eisenach geboren. Sein Vater war preußischer Offizier gewesen, seine Mutter war eine Baronesse v. Mosel.

Karl Friedrich selbst war der jüngste von drei Brüdern. 1806 kam er in das Kadettenhaus nach Culm, 1808 (nachdem Culm polnisch geworden war) nach Stolpe. In Graudenz wurden die nach Stolpe versetzten Kadetten dem Feldmarschall *L'homme de Courbière* – dem berühmten Verteidiger von Graudenz – vorgestellt. Der militärische Ruf wie das Wohlwollen des Feldmarschalls machten einen Eindruck auf den jungen Steinmetz. In Stolpe bewohnte er ein Zimmer, das ihm den täglichen Anblick der Blücherschen Husaren gestattete, wenn diese zum Dienst hinausritten. Er faßte infolge davon eine große Neigung für die Kavallerie, besonders für das eben genannte Regiment. Wachend und träumend dachte er an die Husaren und hielt Anreden an sie.

1811 kam Steinmetz nach Berlin, 1813 im Februar wurde er mit andern Kadetten dem 1. Garde-Regiment zugeteilt, das damals bereits dem Könige von Potsdam nach Breslau gefolgt war. Im März, 16¼ Jahr alt, wurde er zum Offizier ernannt und dem Yorkschen Korps zugewiesen.

Diese Ernennung, weil sie ihn zum Infanterie-Offizier machte, war

v. STEINMETZ
GEN: D. INF:

ihm schmerzlich. Mit großer Unbefangenheit wandte er sich an den König (der damals in Breslau täglich offene Audienz hielt) und sprach ihm den Wunsch aus, er möchte ihn zu den Husaren versetzen. Der König lehnte es huldvoll ab, »da es an Infanterie-Offizieren fehle«, und so begab sich Steinmetz, nach allerhand Zwischenfällen, nach Berlin zum General York. Dieser begrüßte ihn mit seiner immer wiederkehrenden Redewendung, »daß er ihn nicht brauchen könne,« wozu, außer der kleinen, unscheinbaren Figur des jungen Offiziers, auch noch der Umstand beitrug, daß York überhaupt alle offnen Stellen in seinem Korps aus diesem selbst besetzen wollte. Der junge Steinmetz nahm den Empfang übel und erwiderte: »Dann werde ich zu Sr. Majestät nach Breslau zurückreisen.« York sah ihn mit großen Augen an, gab ihm Order, auf der Parade zu erscheinen, und überwies ihn dem (jetzigen) 1. Ostpreußischen Grenadier-Regiment Nr. 1, Kronprinz von Preußen.

Am 5. April stand er bereits im Feuer; am 29. desselben Monats wurde er in dem berühmten Gefecht bei Merseburg, das die beiden Musketier-Bataillone des 1. Regiments allein, unter Oberstleutnant v. Lobenthal, gegen einen sechsfach überlegenen Feind lieferten, durch einen Prellschuß am Arm verwundet. In der Schlacht von Groß-Görschen, am 2. Mai, drang ihm eine feindliche Kugel bis in die Halsbinde, ohne ihn außer Gefecht zu setzen; dagegen wurde er am 19. Mai bei Königswartha schwerer verletzt, wo ihm eine Gewehrkugel den linken Mittelfinger zerschmetterte. Dennoch wohnte er zwei Tage später (21. Mai) noch der Schlacht von Bautzen bei, jedoch auf einem Pferde seines Onkels, des Obersten und Brigade-Kommandeurs v. Steinmetz. Nach der Schlacht ging er, zu seiner Wiederherstellung, nach Breslau.

Beim Ablaufe des Waffenstillstandes befand er sich beim Regiment und machte die Gefechte bei Löwenberg vom 19. bis 21. August, bei Goldberg am 23., die Schlacht an der Katzbach am 26. August, das Gefecht bei Wartenburg am 3. Oktober, die Schlacht bei Möckern am 16. Oktober und das Gefecht bei Freyburg am 21. Oktober mit. Bei Wartenburg an der Elbe zeichnete er sich besonders durch Führung seines Schützenzuges aus; eine Paßkugel zerschmetterte dem vor ihm stehenden Tirailleur beide Beine und warf ihn selbst platt zur Erde. Er sprang auf und ging weiter. Erst nach einer halben Stunde machte ihn Oberst v. Lobenthal darauf aufmerksam, daß ihm der Hinterschoß des Überrocks und ein Teil der Beinkleider fehlten. – Nach dem heißen Kampf bei Möckern hatte v. Steinmetz das Glück, zu den fünf Offizieren zu gehören, welche von den beiden Musketier-Bataillonen des 1. Regiments noch unverwundet waren. Das Regiment verlor an diesem Tage 29 Offiziere, 70 Unteroffiziere, 5 Spielleute und 829 Gemeine.

Im Jahre 1814 nahm v. Steinmetz teil an den Gefechten von La Chaussée am 3. Februar, Chalons sur Marne am 4. Februar, Chateau Tierry am 12. Februar, sowie an den Schlachten von Laon am 9. März und Paris am 30. März. Für die beiden letzten Aktionen erhielt er das Eiserne Kreuz. Nach der Schlacht von Paris besuchte Steinmetz selbstverständlich die französische Hauptstadt; seine Lage aber, da er ohne alle Geldmittel war, kam ihm so drückend vor, daß er nur den Invalidendom in Augenschein nahm und dann in sein Kantonnement zurückkehrte. Er unterhielt die Hoffnung, daß ihn ein günstiges Geschick früher oder später noch einmal nach Paris zurückführen werde.

Steinmetz, trotz seiner Jugend und Schwächlichkeit, ertrug alle Strapazen des Krieges. Er erhielt sich bei Gesundheit durch mäßiges Leben und – Schlaf, sooft es die Verhältnisse gestatteten. Überhaupt trat schon damals eine ernstere Richtung bei ihm hervor. An Gelagen zeigte er wenig Geschmack, desto mehr fühlte er sich zu wissenschaftlicher Beschäftigung hingezogen.

Als 1815 der Krieg wieder ausbrach, stand das 1. Regiment bei Preußisch Minden. Es rückte vor, kam aber nicht mehr ins Gefecht. Gegen Ende August befand sich Steinmetz wieder in der Nähe der französischen Hauptstadt. Er lag in Meudon in Quartier. Mit seinem Hauswirte ritt er zum Ludwigsfeste nach Paris. Die Pferde, bei Ankunft vor den Tuilerieen, wurden sorglos einem Unbekannten übergeben, und im seltsamsten Aufzuge, in Feldmütze und lederbesetzter Reithose, ohne Abzeichen an der Uniform, stieg er treppauf, wo Ludwig XVIII. mittlerweile die Gratulationscour eröffnet hatte. Sein Wirt wurde abgewiesen, ihn aber hielten weder die Schildwachen noch die französischen Offiziere, die sich in Gala-Uniform bewegten, zurück, kamen ihm vielmehr in echt französischer Artigkeit entgegen und gaben Auskunft auf seine Fragen.

Beim Durchziehen Frankreichs lernte er auch die nördlichen Provinzen des Landes kennen, die zum Teil noch insurgiert waren. Es gab manche Verwickelungen, namentlich in Rouen und Caën; ihm aber widerfuhren weder Angriffe noch Ungelegenheiten, wiewohl er, oft völlig unbewaffnet, sich inmitten der Bevölkerung bewegte.

Aus Frankreich marschierte er mit dem 1. Regiment nach Königsberg in Preußen, wo er bis 1818 in Garnison verblieb. Am 26. Mai des genannten Jahres wurde er in das 2. Garde-Regiment versetzt. Jetzt kamen schwere Tage für den jungen Garde-Offizier ohne Vermögen, ohne Zulage. Im nächsten Jahre avancierte er zum Premier.

Vom Herbst 1820 bis Sommer 1823 besuchte v. Steinmetz die

Kriegsschule; 1824 wurde er zum topographischen Büro kommandiert, in welcher Stellung er vorzugsweise mit Landesaufnahmen in Posen und Schlesien beschäftigt war.

1825 vermählte er sich mit seiner Cousine, einer Tochter des aus der Kriegsgeschichte bekannten, später in der Nähe von Frankenstein (in Schlesien) ansässigen Generalleutnant v. Steinmetz. Dieser – zugleich also der Oheim und Schwiegervater unsres Steinmetz – wandte sich an den damaligen Chef des Generalstabes der Armee, General v. Müffling, mit dem er befreundet war, und bat ihn sich zu erklären, »ob sein Schwiegersohn Aussicht habe, in den Generalstab zu kommen.« Müffling antwortete: »Nein! Steinmetz habe kein Vermögen, er müsse seine Karriere durch den praktischen Dienst machen.«

Und er machte sie durch den »Dienst«. 1829 avancierte er zum Hauptmann, vertauschte das 2. Garde-Regiment mit dem Garde-Reserve-Regiment, dann (1835) das letztre mit dem Kaiser Franz-Grenadier-Regiment. In diesem verblieb er vier Jahre. 1839, unter gleichzeitiger Ernennung zum Major, erhielt er das Garde-Landwehr-Bataillon Düsseldorf, 1841 wurde er Bataillons-Kommandeur im Garde-Reserve-Regiment (Spandau).

In dieser Stellung war er noch während der Märztage 1848. Er wurde mit seinem Bataillon nach Berlin herangezogen, und da, während des Straßenkampfes, der Kommandeur des 2. Regimentes, Graf v. d. Schulenburg, verwundet worden war, übertrug der König an Steinmetz die Führung dieses Regiments. Steinmetz traf die beiden für den Feldzug in Schleswig-Holstein bestimmten Musketier-Bataillone im Havellande, während das Füsilier-Bataillon in Stettin verblieben war. Die Reserven wurden eingezogen, aber es fand sich weder Gelegenheit zum Exerzieren noch Schießen. So wurde nach Schleswig marschiert. An den Gefechten von Schleswig und Düppel waren die Bataillone beteiligt und benahmen sich, trotz unvollendeter Ausbildung, vortrefflich. Nach Beendigung des Feldzuges verlieh König Friedrich Wilhelm IV., bei einer Parade, die er über sein Regiment abhielt, dem Major v. Steinmetz für sein Verhalten im Kriege den Orden *pour le mérite.*

Im Oktober desselben Jahres wurde v. Steinmetz zum Kommandeur des 32. Infanterie-Regiments (damals in Magdeburg) ernannt. Bekanntlich wurde kurze Zeit darauf (November 1848) die in Berlin tagende National-Versammlung angewiesen, ihre Sitzungen in Brandenburg a. H. abzuhalten. Die Rechte folgte dieser Aufforderung. Für die Dauer dieser Sitzungen wurde Steinmetz zum Kommandanten von Brandenburg ernannt. Die seinem Befehle daselbst unterstellten Truppen waren: das Füsilier-Bataillon 31. Regiments, das 6. Kürassier-Regiment, eine Batterie und das Garde-Landwehr-Bataillon Magdeburg, letzteres nicht sehr zuverlässig, weil die in Magdeburg herrschende politische Aufregung das Bataillon mehr oder weniger desorganisiert hatte.

Am 8. Mai 1849 wurde v. Steinmetz Oberstleutnant. – 1850, während der mit Österreich drohenden Verwicklungen, rückte er mit seinem Regiment (dem 32.) nach Kurhessen. Er wurde zum Kommandanten von Kassel ernannt. Behörden und Bevölkerung zeigten sich willig. Er wünschte, aus dem von ihm besetzten Zeughause die zurückkehrenden hessischen Soldaten bewaffnen und organisieren zu können; seine dahin zielenden Anträge wurden aber nicht genehmigt.

Bekanntlich unterblieb der Krieg. Steinmetz führte sein Regiment zurück, das nun Erfurt als Garnison erhielt. Wenige Wochen später (Januar 1851) wurde v. Steinmetz Oberst und Kommandeur des Kadetten-Korps. Er blieb es bis 1854. Am 13. Juli – kurz vorher zum Kommandanten von Magdeburg ernannt – avancierte er zum Generalmajor. Gleich im ersten Jahre seines Magdeburger Aufenthalts verlor er seine einzige erwachsene Tochter am Typhus. Er war tief erschüttert. Bald nach dem Tode der Tochter stellten sich bei dem General visionäre Zustände ein, die zu den mannigfachsten Befürchtungen Veranlassung gaben, wiewohl der davon Betroffene sich über sich selbst ganz klar war und ohne Aufregung diese Visionen prüfte. Alles, was er sah, mußte ihm um so merkwürdiger erscheinen, als er, bei kritisch überlegendem Verstande, Dinge wahrnahm, die er sonst nur bei Personen im Zustande höchster Exaltation für möglich gehalten hätte. Er hatte bis dahin (das sei eigens hervorgehoben) über Erscheinungen eines derartigen Seelenlebens weder gelesen noch ernstlich nachgedacht. Erst als er später mannigfache, diese Frage behandelnde Schriften kennenlernte, war er erstaunt über die sich ihm darbietende Übereinstimmung mit seinen eignen Erlebnissen.

1857 im Frühjahr zum Kommandeur der 3. Garde-Infanterie-Brigade, im Herbst zum Kommandeur der 1. Division ernannt, übersiedelte er nach Königsberg in Preußen, 1858 avancierte er zum Generalleutnant; 1863 erhielt er das II. Armee-Korps (Stettin), 1864 das V. (Posen). Im selben Jahre wurde er General der Infanterie.

Als Kommandeur der 1. Division (Königsberg) hatte er – Anfang der 60er Jahre – bei anbefohlenen größeren Übungen des I. Armee-Korps die eigne (erste) Division mehrere Tage lang gegen die zweite geführt. Dies war ihm eine sehr interessante und lehrreiche Übung geworden. Die Ausdauer der Truppen, welche damals, bei den Friedensmanövern, den ganzen Tag mit vollem Gepäck in Tätigkeit waren, erweckte in dem General großes Vertrauen zu der Leistungsfähigkeit derselben, wenn es zum Kriege kommen sollte. – Es war ihm nicht beschieden, gerade diese Truppe (Ostpreußen) gegen den Feind zu führen. – In Pommern, wo er das II. Korps etwas länger als ein Jahr kommandierte, machte er dieselbe Erfahrung in betreff der Kraft und Ausdauer der Truppen.

Seit Mai 1864, wie schon in der Kürze hervorgehoben, stand er als Kommandierender an der Spitze des V. Korps (Posen). Die Mobilmachung überraschte das Korps nicht; wie das Haupt, so die Glieder, Alles arbeitete mit Lust, Eifer, Hingebung. Nun stand man schlagfertig zum Schutze des Landes; an der Grenze des Landes. Das Korps vertraute seinem Führer, der Führer seinem Korps. Ungeduldig drängte alles zum Angriff. Mit welchem Ungestüm, welchem Opfermut und welcher Ausdauer er ausgeführt wurde, davon werden wir in Nachstehendem zu berichten haben.

Nachod

Der Paß von Wysokow. Die Branka

ACHod (wir nannten es schon) war das Tor, durch das General von Steinmetz das V. Korps nach Böhmen hinein dem erst von Süden her anrückenden Feinde entgegen führte. Dies war wesentlich. Wir waren eher zur Stelle als der Gegner.

Schon am 26. abends hatten Abteilungen unsrer Avantgarde sich in Besitz der Stadt und der wesentlichen Teile auch des Passes von Nachod zu setzen gewußt.* Das »Tor« brauchte mithin nicht eigentlich mehr geöffnet, sondern nur noch behauptet zu werden. Die Aufgabe indes, ein in dichten Kolonnen zurückstehendes Korps durch das enge, keine

* Dieser Besetzung von Nachod, am Abend des 26., war ein leichtes Gefecht hart an der Grenze, die hier durch die Metau gebildet wird, vorausgegangen. Als die Spitze unsrer Avantgarde die Metau-Brücke erreichte, wurde sie vom jenseitigen Ufer her mit Granatschüssen empfangen. Generalmajor v, Löwenfeld, der sich bei der Vorhut befand, beschloß, sofort die jenseitigen Höhen zu nehmen und bis Nachod vorzugehn, was anfänglich kaum im Plane gelegen haben mochte. Einige Würfe von zwei vorbeorderten 4 Pfündern vertrieben rasch die am österreichischen Zollhause aufgestellten feindlichen Abteilungen, etwa eine Eskadron

Ausbreitung gestattende Defilee hindurchzuziehn, war immer noch eine überaus schwierige, zumal wenn der Feind, wie man erwarten mußte, inzwischen in Front des Passes erschien. Der nächste Morgen sollte den Beweis davon führen.

Stadt Nachod, etwa in der Mitte des Defilees gelegen, zählt wenig mehr als 3000 Einwohner. Sein Schloß ist berühmt als Geburtsstätte Wallensteins. Bis zur Hussitenzeit gehörte der in seinen Fundamenten uralte Bau dem Geschlechte Berka, später den Smirziczkis, aus deren Hause die Mutter Wallensteins war. Nach der Schlacht am Weißen Berge (1620) erscheint Graf Terzky, Wallensteins Schwager, als Schloßherr; nach der Mordnacht von Eger (25. Februar 1634) aber erhielt Octavio Piccolomini die Herrschaft als Belohnung. Ihm verdankt das Schloß seine heutige Gestalt, was eine Inschrift am inneren Tore verkündigt. Es steht auf einem Felsen, der dicht am Marktplatze des Städtchens jäh aufsteigt und durch eine Treppe von 333 Stufen zugänglich gemacht ist. Der gewaltige Bau enthält drei Höfe, die rings von den Wohn- und Wirtschaftsgebäuden umschlossen sind. Die Piccolomini sind längst ausgestorben; man findet nur noch ihre Bildnisse, namentlich Octavios, und ein Schlachtengemälde, das seinen Sieg über die Franzosen bei Thionville verherrlichen soll. Jetzt gehört das Schloß dem Fürsten Auersperg in Prag.

Soviel über die Stadt Nachod; wir wenden uns nunmehr wieder, behufs eingehender Terrainschilderung, dem Paß von Nachod zu.

Dieser, wie wir bereits in Kürze gezeigt haben, war in seiner ersten Hälfte: von der Grenze bis Nachod, tatsächlich und unmittelbar, – in seiner zweiten Hälfte: von Nachod bis Wysokow, wenigstens mittelbar in unsren Händen. Wir hatten (der Feind war am 26. abends noch um zwei Meilen zurück) jeden Augenblick die Möglichkeit des Vortritts. Aber war der Feind auch noch zu weit entfernt, um uns bei Besetzung dieser zweiten Hälfte zuvorkommen zu können, so war er doch nahe genug (wie denn auch wirklich geschah), um diese im Fluge von uns besetzte zweite Hälfte mit superioren Kräften angreifen und uns den Besitz des Passes, beziehungsweise das Debouché aus demselben streitig machen zu können. In der Tat wurde die zweite Hälfte des Passes

Kürassiere, zwei Geschütze und einige Infanterie, wahrscheinlich vom 4. Bataillon Khevenhüller, das in Josephstadt als Besatzung lag. Die Brücke wurde nunmehr wiederhergestellt. Das 3. Bataillon vom 37. bezog Biwaks zwischen der Metau und Nachod, eine Jäger-Kompanie besetzte Nachod selbst. Um 9 Uhr abends rückten noch weitere Abteilungen der Avantgarde bis über die Metau-Brücke vor. Auf feindlichem Gebiete standen in der Nacht vom 26. zum 27.: das 3. und 2. Bataillon vom 37. Regiment, zwei Jäger-Kompanien und eine Eskadron vom 4. Dragoner-Regiment.

Objekt wie Schauplatz des Kampfes. – Das entsprechende Terrain bietet dem Auge folgende Hauptpunkte dar.

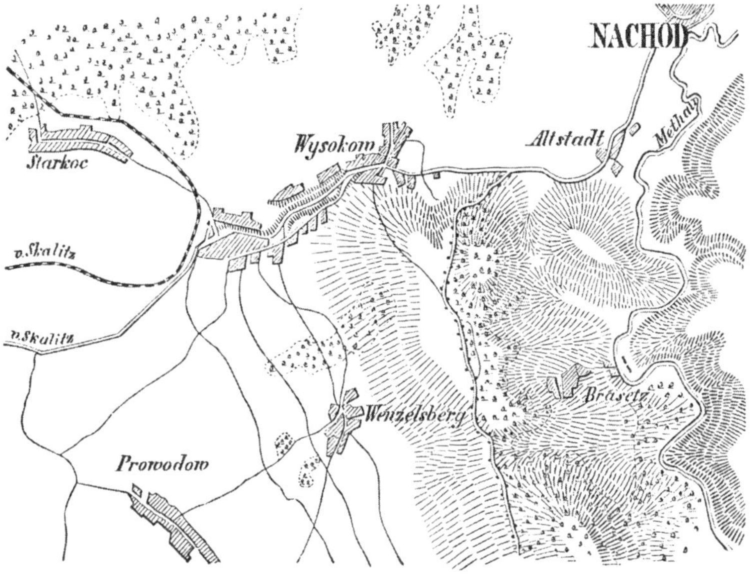

Der Kampf verlief nur während seiner letzten Phase in dem eigentlichen Defilee, dem Passe von Wysokow. Die Hauptgefechtsmomente fanden vielmehr um den Besitz eines südlich vom Defilee gelegenen, nach Westen zu sich abdachenden Plateaus statt, und diesen Hauptteil des Schlachtfeldes, samt dem bis Nachod hin zurückgelegenen Terrain, glauben wir am besten durch die nachstehende Profil-Linie, die also einen Terrain-Durchschnitt gibt, zu charakterisieren.

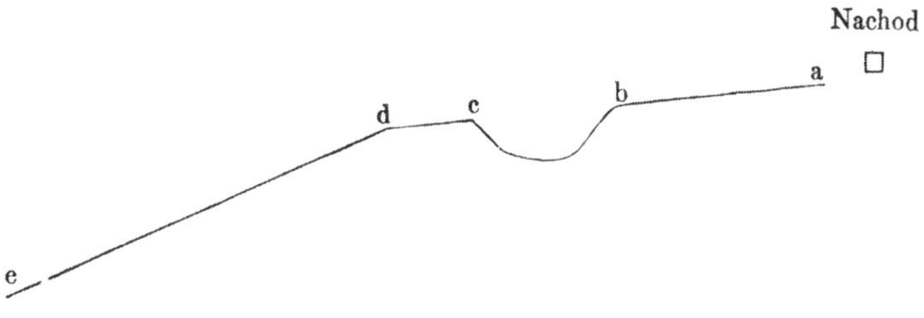

Dieser Linie hatten unsre zum Kampf in der Front (wo anfangs nur die Vorhut unsrer Avantgarde stand) heraneilenden Bataillone zu folgen:

aus Nachod debouchierend hielten sie zuerst die große, über ein Hochplateau führende Straße, ab;

dann stiegen sie, sich links haltend, in eine große Terrainmulde nieder, bc,

erkletterten bei c ein zweites, bereits in der Front gelegenes Plateau, cd und standen nun bei d, dem auf der Linie ed angreifenden, durch unsre Vorhut kaum noch zurückgehaltenen Feinde gegenüber.

Das Terrain, wie es sich aus dieser Profil-Linie ergibt, war im wesentlichen ein günstiges für uns und glich unsre anfängliche Minderzahl zu erheblichem Grade wieder aus. Unsre Frontalposition bei d gab uns den Vorteil einer Hochstellung gegen den aus der Tiefe angreifenden Feind, während die Mulde cd unsren in dem schmalen Defilee heraneilenden Bataillonen des Gros beziehungsweise der Reserve nicht nur Deckun gewährte, sondern auch die Möglichkeit bot, sich zu sammeln, zu formieren und auszubreiten.

Der Hauptteil des Gefechtes verlief auf dem Plateau-Abhang ed, dessen zur Verteidigung geeignetste Punkte von d aus, gleich beim Erscheinen des Feindes, durch unsre vordersten Avantgarde-Bataillone besetzt worden waren. Der Feind, in großer Überzahl, drückte uns zunächst von unseren Positionen auf der Abhangs-Linie ed auf die Plateau-Linie dc zurück. Diese aber hielten wir, und von hieraus die verlorengegangenen Punkte wiedererobernd, warfen wir schließlich den vordringenden Gegner die Abhangs-Linie de wieder hinunter. Damit war das Gefecht zu unsern Gunsten entschieden. Vermochten wir dc nicht zu halten, so war nicht nur das Defilee, sondern auch alles, was in der Mulde stand, verloren.

Wir haben also als Hauptpunkte für den Gang des Gefechtes festzuhalten: die Mulde (bc), das Plateau (cd) und den Abhang (de). Den Schlußkampf um Wysokow betrachten wir gesondert.

Über die genannten drei Punkte noch einige kurze Bemerkungen.

Die Mulde ist ein Teil des von der Grenze her in Schlängellinien sich ziehenden Metaubettes. In ihr liegt, halben Wegs zwischen Nachod und Wysokow, das Dorf Altstadt, in dessen Nähe die von Süden kommende Neustädter Chaussee in die Skalitzer Straße einmündet. (Vergl. die Karte.)

Das Plateau, das durch die Skalitzer Straße oder, was dasselbe sagt, durch den Paß von Wysokow in eine nördliche und südliche Hälfte geteilt wird, heißt in seiner südlichen Hälfte die Branka-Höhe oder bloß einfach die Branka.* Ein Wald, der Branka-Wald, zieht sich eine halbe

* »Branka« heißt die Öffnung, das Portal, der Paß. Wenn mich Nachoder Bürger recht

Meile lang von Nord nach Süd auf diesem Südteile des Plateaus hin; parallel mit ihm, unmittelbar in seiner westlichen Front und ebenfalls noch auf der Höhe des Plateaus läuft die vorgenannte Neustädter Chaussee, auf der die Österreicher anrückten.

Am Abhange des Plateaus, das wie eine breite Treppe zur Ebene niedersteigt, liegen, von Nord nach Süd, vier scharf markierte Punkte: ein Ackerfeld, ein Wäldchen, Dorf Wenzelsberg* und wieder ein Wäldchen. Um alle vier Punkte wurde gekämpft. Auf dem Ackerfelde (hart am Plateau selbst) fand das Reitergefecht statt; in dem Nordwäldchen kämpften nach und nach Abteilungen fast aller Regimenter; Wenzelsberg war der Ruhmespunkt der 32er; das Südwäldchen hielten, durch Stunden hin, die 58er.

Wir wenden uns nun der Darstellung des Gefechts beziehungsweise seiner einzelnen Momente zu.

berichtet haben, so stand in alten Zeiten auf dem Plateau nördlich und südlich von Wysokow ein dichter, undurchdringlicher Wald, der die Grenze zog zwischen dem Gebirgsland im Osten und dem Aupa- und Elbe-Tal im Westen. In diesem dichten Walde befand sich, etwa wo jetzt die Chaussee läuft oder aber auf der Höhe südlich davon, eine Waldlichtung, durch welche der ganze Verkehr zwischen Schlesien und Nordböhmen ging. Diese Lichtung hieß die »Branka«. Sie war eine Öffnung im Walde, ein Waldportal. Im Laufe der Zeit wurde das Wort »Branka« von der Lichtung des Waldes auf den Wald selbst übertragen, und in diesem Augenblick wird der ganze bewaldete Höhenzug, in dessen Front die Neustadt-Nachoder Chaussee läuft, die »Branka« genannt. Auf unsren Karten führt nur das nördlichste Stück, wo die beiden Chausseen rechtwinklig zusammenstoßen, diesen Namen. Dies ist (die Zuverlässigkeit meiner Quelle vorausgesetzt) nicht richtig.

* Am Abhange des Branka-Plateaus, etwa von Mittelhöhe des Hügels an bis zum Fuße desselben, zieht sich, in gerader Linie von Ost nach West, »Dorf Wenzelsberg«. Oben am Dorf befindet sich die bis in die erste christliche Zeit zurückreichende katholische Sankt Wenzelskirche, mit einer uralten Kirchhofsmauer und einem ziemlich ebenso alten, abgetrennt stehenden Glockenturm; unten am Fuße des Hügels steht die kleine evangelische Kirche. Der alte Sankt Wenzelsbau, in einiger Entfernung gesehen, nimmt sich ziemlich malerisch aus. In der Kirche, die noch Spuren des Kampfes zeigt, befinden sich zwei Ölbilder, ein und denselben Gegenstand darstellend: »König Wenzel hält auf der Branka-Höhe (wo jetzt die einsame Fichte steht) eine große Volksversammlung.« Das größere, etwas ältere Bild wurde von einer Kugel getroffen, das kleinere, jetzt über dem Altar, trägt in böhmischer Sprache die Umschrift: »Gott wolle uns und unsre Nachkommen gnädig bewahren.« (Dicht bei Wenzelsberg steht das für das VI. österreichische Korps errichtete Monument, wie das X. Korps ein gleiches bei Trautenau hat.)

Das Treffen bei Nachod

AM 27. früh, vor Tagesanbruch, stand das preußische V. Korps (Steinmetz) mit seinem Gros bei Reinerz, also zwei Meilen östlich, das österreichische VI. Korps (Ramming) bei Opoçno, also zwei Meilen südlich von Nachod.

Die Aufgabe Steinmetzs ging dahin: das »Tor von Nachod« zu passieren, dann in der Richtung von Ost nach West auf Gradlitz und die Ober-Elbe vorzudringen, unter Innehaltung der Linie Nachod-Skalitz.

Die Aufgabe Rammings (sein Porträt siehe folgende Seite) ging dahin: den noch nicht vollendeten Aufmarsch der Haupt-Armee bei Josephstadt durch eine Aufstellung zwischen der Ober-Elbe und dem Nachoder Paß zu decken und zu diesem Behuf von Süd nach Nord gegen die Straße Nachod-Skalitz vorzurücken.

Hält man diese beiden Aufgaben nebeneinander, so ergibt sich daraus, daß die Ausführung notwendig zu einem Zusammenstoß

beider Korps führen mußte. Die Richtung des einen ging westwärts, die Richtung des andern nordwärts auf Skalitz zu, an irgendeinem Punkte der Straße Nachod-Skalitz mußte man voraussichtlich und zwar rechtwinklig zusammenstoßen. Und so geschah es. Mit dem einzigen Unterschied, daß die Österreicher, als sie unsrer Kolonnen auf dem Plateau von Wysokow ansichtig wurden, rechts schwenkten und dadurch den Stoß, der unsere, der ursprünglichen Marschlinie nach, linke Flanke treffen mußte, vorwiegend in einen Frontal-Angriff verwandelten.

Das Avantgardengefecht bei Wenzelsberg. Bis 12 Uhr

Das V. Korps hatte am Morgen des 27. etwa zwei Meilen Tiefe. Bataillon hinter Bataillon. Der Paß, durch den man hindurch mußte, gestattete keine Ausbreitung. Die Aufstellung war folgende:

Vorhut der Avantgarde (Oberst v. Below)

2	Bataillone 37er	Nachod
2	Kompanien Jäger	
2	Kompanien Pioniere	
2	Eskadronen Dragoner	
1	4pfündige Batterie (Hauptmann Schmidt)	

Gros der Avantgarde (Generalmajor v. Ollech)

1. Bataillon 37er 3 Bataillone 58er 2 Kompanien Jäger 3 Eskadronen Dragoner 1 4pfündige Batterie (Hauptmann Michaelis)	Schlaney (Grenzdorf)

Kavallerie-Brigade (Generalmajor v. Wnuck)

Westpreußisches Ulanen-Regiment Nr. 1 2. Schlesisches Dragoner-Regiment Nr. 8 1 reitende Batterie	Reinerz

Gros. 10. Division (Generalleutnant v. Kirchbach)

6. Regiment 46. Regiment 47. Regiment 52. Regiment 4 Batterien	Reinerz

Reserve (Generalmajor v. Horn)

Königs-Grenadier-Regiment (Nr. 7) 2 Batterien	Rückerts

Reserve-Artillerie (Oberst v. Kameke)

4 gezogene und 2 reitende Batterien.

Nachod selbst war also durch unsre Avantgarde bereits besetzt. Die Besetzung (vgl. S. 311) hatte am 26. abends stattgefunden. Der Paß war dadurch im wesentlichen in unseren Händen; das noch vorgelegene Stück, zwischen Nachod und Wysokow, konnte, da der Feind mit erheblichen Kräften noch nicht heran war, jeden Augenblick von den Unseren besetzt, beziehungsweise passiert werden.

Und so geschah es in der Tat in aller Frühe am 27.

Schon um 7 Uhr, oder noch früher, passierte die Vorhut der Avantgarde unter Oberst v. Below Nachod und ging auf der Straße nach Skalitz bis zu dem Punkte vor, wo die Straße nach Neustadt sich abzweigt. Unsre Vorhut, drei Bataillone stark, stand hier im wesentlichen in der mehrgenannten Terrain-Mulde. Die vorgelegene Höhe gestattet eine Umschau.

Hier hielt General v. Löwenfeld. Das Halb-Bataillon Kurowski (9. und

12. Kompanie 37. Regiments) erhielt Befehl, sich auf Wysokow zu dirigieren. Kein Feind war da, diese Bewegung zu hindern. Der Paß war in unsern Händen; auch das unmittelbar angrenzende Terrain.

Viel war gewonnen. Dennoch blieb bei der numerischen Schwäche unsrer Vorhut (nur 3 Bataillone) eine große Gefahr: Diese drei Bataillone konnten, eh das Gros der Avantgarde unter Generalmajor v. Ollech und besonders eh das eigentliche Gros unter Generalleutnant v. Kirchbach heran war, durch überlegene feindliche Kräfte angegriffen, in das Defilee zurückgeworfen und dieses dadurch völlig unpassierbar für unsre von der Grenze her anrückenden Truppen gemacht werden. General v. Löwenfeld war sich dieser Gefahr bewußt. Es handelte sich also darum, wenn der Angriff erfolgte, das Plateau, beziehungsweise Wysokow selbst, mit Dransetzung aller Kräfte zu halten. Die 37er (wie wir sehen werden, alsbald durch Abteilungen vom 58sten unterstützt) erfüllten ihre Aufgabe in ruhmreicher Weise.*

* Beide Regimenter, wie das ganze V. Korps, waren in Halb-Bataillone geteilt, eine Einteilung, die sich glänzend bewährte und die es nötig ist, gegenwärtig zu haben, um dem Gange des Gefechts bequem folgen zu können. Wir geben sie deshalb nachstehend.

Westfälisches Füsilier-Regiment Nr. 37 (Oberst v. Below):

1. Bataillon. Major v. Lemmers
   Halb-Bataillon v. Winterfeld (1. und 4. Kompanie)
   Halb-Bataillon Vogelsang (2. und 3. Kompanie)
2. Bataillon. Oberstleutnant Freiherr v. Eberstein
   Halb-Bataillon v. Schimonski (5. und 7. Kompanie)
   Halb-Bataillon Braun (6. und 8. Kompanie)
3. Bataillon. Major v. Ploetz
   Halb-Bataillon v. Kurowski (9. und 12. Kompanie)
   Halb-Bataillon v. Bojan (10. und 11. Kompanie)

3. Posensches Infanterie-Regiment Nr. 58 (Oberst v. François):

1. Bataillon. Major v. Eberhardt

Etwa 8½ Uhr meldete die Spitze der auf der Neustädter Chaussee, also nach Süden hin, vorgeschobenen Dragoner-Schwadron das Anrücken des Feindes. Man sah starke Kolonnen in nordwestlicher Richtung avancieren; sie nahmen ihren Marsch auf die Dörfer zu, die etwa halben Wegs zwischen Nachod und Skalitz am Abhange des Plateaus gelegen sind. Gegen diesen Angriff nun, gleichviel ob er das Plateau von Süden oder von Westen her zu ersteigen gedachte, galt es sich zu schützen. Generalmajor v. Löwenfeld traf seine Anordnungen und ließ

eine halbe Jäger-Kompanie in das Wäldchen zwischen Wysokow und Wenzelsberg,

das 4. Dragoner-Regiment und die Batterie Schmidt rechts daneben auf das unbewaldete Plateaustück südlich von Wysokow und

die beiden Halb-Bataillone v. Schimonski und Braun, links daneben, auf das Plateaustück östlich von Wenzelsberg rücken.

Das Halb-Bataillon Kurowski und 1½ Jäger-Kompanie erhielten gleichzeitig Befehl, am Ost-Ausgange von Wysokow Stellung zu nehmen, um diesen wichtigen Punkt gegen einen plötzlichen Angriff von Skalitz her zu schützen. Die Aufstellung war also zunächst (sie änderte sich bald) derart, daß die Dragoner und Artillerie, samt den gegen Wysokow detachierten Kompanien den rechten, die hinter Wenzelsberg stehenden zwei Halb-Bataillone den linken Flügel bildeten. Das Wäldchen mit der halben Jäger-Kompanie war Zentrum.

Als die Aufstellung beendet war, war der Feind heran.

Es war die Brigade Hertwek, die die Tête des feindlichen Korps bildete. Sie bestand aus den Regimentern Kellner- und Gorizutti-Infanterie (beide Regimenter Polen), aus dem 25. Jäger-Bataillon und einer 4pfündigen Batterie.

Brigadier Oberst Hertwek, als er unsrer Aufstellung ansichtig wurde, schritt rasch zum Angriff. Er ließ rechts schwenken – also nunmehr Front gegen Osten – zog die Jäger und die Brigade-Batterie vor, formierte ein erstes Treffen aus Baron Kellner-, ein zweites Treffen aus Gorizutti-Infanterie und ließ nun, zur Einleitung des Gefechts, ein starkes Geschützfeuer auf unsre Stellung eröffnen. Unsre Avantgarden-

Halb-Bataillon Schreiner (1. und 4. Kompanie)
Halb-Bataillon v. Gfug (2. und 3. Kompanie)
2. Bataillon. Major v. Haugwitz
Halb-Bataillon Werneke (5. und 8. Kompanie)
Halb-Bataillon v. d. Horst (6. und 7. Kompanie)
Füsilier-Bataillon. Major du Plessis
Halb-Bataillon v. Gronefeld (9. und 12. Kompanie)
Halb-Bataillon v. Suchodoletz (10, und 11. Kompanie)

Batterie Schmidt, 5. 4pfündige, antwortete vom Plateau aus oberhalb Wenzelsberg.

Dieser Artilleriekampf, dem unsrerseits die Halb-Bataillone v. Schimonski und Braun sekundierten, endete gegen 9½ zum Nachteil der Österreicher. Ihr eigner Bericht sagt: »Der Feind unterhielt ein heftiges Geschütz- und Kleingewehrfeuer und brachte uns, durch seine taktische Überhöhung unterstützt, so bedeutende Verluste an Mannschaft und Pferden bei, daß unsre Batterie ihr Feuer einstellen und sich zurückziehen mußte.«

Die Kanonade hatte nichts gefruchtet; Oberst Hertwek beschloß also, mit seinen Infanterie-Kolonnen, die bis dahin in leidlich gedeckter Stellung Gewehr bei Fuß gestanden hatten, zum Sturm auf das Plateau vorzugehn. Das 25. Jäger-Bataillon avancierte auf Wenzelsberg selbst, Baron Kellner-Infanterie richtete sich links und rechts gegen die unmittelbar vorgelegenen kleinen Waldparzellen; ein Bataillon Gorizutti-Infanterie wurde gegen die südlichste größere Waldparzelle detachiert, um nach Wegnahme dieser von Süden her, also in die linke Flanke unsrer Aufstellung vordringen zu können.

Diese unsre Aufstellung aber war inzwischen nicht mehr dieselbe geblieben. Verstärkungen aus dem Gros der Avantgarde: das noch restierende 1. Bataillon, v. Lemmers, vom 37. Regiment und das 1. Bataillon, v. Eberhardt, vom 58. waren eingetroffen und hatten unsrer Aufstellung zunächst mehr Ausdehnung (nach Süden hin) gegeben. Wenzelsberg bildete nicht mehr den linken Flügel, vielmehr das Zentrum, die nördliche Waldparzelle war rechter, die südliche Waldparzelle linker Flügel geworden. Das Halb-Bataillon Kurowski, am Ost-Ausgange von Wysokow, hatte samt den anderthalb Jäger-Kompanien mehr und mehr den Charakter eines rechten Seitendetachements angenommen und griff in die Kämpfe südlich der Chaussee nicht ein.

Aber auch mehr Festigkeit hatte unsre Aufstellung inzwischen gewonnen. Die nördliche Waldparzelle, bis dahin nur durch eine halbe Jäger-Kompanie besetzt, war jetzt durch die beiden Halb-Bataillone v. Winterfeld und Schreiner, die südliche Waldparzelle (bis dahin unbesetzt) durch die beiden Halb-Bataillone Vogelsang und Gfug verteidigt; diese wesentliche Stärkung der Flügel aber verstärkte auch zugleich das Zentrum: Wenzelsberg (Halb-Bataillone v. Schimonski und Braun). Eine halbe Jäger-Kompanie und sechs Halb-Bataillone stark erwarteten wir nunmehr den Angriff der feindlichen Brigade.

Diese attackierte mit großer Bravour in vier Bataillons-Kolonnen; aber alle vier Kolonnen wurden abgeschlagen. Unser Feuer aus den Wald-Parzellen war zu mächtig. Nur die österreichischen Jäger, im Zentrum, drangen vor, erreichten Dorf Wenzelsberg, besetzten den Friedhof und schienen, über das Dorf hinaus vordringend, einen Erfolg erringen zu sollen, als sie im Rücken von Wenzelsberg, unter einer Obstplantage, auf das vom Plateau her ihnen entgegengerückte 2. Bataillon unsrer 32er, die mehrgenannten Halb-Bataillone v. Schimonski und Braun, stießen. Von einem vernichtenden Feuer empfangen, mußten auch sie zurück. Doch hielten sie Wenzelsberg fest.

So stand das Gefecht etwa um 10 Uhr. Unsre sechs Halb-Bataillone hatten den Angriff der Brigade Hertwek abgeschlagen.

Um 10½ Uhr trat das Gefecht bei Wenzelsberg in seine zweite Phase.

Die zweite Brigade des Rammingschen Korps, die Brigade Jonak, war jetzt heran, schwenkte rechts und schickte sich an, die Brigade Hertwek, die eben einen erneuten Angriff vorbereitete, zu unterstützen.

Diese Unterstützung sollte zunächst weniger in direkt eingreifender Aktion, als vielmehr in bloßer Festhaltung unsres Zentrums und rechten Flügels bestehn, um dadurch der Brigade Hertwek Gelegenheit zu einem energischeren, weil auf unsren linken Flügel konzentrierten Vorstoß zu geben. Die Bataillone Gorizutti, die bis dahin wenig im Feuer gewesen waren, wurden in die Front genommen, und vorwärts ging es auf die verschiedenen Waldparzellen südlich von Wenzelsberg.

Hier aber hatte sich inzwischen auch die Verteidigung verstärkt; zu den zwei Halb-Bataillonen Vogelsang und Gfug (je eins vom 37. und 58. Regiment), die hier den ersten Angriff um etwa 9½ Uhr abgeschlagen hatten, hatten sich mittlerweile zwei weitre Halb-Bataillone, Werneke und v. Gronefeld, beide vom 58., eingefunden, und gegen diese verstärkte, wenn auch immerhin noch schwache Macht ging jetzt der zweite Sturm der Brigade Hertwek. Die Brigade Jonak stand links daneben, einfach alles in Schach haltend, was sonst noch nach Nord und Osten hin von preußischen Bataillonen auf dem Plateau stand.

Aber auch dieser zweite Angriff sollte scheitern. Er richtete sich vorzugsweise – es war jetzt 11 Uhr – gegen ein in Front der Waldparzellen gelegenes, von Obstbäumen umstelltes und zum Dorfe Schonow gehöriges Gehöft. Dieses, auf Spezialkarten als Sochors Gehöft bezeichnet, war unsrerseits von den Halb-Bataillonen Werneke und Gfug unter Führung Majors v. Haugwitz besetzt worden. In Nähe des Gehöfts, auf einem höher gelegenen Punkte, hielt Generalmajor v. Ollech, Kommandeur des Gros der Avantgarde; neben ihm Oberst v. François und Major v. Eberhardt, beide vom 58.

Der Feind, auch bei diesem zweiten Angriff, rückte mit großer Bravour vor; die Offiziere, die in Erfahrung gebracht haben mochten, daß ihren polnischen Bataillonen auch unsrerseits ein polnisches Regiment (das 58.) gegenüberstehe, gaben mit lauter Stimme die polnischen Kommandos, um eine Einwirkung auf die Haltung unsrer Truppe, wenn auch nur ein momentanes Schwanken, zu bewirken, aber umsonst. Der Feind, von unsrem Feuer empfangen, wich; neue Kolonnen, Jäger mit Infanterie, rückten nach; aber Major v. Haugwitz ging jetzt den Anstürmenden seinerseits mit Hurra entgegen. Etwa in Mitte der Ausbuchtung, die hier die südliche Waldparzelle macht, traf man sich.

Noch dauerte der Kampf, zum Teil mit dem Bajonett, als Generalmajor v. Ollech von dem höher gelegenen Punkte aus, wo er gehalten hatte, auf das Gehöft zuritt. Oberst v. François war an seiner Seite. Der Feind bemerkte sofort das Blitzen der Epauletten. Ein Jägeroffizier (zu Pferde) sprengte in die Schützenlinie und wies, lebhaft sprechend und mit dem Finger deutend, auf den General und seinen Begleiter hin. Einen Augenblick später fiel General v. Ollech, von zwei Kugeln getroffen, schwer verwundet vom Pferde. Bataillons-Tambour Braun entriß sofort dem nächsten Musketier das Zündnadelgewehr und schoß den Jägeroffizier aus dem Sattel. Kaum war der General gefallen, so drangen die 58er (5. und 8. Kompanie) in die nach Norden hin gelegenen schmalen Streifen der Waldparzelle ein, bis sie, wieder ins Freie tretend und halben Wegs auf Wenzelsberg zu, ein einzeln stehendes Haus erreichten – die Unterförsterei von Schonow. Hier wurden Gefangene gemacht. Alle Versuche des Feindes, diese Försterei wieder zu nehmen, mißlangen. Es war inzwischen 11½ geworden. Auch der zweite und, wie wir gesehen haben, auf unsren linken Flügel konzentrierte Vorstoß der Brigade Hertwek war abgeschlagen.

Aber schon bereitete sich ein dritter Angriff vor.

Der Feind führte immer neue Kräfte heran: Eine dritte Brigade, die Brigade Rosenzweig, war eben eingetroffen, und sich links (also nördlich) neben die Gewehr bei Fuß stehende Brigade Jonak setzend, ging diese letztre, nunmehr in beiden Flanken, rechts durch Hertwek, links durch Rosenzweig gedeckt beziehungsweise unterstützt, zum Angriff auf unsre bereits ermatteten und stark gelichteten Bataillone über.

Diesmal mit Erfolg. Gros und Reserve waren noch nicht heran; die Unsern begannen zu weichen. Zunächst im Zentrum: Dorf Wenzelsberg; bald auch vom linken Flügel her: aus den südlichen Waldparzellen, aus dem Gehöft und der Försterei. Mit halbrechts, Front gegen den Feind, in nordöstlicher Richtung, gingen unsere Avantgarden-Bataillone langsam zurück, bis an die Stelle, wo der Nachod-Paß die Branka-Höhe durchschneidet. Nur die vielgenannte nördliche Waldparzelle und (nach österreichischem Bericht) die Kirche und der Kirchhof von Dorf Wenzelsberg waren zu dieser Stunde noch in unsern Händen. Selbstverständlich auch Wysokow, gegen das sich ein Angriff noch nicht gerichtet hatte.

Die Gefahr war evident und wuchs mit jeder Minute; der Feind, so viel übersah man, schickte sich eben an, durch ein energisches Vorgehen seinen Vorteil auszubeuten; was er noch an Kräften hatte, rückte vor, um durch einen wiederholten kräftigen Vorstoß uns in die Mulde zurückzuwerfen, den Paß zu schließen und den Vorteil der erhöhten Stellung auf seine Seite zu bringen. Die Brigade Rosenzweig, das 17. Jäger-Bataillon an der Tête, ging auf die nördliche Waldparzelle vor; in dichten Kolonnen, links und rechts, folgten die Bataillone der Regimenter Gondrecourt und Deutschmeister. Unsrerseits hatten wir nur einzelne Kompanien noch, um diesem energischen Vorstoß zu begegnen. Der Moment war kritisch. Um dies vollends fühlbar zu machen, brach in diesem Augenblick die Kürassier-Brigade Solms, die bis dahin bei Kleny gehalten hatte, hervor und stürmte den Abhang hinauf, auf das frei zwischen Wysokow und dem nördlichen Wäldchen gelegene Plateau.

Das Reitergefecht auf dem Plateau von Wysokow

Der Moment war kritisch, so sagten wir; er war es, aber einen Augenblick nur. Wenigstens die nächste, die drohendste Gefahr: der Reiter-Angriff, wurde schnell abgewendet.

Eben war unsrerseits die Kavallerie-Brigade Wnuck aus dem Defilee heraus und warf sich – das 1. Ulanen-Regiment vorauf, das 8. Dragoner-Regiment in der linken Flanke folgend – ohne Zögern in die brillant anrückenden feindlichen Schwadronen. Es waren Ferdinand- und Hessen-Kürassiere.

Ein preußischer Bericht (unmittelbar nach der Schlacht abgefaßt) schildert das Renkontre wie folgt:

»Unsre 1. Ulanen hatten die Tête; 500 Schritt rückwärts, in der linken Flanke der Ulanen, folgten die 8. Dragoner. Signal: Deployieren! Signal: Galopp! Fanfare! Nun begannen unsre müden Pferde zu fliegen. Mit donnerndem Hurra ging es in die geschlossen anrückenden Kürassiere. Die Ulanen attackierten in der Front; die Dragoner aber, die 4. Eskadron vorauf, warfen sich rechts schwenkend den Kaiser Ferdinand-Kürassieren in die rechte Flanke und den Rücken. Ein wütendes Handgemenge entspann sich. Es war eine allgemeine Mêlée; Lanze, Säbel, Pallasch, alles durcheinander. Die langen, breiten Pallasche der Kürassiere blitzten nach allen Seiten in; aber die Unsern hatten nicht umsonst parieren und hauen gelernt. Der Flankenangriff der Dragoner-Schwadron (Rittmeister v. Walther) entschied. Leutnant v. Raven, der bei dieser Schwadron stand, sah plötzlich die feindliche Standarte neben sich. Er, Unteroffizier Reudelsdorf, Trompeter Tuchale und einige Dragoner warfen sich auf den mächtigen Mann, der sie trug, und ein ungleiches Ringen entspann sich: v. Raven griff zu, noch ein Hieb, und der feindliche Wachtmeister sank vom Pferde. Die Standarte war erobert; die Kürassiere wurden vom rechten Flügel her aufgerollt, und in unsre Ulanen hineingetrieben, verloren sie hier, in immer wachsendem Demêlée, eine zweite Standarte.

Unsre Dragoner, den Feind verfolgend, gerieten jetzt in heftiges Artillerie-Feuer; einschlagende Granaten nahmen Leute fort, und das Signal: Appell! rief sie aus dem Feuer zurück. – Dieser kurze, aber energische Zusammenstoß hatte viel Blut gekostet. Generalmajor v. Wnuck (Porträt siehe folgende Seite), der Führer der Brigade, beide Regiments-Kommandeure: Oberst v. Tresckow und Oberstleutnant v. Wichmann bluteten aus Hiebwunden in Stirn und Nacken; mit und neben ihnen waren 10 Offiziere in diesem kurzen Renkontre verwundet worden.* Das Plateau war rein gefegt, der Angriff der feindlichen Kürassier-Brigade gescheitert.«

* Bei dem großen Interesse, das dieses erste Reitergefecht auf beiden Seiten geweckt hat, geben wir nachstehend die Namen der Offiziere, die verwundet wurden:

Westpreußisches Ulanen-Regiment Nr. 1.

Oberst v. Tresckow, in rechtem Arm und linker Hand.

So der preußische Bericht. Wir werden ihn mit dem österreichischen zu vergleichen haben. Dieser sagt folgendes:

»Die Kürassier-Brigade Solms war nur 5 Eskadronen stark und bestand aus dem Kürassier-Regiment Kaiser Ferdinand (4 Eskadronen) und aus einer Eskadron (der 2.) vom Kürassier-Regiment Prinz Alexander von Hessen. Die drei andern Eskadronen dieses Regiments waren detachiert: zwei nach Starkoç hin, in die linke Flanke; eine dritte, nach rechts hin, war der Brigade Jonak beigegeben. Diese letztere Eskadron (die 3.) griff später entscheidend mit ein.

Die Ferdinand-Kürassiere unter Oberst v. Berres hatten die Tête; 700 Schritt hinter ihnen, in der linken Flanke, folgte die 2. Eskadron

Rittmeister v. Glasenapp, Verlust zweier Fingerspitzen.
Premierleutnant v. d. Marwitz, Hieb am rechten Ohr.
Sekondeleutnant und Regiments-Adjutant Graf Reichenbach, Hieb am Bauch (das Pferd hatte zahllose Wunden und mußte getötet werden).
Sekondeleutnant v. Thun, Hieb am Rücken.
Portepee-Fähnrich v. Plessen, Hieb am Kopf.

2. Schlesisches Dragoner-Regiment Nr. 8.

Oberstleutnant v. Wichmann, Hieb an der Stirn.
Premierleutnant v. d. Borne, Hieb an Backen und Arm.
Premierleutnant v. Zawadzki, Hieb am rechten Unterarm.
Sekondeleutnant v. Prittwitz, schwerer Hieb am Kopf.

Auch die 2. Eskadron vom ersten Schlesischen Dragoner-Regiment (Nr. 4), die hier mit eingriff, hatte drei Offiziere außer Gefecht. Es zeigen diese zahlreichen Verwundungen, da das Durcheinander nur etwa 3 Minuten dauerte, wie heftig gekämpft wurde. General v. Wnuck empfing seinen Hieb am Hinterkopf nicht von dem Kommandeur der Hessen-Kürassiere, sondern von einem einfachen Reitersmann. – (Prinz Solms, der die feindliche Brigade führte, hatte früher bei unsrer Garde-Kavallerie gestanden und war dann Rittmeister in demselben westpreußischen Ulanen-Regiment geworden, gegen das er jetzt focht.)

Hessen-Kürassiere unter Oberst Graf Thun. Es ging in Trab und Galopp den Plateau-Abhang hinauf, dann über das Plateau weg. Preußische Ulanen ritten jetzt an, um unsrem Angriff zu begegnen. Oberst v. Berres, den Kürassieren auf 50 Schritt voraus, stürzte sich sofort in den Feind. Ein Reiter – mutmaßlich der Führer der Ulanen – wurde in Front seines Regiments mit kräftigem Hiebe vom Pferde gehauen; die Kürassiere folgten mit stürmischem Hurrah. Ein Durcheinander entstand; ein Hauen und Stechen; die Ulanen hielten sich gut; viele der Unsren, namentlich im Moment des Zusammenstoßes, wurden durch die feindlichen Lanzen verwundet.

In diesem Augenblick völliger Mêlée rückten die preußischen 8. Dragoner heran und warfen sich, mehrere Eskadronen stark, in unsre rechte Flanke. Schon wichen die Kürassiere; der eine Standartenführer, abgedrängt und von einer Anzahl Dragoner umringt, wurde durch Hieb und Stich verwundet, die Fahne ihm entrissen; der andere Fahnenträger, mit den Ulanen im Kampf, verlor sein Pferd und fiel mit mehr als zwanzig Wunden bedeckt. Seine Standarte, zerhauen und zerbrochen, wurde später von den Preußen auf dem Schlachtfelde gefunden.

In diesem Augenblick, der verhängnisvoll werden konnte, attackierten unsre Hessen-Kürassiere. Die 2. Eskadron (Oberst Graf Thun), die den Ferdinand-Kürassieren gefolgt war, dirigierte sich, von links her, in die rechte Flanke der Ulanen; die 3. Eskadron aber (Oberstleutnant v. Wagener), die, wie wir wissen, zur Brigade Jonak abkommandiert worden war, warf sich gleichzeitig, oder schon früher, von rechts her in

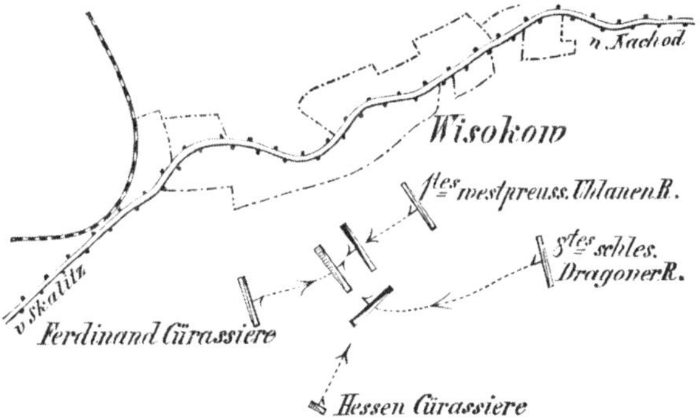

die linke Flanke der Dragoner. Oberstleutnant v. Wagener hieb den feindlichen Brigade-General v. Wnuck, Rittmeister Preiser den Kommandeur der 8. Dragoner (Oberstleutnant v. Wichmann) vom Pferde.

Der Feind stutzte. Die Dragoner, eben noch in entschiedenem Vorteil über die Unsern, gerieten in Verwirrung; der dichte Knäuel der Kämpfenden bewegte sich ostwärts über das Plateau hin; die Dragoner jagten rückwärts auf Nachod zu.

Oberstleutnant v. Wagener, den richtigen Punkt und den richtigen Moment wählend, hatte das Gefecht nicht nur wiederhergestellt, sondern es auch zu unsern Gunsten entschieden. Wir folgten dem fliehenden Feinde; aber, zwischen Wysokow und dem Walde alsbald in Front und Flanke beschossen, gingen wir auf das mit lauter Stimme gegebene Kommando »Kehrt euch« bis an den Rand des Plateaus zurück.

Unser Sieg war nicht ohne Opfer erkauft. Die Ferdinand-Kürassiere allein verloren 3 tote und 4 schwerverwundete Offiziere; außerdem 130 Mann, 142 Pferde. Hessen-Kürassiere litten weniger; selbst die 3. Eskadron, die den Ausschlag gegeben hatte, wies nichts Erhebliches an Verlusten auf. Nur 1 Offizier und wenige Mannschaften waren verwundet. Die Plötzlichkeit des Angriffs, die Überraschung, die Flankierung eines Flankenangriffs, der seinerseits schon siegreich zu sein glaubte – das war es, was entschied. Nicht Kampf.«

In dieser Darstellung haben wir die österreichische Auffassung des Kampfes.

Die Berichte von hüben und drüben stimmen in folgenden Punkten überein:

1. daß die westpreußischen Ulanen und die Ferdinand-Kürassiere in Front aufeinander stießen;
2. daß die 8. Dragoner dem Feind in die rechte Flanke fielen;
3. daß dieser Flanken-Angriff die Ferdinand-Kürassiere verwirrte, zurückwarf und ihnen zwei Standarten kostete; endlich
4. daß unmittelbar nach diesem Erfolg die preußische Kavallerie-Brigade zurückging.

Soweit Übereinstimmung. Aber warum ging die Brigade Wnuck zurück? Hier beginnt die Verschiedenheit. Der preußische Bericht sagt: »weil die verfolgenden Dragoner in Granatfeuer gerieten«; der österreichische Bericht sagt: »weil Oberstleutnant v. Wagener die flankierenden Preußen nun seinerseits in der Flanke faßte«. Der preußische Bericht erwähnt dieses Flankenangriffs gar nicht. Daß er stattgefunden hat, ist unzweifelhaft; ebenso daß er in seiner Art ein Bravourstück und eine glänzende taktische Leistung war; aber wie weit ging seine Bedeutung? Das ist die Frage. Wir wünschen auch gegen den Feind Gerechtigkeit zu üben, um so mehr, als er in seiner Darstellung dieses Gefechts die Anerkennung dessen, was von seiten unsrer Kavallerie geleistet wurde, mit der Aufforderung begleitet: »nun auch unsererseits der Wahrheit die

Ehre zu geben«. Dies zu tun, ist unser aufrichtiges Bestreben; wir fürchten aber, daß auch unsre weitgehendste Konzession unsere Gegner nicht befriedigen wird. So geneigt diese nämlich im allgemeinen sind, Unparteilichkeit zu üben, so wenig geneigt sind sie dazu im besondern. Ihre zweifellos ausgezeichnete Kavallerie soll unter allen Umständen superior und siegreich gewesen sein. Das ist aber mehr, als wir zugeben können. Was speziell das hier in Frage kommende Reitergefecht angeht, so wollen wir dem in den bestimmtesten Ausdrücken gehaltenen österreichischen Spezial-Bericht gegenüber (vgl. Streffleurs Zeitschrift, Märzheft 1867) gern einräumen, daß eine bestimmte Dragoner-Abteilung, größer oder kleiner, seitens der 3. Eskadron Hessen-Kürassiere geworfen und über das Plateau hin gejagt sein möge; diese Attacke aber, wie glänzend immer und wie partiell erfolgreich, kann an dem Gesamtgange des Gefechtes nichts geändert haben. Dazu ging alles viel zu rasch, und war andrerseits der Raum, auf dem man kämpfte, zu groß. Der Angriff schnitt nur eine Ecke weg, war eine Episode, nicht die Krisis des Gefechts. Der vom Feinde selbst zugegebene glänzende Verlauf der ersten Gefechtshälfte, unsre Überzahl, die geringe Zahl der den Flankenstoß ausführenden Kürassiere, endlich ein Blick auf die Verluste des Gegners, auf seine Einbuße an Verwundeten, Gefangenen, Trophäen, – alles läßt uns die Annahme eines entschiedenen Sieges unsrerseits als gerechtfertigt erscheinen. Jedenfalls aber steht Wahrnehmung gegen Wahrnehmung, Bericht gegen Bericht; mehr als tausend preußische Augen haben die Brigade Solms westwärts, aber nicht die Brigade Wnuck ostwärts über das Plateau hinstieben sehn. Ein Kompromiß, nachdem so viele Worte gewechselt wurden, ist kaum noch abzusehn.*

* Seitdem wir das Vorstehende, gestützt auf Spezial-Berichte der engagiert gewesenen Regimenter niederschrieben, sind nun auch die Generalstabswerke hüben und drüben erschienen. Auch diese lassen den Streit in aller Schärfe fortbestehen. Der österreichische Generalstab sagt:

»... Die feindlichen Dragoner umfaßten den rechten Flügel unserer Ferdinand-Kürassiere. In diesem bedrohlichen Momente eilte auf dem rechten Flügel die 3. Eskadron (unter Oberstleutnant Wagener), auf dem linken Flügel die 2. Eskadron (unter Oberst Graf Thun) von Hessen-Kürassiere herbei, hieben in die feindlichen Abteilungen ein und verfolgten dieselben über das Plateau hin.« Der preußische Generalstab sagt:

»Es entstand nun (indem auf der ganzen Front beide Teile völlig ineinander ritten und sich umwickelten) ein heftiges Handgemenge, das aber nicht von längerer Dauer sein konnte, weil die Umfassung des Feindes durch die Dragoner sich bald so wirksam erwies, daß derselbe erst langsam in der Direktion auf Wysokow wich, dann aber, in voller Auflösung, an der Lisiere des Dorfes entlang in westlicher Richtung zurückjagte, – ihm dicht auf den Fersen die Dragoner, untermischt mit den Ulanen.«

Wer hat nun Recht? Jeder steht zu seiner Fahne. Unparteiische Dritte, wenn sie scharf zu lesen verstehn, werden trotz alledem ihre Entscheidung zu treffen wissen. – Wie schwer

Was immer aber auch die Ursach gewesen sein mag, die den Angriff der Kürassier-Brigade Solms scheitern ließ, – gleichviel, er scheiterte eben. Und das mag uns genügen. Die Brigade ging zurück. Die Gefahr, durch den plötzlichen Ansturm dieser Reitermasse unsre bis an die Mulde hin zurückgedrängten Bataillone in diese hineingeworfen und dadurch, allermindestens, das Debouché des Armee-Korps gehindert zu sehn, – diese Gefahr war beseitigt.

Das Eingreifen der 10. Division

Diese Gefahr war beseitigt; aber in neuer Gestalt trat sie, beinah gleichzeitig, wieder an uns heran.

Neben der anstürmenden Kavallerie-Brigade war die Brigade Rosenzweig (s. S. 325) gegen die nördliche Waldparzelle und die Kirche von Wenzelsberg vorgegangen und hatte diese von den Halb-Bataillonen v. Schimonski und Braun mit Dransetzung letzter Kraft gehaltenen Punkte nach heftigem Gefecht denselben entrissen. Was der Kavallerie-Brigade Solms mißlungen war: uns in die Mulde zurückzuwerfen, es schien dem stürmischen Angriff der Brigade Rosenzweig gelingen zu sollen. Der österreichische Bericht schildert diese Vorgänge wie folgt:

»Der Feind hielt immer noch die große Waldparzelle besetzt, die sich nördlich von Wenzelsdorf über das Plateau hin und dann am Westabhange desselben bis in die Niederung zieht.

Gegen diesen Wald wurde das 17. Jäger-Bataillon dirigiert, welchem das Regiment Gondrecourt folgte. Der Sturm gelang. Der Feind wurde bis über den Kamm zurückgedrängt und der Wald sogleich besetzt.

Da jedoch der Feind während dieses Vorgehens die rechte Flanke der

es übrigens ist, über die einfachsten Vorgänge bestimmtes zu erfahren, dafür mag noch eine andre, mehr persönliche Episode aus dem Treffen bei Nachod Zeugnis geben. Der Generalstabs-Offizier der 9. Division, Oberstleutnant v. Ziemietzki, ritt, gleich bei Beginn des Gefechtes, als Parlamentär auf die feindlichen Vorposten zu, um ein Schreiben des Oberkommandos abzugeben, in welchem der Beginn der Feindseligkeiten angekündigt, nach andern, in betreff des Sanitätspersonals eine Mitteilung gemacht wurde. In einem Vortrag des Generalleutnants v. Kirchbach finden wir darüber folgendes: »Herr v. Ziemietzki wurde vom Feinde so lange zurückbehalten, bis das Gefecht beendet war. Er mußte mit verbundenen Augen zwischen zwei Kavalleristen das Gefecht in den Reihen des Feindes mitmachen und war mehrmals in Gefahr, von den österreichischen Truppen insultiert zu werden.«

In dem österreichischen Generalstabswerke heißt es dagegen: »Oberstleutnant v. Ziemietzki hatte das Schreiben bei Kleny bereits abgegeben, war wieder zu seiner Truppe zurückgekehrt und somit kein Parlamentär mehr. Er wurde, da seine Entlassung während des Gefechtes untunlich war, nach Josephstadt gebracht.« (Man sollte meinen, wenn er wirklich »kein Parlamentär mehr« war, so war er einfach ein Gefangener und lag in diesem Falle kein Grund vor, ihn überhaupt zu seiner Truppe zurückkehren zu lassen.)

Brigade von der Wenzelsberger Kirche aus ernstlich bedrohte, so gebot es sich, auch diesen Teil der feindlichen Stellung anzugreifen.

Dem Regiment Deutschmeister, unter Führung des Obersten Peinlich, wurde die Aufgabe zuteil, den Sturm gegen Kirche und Plateau von Wenzelsberg zu unternehmen, welcher vollkommen glückte. Sogleich wurde die Kirche und deren Umfassungsmauer zur Verteidigung hergerichtet und von einem Teile des Regiments Deutschmeister besetzt, während der übrige Teil des Regiments auf dem Plateau Stellung nahm und den Feind mit Plänklern verfolgte.

Bei diesem Sturme litten alle Truppen der Brigade durch das Kleingewehrfeuer beträchtliche Verluste, dennoch wurde die Ordnung aufrechterhalten und die Verbindung mit den (nach rechts hin) nebenstehenden Truppen der Brigade Jonak sogleich bewirkt.

Da auch die Brigaden Jonak und Hertwek den Sturm auf die Höhe glücklich ausführten, konnte der Feind weiter verfolgt werden. Es rückte auch die Brigade Rosenzweig, während der Wald und die Kirche von Wenzelsberg zur Sicherung besetzt blieben, weiter ostwärts vor, ohne auf besondren Widerstand zu stoßen.«

So der österreichische Bericht, den wir, wenigstens in Schilderung dieses Gefechtsmomentes, als im wesentlichen richtig anzusehen haben. Der Ansturm dreier Brigaden hatte unsre Avantgarden-Bataillone auf der ganzen Linie geworfen, die Waldparzellen nördlich und südlich von Wenzelsberg, endlich, als letzter Punkt, auch die hochgelegene Kirche des Dorfes, alles war verloren, wir standen, am Ausgang des Passes, in den Winkel zusammengedrängt, den die Skalitzer und Neustädter Straße bilden, unmittelbar südlich vom Dorfe Wysokow. Wurden wir auch hier noch geworfen, so war der Tag verloren. Und vielleicht mehr noch.

Aber in diesem Augenblick dringendster Gefahr war die Hilfe da.

Die 10. Division, Generalleutnant v. Kirchbach, lange mit Sehnsucht erwartet, debouchierte aus Nachod, stieg in die Mulde hinab, durchschritt sie und erkletterte die Branka-Höhe, das hart bestrittene Plateau. Zunächst die 19. Brigade, Generalmajor v. Tiedemann, die Regimenter 6 und 46.

Das 46. vorauf. In 6 Halb-Bataillone formiert, im Laufschritt, attakkierte das Regiment, vom kaum erstiegenen Plateau aus, die vorgelegene große Waldparzelle, warf im ersten Anlauf die 17. Jäger und das Regiment Gondrecourt hinaus und drang nun mit halb links auf die Kirche von Wenzelsberg (die »Wenzelskapelle«) vor. Hier hielt ein Bataillon vom Regiment Deutschmeister, Wiener Kinder, eine Elite-Truppe. Nach heftigem Widerstande wurde der Feind geworfen. Das

Wäldchen und die Wenzelskapelle waren wieder in unsern Händen, – das Gefecht war hergestellt.

Das 6. Regiment war dem 46. gefolgt. Es ging, vier Halb-Bataillone stark (die Füsiliere waren noch zurück), ebenfalls auf das Wäldchen vor, dirigierte sich dann nach rechts, passierte das freie Plateau, auf dem eben erst das Reitergefecht stattgefunden hatte, und warf sich nach Dorf

Wysokow hinein, das nun, während das Gefecht um Wenzelsberg mehr und mehr erstarb, der Hauptpunkt des Kampfes werden sollte. Oberstleutnant v. Scheffler, mit drei Halb-Bataillonen, besetzte die Süd-Hälfte des von einem tiefen Hohlweg durchzogenen, die Ausmündung des Passes bildenden Dorfes. Die Nordhälfte blieb unbesetzt. Zwischen hüben und drüben die Schlucht.*

Fast in demselben Augenblick, in dem die Besetzung des Dorfes erfolgt war, attackierte der Feind mit seiner letzten Brigade. Der Kampf trat nun in seine Schlußphase. Wir müssen behufs Darstellung dieser letzten Gefechtsmomente um eine halbe Stunde zurückgreifen.

Der Kampf um Wysokow

Feldmarschalleutnant v. Ramming, als er, etwa um 12 Uhr, allerorten das Vordringen seiner ersten drei Brigaden wahrnahm, beschloß, durch einen energischen Stoß in unsre rechte Flanke unsern letzten Widerstand zu brechen.

Er ließ die Brigade Waldstätten, die ihm noch geblieben, in drei Kolonnen anrücken.

Die Mittel-Kolonne (2½ Bataillone) dirigierte er auf Wysokow selbst;

die linke Seiten-Kolonne (1½ Bataillon) erhielt Befehl, das Dorf im Norden zu umgehn;

die rechte Seiten-Kolonne (2 Bataillone) ging, südlich der Chaussee, auf das vielgenannte Wäldchen zu.

* Zum Verständnis des sich nun entspinnenden Kampfes um Wysokow ist es nötig, das Terrain des Dorfes und die *Ordre de bataille* des 6. Regiments gegenwärtig zu haben. Die Chaussee, die zugleich Dorfstraße ist, läuft in einem Hohlweg von nicht unbeträchtlicher Tiefe und teilt Wysokow in eine nördliche und südliche Hälfte. Eine besondre Eigentümlichkeit ist die, daß neben der eigentlichen Hohlwegstraße noch wieder ein Spezial-Hohlweg herläuft, der das Erstürmen der Nordseite sehr erschwerte und dem Feinde eine Senkungsstellung gewährte, in der er von dem Süd-Höhenrande aus nicht gut getroffen werden, sehr wohl aber die Unsrigen treffen konnte. Diese Andeutungen mögen genügen. Weiter in die Details dieses höchst komplizierten Terrains eintreten zu wollen, würde das Bild nur verwirren. Nur soviel noch, daß auch die West- und Ost-Hälfte des Dorfes sich ziemlich scharf scheiden. – Die *Ordre de bataille* des 6. Regiments war die folgende:

1. Bataillon: Major v. Wnuck
    Halb-Bataillon v. Thadden (1. und 3. Kompanie)
    Halb-Bataillon v. Bronikowski (2. und 4. Kompanie)
2. Bataillon: Oberstleutnant v. Gottberg
    Halb-Bataillon v. Heugel (5. und 7. Kompanie)
    Halb-Bataillon v. Webern (6. und 8. Kompanie)

Füsilier-Bataillon: Major v. Webern
    Halb-Bataillon Fischer (9. und 12. Kompanie)
    Halb-Bataillon v. Nitsche (10. und 11. Kompanie)

AUS DEM TREFFEN BEI NACHOD - KAMPF IN WYSOKOW

Als der Feldmarschalleutnant diese Dispositionen traf, konnte es sich nur um rasche Ausnutzung, um Sicherung eines bereits errungenen Erfolges handeln. Die Kolonnen rückten an.

Eh sie indessen heran waren, hatte sich durch das Debouchieren der 10. Division und das rasche Terraingewinnen der 19. Brigade die Situation völlig geändert. Das Gefecht stand wieder. Das Wäldchen und die Wenzelskapelle waren zurückerobert; Wysokow selbst war besetzt. Es konnte sich mithin nicht mehr um Sicherung eines Erfolges handeln; der Erfolg war wieder entschlüpft; die nunmehr anrückenden drei Kolonnen der Brigade Waldstätten hatten keinen Erfolg mehr zu sichern, sie hatten ihn zurückzuerobern.

Sie nahmen auch diese neue Aufgabe auf sich. Mit großer Energie schritten sie zum Angriff.

Es scheint, daß die rechte Seiten-Kolonne (2. Bataillon Hartmann; 3. Bataillon Frank) zuerst heran war. Ihr Angriff ging auf die vorgestreckte Spitze des vielgenannten Wäldchens. Aber mit Schnellfeuer von der Westlisiere des Wäldchens aus empfangen, ging erst das Bataillon Hartmann, dann auch das nachrückende Bataillon Frank zurück. Der Angriff war abgeschlagen.

Größern Erfolg hatte die auf Wysokow vorrückende Mittel-Kolonne: ½ Bataillon Jäger, 1 Bataillon Hartmann und 1 Bataillon Frank. Diese Mittel-Kolonne stieß auf das Halb-Bataillon v. Bronikowski, das Oberstleutnant v. Scheffler bis in den Westteil des Dorfes vorgeschoben hatte, und nach heftigem Kampf zog sich der ebengenannte Truppenteil in Höhe der beiden übrigen Halb-Bataillone v. Webern und v. Thadden zurück, die (immer am Südrande der Schlucht) die Mitte und den östlichen Teil des Dorfes besetzt hielten. Hier befand sich auch der Regiments-Kommandeur. Der Feind, in Verfolgung seines im West-Dorf errungenen Vorteils, drängte nach, seine Artillerie unterstützte ihn vorzüglich, die Verluste wuchsen rasch, Oberstleutnant v. Scheffler, Major v. Wnuck, viele Offiziere und Mannschaften wurden in wenigen Minuten verwundet; um die Gefahr des Moments zu steigern, erschien eben jetzt, teils unmittelbar jenseits der Schlucht, teils in weitrer Umgehung unsrer rechten Flanke, die linke Seiten-Kolonne: ½ Bataillon Jäger und das 2. Bataillon Frank.

Alles unsrerseits drängte jetzt an den diesseitigen Rand der Schlucht heran, um durch Schnellfeuer die bedrohte Flanke zu sichern; was aber mehr als das den Ausschlag gab, war das nunmehrige Eingreifen auch der 20. Brigade (Generalmajor Wittich), die, nach rechts und links hin, an alle bedrohten Punkte ihre Bataillone werfend, erst die Füsiliere vom 52., dann vom 47. Regiment durch Wysokow hindurch, an der

Nordseite hinaus und dem hier die Flankierung versuchenden Feinde entgegenführte.*

Dieser Zusammenstoß, unterstützt durch eine beinah gleichzeitige Ulanen-Attacke (siehe die Anmerkung † und das Bild auf S. 337) gab

* Diesen Marsch auf Wysokow und den die endliche Entscheidung bringenden Zusammenstoß im Norden des Dorfes beschreibt ein Offizier vom Füsilier-Bataillon des 47. in anschaulicher Weise wie folgt: ». . . Wir marschierten zunächst auf die Waldparzelle nördlich von Wenzelsberg und besetzten diese; bald aber bekam das Bataillon Order, sich nach Wysokow zu ziehen. Zu dem Zweck gingen wir nun mit rechtsum über das scharf bestrichene Plateau auf den östlichen Eingang des genannten Dorfes zu. Um dies Feuer schneller zu passieren, hieß es: ›Laufschritt‹ es war aber unmöglich, dem Kommando nachzukommen. In Wysokow wollte unser Major v. Brandenstein die Dorfstraße benutzen, um weiter vorzugeen; ein andres Bataillon aber (vom 52.) sperrte den Weg. So hatten wir einen Augenblick Ruhe; die Gewehre wurden zusammengesetzt, und alles stürzte auf einen kleinen Bach zu, der im Dorfe fließt. Es war nur Lehmwasser in dem halbausgetrockneten Bett, aber jeder trank und füllte seine Feldflasche, soweit es die Zeit erlaubte. Mit frischer Kraft, *tambour battant*, ging es nun weiter. Major v. Brandenstein führte uns an einer offnen Stelle, nach Nordwesten zu, aus dem Dorf heraus. Kaum hatten wir die Höhe erreicht, so wurden wir von österreichischen Infanterie-Kolonnen angegriffen und von einer ziemlich tief am Waldrande stehenden Batterie heftig beschossen. Während das erste Halb-Bataillon (v. Vietinghoff) den wieder zurückgehenden Infanterie-Kolonnen Salven nachsandte, ging das links davon avancierende zweite Halb-Bataillon (v. Tschirschky) gegen die Batterie vor, die stark mit Kartätschen feuerte, entsandte Schützen gegen die Batterie-Bedeckung, die aus einem Teile des 6. Jäger-Bataillons bestand, und gab Schnellfeuer gegen die Bedienungs-Mannschaften und Pferde in einer Entfernung von 300 – 400 Schritt. Die Wirkung war mit bloßem Auge als eine schreckliche zu sehn. Die Batterie versuchte abzufahren; fast alle Mannschaften und Pferde stürzten aber durch unser Feuer, und drei Geschütze blieben stehn. Die andern waren hinter die Höhe, an deren Rande sie gestanden, geflüchtet. Mittlerweile schien die Stellung unsres Halb-Bataillons gefährdet, da wir, um die Batterie angreifen zu können, ein gut Teil weiter vorgegangen waren als das erste Halb-Bataillon, das mit der feindlichen Infanterie (2. Bataillon vom Regiment Frank) beschäftigt war, und es kam eben jetzt die Meldung, daß zwei Schwadronen, dazu auch Infanterie, anrückten, um uns in die rechte Flanke zu nehmen. Das zweite Halb-Bataillon zog sich deshalb, unter Benutzung einer Schlucht, an das erste wieder heran, während die feindliche Kavallerie von zwei Schwadronen unsres 1. Ulanen-Regiments geworfen wurde. Damit wich der Feind hier vollständig zurück. Die genommenen 3 Geschütze wurden von Artilleriepferden unsrerseits geholt. In dem letzten Gefechtsmomente hatten wir viel Verlust gehabt, weniger durch die Kartätschlagen der Batterie als durch die wohlgezielten Schüsse der 6. Jäger, die die Bedeckung bildeten und ihr Feuer, wie es ihre Pflicht war, auf das geschlossene Bataillon konzentrierten. Allein unser Halb-Bataillon verlor in 5 bis 10 Minuten 2 Offiziere und 30 Mann.«

† Es waren die 3. und 4. Eskadron (Premierleutnant v. Berken und Rittmeister v. Glasenapp), die hier attackierten. Die Kürassiere warteten den Angriff nicht ab. Zwei Geschütze wurden sofort von Quartiermeister Flander und Ulan Buchwald genommen, drei andre blieben im Sumpf stecken. Diese glänzende Attacke, wie die vorausgegangene nicht minder glänzende von sechs Zügen des 8. Dragoner-Regiments auf feindliche Infanterie (Jäger und Abteilungen der Regimenter Deutschmeister und Kronprinz von Preußen), wobei eine Fahne erobert wurde, widerlegt am besten die österreichische Auffassung, daß nach dem Kavalle-

die Entscheidung; der Feind, unter ein vernichtendes Feuer genommen, wandte sich zur Flucht, und auch die seitwärts stehenden, eben jetzt auf der ganzen Linie neu avancierenden Bataillone der Brigaden Rosenzweig, Jonak und Hertwek traten nunmehr ihren Rückzug an.

Der Feind selbst schildert diese letzten Gefechtsmomente wie folgt: »Um 12½ Uhr (also der Zeitpunkt, wo die 20. Brigade: die Regimenter 47 und 52 eingriffen) unternahm der Gegner einen gleichzeitigen und energischen Angriff gegen unsre 3 Brigaden des rechten Flügels, welche bereits sehr erschöpft waren und große Verluste erlitten hatten. Dennoch hielten sie stand.

Erst als neue Verstärkungen (die Reserve: das Königs-Grenadier-Regiment) in den Wald rückten, der Feind auch unsrem linken Flügel stets neue Kräfte, namentlich nach Wysokow hinein, entgegenwarf (1 Uhr), mußten die errungenen Vorteile aufgegeben werden. Feldmarschalleutnant Ramming ordnete den Rückzug auf Skalitz an.

Der Rückzug wurde nun, auf dem rechten Flügel zuerst, von der Brigade Hertwek, dann im Zentrum von den Brigaden Jonak und Rosen-

riegefecht auf dem Wysokow-Plateau (12 Uhr) die Brigade Wnuck nicht mehr sichtbar geworden wäre. Gerade diese beiden Kavallerie-Regimenter waren es, die durch Wegnahme von Fahne und Geschützen dem Feinde, auch noch nach dem oben geschilderten großen Reitergefecht, die empfindlichsten Verluste beibrachten.

zweig unter dem Schutze der Batterien ausgeführt, ohne daß die Truppen im wesentlichen ihre taktische Einheit verloren.

In der Ebene angelangt, übernahm die Brigade Rosenzweig die Dekkung des weiteren Rückzuges.

Auf unserem linken Flügel verlor die Brigade-Batterie durch die Räumung des Ortes Wysokow ihre Deckung, alsbald auch ihre Bespannung und konnte nur 3 Stücke retten (also 5 gingen verloren).

Die Korps-Geschütz-Reserve, welche in ihrer Stellung gefährdet war, retirierte ebenfalls, der Feind drängte nach, und nachdem die Mannschaft zweier Geschütze niedergemacht war, gingen diese (also 2 Stück) verloren.

Der Rückzug nach Skalitz wurde durch die Korps-Geschütz-Reserve und die am Schluß der Aktion eintreffende Kavallerie-Brigade Schindlöker gedeckt. Der Feind belästigte unsren Rückzug fast gar nicht.

Um 4½ Uhr verstummte das Kanonenfeuer.

Unsre Aufstellung, die wir vor Skalitz nahmen, war die folgende:

Brigade Waldstätten, linker Flügel,
Brigade Rosenzweig, Zentrum,
Brigade Jonak, rechter Flügel.

Die Brigade Hertwek stand in Reserve hinter Skalitz.«

So der österreichische Bericht.

Die Verluste. Die Trophäen

Nachod war ein heißer Tag gewesen, zumal für unsre Gegner. Sie selber geben ihre Verluste (die der Kavallerie-Division nicht mit eingerechnet) auf 227 Offiziere und 7145 Unteroffiziere und Gemeine an. Davon etwa ein Drittel Gefangene. Allein die Brigade Rosenzweig (Regimenter Gondrecourt und Deutschmeister) verlor gegen 1500 Mann. Wohl durfte ein Soldat von letztgenanntem Regiment, unter dem ersten Eindruck der Niederlage, in einem später aufgefangenen Briefe schreiben: »Liebe Eltern. Ich grüße und küsse euch alle viele Mal; indem ich schön verzagt bin gewesen, durch das viele Retirieren und Marschieren, Tag und Nacht, daß ich glaubt hab: jetzt und jetzt ist meine letzte Stund. Den 25. Juni sind wir hin an die Grenz kommen. Ach Gott, das war ein Übel, wie ich die erste Schlacht gesehn hab. In Skalitz (Nachod) war die erste Schlacht den 27. Juni. Ach Gott, das war ein Übel. Wir haben zurück gemußt, weil die Preußen immer eine gute Aufstellung gehabt haben, im Wald und im Gebirg, und wir immer auf freiem Platz. Drum sind so viele Deutschmeister gefallen. Das Deutschmeister Regiment ist schon unglücklich gewesen.«

Wir unsererseits verloren: 59 Offiziere und 1061 Mann. Die größten Verluste hatte das 2. Bataillon vom 37. und das Füsilier-Bataillon vom 47. Regiment; jenes büßte 4 Offiziere und 114 Mann, dieses 93 Mann und 2 Offiziere ein. Nach Regimentern gerechnet, verlor neben dem 37. (9 Offiziere und 187 Mann) das 6. Regiment am meisten: 8 Offiziere und 134 Mann.

An Stabsoffizieren des V. Korps waren tot oder erlagen ihren Wunden: Major v. Natzmer vom 8., Major v. Rieben vom 4. Dragoner-Regiment (sein Porträt siehe diese Seite). Verwundet waren: Generalmajor v. Ollech, Generalmajor v. Wnuck, Oberst v. Tresckow, Oberstleutnant v. Wichmann, Oberst Walther v. Monbary, Oberstleut-

nant v. Scheffler, Major v. Wnuck usw. Besonders schmerzliche Teilnahme erweckte die schwere Verwundung des Generalmajors v. Ollech. Von den zwei Kugeln, die ihn fast gleichzeitig getroffen, hatte ihm die eine den Oberarm blessiert, die andre den Oberschenkel zerschmettert. Man zweifelte an seinem Aufkommen. Sorglichste Pflege, zuerst in Frankenstein, dann im Krankenhause Bethanien, ließen ihn von seinem Schmerzenslager wieder erstehn. – Die Verwundungen der übrigen Stabsoffiziere waren leichter.

Der Kronprinz, der gleich in der ersten Hälfte des Gefechts bis auf die vordersten Höhen vorgeritten und hier derartig in das Gewoge des Kampfes verwickelt worden war, daß Offiziere seiner Umgebung sich genötigt sahen, für alle Fälle den Säbel zu ziehn, war unverwundet geblieben; ebenso Admiral Prinz Adalbert, der in Front des linken Flügels, wo die 58er und die 4. Dragoner ihre Aufstellung hatten, als »Amateur« das Gefecht mitgemacht und mit der Bemerkung: »meine Herren, ich sehe schlecht« die Aufforderung: sich weniger zu exponieren, abgelehnt hatte.

Die Trophäen des Tages bestanden in 7 Geschützen, 1 Fahne und 2 Standarten. Die zwei Standarten wurden (wie S. 327 erzählt) den Ferdinand-Kürassieren abgenommen. Die eine – zur Zeit in der Garnisonkirche in Potsdam – zeichnet sich durch ihr hohes Alter aus und hat schon die Kämpfe des Dreißigjährigen Krieges mitgemacht. Es ist ein fast schmuckloser Stab von etwas über 8 Fuß Länge. Die vergoldete Spitze zeigt den Doppeladler. Oben am Stab befinden sich 4 mal 30 vergoldete Nägel, die ursprünglich das Standartentuch festgehalten haben, von dem jetzt nur noch gelbseidene Spuren vorhanden sind.

Die eroberte Fahne – erobert durch die 3. Eskadron, Major v. Natzmer (sein Porträt siehe diese Seite), des 8. Dragoner-Regiments, als dieses letztre, kurze Zeit nach dem Reitergefecht, auch feindliche Infanterie nördlich von Wenzelsberg attackierte – führte zu einer lang andauernden Kontroverse, die zu interessant und zu eigentümlich ist, als daß wir an derselben vorübergehn sollten.

Gleich in dem ersten offiziellen Bericht, den das V. Armee-Korps nach der Schlacht veröffentlichte, hieß es: daß, außer den zwei Standarten, auch eine Fahne und zwar die Fahne des 3. Bataillons Deutschmeister erobert worden sei.

Hierauf antwortete, im Novemberheft der Österreichisch-Militärischen Zeitschrift, der Kommandeur des altberühmten Regimentes wie folgt: »Das Regiment Deutschmeister kam am 27. Juni bei Nachod unvermutet ins Gefecht. In der Hast des Aufmarsches und der sogleich darauf erfolgten raschen Vorwärtsbewegung blieb die Fahne unentrollt. Da traf die eingehüllte Fahne ein Musketengeschoß, und zwar so unglücklich, daß die Fahne mitten entzwei brach. Der Fahnenführer war dadurch genötigt, den Überzug aus Wachsleinwand, auf welchem in großer weißer Schrift die Worte: ›Hoch- und Deutschmeister Linien-

Infanterie-Regiment Nr. 4, 3. Feldbataillon‹ zu lesen waren, herabzunehmen, beiseite zu legen und die gebrochene Stange so weit zu reparieren, daß sie wenigstens getragen werden konnte. In diesem Zustande verblieb sie bis nach der Schlacht von Königgrätz. Der Überzug blieb auf dem Felde am Wenzelsberge liegen, die Fahne selbst aber in den Händen ihrer Truppe. Im Gefechte bei Skalitz am 28. Juni war die Fahne in keiner Gefahr, desto mehr aber in der Schlacht bei Königgrätz, wo das Regiment die schwierige Aufgabe hatte, das schon von preußischen Gardetruppen okkupierte Dorf Rosberitz zu nehmen und den Raum zwischen diesem und dem bereits verlorenen Chlum zu behaupten. Der Fahnenträger fiel; die Fahne blieb unser, und wir brachten sie, trotz aller Gefahren des Rückzuges, glücklich nach Königgrätz. In Wien wurden später die Stangenteile der Fahne mittelst eines Metallzylinders verbunden und an der Bruchstelle eine silberne Platte befestigt, worauf zu lesen ist: ›Durchschossen im Gefechte bei Nachod, beim Sturme auf Waçlawice (Wenzelsberg) am 27. Juni 1866.‹ Die Identität aller Fahnen des Regiments ist noch dadurch sichergestellt, daß auf jedem Nagel derselben der Name desjenigen eingraviert ist, der denselben bei der Fahnenweihe eingeschlagen. Das Regimentskommando erklärt ferner ausdrücklich, daß auch weder das 1., 2. oder 4. noch überhaupt ein Bataillon des Regimentes seine Fahne verlor. Hiermit ist hoffentlich diese ganze Angelegenheit zugunsten der Waffenehre unsres vaterstädtischen (Wiener) Regimentes endgültig erledigt.«

Auf diese bestimmte Erklärung, deren Glaubwürdigkeit auch in den Augen des Gegners durchaus unanfechtbar sein mußte, erschien preußischerseits folgende Erwiderung:

»Im Gefecht von Nachod griff das 2. schlesische Dragoner-Regiment Nr. 8, nach der Attacke gegen die Kavallerie-Brigade Solms, auch feindliche Infanterie und Jäger unweit der Lisiere des Wäldchens nördlich Wenzelsberg mit großem Erfolge an. Abteilungen der 3. Eskadron sprengten hierbei ein Knäuel auseinander, in welchem sich eine Fahne befand. Sechs oder sieben Infanteristen scharten sich um dieselbe und suchten sie mit anerkennungswerter Bravour zu verteidigen, erlagen aber den einhauenden Dragonern, wobei die Fahne hingeworfen wurde. Der hinzukommende Eskadron-Chef Major v. Natzmer befahl dem bei ihm befindlichen Wachtmeister Otto, abzusteigen und die Fahne aufzunehmen, dem Trompeter aber, ›Appell‹ zu blasen. Letzterer entfernte sich, der Major und sein Wachtmeister jedoch wurden gleich darauf an derselben Stelle erschossen, bevor die Fahne in Sicherheit gebracht werden konnte. Sie wurde aber später, als ein Halb-Bataillon des 1. westpreußischen Grenadier-Regiments Nr. 6 die Stelle, an welcher das

Gefecht stattgefunden hatte, passierte, durch Major v. Webern und Leutnant Thiel aufgefunden und einem Hornisten übergeben, der sie nach Nachod zurückbrachte.

Auf dem Platze, wo die Attacke stattgefunden hatte, lagen, außer Mannschaften verschiedener Jäger-Bataillone, Infanteristen der Regimenter Hoch- und Deutschmeister Nr. 4 und Kronprinz von Preußen Nr. 20. Gefangene des 3. Bataillons des Regiments Hoch- und Deutschmeister gaben mit größter Bestimmtheit an, die genommene Fahne als die ihres Bataillons zu erkennen. Hiervon stammt die in dem ersten Bericht des Ober-Kommandos der II. Armee über das Gefecht befindliche Angabe von der Eroberung der Fahne des 3. Bataillons genannten Regiments, eine Angabe, welche nach einer Erklärung des betreffenden Regiments-Kommandos sich als eine irrtümliche erweist. Tatsache indessen bleibt, daß in dem Gefecht von Nachod eine Fahne genommen wurde, welche sich jetzt in der Garnisonkirche zu Potsdam befindet. Welchem Truppenteile sie vormals angehörte, kann nur österreichischerseits konstatiert werden.«

(Das inzwischen erschienene Werk des österreichischen Generalstabs erledigt endlich die Streitfrage. Die Fahne, deren Verlust nicht länger bestritten wird, gehörte dem Regimente Kronprinz von Preußen.)

Unsrerseits waren viele Feldzeichen getroffen, keins verloren worden. Die Standarte des 4. Dragoner-Regiments erhielt zwei Granatschüsse; der zweite Schuß riß das oberste Drittel fort und warf es ins Feld. Notdürftig zusammengeheftet, um zwei Fuß kürzer als alle übrigen Standarten, führte das Regiment am 2. August, bei Gelegenheit der Parade auf dem Felde von Austerlitz, seine Fahne an König Wilhelm vorüber.

Die Nachricht von dem errungenen Siege – der erste von Bedeutung – weckte überall Jubel im Lande, besonders in Schlesien, dem eine Anzahl der Regimenter, die gefochten hatten, angehörte. Die »achten Dragoner« waren die Helden des Tages:

Heiß war der Tag, heiß war der Krieg,
Die 8. Dragoner entschieden den Sieg.
Major v. Natzmer führt seine Schwadron,
Die Fahne Deutschmeister ergreift er schon;
Da muß er sein Leben einsetzen zum Preis, –
Selig, daß er vom Siege noch weiß.

So klang es ernst. Aber auch volkstümlich heitre Weisen, in schlesischem Dialekt, gingen durchs schlesische Land:

Doas woar a Gewudel und a Gehudel,
Ma soag vur Stoob nischt wie an Knaul,
Kenn Preußen kunnt ma vom Österreicher,
Kenn Reiter underscheeden vom Gaul …

Hurra, wie hoan de schläs'schen Jungen
A Standartenträger oagerannt,
Hurra, wie hoan se de Sabel geschwungen
Und de Stange gepackt mit sicherer Hand!

Hie vergoaß sei Instrument der Trumpeter,
A Beritt vergoaß der Undruffzier:
Der »Rudelsdurf« mit somst'm »Tuchale«,
Die hieben ei uf a Kürassier.

In der Tat war es besonders die brillante Haltung unserer Kavallerie, die bejubelt wurde; nicht nur gegen die berühmte Reiterei, gegen alle Waffengattungen des Feindes hatte sie sich gleichmäßig bewährt.

Das Treffen bei Nachod hatte die Herzen unsrer jungen Truppe mit Siegesfreudigkeit erfüllt; aber der Tag hatte nicht bloß eine moralische Bedeutung; das schwierige Defilee war geöffnet; wir standen in Böhmen; der erste Schritt (so oft der entscheidende) war erfolgreich geschehn; eine Reihe von Siegen war eingeleitet. Man hat die Bedeutung, die in dem allen lag, hier und da bestreiten wollen. Gewiß mit Unrecht, namentlich wie die Dinge, im übrigen, am 27. verliefen. Wir können zugeben, daß es an diesem Tage überhaupt nur auf irgendeinen Erfolg ankam und daß es gleichgültig war, ob das Defilee bei Trautenau oder bei Nachod geöffnet wurde. Aber irgendwo mußte es an diesem Tage geöffnet werden. Da es bei Trautenau mißglückte und die Garde noch im Eypel-Defilee steckte, so war es allerdings von nicht geringer Bedeutung, sich wenigstens an einer Stelle Luft verschafft zu haben.

Wie weit diese Bedeutung reichte, wodurch sich der Erfolg am 27. von dem am 28. (Skalitz) unterschied, darauf kommen wir in einem spätern Kapitel zurück.

Das Treffen bei Skalitz

ER Nachod-Paß war geöffnet. Das V. Korps hatte seinen Einmarsch in Böhmen bewerkstelligt, an entscheidender Stelle sich behauptet. Dies war ein großer Erfolg, aber doch immer nur ein erster Schritt. Die Elbe mußte erreicht, mutmaßlich überschritten, unter allen Umständen aber, als nächste Aufgabe, die Vereinigung mit den übrigen Korps der II. Armee erzielt werden. Die Direktion des V. Korps ging zu diesem Behuf auf Gradlitz. General v. Steinmetz beschloß, am 28., vom Plateau von Wysokow aus gegen Skalitz vorzugehn und diesen etwa auf halbem Wege nach Gradlitz hin gelegenen Punkt, unter Dransetzung aller Kräfte (die Unterstützung der 2. Garde-Division war in Aussicht gestellt), zu nehmen.

Diese Aufgabe stand an Schwierigkeit hinter der vom Tage zuvor nicht zurück. Wenn der Feind seine Kräfte hier konzentrierte, wie tatsächlich geschah, so war kaum abzusehn, wie man seiner Herr werden wollte. Dazu bot Skalitz der Verteidigung eine vorzügliche Position. Versuchen wir eine kurze Beschreibung des Terrains. (Vergleiche auch die Karte von Nachod.)

Die Ebene von Skalitz, die das V. Korps von seiner Hochstellung bei Nachod aus überblickte, wird namentlich nach Norden hin durch ein sich scharf markierendes Bergland begrenzt, welches mit seinen Abfällen etwa durch eine Linie von Wysokow nach Zlitsch bestimmt und von drei im allgemeinen von Nord nach Süd gehenden Schluchten durch-

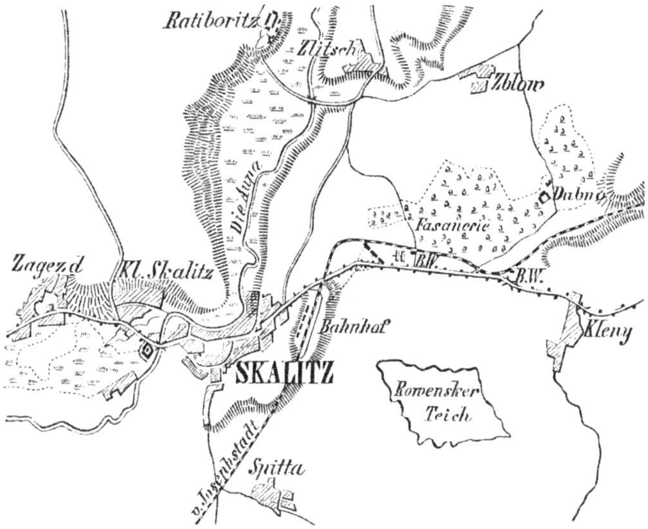

brochen wird. Den Mündungen derselben liegen ungefähr die Dörfer Nieder-Wysokow, Starkocz, Zlitsch vor. Zwischen Studnitz und Starkocz erhebt sich, westlich der Eisenbahn, der das ganze Terrain bis Skalitz beherrschende Schafberg, als höchste Anschwellung dieses Abfalls. Die Eisenbahn selbst überschreitet die Ebene, an der mit guten Gebäuden versehenen und dichtem Holz bestandenen Fasanerie von Dubno vorbei, auf einem Damm, der da, wo die Bahn mit einem großen Bogen sich gegen Süden wendet, bis 15 Fuß hoch wird und Viadukte bildet. Das Gebüsch der Fasanerie bleibt 1500 Schritt von der Stadt entfernt.

Senkrecht zu dieser Richtung (und zwar von Zlitsch die Aupa hinunter) zieht sich eine unbedeutende Erhebung und bildet an ihrem Südende das kleine, gegen 30 Fuß hohe Plateau, auf welchem Skalitz selber gebaut ist. Zwischen Zlitsch und Skalitz, etwa halben Weges, schwillt diese im ganzen unbedeutende Erhebung zu einem markierteren, mit Obstbäumen bepflanzten Hügel an, welcher Jägerhügel genannt wird. Mit ihren sanften Abdachungen gegen Dubno bildet diese Terrainerhebung ein ungemein günstiges Feld für Frontalwirkung, wird jedoch von den Hochflächen nördlich des Zlitschbaches überhöht.

Noch günstigere Front hat Skalitz selbst. Der Plateaurand fällt östlich und südlich steil ab; in den Abfall ist die Eisenbahn eingebaut und dadurch Etagenfeuer ermöglicht; die Zugänge zur Stadt und insonderheit der Eintritt der Chaussee von Nachod her sind durch massive Häuser und den Bahnhof gedeckt. Der Ort selbst ist solide gebaut. Auf dem westlichen (jenseitigen) Aupa-Ufer reicht das Bergland bis zur

Flußbiegung, in deren Gegend die Brücke liegt, und überschaut, über den vorgelegenen Jägerhügel hinweg, die reich bebaute Ebene bis Wysokow. Diese läßt sich im ganzen als eine flache, von höheren und niederen Wänden umfaßte Schale bezeichnen, ein fruchtbares, bergumstandenes Stück Land zwischen Metau und Aupa.

Die Skalitz-Stellung war ungemein stark in der Front, sofern sie dort zwei- bis dreifaches Etagenfeuer gestattete, hatte jedoch zwei große Schwächen: die Aupa im Rücken und, bei dem schmalen Terrain des feindlichen linken Flügels, dessen Überhöhung von der Flanke her. Die Stellung wäre formidabel gewesen, wenn man die Schwächen vermied und die Stärken behielt, das heißt, wenn man die schmale, offene Nordfront der Stadt durch Aufwürfe schloß, von jenseits der Aupa

durch große Batterien flankierte, das VI. Korps in Skalitz beließ und mit dem VIII. Korps, Erzherzog Leopold, über Spitta und Kleny vorbrach, sobald sich der preußische Angriff entwickelte. Durch die Artillerie zweier Korps und die große Überlegenheit an Kavallerie wäre man unstreitig Herr der Ebene gewesen.

Eine solche Aufstellung aber hatte nicht stattgefunden; das VI. Korps stand vielmehr jenseits der Aupa, und das VIII. Korps, mit drei Brigaden* und den beiden Depot-Bataillonen Crenneville und Degenfeld, war statt seiner in die Front gezogen. Es stand hier in folgender Aufstellung:

* Die 4. Brigade (Brigade Rothkirch) war, zum Schutz der Eisenbahn, bei Wildenschwerdt zurückgeblieben.

Bataillon Crenneville: im Walde von Dubno (vorgeschobner Posten).

Brigade Fragner: hinter dem Walde von Dubno, in Front der Aupa-Höhen (linker Flügel).

Brigade Kreyßern: rechts neben der Chaussee, in Front der Stadt (Zentrum).

Brigade Schulz: rechts neben der Brigade Kreyßern, am Bahnhof (rechter Flügel).

Bataillon Degenfeld: auf dem Marktplatz und am Ostausgange der Stadt.

Alle diese Truppen waren nicht vor dem 28. früh in Skalitz eingetroffen, und zwar erst die Bataillone Crenneville und Degenfeld, dann in rascher Reihenfolge die drei Brigaden des VIII. Korps.

Die Brigade-Batterien standen zur Seite oder im Rücken ihres Truppenkörpers; die Korps-Geschütz-Reserve aber war auf dem Plateau vor dem Osteingange von Skalitz aufgefahren und hatte zu beiden Seiten der Chaussee Stellung genommen, zwei Batterien südlich, drei nördlich derselben. Der Feind verfügte also im ganzen über 8 Batterien oder 64 Geschütze.

Das Erscheinen und Aufmarschieren aller dieser Truppenteile war unsrerseits deutlich wahrgenommen worden. Ein Augenzeuge schreibt: »Von 7 Uhr ab, oder etwas später, wurde es lebendig beim Feinde. Staubwolken wirbelten um Skalitz auf, und bei der reinen, klaren Luft hörte man ganz deutlich Musik in der Stadt spielen, deren einzelne Töne, besonders die der großen Pauke, dann und wann ein Windstoß zu uns herüber wehte. Das Eintreffen der Truppen konnte man ungefähr durch 1½ bis 2 Stunden beobachten, und wir ersahen, daß der Feind zu unsrer Bekämpfung neue Brigaden an sich gezogen haben mußte.«

In der Tat stand unsrem V. Armee-Korps eine ganze Armee, 70000 Mann stark, gegenüber und zwar außer dem VIII. und VI. Korps, deren Aufstellung wir bereits gegeben, auch noch das IV. Korps bei Dolan, zwischen Skalitz und Josephstadt, als eine zweite Reserve. (Das VI. Korps war erste Reserve.)

Nichtsdestoweniger beschloß General v. Steinmetz den Angriff. Er disponierte im wesentlichen wie folgt:

die Avantgarde (Königs-Grenadier-Regiment) geht, von Wysokow aus, am Eisenbahndamm vor;

die 17. und 22. Brigade, als zwei Seiten-Detachements, unterstützen rechts und links die Bewegung der Avantgarde oder kommen ihr zuvor;

das Gros (die 10. Division) folgt, umklammert von rechts und links den erschütterten Feind, erstürmt die Aupa-Höhen und dringt in Skalitz ein.

Dieser Disposition gemäß wurde verfahren. Eh wir zur Schilderung des Gefechts übergehn, heben wir, unter Hinweis auf die gegebene Terrainschilderung, noch einmal die Hauptpunkte der Stellung hervor:

der Schafberg, dominierende Höhe zwischen Wysokow und Skalitz;
der Dubno-Wald, samt Fasanerie und Unterförsterei;
die Eisenbahn-Kurve zwischen Fasanerie und Bahnhof Skalitz;
Bahnhof Skalitz und die Aupa-Höhen.

Das Gefecht selbst gliederte sich in drei Hauptmomente:

Wegnahme des Waldes von Dubno (Zertrümmerung der Brigade Fragner);

Zusammenstoß am Eisenbahndamm (Zertrümmerung der Brigade Kreyßern);

Erstürmung der Aupa-Höhen, Wegnahme des Bahnhofs; Eindringen in die Stadt.

Wegnahme des Waldes von Dubno

Die Stellung des V. Korps, einschließlich der 22. Brigade, war am Morgen des 28. die folgende:

Die 17. Brigade: Regimenter 37 und 58 hinter Nachod;

das Königs-Grenadier-Regiment und die 10. Division nördlich von Wysokow, in einer Schlucht;

die 22. Brigade: Regimenter 38 und 51 südlich von Wysokow, hinter einem abgebrannten Gehöft.

Die 17. Brigade (bestimmt, als Avantgarde zu wirken, wiewohl sie diesen Namen nicht führte) brach bereits zwischen 7 und 8 aus ihrem weit zurückliegenden Biwak auf. Sie passierte die Straße im Norden der Stadt, an Schloß Nachod vorbei, erreichte (in Ausführung der Disposition, die wir in ihren Hauptmomenten bereits gegeben) Dorf Studnitz und bog hinter diesem Dorfe links nach dem Schafberge ab. (Zwischen 9 und 10.) Auf dem Plateau des Schafberges, das einen Überblick über das vorgelegene Waldterrain und hinter demselben bis an die Aupa-Höhen gestattet, hielt bereits General v. Steinmetz. Er hatte soeben das Auffahren zweier Batterien befohlen. Oberst v. Wittich, Chef seines Generalstabes, sah von hier durch ein Fernrohr das Vorgehen der Garde-Kavallerie-Brigade (Prinz Albrecht Sohn) gegen Zernow. Gleichzeitig erschienen österreichische Kürassier-Regimenter. General v. Steinmetz ließ das Feuer der Batterien gegen die feindliche Kavallerie eröffnen. Es war jetzt 10 Uhr.

Hinter den feuernden Batterien fort, zog sich nunmehr die 17. Infanterie-Brigade auf das Plateau des Schafberges, schwenkte mit dem

Têten-Bataillon rechts und formte sich in 4 Treffen, auf ganze Distanz auseinandergezogen, Front nach Skalitz, der rechte Flügel des ersten Treffens an dem großen Schafstallgebäude von Dubno. Kaum war diese Formation beendet, als aus 30 – 40 Geschützen von den nördlich Skalitz in Position stehenden Batterien ein sehr lebhaftes Granatfeuer gegen die Brigade eröffnet wurde (10¼ Uhr).

Es fuhr nun unsrerseits eine dritte Batterie und zwar nördlich von den beiden andern auf. Sie mußten aber zurückgezogen werden, zumal die glatten 12Pfünder der einen, bei der bedeutenden Entfernung von fast 4000 Schritt, sich als nutzlos erwiesen.

Die feindlichen Batterien setzten indes ihr Feuer fort und trafen, Schuß für Schuß, den Platz, auf dem die 17. Brigade stand. Glücklicherweise bohrten sich fast alle Geschosse tief in den Boden ein, krepierten nicht oder warfen nur den Sand auf, ohne ernsteren Schaden zu tun. – Die Bataillone entfalteten ihre Fahnen. Die malerische Lage des Plateaus und das volle Sonnenlicht erhöhten den schönen militärischen Anblick, welchen die dem Granathagel trotzenden Truppen gewährten.

Während dieser Kanonade erhielt General v. Steinmetz die offizielle Mitteilung vom Ausgange des Gefechts von Trautenau (am 27.) sowie von den deshalb an das Garde-Korps erlassenen Befehlen. Er ersah daraus, daß auf die früher in Aussicht gestellte Unterstützung der 2. Garde-Division nicht zu rechnen sei, und befahl nunmehr, aus eignen Mitteln zum Angriff vorzugehn. »*Tambour battant* vorwärts.« Das nächste Angriffsobjekt war der am Fuß des Schafberges zwischen Dubno und den Aupa-Höhen sich hinziehende Wald, der Wald von Dubno. Die 17. Brigade, Regimenter Nr. 37 und 58 dirigierten sich gegen denselben. Es war jetzt 11 Uhr.

Um eben diese Stunde waren aber auch die in der linken Flanke vorgezogenen Bataillone des Königs-Grenadier-Regiments und der 22. Brigade bis dicht an den Wald heran und griffen, unter Hurra vorgehend, in den Gang des Gefechtes ein.

In vier Haupt-Kolonnen überschritten die vordersten Halb-Bataillone, einerseits vom 37. und 58., andererseits vom 7. und 38. Regiment, den östlichen Rand des Waldes, nahmen die Südostecke, erstürmten (die 38er voran) die von Crenneville-Infanterie und vom 5. Jäger-Bataillon (das als Verstärkung eintraf) verteidigten Gehöfte von Dubno und drangen, in ihren Angriffslinien sich kreuzend und vielfach aus- und durcheinander kommend, bis an die westliche Lisiere des Waldes vor. An dieser Stelle, wo der vom Dorf Zlitsch senkrecht niedersteigende Weg erst an der Unterförsterei, dann hart am Rande des Gehölzes hinläuft, sammelten sich die Bataillone wieder.

Bis hierher war das Gefecht verhältnismäßig leicht gewesen. Wenige Punkte, wie die Gehöfte von Dubno, abgerechnet, hatte nirgends ein energischer Widerstand stattgefunden, und die Verluste, von denen die Unsrigen betroffen worden waren, rührten großenteils von dem Granatfeuer der hart an der Aupa aufgefahrenen feindlichen Batterien her.

Aber war der Wald selbst ohne große Verluste genommen worden, so sollte das dem Walde vorgelegene Terrain, zu dessen Wegnahme man sich unsrerseits eben anschickte, um so größere Opfer kosten. Zunächst einige Worte über dies vorgelegene Terrain.

Eine von Zlitsch auf Eisenbahn und Chaussee führende Straße begrenzt, wie bereits hervorgehoben, den Wald gegen Westen. Ein welliges, mit Getreide bestandenes Ackerland dehnt sich 1500 Schritt breit bis zur Aupa hin aus und schiebt sich, schmaler werdend, nach Süden zu zwischen Skalitz und den Eisenbahndamm hinein. Aus der Mitte des Waldrandes, genau an der Stelle, wo diesseits des Zlitscher Weges die Försterei Dubno gelegen ist, springt jenseits des Weges eine mit jungen Kiefern (»Kusseln«) dichtbestandene Waldparzelle vor, eine Art Wald-Erker, rechts und links von freiem Felde und sich über dasselbe hinziehenden Hügelreihen flankiert.

In diesem Vorterrain des Waldes, das in österreichischen Berichten das »Gehege« heißt, hatten sich die aus dem Walde selbst zurückgegangenen Bataillone festgesetzt, und mit ihren zwischen Skalitz und den Aupa-Höhen stehenden Reserven nunmehr in näherer Verbindung waren sie fest entschlossen, an dieser Stelle das Vordringen des Gegners zu hindern. Die Position war sehr gut gewählt. In der Kusseln-Parzelle, dem »Gehege«, stand ein Bataillon Nassau-Infanterie, links rückwärts das Bataillon Crenneville, rechts rückwärts das 5. Jäger-Bataillon. Die letztern beiden auf einer Terrain-Erhöhung. Die Aufstellung hatte also die Foren eines liegenden, gegen Westen gerichteten T, und setzte den Feind in die Lage, wo er auch angegriffen werden mochte, die Verteidigung des Waldes durch Flankenfeuer zu unterstützen. Wenigstens dieses Vorteils, bevor man zur Wegnahme des Waldes überging, wollte man ihn berauben. Etwa um 12 Uhr wurde beschlossen, die Hügel-Positionen rechts und links zu nehmen. Das 1. Halb-Bataillon vom 58. ging links gegen das Bataillon Crenneville, das 2. Halb-Bataillon vom 38. rechts gegen das 5. Jäger-Bataillon vor, und nach nicht unbeträchtlichen Verlusten unsrerseits wurden die Flanken-Positionen genommen. Nun war der Moment da, auch in das »Gehege« selber einzudringen. Das Bataillon Nassau, seiner Flanken-Deckung beraubt, von den ebengenannten zwei Halb-Bataillonen bereits überflügelt, gab die unhaltbar gewordene Position auf und suchte sich, im Anschluß an die beiden andern rechts und links bereits geworfenen Abteilungen, auf seine Reserven zurückzuziehn. Aber dieser Rückzug über das freie, nirgends Schutz gewährende Feld wurde für die zurückgehenden Bataillone besonders gefährlich. Das Bataillon Nassau verlor ein Drittel, das Bataillon Crenneville, einschließlich seiner im Walde von Dubno gehabten Verluste, die Hälfte seiner Mannschaften. Das 5. Jäger-Bataillon, das nach Zlitsch hin ausbog, hatte geringere Verluste.*

Der Zusammenstoß am Eisenbahndamm

Der Feind, als er uns aus der Westlisiere des Dubno-Waldes vorbrechen und nach längerem Gefecht auch die Kusseln-Parzelle, das »Gehege«, wegnehmen sah, beschloß, unsrem Vordringen durch einen Gegenangriff zu begegnen. Zunächst schien er, auf der Skalitz-Zlitscher Straße vordringend, mit plötzlicher Rechtsschwenkung über die Getreidefelder hin, sich gegen das »Gehege« und den Dubno-Wald dirigieren zu wollen; bald aber gewahr werdend, daß unser Angriff sich nicht bloß westlich, sondern mit nachrückenden, bis dahin weniger zum Kampf gekommenen Halb-Bataillonen vor allem auch nach Süden hin sich zu richten begann, änderte er die Direktion seines Gegenstoßes, um, auf die Nachod-Skalitzer Chaussee einbiegend, die hier näher liegende Gefahr zu parieren.

Nur eine Batterie, unter Bedeckung von Jägern und etwas Infanterie, behielt die mehr nördliche Richtung bei und fuhr an dem von Skalitz nach Zlitsch führenden Wege in Front der »Kusseln-Parzelle« auf. Die Entfernung von dieser mochte 1000 Schritt betragen. Die Vor-

* Wir sind in Vorstehendem, was die Namhaftmachung der gegen uns im Gefecht gewesenen Bataillone angeht, teils den Angaben der in Gefangenschaft geratenen Offiziere, teils österreichischen Spezial-Berichten gefolgt. Das inzwischen erschienene österreichische Generalstabswerk aber macht andere Angaben. Ihm zufolge, so scheint es, ging das Bataillon Crenneville, nach den gehabten schweren Verlusten im Dubno-Walde, direkt nach Skalitz zurück, und das »Gehege« samt seinen zwei Flankenpositionen wurde durch das 5. Jäger-Bataillon und das ganze Regiment Salvator verteidigt. Erst nachdem die Position bereits verloren war, erschienen mehrere Abteilungen vom Regiment Nassau zur Wiedereroberung derselben. Diese Abteilungen avancierten auf dem Terrain zwischen dem »Gehege« und der Eisenbahn, wurden aber von einem so mörderischen Flanken- und Frontal-Feuer (von der Fasanerie her) empfangen, daß sie zusammenbrachen. Bei diesem Angriff fiel auch Generalmajor v. Fragner. So etwa die offiziellen Angaben des Gegners. Wir haben aber Anstand genommen, ihnen unbedingt zu folgen. Es ist eine natürliche und deshalb immer wiederkehrende Erscheinung, daß die Details in allen von der Truppe selber ausgehenden Spezial-Berichten korrekter wiedergegeben werden als in den großen, kriegsgeschichtlichen Werken, die, mit mehr oder minderem Recht, das Allgemeine im Auge haben und nicht das Besondere.

gänge, die zu Wegnahme dieser Batterie führten, geben wir, da sie eine Episode bilden, schon hier, eh wir zur Darstellung des Kampfes am Eisenbahndamme übergehen.

Abteilungen des 1. Bataillons vom 38. Regiment, bestimmter die Schützenzüge der 2., 3. und 4. Kompanie, waren von der vielgenannten Parzelle aus über ein Stück Kornfeld hinweg bis an einen Deckung ewährenden Graben vorgegangen, als die feindliche Batterie, bis dahin durch eine Anhöhe verdeckt, in Front unserer 38er auffuhr. Oberstleutnant v. Knobelsdorff, Kommandeur des 1. Bataillons vom 38., gab den Schützenzügen, die er zur Hand hatte, Befehl, auf 500 Schritt Schnellfeuer zu eröffnen. Etwa 14 Pferde stürzten sofort; man sah die Verwirrung, die einriß; nur zwei Geschütze kamen zum Feuern. Die Infanterie-Bedekkung gab Salve auf Salve; aber unter Hurra drangen die diesseitigen Schützen vor, und auf 200 Schritt ihr Schnellfeuer wiederholend, brach alles derart zusammen, daß die Reste der Bedeckungs- und Bedienungs-Mannschaften sich durch Flucht zu retten suchten. 5 Geschütze und 2 Munitionswagen fielen in unsre Hände. Der Chef der Batterie, Hauptmann Prohaska, lag tot bei der Batterie); Oberleutnant Große, der Oberfeuerwerker, waren schwer verwundet; zwischen den Geschützen, dicht gesät, die Toten. Auch unsrerseits war dieser Erfolg nicht ohne Opfer erkauft worden: Hauptmann v. Kügelgen fiel; 52 Mann waren tot oder verwundet.

Lag in diesen Vorgängen auch nichts Entscheidendes, so war es doch eine schöne Waffentat und um so bemerkenswerter, als sie uns die einzigen Trophäen des Tages eintrug.

Die Hauptmasse des Feindes, wie schon hervorgehoben, war aber nicht auf die Westlisiere (Kussel-Parzelle usw.) des Waldes, sondern gleichzeitig auf die Südwest-Ecke desselben vorgegangen, um so einen von dort her näher drohenden Angriff zu parieren. Sie (die Hauptmasse) mußte zu diesem Behuf durch das zwischen Chaussee und Eisenbahn gelegene schmale Terrain hindurch. Als sie in dasselbe eintrat, waren auch wir aus dem Walde zum Teil heraus. Die hier anrückenden feindlichen Kolonnen gehörten den Regimentern Salvator, Reischach, Este an. Unsrerseits waren es Halb-Bataillone vom 7., 58. und 38. Regiment. Bei der Wichtigkeit dieses Kampfes geben wir hier Details.

Das 3. Halb-Bataillon (v. Natzmer) vom Königs-Grenadier-Regiment Nr. 7 trat, so scheint es, zuerst aus der Südwest-Ecke des Gehölzes heraus, passierte den dort befindlichen Eisenbahn-Übergang, nahm sofort Schützen vor und avancierte mit der Front gegen Skalitz.

Sowie das Halb-Bataillon die Eisenbahn passiert hatte, geriet es unter das Feuer feindlicher Bataillone, die bereits südlich der Chaussee standen; gleichzeitig bekam es in seinem weiteren Vorwärtsgehen eine Kartätschladung nach der andern von den Geschützen, welche am Eingange von Skalitz postiert waren. Hauptmann v. Natzmer saß zu Pferde und ritt, unter fortwährendem lauten Zuruf an seine Leute, dem Bataillon voraus, mit einer Bravour, die viel dazu beitrug, daß das Halb-Bataillon durch dieses mörderische Feuer hindurch immer gegen den Feind vorging. Das Halb-Bataillon mußte endlich Halt machen und in den Chausseegräben Deckung suchen, da die übrigen Abteilungen des Regiments noch nicht heran und die beiden Kompanien durch die in wenig Minuten erlittenen Verluste zu erschüttert waren, um mit Aussicht auf Erfolg gegen die gegenüberstehenden Bataillone vorgehen zu können. Über die Chaussee weg wurde ein Feuergefecht unterhalten. Die Chaussee war mit Toten und Verwundeten übersät; Hauptmann v. Natzmer war gefallen, Portepee-Fähnrich Hoffmann ebenfalls. Außerdem waren 6 Offiziere dieses Halb-Bataillons verwundet.

Dies war nur Vorspiel.

Den eigentlichen Stoß unsrerseits führten drei beinahe gleichzeitig aus dem Walde hervorbrechende Halb-Bataillone vom 58., 38. und Königs-Grenadier-Regiment. Vom 58. die 6. und 7. Kompanie, Hauptmann v. d. Horst; vom 38. die 6. und 8. Kompanie, Hauptmann Schrötter; vom Königs-Grenadier-Regiment die 6. und 7. Kompanie, Hauptmann von Kaisenberg. Wenn das Halb-Bataillon Natzmer durch Fernfeuer dezimiert worden war, so waren dies die Halb-Bataillone, die mit den vorgeführten Kolonnen des Feindes direkt zusammenstießen. Wir geben die einzelnen Berichte, die, weil die Situation überall im wesentlichen dieselbe blieb, eine gewisse Verwandtschaft haben. Man brach vor, mußte zurück, raillierte sich, brach wieder vor, warf den Gegner und nahm die Chaussee.

Wir lassen nun die einzelnen Halb-Bataillone selber sprechen; verweisen übrigens zugleich auf unsre kleine Karte von Skalitz, in welche, trotz der Beschränktheit des Raumes, das Vorgehen dieser drei Halb-Bataillone (zwischen Chaussee und Eisenbahn) ganz korrekt eingetragen ist.

Zuerst die 58er. »Wir sahen die Angriffs-Bewegung des Feindes, der, begierig die Scharte von Nachod auszuwetzen, mit halbrechts im Laufschritt vorging, um unsern linken Flügel zu tournieren. Oberst v. François, auf einer Anhöhe haltend, gab unserem Halb-Bataillon v. d. Horst Befehl, die Eisenbahn zu überschreiten und dem Feinde entgegenzugehn. Die Tambours schlugen, die Hornisten, ihrer eigenen Eingebung folgend, begleiteten mit dem Avancier-Signal. Wie auf dem Exerzierplatz gingen wir im Schrapnellfeuer vor. Major v. Haugwitz führte unser Halb-Bataillon. Er defilierte auf den Eisenbahn-Einschnitt (an der Südwest-Ecke des Dubno-Waldes) und marschierte jenseits desselben gegen die anrückende feindliche Brigade auf und zwar südlich der Bahn. Rechts von ihm ein Halb-Bataillon vom Königs-Grenadier-Regiment, noch weiter rechts ein Halb-Bataillon vom 38., an diesem Tage weithin kenntlich dadurch, daß sie Mützen trugen. Wir avancierten rasch. Aber bald stockte die Vorwärts-Bewegung. Als wir etwa die Mitte zwischen dem ersten und zweiten Eisenbahndurchlaß erreicht hatten, sahen wir uns plötzlich im wirksamsten Feuer der zurückstehenden Bataillone, welche Skalitz besetzt hielten. Schutz dagegen zu gewinnen,

war geboten; Major v. Haugwitz befahl, auf die nördliche Seite des Eisenbahndammes hinüberzugehn. In demselben Moment wurde dieser brave Offizier und zwar in der Höhe des Eisenbahnsteines 135, nachdem ihm auch sein Pferd unter dem Leibe erschossen worden, von einer Kugel in den Unterleib getroffen. Er erlag am 24. Juli im Lazarett zu Reinerz seiner Wunde.

Die Verluste wuchsen rasch. Leutnant v. Manstein, als er (bei Stein 133) mit einzelnen Schützen die Bahn passierte, sah sich plötzlich inmitten einer Abteilung Österreicher, die von drei Seiten her auf ihn eindrangen. Im selben Augenblick riß eine Granate, die unter die Gegner einschlug, auch ihn zu Boden und blendete ihn durch die Erde, die sie in sein Gesicht schleuderte. Er hielt sich für verloren. Da umfaßte ihn Musketier Polcin von seiner Kompanie (7.) und schleppte ihn unter dem Pfeifen der Kugeln in einen kleinen Graben. Dort kniete er neben ihm nieder und hielt durch sein sichres und schnelles Feuer die sich nähernden Österreicher ab. Als endlich die andern Leute des Zuges herankamen, verband Polcin den Leutnant v. Manstein, der inzwischen auch noch einen Schuß durch den Oberarm erhalten hatte, auf das sorgfältigste und trug ihn aus dem Feuer auf den Verbandplatz. Er wurde dabei selbst durch eine Granate am Oberschenkel verwundet.«

Dieser Bericht der 58er wird durch einen Bericht der 38er, deren Halb-Bataillon Schrötter (6. und 8. Kompanie) den rechten Flügel hatte, trefflich ergänzt. Wir entnehmen ihm folgendes: »Die Königs-Grenadiere links neben uns, hatten wir die Eisenbahn erreicht und den Damm überschritten. Kaum 50 Schritt in der Richtung auf den Bahnhof zu (zwischen Bahnhof und Chaussee) wurden wir von einem Hagel von Granaten und Kartätschen überschüttet. Oberstleutnant v. Wenck-

stern, Kommandeur des 2. Bataillons, fällt von einer Granate tödlich getroffen; das Halb-Bataillon hat große Verluste an Mannschaften und Offizieren. Der verwundete Hauptmann Schrötter befiehlt den Rückmarsch hinter den Eisenbahndamm, da auch das Halb-Bataillon vom 58. (Major v. Haugwitz) durch den Eisenbahndurchgang dahin zurückgeht. Kurze Rast. Hauptmann v. Rettberg übernimmt das Kommando, und nach rascher Raillierung bricht das Halb-Bataillon aufs neue vor, überschreitet den Eisenbahndamm und avanciert gegen die Chaussee. Neue Verluste. Oberst v. Witzleben, Kommandeur des Regiments, der mit dem Halb-Bataillon vorgegangen, wird durch einen Gewehrschuß getroffen und sinkt vom Pferde. Im selben Augenblick brechen von Skalitz her neue Kolonnen in verschiedenen Richtungen vor.

Aber wir waren ihnen jetzt gewachsen. Das 2. Bataillon Este rückte links und rechts neben der Chaussee bis auf 200 Schritt heran. Es war in voller Stärke und blieb, trotz unsres Feuers, im braven Vorgehn. 100 Schritt von unsrem Halb-Bataillon entfernt, erreichte seine Tête den Rand einer Ackerterrasse, duckte sich, blieb halten und feuerte. Man sah die Offiziere mit gehobenem Säbel vorspringen, das Bataillon zu weiterem Vorgehn ermunternd. Ihre Anstrengungen waren vergebens. Noch mehrere Schußlagen hielt das Bataillon aus, dann wandte es sich und ging geschlossen, aber in vollem Laufe nach dem Bahnhof zurück. Unser Halb-Bataillon drang nach, wobei die Tambours und Hornisten einfielen. Die Reste des Bataillons Este zogen sich teils auf die andere Seite des Eisenbahndammes, teils in die Bahnhofsgebäude zurück. Der Bahnhof wurde mehr und mehr der Punkt, an dem die Entscheidung hing. Unsere Abteilungen, zu schwach, um die immer fester werdende Bahnhofs-Position zu forcieren, nahmen eine verdeckte Stellung seitwärts der Chaussee.«

Rechts neben Major v. Haugwitz (58er), links neben Oberstleutnant v. Wenckstern (38er) avancierte im Zentrum unsrer Angriffslinie das Halb-Bataillon v. Kaisenberg (6. und 7. Kompanie) vom Königs-Grenadier-Regiment. Der Bericht sagt: »Das Halb-Bataillon v. Kaisenberg war etwas später aus dem Walde herausgekommen als das Halb-Bataillon v. Natzmer und hatte, in ein hartnäckiges Feuergefecht verwickelt, feindliche Infanterie an der Nordseite des Dammes entlang verfolgt. Jetzt hielt es sich südlich, passierte den mehrgenannten Eisenbahn-Einschnitt, und die Halb-Bataillone anderer Regimenter neben sich, drang es mit vorgenommenen Schützen gegen die Chaussee vor. Hauptmann v. Kaisenberg seinen Leuten immer um 50 Schritt voraus. Auch dieses Halb-Bataillon kam bald in das heftigste Geschütz- und Kleingewehrfeuer, und nachdem mehrere kleinere Angriffe abgeschlagen waren, sah sich das Halb-Bataillon plötzlich einer frisch anrückenden österreichischen Brigade gegenüber. Es war die Brigade Kreyßern, Regiment Reischach im ersten Treffen. Die Brigade kam bis auf 100 Schritt im stärksten diesseitigen Feuer an das Halb-Bataillon heran, immer noch bis dahin seine Ordnung erhaltend, machte Halt und gab mit den Bataillonen des ersten Treffens eine Salve. Glücklicherweise zu hoch. Sofort nach der Salve ging die Brigade zur Bajonett-Attacke über und stürzte sich auf das Halb-Bataillon, welches in Linie stehen blieb und Schnellfeuer gab. Durch dieses Feuer kam die Brigade nicht hindurch; sie avancierte bis auf 50 Schritt an das Halb-Bataillon heran und wandte sich dann zur Flucht. Auch wir hatten schwere Verluste erlitten. Hauptmann v. Kaisenberg war schwer am Kopf verwundet, außer ihm noch 5 Offiziere.«

Dieser blutige Kampf unserer drei Halb-Bataillone hatte den Feind erschüttert, seine Vorwärtsbewegung gehemmt, um so mehr als rechts und links daneben andere Halb-Bataillone der Regimenter 7, 38 und 58, wiewohl unter geringeren Verlusten, den Feind direkt geworfen hatten.*

* Unter diesen links und rechts vorgehenden Abteilungen der genannten drei Regimenter, nennen wir noch in erster Reihe das Halb-Bataillon v. Necker (2. und 3. Kompanie)

FR·WILH·NIC·ALBRECH
PRINZ·V·PREUSSE

TREFFEN BEI SKALITZ

Erstürmung der Stadt und des Bahnhofes daselbst

Dieser, unterm Schutz seiner Artillerie, begann die beiden im Kampf gewesenen Brigaden (Fragner und Kreyßern), ziemlich gleichzeitig auch seine noch intakte Brigade Schulz teils südlich an der Aupa hin, teils durch Skalitz zurückzuziehn, ließ aber doch immer noch Bataillone genug zurück, um unsrem sich nun vorbereitenden konzentrischen Angriff gegen Skalitz selbst einen sehr erheblichen Widerstand entgegenzusetzen.

Diesem Schlußakt des Kampfes wenden wir uns nunmehr zu.

Erstürmung der Aupa-Höhen, des Bahnhofes und der Stadt

Während so auf dem schmalen Terrain zwischen Chaussee und Eisenbahndamm ein erbitterter Kampf tobte, bereitete sich in Flanke und Rücken die Entscheidung vor.

Nördlich vom Dubno-Walde, auf dem Terrain zwischen diesem und den Aupa-Höhen, war eben jetzt (12 Uhr) das Gros des V. Korps, die 10. Division, erschienen, und wie am Tage zuvor bei Nachod, so brachte sie hier bei Skalitz in raschem Wechsel der Situation die Entscheidung. In erster Reihe dieselben Regimenter: das 6. und das 47.

Der Kommandierende, die Lage des Gefechts überblickend, teilte die heranmarschierende Division im Moment ihres Eintreffens, und die Brigade Tiedemann, ihrer ursprünglichen Bestimmung gemäß, zum Angriff auf die Aupa-Höhen vorbeordernd, warf er die halbe Brigade Wittich, das Regiment Nr. 47, sofort vom rechten an den linken Flügel, um am Bahndamm und Bahnhof, wo die Waage schwankte oder doch ein letzter verzweifelter Widerstand versucht wurde, endlich den Ausschlag zu geben.

Wir folgen zunächst, am rechten Flügel, der Brigade Tiedemann. Ein Bericht sagt:

vom Königs-Grenadier-Regiment. Sein Eingreifen war von Bedeutung. Während die Halb-Bataillone v. Natzmer und v. Kaisenberg, beide (mit Front gegen Skalitz) einander folgend, der vorbrechenden Brigade Kreyßern sich entgegenwarfen, war das Halb-Bataillon v. Necker am Eisenbahndamm angelangt und konnte von hier aus die linke Flanke der angreifenden Brigade unter Feuer nehmen. Dies wirkte sehr wesentlich zum Gesamt-Erfolge mit. Das Halb-Bataillon avancierte nun vom Eisenbahndamm auf die Chaussee zu, die allerdings nur noch von einzelnen Schwärmen der feindlichen Brigade gehalten wurde. Hauptmann v. Necker ging mit seinen Schützenzügen bis an den Chausseegraben heran, wo sich jetzt, über die Chaussee weg, ein Feuergefecht entwickelte. Nachdem dasselbe erhebliche Verluste veranlaßt hatte, ohne zu einem Resultat zu führen, sprang Hauptmann v. Necker auf, mit ihm die Seinen; alles stürzte sich mit dem Bajonett auf den Feind, der kaum noch Zeit hatte aufzuspringen. Ein kurzes, blutiges Handgemenge entspann sich; die Tapferen, die uns gegenüberstanden, fielen nach verzweifelter Gegenwehr.

»Das 6. Regiment hatte die Tête. Schwer rollte, links neben uns, der Geschützdonner über das Geknatter des Infanteriefeuers hin, als die 19. Brigade, Regimenter 6 und 46, rechts neben dem Hügelrücken (der uns von der Skalitzer Ebene schied) fortrückte. Eilig, lautlos, ging die Bewegung mit gedämpften Kommandos. Nur einzelne Führer durften von Zeit zu Zeit über den Kamm schauen, der von Granaten gekämmt wurde. Gerade in der Marschrichtung, auf der Hochfläche nördlich Zlitsch, wurde dabei Kavallerie sichtbar, die von Kosteletz her, über Zernow, südwärts rückte. Es war, in hellschimmernden Kürassen, die schwere Garde-Kavallerie-Brigade unter Prinz Albrecht Sohn.

Als die 19. Brigade Dubno erreicht hatte, erhielt auch das zweite Treffen der 20. Brigade (das Regiment Nr. 47) Befehl, den linken Flügel der 19. Brigade debordierend, einen gleichzeitigen Angriff südlich der Chaussee auszuführen. Unter heftigem Flankenfeuer schoben sich, in Folge dieses Befehls, die sechs Halb-Bataillone des 47. Regiments über die bestrichene Chaussee. (Auf diesen Angriff, der, wie schon angedeutet, den letzten Widerstand brach, kommen wir zurück.)

Zlitsch war jetzt fast erreicht. Die feindlichen Batterien nördlich Skalitz fuhren ab. Schnell wurden hinter der letzten Hügelkuppe bei Zbow die Tornister abgeworfen; dann, mit einer Linksschwenkung, brachen wir jetzt mit solcher Energie und Ordnung vor, daß die auf dem Jäger Hügel stehenden feindlichen Truppen, mit Ausnahme des Jäger-Bataillons, ohne den Stoß abzuwarten, in die Stadt zurückwichen.

Dieser wahrhaft glänzende Vorbruch der 19. Brigade, von welchem Kameraden anderer Regimenter rühmen, er habe prächtig ausgesehn und von dem gefangene österreichische Offiziere später gestanden, ›nicht sowohl das Vorbrechen zwölf neuer Bataillone (Halb-Bataillone) als besonders der Eindruck rücksichtsloser Entschlossenheit, in Ordnung und Schnelligkeit, eindringlich markiert durch die kurzen Trommelschläge aller im Laufschritt avancierenden Bataillone, die voransprengenden Kommandeure und das langatmige Hurra, habe sie vollständig überrascht‹, – dieser Vorbruch war um so entscheidender, als die überall hin sichtbare Erstürmung des Jäger-Hügels, wie auf Signal, alle andern Truppen in der Ebene zum letzten Stoße mit fortriß. Alle Bataillone sprangen auf und stürzten konzentrisch vom äußersten linken bis äußersten rechten Flügel mit jauchzendem Hurra auf den immer noch mächtigen Feuerkranz von Skalitz zusammen.

Einige Jäger-Abteilungen versuchten auch jetzt noch rühmlichen Kampf. Sie hielten, bis auf 50 Schritt, vor den Bajonetten unserer Halb-Bataillone stand. Aber wie von einem Sturmwind wurde der österreichische linke Flügel von den Höhen hinab in die Stadt hineingefegt, endlich, um 2¼ Uhr, diese selbst im ersten Anlauf genommen.*

Das 6. Regiment stürmte durch den nördlichen Eingang. Zwischen diesem und der Chaussee, wo sich ein zweiter Eingang befindet, drang ein Halb-Bataillon 52. Regiments, westlich der Eisenbahn das 38., auf der Chaussee selbst (über die Barrikaden hinweg) das 7. und endlich, unter heftigem Kampf gegen den Bahnhof, das 47. Regiment auf der Ost- und Süd-Lisiere der Stadt mit ihren Têten in diese ein. Der linke Flügel der 42er gelangte bis auf den Markt. Die Stadt selbst (in der beispielsweise das Haus des fürstlich lippeschen Baumeisters Luppe dreimal gestürmt werden mußte) war bis zuletzt durch die 4 Bataillone der Regimenter Crenneville und Degenfeld verteidigt worden.«**

Die Wegnahme des Bahnhofs, wie der vorstehende Bericht andeutungsweise hervorhebt, ging dem Eindringen in die Stadt unmittelbar voraus. Wir geben nun jenen Hergang selbst (die Wegnahme des Bahnhofs) nach der Schilderung eines Augenzeugen. Ein 47er schreibt: »... Nach dem Flankenmarsch über Studnitz und Zlitsch, den wir gemacht hatten, hielten wir jetzt, die ganze Division, auf dem rechten Flügel unsrer Aufstellung zwischen Zlitsch und der Försterei von Dubno. Den Dubno-Wald hatten wir im Rücken, die Aupa-Höhen vor uns. General v. Steinmetz ritt an uns heran. Seine Disposition ging kurz dahin: beide Flügel der feindlichen Stellung anzugreifen. Die Regimenter 6 und 46 erhielten Befehl, gegen die Aupa-Höhen (rechter Flügel), die Regimenter 47 und 52 gegen Bahndamm und Bahnhof (linker Flügel) vorzugehn. Nur die Têten-Regimenter 6 und 47 kamen zur Aktion.

Wir also hatten den Bahnhof zu nehmen, den stärksten Punkt der feindlichen Stellung. In zwei Treffen, zu je 3 Halb-Bataillonen, gingen wir vor. Major v. Brandenstein kommandierte das 1., Major v. Heinemann das 2. Treffen. Wir standen, als der Befehl uns erreichte, so weit rechts, daß wir, um unser Angriffsobjekt (den Bahnhof) zu erreichen, erst stark mit halblinks über die Chaussee hinweg, dann aber, fast parallel mit der feindlichen Stellung, wohl 1000 Schritt an dieser vorbei

* Das Halb-Bataillon v. Unruh, 1. und 4. Kompanie vom Königs-Grenadier-Regiment, focht ziemlich an eben dieser Stelle, nur nördlicher, und half dann, nachdem es in einer Sandgrube gegen das 24. Jäger-Bataillon gestanden (hier fiel Leutnant v. St. Paul, Adjutant des Prinzen Adalbert), die Aupa-Höhen mitstürmen.

** Die Verteidigung von Skalitz, samt Bahnhof, erfolgte, nachdem die Brigaden seitens des Korps-Kommandos zurückbeordert waren, durch nur sechs Bataillone. Davon standen drei (das 3. Bataillon Este und das 5. und 24. Jäger-Bataillon) am Nord- und Nordost-Eingange, zwei (die 4. Bataillons von Crenneville und Degenfeld) am Ost-Eingange der Stadt. Der Bahnhof wurde durch das 31. Jäger-Bataillon von der Brigade Schulz verteidigt.

mußten. Das Festhalten der richtigen Front, während wir beständig Feuer in der rechten Flanke erhielten, war keine leichte Aufgabe. Sobald wir in Höhe des Bahnhofs waren, wurde mit ›rechts um‹ die Richtung auf diesen eingeschlagen. Schützenzüge des 1. Bataillons waren vor unsrer Front aufgelöst; 70 bis 80 Schritte hinter ihnen folgte das Regiment, die Treffen in vorgeschriebener Distanz, das zweite rechts überflügelnd, die Halb-Bataillone in Kolonne nach der Mitte, mit Gewehr über, *tambour battant*, im ruhigen Marschtempo. Bis zu welchem Grade es uns gelang, bei diesem Vorgehen (zum Teil durch hohes Getreide) die reglementarische Ordnung aufrechtzuerhalten, erhellt am besten aus der von Gefangnen erzählten Äußerung eines österreichischen Generals: ›Schaun's, da kommen die M … viecher im Parademarsch an.‹ Die beiden Halb-Bataillone des 1. Bataillons erstiegen den Bahndamm und stürmten das Bahnhofsgebäude. Nur ein einziges Mal kam es zum Stutzen. Als der Damm beinahe erreicht war, konzentrierte der Feind noch einmal sein Feuer auf unsre Mitte, wo die neue Fahne des Bataillons im Sonnenlicht blitzte. Der Fahnenträger und die neben ihm marschierenden Unteroffiziere stürzten getroffen nieder; – einen Augenblick stockte die Bewegung. Aber der Kommandeur des Halb-Bataillons, Hauptmann Vellay, der Treffenkommandeur Major v. Brandenstein und sein Adjutant, Premierleutnant v. Oesfeld, deren Pferde erschossen waren, warfen sich sofort in die Lücke. Der letztere ergriff die Fahne und vorwärts ging es. Der Adjutant des Bataillons, Leutnant Hoffmann, sein Pferd anspornend, war in wenig Sprüngen der erste auf dem Damm. Alles folgte jubelnd. Die Infanterie-Besatzung des Dammes und Bahnhofsgebäudes (zumeist vom 31. Jäger-Bataillon) war teils geflohen, teils ergab sie sich; andere fanden einen ehrenvollen Tod im letzten fruchtlosen Widerstande. Gleich danach drangen wir, an ausgebauten Gehöften vorbei, in die Stadt ein. Der Kampf war entschieden.«

Skalitz war unser, der Kampf beendet. Eine eigentliche Verfolgung fand nicht statt. Nur Artilleriefeuer von den südlich der Stadt gelegenen Höhen aus begleitete den auf Josephstadt abziehenden Feind (VIII. und VI. Korps).

Um 4 Uhr rückten unsre durch das Marschieren und Kämpfen in glühender Sonnenhitze ermüdeten Truppen ins Biwak. Die Brigade Hoffmann (38. und 51.) gab die Vorposten; Aufstellung jenseits der Aupa, gegen Josephstadt zu. Das Königs-Grenadier-Regiment, zur Anerkennung dessen, was es geleistet, erhielt Quartiere in Skalitz; die 9. Division biwakierte nördlich, die 10. südlich der Nachod-Skalitzer Straße.

Das VIII. österreichische Korps marschierte noch am selben Tage bis

Salney. Das VI., welches zur Aufnahme des VIII. eine Brigade bei Trebesow aufstellte, folgte nach Lançow.

Skalitz war ein großer Erfolg, freilich nicht ohne erhebliche Opfer errungen. Unser Gesamt-Verlust belief sich auf 62 Offiziere und 1352 Mann. Am meisten gelitten hatten das Königs-Grenadier-Regiment und das Schlesische Füsilier-Regiment Nr. 38; demnächst das Infanterie-Regiment Nr. 58. Unter den Verwundeten befanden sich die Kommandeure der beiden letztgenannten Regimenter, Oberst v. Witzleben und Oberst v. François. Wir geben im übrigen folgende Zahlen:

Königs-Grenadier-Regiment	22 Offiziere, 475 Mann
Füsilier-Regiment Nr. 38	11 Offiziere, 325 Mann
Infanterie-Regiment Nr. 58	11 Offiziere, 146 Mann

Vom 2. Bataillon des Königs-Grenadier-Regiments (das am meisten eingebüßt und 14 Offiziere und 292 Mann verloren hatte) waren alle Hauptleute tot oder verwundet. Hauptmann v. Natzmer tot, Hauptmann v. Lewinski und Hauptmann v. Bültzingslowen verwundet; Hauptmann v. Kaisenberg I., von zwei Kugeln getroffen, führte nichtsdestoweniger sein Halb-Bataillon weiter gegen den Feind. Fast gleich große Verluste hatte das 2. Bataillon vom 38. Regiment; der Führer des Bataillons, Oberstleutnant v. Wenckstern, blieb. Major v. Haugwitz vom 58. erlag seiner Wunde.

Die Verluste des Feindes waren enorm. Im wesentlichen nur mit 2 Brigaden (14000 Mann) im Feuer, verlor er mehr als ein Drittel seiner Stärke: 5577 Mann, darunter 205 Offiziere. Einzelne Bataillone hatten bis zur Hälfte ihres Bestandes eingebüßt, ja darüber hinaus.

Es verloren:

das Bataillon Crenneville (wahrscheinlich nur 800 Mann stark)	402 Mann
das 24. Jäger-Bataillon	464 Mann
das 5. Jäger-Bataillon	517 Mann
das Regiment Salvator (drei Bataillone)	1463 Mann.

Dem entsprach der Verlust an Offizieren: Regiment Salvator 42, Regiment Reischach 33; ja das 5. Jäger-Bataillon verlor 19 Offiziere, also nahezu seinen ganzen Bestand.

Skalitz war eines der blutigsten Treffen des ganzen Krieges, für unsren Gegner gewiß. Nirgends entfaltete er mehr Tapferkeit. Der Angriff des Regiments Reischach (vergl. S. 356), die Haltung des Bataillons Crenneville, ganz besonders aber die Haltung der drei Jäger-Bataillone (5., 24., 31.) war über jedes Lob erhaben.* Die große Zahl von Gefange-

* Zahllose Beispiele zeigen die Erbitterung, mit der der Feind sich schlug. Leutnant Baron,

nen, die in unsre Hände fiel – nahezu 3000, darunter 1300 unverwundet – kann daran nichts ändern. Erst als die Bataillone ihre heroischen Anstrengungen als vergeblich erkannten, ergriff einzelne Abteilungen eine Panik. Die meisten Gefangenen wurden übrigens erst in Skalitz selbst gemacht. Unser Eindringen, von drei Seiten her, schnitt ganzen Abteilungen den Rückzug ab.

Generalmajor v. Fragner und Oberst Kreyßern waren an der Spitze ihrer Brigaden gefallen.

Der Punkt, der den Aufmarsch der feindlichen Armee bei Josephstadt decken sollte, war in unsern Händen.

Adjutant des 1. Bataillons vom 58., erhielt einen Schuß in den Unterleib und stürzte vom Pferde. Am Boden liegend verfolgte er mit freudigen Blicken den siegreichen Fortgang des Gefechts. Plötzlich sah er sich von einem ebenfalls verwundeten Österreicher, der mit dem Gewehr an ihn herangekrochen war, angegriffen. Zu seinem Glück war er noch imstande, den auf ihn anschlagenden Gegner durch einen Revolverschuß zu töten. (Wir knüpfen an diese Mitteilung noch ein Gegenbild. Als 58er Musketiere zwei Stunden später den Leutnant Baron auf ihren Gewehren nach dem eroberten Skalitz hinein trugen, sprang der Führer einer vorbeitrabenden Kürassier-Patrouille vom Pferde, pflückte eine Rose vom Spalier und legte sie als Abschiedsgruß auf die Brust des anscheinend tödlich Getroffenen. Leutnant Baron genas wieder.)

Das Gefecht bei Schweinschädel

OCH ein dritter Kampfestag war dem linken Flügel der Kronprinzlichen Armee vorbehalten. Der 27. hatte das V. Armee-Korps bis Nachod-Wysokow, der 28. bis Skalitz geführt, der 29. sollte es bis Gradlitz führen.

Hinter Skalitz, um diesen unsren Vormarsch zu hindern, hatte jetzt das am Tage vorher die zweite Reserve bildende IV. österreichische Korps unter Feldmarschalleutnant Graf Festetics (Porträt siehe nächste Seite) Aufstellung genommen und zwar hart an der nach Josephstadt führenden großen Straße, beim Dorfe Schweinschädel.

Auf den Höhen zu beiden Seiten des Ortes waren 8 Batterien aufgefahren; im Dorfe und links daneben stand die Brigade Poeckh,* rechts (südlich vom Dorf) die Brigade Erzherzog Joseph; eine Viertelmeile hinter Schweinschädel, ebenfalls hart an der Straße, die Brigade Bran-

* Im Detail war die Aufstellung dieser Brigade (Pöckh), die den Hauptstoß auszuhalten hatte, die folgende:

8. Jäger-Bataillon und Brigade-Batterie, nordöstlich vorgeschoben, beim Ziegelofen von Trebesow;

1. Bataillon Erzherzog Joseph an der Nordlisiere von Schweinschädel;

2. und 3. Bataillon Erzherzog Joseph im Dorfe selbst, namentlich in der Meierei;

Regiment Erzherzog Karl Ferdinand in Front von Sebutsch als versagter linker Flügel.

Von der Brigade Erzherzog Joseph (südlich der Chaussee) beteiligten sich später zwei Bataillone vom Regiment Schmerling an der Verteidigung der zwischen Schweinschädel und Sebutsch gelegenen Schäferei und Ziegelei; von der Brigade Brandenstein griffen nur im letzten Momente des Gefechts anderthalb Bataillone (1 Erzherzog Wilhelm, ½ Großfürst Michael) in die Aktion ein. Wir machen übrigens eigens noch darauf aufmerksam, daß zufälligerweise an diesem Tage Regiment Erzherzog Joseph (zur Brigade Pöckh gehörig) und Brigade Erzherzog Joseph dicht nebeneinander im Feuer standen. Eine Verwechselung beider verwirrt das Gefechtsbild.

denstein. (Die 4. Brigade des Korps, die Brigade Fleischhacker, war detachiert und hatte um eben diese Zeit das Gefecht bei Königinhof.)

Rekognoszierungen unsrerseits hatten den General v. Steinmetz über die Aufstellung des Feindes unterrichtet. Da dem Kommandierenden nach zwei blutigen Gefechten, am 27. und 28., nicht daran gelegen sein konnte, ein drittes Gefecht lediglich um Fechtens willen zu bestehn, so erschien es ihm geboten, wenigstens den Versuch zu wagen, ob ohne Kampf, unter Umgehung der feindlichen Aufstellung (und zwar nördlich derselben, über Chwalkowitz), gegen Gradlitz vorzudringen sei. Nur ein linkes Seiten-Detachement, auf der großen Josephstädter Straße avancierend, sollte während dieses Flankenmarsches den Feind festhalten, von dem man annehmen durfte, daß er, schließlich seine Überflügelung gewahr werdend, aus freien Stücken seinen Rückzug antreten werde.

Im Einklange hiermit disponierte General v. Steinmetz wie folgt:

> Die 20. Brigade, Generalmajor Wittich, gefolgt von der Kavallerie-Brigade Wnuck, bildet ein linkes Seiten-Detachement, das (über Zajezd) auf der großen Josephstädter Straße vorzugehn und bei Miskoles wieder zum Gros des Korps zu stoßen hat;
> die 19. Brigade, Generalmajor v. Tiedemann, dirigiert sich über Zlitsch-Ratiboritz auf Weternik und Miskoles und sucht von hier aus die Straße Chwalkowitz-Gradlitz zu gewinnen;
> das Gros (9. Division, Generalmajor v. Löwenfeld) folgt der 19. Brigade;

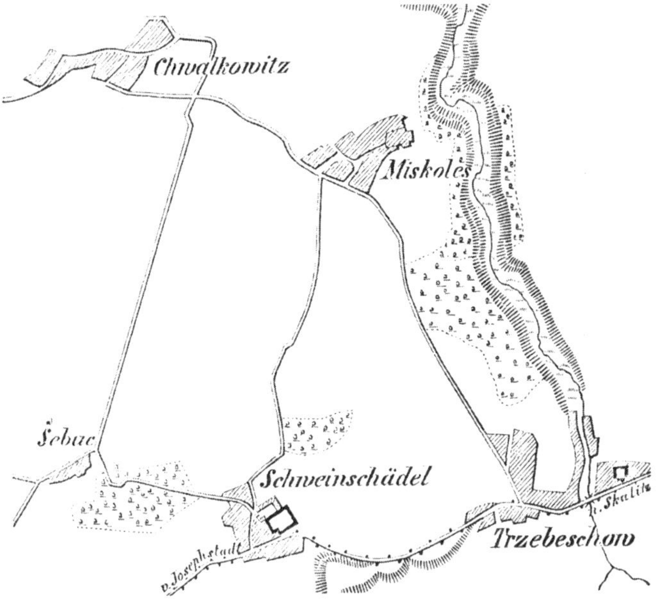

die Brigade Hoffmann (Regimenter 38 und 51) folgt dem Gros.

So die Disposition in ihren großen Zügen.

Erst um 3 Uhr mittags brachen die nach den Anstrengungen der letzten Tage rast- und ruhebedürftigen Truppen aus ihrem Biwak bei Skalitz auf. Zuerst die 20. Brigade, das linke Seiten-Detachement, unter Generalmajor Wittich. Es hielt, wie wir wissen, die große Josephstädter Straße und erreichte Trebesow, ohne irgendwelchem Widerstand zu begegnen. Hier aber, als es, empfangener Weisung gemäß, rechts ausbiegen wollte, um zur Vereinigung mit der 19. Brigade und dem Gros (9. Division) Miskoles zu erreichen, wurde es von Schweinschädel aus hart unter Feuer genommen und in ein Gefecht verwickelt, das alsbald einen ernsteren Charakter anzunehmen begann.

Inzwischen war die 19. Brigade, behufs Überflügelung der feindlichen Stellung, aus der Zlitscher Straße avanciert und hatte, nach Ersteigung des Plateaus von Chwalkowitz, das in der rechten Flanke von Trebesow gelegene Dorf Miskoles eben erreicht, als der von links her herüberdringende Kanonendonner keinen Zweifel mehr darüber ließ, daß das linke Seiten-Detachement in ein lebhaftes Gefecht mit dem in seiner Front stehenden Feinde verwickelt worden sei. In diesem Gefecht das Detachement (die Regimenter 52 und 47) einfach zu belassen, war unmöglich; der Plan eines Vorbeimarsches an der feindlichen linken Flanke mußte also aufgegeben werden, und die 19. Brigade, v. Tiedemann, erhielt nunmehr Befehl, ihren Weitermarsch zu sistieren und durch einen kräftigen Vorstoß gegen Süden, das heißt in die feindliche linke Flanke, die zwischen Trebesow und Schweinschädel bereits engagierte 20. Brigade, General Wittich, freizumachen.

Diesem Befehle nachkommend, schwenkte die 19. Brigade, im Debouchieren aus Miskoles, links und stieß – das 6. Regiment im ersten, das 10. im zweiten Treffen – von Norden her auf die in Front, Flanke und Rücken von Schweinschädel stehende Brigade Pöckh. Der erste Stoß traf das feindliche 8. Jäger-Bataillon und fegte es vom Plateau hinunter in die nah gelegenen Ortschaften hinein; ein Gegenstoß des 1. Bataillons vom Regiment Erzherzog Joseph wurde abgewiesen; unaufhaltsam im Avancieren bleibend, drangen die Halb-Bataillone des 6. Regiments in die vom 2. Bataillon Erzherzog Joseph verteidigte große Meierei, unsre 46 er (inzwischen ins erste Treffen mit eingerückt) in Sebutsch und die zwischen diesem Dorf und Schweinschädel gelegenen Baulichkeiten ein; namentlich in die Schäferei und Ziegelei. 2 Bataillone Schmerling, das 1. und 3., von der jenseits der Chaussee stehenden Brigade Erzherzog Joseph, hatten vergeblich versucht, dem an dieser Stelle mit besonderer Heftigkeit geführten Gefecht eine andere Wendung zu geben.

Alle diese Bewegungen waren gleichzeitig ausgeführt und der Feind, trotz tapfrer Verteidigung, binnen kürzester Frist geworfen worden. Seine Verluste erwiesen sich bereits als sehr empfindlich, aber sie sollten noch erheblicher werden.

Unsere 46er, nach Wegnahme von Schäferei und Ziegelei, hatten – insonderheit durch Besetzung des letztgenannten Punktes – eine Stellung bereits im Rücken der bei Schweinschädel selbst noch engagierten österreichischen Bataillone gewonnen und bildeten nunmehr derartig eine lebendige Hecke, daß alles, was aus der Front her hier zurückzugehen versuchte, unter ein kämmendes Flankenfeuer geraten mußte. Das 1. Bataillon Erzherzog Joseph, das diesen Versuch machte, hatte dafür aufzukommen und erlitt enorme Verluste. – Hiernach erstarb das Gefecht. Die Linie Schweinschädel-Sebutsch blieb in unsren Händen, bis wir sie, drei Stunden später, freiwillig räumten.

Von seiten des Feindes war außer seiner zahlreichen Artillerie, wie schon hervorgehoben, im wesentlichen nur die Brigade Pöckh, unsrerseits die Brigade Tiedemann, Regimenter 6 und 46, engagiert gewesen.

Dem Bericht eines Offiziers vom Grenadier-Regiment Nr. 6 entnehmen wir über den Angriff auf die Linie Schweinschädel-Sebutsch noch

DAS GEFECHT BEI SCHWEINESCHAEDEL.

TREFFEN BEI TRAUTENAU
DIE K.K. BRIGADE KNEBES NIMMT DIE HÖHE V. ST. JOHANN

folgendes. Manches mag dabei als Rekapitulation von schon Gesagtem dienen.

»Es galt also die in unsrer linken Flanke stehende 20. Brigade, Generalmajor Wittich, freizumachen. Unsre Tête, aus Miskoles debouchierend, war bereits selbst unter das Granatfeuer des Feindes gekommen; jetzt mit ›links schwenkt‹ erstiegen wir das Plateau und rückten in langer Linie, Front gegen Süden, auf die feindliche Stellung vor. Es war 4 Uhr.

Wir befanden uns nach Ersteigung des Plateaus auf einer Hochebene, deren Südfuß (von Skalitz bis Schweinschädel) der Chaussee nach Josephstadt folgt. Diese Hochebene ist oft von breiten steilrandigen Schluchten, die nach Süden laufen und das Plateau in mehrere Höhenrücken gliedern, durchzogen. Einer dieser Höhenrücken trennt die Dörfer Schweinschädel und Sebutsch, von denen ersteres an der südöstlichen, letzteres (Sebutsch) an der nordwestlichen Absenkung liegt. Beide Dörfer liegen so tief, daß man sie nicht mit Geschütz fassen kann und, einige hundert Schritt von ihnen entfernt, nur ihre Dächer sieht. Derselbe Höhenrücken übrigens, der sie scheidet, verbindet sie auch in gewissem Sinne wieder, indem auf der Scheitellinie des erwähnten Rükkens sich eine umfangreiche Schäferei mit einem weit südwärts herabhängenden, mauerumfaßten Obstgarten befindet, an den sich wieder, in der Richtung auf Schweinschädel zu, eine große Ziegelei anschließt.

Die hierdurch bezeichnete schräge Linie über den Hügelrücken hin gibt auch im allgemeinen die Stellung der Österreicher. Ihr Zentrum, wahrscheinlich durch Bataillone der Brigade Pöckh, namentlich des Regiments Erzherzog Joseph besetzt, waren Schäferei und Ziegelei. In Front beider stand auch die Mehrzahl ihrer Batterien. Was die Dörfer selbst angeht, so war Sebutsch, mit seinen ärmlichen Hütten, ohne taktische Bedeutung, Schweinschädel aber mit seiner massivgebauten großen Meierei, die fast die ganze Ostseite des Dorfes einnimmt, gewährte der Verteidigung bedeutende Mittel. Hohlwege und hochummauerte Obstgärten lagen vor; die Tore der Nordfront waren verrammelt, die Wände der Gebäude mit Schießscharten versehen, hinter den Mauern Banketts errichtet. Da all diese Baulichkeiten vom Geschütz nicht zu erreichen waren, wir in all diese Details auch erst Einblick gewannen, als wir dicht davorstanden, so wäre hier ein hartnäckigerer Widerstand als wir ihn fanden wohl möglich gewesen. Der Gegner schlug sich nicht schlecht, aber doch auch nicht gut.

Beim Avancieren erhielt die Brigade Granatfeuer und alsbald auch Gewehrfeuer aus allen vorgelegenen Hohlwegen. Nun erst wurden die Tornister in einer Terrainsenkung abgelegt. Wir rasteten an 20 Minuten.* Während dieser Zeit rückte das 46. Regiment, das uns bis dahin als zweites Treffen gefolgt war, rechts neben uns in die erste Linie ein.

Nun erfolgte der Angriff in 4 Hauptkolonnen.

Der linke Flügel des Regiments Nr. 6 (das Halb-Bataillon v. Webern, samt der 11. und 12. Kompanie) nahm den östlichen Teil von Schweinschädel, samt der Meierei. Hier griffen auch 52er Füsiliere, von Trebesow her, mit ein;

der rechte Flügel des Regiments Nr. 6 (die 5., 7. und 9. Kompanie) nahm den westlichen Teil des Dorfes;

der linke Flügel des Regiments Nr. 46 nahm das feindliche Zentrum: Schäferei und Ziegelei;

der rechte Flügel des Regiments Nr. 46 nahm das Dorf Sebutsch.

Bei Schäferei und Ziegelei berührten sich unsre beiden Mittelkolonnen, der rechte Flügel des Regiments Nr. 6 und der linke Flügel des Regiments Nr. 46, so daß beide Regimenter in gemeinschaftlichem Angriff hier eindrangen. Unsere Schützen, ihre Offiziere voran, überstiegen, mit Hilfe des beim Turnen erlernten Kletterns und Springens, die Mauern der Obstgärten, sprengten die verrammelten Tore, durchfegten alle Häuser und Gehöfte und trieben im Nu zahlreiche Gefangene aus allen Ecken zusammen. Der eigentliche Kampf mochte auf der ganzen Linie kaum zehn Minuten gedauert haben. Es war ein rascher Erfolg und ein dauernder. Nur am äußersten rechten Flügel erlitt das hier vorgehende Halb-Bataillon v. Gößnitz, 9. und 12. Kompanie vom Regiment Nr. 46, einen schließlichen Echec. Sebutsch im ersten Anlaufe wegnehmend, stieß das Halb-Bataillon durch und richtete seinen Angriff auf einen zwischen Dorf und Chaussee gelegenen, vom Feinde noch stark besetzten Hügelrücken. Von den Salven mehrerer noch völlig intakter Bataillone der Reserve-Brigade Brandenstein empfangen, brachen unsere zwei Kompanien unter dem feindlichen Feuer nahezu zusammen. Alle Offiziere des Halb-Bataillons waren tot oder verwundet. Der Adjutant, Leutnant v. Burghoff, übernahm die Führung der Trümmer, führte sie nach Sebutsch zurück und behauptete das Dorf. Bei diesem mit so großem Verlust gescheiterten Angriff war auch Major v. Grolmann vom Generalstabe verwundet worden.«

* Diese Rast war unerläßlich. In einem andren Briefe heißt es: »Unser Vorgehn gegen Dorf Schweinschädel war eine der größten Anstrengungen des Krieges. Bei sengender Mittagshitze mußten Rapsfelder durchschritten werden, die den Leuten bis an die Brust gingen. Man hat keinen Begriff davon, welche Anstrengung ein solches Vorgehn erfordert. Einzelne Leute sanken vor Erschöpfung wie tot nieder; selbst die Pferde ermatteten und konnten kaum hindurch.«

So weit der Bericht. Dieser Echec an unsrem äußersten rechten Flügel war übrigens bedeutungslos für den Gang des Gefechtes überhaupt. Der Feind, nach so schweren Verlusten, wie er sie namentlich an den drei Hauptpunkten: Meierei, Schäferei, Ziegelei erlitten hatte, fand es geraten, unterem Schutze seiner Batterien seinen Rückzug auf Josephstadt ruhig fortzusetzen, und General v. Steinmetz, der seinerseits das Gefecht nur geführt hatte, nicht um ein Gefecht, sondern um freien Weg zu gewinnen, gab nunmehr strikteste Befehle, von jeder Verfolgung des Gegners abzustehn. Alle auf der Linie Schweinschädel-Sebutsch engagiert gewesenen Bataillone wurden auf das Plateau zurückgenommen.

Ein Augenzeuge schreibt: »Nach und nach wurden die Schäferei, die Ziegelei, zuletzt das wichtige Schweinschädel von uns aufgegeben; langsam zogen unsere Bataillone, von einem großartigen Granat- und Raketen-Hagel umsaust, die Höhen wieder hinan. Die letzten Kompanien, die Schweinschädel besetzt gehalten hatten, genossen, während die Abendsonne hier den Pulverdampf, dort dichte Staubwolken durchglühte, den zauberhaften Anblick, als ob das Dorf um sie her wirklich in Glut nach oben steige.«

Das Gefecht bei Schweinschädel hatte dem V. Armee-Korps 15 Offiziere und 379 Mann gekostet. Der größte Teil der Verluste entfiel auf die Avantgarde, 6. und 46. Regiment. Allein das letztgenannte verlor 5 Offiziere (4 tot) und 159 Mann. Beide Regimenter hatten mit großer Auszeichnung gekämpft. Die Fahnen vom 1. und 2. Bataillon 6ten Regiments waren getroffen, die Fahnenträger, Sergeant Senftleben und Sergeant Franke, verwundet worden. Franke (2. Bataillon) erhielt einen Schuß in den rechten Arm; er nahm die Fahne in die Linke und stürmte seinem Bataillone weiter voran. (In den silbernen Ring der bei Skalitz und Schweinschädel viermal getroffenen Fahne ist der Name des Sergeanten später miteingraviert worden.) Seitens des 46. Regiments, und zwar durch einen Gefreiten vom 2. Bataillon, war eine Fahne des Regiments Erzherzog Joseph erobert worden. Oberst Walther v. Monbary, der, trotz seiner bei Nachod empfangenen Kopfwunde, beim Regiment geblieben war, ließ das Bataillon Kreis schließen und ernannte den Gefreiten vom Fleck weg zum Unteroffizier und Fahnenträger. – Von andern Truppenteilen waren, wie schon erwähnt, nur Abteilungen des linken Seiten-Detachements (besonders die Füsiliere vom 52.) mit in den Gang des Gefechtes verwickelt worden; ihre Verluste waren minder erheblich.

Die Österreicher verloren 39 Offiziere und 1411 Mann, von denen allein 1026 Mann auf das Regiment Erzherzog Joseph entfielen; der Rest kam auf das 8. Jäger-Bataillon und das Regiment Schmerling.

Es war 7 Uhr, als das Gefecht zu Ende ging. Unter dem Schutze der schweren Garde-Kavallerie-Brigade (Prinz Albrecht Sohn) wurden sämtliche Verwundete in Sicherheit gebracht. Bis 9 Uhr blieb das Plateau von den letzten Abteilungen (Brigade Tiedemann) des V. Korps besetzt. Das Gros war schon vorher aufgebrochen, passierte Chwalkowitz und traf im Morgendämmer des nächsten Tages, etwa um 2 Uhr, im Biwak bei Gradlitz ein.

Das Rendezvous für die Kronprinzliche Armee war hiermit seitens des V. Korps erreicht.

Das V. Korps von Nachod bis Gradlitz

IE dem V. Korps gestellte Aufgabe war gelöst. Schon in der Nacht vom 28. zum 29. konnte General v. Steinmetz folgendes Telegramm an den König richten:

»Ew. Majestät melde ich einen zweiten Sieg, heißer und blutiger als den vom 27. (Nachod). Wieder einige Trophäen erobert. Zahlreiche Gefangene gemacht. Skalitz ist in meinen Händen. Gegen mich Erzherzog Leopold mit dem VIII. Korps.«

So am 29. früh. Am 29. abends (nach dem Gefecht bei Schweinschädel) durfte er hinzufügen:

»Auch das IV. Korps geworfen. Der Weg zur Elbe ist frei.« In drei Staffeln war unser V. Korps vom schlesischen Gebirge bis zur Ober-Elbe niedergestiegen; Nachod, Skalitz, Schweinschädel, jede Staffel ein Sieg. Drei feindliche Korps geschlagen, oder gelähmt, oder zurückgedrängt.

Diese Gesamt-Aktion ist bei Freund und Feind als eine glänzende Leistung anerkannt worden; wie die größte Gefahr, so lag auch die größte Ehre am linken Flügel. Hierüber gehen die Ansichten kaum auseinander; aber wohl darüber, welchem einzelnen Tage aus diesen drei Tagen der größre Ruhm, die größre Bedeutung gebühre. Auch wir stellen uns diese Frage.

Nachod pflegt österreichischerseits vielfach unterschätzt zu werden. »Wer unbefangen die Dinge betrachtet« (so heißt es in einem gegnerischen Berichte) »wird zugeben müssen, daß das VI. Armee-Korps, Feldmarschalleutnant Ramming, am 27. seine Aufgabe löste. Der 27. bedeutete für uns einen strategischen Erfolg dadurch, daß wir Skalitz, trotz schwerem Kampf und empfindlicher Verluste, erreichten und besetzten.« Das sind glatte und sehr geschickte Worte. Sie streifen nicht nur überall an die Wahrheit, sie treffen sie auch in manchen Stücken, und dennoch können wir ihnen in dieser Fassung nicht zustimmen. Sie verschweigen zu viel. Wären sie wirklich richtig und ganz zutreffend, so sänke Nachod zu einem bloßen »Marschhindernis« herab, das glücklich und erfolgreich beseitigt wurde. Wir wären danach die um ein gewolltes Ziel Betrogenen. Dies ist aber unbedingt falsch. Wir stellten uns dem Vorgehn des VI. Korps gar nicht entgegen; wir waren gar nicht in der Lage, ihm mit den wenigen Bataillonen, die wir bis 10 Uhr zur Stelle hatten, ein »Marschhindernis« überhaupt bereiten, angriffsweise gegen ihn verfahren zu können; wir wiesen vielmehr nur seine Angriffe zurück, Angriffe, die er (der Gegner) aus freien Stücken, ganz ohne Not und unter Dransetzung all seiner Kräfte unternahm. Über diesen Punkt schweigt der Gegner. Skalitz wurde nicht durch den Kampf bei Wysokow-Nachod erreicht, sondern trotz desselben. Ein einfaches Linksausbiegen hätte dasselbe Resultat ergeben und die Niederlage vermieden.

Dies alles erscheint uns als ganz unbestreitbar. Andrerseits können wir gern zugeben, daß Nachod für uns mehr ein großer Erfolg als für Österreich ein großer Mißerfolg war. Skalitz wurde feindlicherseits erreicht und besetzt, dies steht fest; und wenngleich es, wie bereits hervorgehoben, gewiß ist, daß dies unsrerseits gar nicht zu hindernde Resultat bequemer und billiger zu erreichen war, so war es doch jedenfalls erreicht und dadurch zu Nutz und Frommen des Gegners jene schirmende Wand aufgerichtet, hinter der Benedek die Konzentrierung seiner Armee vollenden, beziehungsweise diese konzentrierte Armee nordwestlich gegen den Prinzen Friedrich Karl führen konnte. In weiterreichender, das Ganze berührender Weise also hatte der Kampf am 27. unsren Gegner nicht geschädigt; sein Verlust war einfach durch eine Zahl auszudrücken und hieß »7000 Mann«.

Nachod war eine Niederlage, dies ist nicht wegzudisputieren; aber es war eine Niederlage ohne tiefeinschneidende, vielleicht ohne jede strategische Bedeutung.

Anders Skalitz. Der Verlust desselben war strategisch von höchstem Belang. Nicht dadurch, daß es überhaupt verlorenging, sondern mit Rücksicht auf die besonderen Umstände und Verhältnisse, unter denen es verlorenging. Lagen diese begleitenden Umstände und Verhältnisse anders, als wie sie lagen, so konnte dieser neue Verlust, ganz wie der Verlust vom Tage zuvor, sich abermals als ein relativ unerheblicher herausstellen. Ließ nämlich Benedek, während er seinen Aufmarsch ungestört fortsetzte und vollendete, das VI. Korps in Skalitz zur Verteidigung zurück und wurde nun das VI. Korps aufs neue geschlagen oder selbst halb aufgerieben, während alle andern bei Josephstadt angelangten Korps in Windeseile ihrem vorgesteckten Ziele (Gitschin) entgegengingen, so war Skalitz nur ein fortgesetztes Nachod, so war es wieder ein in Zahlen auszudrückender Mißerfolg, der jeden Augenblick durch einen großen siegreichen Schlag gegen die I. Armee mehr als aufgewogen werden konnte.

Also noch einmal, die Niederlage bei Skalitz war keine so große Niederlage an und für sich; sie wurde es erst, wie bereits hervorgehoben, durch die besondren Umstände, unter denen sie erfolgte, sie wurde es erst dadurch, daß sie statt eine zweite Niederlage des VI. Korps zu sein, die Niederlage eines neuen Korps wurde, das dadurch von seiner eigentlichen Aufgabe: Marsch gegen Gitschin, abgezogen wurde.

Dieses Abgezogenwerden, diese Inkonsequenz mit Rücksicht auf die ursprüngliche Hauptaufgabe, konnte nur in Einem ihre Rechtfertigung finden, in einem eklatanten Siege. Ein Sieg hätte die momentane Untreue gegen den vorgefaßten Plan gerechtfertigt, indem er zugleich die Mittel und Wege an die Hand gegeben hätte, das an Zeit Verlorene wieder einzubringen. Aber ein neues, im Grunde für eine ganz andre Aufgabe bestimmtes Korps bei Skalitz zu engagieren, ohne den Sieg an seine Fahne zu fesseln, das machte Skalitz nicht bloß zu einer tadelnswerten Inkonsequenz, nicht bloß zu einer Niederlage überhaupt, sondern zu einer strategisch wichtigen Niederlage, die, Plan und Aufbau störend, alle weiteren Mißerfolge vorbereitete oder doch wenigstens die eigenen Sieges-Chancen sozusagen freiwillig aus der Hand entließ. Nun erst war der Kalkül Benedeks durchbrochen, mehr durch ihn als durch uns, mehr durch seine Fehler als durch unsern Sieg.*

Schweinschädel, durch Absorption abermals eines neuen Korps (des IV.), war die einfache Fortsetzung des begangenen Fehlers, eine Fortsetzung, die das Geschehene besiegelte und unwiderruflich machte.

Mit Recht ist Benedek, dessen erster Plan nicht schlechthin verwerflich war, für diese seine Schwäche und Schwankendheit, die zuletzt gar

* Bei diesem Urteil haben wir Benedek immer als den im Auge, der bis zuletzt (wenn auch schwankend und unsicher) an seinem ursprünglichen Plan: Schlag gegen die I. Armee, festhielt. Hätte er Elastizität genug gehabt, um in einem gegebenen Moment seinen ursprünglichen Plan voll und ganz aufzugeben und zu dem entgegengesetzten: Schlag gegen die II. Armee, überzuspringen, so wäre auch am Abend des 28. noch nicht alles verloren gewesen. Ein energisches Vorgehen am 29. mit zwei intakten Korps (dem IV. und II.) in Front und dem VI. und VIII. in Reserve, hätte viel ausgleichen und ihm wieder Luft und relative Freiheit der Aktion verschaffen können. Aber all das war nur möglich, wenn er die Kraft hatte sich zu entscheiden, statt bis zuletzt zu vermitteln.

keinen bestimmten Plan mehr erkennen ließ, hart getadelt worden; er war hier schuldiger als bei Königgrätz. Halbheit war die Signatur der Tage vom 27. bis 30.

Sein Gegenstück war Steinmetz. Alles Klarheit, fester Wille, Energie. Deshalb ging es, und der Geist wurde geboren, der ihn, in dem Eingangs zitierten Telegramm, melden lassen durfte: »Meine Truppen sind nach zwei Schlachten noch voller Mut und Freudigkeit. Sie brechen in lauten Jubel aus.«

War dies die Stimmung der Truppen schon am 28., so hatte der 29. (Schweinschädel) den Jubel bis zum Rausch gesteigert. Ein Steinmetz-Enthusiasmus ging durch das ganze Korps. Ein Offizier schrieb am 30. aus dem Lager bei Gradlitz:

»... Du weißt, er ist wie gehacktes Eisen, und es heißt sich milde ausdrücken, wenn ich sage: Wir haben ihn mehr gefürchtet als geliebt. Aber das liegt jetzt weit zurück. Jetzt lieben wir ihn, er hat alles bezwungen, die Österreicher und uns. Wenn er uns heute früh, als die ersten Granaten in unser Lager fielen, an die Elbe geführt und uns zugerufen hätte: »nun hinein«, ich glaube, wir hätten uns mit Sack und Pack in den Fluß geworfen und wären durchgewatet und durchgeschwommen. Er hat es uns angetan. Sein Name ist das dritte Wort in jedem Gespräch; Steinmetz-Anekdoten gehen von Mund zu Mund, heitere und ernste. Ob sie echt sind oder nicht, tut nichts zur Sache; die Stimmung ist echt, aus der sie erwachsen. Bei Nachod meldete ihm ein Hauptmann: er könne die Batterie nicht länger halten. Steinmetz ritt hinauf und sah ein Bild der Zerstörung. ›Ja, das geht nicht; aber weg geht auch nicht. Holen Sie Sukkurs; ich bleibe hier.‹ Und so geschah es. Beim Einschlagen der Granaten jubelten die Kanoniere und schrieen: ›Hurra, Steinmetz!‹ Vielleicht war es an eben dieser Stelle, wo des Alten Reitknecht ihm zuraunte: ›Exzellenz, hier kommen sie dicke.‹ ›Uns treffen sie nicht!‹ brummte der Alte vor sich in. Dies ›Uns treffen sie nicht‹ geht jetzt von Mund zu Mund; es hat einen magischen Klang. – Bei Skalitz sah ich ihn, als Meldung kam, daß die Garden (bei Burkersdorf selber engagiert) keine Hilfe bringen könnten. Er sah ernst aus; ernster als sonst, denn sein Auge, so streng es blickt, hat doch zugleich etwas Leuchtendes. Vorgestern aber lag eine Wolke darüber. So ritt er an unsrem Bataillone vorbei. Viele hatten sich deckungshalber niedergeworfen. Er schüttelte den Kopf. ›Füsiliere‹, rief er, ›heut gehen wir alle in den Tod. Aber wir wollen auch hineingehen. Eher soll keiner am Boden liegen, als bis er gefallen ist.‹ Im Nu stand alles kerzengerade. Du weißt, beim Tode seiner Frau soll er gesagt haben: ›So hab' ich nur noch Gott und den Dienst‹. Das wollt' uns im ›Dienst‹ nicht immer gefallen. Jetzt denken wir anders darüber.«

So war die Stimmung beim Korps. Der König aber gab seinem Danke in folgendem Schreiben Ausdruck:

»Durch die Mir nunmehr zugegangenen Meldungen des Kronprinzen, Meines Sohnes, als Kommandierenden der II. Armee, erweisen sich die viertägigen Siege, welche Sie, Herr General, mit Ihrem tapfern, ausgezeichneten V. Armee-Korps erfochten haben, von solcher Wichtigkeit und Entschiedenheit für die Operationen der gesamten Armee, zugleich aber von solchem Umfange am 27. und 28., daß sie einer selbstständig gelieferten zweitägigen Schlacht gleichkommen, so daß Ich Ihnen für Ihre ausgezeichnete Führung und Leitung derselben Meine königliche Anerkennung im höchsten und vollsten Maße hiermit aussprechen muß. Nur Ihrer Energie und Ihrer Einwirkung auf Ihre braven Truppen ist es zuzuschreiben, daß dieselben durch ihre Ausdauer und Tapferkeit täglich frischen und überlegenen feindlichen Korps die Stirne bieten konnten und jedes Mal siegten.

Und Sie, Herr General, haben somit die Ehre, die schwierigen Operationen größtenteils gelingen zu machen, die Ich der gesamten Armee gestellt hatte, deren Konzentration aus Schlesien und Sachsen in Böhmen zu bewirken.

Als Anerkennung Ihres hohen Verdienstes sowie in Anerkennung der heldenmütigen Leistungen Ihrer Truppen verleihe Ich Ihnen Meinen hohen Orden des Schwarzen Adlers sowie das dazu gehörige Großkreuz des Roten Adler-Ordens, dieses aber mit Schwertern. Ich bin stolz darauf, diese höchste Auszeichnung zum ersten Male seit Meinem hochseligen Vater und Könige, wie Er dies in dem Befreiungskriege vermochte, – für hohe Auszeichnung vor dem Feinde verleihen zu können! Armee und Nation wird dadurch auf Ihrer Brust lesen, was Sie durch und für sie leisteten.

Ihr dankbarer, treu ergebener König

(gez.) Wilhelm.«

Und wie König und Armee, so empfand das ganze Land. Jeder fühlte: Preußen hatte einen York mehr, und in den »Neuen Kriegsliedern«, wie sie damals (rasch wie die Siege selbst) unseren Siegen auf dem Fuße folgten, hieß es in schmuckem Reim:

Der Steinmetz tat manch' guten Schlag
An einem roten Junitag.
Aus einem Tage wurden drei
Und wurden immer röter dabei.
Der Steinmetz viele Gesellen zählt,

Zur Arbeit hat ihm keiner gefehlt.
Sie hieben fest, sie hieben fein,
Und Österreich hieß der harte Stein usw.

Dies Bild vom »Steinmetzen«, der des harten Steines doch endlich Meister wurde, kehrte in allen Formen und Weisen wieder, und die Schlesier und Deutsch-Polen (nach der alten Weise von »Prinz Eugen«) sangen in Dörfern und Kretschams:

Zwar der Stein war hart und spröde,
Doch der Steinmetz war nicht blöde,
Hämmert immer frisch drauf los,
Daß die Funken ringsum stoben
Und der Staub davon geflogen, –
Blutigrot ward Laub und Moos.

Allerorten im Vaterlande und über die Grenzen Preußens hinaus vereinigte man sich in Huldigungen gegen den »tapfren Steinmetzen«; der Gefeierte selbst aber schrieb: »Das Glück hat mich demütiger gemacht, als es wahrscheinlich das Unglück vermocht hätte.«

Das I. Korps. General v. Bonin

EN rechten Flügel der Kronprinzlichen Armee bildete das I. Korps. Wie das V. Korps am 27. durch das Tor von Nachod in Böhmen einzudringen hatte, so das I. Korps durch das Tor von Trautenau. Sehen wir, wie es seine Aufgabe löste.

Das I. Korps – mit Ausnahme des Füsilier-Regiments Nr. 33, das bei der Elb-Armee stand – war vollständig und bestand ausschließlich aus ost-preußischen Regimentern. Seine Ordre de Bataille war die folgende:

1. Division (Generalleutnant v. Großmann)

1. Brigade: Generalmajor v. Pape
    1. Ostpreußisches Grenadier-Regiment (Kronprinz) Nr. 1
    41. Infanterie-Regiment

2. Brigade: Generalmajor Freiherr v. Barnekow
    3. Infanterie-Regiment
    43. Infanterie-Regiment

Litauisches Dragoner-Regiment Nr. 1

2. Division (Generalleutnant v. Clausewitz)

3. Brigade: Generalmajor v. Malotki
    4. Infanterie-Regiment
    44. Infanterie-Regiment

4. Brigade: Generalmajor v. Buddenbrock
    5. Infanterie-Regiment
    45. Infanterie-Regiment

Leibhusaren-Regiment Nr. 1

Ostpreußisches Jäger-Bataillon Nr. 1

Reserve-Kavallerie-Brigade (Oberst v. Bredow)

Ostpreußisches Kürassier-Regiment Nr. 3.

Ostpreußisches Ulanen-Regiment Nr. 8.

Litauisches Ulanen-Regiment Nr. 12.

Dazu im ganzen 16 Batterien mit 96 Geschützen.

An der Spitze des Armee-Korps stand der General der Infanterie v. Bonin. – Adolf v. Bonin wurde am 11. November 1803 geboren. Im Kadetten-Korps erzogen, trat er, kaum 18 Jahr alt, als Sekondeleutnant ins 2. Garde-Regiment. Noch im selben Jahre (1821) zur Kriegsschule, später zur Dienstleistung beim Generalkommando des Garde-Korps kommandiert, wurde er 1833 zum persönlichen Adjutanten des Prinzen Adalbert, 1838 zum Flügeladjutanten Seiner Majestät des Königs ernannt. Er stieg rasch von Stufe zu Stufe, wurde 1848 Oberstleutnant, 1851 Oberst, 1854 Generalmajor und Kommandeur der 4., 1857 der 1. Garde-Infanterie-Brigade. Noch im selben Jahre, nachdem er bei den Herbstmanövern die 5. Division kommandiert hatte, erhielt er die 1. Garde-Division und avancierte (1858) unter Ernennung zum Generaladjutanten Seiner Majestät des Königs zum Generalleutnant. 1864 General der Infanterie. Schon das Jahr vorher (1863) war er zum kommandierenden General des I. Armee-Korps ernannt worden.

Das 1. Armee-Korps galt stets für eines der besten in der Armee. Die Einheitlichkeit seiner Zusammensetzung, die Kernigkeit der Stämme,

aus denen es sich rekrutierte, die Vorzüglichkeit seiner Pferde ließen es jederzeit als eine Elite-Truppe erscheinen. Die Bravour und Zähigkeit, womit sich die ostpreußischen Regimenter während der napoleonischen Kriege, namentlich auch während des unglücklichen Feldzuges von 1806/7 geschlagen hatten, lebten noch in Traditionen fort. Volk und Armee erwarteten viel von der Haltung dieses Korps. Wir begleiten es jetzt auf seinem Vormarsch durch das »Tor von Trautenau«.

Trautenau

RAUTENAU, eine Meile von der preußischen Grenze entfernt, gilt, neben Reichenberg, als die bedeutendste Fabrikstadt Böhmens. Es ist Mittelpunkt und Hauptmarkt für die Flachsspinnerei in ganz Österreich, und der Reichtum einzelner Firmen wie die Betriebsamkeit seiner Bevölkerung geben ihm ein geordnetes und lachendes Ansehen. Es hat den Charakter einer aufblühenden englischen Fabrikstadt. Im übrigen bildet, wie bei allen böhmischen Städten, der Ringplatz den Mittelpunkt, an den sich, außer einigen zunächst liegenden Gassen, zwei Vorstädte anschließen: die Obervorstadt (westlich) und die Niedervorstadt (östlich).

Die Bevölkerung Trautenaus, etwa 5000, ist deutsch; was sich an tschechischen Bewohnern findet, ist ein fremdes Element, das wenig in Betracht kommt und der Stadt keinesfalls ihren Charakter gibt. Ihre deutsche Bewohnerschaft, die Nähe der Grenze und die allwöchentlich stattfindenden Garn- und Leinwandmärkte, die namentlich auch von Schlesien her aufs lebhafteste besucht zu werden pflegten, waren Ursach, daß der Verkehr mit der nachbarlichen preußischen Provinz zu allen Zeiten der allerfreundlichste war. Die Wochen und Monate, die dem Kriege unmittelbar vorausgingen, hatten hierin allerdings eine Änderung hervorgerufen; die Geschäftsstockung, die Arbeiternot, hatten die Stimmung verschlechtert.

Soviel über die Stadt selbst und ihre Bevölkerung; auch noch ein Wort über ihre Lage.

Trautenau liegt am rechten Aupa-Ufer, eine Viertelmeile westlich von der Stelle, wo der von Westen kommende Fluß rechtwinklig nach Süden hin abbiegt. Diese Flußbiegungsstelle, an der das Dorf Parschnitz gelegen ist, ist wichtig. Hier treffen alle von Schlesien her über das Gebirge führende Straßen zusammen und laufen dann gemeinschaftlich auf Trautenau zu. Auf zweien dieser Straßen rückte am 27. Juni das I. Korps heran.*

Bis an die Aupa-Biegung (Parschnitz) bilden diese beiden Straßen enge, zum Teil schluchtenartige und schwer passierbare Defileen, die durch wenige Kompanien geschlossen werden können. Auf der kurzen

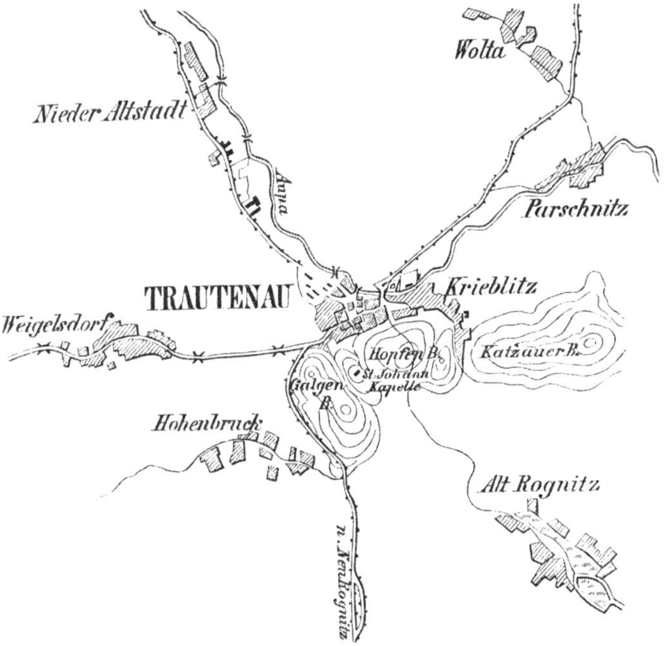

Strecke von Parschnitz bis Trautenau, am linken Aupa-Ufer hin (auf breiter, chaussierter Straße) hören die Beschwerden des Marsches auf, aber die Gefahren bleiben oder wachsen. Höhenzüge von erheblicher Steilheit und unter wechselnden Namen bilden zu beiden Seiten des

* Bei Parschnitz, und zwar von Süden her, mündet noch eine dritte Straße ein. Sie entspricht dem untern Lauf der Aupa. Auf dieser dritten Straße rückte das I. Korps nicht vor, wohl aber, von Eypel kommend, die I. Garde-Division. Diese marschierte bis Qualisch und kehrte um, als 3 Uhr nachmittags General v. Bonin ihre Unterstützung ablehnte.

Tales Spalier, so daß jeder Angreifer, der hier vordringen will, verloren ist, wenn es seinem Gegner glückte, vorher schon innerhalb dieser Bergpartien eine verdeckte Stellung zu nehmen. Dies (zu unsrem Heile) war nicht geschehn; das Aupa-Tal wäre sonst leicht zu einem »Tal des Todes« für uns geworden. Wir passierten das Defilee, noch ehe der Feind heran war und bevor er noch die Besetzung von Trautenau, insonderheit aber jener von Süden her die Stadt einschließenden drei Höhen: Hopfenberg, Kapellenberg, Galgenberg, hatte bewerkstelligen können.

Sehen wir uns jetzt nach dem Feinde um.

Das zur Verteidigung des »Tores von Trautenau« bestimmte Korps war das X. Es war am 25. Juni auf seinem Marsche von Olmütz her an der Ober-Elbe eingetroffen und hatte an genanntem Tage zwischen Schurz und Jaromirz ein Lager bezogen. Das Korps bestand aus 4 Brigaden und hatte folgende Zusammensetzung:

Brigade Oberst Mondl
: Infanterie-Regimenter Parma und Mazzuchelli. – 12. Jäger-Bataillon

Brigade Oberst Grivicic
: Infanterie-Regimenter Kaiser Alexander und Airoldi. – 16. Jäger-Bataillon

Brigade-Generalmajor v. Wimpffen
: Infanterie-Regimenter Bamberg und Erzherzog Stephan (Letzteres zu 4 Bataillonen; daher kein Jäger-Bataillon)

Brigade Generalmajor v. Knebel
: Infanterie-Regimenter Kaiser Franz Joseph und Erzherzog Karl. – 28. Feldjäger-Bataillon

Jeder Brigade (wie bei allen österreichischen Korps) war eine 4pfündige Batterie und eine Eskadron zugeteilt.– Die Reserve-Artillerie bestand aus 5 Batterien (40 Geschütze), so daß sich die gesamte Artilleriekraft des X. Korps auf 72 Geschütze belief. Kommandierender des X. Korps war Feldmarschalleutnant v. Gablenz (Porträt siehe nebenstehend), der am 19. im damaligen Hauptquartier Olmütz eingetroffen war.

Das X. Korps rastete am 26. im Lager bei Jaromirz; nur die Brigade Mondl wurde nordöstlich bis Prausnitz-Kaile, also in der Richtung auf Trautenau zu vorgeschoben. Die Disposition für den 27. lautete wie folgt:

Die Brigade Mondl bricht in aller Frühe aus Prausnitz-Kaile auf und sucht um 8 Uhr früh in Trautenau einzurücken;

die drei andern Brigaden des Korps brechen um 8 Uhr früh aus dem Lager bei Schurz-Jaromirz auf und folgen der Brigade Mondl über Prausnitz-Kaile auf Trautenau.

So die Disposition. Wurde sie mit genauer Innehaltung der Zeitangaben ausgeführt, so mußte die Brigade Mondl entweder gleichzeitig mit der preußischen Avantgarde oder noch vor derselben in Trautenau eintreffen. Dies geschah aber nicht. Trotz Verzögerungen auch unsrerseits waren wir eher zur Stelle.

Wir folgen jetzt dem Vormarsch unsres I. Korps.

AS I. Armee-Korps, wie bereits in Kürze erwähnt, rückte auf zwei Straßen gegen Trautenau vor:

die 1. Division, gefolgt von der Reserve-Artillerie, ging über Liebau und Golden-Öls (ein rechtes Seiten-Detachement über Schatzlar und Ober-Altstadt);

die 2. Division, gefolgt von der Reserve-Kavallerie, ging über Schömberg und Albendorf.

Rendezvous für beide Divisionen war das Dorf Parschnitz, an der mehrerwähnten Aupa-Biegung, wo die Straßen zusammentreffen.

Die 1. Division, Generalleutnant v. Großmann (siehe die folgende Seite), gab die Avantgarde. Diese bestand aus:

1. und 41. Infanterie-Regiment,
Ostpreußisches Jäger-Bataillon Nr. 1,
Litauisches Dragoner-Regiment Nr. 1,
3 Batterien.

Die 2. Division bildete das Gros, die Regimenter 3 und 43 folgten als Reserve.

Die Kolonnen brachen um 4 Uhr morgens auf. Die Entfernung bis Parschnitz, auf jeder der beiden Straßen, betrug 1½ Meilen. Es wurde angenommen, daß man um etwa 8 Uhr am Rendezvous eintreffen und von hier aus gemeinschaftlich gegen Trautenau vorgehen werde.

Das Gros traf auch zu bestimmter Stunde an bestimmter Stelle ein, nicht so die Avantgarde. Diese war bei ihrem Vormarsch auf so große

Terrain-Schwierigkeiten gestoßen (bei Golden-Öls mußte man Mann hinter Mann marschieren), daß eine Verspätung unvermeidlich geworden war. Es war 10 Uhr, als auch die Avantgarde bei Parschnitz hielt.

Nunmehr wurde seitens des kommandierenden Generals (v. Bonin) wie folgt disponiert:

> Die Avantgarde geht das Aupa-Tal hinauf bis Trautenau und besetzt dieses wie die umliegenden, die Stadt beherrschenden Höhen.
>
> Das Gros operiert als linker Flügel, nimmt die zwischen Parschnitz und Trautenau gelegenen Höhen, dringt in südwestlicher Richtung vor und bedroht Flanke und Rücken des Feindes; seine Flanke, wenn er von Süden her anrückt, seinen Rücken, wenn er Trautenau bereits besetzt hält.
>
> Von dem Ausgang dieser Operationen wird es abhängen, ob es möglich sein wird, das Armee-Korps noch weiter westlich auf Arnau vorzuschieben.

Es sei gleich an dieser Stelle bemerkt, daß der Tag von Trautenau, andrer Wirrnisse zu geschweigen, zu wesentlichem Teile dadurch für uns verloren ging, daß das Gros (linker Flügel) nicht zur Entwicklung seiner Stärke kam. Die ersten Resultate des Tages, trotzdem wir ihn mit schwerer Versäumnis einleiteten, waren günstig für unsere Waffen. Die Avantgarde stürmte gegen Mittag dieselben dominierenden Höhen (Kapellenberg usw.), die man um 9 Uhr ohne Anstrengung und ohne Opfer hätte einfach besetzen können. Die Versäumnis war also durch Blut, das es kostete, repariert; aber es verhieß nichts Gutes.

Wir geben nun die beiden einleitenden Momente des Gefechts: Die Besetzung Trautenaus, 9½ Uhr, und die Erstürmung des Kapellenberges, 12 Uhr, nach dem Bericht eines Augenzeugen von österreichischer Seite.

Die Avantgarde besetzt Trautenau (9 ½ Uhr), nimmt die Höhen (12 Uhr).

»Am 27. Juni früh« – so schreibt der gegnerische Berichterstatter, ein Trautenauer – »erhielten wir Weisung, daß bis 9 Uhr früh für die sämtlichen 4 Schwadronen Windischgrätz-Dragoner, die seit mehreren Wochen die Garnison unsrer Stadt bildeten, gekocht sein müsse. Wenig später lief die Nachricht ein, daß eine bis Parschnitz vorgeschobene Abteilung unserer Windischgrätzer bereits engagiert sei. Mehrere seien gefallen.

Die Physiognomie unsrer Stadt gewann bald ein eigentümliches Ansehn. Am Ringplatze hielt eine Schwadron Dragoner; Reiter, Fuhrwerke eilten hierhin, dorthin; einzelne Gruppen standen unter den Lauben, um Gerüchte, Nachrichten auszutauschen; in allen Familien herrschte große Aufregung und bange Erwartung.

CHT Uhr morgens zog sich die am Ringe aufgestellte Schwadron in der Richtung auf Königinhof zurück, und in kurzen Zwischenräumen kamen andere Abteilungen Windischgrätzer von Parschnitz her und folgten auf derselben Straße (nach Königinhof). Die letzte Dragoner-Abteilung verbarrikadierte die sogenannte Spittelbrücke in der Niedervorstadt und zog dann ebenfalls ab. Es war 9 Uhr.

Vom Trautenauer Kirchturm und von der Dechantei aus konnten die preußischen Truppenkörper, welche bei Parschnitz halt machten, genau unterschieden werden. Bald wurden die preußischen Vorposten auf den nördlichen Höhen unmittelbar bei Trautenau gegen den Hummelhof zu bemerkt. – Von den österreichischen Truppen verlautete nur, daß sie gegen Trautenau oder Bausnitz aufgebrochen seien. Ihr Anmarsch konnte von der Stadt aus nicht beobachtet werden, weil die unmittelbar an der Südseite von Trautenau gelegenen Höhen: der Galgenberg, der Johannisberg und der Hopfenberg, die Aussicht nach dieser Seite hin verschließen.

Um 9½ Uhr wurde gemeldet, daß die Preußen von Parschnitz her vorrückten, zwei Infanterie-Kolonnen links und rechts neben der Straße, die Artillerie auf derselben.

In der Niedervorstadt, bei der verbarrikadierten Brücke, mußte halt gemacht werden, und die Preußen räumten die Barrikade fort, ohne auf Widerstand zu stoßen. Ungefähr 2 bis 3 Eskadronen preußischer Dragoner setzten oberhalb der Mittelvorstadt über die Aupa, und unmittelbar nachfolgende Infanterie rückte um 10 Uhr vormittags in die unbesetzte Stadt ein.

Ein Dragoner-Offizier sprengte vor den Gasthof »Zum weißen Roß«, bestellte auf 2 Uhr nachmittags ein Diner von 18 Gedecken, dazu Quartiere, Stallungen und fragte: ob österreichisches Militär in der Stadt sei. Unsre Antwort war: ›Außer den Dragonern, mit denen Sie heute plänkelten und die sich vor einer Stunde zurückgezogen, ist kein österreichisches Militär in Trautenau.‹*

Die preußischen Truppen rückten nunmehr in langen Kolonnen ein. Ein Regiment nach dem andern, die Musikkapelle vorauf, erschien auf dem Ring, einzelne Bataillone stellten in den Lauben ihre Gewehre zusammen und suchten Erfrischungen, die ihnen auch von allen Seiten her geboten wurden. Andere Bataillone passierten nur den Ringplatz und nahmen ihre Richtung nach der Obervorstadt.

Über eine halbe Stunde mochte der Einmarsch gedauert haben; die ganze Stadt war von preußischem Militär besetzt und völlig ruhig. Einzelne Menschengruppen sahen friedlich dem militärischen Schauspiele zu; die Gasthäuser waren von Soldaten überfüllt.

Da plötzlich hörte man, in westlicher Richtung, von der Obervorstadt her Gewehrschüsse, die bald in ein ununterbrochenes Gewehrfeuer übergingen. Kurz nach dem Einmarsche der Preußen nämlich waren die Vortruppen (12. Jäger-Bataillon) der von Prausnitz-Kaile heranmarschierenden Brigade Mondl, von den Trautenauern unbemerkt, auf den südlichen Höhen der Stadt eingetroffen und hatten einzelne Abteilun-

* Diese Antwort entsprach gewiß der Wahrheit, die Brigade Mondl war eben um diese Stunde noch nicht heran. Von einem »Hineinlocken in eine Mausfalle« aber konnte unter allen Umständen nicht die Rede sein; dazu waren die Kräfte, die wir zu entfalten begannen, viel zu imposant und die Brigade Mondl zu schwach. Auch wurde diese später tatsächlich geworfen. Alle Schwierigkeiten, die wir dabei zu überwinden hatten, waren nicht Folge feindlicher List, sondern eigener Versäumnis.

gen bis an die Häuser der Obervorstadt vorgeschickt. Hier entspann sich nun ein Feuergefecht. Gleichzeitig zogen sich die Windischgrätzer wieder näher an die Stadt heran, so nah, daß sie die Jäger auf den Höhen und an den Abhängen unmittelbar in der rechten Flanke hatten.

Dies Avancieren unsrer Windischgrätzer war auch von den Preußen bemerkt worden, und alsbald gingen 3 preußische Schwadronen gegen die Unsrigen vor. Die feindliche Attacke scheiterte;* nach wenigen

* Es war das berühmte litauische Dragoner-Regiment, das hier attackierte. Wie über alle Kavalleriegefechte dieses Krieges, so ist auch über das vorstehend erwähnte eine Kontroverse ausgebrochen. Anfangs wurde von beiden Seiten eine große Sprache geführt, und während in einem österreichischen Berichte »die litauischen Dragoner aufgerieben waren«, hieß es preußischerseits, »daß die alten Yorkschen Litauer über die Windischgrätzer zur Tagesordnung übergegangen« seien. Das war von beiden Seiten zu viel, und so konnten denn Konzessionen von hüben und drüben schließlich kaum ausbleiben. Dennoch hält das österreichische Generalstabswerk die Ansicht aufrecht, daß (ehe Infanteriefeuer dem Gefecht eine andere Wendung gab) »die preußische Kavallerie geworfen und verfolgt« worden sei. Oberst v. Bernhardi, der bei Trautenau die »Litauer« führte, hat hierauf geantwortet. Seine maßvoll gehaltenen Worte werden das Richtige treffen. Es heißt darin: »Das Litauische Dragoner-Regiment nimmt für sich nur die Ehre in Anspruch, mit 2¼ Eskadronen den mindestens 4 Eskadronen starken Gegner in vollem Laufe trotz der Ungunst des Terrains angegriffen, teilweise durchbrochen und im Handgemenge demselben mit Erfolg Widerstand geleistet zu haben. Es kann aber dem kaiserlichen Dragoner-Regiment Fürst Windischgrätz, unter freudiger Anerkennung seines braven und ritterlichen Auftretens bei

Minuten kamen 23 preußische Pferde reiterlos in Weigelsdorf an. Der Kampf wurde von unseren Jägern fortgesetzt, die mit ihren sichertreffenden Stutzen, aus zum Teil gedeckter Stellung, den preußischen Dragonern die empfindlichsten Verluste beibrachten.

Inzwischen rückten die österreichischen Jäger, teils am Abhang entlang, teils auf der Höhe hin, immer mehr östlich in der Richtung auf Parschnitz zu, während das im Geschwindschritt heraneilende Gros der Brigade Mondl, die Regimenter Parma und Mazzuchelli, den Galgen- und Hopfenberg, besonders aber den zwischen diesen beiden gelegenen Johannis- oder Kapellenberg besetzten.

Jetzt wurde das Gefecht lebhafter, allgemeiner. Die Preußen setzten sich in den gegenüberstehenden Häusern fest und begannen nun aus den oberen Stockwerken der am Ringplatz, in der Ober- und Niedergasse gelegenen Häuser ein mörderisches Feuer gegen die auf den Höhen postierte österreichische Brigade. Dazwischen hörte man bereits Kanonenschüsse fallen. Andere preußische Bataillone sah man sich zum Sturme auf die Höhen anschicken. Bald wurde der Kapellenberg

diesem Kampfe, weder den Sieg in demselben zuerkennen, noch es bestätigen, daß letzteres im Besitz des Gefechtsfeldes geblieben wäre, da, infolge des heftigen Feuers, beide Teile den Kampf gleichzeitig abbrachen und zurückgingen, ehe eine endgültige Entscheidung durch die blanke Waffe herbeigeführt war.«

genommen. Es war ein wildes Durcheinander. Der Pulverdampf hinderte alle freie Aussicht. Ich selbst sah einen preußischen Offizier in eins der Häuser eindringen. ›Nicht schießen‹, rief er den Soldaten zu, ›es sind unsere Leute‹.

Die Brigade Mondl schlug sich mit großer Bravour; sie suchte noch die Kapelle zu halten, nachdem schon der Kapellenberg von den Preußen genommen war; aber sie mußte zurück. Schritt für Schritt weichend gab sie ihre Stellungen am Galgen-, Johannis- und Hopfenberge* auf und zog sich über die Höhen fort, südlich, nach dem Dorfe Hohenbruck, bis über dieses hinaus. Hier faßte sie wieder Fuß.«

So der gegnerische Bericht. Er stimmt im wesentlichen mit den preußischen Berichten überein. Die Avantgarde, wie schon eingangs angedeutet, hatte um Mittag unter Anstrengungen das erreicht, was sie ohne Anstrengung bereits um 9 Uhr hätte erreichen können. Ein bestimmtes Kraftmaß war dadurch von vornherein konsumiert, das zu einer spätern Stunde des Gefechtes, und dann sehr wahrscheinlich ausschlaggebend, hätte verwendet werden können.

Die Vorgänge am linken Flügel

Die Wegnahme des Kapellenberges, die bereits gegen 12 Uhr durch einzelne Jäger-Kompanien und 2 Bataillone des Regiments Nr. 41 unter Oberstleutnant v. Koblinski erfolgte, war ein unmittelbarer

* Die schließliche Wegnahme der drei Südhöhen: Galgen-, Hopfen- und Kapellenberg, erfolgte in erster Reihe durch die Musketier-Bataillone des Regiments Nr. 41. Die Verteilung der Streitkräfte, als man zum Angriff schritt, war die folgende:

Die 1. Kompanie besetzte die Häuser an der östlichen Seite des Marktes,
die 2. Kompanie dirigierte sich gegen den Galgenberg,
die 6. Kompanie gegen den Hopfenberg,
die 4., 7. und 8. Kompanie gegen den Kapellenberg;

im übrigen nahm die Schützen-Division des Füsilier-Bataillons, unter Hauptmann v. Buddenbrock, an der Erstürmung der Höhen teil. Der Kampf, der sich um Hopfen- und Kapellenberg entspann, war ein erbitterter, am erbittertsten in der Kapelle selbst. Diese Kapelle – ein rondellartiger Rokoko-Bau voller Madonnen- und Heiligenbilder, voller Schnitz-Engel und Glorienschein – wurde durch eine Abteilung von Parma-Infanterie mit großer Bravour verteidigt. Unsrerseits waren es Mannschaften der 7. Kompanie unter Hauptmann v. Hanstein und die Füsiliere unter Hauptmann v. Buddenbrock, die hier mit stürmender Hand eindrangen. Unsre Gegner (Polen), von Übermacht umdrängt und eingeschlossen, retirierten zuletzt auf den Orgelchor und weigerten sich, sich zu ergeben. Nun entspann sich ein Feuergefecht innerhalb der Kirche, auf so nahe Distanz hin, daß man sich fast mit den Händen fassen konnte. Noch zeigen Bänke und Fußboden die bekannten dunklen Flecke, die nicht wegzuwaschen sind. Ein Engel am Altar erhielt einen Schuß durch die Schulter; andrerseits wurden Orgel und Orgelchor von preußischen Kugeln durchlöchert. Ein Major und ein Hauptmann, auf wiederholten Zuruf, nahmen endlich Pardon; die Mannschaften blieben alle.

Erfolg der Avantgarde selbst, – nicht so das Zurückgehen des Feindes bis Hohenbruck und darüber hinaus. Diese Rückwärtsbewegung geschah vorwiegend, wo nicht ausschließlich unter dem Einfluß der Vorgänge am linken Flügel. Wir wenden uns nunmehr einer Betrachtung dieser Vorgänge zu.

Am linken Flügel (vgl. S. 389) operierte das Gros des I. Korps, die 2. Division, bestehend aus den Regimentern 4 und 44, 5 und 45.

Die Disposition, wie wir wissen, ging im wesentlichen dahin: in der rechten Flanke des Feindes vorzugehn und dadurch der Avantgarde ihre Aufgabe: Besetzung Trautenaus, Wegnahme der südlich angrenzenden Höhen und Verfolgung des Feindes bis Hohenbruck zu erleichtern.

Generalleutnant v. Clausewitz, der am linken Flügel kommandierte, zog die Regimenter 44 und 45 vor, bildete aus einzelnen Bataillonen beziehungsweise Kompanien eine Avantgarde und ließ dieselbe, etwa 500 Schritte westlich von Parschnitz, erst die Aupa überschreiten, dann gegen die Südhöhen avancieren. Die Verteidigung war schwach, da die Brigade Mondl – Trautenau selbst als den wichtigeren Punkt erkennend – nur kleinere Abteilungen (das 12. Jäger-Bataillon und ein Bataillon Mazzuchelli) hier dem anstürmenden Gegner entgegenstellen konnte, desto größer waren die Terrain-Schwierigkeiten, die ein rasches Vorgehen fast unmöglich machten. Langsam wich der Feind zurück, zunächst auf Kriblitz an dem Katzauer Berge vorbei, dann auf Alt-Rognitz, zuletzt selbst über Alt-Rognitz hinaus auf Rudersdorf zu. Es war ein Schützengefecht, eine Art Wald- und Bergtreiben. Die Truppen, die unsererseits hier in erster Linie ins Gefecht kamen, waren das Füsilier-Bataillon und die 1. und 8. Kompanie vom 45. Regiment. Daran schlossen sich 3 Kompanien vom 44. Die Direktion, die Gefechtweise war bei all diesen Truppenteilen, die in einzelnen Momenten sich unterstützten, dieselbe; wir geben deshalb ein anschauliches Bild der Vorgänge, wenn wir die Aufzeichnungen eines Offiziers vom 45. geben, dessen Kompanie (die 1.) an dieser Stelle ziemlich im Zentrum operierte. Der Berichterstatter war also in der Lage, auch nach links und rechts hin den Gang des Gefechts beobachten zu können.

»... Oberst v. Boswell erteilte unsrer 1. Kompanie Befehl, auf die rechte Flanke des Feindes zu drücken. Wir legten unser Gepäck ab und gingen auf die Höhen vor. Es schienen Jäger, die uns gegenüberstanden; nichtsdestoweniger schossen sie zu hoch, so daß wir wenig Verluste hatten. Das Terrain war schlecht, aber wir drängten nach, und um die Mittagsstunde war ein Zurückgehen des Feindes überall bemerkbar ... Die übrigen Kompanien unsres Bataillons waren nicht mehr in Sicht; wir dirigierten uns deshalb einfach vorwärts und suchten mit dem jetzt schnell zurückweichenden Feinde wenigstens Fühlung zu erhalten. Hierbei wurden 30 bis 40 Gefangene gemacht und wohl eben so viele Tote und Verwundete aufgefunden. Bald, in beständiger Verfolgung des Feindes, hatten wir einen südöstlich vom Dorfe Kriblitz gelegenen steilen Abhang erstiegen und drangen von hier aus mit halblinks bis zu einem südwärts (links) von Alt-Rognitz liegenden Gehölze vor.

In diesem Momente erschien der Divisions-Kommandeur, Generalleutnant v. Clausewitz, der den rechten Flügel des Feindes rekognosziert hatte, und befahl unsrem Kompanieführer (Hauptmann v. Harder), die Stellung des Feindes noch einmal in Augenschein zu nehmen, bevor er zum Angriff auf die vorliegende Waldparzelle übergehe. Es ergab sich, daß nicht nur das Gehölz, sondern sehr wahrscheinlich auch Alt-Rognitz besetzt sei.

Es wurden nunmehr drei Kompanien vom 44. Regimente vorgezogen, mit denen vereint unsre 1. Kompanie sofort das Gehölz attakkierte. Der Feind zog sich fast ohne Widerstand auf Alt-Rognitz zurück, das er mit Jägern und andern Infanterie-Abteilungen hartnäckig zu verteidigen begann. Besonders setzte er sich in der Nähe der Kirche fest. Unser Angriff kam einen Augenblick ins Stocken, bis Fähnrich Milinofski, nach links hin detachiert, den Feind in der Flanke faßte und ihn erschütterte. Im selben Moment gingen wir, durch die 44er unterstützt, mit Hurra gegen die Lisiere vor und nahmen das Dorf im ersten Anlauf, was die Truppe vorher gelobt hatte, ausführen zu wollen. Der Feind floh, von unsrem Feuer verfolgt. Hauptmann v. Harder begab sich in die Schützenlinie, um die Verfolgung persönlich zu leiten.

Hohe Kornfelder, die vor Alt-Rognitz und Rudersdorf lagen, erschwerten uns die Verfolgung sehr; dennoch ging es schnell vorwärts bis an den Bach, der den Hohlweg von Alt-Rognitz nach Saugwitz schneidet und etwa 1000 Schritt vor Alt-Rognitz von Westen nach Osten fließt.

Hier bietet das Terrain nach Saugwitz, Eypel, Unter- und Ober-Raatsch, Staudenz und Burgersdorf (dasselbe Terrain, auf dem andren Tags die Garden das hitzige Gefecht hatten) dem Feinde eine sehr günstige Verteidigung, und es zeigte sich denn auch bald ein festerer Widerstand. Das Gefecht stand hier wohl eine Stunde. Links von uns, gegen Saugwitz und Eypel zu, hatten unsere 45er Füsiliere eine gedeckte Stellung genommen, rechts von uns schoß sich unsre 8. Kompanie und zwei Kompanien 44er mit dem Feinde herum. Wir selbst (die 1. Kompanie vom 45.) und die 4. Kompanie 44er bildeten das Zentrum. Im ganzen standen wir hier wenig über 2 Bataillone (9 Kompanien) stark. Man überschüttete uns mit Granaten und Kartätschen, ohne uns irgendwie Verluste zuzufügen. Der Feind war überall gewichen.«

Gefechtsstellung um 3 Uhr

Es war jetzt 3 Uhr. Unsere Bataillone am linken Flügel standen über Alt-Rognitz hinaus; die Avantgarde, am rechten Flügel, war bis Hohenbruck vorgedrungen.

Um diese Stunde etwa erschien General v. Hiller bei dem Kommandierenden des I. Korps und stellte ihm die Mitwirkung der 1. Garde-Division zur Verfügung. General v. Bonin lehnte dankend ab. Er wies auf das Gefechtsfeld, das auf der ganzen Linie ein Zurückweichen des Gegners zeigte.

Ein vollständiger Erfolg schien errungen, aber in der Tat, er schien es nur. Es war nicht das Gablenzsche Korps, das man zurückgedrängt hatte, es war nur seine Vorhut (Brigade Mondl); das Korps selbst rückte eben in 3 Brigaden heran. Die ganze Situation, das vorzeitige sich Gratulieren, erinnerte, wenn man Kleines mit Großem vergleichen darf, an jenen unheilvollen Oktobertag 1806, an dem die heransprengenden Generale den Kommandierenden, Fürst Hohenlohe, zu einem Erfolge beglückwünschten. Ein momentanes Schweigen auf dem Schlachtfelde wurde damals als Erlahmung des Gegners gedeutet. Es war aber Sammlung der Kraft zum entscheidenden Stoß. Als der Fürst die Gratulationen hinnahm, fielen drüben die historisch gewordenen Worte: *»ils se tromperont furieusement.«*

Man täuschte sich auch hier.

Das Eintreffen der Brigaden Grivicic und Wimpffen. 4 bis 5 Uhr

In demselben Augenblicke fast, in dem General v. Bonin die Hilfe der Garden abgelehnt hatte, waren die Brigaden Grivicic und Wimpffen heran. Nur Brigade Knebel war noch in Rückstand.

Feldmarschalleutnant v. Gablenz disponierte rasch.

Er ließ die Brigade Wimpffen links, die Brigade Grivicic rechts neben die bis dahin im Kampfe gestandene Brigade Mondl vorrücken, so daß jene (Wimpffen) nunmehr Trautenau und den vorgelegenen drei Höhen, diese (Grivicic) in Schrägstellung bei Neu-Rognitz unsrer linken Flügel-Position bei Alt-Rognitz gegenüberstand.

Das Erscheinen dieser Brigaden war diesseits nicht unbemerkt geblieben und schuf, wie es in gegnerischen Berichten heißt, eine ersichtliche Verwirrung. General v. Bonin (und dies war gut) erteilte zwar Befehl, dem Gegner mit allen disponiblen Kräften entgegenzugehn; in Wahrheit aber wurde die bei Hohenbruck stehende Avantgarde nicht bloß bis auf die mehrgenannten drei Höhen, sondern nach Trautenau selbst zurückgenommen. Hier waren sie dem Gefecht entzogen. An ihre Stelle rückte die Reserve-Brigade, Generalmajor v. Barnekow, in die Höhenposition ein und besetzte den Kapellenberg sowie das links daneben gelegene Terrain. Die ernsten Kämpfe, die noch bevorstanden, waren (soweit der rechte Flügel in Betracht kommt) ausschließlich Kämpfe dieser Brigade. Ihr war es vorbehalten, den Tag von Trautenau partiell wenigstens zu einem Ruhmestage für das ostpreußische Armee-Korps zu machen.

Die Dinge, die bis dahin, in beinah 9-stündigem Gefecht, einen, den mildesten Ausdruck zu wählen, sich hinzögernden Charakter gehabt hatten, entwickelten sich nun mit Rapidität. Feldmarschalleutnant v. Gablenz, während seine zwei frischen Brigaden zum Angriff sich formierten, zog fünf Batterien mit zusammen 40 Geschützen in die Linie südlich zwischen Hohenbruck und Kaltenhof und ließ dieselben ihr Feuer gegen den Kapellenberg oder die Höhe von St. Johann eröffnen, die mehr und mehr zum Schlüssel der Stellung geworden war. Eine Stunde lang tobte das Geschützfeuer auf der ganzen Linie; wir hatten nur zwei Batterien (zwölf Geschütze) auf der Höhe, um zu antworten.*

* Der Verfasser der »Taktischen Rückblicke« sagt in seiner namentlich mit Rücksicht auf das Gefecht bei Trautenau höchst beherzigenswerten Broschüre (Berlin, F. Dümmler, 1869) über diese sparsame Verwendung der Artillerie mit Recht: »Ein Artillerie-Offizier, der den taktischen Blick für das Terrain hat, wird stets Raum finden. Bei Trautenau fand man ihn nicht; so wurden nur wenige Batterien ins Gefecht gebracht und diese nur auf einzelne Augenblicke. Über ihre Ausdauer im Gefecht berichten die Verlustlisten. Von 1338 Mann Gesamtverlust des Korps kommen auf die 16 Batterien 7 Verwundete, von dem Gesamt-

Eine dritte, die Batterie Böhnke, war schon vorher, weil ohne Unterstützung gelassen, zum Abfahren gezwungen worden.

Feldmarschalleutnant v. Gablenz, als er unsre Stellung genugsam erschüttert glaubte, wies die Brigade Wimpffen an, auf die Höhe von St. Johann zum Sturme vorzugehn; die Brigade Grivicic erhielt Befehl, den Frontal-Angriff durch einen energischen Stoß auf unsre linke Flanke (unsere 45er und 44er standen im wesentlichen mit Front gegen Westen) zu unterstützen beziehungsweise einzuleiten.

Wir folgen zunächst der Brigade Grivicic. Ein österreichischer Bericht sagt: »Unser Angriff mißlang. Es war freilich ein erhebender Anblick, als der tapfre Oberst Grivicic die Truppen seiner ausgezeichneten Brigade vorerst in zwei Treffen aufmarschieren ließ und nach kurzer, von weit erschallendem Jubel begleiteter ungarischer Ansprache und unter den Klängen des Radetzky-Marsches zum Angriff auf die bewaldeten Höhen vorführte. Aber vergeblich. Der Feind hielt die Stellung zäh fest. Das Zündnadelgewehr wirkte verheerend.«*

So die Brigade Grivicic. Nicht günstiger verliefen die Dinge bei der Brigade Wimpffen, die links neben jener zum Sturme schritt. Auch diese

verlust von 78 Pferden 2 Pferde, also per Batterie nicht ein halber Mann und ein achtel Pferd. – Es war ganz gewiß kein Mangel an persönlichem Mut, aber das Terrain schien bedenklich, man wollte die Artillerie nicht einem möglichen Echec aussetzen, deshalb ließ man den größten Teil der Batterien gar nicht das eigentliche Gefechtsfeld betreten. Es fehlte weder an Raum noch an Zeit, alle 96 Geschütze zu etablieren. Man verlor aber lieber das Gefecht als einige Geschütze.«

*Ein diesseitiger Bericht (von einem 45er) sagt: »Unser Oberstleutnant v. Schmeling, fürchtend, daß unsere Hauptstellung am Kapellenberge; im Falle eines Weichens des linken Flügels, in mißliche Lage geraten könne, faßte den Entschluß, sein Füsilier-Bataillon und die 1. und 8. Kompanie des Regiments für das Ganze einzusetzen; durch Signal und Wort die Kompanien auffordernd, warf er dieselben dem ersten Treffen des in dichten Kolonnen anrückenden Feindes: 2 Bataillone Airoldi, 1 Bataillon Alexander und 16. Jäger-Bataillon, entgegen. Angriff hüben und drüben. Unter klingendem Spiel rückten die vier feindlichen Bataillone an, mit Hoch und Hurra antworteten die Unsren. So stießen wir zusammen. Die 8., 10. und 11. Kompanie kamen mit zwei ohne Fahnen anstürmenden Bataillonen ins Handgemenge. Kurzer Kampf; der Feind wich, obgleich die Offiziere die Mannschaften auf jede Weise zum erneuten Anlaufe zu bringen versuchten. Ein mörderisches Schnellfeuer, das die zwei neu anstürmenden sowie die zurückgeschlagenen Bataillone dezimierte, machte uns zu unbestrittenen Besitzern der Position, auf die der Angriff erfolgte. Wir hatten schwere Verluste. Es starben den Heldentod: die Hauptleute v. Gabain (10. Kompanie), v. König (8. Kompanie) und Leutnant Treuge; verwundet wurde Oberstleutnant v. Schmeling durch einen Schuß in den rechten Oberschenkel; mit ihm 100 Mann schwer und leicht. Die Leichen der gefallenen Feinde lagen dicht übereinander; namentlich war ein Hohlweg am linken Flügel, der auf unsre Stellung zulief und durch welchen der fliehende Feind sich abzuziehen hoffte, mit Toten und Verwundeten angefüllt. Alt-Rognitz und Rudersdorf brannten an mehreren Stellen.«

(Wimpffen) hatte sich in zwei Angriffslinien formiert. Zwei Bataillone Erzherzog Stephan links zwei Bataillone Bamberg-Infanterie rechts neben der Chaussee, so dirigierte sich das erste Treffen gegen die Kapelle von St. Johann. Das zweite Treffen schloß dicht auf. Ein gegnerischer Bericht sagt: »Unser Auge folgte erwartungsvoll. Die Brigade erstieg die ziemlich steil abfallenden Höhen und überschritt mehrere mit der Front parallel laufende Hohlwege, ohne den Zusammenhang zu verlieren. Unter klingendem Spiel blieben die Bataillone im Avancieren, bis auf nächste Distanz vor der Kapelle und dem sie umgebenden Wäldchen der Angriff stockte. Von einem verheerenden Kleingewehrfeuer empfangen, war die Brigade nicht imstande, den letzten verteidigten Punkt der feindlichen Position zu nehmen. Trotz opfervollster Anstrengungen, sie mußte zurück und wurde bei Hohenbruck gesammelt.«

Der Sturm beider Brigaden also war gescheitert; am linken Flügel (Alt-Rognitz) hatten die 44er und 45er, am rechten Flügel (Kapelle St. Johann) das 43. Regiment den Angriff abgewiesen.

So lag denn abermals ein Erfolg vor; aber es scheint fast, daß man ihn diesseits nicht als solchen erkannte. Statt die letzten Kräfte unsrer bis dahin zwar angespannten, aber keineswegs ausgenutzten Bataillone energisch zusammen zu fassen, statt alles, was in und um Trautenau stand, auf die gefährdete Höhe von St. Johann hinaufzuführen, war man nur noch bedacht, das, was oben stand, nach unten zu in Sicherheit zu bringen. Die 44er und 45er, eben noch siegreich, traten ihren Rückzug auf Parschnitz an; die 43er (nur zwei Bataillone stark) erhielten Order, durch die Aufstellung des Grenadier-Regiments Nr. 3 hindurch ihren Abzug eben dahin (Parschnitz) zu bewerkstelligen. Aber noch ehe dieser Abzug ausgeführt werden konnte, erfolgte seitens des Gegners der letzte entscheidende Angriff und traf, so scheint es, in erster Reihe dieselben beiden Bataillone 43er, die den Ansturm der Brigade Wimpffen soeben erst zurückgewiesen hatten. Wir schreiten jetzt zur Darstellung dieses letzten Gefechts-Moments, dabei im wesentlichen den österreichischen Bericht zugrunde legend.

Die Entscheidung. Die Brigade Knebel nimmt die Höhe von St. Johann. 6 Uhr

Um 5 Uhr, ehe noch die Angriffe der Brigaden Grivicic und Wimpffen vollständig gescheitert waren, erschien die Brigade Knebel auf dem Gefechtsfelde und wurde angewiesen, zwischen Neu-Rognitz und Hohenbruck *à cheval* der Straße Stellung zu nehmen. Sie hatte ihren

Aufmarsch kaum bewirkt, als das Regiment Erzherzog Stephan von dem Sturme auf die St. Johannes-Kapelle zurückwich.

»Generalmajor Knebel glaubte nunmehr,« – so sagt der gegnerische Bericht – »nicht untätig stehenbleiben zu dürfen, in einem Augenblick, wo der Feind der geworfenen Brigade Wimpffen folgen und unsere eigne Stellung bei Hohenbruck sehr gefährden konnte. Zudem schien dem Brigadegeneral ein letzter Angriff auf die feindliche Position des Versuchs im höchsten Grade wert. Er beschloß daher, ohne erst einen Befehl abzuwarten, in das Gefecht einzugreifen, und ordnete unverzüglich die Vorrückung und den Sturm der ganzen Brigade auf die Höhe von St. Johann an.

Das 28. Jäger-Bataillon, welches schon von Neu-Rognitz auf die Höhen in der rechten Flanke der Brigade vorgeschoben worden war, ging längs der dort befindlichen Waldparzellen gegen den südöstlich der Kapelle gelegenen Steinbruch vor. Im Zentrum befand sich das Regiment Kaiser mit seinen drei Bataillonen in geschlossenen Divisions-Massenlinien im ersten Treffen. Das Regiment Erzherzog Karl folgte in Bataillons-Massen im zweiten Treffen.

Die Brigade-Batterie nahm auf dem linken Flügel Stellung und beschoß die St. Johannes-Kapelle, um den Vormarsch der Truppen zu protegieren.

Diese rückten in der musterhaftesten Ordnung gegen die Höhe von St. Johann vor, wo die beiden Bataillone 43er* der Brigade v. Barnekow, mit Aufopferung und einen wahren Kugelregen vor sich hinschleudernd, sich zu halten suchten.

Bei diesem mörderischen Angriff geriet das 1. Bataillon Kaiser in das heftigste Kleingewehrfeuer, verlor seinen Kommandanten, Oberstleutnant v. Habermann, sowie einen großen Teil seiner Offiziere und mußte anfänglich zurückweichen. Ein zweiter Versuch, die Höhe zu nehmen, wobei Oberst Du Rieux das genannte Bataillon selbst vorführte, scheiterte gleichfalls, da die bereits im höchsten Grade ermü-

* Wir halten diese Auffassung, wonach also auch der letzte entscheidende Angriff sich vorzugsweise, wo nicht ausschließlich gegen die 43er richtete, für zutreffend. In diesseitigen Berichten – bei wohl absichtlicher Unbestimmtheit des Ausdrucks – klingt es meist, als habe der Ansturm der Brigade Knebel mehr das Grenadier-Regiment Nr. 3 als die 43er getroffen. Das ist aber sehr unwahrscheinlich. Allein das 1. Bataillon vom 43. verlor 238 Mann und fast die Hälfte seiner Offiziere, wogegen alle drei Bataillone des Grenadier-Regiments nur einen Gesamtverlust von etwa 80 Mann hatten. In schwankenden Fällen geben solche Zahlen oft die beste Entscheidung. – Außer den 43ern hielten nur noch schwache Abteilungen vom 41. die vorderste Hügelreihe besezt. Es war die 1. Kompanie letztgenannten Regiments, Hauptmann v. Gabain, die auf dem Hopfenberge bis zuletzt ausharrte und erst gleichzeitig mit den 43ern ihren Rückzug antrat.

dete Mannschaft das letzte, sehr steile Stück nicht zu erklimmen vermochte. Mittlerweile gelang es jedoch dem 3. Bataillon unter Major Pilati und dem 2. Bataillon unter Major van der Sloot, die Höhe von der westlichen Seite zu ersteigen und, ungeachtet des sich auf dieselben konzentrierenden Front- und Flankenfeuers, den Feind aus seiner Position zu werfen und die Kapelle zu nehmen. Major Pilati, der erste seiner Abteilung auf der Höhe anlangend, fiel von einer Kugel tödlich getroffen.

Das Regiment Erzherzog Karl, welches als zweites Treffen folgte, unterstützte den Angriff von Kaiser-Infanterie wesentlich; es wurde von seinem Kommandanten Oberst Pehm, der hier – ebenso wie Oberstleutnant Wilhelm Baron Stenglin – den Heldentod fand, so nahe an das erste Treffen vorgeführt, daß ein Teil fast gleichzeitig mit diesem die Höhe erstürmte. (6¼ Uhr.)

Die geworfenen feindlichen Bataillone zogen sich nun durch die Abteilungen des 3. Grenadier-Regiments hindurch auf Parschnitz zu, wohin das letztgenannte Regiment in Staffeln folgte, nachdem es durch Erzherzog Karl-Infanterie ebenfalls zum Rückzug gezwungen worden war.

Das 28. Jäger-Bataillon erstürmte die Kriblitzer Vorstadt und drängte die letzten Abteilungen des Feindes ins Aupa-Tal hinaus.

Inzwischen war auch Oberst Grivicic mit seiner Brigade auf dem Katzauer Berge, östlich von Kriblitz, angelangt. Brigade Wimpffen besetzte den Hopfenberg. So standen denn, etwa um 7 Uhr, drei kaiserliche Brigaden auf den dominierenden Höhen, angesichts deren die letzten Abteilungen des preußischen Korps im Tale abzogen.

Erst um 9½ Uhr verstummte das Geschützfeuer gänzlich.«

Die Erstürmung der Höhe von St. Johann seitens der Österreicher war ein Bravourakt ersten Ranges. Während des ganzen Feldzuges bietet vielleicht nur das Gefecht bei Uettingen, auf dem westlichen Kriegsschauplatz, wo die 36er den Osnert nahmen, ähnliche Momente. – Im Angriff gegen den Kapellenberg entwickelten beide österreichischen Brigaden gleiche Energie; daß die eine glücklicher war als die andre, lag in der veränderten Situation; unsere Widerstandskraft war eben von Viertelstunde zu Viertelstunde schwächer geworden, erlahmt. Brigade Knebel würde sonst höchstwahrscheinlich das Schicksal der Brigade Wimpffen geteilt haben. Der Ausgang hing ohnehin an einem Haar.

Versuchen wir eine Schilderung der Lokalität (Höhe und Kapelle von St. Johann), um deren Besitz es sich schließlich handelte. Hohenbruck, horizontal in der Tiefe gelegen, gestattet einen guten Aufmarsch. Aus der Tiefe aufsteigend tritt man gegen Norden hin auf einen plateauartigen Höhenzug, der angesichts einer weithin sichtbaren Kapelle plötzlich steil abfällt und, eine tiefe Schlucht bildend, jenseits dieser Schlucht zu einer neuen Höhe sich erhebt. Diese Höhe ist der Kapellenberg oder die »Höhe von St. Johann«. Auf den ersten Blick erscheint es unmöglich, unter feindlichem Feuer, noch dazu des Zündnadelgewehrs, diese Schlucht hinab und wieder hinauf zu steigen; die Formation derselben ist aber doch so eigentümlich, daß sie für die anstürmenden Truppen gewisse Ruhepunkte gestattet, indem kleinere Schluchten, hohlwegartig einschneidend, wiederum die Hauptschlucht durchziehen. Unter Ausnutzung dieser Einschnitte wurde es den feindlichen Bataillonen möglich, sich verhältnismäßig nah an den Kapellenberg, ja bis auf diesen hinauf zu schieben, so daß nur noch ein letztes steiles Stück völlig deckungslos zu erstürmen blieb. Aber so kurz diese Strecke war, – sie kostete das Blut vieler Hunderte. Hier fielen die vordersten Reihen von Kaiser-Infanterie wie gemäht, bis dicht aufschließende Abteilungen endlich die Höhe erreichten und von zwei Seiten herandrängend, unsre 43er zum Rückzug zwangen.

Diese (unsre 43er) haben selbst eine Schilderung der letzten und entscheidenden Gefechtsmomente gegeben. Wir entnehmen derselben, mit Bezug auf das am härtesten bedrängte 1. Bataillon, folgendes:

»Die ersten feindlichen Kolonnen wurden durch Salven, denen hinterher ein verheerendes Schnellfeuer folgte, von den zur Hälfte erstiegenen Höhen zurückgeworfen; noch aber hatte sich der bei der schwülen Windstille auf der Höhe lagernde dichte Pulverdampf nicht verzogen, als schon neue feindliche Sturmkolonnen *tambour battant* durch die Geworfenen durchdrangen.

Nach neuem Schnellfeuer, in welchem die Soutiens bis zu 25 Patronen pro Mann verschossen, waren die 1. und 2. Kompanie gezwungen, die Stellung an der Kapelle zu räumen. In der Front und rechten Flanke durch mehrere Kolonnen bestürmt, mußten die Soutiens nach zwei Seiten feuern. Als die feindlichen Kolonnen auf einige 20 Schritt heran waren, ließ sich erkennen, daß ein längeres Verbleiben zu vollständiger Gefangenschaft führen mußte; denn keine Reserve oder Verstärkung war sichtbar. Hauptmann v. Normann befahl daher den Rückzug der 1. Kompanie, welchem gleich darauf die 2. Kompanie folgte. Vize-Feldwebel Kirsch fand hier den Heldentod; Leutnant Dewischeit fiel, als Führer des Schützenzuges, im Oberschenkel tödlich verwundet. Es war 6½ Uhr.

Die 3. und 4. Kompanie, unter Hauptmann Freiherrn v. Braun, hatten unterdessen gleichfalls mehrere feindliche Kolonnen abgewiesen; als aber immer neue Massen vorrückten und Hauptmann v. Braun, durch die Brust geschossen, schwer verwundet niedersank, war es auch für diese Kompanien unmöglich geworden, die Stellung länger zu behaupten. Rechts war die Kapelle eben verloren worden, und auch in der linken Flanke schlugen bereits feindliche Kugeln ein.

Der Rückzug wurde nun von allen Kompanien nordwärts angetreten und vom Feinde stark bedrängt. Die 1. Kompanie dirigierte sich durch das Nordende von Trautenau; die anderen drei Kompanien durchwateten die Aupa abwärts in Entfernung von mehreren 100 Schritten. Auf dem Rückzug über den Hopfenberg war die Fahne des Bataillons, welche mehrfach getroffen war, in Gefahr, verlorenzugehen. Der Fahnenträger, Sergeant v. Saß-Jaworski, strauchelte und fiel einen Abhang hinunter. Schon war der nachdringende Feind im Begriff, sich auf das Feldzeichen zu stürzen, als die Leute der 3. Kompanie sofort dasselbe umringten und durch lebhaftes Schnellfeuer schützten. Die feindlichen Schützenschwärme wichen wieder zurück, und der Rückzug konnte fortgesetzt werden.«

Das Zurückgehen auf Golden-Öls

Um 7 Uhr, so sagten wir, standen drei österreichische Brigaden auf den drei Südhöhen von Trautenau; die Unsren, im Aupa-Tale hin, nahmen ihren Rückzug zunächst auf Parschnitz. Alles hing jetzt davon ab, mit welcher Kraft der Feind nachzudrängen suchte. War er noch stark genug zu einem energischen Stoß, so war unser I. Korps aufs äußerste gefährdet. Eine Katastrophe war nahezu unvermeidlich, wenn der Gegner durch Artilleriefeuer von den Höhen unsre abziehenden Kolonnen in Verwirrung brachte und gleichzeitig durch ein Vorschieben seiner rechten Flügel-Brigade (Grivicic) das Aupa-Tal wie mit einem Riegel schloß.

Diese Katastrophe blieb uns erspart. Sie blieb uns erspart, einesteils weil die Kräfte des Feindes zu erschöpft waren, andernteils weil derselbe, wie wir selbst, eines klaren Überblicks über die Situation entbehrte. Alle Gesamtleitung hatte längst aufgehört. Schwache, planlose Versuche, nachzudrängen und unsern Rückzug zu gefährden, wurden durch das Füsilier-Bataillon vom 4. Regiment, dann durch das ostpreußische Jäger-Bataillon zurückgewiesen.

So glückte es denn, unter verhältnismäßig geringen Verlusten, den Abzug zu bewerkstelligen. Dieser ging wieder dem Gebirge zu, in der

Richtung auf Liebau und Schömberg. Der wichtige Punkt Golden-Öls, der eigentliche Engpaß und zugleich Schlüsselpunkt zum Aupa-Tal, wurde besetzt gehalten. Nach Mitternacht (zum Teil erst um 3 Uhr früh) trafen, nach fast 24-stündiger Anstrengung, die zum Tode ermüdeten Truppen auf ihren alten Lagerplätzen ein.

Von seiten des Feindes verblieb die Brigade Grivicic auf den Höhen südlich von Parschnitz (Katzauer Berg). Brigade Wimpffen besetzte Trautenau. Generalmajor Baron Koller übernahm das Kommando über diese am meisten vorgeschobene Hälfte des X. Korps. Die andre Hälfte (Brigade Mondl und Knebel) biwakierte in einer mehr rückwärts gelegenen Stellung bei Neu-Rognitz und Hohenbruck. Hier befand sich auch der Kommandierende, Feldmarschalleutnant v. Gablenz.

Die Verluste. Der »Verrat von Trautenau«. Rückblick

ERFOLGLOS war der Kampf bei Trautenau verlaufen; sein einziges Resultat waren seine Verluste. Sie waren, wie schon bei Nachod und Skalitz, auf feindlicher Seite besonders hoch und überstiegen das Vierfache der unsrigen. Die Österreicher verloren 191 Offiziere (darunter 12 Stabsoffiziere) und 4596 Mann. Die größten Verluste hatten die Brigaden Grivicic und Wimpffen, die, hügelan, in dichten Sturmkolonnen unter das Feuer des Zündnadelgewehrs gekommen waren. Allein das Regiment Bamberg (Brigade Wimpffen) verlor über 500 Mann, darunter 369 Schwerverwundete.

Der preußische Verlust belief sich auf 56 Offiziere und 1282 Mann, darunter 86 Vermißte. Am meisten hatten die vier neuen Regimenter, das 41., 43., 44. und 45. gelitten, besonders die 43er (352 Mann).

Major v. Hüllesheim (Porträt siehe folgende Seite), Kommandeur des 1. Bataillons 43. Regiments, war gefallen, nicht zu Ende des Kampfes, als sein Bataillon, mit ruhmeswerter Bravour, die Angriffe weit überlegener Kolonnen abwies, sondern zu einer frühern Stunde (4½), als die lange, feindliche Geschützreihe den Angriff der Brigaden Grivicic und Wimpffen einleitete. Gleich eine der ersten Granaten, die

beim Kapellenberg einschlugen, tötete den Major sowie den neben ihm haltenden Premierleutnant v. Keber und verwundete den Bataillonsadjutanten Leutnant Sperling.

Am linken Flügel fiel Major v. Nordenflycht vom Grenadier-Regiment Nr. 4. – Keine Fahne war unsrerseits verlorengegangen. Österreichische Feldzeichen waren mehr als einmal in Gefahr gewesen. So finden wir im Bericht des Regiments Bamberg: »Zur Erhaltung der

Fahne des 2. Bataillons hat Oberleutnant Otto Höffern v. Salfeld das meiste beigetragen, da selbe schon Gefahr lief, vom Feinde erobert zu werden, und derselbe sie bloß durch seine Tapferkeit dem Bataillon erhielt.« Dies war im Kampf um den Kapellenberg, bald nach 5 Uhr.

Einer Episode dieses Tages haben wir noch zu gedenken, wir meinen des sogenannten »Verrats von Trautenau«. Diese Frage hat bekanntlich eine ganze Kontroversliteratur hervorgerufen. Während die einen nicht müde geworden sind, Trautenau als ein »fanatisiertes Tschechennest« zu schildern (es ist eine rein deutsche Stadt), haben sich andere ebenso bemüht, die gefallenen Schüsse zu bestreiten und jede Erzählung davon als lügnerische Fiktion zu bezeichnen. Jetzt, wo die Tage der Aufregung vorüber sind, kann es nicht schwer halten, die Frage wenigstens in der Hauptsache zu entscheiden.

Von einem »Verrat von Trautenau« kann nicht wohl die Rede sein. Von einem solchen ließe sich sprechen, wenn die Bürger oder der Vorstand der Stadt unsre Truppen nach Trautenau hineingelockt hätten, um sie später zu überfallen, mit andern Worten, wenn ein Plan, ein Komplott vorhanden gewesen wäre. Von einem solchen hat aber weder die später geführte Untersuchung das Geringste ergeben, noch deuten die Vorgänge in der Stadt, die (selbst wenn wir die schlimmste Version gelten lassen) immer sehr unbedeutend blieben, darauf hin. Wir plädieren, was die Gesamthaltung der Stadt und ihrer Vertretung angeht, unbedingt für Nichtschuldig.

Unser Nichtschuldig aber soll nicht dahin gedeutet werden, daß nicht einzelne Schuldige zu betreffen gewesen wären. Soviel wir wissen, ist in keinem einzigen Fall die Schuld nachgewiesen worden, aber wir halten es nach allem, was vorliegt, für mehr als wahrscheinlich, daß zu verschiedenen Malen und zwar von Zivilpersonen aus Fenstern und Dächern auf preußische Soldaten geschossen worden ist. Dr. Roth (Bürgermeister von Trautenau) bestreitet es freilich. Er war aber nicht überall, konnte es nicht sein und geht in seinem Ableugnungseifer gewiß zu weit, wenn er für jeden einzelnen (er spricht an andrer Stelle selbst von der Erbittrung vieler Hunderte von brotlos gewordenen Arbeitern) den Anwalt macht und »wahrheitsliebende preußische Männer, die aus den Trautenauer Häusern schießen sahen«, auffordert, ihre Namen zu nennen. Unter Namensnennung ist ihm denn auch in dem Grenzboten darauf geantwortet worden. Es heißt in dieser Antwort: »Es gibt wirklich viele wahrheitsliebende Männer, die bezeugen können und bezeugen müssen, daß die preußischen Truppen aus den Fenstern der Trautenauer Häuser beschossen wurden, und zwar nicht etwa von österreichischem Militär, denn solches wurde nicht in der Stadt gefunden. Ich könnte Herrn Dr. Roth das Haus malen – so lebhaft steht es mir noch vor Augen –, aus welchem auf uns, die wir in der nächsten Straße von Parschnitz her zwischen Aupa-Brücke und Kapelle postiert waren, der erste Schuß fiel: Es war das Eckhaus *vis-à-vis* der ebengenannten Kapelle; dasselbe wurde infolgedessen, da die Türen verrammt waren, erbrochen und durchsucht. Nachher habe ich in kurzen Zwischenräumen noch etwa fünf oder sechs Schüsse fallen sehen. Dies war keine Augentäuschung, wofür Herr Dr. Roth die Sache erklären will; eine solche kann wohl einem einzelnen passieren, nicht aber Hunderten von Menschen, die gewohnt sind, mit scharfem Auge um sich zu blicken.«

Wer sich auf den Klang der Wahrheit versteht, der wird sagen: Das klingt wahr. Auch irrt Dr. Roth, in dessen *bona fides* wir nicht den geringsten Zweifel setzen, darin, wenn er auf das Unsinnige einer solchen Auflehnung des Einzelnen gegen Tausende aufmerksam macht. Solche Szenen wiederholen sich immer wieder. Wer jemals Straßenkämpfen beiwohnte, wird Zeuge davon gewesen sein. Kritiklos, aller Klarheit beraubt, nur einem dunklen Drange, einer zitternden Erregung preisgegeben, glaubt der Einzelne in einer Mischempfindung von Heldentum und Hinterlist, von Opfermut und Rachedurst es wagen zu können, und blind gegen die Folgen, wirft er den Stein oder feuert sein verrostetes Gewehr ab. Es ist nicht nötig, daß sich solche Szenen jedes Mal ereignen, aber wenn sie sich ereignen, sind sie in ihrer Art natürlich. Dabei (unter Umständen) vom patriotischen Standpunkt aus sehr wohl zu rechtfertigen. Wir glauben, daß Trautenau der Schauplatz solcher Szenen gewesen ist. Über ihre Motive haben wir kein Urteil.

Schließlich noch ein Rückblick auf das »Treffen bei Trautenau«.

Die Haltung der Truppen, in der Offensive ohne besonderen Elan (sie waren zu ermüdet), war in der Defensive tadellos, zum Teil, beispielsweise der 43er, vorzüglich. Ein Berichterstatter sagt im wesentlichen mit Recht: »War das Resultat des Tages auch kein glückliches, so können doch die im Gefecht gewesenen Truppen mit Stolz auf dasselbe zurückblicken, denn der alte Ruhm der ostpreußischen Regimenter ging unbefleckt daraus hervor.«

Gut das. Was aber die Führung angeht, so wird sie von dem Vorwurf nicht freizusprechen sein, daß es ihr mannigfach gebrach. Die vorhandenen Mittel wurden nicht ausgenutzt; viele Bataillone kamen gar nicht zur Aktion, andere zu spät. Es fehlte an Überblick, an Raschheit; wo Bewegung herrschen sollte, herrschte Stagnation, nirgends Entwicklung der Kräfte. Wo wenig benötigt war, standen Regimenter; wo Regimenter nötig waren, standen einzelne Kompanien. Ganz besonders gilt dies vom linken Flügel. Von den 12 Bataillonen, die hier operierten, kam nicht die Hälfte ernsthaft an den Feind. Und doch attackierte dieser mit ganzen Brigaden. Woran es lag, daß nichts rechtzeitig sich entfaltete, – erst eine spätre Zeit wird darüber urteilen können. Die ursprüngliche Disposition, die Verteilung der Kräfte in den großen Zügen, war untadlig; erst im Detail begannen die Unzulänglichkeiten. Es ist keine Frage, daß dies von seiten des I. Korps selbst sehr schmerzhaft empfunden worden ist.

Das Generalstabswerk, überall maßvoll und gehalten im Ausdruck, kann doch nicht umhin, folgendes Urteil abzugeben: »Das I. Armee-Korps war während des ganzen Tages in ein nachteiliges Verhältnis dadurch getreten, daß nicht gleich anfangs Trautenau und die dominierenden Höhen besetzt und so das Debouchieren der Gesamtmacht gesichert wurde. Seine anfängliche Überlegenheit (4 gegen 1) blieb auf diese Weise ohne Einfluß.

Während das Gros diesseits der Aupa verblieb, kämpften jenseits derselben nur einzelne Abteilungen, welche zwar sukzessive unterstützt wurden, die aber der stets wachsenden Macht des Gegners unterliegen mußten, solange diesem nicht das Ganze entgegen zu treten in der Lage war.

Die Infanterie focht fast allein; sie fand geringe Unterstützung an der Kavallerie, und der größte Teil der Artillerie verblieb in Stellungen, aus welchen sie auf das eigentliche Gefechtsfeld nicht zu wirken vermochte. Dem gegenüber nutzten die Österreicher, bei voller Freiheit ihrer Bewegungen, alle Waffen aus und konnten die ganze Überlegenheit ihrer Geschützwirkung (schließlich 40 Geschütze gegen 12) zur Geltung bringen.

Die Anwesenheit der I. Garde-Division bis 2 Uhr nachmittags, welche durch geschlossenes Vorgehn in des Feindes rechter Flanke den Ausschlag geben konnte, war nicht benutzt worden. Die aus allen Brigaden detachierten Bataillone und einzelnen Kompanien leisteten den hartnäckigsten Widerstand.«

In diesen Sätzen, wenn auch zum Teil verschleiert, sind alle Vorwürfe enthalten, die der Führung des I. Armee-Korps gemacht werden können. Schärfer im Ausdruck (auch gegen die österreichische Führung) ist die Kritik eines, allem Anschein nach, mit im Gefecht gewesenen jüngeren Offiziers. Wir geben daraus, trotz einiger Berolinismen, folgendes:

»Die ganze 2. Division, die zuerst eintraf, lagerte harmlos in dem östlich von Trautenau gelegenen Talkessel, in welchem ihr einige feindliche Bataillone von den umliegenden Höhen aus furchtbare Verluste beibringen konnten; – sie lagerte und erwartete die von Liebau her im Anmarsch begriffene 1. Division.

Um 9 Uhr langte diese an, und etwa eine halbe Stunde später fielen die ersten österreichischen Kanonenschüsse.

In der Tat! Bei Trautenau machten anfänglich auch die österreichischen Generale gegen die Anfangsgründe der Taktik arge Verstöße. Die Österreicher besetzten nicht jene Höhen, von welchen aus sie uns ohne Schwierigkeiten zusammenschießen und in die Defilees zurückwerfen konnten; sondern sie benachrichtigten uns durch eine unwirksame, komische Kanonade von ihrer schätzbaren Anwesenheit.

Der Kommandierende gelangte nunmehr zu der Ansicht, daß es doch wohl geratener sein möchte, die Mausefalle zu räumen, und sandte daher eine Anzahl Schwadronen und mehrere Batterien aus dem unglücklichen Talkessel. Man wartete den Erfolg jener ›ersten Sendung‹ ab. Bald kamen die vorgeschobenen Abteilungen zurück und meldeten, daß für Kavallerie das Terrain ungünstig sei und die Artillerie ohne Bedeckung nicht operieren könne.

Jetzt endlich mußte die Infanterie jene steilen Abhänge erklimmen, welche die kaiserlichen Generale noch immer nicht besetzt hatten, wofür wir ihnen gern unsre Rettungsmedaille erwirken möchten; denn nur dieser Nachlässigkeit verdanken wir die Rettung vieler Menschenleben, welche sonst ohne Zweifel verlorengegangen wären. Während einige Bataillone jene Hügel (am linken Flügel) hinankletterten, marschierten einige andre gegen Trautenau vor, und von dort aus nahmen sie die weniger steilen Berge südlich von der Stadt im hartnäckigen Kampfe mit großer Bravour. Dies war der Vormittags-Kampf um den sogenannten Kapellenberg.

Elf Bataillone und zwei (kurze Zeit hindurch drei) Batterien, waren alsdann 10½ Stunden lang handgemein mit dem Feinde. Vierzehn Bataillone und fast die gesamte Artillerie unseres Korps taten keinen Schuß.*

* Im wesentlichen wird diese Angabe richtig sein. Ob 14 Bataillone (andere Berichte sprechen nur von 5) keinen Schuß taten, mag dahingestellt bleiben; daß aber nahezu die Hälfte aller Bataillone nicht im entferntesten zu energischer Verwendung, am wenigsten zu voller

Die gefangenen kaiserlichen Offiziere aber sprachen ihre Bewunderung über die Zähigkeit aus, mit denen unsere weit auseinander postierten Bataillone sich schlugen.

Ein ungelöstes Rätsel wird stets die homöopathische Verwendung unsrer Artillerie bleiben. Man sprach davon, daß die Steigung der Höhen eine zu bedeutende sei; aber dieser Einwand erscheint seltsam, wenn man bedenkt, daß böhmische Düngwagen jene Höhen befuhren, mithin preußische Artillerie, um nur mäßigen Ansprüchen zu genügen, mit den Fuhrwerken jener Böhmaken hätte konkurrieren müssen.

Gegen Abend kam der Befehl zum Rückzuge.

Jedermann glaubte nun, wir würden die Höhen nördlich von Trautenau besetzen, welche eine fast uneinnehmbare Defensiv-Stellung gewährten, allein es ging bis über die Grenze rückwärts. Ein Rückzug war aber durch nichts geboten; im Gegenteil mußte der Kommandierende alles aufbieten, den bereits errungenen Erfolg: das Vordringen durch die Defilees nach Böhmen, zu sichern.

Bedachte er nicht, daß er durch seinen Rückzug den ganzen strategischen Plan Preußens gefährden konnte?«

Das sind scharfe Worte, aber wohl kaum zu scharf. –

Wir haben geglaubt, diese Punkte wenigstens berühren zu müssen. Das Schweigen über Dinge, die, milde ausgedrückt, viel zu wünschen übrig ließen, oder wohl gar der Hang, solche Vorgänge zu beschönigen, ist alles andre eher als patriotische Pflicht. Eine Darstellung, die bei der Zähigkeit der ostpreußischen Regimenter mit Vorliebe verweilend, lediglich um dieses zähen Aushaltens willen den Tag von Trautenau neben Nachod und Skalitz setzen und für jede dieser Aktionen das gleiche Maß von Anerkenntnis haben will, begeht eine große Ungerechtigkeit gegen den ruhmreichen Führer des V. Korps, der, mit sichrem Auge und fester Hand jedes neu eintreffende Bataillon wie einen Pfeil auf den Bogen legte und sein Ziel zu treffen wußte. Das Alles-gleichmachen-Wollen verwirrt das Urteil, nimmt der wirklichen Kraft die Freudigkeit der Aktion und bringt uns um Vorbilder wahrer Heldenschaft.

Ausnutzung ihrer Kräfte kam, darüber kann kein Zweifel sein. Das ergibt sich einfach aus den Verlustlisten. Die vier alten Regimenter 1,3, 4 und 5 hatten im Treffen bei Trautenau, das in runder Zahl zwölf Stunden dauerte, einen Gesamtverlust von 300 Mann, darunter 60 Tote. Je tausend Mann hatten also 5 Tote. Aus solchen Zahlen ergibt sich genugsam, daß die betreffenden Bataillone sehr wenig, einzelne wahrscheinlich so gut wie gar nicht ins Gefecht gezogen worden sind. Man vergleiche damit die Haltung der 5. Division bei Gitschin und der 7. Division im Swiep-Wald (bei Königgrätz). Das war Ausnutzung vorhandener Kräfte.

Der Tag von Trautenau ging für uns verloren. Und was das Beklagenswerteste bleibt: »ohne daß er verlorenzugehen brauchte«.

Diese Andeutungen mögen genügen. Wir schreiten jetzt zur Schilderung jenes »zweiten Tages von Trautenau«, der den ersten wieder herausriß.

Der Einmarsch der Garden

WISCHEN Nachod und Trautenau liegt ein dritter Paß, der Paß von Eypel. Durch dies dritte Tor von Böhmen rückten die Garden ein. Schon am 26. – da Böhmen hier zwei Meilen tief nach Schlesien einbuchtet – hatte eine Avantgarde die Grenze überschritten. Der Weg von der Grenze bis nach Eypel, das mit Trautenau nördlich und Nachod südlich in derselben Vertikal-Linie liegt, beträgt nahe zwei Meilen in der Richtung von Ost nach West.

Die Zusammensetzung des Garde-Korps war die folgende:

1. Garde-Division (Generalleutnant Hiller v. Gärtringen)
1. Garde-Infanterie-Brigade: Oberst v. Obernitz
1. Garde-Regiment, Oberst v. Kessel
3. Garde-Regiment, Oberst Knappe v. Knappstädt
2. Garde-Infanterie-Brigade: Generalmajor v. Alvensleben
2. Garde-Regiment, Oberst v. Pape
Garde-Füsilier-Regiment, Oberst v. Werder
Garde-Jäger-Bataillon, Oberstleutnant v. Röder
Garde-Husaren-Regiment, Oberst v. Krosigk
4 Garde-Batterien unter Major Bychelberg

2. Garde-Division (Generalleutnant v. Plonski)
3. Garde-Infanterie-Brigade: Generalmajor v. Budritzki
Kaiser Alexander-Garde-Grenadier-Regiment Nr. 1, Oberst Knappe v. Knappstädt
3. Garde-Grenadier-Regiment Königin Elisabeth, Oberst v. Pritzelwitz
4. Garde-Infanterie-Brigade: Generalmajor Freiherr v. Loën
Kaiser Franz-Garde-Grenadier-Regiment Nr. 2, Oberst v. Fabeck
4. Garde-Grenadier-Regiment Königin, Oberst v. Strubberg
Garde-Schützen-Bataillon, Major v. Besser
3. Garde-Ulanen-Regiment, Oberst Mirus
4 Garde-Batterien unter Major v. d. Goltz

Zum Korps gehörte noch die schwere Garde-Kavallerie-Brigade: Regiment Gardes du Korps und Garde-Kürassiere unter Prinz Albrecht (Sohn) und die Reserve-Artillerie, 5 Batterien unter Oberst Prinz Kraft zu Hohenlohe-Ingelfingen.

An der Spitze des Korps stand Prinz August v. Württemberg.

Friedrich August Eberhard, Prinz von Württemberg, wurde am 24. Januar 1813 als zweiter Sohn des Prinzen Paul von Württemberg (aus dessen Ehe mit einer Prinzessin von Sachsen-Altenburg) geboren. 1829 trat er in württembergischen, 1830 in preußischen Dienst und wurde als Rittmeister dem Regiment Gardes du Korps aggregiert. 1832 Major, 1836 Oberstleutnant, 1838 Oberst, führte er von 1840 bis 1844 das Garde-Kürassier-Regiment. 1854 (inzwischen zum Generalleutnant aufgerückt) erhielt er das Kommando der 7. Division, 1856 das der Garde-Kavallerie, 1857 das des III., 1858 das des Garde-Korps. Im folgenden Jahre erfolgte seine Ernennung zum General der Kavallerie.

Nur die neuen Garde-Regimenter – damals, unter Befehl des Generals v. d. Mülbe, zu einer Division kombiniert – hatten an dem Feldzug von 1864 teilgenommen; jetzt war es dem Prinzen August vorbehalten, das ganze Korps, und zwar gegen einen ebenbürtigen Feind, in den Kampf zu führen.

Die Aufgabe für den 27. lautete dahin: Die Garden gehen in südwestlicher Richtung bis gegen die mittlere Aupa (bei Eypel) vor und suchen nach rechts hin mit dem I. Armee-Korps, nach links mit dem V. Armee-Korps die Verbindung herzustellen. Dem wurde nachgekommen. Die 1. Garde-Division, nachdem sie, wie wir bereits wissen, von Qualitsch aus dem im Gefecht stehenden General v. Bonin (fruchtlos) ihre Hilfe angeboten hatte, rückte am Abend in und bei Eypel ins Biwak. Die 2. Garde-Division erreichte Kosteletz,* eine Meile rückwärts (südöstlich). Die Reserve-Artillerie und die schwere Kavallerie waren noch weiter zurück. So am 27.

Wenn die Aufgabe für den 27. gelautet hatte: bis an die Aupa (Eypel), so lautete die Aufgabe für den 28.: »bis an die Elbe« (Königinhof). Dies

* Die Avantgarde der 2. Garde-Division, oder doch die Spitze derselben (einige Eskadronen vom 3. Garde-Ulanen-Regiment), hatte am Nachmittag des 27. das Reitergefecht bei Cerwenahora (Rothenberg). Dies Gefecht entspann sich wie folgt: Man hörte, als die Division im Biwak bei Kosteletz eingetroffen war, den Geschützdonner von Nachod her, und Oberst Mirus, Kommandeur des 3. Garde-Ulanen-Regiments, erhielt Befehl, auf Skalitz zu, zu rekognoszieren. Er ging sofort mit den ihm augenblicklich zur Disposition stehenden 1½ Schwadronen seines Regiments im Trabe vor. Im Dorfe Cerwenahora erfuhr er, daß jenseits desselben feindliche Kavallerie aufmarschiert sei. Oberst Mirus ließ nach Passieren des Dorfes die bei ihm befindlichen 1½ Schwadronen aufmarschieren und griff sofort 2 ihm auf 990 Schritt Entfernung gegenüberstehende feindliche Eskadronen kaiserliche Ulanen an. Es waren Mexiko-Ulanen unter Oberst Graf Wurmbrand. Der diesseitige Schock war so heftig, daß er die feindliche Linie vollständig durchbrach; die preußischen Ulanen wandten darauf ihre Pferde zurück, und es entstand nunmehr ein sehr hitziges Einzelngefecht, in welchem die kaiserlichen Ulanen nach zweimaligem Hin- und Herwogen des Kampfes vollständig geworfen wurden und die Flucht ergriffen. Bemerkenswert ist, daß, bevor die preußische Attacke die kaiserlichen Ulanen erreichte, diese letzteren aus ihren Pistolen eine Art von Salve gegen die diesseitige Linie abgaben und auch noch während des Einzelngefechts mehrfach Gebrauch von den Pistolen machten. Eine Verfolgung der österreichischen Ulanen konnte nur auf kurze Strecke hin fortgesetzt werden, indem eine größere feindliche Kavalleriemasse (nach Angabe gefangener Offiziere noch 8 Eskadronen) sich in einiger Entfernung zeigte. Der Feind verlor 3 Offiziere, 65 Mann und 69 Pferde. Auch die preußischen Eskadronen (es waren während des Einzelgefechts und beim Raillieren noch 2 Eskadronen 3. Garde-Ulanen-Regiments hinzugekommen) erlitten nicht unerhebliche Verluste. 3 Unteroffiziere und Gemeine blieben tot auf dem Platz; 3 Offiziere wurden verwundet: Oberst Mirus durch Lanzenstich leicht, Premierleutnant Baron v. Dalwigk durch 2 Lanzenstiche leicht, Sekondeleutnant Freiherr v. Ziegler durch einen Lanzenstich in den Mund erheblich. Verwundete Mannschaften waren 31.

war das Natürliche. Es entstand aber bereits am 27. abends die Frage, ob es geraten sein würde, diesen Vormarsch anzutreten. Beide Flanken waren bedroht. Die von Nachod einerseits, von Trautenau* andrerseits eingegangenen Meldungen hatten über einen Erfolg und einen Mißerfolg berichtet. Dies schien sich die Waage zu halten. Der Trautenauer Mißerfolg war aber unzweifelhaft und für den Augenblick, soweit das I. Korps in Betracht kam, irreparabel, während der Erfolg bei Nachod durch den bei Skalitz stehenden drei Armee-Korps starken Feind jeden Augenblick in sein Gegenteil verkehrt werden konnte. Die Situation war also so mißlich wie möglich. Das schluchtenreiche, nirgends einen Überblick (am wenigsten über anrückende oder aufgestellte Streitkräfte) gestattende Terrain forderte zur äußersten Vorsicht auf. Und dennoch mußte es gewagt werden. Die preußische Garde konnte diesen Krieg nicht mit einem Kehrt beginnen. Eine Rekognoszierung (in der Frühe des 28.) sollte vorausgehn, ergab diese keine absolute Unmöglichkeit, so war Prinz August von Württemberg zum Angriff entschlossen. Vorposten, bis gegen Raatsch hin, wurden ausgesetzt.

Wir werfen jetzt einen Blick auf den Feind.

Das X. österreichische Korps, wie bereits S. 405 hervorgehoben, stand seit dem 27. abends mit 2 Brigaden (Wimpffen und Grivicic) in und bei Trautenau, mit 2 Brigaden (Knebel und Mondl) in und bei Neu-Rognitz. Es nahm also eine Hakenstellung ein. Die bei Trautenau konzentrierten beiden Brigaden standen in horizontaler Linie von West nach Ost, die bei Neu-Rognitz lagernden Brigaden in vertikaler Linie von Nord nach Süd. Diese Stellung war eine zeitweilig eingenommene; sie konnte nicht den Zweck haben, behauptet zu werden. Das X. Korps, in seinem Vorrücken von Königinhof nach Trautenau, am 26. und 27., hatte den Charakter einer Detachierung im großen Stile gehabt. Zweck: Zurückwerfung unsres I. Korps. Jetzt, nachdem dieser Zweck erreicht war, war es selbstverständlich, das detachierte Korps wieder nach Königinhof hin – wo Benedek seine Armee zum Vormarsch gegen Norden konzentrierte – zurückzunehmen.

Dies Zurücknehmen war selbstverständlich; aber die betreffende Order wurde durch die in der Nacht vom 27. auf den 28. beim Oberkommando (Benedek) eingehende Meldung beschleunigt, daß starke preußische Abteilungen bei Eypel ständen und durch einen Vorstoß auf die Trautenau-Königinhofer Straße (etwa bei Prausnitz-Kaile) die nächste Marschlinie des X. Korps durchschneiden, dies Korps selber aber in

* Die Mitteilung über den Ausgang des Gefechts bei Trautenau brachten Major v. d. Burg, aus dem Stäbe des Kronprinzen, und Premierleutnant v. Esebeck, vom Stabe des I. Armee-Korps.

der Flanke umfassen und dadurch mindestens von seiner nächsten Verbindung mit Königinhof abdrängen könnten. In Erwägung dieser Umstände traf bereits am 28. früh Order beim Korps-Kommando (Gablenz) ein, sich aus dem Bereich des bei Eypel stehenden Feindes heraus und möglichst nach Königinhof heranzuziehn.

So war denn die Situation die, daß man hüben und drüben, bei Freund und Feind, von derselben Sorge erfüllt war, von der Sorge durch Flankenbewegungen des Gegners umgangen und eingeschlossen zu werden. Und beide hatten Recht. In der Tat, das Schicksal, das wir dem Feinde bereiteten, konnte, wenn man das X. Korps rechtzeitig unterstützte, auch uns bereitet werden.

Gablenz, nach Eingang der betreffenden Order aus dem Hauptquartier, disponierte über seine 4 Brigaden wie folgt:

Die bei Neu-Rognitz lagernden Brigaden, Knebel und Mondl, ziehen sich südlich und zwar zunächst bis Prausnitz-Kaile;

von den bei Trautenau lagernden Brigaden, Wimpffen und Grivicic, folgt die erstere (Wimpffen) der Richtung der Brigaden Knebel und Mondl, geht also über Neu-Rognitz ebenfalls auf Prausnitz-Kaile;

die Brigade Grivicic geht, parallel damit, auf Alt-Rognitz vor, deckt die linke Flanke der Brigade Wimpffen und bedroht die rechte Flanke des Feindes, wenn dieser von Eypel aus vorstößt.

So die Gablenzsche Disposition.

Während die feindlichen Kolonnen, der vorstehenden Weisung gemäß, sich am Morgen des 28. zum Aufbruch anschickten, war unsererseits, nach vorgängiger Rekognoszierung, von seiten des Garde-Kommandos auf eben diese feindlichen Kolonnen der Angriff beschlossen worden. Prinz August von Württemberg hatte wie folgt disponiert:

Die 1. Garde-Division debouchiert aus dem Paß von Eypel-Raatsch, geht westlich vor, nimmt Staudenz-Burkersdorf und stößt auf die Trautenau-Königinhofer Straße;

die 2. Garde-Division folgt über Eypel und Raatsch, wirft aber, nach rechts hin, zwei Bataillone hinaus, um, gegen Alt-Rognitz zu, die rechte Flanke der 1. Garde-Division zu decken.

Die Ausführung dieser Disposition führte zu zwei siegreichen Gefechten:

1. zu dem Gefecht bei Staudenz-Burkersdorf, seitens der 1. Garde-Division; und

2. zu dem Gefecht bei Alt-Rognitz und zur Wiedereroberung von Trautenau seitens der 2. Garde-Division.

Wir gehen jetzt zur Einzel-Schilderung dieser beiden interessanten Gefechte über.

Das Gefecht bei Neu-Rognitz und Burkersdorf (Soor)

EBER Staudenz auf Burkersdorf lautete die Aufgabe für die 1. Garde-Division.

Um 6½ Uhr früh (28.) traten die Bataillone an.

Das Eypler Defilee ist eine fast eine halbe Meile lange Schlucht, in deren ganzer Ausdehnung die Dörfer Eypel und Ober-Raatsch gelegen sind. Nur eine kurze Strecke zwischen beiden Dörfern ist bloß Schlucht ohne Häuser.

Die Avantgarde (Oberst v. Kessel) bestand aus den Füsilier-Bataillonen des 1., 2. und 3. Garde-Regiments, aus dem 3. Bataillon der Garde-Füsiliere und aus einzelnen Kompanien des Garde-Jäger-Bataillons. Dazu einige Schwadronen Garde-Husaren. Die 2. Garde-Infanterie-Brigade (Generalmajor v. Alvensleben) folgte als Gros, die 1. Garde-Infanterie-Brigade (Oberst v. Obernitz) als Reserve.

Um 8 Uhr war die Avantgarde aus dem Defilee heraus und stand bei Ober-Raatsch; um 8½ Uhr erhielt sie Befehl zum Angriff.

Bis Staudenz gingen die 4 Bataillone von Ober-Raatsch aus gemeinschaftlich vor. Das Füsilier-Bataillon vom 3. Garde-Regiment bildete das erste Treffen; die 3 andern Bataillone folgten. Husaren und Gardejäger gingen halblinks; die Husaren auf Prausnitz-Kaile.

Staudenz wurde erreicht, passiert. Noch waren keine Verluste zu beklagen. Beim Debouchieren aus dem Dorf schlugen die ersten Granaten ein. Jetzt formierten sich die 4 Avantgarden-Bataillone zum Angriff und zwar wie folgt: Das Füsilier-Bataillon vom 2. Garde-Regiment nahm den rechten, das 3. Bataillon vom Garde-Füsilier-Regiment den linken Flügel; die noch übrigen beiden Füsilier-Bataillone teilten sich, und während zwei Kompanien vom 1. Garde-Regiment einen

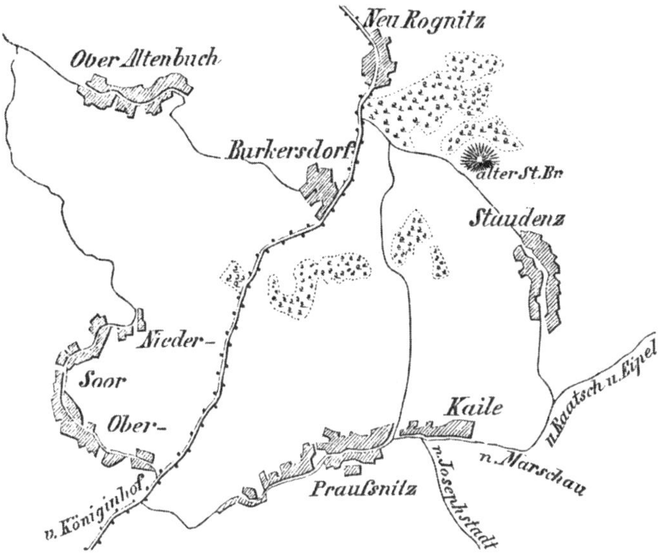

äußersten rechten Flügel (auf Neu-Rognitz zu), zwei Kompanien vom 3. Garde-Regiment aber einen äußersten linken Flügel (auf Marchau zu) bildeten, nahmen die verbleibenden vier Kompanien ihre Stellung im Zentrum. Der Angriff ging also wie folgt:

☐ 10. und 12. Kompanie vom 1. Garde-Regiment

Burkersdorf ←
- ☐ Füsiliere vom 2. Garde-Regiment
- ☐ 9. und 11. Kompanie vom 1. Garde-Regiment
- ☐ 9. und 10. Kompanie vom 3. Garde-Regiment
- ☐ 3. Bataillon vom Garde-Füsilier-Regiment

☐ 11. und 12. Kompanie vom 3. Garde-Regiment

Zwischen Staudenz und Burkersdorf, im Osten des letztgenannten Dorfes, liegt, hart an der nach Prausnitz-Kaile führenden Chaussee hin, ein aus verschiedenen Parzellen bestehendes Waldstück (A.). Dies Waldstück wurde im ersten Anlauf genommen. Hier aber stockte der Angriff. In Burkersdorf, drin Gablenz selbst kommandierte, saß der Feind fest und überschüttete aus seinen nördlich vom Dorfe zwischen diesem und Neu-Rognitz aufgefahrenen 8 Batterien (64 Geschützen)

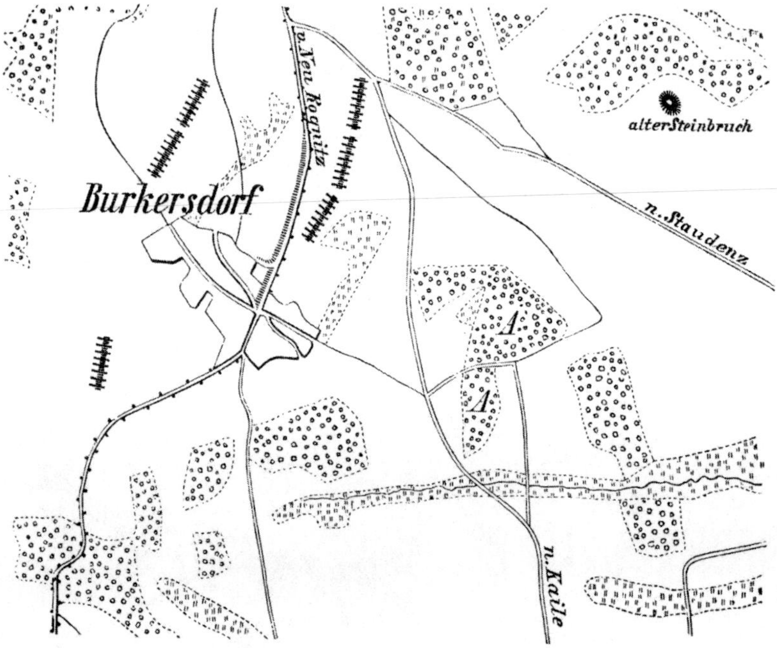

die Unsrigen mit einem solchen Hagel von Geschossen, daß kein andres Resultat erlangt werden konnte, als die Westlisiere des Gehölzes unter Daransetzung aller Kräfte zu behaupten.* Die Verteilung unserer Truppen im Gehölz entsprach der Formation des Angriffs. Das Füsilier-Bataillon vom 2. Garde-Regiment, Major v. Erckert, hatte die Nordwestecke, das 3. Bataillon der Garde-Füsiliere, Oberstleutnant Graf Waldersee, die Südwestecke besetzt. Zwischen beiden standen die Halbbataillone des 1. und 3. Garde-Regiments.

* Von den Batterien, die der Feind hier ins Gefecht führte, gehörten 5 der Korps-Geschütz-Reserve, 3 (Brigade-Batterien) den Brigaden Knebel, Mondl und Wimpffen an. Von diesen 8 Batterien standen 5 zwischen Burkersdorf und dem Neu-Rognitzer Gehölz, teils in Front, teils im Rücken der nach Königinhof führenden großen Straße. An Infanterie hatte der Feind, bei Beginn des Gefechts, nur die Brigade Knebel zur Stelle, wovon drei Bataillone (2. und 3. Bataillon Erzherzog Karl und 3. Bataillon Kaiser) am linken Flügel bei Neu-Rognitz, drei andere Bataillone (1. Bataillon Erzherzog Karl und 1. und 2. Bataillon Kaiser) am rechten Flügel bei Burkersdorf standen. Erst als die Brigade Knebel an beiden Flügeln geworfen, Neu-Rognitz durch die Garde-Füsiliere, Burkersdorf durch die Füsiliere vom 2. Garde-Regiment genommen und dadurch der Abzug des X. Korps auf der großen Königinhofer Straße unmöglich gemacht worden war, erschien bei Neu-Rognitz die Brigade Mondl und griff nun ebenfalls noch in das Gefecht ein. Dies Eingreifen hatte aber nur den Zweck, den Seitenweg über Altenbuch und Pilnikau bis an die Elbe, den wir, von Neu-Rognitz aus, ebenfalls zu durchschneiden drohten, teils schon durchschnitten hatten, wieder freizumachen. Wir kommen darauf zurück. (Vergl. Seite 426.)

Das Gefecht trat jetzt in seine zweite Phase. Die beiden Garde-Batterien, Braun und Witte, fuhren den 8 feindlichen Batterien gegenüber auf, gleichzeitig gingen das 1. und 2. Bataillon vom Garde-Füsilier-Regiment zur Unterstützung unsrer Avantgarde vor. Das 1. Bataillon dirigierte sich in das Südweststück des Gehölzes A., das 2. Bataillon aber, Oberstleutnant v. d. Knesebeck, den am äußersten rechten Flügel vorgegangenen Kompanien (10. und 12.) des 1. Garde-Regiments folgend, nahm seine Richtung zunächst am Steinbruch vorbei auf das große, dem Dorfe Neu-Rognitz südöstlich vorgelegene Gehölz. Diese mit Raschheit durchgeführten Bewegungen brachten das Gefecht zum Stehen; aber mehr war nicht zu erreichen. Die Entscheidung, davon überzeugte man sich mehr und mehr, lag bei Burkersdorf, das, wie namentlich auch die angrenzenden Waldparzellen, der Feind mit aller Kraft zu halten suchte. Ihm dies zu entreißen, war jetzt die Aufgabe, die noch erübrigte.

Sie wurde gelöst. Zunächst halb, und zwar durch ein partielles Vorgehen der Avantgarde.

Major v. Erckert mit den Füsilieren vom 2. Garde-Regiment hatte sich, wie wir wissen, in der Nordwestecke des Staudenz-Burkersdorfer Gehölzes festgesetzt und unterhielt von hier aus ein heftiges Feuergefecht mit feindlichen Tirailleurs, die auf einer vorgelegenen Wiese, hinter frischen Heuhaufen, ihre Deckung suchten. Nach etwa 10 Minuten, müde des Herumschießens, führte Major v. Erckert seine Füsiliere zum Angriff gegen die gegenüberliegende Dorfecke vor. Andre Abteilungen der Avantgarde, namentlich Kompanien vom 1. Garde-Regiment, schlossen sich nach links hin an. Die Chaussee Trautenau-Königinhof wurde in eiligem Laufe erreicht und der nordöstliche Teil von Burkersdorf unter heftigem Gefecht genommen. Viele Gefangene fielen in unsere Hände. Weiter vorzudringen wollte aber nicht gelingen. Unsre Kräfte waren zu zersplittert. Der Feind hielt den südlichen Teil des Dorfes mit starken Abteilungen, namentlich vom Regiment Kaiser, besetzt. Eh unsrerseits nicht Verstärkungen eintrafen, war es nicht möglich, den halben Erfolg, der in der Wegnahme von Nord-Burkersdorf lag, in einen ganzen zu verwandeln.

Aber der Moment, der diese Wandlung schaffen sollte, war nahe. Kaum daß die Füsiliere, unter Major v. Erckert und ihm zur Seite die beiden Kompanien vom 1. Garde-Regiment (namentlich die 9.), sich in Nord-Burkersdorf festgesetzt hatten, wurde von links her, um 1000 oder 2000 Schritt zurück, Hurrarufen, Trommelschlag und Blasen der Hornisten zum Schnellavancieren gehört. Es war das im Geschwindschritt herankommende Gros. Die beiden Grenadier-Bataillone vom

2. Garde-Regiment zu Fuß, unter Führung des Obersten v. Pape. Diese brachten die Entscheidung. Bevor wir aber ihr Eingreifen schildern, gehen wir um eine Viertelstunde zurück, um beide Bataillone auf ihrem Vormarsch zu begleiten.

»Es war 9¼ Uhr,« so schreibt ein Augenzeuge, »als unsre beiden Grenadier-Bataillone aus Ober-Raatsch debouchierten. Der volle Lärm des Kampfes tobte bereits in unsrer Front; dabei war von den Unsrigen, die diesen Kampf führten, nichts zu sehn. Aus den Waldparzellen bei Burkersdorf hörten wir das Geknatter des Kleingewehrfeuers. Östlich von Staudenz war die Batterie Braun aufgefahren; dicht bei ihr, in einem Gebüsch, stand eine Jäger-Kompanie; unweit der Batterie auf einer Kuppe hielt Prinz August von Württemberg mit seinem Stabe. Es waren 7 oder 8 österreichische Batterien im Feuer, 2 südlich, 1 westlich von Burkersdorf, 4 nördlich in der Richtung auf Neu-Rognitz. Auch von dort her ertönte Kleingewehrfeuer. Die Geschosse der feindlichen Artillerie richteten sich hauptsächlich gegen die Batterie Braun und schlugen in deren Nähe haufenweise ein. Staudenz wurde von ihnen in Brand geschossen.«

So war der Stand des Gefechtes um 9¼ Uhr.

Die Darstellung fährt fort. »Eine Viertelstunde später (9½) traf Order vom General v. Hiller ein, die beiden Grenadier-Bataillone zur Unterstützung der bereits im Burkersdorfer Gehölz engagierten 4 Bataillone vorzuführen. Die Bataillone avancierten sofort auf das Gehölz zu. Das Geschützfeuer hatte sich inzwischen zu enormer Heftigkeit gesteigert und überschüttete mit Granaten und Schrapnells den ganzen freien Raum zwischen Kaile, Staudenz und Burkersdorf. Ganze Sektionen wurden mit Staub und Schmutz überschüttet, aber kein Mann fiel. So wurde das vielgenannte Waldstück (A.) erreicht, drin unsre Avantgarde sich bereits eingenistet hatte. General v. Hiller, der all die Zeit über mit in A. gewesen war, befahl den sofortigen weitern Angriff.

Oberst v. Pape, an den der Befehl sich richtete, rief die Stabsoffiziere und Hauptleute vor die Front und gab seine Dispositionen. Die Kompanien wurden auf Zugdistanz auseinandergezogen; die 7. und 8. Kompanie als Soutien-Halbbataillon hinter dem linken Flügel. Schützen vor die Front. Den Kompanie-Chefs wurde befohlen, vom Pferde zu steigen; dann rückten die Kompanien nahe an die diesseitige, vom 1. und 3. Bataillon des Garde-Füsilier-Regiments besetzte Lisiere, und auf die nun gegebenen Signale stürzte sich alles, die Kompanie-Chefs voran, unter donnerndem Hurra im schnellsten Laufe vorwärts. (Dies war die Attacke, deren freudiges Hurra bis nach Nord-Burkersdorf hinüber von den Füsilieren des 2. Garde-Regiments gehört worden war.)

GEFECHT BEI NEU-ROGNITZ U. BURKERSDORF (SOOR)

DIE GRENADIER-BATAILLONE D. 2ten GARDE-RGTS. Z. FUSS AVANCIREN AUF DIE TRAUTENAU-KÖNIGINHOFER CHAUSSEE U. SOOR ZU.

Die Garde-Füsiliere machten zum Teil, in kleineren Haufen, die Attacke mit und liefen, ihren Vorsprung benutzend, vorwärts. Die Grenadiere, als sie dessen gewahr wurden, riefen sich zu: ›Macht Beine, sonst kommen euch die *Maikäfer* vor.‹ Unter allgemeinem Gelächter ging es nun in schärfster Gangart auf die nächste Waldparzelle los. Die bestürzten Gegner schossen viel zu hoch; der freie, fünfhundert Schritt breite Raum (ein Kornfeld) wurde unter geringem Verlust überschritten und in die Lisiere gegenüber eingedrungen. Der Feind floh, aber es wurden nichtsdestoweniger Gefangene gemacht und zwar von allen drei Regimentern, die bei Burkersdorf vorzugsweise im Feuer waren: Kaiser Franz Joseph, Erzherzog Karl und Parma-Infanterie.* Eine unsrer Grenadier-Kompanien (1.) drang, rechtsabbiegend, in Süd-Burkersdorf ein; die eigentliche Attacke ging aber ohne Aufenthalt und Stutzen in gerader Linie weiter westlich, von Parzelle zu Parzelle. An der Waldlisiere, welche den von Burkersdorf nach Prausnitz führenden Weg berührt, fiel Hauptmann v. Kracht, schwer verwundet, in nächster Nähe durch die Brust geschossen.

So ging es eine Viertelmeile weit vorwärts; als aber die Verfolgung die Trautenau-Königinhofer Chaussee erreicht hatte, waren die Kräfte kaum noch ausreichend, die abziehenden österreichischen Kolonnen unter ein verfolgendes Feuer zu nehmen. (12 Uhr.)«

Soweit der Bericht. Wir fügen hinzu, daß dieser die Entscheidung bringende Angriff auf der ganzen Linie unterstützt worden war. Links avancierte das eben eintreffende 1. Bataillon vom 3. Garde-Regiment in der Richtung auf Prausnitz-Kaile, im Zentrum nahmen die Avantgarden-Bataillone auch das Südstück von Burkersdorf, rechts drang das 2. Bataillon Garde-Füsilier-Regiments, Oberstleutnant v. d. Knesebeck, in Neu-Rognitz ein. Überall wich der Feind. Aber an ein weiteres Verfolgen war

* Nach der Darstellung des österreichischen Generalstabswerkes ist die Brigade Mondl (Regimenter Parma und Mazzuchelli) über Neu-Rognitz hinaus nicht vorgedrungen und kann sich also auch nicht mit dem Regiment Parma an dem Gefecht bei Burkersdorf, das ⅓ Meile südlicher liegt, beteiligt haben. Der offizielle österreichische Bericht spricht vielmehr in bestimmtester Weise nur von den Regimentern Kaiser und Erzherzog Karl der Brigade Knebel, die Burkersdorf und die Waldparzellen südlich und auch nördlich desselben, bis Neu-Rognitz hin, besetzt hielten. Andrerseits stimmen alle preußischen Berichte darin überein, daß Abteilungen vom Regiment Parma in und bei Burkersdorf gefangengenommen wurden. Vielleicht löst sich der Widerspruch durch folgendes: Gablenz hatte eine Stabswache um seine Person, die er natürlich aus jedem Truppenteil seines Korps wählen konnte. Diesseitige Angaben gehen dahin: diese Stabswache habe aus einer Abteilung vom Regiment Gerstner bestanden. Dies ist aber höchst unwahrscheinlich, da dies Regiment zu einem ganz andern Korps (zum VIII.) gehörte. Es muß also vielleicht heißen: Stabswache vom Regiment Parma.

bei der völligen Erschöpfung aller unsrerseits im Gefecht gewesenen, namentlich durch den 6meiligen Marsch vom Tage vorher hart mitgenommenen Truppen nicht zu denken. So wurde der Abzug des Feindes nirgends behelligt, weder von Neu-Rognitz,* noch von Burkersdorf, noch von den südlich gelegenen Waldparzellen aus. Der Rückzug der drei österreichischen Brigaden ging, in gezwungenem Umweg, über Ober-Altenbuch und Pilnikau bis an die Elbe. Sie erreichten den Fluß bis 9 Uhr abends. Nur kleinere Abteilungen gewannen, südlich von Burkersdorf, die große Straße und marschierten direkt auf Königinhof und Josephstadt.

Die Einbußen des Feindes während dieses Gefechts sind nicht genau festzustellen, da ihn seine Hauptverluste an andrer Stelle (bei Alt-Rognitz und Rudersdorf) trafen. Hier wurde die vierte Brigade des Korps, die Brigade Grivicic, nahezu vernichtet. Wir sprechen davon im nächsten Kapitel.

Die 1. Garde-Division verlor bei Burkersdorf und Neu-Rognitz 18 Offiziere und 478 Mann. Am härtesten waren das 2. Garde-Regiment

* Von Neu-Rognitz aus wurde allerdings seitens unsrer Garde-Füsiliere ein Versuch gemacht, den Abzug des Feindes zu hindern beziehungsweise, wie wir Seite 394 schon andeuteten, die Rückzugslinie über Altenbuch zu durchschneiden; – dieser Versuch war aber nur ein momentaner. Vielmehr sah sich das Bataillon v. d. Knesebeck, das ihn machte, sehr bald zur Defensive gezwungen. Das letztgenannte Bataillon brach etwa um 12 Uhr aus Neu-Rognitz vor und warf die vordersten Abteilungen (Regiment Mazzuchelli) der eben von Trautenau her eintreffenden Brigade Mondl ohne besondre Mühe zurück; dieser Erfolg sollte aber nicht lange währen. Oberst Mondl übersah die Gefahr, die sowohl seiner Brigade wie der nachrückenden Brigade Wimpffen drohte, wenn ihnen die Nebenstraße über Altenbuch-Pilnikau ebenso verlegt wurde, wie die Hauptstraße über Burkersdorf und Prausnitz-Kaile bereits durchschnitten war. Er ordnete also sofort an: Neu-Rognitz, den Schlüsselpunkt zur Altenbucher Straße, *coute qu'il coute* wiederzunehmen. In Ausführung dieses Befehls entspann sich ein erbittertes Gefecht. Anderthalb Bataillone Parma-Infanterie und ein halbes Jäger-Bataillon gingen zum Angriff vor; der Rest ebengenannten Regiments folgte im zweiten Treffen. Diesem energischen Vorstoß wichen die Unsrigen, unter erheblichen Verlusten; Neu-Rognitz ging verloren und blieb von Parma-Infanterie so lange besetzt, bis der Rest der Brigade sowie die Brigade Wimpffen und der Korps-Train glücklich Ober-Altenbuch erreicht hatten. Dann folgte auch das Regiment Parma auf demselben Wege. Dies Schlußgefecht bei Neu-Rognitz begann sehr wahrscheinlich erst, als das Gefecht bei Burkersdorf schon zu unsren Gunsten entschieden war, und blieb auf letzteres ohne Einfluß. (Desto größren Einfluß, und zwar selbstverständlich zum Nachteil unsres Gegners, hatte der Umstand, daß, infolge eines Versehens, Prausnitz-Kaile – dieser wichtige Punkt, der dem Gablenzschen Korps die rechte Flanke deckte und die Rückzugslinie sicherte – unbesetzt geblieben war. Feldmarschallleutnant v. Gablenz hatte um Besetzung dieses Punktes nachgesucht, und seinem Ansuchen war auch von seiten des Armee-Oberkommandos gewillfahrt worden. Aber die dazu ausersehene Brigade Fleischhacker, vom IV. Korps, besetzte nicht Prausnitz-Kaile, sondern das anderthalb Meilen rückwärts gelegene Ober-Prausnitz. Dieser Umstand raubte dem feindlichen Führer, von Anfang an, jede Freiheit der Aktion und zwang ihn, mehr auf die Rückzugs-, als auf die Siegeslinie bedacht zu sein.)

und die Garde-Füsiliere betroffen worden; besonders die letztern. Sie hatten einen Verlust von 5 Offizieren und 302 Mann, größtenteils vom 2. Bataillon, Oberstleutnant v. d. Knesebeck. Von den 5 Offizieren waren 3, die Leutnants v. Byern, v. Sydow und v. d. Mülbe II., bei Neu-Rognitz gefallen. In einem Tannicht, unter aufgetürmten Felsblöcken wurden sie andren Tags begraben. Ihre Grabinschrift lautet:

Drei jungen Helden reicht der Tod die Hand:
»Mit Gott für König und Vaterland.«
Die weite Erd' ist überall des Herrn;
Fried' ihrem Staub auch von der Heimat fern.

Auszüge aus Briefen, wie sie in jenen Tagen geschrieben wurden, werden auf einzelne Gefechtsmomente noch ein helleres Licht werfen. So schreibt ein Garde-Füsilier, der mit seinem Bataillon (1.) den Sturmlauf von Waldparzelle zu Waldparzelle mitmachte, in sehr anschaulicher Weise wie folgt:

»... Wir biwakierten bei Eypel. Die Sonne, die uns weckte, ging über einem blutigen Tag auf. Auf dem Marsch – den wir um 6 Uhr antraten – hörten wir von Garde-Husaren, daß hinter den nächsten Bergen der Feind stehe. Wir waren sehr ruhig. Die Österreicher eröffneten ihr Feuer aus solcher Entfernung, daß wir weder Soldaten noch Kanonen sehen konnten; unsre Artillerie antwortete, wurde aber sofort von einem solchen Granatregen begrüßt, daß sie schnell ihre Stellung wechseln mußte. Wir hatten 12 gegen 64 Geschütze. Jetzt gingen wir vor, legten uns hinter die Häuser des Dorfes (Staudenz), und sofort ertönte das Pfeifen der Vollkugeln in der Luft.

Jetzt hieß es, wieder Stellung verändern. Wir waren durch das Dorf gegangen, welches schon anfing zu brennen, eilten schnell in einen uns gegenüberliegenden Wald und legten uns dort hinter die Bäume. Die schweren Kugeln wüteten in den Zweigen, doch hatten wir bis dahin keine Verluste. Jetzt aber begannen diese! Wir hatten den ersten Wald passiert und mußten über ein etwa 1000 Schritt breites Kornfeld, um wiederum Deckung in einem zweiten Walde zu gewinnen. Darauf hatten die Österreicher gewartet. Da sie genau die Distanzen kannten von dem einen Waldrand bis zum andern, so eröffneten sie ein Schnellfeuer von Granaten, sobald sich unsre Spitzen blicken ließen, von dem der erste Schuß sofort die ersten sechs Leute der Kompanie niederriß. Ich sah sie in die Knie niedersinken, die Hände vor das Gesicht gepreßt. Jetzt hieß es: Vorwärts, die Beine in die Hand!

So kamen wir in den zweiten Wald. Unser Feldwebel, ein paar Unteroffiziere und viele Leute waren gefallen. Wir standen wiederum im Feuer der Geschütze; doch, mein Wort zum Pfande, ich verlor keinen Augenblick die Ruhe. Mein Herz wurde nur stürmisch von Kampfeslust, als der Oberstleutnant zu unserem Hauptmann kam mit dem Befehl: Die 4. Kompanie habe den Rand des nächsten Waldes mit dem Bajonett zu nehmen. Bei dem Kommando: ›Seitengewehr pflanzt auf!‹ dachte ich noch einmal an Euch, meine Geliebten, und unter donnernden Hurras stürzten wir uns auf den Feind. Wir kamen in den Bereich des kleinen Gewehrfeuers vermischt mit dem schweren Geschütz; so waren wir in ziemlicher Hitze. Die Österreicher hielten nicht stand.

Nur noch ein großer Wald war zu nehmen, der dritte. Wir mußten wieder 1000 Schritt laufen, mit dem Bajonett und ohne Schuß den Feind werfen. Der General v. Alvensleben an der Spitze, alle Offiziere an der Tête, rechts und links blitzende Bajonette, die ganzen Bataillone ausgeschwärmt, so weit das Auge reichte nur *ein* Feld von Soldaten, – so ging es ohne Schuß drauf. Ich selbst lief neben unsrem Führer:

›Brav, Füsiliere, so habe ich Euch mir gedacht!‹ ›Hurra!‹ Dazu das Sturmschlagen der Trommeln. Und siehe da, trotz des Flankenfeuers der Geschütze und des kleinen Gewehrfeuers wurde die Position mit Bravour genommen. Die Österreicher flohen und liefen, was sie konnten. Wir waren jetzt drei Stunden im heftigsten Feuer. General Hiller v. Gärtringen ritt an uns heran und sprach unter Tränen seine Freude aus, daß er uns noch so hätte sehen können und daß er diesen Waffenruhm noch erlebt habe. Weiter konnte er nichts hervorbringen. Wir unsrerseits waren matt bis zum Tode. Viele fehlten.«

Ein Offizier vom 2. Garde-Regiment schreibt:

»Tausend Grüße Euch allen! Zunächst: Ich bin gesund und – ein schöner Tag liegt hinter uns. Ich schreibe diese Zeilen gegenüber einem großen Gehöft (am Südrande von Burkersdorf), drin vor 6 Stunden Gablenz noch sein Hauptquartier hatte und drin jetzt General Hiller das seine hat. Fast hätten wir unsren Freund und Alliierten aus Holstein her gefangengenommen. Gefangene Offiziere erzählen uns, er habe unser Vordringen durch die Waldparzellen nicht für möglich gehalten. Gablenz ist uns entwischt, aber seine Kriegskasse mit 10000 Gulden hat er zurückgelassen; 2000 Taler hat General Hiller sofort für ein Lazarett bewilligt.

Nun laßt Euch erzählen, wie das alles kam. Jetzt haben wir den Sieg, aber heute früh ließ sich's wenig dazu an. Wir befanden uns in einem Kessel; es war nicht viel besser als eine Mausefalle. Wie es links stand, wußten wir nicht; rechts aber – soviel hatten wir erfahren – hatten die

Österreicher (bei Parschnitz) zugeriegelt. Die Situation war so schlimm wie möglich, die Stimmung nicht viel besser. Einen Augenblick hieß es: ›Zurück!‹ Wir waren wie niedergedonnert. Das also war der Krieg, auf den wir gehofft; mit einem ›Kehrt‹ sollte die Aktion beginnen. Es schien uns unmöglich. Während wir noch die Köpfe hingen, kamen Garde-Husaren zurück, die, auf Staudenz und Burkersdorf zu, in aller Morgenfrühe rekognosziert hatten. ›Ja wir sind eingeschlossen, aber die Österreicher wissen es nicht.‹ ›Nun denn drauf‹, kommandierte Prinz August von Württemberg. Und alles atmete auf.

In diesem Augenblick trat Divisionsprediger Rogge aus Potsdam vor uns hin, hielt ein kurzes Gebet und eine begeisternde Ansprache. Die ersten Kanonenschüsse mischten sich in das laut gesprochene Amen! Und nun ging es vorwärts. In dem Moment, wo wir losbrachen, rechneten wir noch kaum auf Sieg; aber wir wollten unser Leben so teuer wie möglich verkaufen. Die ersten Granaten wurden als neue Erscheinungen und zum Beweise unsrer Höflichkeit mit dreimaligem Hurra begrüßt; alsbald aber ergriff unsre Mannschaften ein gewisser Taumel, ein Kampfesfeuer, das sie unaufhaltsam vorwärtsdrängte. Freilich, es gibt auch für den Soldaten nichts Anregenderes und Hinreißenderes als solch ein Moment. Der unausgesetzte Donner der Geschütze, das Krachen der links und rechts krepierenden Granaten, das lustige Pfeifen der kleineren Geschosse, alles das regt den echten Soldaten in einer Weise auf, die jeden Gedanken an Gefahr vollständig verschwinden macht. O, über unsre Braven! Wer könnte mit ihnen sich nicht der schwersten Aufgabe gewachsen fühlen? Sie verlangen eine entschiedene, ja rücksichtslose Führung; aber man gewähre ihnen diese, und sie danken es mit völliger und freudiger Hingebung ihres Leibes und Lebens.

Wie viele Züge davon, große und kleine, hat mich dieser Tag gelehrt. Und die kleinen Züge sind oft die heroischsten. Grenadier Dümling (einjähriger Freiwilliger) hinkte, als wir im Laufschritt vorgingen, sprungweise mit wunden Füßen nach und war nicht zu bewegen zurückzubleiben: ›An einem andern Tage würde ich mich krank melden, heute bin ich gesund‹. So machte er, durch Stunden hin, das Gefecht bis zu Ende mit.

Dieser Heroismus im kleinen ist mir immer als das größte erschienen.

Und unser Sergeant Gursch! Fritz wird sich seiner entsinnen. Neben ihm fielen die Fahnen-Unteroffiziere. Gursch rückte vor und pflanzte seine Fahne inmitten der vordersten Schützen auf. Er wußte, was er tat; er kannte seine Füsiliere.

Schreckliche Verwundungen kamen vor, als wir vorgingen; einige fast noch wunderbarer als schrecklich. Leutnant v. Franckenbergs Arm blutete, als er an uns heranritt und eine Meldung brachte. Nun hört wovon. Eine Granate hatte dem neben ihm stehenden Hornisten (Krause) den Kopf fortgerissen und die Schädelsplitter waren wie Sprungstücke in Franckenbergs Arm gefahren.

Es war ein blutiger Vormarsch von Wald zu Wald; aber neben dem Schrecklichen lief das Heitre her, und mit einer heitren Episode laßt mich schließen.

Während des Gefechts im Walde entstand plötzlich ein starker Lärm, Gelächter und Jauchzen. Ich sah viele der Unsrigen, die einen Gefangenen umringten und ihm unter Bezeigung der lebhaftesten Freude die Hände drückten, ihn umarmten und küßten. Auf meine Frage, was es denn gäbe, hieß es: ›Es ist ja Haschkas Bursche!‹ Nun aber fragst Du: Wer ist Haschka? Haschka war ein österreichischer Oberleutnant vom Regiment Parma, der beim Etappenkommando in Berlin sich während der Jahre 1864 und 1865 aufhielt und täglich bei unserem Regimente verkehrte. Er war außerordentlich beliebt. Die Freude des Wiedersehens mit dessen Burschen, der sofort von unsren Leuten erkannt wurde, war natürlich groß. Der gute Kerl jammerte aber bloß, daß nun sein Herr ohne Bedienung sei. Wir gaben ihm Branntwein, Zigarren, alles, was man eben zur Hand hatte, und ließen ihn laufen, ihm viele Grüße an seinen Herrn von seinen alten Freunden auftragend.*

Und nun lebt wohl, uns aber mögen noch viele Tage beschieden sein, wie dieser ›Tag von Soor‹.«

»Gefecht von Soor.« Dies wurde der offizielle Name des Renkontres der 1. Garde-Division am 28. Und in der Tat, das ausgebaute Gehöft 2000 Schritt hinter Burkersdorf, an dem unsre Verfolgung endete, gehörte bereits zu dem etwas südwestlich gelegenen Dorfe Nieder-Soor. Mit Freuden ergriff man die Gelegenheit, an die siegreiche Schlacht bei »Soor« des zweiten Schlesischen Krieges anknüpfen zu können, um so mehr als die Situation von heut und damals so viele verwandte Züge bot. So finden wir in Kurd v. Schönings Darstellung des Siebenjährigen Krieges (Band I, S. 47) folgendes:

»Auch der Schlacht von Soor wohnte der Prinz bei, und bei dem Rückzug von Trautenau nach Schatzlar kam er dem bedrängten General v. Bonin im entscheidenden Augenblicke mit Truppen zu Hilfe.«

* Leider wird er dieselben nicht haben bestellen können; denn nach späteren Nachrichten ist Oberleutnant Haschka in eben diesem Gefecht (bei Burkersdorf) schwer verwundet worden und in einem preußischen Lazarett gestorben.

Der »Prinz,« von dem die Rede ist, ist Prinz Heinrich. Wem drängte sich aber im übrigen nicht das Übereinstimmende der Sachlage sowohl wie der Namen auf!

Die 1. Garde-Division bezog Biwaks in und um Burkersdorf, die Vorposten hielten die nach Königinhof führende Chaussee bis in Höhe von Nieder-Soor besetzt. – Das X. österreichische Korps, wie schon hervorgehoben, erreichte die Elbe.

Das Gefecht bei Alt-Rognitz und Rudersdorf

EINE Meile rückwärts von der 1. Garde-Division hatte die 2. Garde-Division, wie wir wissen, in der Nacht vom 27. auf den 28. in Kosteletz biwakiert.

Als am Morgen des 28. die letztre gegen Burkersdorf aufbrach, dirigierte sich die 2. Garde-Division zunächst von Kosteletz auf Eypel. Hier angelangt, wurde haltgemacht; dann kam Befehl, das vom letztgenannten Orte (Eypel) bis über Raatsch hinausreichende Defilee zu passieren und der 1. Garde-Division zu folgen. Aus der Front klang bereits Kanonendonner herüber.

Es mochte 10 Uhr sein, als der 2. Garde-Division Meldung kam, daß etwa eine drittel Meile zur Rechten, am Dorfe Rudersdorf, der Feind stehe. Diese Meldung, wie sich bald herausstellen sollte, hatte Recht. Eine Detachierung in die rechte Flanke wurde beschlossen. Wir kommen ausführlicher darauf zurück.

Zunächst werfen wir einen Blick auf den Feind und seine Stellung.

Von den beiden am Abend des 27. in und um Trautenau verbliebenen feindlichen Brigaden, Wimpffen und Grivicic, hatte die letztre am 28. früh Befehl erhalten, in der linken Flanke der, mit Front gegen

Süden, bei Neu-Rognitz und Burkersdorf teils noch lagernden, teils schon engagierten Brigaden Knebel und Mondl vorzudringen und über Alt-Rognitz und Rudersdorf hinaus auf die rechte Flanke des angreifenden Feindes zu stoßen. Dies war ein sehr gut angeordnetes Manöver. Glückte es, mit andern Worten, drang die Brigade Grivicic wirklich über Rudersdorf vor, trieb sie sich wie ein Keil (was sie etwa um 9 oder 10 Uhr sehr wohl konnte) zwischen die beiden in erheblicher Entfernung voneinander operierenden Garde-Divisionen hinein, so konnte diesem kühnen Vorstoß, namentlich wenn die Brigade Wimpffen noch nachdrückte, ein doppelter Erfolg kaum fehlen:

Die 1. Garde-Division, vornstehend und bereits engagiert, wurde abgeschnitten;

die 2. Garde-Division, im Defilee steckend, konnte nicht heraus und mußte, günstigstenfalls, auf Eypel zurück.

Das eine wie das andere umschloß eine wirkliche Gefahr. Zweierlei war es, was sie abwandte:

Die Brigade Grivicic, und dies war das wichtigste, versäumte den richtigen Moment;

das Regiment Franz parierte den Stoß, als dieser schließlich doch noch erfolgen sollte.

Das Parieren dieses Stoßes ist das Gefecht bei Rudersdorf und Alt-Rognitz. Wir gehen jetzt zur Schilderung desselben über.

Die 2. Garde-Division, Generalleutnant v. Plonski, hatte aus den beiden Grenadier-Bataillonen des Kaiser Franz-Regiments eine Avantgarde gebildet. Das 2. Bataillon (Oberstleutnant v. Gaudy) nahm die

Tête; das 1. Bataillon (Major v. Böhn) folgte. Als das 2. Bataillon das, noch im Defilee gelegene, von hohen Talrändern eingeschlossene Dorf Raatsch erreicht hatte, erhielt Oberstleutnant v. Gaudy Befehl, den Talrand nach rechts hin zu ersteigen und sein Bataillon, über das Plateau hinweg, gegen das vom Feinde stark besetzte Dorf Rudersdorf (die Meldungen hatten sich inzwischen bestätigt) vorzuführen.

Dies geschah; das Bataillon erklomm zunächst den Talrand. Oben angekommen rief Oberstleutnant v. Gaudy die Kompanie-Chefs vor die Front und disponierte wie folgt:

Das Bataillon rückt auf geradem Wege gegen Rudersdorf vor; die Schützenzüge der 5. und 8. Kompanie werden als Spitze vorgenommen;

die verbleibenden Züge der 5. Kompanie bilden die Avantgarde;

die verbleibenden Züge der 8. Kompanie decken unsre rechte Flanke;

die 6. und 7. Kompanie folgen als Halb-Bataillon der 5. Kompanie.

Nunmehr setzte sich das Bataillon in Marsch. Die Sonne brannte; nirgends Schatten; der Weg ging durch Kornfelder, Senkungen und kleine Waldparzellen. Nach einer halben Stunde fielen die ersten Schüsse. Die Führer stiegen von den Pferden, man sah nichts vom Feinde, kein Käppi, keinen Jägerhut, nur die Rauchwölkchen, wenn ein Schuß fiel, gaben die Richtung an, wo hinter den hohen Kornfeldern der Feind zu suchen sei. Die vordersten Gehöfte von Rudersdorf, soweit sie sich nicht in der Schlucht versteckten, lagen in hellem Sonnenscheine da. Vor allem sichtbar war ein in Front des Dorfes unmittelbar links am Wege stehendes, hohes Steinkreuz (Kruzifix), das bestimmt war, ein Hauptschauplatz für den sich vorbereitenden Kampf und zugleich ein Erinnerungsmal an denselben zu werden.*

* Wir fügen der vorstehenden Schilderung der Lokalität noch folgendes hinzu. Alt-Rognitz und Rudersdorf liegen, wie die meisten Dörfer dieser Gegend, in einer langen Schlucht; die einzelnen Gehöfte sind teils an den Abhängen, teils auf der Talsohle, zu geringerem Teile auf dem Plateau erbaut. Beide Dörfer hängen unmittelbar zusammen, Alt-Rognitz aber ist Hauptdorf und trägt an höchster Stelle, malerisch und weithin sichtbar, seine Kirche zu St. Johann und Paul. Rudersdorf bildet die kleinere, südliche Hälfte des Ganzen und ist durch eine Querschlucht von Alt-Rognitz geschieden. Die Bewohner sind Deutsche. Das eigentliche Gefecht beschränkte sich auf die Südspitze von Rudersdorf. Nähert man sich dieser, wie die Unsren es mußten, von Raatsch her, so erreicht man, 200 Schritt vor Beginn der Dorfschlucht, und zwar zur Linken derselben, das bereits im Text genannte, mit einem saubren, grünen Gitter eingefaßte Steinkreuz, eine Steinmetzarbeit von bemerkenswerter Kunstfertigkeit. Von diesem Steinkreuz aus überblickt man das Gefechtsterrain und zwar zunächst drei bis vier Gehöfte diesseits der Schlucht, auf dem linken Plateau, resp. am linken Abhang; ferner einen Steinbruch, den Gehöften gegenüber, am rechten Abhang und schließlich ein Wäldchen (gegen Alt-Rognitz zu) auf dem rechten Plateau.

Diese drei Punkte: Gehöfte, Steinbruch, Wäldchen, waren es, auf die es während des Kampfes ankam. Schließlich auch noch das Steinkreuz selbst. (Der in den Text gedruckte Plan markiert vorzugsweise diese Punkte.)

Oberstleutnant v. Gaudy ritt an der Spitze der 5. Kompanie. Als die ersten Schüsse fielen, nahm er das Glas, richtete es auf die zunächst gelegenen Gehöfte und sagte dann zu dem neben ihm haltenden Adjutanten v. Sydow: »Ich sehe weiße Röcke; es ist der Feind. Melden Sie, daß das Dorf besetzt sei und daß ich es nehmen werde.« Dies waren die letzten Worte des tapfern Offiziers, der schon 1848 in Schleswig und im folgenden Jahre bei Verteidigung des Zeughauses von Prüm sich durch Bravour und Umsicht ausgezeichnet hatte.

Die Ereignisse drängten sich nun. Die Züge und Kompanien gingen in der ihnen vorgeschriebenen Weise zum Angriff vor.

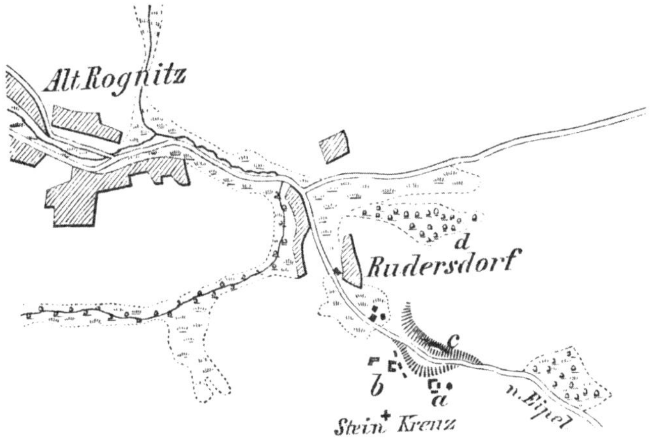

Die Schützenzüge der 5. und 8. Kompanie nahmen das große, am weitesten ausgebaute Gehöft (a);

die 5. Kompanie bemächtigte sich des unmittelbar daneben und dahinter gelegenen Häuserkomplexes (b);

die 8. Kompanie (in der rechten Flanke vorgegangen) warf sich, unmittelbar am Ausgange des Dorfes, in einen dort an der rechten Schluchtwand befindlichen Steinbruch (c);

die 6. und 7. Kompanie überschritten von links nach rechts die schluchtartige Dorfstraße, stiegen die Talwand hinan und drangen über das jenseitige Plateau hinweg in ein rechts neben Dorf und Talschlucht gelegenes Hölzchen (d) ein.

Alle diese Erfolge waren in wenig mehr als 10 Minuten errungen; jeder Truppenteil hatte seine Schuldigkeit getan; aber welche Opfer hatte dieses mutige Vorgehn gekostet!

Die beiden jungen Offiziere, v. Besser und Elert, die die Schützenzüge der 5. und 8. Kompanie gegen das ausgebaute, große Gehöft geführt hatten, waren verwundet; Leutnant Elert schwer (durch den Unterleib geschossen).

Hauptmann v. Wittich, als er mit seiner 5. Kompanie gegen die nebenliegenden, kleineren Gehöfte vordrang, war von einer Kugel in den Nacken, Leutnant v. Bärenfels, der das Kommando übernahm, von zwei Kugeln in den Arm getroffen worden.

Die größten Verluste aber hatte das Halb-Bataillon v. Witzleben gehabt. Wir verweilen ausführlicher bei dem Vorgehn dieser beiden Kompanien (6. und 7.), dabei in der Kürze bereits Angedeutetes im Detail wiederholend.

Das Halb-Bataillon v. Witzleben war als Gros der 5. Kompanie gefolgt. Als das Halb-Bataillon das große, ausgebaute Gehöft erreicht hatte, fand es daselbst den Schützenzug der 5. Kompanie vor, der vom

Oberstleutnant v. Gaudy persönlich vorgeführt worden war. v. Gaudy stellte sich sofort an die Spitze des Halb-Bataillons, stieg vom Pferde, da das Terrain kein Reiten gestattete, und führte beide Kompanien an dem Gehöft vorbei; zunächst in die Dorfschlucht hernieder. Als er sich anschickte, das Halb-Bataillon die gegenüberliegende Schluchtwand hinaufzuführen, wurde er von zwei Kugeln in Mund und Brust getroffen. Er war auf der Stelle tot. Leute der 5. Kompanie trugen ihn nach dem diesseitigen Gehöft zurück.

Hauptmann v. Witzleben, als er seinen Oberstleutnant fallen sah, sprang im selben Augenblick an die Front und kommandierte mit fester Stimme: »Halb rechts, Marsch; rechts um! Halt!« Alles gehorchte, auch die zerstreuten Gruppen. So führte er das Halb-Bataillon glücklich um eine Schluchtecke herum, wo einigermaßen Schutz und zugleich die Möglichkeit war, die Truppe wieder zusammenzufassen.

Dies geschah. Aber hier war nicht zu bleiben. Mehr empfahl sich ein Wäldchen, rechts auf dem Plateau gelegen, freilich noch in erheblicher Entfernung und stark vom Feinde besetzt. Hatte man's, so hatte man Deckung, stand in Flanke des Gegners und beherrschte die Schlucht.

Also hinauf auf das Plateau, – dies glückte – und nun über das Plateau hinweg auf den Wald zu. Es mochten 300 Schritt sein. Ein hart Stück Arbeit. Mit Schützen rechts und links ging es vorwärts; das Halb-Bataillon war wie eine große vorrückende Scheibe.

Das Feuer war stark, besonders von der linken Ecke des Waldes her (wo dieser an das Dorf lehnt), so daß das Halb-Bataillon unwillkürlich nach rechts hin ausbog. Wie in einen Kugelfang schlugen die Kugeln ein. Hauptmann v. Witzleben, ins Herz getroffen, brach zusammen, Hauptmann v. Reitzenstein fiel schwer verwundet, Leutnant v. Weiher fiel tot; alle Tambours verstummten, die Attacke stockte. Aber einen Augenblick nur. »Vorwärts!« schrie alles, und trotz neuer Verluste – der

Wald wurde genommen. Man machte 70 Gefangene. Der Rest zog sich teils links in das Dorf hinein, teils rückwärts, durch eine Schlucht, auf eine gegenüber gelegene, ebenfalls bewaldete Höhe.

Der Wald war unser, aber es war nicht Zeit, sich seiner zu freun. Die Truppen dezimiert, erschöpft, auseinandergekommen; von allen Seiten schlugen Kugeln in den Wald; der Bataillonsführer, die Hauptleute tot oder schwer verwundet. Zu allem hieß es plötzlich: Wo ist die Fahne?

Die Fahne des Bataillons fehlte, der Fahnenträger auch. Portepee-Fähnrich v. Schenk. Man sucht nach ihm. Da lag er an der Waldlisiere; ein blutjunger Mensch, durch beide Beine geschossen. Vor 8 Tagen erst war er aus dem Kadetten-Korps entlassen worden. Die Fahne mit halb abfallender Spitze (eine Kugel hatte das eiserne Kreuz getroffen) hielt er in der Hand.

Leutnant v. Sell, der als ältester Offizier das Kommando übernommen hatte, trat an ihn heran, löste die Spitze samt dem Kreuze los,* steckte beides zu sich (das Wachstuch-Futteral band er wie eine Schärpe um den Leib) und pflanzte nun, in den Wald zurückkehrend, die Fahne an einer lichten Stelle auf, wo sie alsbald wieder Sammelpunkt der auseinandergekommenen Leute wurde. Patrouillen wurden ausgeschickt; der Rest, 60 bis 70 Mann, drängte sich um die Fahne. Einzelne in äußerster Erschöpfung warfen sich nieder und schliefen sofort ein.

Der Feind schien seine Bataillone zu einem Angriff, also zur Wiedereroberung des Waldes zusammenzunehmen; Kolonnen wurden sichtbar, Avanciersignale klangen herüber. Unsre Leute, immer noch und zwar zumeist von links her beschossen, drängten unwillkürlich weiter nach rechts, teils ins Freie, teils in eine andere Waldparzelle hinein. Es handelte sich aber darum, diesen Wald am Dorfe besetzt zu halten.

Leutnant v. Sell war schnell entschlossen. Während des Seitwärts-Weichens kommandierte er plötzlich: »Halt! Marsch, Marsch, Hurra!« und

* Diese Fahnenspitze hatte im Laufe des Tages noch allerlei Schicksale und führte zu wunderlichen Szenen. Leutnant v. Sell, so fest er auch die Fahnenspitze verwahrt zu haben glaubte, verlor sie nichtsdestoweniger in dem Hin und Her des Gefechts. Er ließ danach suchen; aber vergeblich. Andre sollten sie finden. Als etwa 2 Stunden später 90 Versprengte des Bataillons, unter Führung eines Feldwebels, über dies kleine Plateau hinzogen, bemerkten sie die Spitze ihrer Fahne im Acker liegen, steckten sie auf einen jungen Tannenbaum und zogen, diese improvisierte, aber durch das alte Kreuz geheiligte Fahne in ihrer Front, als »die Reste vom 2. Bataillon Kaiser Franz« in Trautenau ein. Ihre Erscheinung machte ein ungeheures Aufsehn. Alles umdrängte die Einziehenden, die letzten »Reste vom 2. Bataillon Franz«. Diese Nachrückenden sammelten die Ehren des Tages ein. So entstand das Gerücht, daß »das 2. Bataillon Franz 90 Mann stark in Trautenau eingerückt sei.« Aber, wie schon hervorgehoben, diese 90 waren nur Versprengte. Das Bataillon existierte noch und seine Fahne auch.

vorspringend führte er jetzt, die auf einen Schlag wieder belebte, in das Hurra einstimmende Mannschaft, wie zu einem neuen Angriff, gegen den unbesetzten, eben erst verlassenen Wald vor. Das »Halt« und das »Hurra« hatte den fast zusammenbrechenden Leuten einen gewissen Elan wiedergegeben. Von jetzt ab waren sie ruhiger und hielten im Walde aus. Die Stämme gaben einige Deckung. Nur noch einige Verluste kamen vor.

So die Vorgänge beim Halb-Bataillon v. Witzleben. Überblicken wir die Gesamt-Situation, wie dieselbe etwa 20 Minuten nach Beginn des Gefechts sich darstellte, so finden wir folgendes:

Trümmer der 5. Kompanie, unter Leutnant v. Bärenfels, hielten die Gehöfte zur Linken der Talschlucht,

Trümmer der 8. Kompanie, unter Hauptmann v. d. Goltz, hielten den Steinbruch zur Rechten der Talschlucht,

Trümmer der 6. und 7. Kompanie hielten das Wäldchen auf dem rechten Plateau besetzt.

Ein weitres Vordringen verbot sich. So entspann sich denn von allen drei Punkten aus ein Feuergefecht, das mit Hilfe der Überlegenheit unsres Zündnadelgewehrs, andrerseits mit Hilfe unsrer wenigstens teilweise guten Deckung wohl eine Stunde lang mit abwechselndem Erfolge geführt wurde. Hier war es, wo – wie auch später noch – der vielgenannte »Garibaldi«, ein echtes Berliner Kind,* das, schon vom Tage des Ausmarsches an, dem 2. Bataillon des Franz-Regiments gefolgt war, sich durch seine Dienstleistungen auszeichnete. Die vor Durst fast verschmachtenden Truppen sehnten sich nach einem Tropfen Wasser; unmittelbar vor ihnen lag ein großer Ziehbrunnen, aber inmitten der Straße gelegen und von allen Seiten her unter Feuer genommen, war es fast nicht möglich, sich dem Soot zu nähern. Garibaldi schlich sich heran, und während ihn die Kugeln umpfiffen, drehte er das Rad, füllte den Eimer und aus dem Eimer die Flaschen.

Eine Stunde war um. Die hartbedrängten Kompanien hielten aus,

* Der eigentliche Name dieses Berliner Kindes, das am folgenden Tage, einen österreichischen Tschako auf dem Kopfe, neben der zerschossenen Fahne des Bataillons und unter dem Zujubeln aller in Trautenau vorhandenen Truppen in diese Stadt einrückte, war Karl Lehmann. Ich sah ihn später in Prag. Er trug ein graues Habit, Militärmütze und auf der Schulter die Achselklappe des Regiments Franz. Er war bei den Soldaten wegen seines Mutes, seiner Anspruchslosigkeit, seiner immer guten Laune hoch angesehn, war auch mit beim Einzug. Seitdem ist er zu weitrer Ausbildung in einem Militär-Waisenhause untergebracht worden.

aber zugleich empfanden sie mehr und mehr, daß der Feind das Spiel in der Hand hatte und daß es nur eines Entschlußes, eines einzigen kurzen Vorstoßes bedurfte, um unsre auf kaum 200 Mann zusammengeschmolzene Truppe aus der mühsam behaupteten Position hinauszuwerfen. Es war nur zu verwundern, daß der Feind so lange zögerte; endlich raffte er sich zusammen, dirigierte sich erst auf die links am Wege gelegenen Gehöfte, dann auf den Steinbruch und entriß uns die eben genannten Positionen.* Bis über das Steinkreuz fort, drängte er nach. Hauptmann v. d. Goltz, der an dieser Stelle einzig unverwundet gebliebene Kompanieführer, führte die Reste seiner Kompanie zurück.

Nur das Halb-Bataillon v. Witzleben, auch jetzt noch, in seiner vorgeschobenen und exponierten Stellung, hielt es aus. Sehr wahrschein-

* Der »Steinbruch«, so scheint es, wurde freiwillig geräumt; von dem Augenblick an, wo sich die gegenübergelegenen Gehöfte wieder in Händen des Feindes befanden, war er eine unhaltbare Position. Ein Augenzeuge schreibt: »Die Grube war leider so flach, daß selbst liegend der Körper keine rechte Deckung hatte, so wenig, daß einer von uns an der Nase, ein anderer am Hacken verwundet wurde. Feuer kam schräg, von vorn, aus den Häusern des Dorfes, aus dem stark besetzten Wäldchen links des Dorfes, zuletzt selbst aus zwei in unsrem Rücken gelegenen Waldparzellen. Viele Verwundungen kamen vor. Die Situation wurde immer unheimlicher; drüben das Häufchen unter Leutnant Bärenfels schmolz mehr und mehr zusammen, wir sahen den Feind in unsrer linken Flanke immer weiter vorgehn; die Hitze wurde unerträglich, niemand hatte einen Tropfen in der Flasche. Endlich zog Bärenfels ab, die Österreicher drangen in die Gehöfte ein; – wir hatten sie gegenüber. Nun folgten auch wir und gingen bis an den Hohlweg hinter dem Steinkreuz zurück.«

lich war es sich der äußersten Gefahr nicht voll bewußt, in der es schwebte. Der Feind, nach Wegnahme der Gehöfte und des Steinbruchs, stand bereits 1000 Schritt über unsren verlornen Posten hinaus; eine Schwenkung nach links, so war alles, was in dem Wäldchen steckte, gefangen, abgeschnitten.

Aber zu diesem Äußersten sollte es nicht kommen. In dem Augenblicke höchster Gefahr ließ das in Flanke und Rücken wieder lebendiger werdende Feuer die Hoffnung neu aufleben, daß endlich Hilfe gekommen sei.

Und sie war gekommen.

Das seit einer Stunde sehnlichst erwartete 1. Bataillon (v. Böhn) war heran. Das Gefecht trat in seine zweite Phase.

Das Bataillon v. Böhn, wir begleiten es zunächst auf seinem Vormarsch, war, wie wir wissen, dem Bataillon v. Gaudy gefolgt. Als letztres nach rechts hin ausbog, hatte jenes zunächst noch die Richtung auf Prausnitz-Kaile zu innegehalten; aber auf kurze Strecke nur. Als das Bataillon etwa auf 200 Schritt über Raatsch hinaus war, kam Befehl: zur Unterstützung des 2. Bataillons ebenfalls nach rechts hin auszubiegen; eine weitre Brigade werde folgen.

Die entsprechende Bewegung wurde sofort ausgeführt, das Plateau erstiegen und zwei Halb-Bataillone formiert:

1. Halb-Bataillon (1. und 4. Kompanie) Hauptmann v. Wißmann;
2. Halb-Bataillon (2. und 3. Kompanie) Hauptmann v. Bentivegni.

Man nahm im wesentlichen dieselbe Richtung, die eine Stunde früher das Bataillon Gaudy eingeschlagen hatte.

Etwa um 1 Uhr waren beide Halb-Bataillone bis auf 500 Schritt an Rudersdorf heran. Hier stießen sie auf die zurückgehenden Reste (siehe oben) der 5. und 8. Kompanie, unter Hauptmann v. d. Goltz. Diese traten jetzt unter die Führung des 1. Bataillons.

Major v. Böhn ließ halten, um den durch Marsch und Sonnenbrand erschöpften Leuten eine Rast zu gönnen, vor allem auch um einen Überblick zu gewinnen. Dieser bot sich ihm. Der Feind war unsren zurückgehenden Abteilungen gefolgt; seine Tirailleurs steckten links und rechts des Weges in Kornfeldern und Waldparzellen; seine Hauptkraft aber hatte er am Wege selbst konzentriert. Hier, im Zentrum, waren die Gehöfte am Ausgange des Dorfes stark von österreichischen Jägern besetzt; in Front seiner Position aber, fast zu Füßen des Stein-

AUS DEM GEFECHT BEI RUDERSDORF U. ALT-ROGNITZ. BAT. V. BÖHN GEGEN D. 3. BAT. V. RGT. ALEXANDER.

GEFECHT BEI KOENIGINHOF

Das Schützengefecht im Vorterrain.

kreuzes, stand er in dichter Kolonne, unsren Angriff erwartend. Es war dies das 3. Bataillon vom Regiment Alexander (Ungarn).

Major v. Böhn zögerte nicht. Er dirigierte das Halb-Bataillon Bentivegni links, den Hauptmann v. d. Goltz mit den Resten der 5. und 8. Kompanie rechts gegen die mit Schützen angefüllten Waldparzellen; mit dem verbleibenden Halb-Bataillon v. Wißmann ging er unter Hurra auf das Zentrum des Gegners los. Eine volle Salve streckte das beim Steinkreuz haltende Bataillon in ganzen Reihen nieder, und dem zurückgehenden Feinde rasch folgend, setzten sich die Unsrigen am Eingange des Dorfes fest. Die Gehöfte, die unter so schweren Verlusten erobert und behauptet worden waren, sie wurden jetzt zum zweiten Male genommen. Leutnant v. Sydow mit kleinen Abteilungen der 8. Kompanie, drängte nach bis zur Alt-Rognitzer Kirche;* die in dem Wäldchen, rechts auf dem Plateau, verbliebenen Kompanien (6. und 7.) griffen durch Flankenfeuer aufs neue ein; endlich rückten, eben jetzt, von der gleich anfangs zugesagten Brigade neue Bataillone heran:

das 1. Bataillon vom Regiment Elisabeth,
das Garde-Schützen-Bataillon,
das Füsilier-Bataillon vom Franz-Regiment,

und drängten den Feind vor sich her. Immer neue Abteilungen der 2. Garde-Division griffen mit ein, der immer schwächer werdende Widerstand erlahmte endlich völlig, und von allen Seiten umstellt und zusammengetrieben, ermattet durch zweitägigen Kampf, ohne Aussicht auf Entsatz, ohne Möglichkeit sich durchzuschlagen, mußte die Brigade Grivicic zu größerem Teile die Waffen strecken. Die Franz-Grenadiere

* Unter den Grenadieren, mit denen Leutnant v. Sydow bis zur Alt-Rognitzer Kirche vordrang, zeichneten sich zwei einjährige Freiwillige: Grenadier Hasenpflug und Gefreiter Samuel** aus. Nur wenige von den Mannschaften der 5. und 8. Kompanie hatten noch die Kraft gehabt zu folgen; die meisten, nach Wiedereroberung des Gehöftes, waren mit dem Rufe: »Wasser, Wasser« zusammengebrochen. Man brachte es ihnen, »Garibaldi« war wieder der Unermüdliche. Als sie sich aufrafften, um das Feuergefecht mit den Jägern fortzuführen, nahmen sie wahr, daß neben dem vielgenannten Brunnen, in praller Sonnenhitze, ein verwundeter Österreicher lag, der jämmerlich schrie und bat, man möge ihn aus dem Feuer tragen. Leutnant v. d. Horst hatte Mitleid und forderte den Grenadier Kucharsky auf, ihm beim Tragen des Mannes zu helfen, da er allein dazu zu schwach sei. Kucharsky sprang sofort mit den Worten herzu: »Das ist eine gute Tat; da wird einem der liebe Gott schon helfen.« So trugen sie ihn beide aus dem Feuer.

** Das Beispiel des Gefreiten Samuel steht nicht allein da; vielfach zeichneten sich seine Glaubensgenossen während des Feldzuges aus. »Es war, als ob sie sich das Wort gegeben hätten, der alten Vorstellung von ihrer Kriegs-Unlust und Untüchtigkeit ein Ende zu machen.« Beim 1. Bataillon des Leib-Regiments waren drei Juden als Reservisten eingezogen worden; einer, nicht mehr jung und korpulent, litt entsetzlich; seine Füße waren wund; dennoch machte er das Gefecht bei Gitschin, im heißesten Sonnenbrand, von Anfang bis zu Ende mit. Er war nicht zu bewegen gewesen, vorher ins Lazarett zu gehn.

hatten die Arbeit des Tages gehabt; die nachrückenden Bataillone, ein bloßes Kesseltreiben abhaltend, heimsten mühelos und beinah ohne jeglichen Verlust die Früchte des Sieges ein. Tausende von Gefangenen wurden gemacht;* unter ihnen der tapfere Obrist Grivicic (verwundet) und sein Adjutant. Die Sieger, ihre Gefangenen in der Mitte, zogen auf Trautenau zu. Dieses, am Abend des 28., war ein einziges großes Heerlager, im weiten Umkreis von den Bataillonen der 2. Garde-Division besetzt.

Nur ein Bataillon fehlte bei dem Rendezvous der Division, – das 2. Bataillon Franz. Es hielt auf dem Felde, das es so lange behauptet hatte; es hielt an der Südspitze von Rudersdorf, um seine Verwundeten aufzusuchen, um seine Toten zu begraben. Wir wenden uns diesem letzten Akte des Tages zu.

Von den Offizieren des Bataillons waren 7 verwundet, 3 tot. Diese beschloß man, am Fuße des hohen Steinkreuzes mit dem Christusbilde, das während des Gefechts zerschossen worden war, zu begraben.

Die drei Toten wurden gesucht und gefunden. Hauptmann v. Witzleben und Leutnant v. Weiher lagen, wie sie gefallen waren, oben auf dem Plateau; Oberstleutnant v. Gaudy, ausgeplündert, lag in einem der Gehöfte, die beim Zurückgehen der 5. und 8. Kompanie von dem nachdrängenden Feinde wieder besetzt worden waren. Sein Revolver, seine Börse waren ihm genommen, seine Uhrkette (man hatte Eile gehabt) war abgerissen; die Uhr selbst steckte noch in seiner Brusttasche.

* Auch noch am andern Morgen wurden große Trupps der Brigade Grivicic, die sich die Nacht über in den Waldparzellen versteckt gehalten hatten, gefangengenommen. Es konnte nicht Absicht dieser durch Kampf und Verlust deprimierten Abteilungen sein, sich durchzuschlagen, sie hofften aber, im Rücken unsrer Aufstellung, sich zu den Ihrigen durchschleichen zu können. Dies mag auch einigen geglückt sein. Die meisten stießen jedoch auf unsre in allen Dörfern stehenden Feldwachen und wurden nach kurzem Widerstande gefangengenommen, beispielsweise etwa 100 Österreicher in Burkersdorf durch die Dorfwache vom 8. Garde-Regiment und etwa 120 andere in Staudenz. Die letztre Gefangennahme zeigt, wie deprimiert die Österreicher bereits waren. In Staudenz nämlich befanden sich 4 Grenadiere vom 2. Garde-Regiment, die, am Tage zuvor, ihren schwer verwundeten Hauptmann (v. Kracht) hierher geschafft hatten. Morgens gegen 4 Uhr hieß es plötzlich: »Die Österreicher kommen«. Die 4 Grenadiere griffen zu den Waffen; es fanden sich noch 11 Krankenträger der andern Regimenter zu ihnen; sie besetzten eilig die Dorflisiere und erkannten nun, daß in der Tat ein Trupp Österreicher, etwa eine Kompanie stark, auf das Dorf vorrückte. Diese 15 Mann, ohne Führer, eröffneten ein heftiges Feuer. Der Feind stutzte, eine Abteilung vom 3. Garde-Regiment kam den Unsrigen zu Hilfe und es ergaben sich 2 Offiziere und 121 Mann. Die Gefangenen gehörten teils dem 16. Jäger-Bataillon, teils dem Regiment Airoldi (Polen) an, das schon zwei Tage vorher, in dem Kampfe gegen das ostpreußische Armee-Korps, die schwersten Verluste gehabt hatte. Wie Brigadier Oberst Grivicic, so wurde auch der Kommandeur des Regiments Airoldi, Oberst Gamerra, gefangengenommen. Von der ganzen Brigade retteten sich kaum 2000 Mann.

Es war Abend geworden; der Mond ging auf, als die Reste des 2. Bataillons, hart an der Nordseite des Steinkreuzes, sich um ein großes Grab versammelten, das die Einjährigen Freiwilligen des Bataillons sich als eine besondere Ehre ausgebeten hatten, graben zu dürfen. Dann wurde zunächst v. Gaudy auf einem langen Brett (wie bei einem

Begräbnis auf hoher See) herangetragen und eingesenkt, neben ihm v. Witzleben, über beiden v. Weiher. Hauptmann v. d. Goltz trat an das Grab und sprach Worte, wie sie der Augenblick eingab; dann ein kurzes Gebet. Alles war tief erschüttert. Der Mond stand jetzt hell am Himmel; »sein Schein fiel auf die Toten und auf uns; aber er umleuchtete auch das Christusbild zu unsern Häuptern«.

Als das Grab geschlossen war, kehrten alle, die es umstanden hatten, ins nahe Dorf zurück. Die Offiziere suchten ein Unterkommen in den Gehöften. Aber der Aufenthalt darin war entsetzlich. Blut überall. Endlich fanden sie einen Schuppen, der keine roten Male des Kampfes trug; sie hüllten sich in ihre Mäntel und suchten den Schlaf. Trotz des Entsetzlichen umher – er kam.

Wir schließen mit dem bruchstückweisen Bericht eines Augenzeugen, der den Angriff auf das Plateau und die Waldparzelle mitmachte. Er gibt ein anschauliches Bild, insonderheit der Szenen, die diesem Kampfe folgten:

»... So lagen wir, kaum noch kampfesfähig, in dem mit so vielem Blut eroberten Walde, in Front, Rücken und linker Flanke vom Feinde umstellt. Aber noch drückender als die Gefahr war die Hitze. Die Erschöpfung, der Durst erreichten das höchste Maß. Ich hatte Tags zuvor in Kosteletz mir meine Feldflasche mit einem leidlichen Landwein gefüllt. Ein kleiner Rest davon war mir geblieben. Ich tat einen kleinen Schluck. Sofort umdrängte man mich und beschwor mich, ihnen zu geben. Es war unmöglich. Alles, was noch in der Flasche war, war etwa ein Schluck. Dieser mußte für die Verwundeten bleiben. Jedem oder doch vielen der Verwundeten gab ich ein paar Tropfen in die hohle Hand, die sie gierig ausschlürften ... Nach Beendigung des Gefechts, als ich in das Dorf hinabstieg, passierte ich die Stelle, wo wir die schwersten Verluste gehabt hatten. Da lagen Witzleben und Weiher nicht weit voneinander; bei Witzleben mehrere Verwundete, die ihn laut beklagten. Ich wurde tief bewegt, als ich diese imposant schöne Leiche lang hingestreckt liegen sah. Er schwamm in Blut; zwei oder drei Schüsse durch die Brust hatten ihn getötet ... Unten im ersten Gehöft lag neben andern Toten auch Gaudy. Wir waren in letztrer Zeit einander entfremdet gewesen; jetzt drückte ich dem Toten die Hand mit dem Gedanken, daß er mir von Jenseits nicht feindlich gesonnen sein möge ... Da lagen noch viele andre: Wittich, Reitzenstein, Schenk, alle schwer verwundet ... Wir versuchten jetzt einige Bleistiftzeilen an die Unsrigen zu schreiben, dazwischen aber klang das laute Gejammer einer alten Frau aus einem kleinen, schrägüber gelegenen Häuschen. Sie mochte wohl jammern; auf der Türschwelle ihres Hauses lag ihr Mann, tot ausgestreckt; eine unsrer Kugeln hatte ihn während des Dorfgefechts in die Stirn getroffen ... Der Gefechtsbericht wurde entworfen; mir fiel das Los zu, ihn nach Trautenau zu schaffen, wo wir das Divisions-Kommando vermuteten. Nach 8½ Uhr ritt ich ab, auf Wittichs Schimmel, mit Horsts Revolver ausgerüstet. Ein wundersamer Ritt. Durch Hohlwege ging es, überall Tote, zum Teil noch vom Tage vorher. In Trautenau fand ich das Divisions-Kommando, überreichte den Bericht. Dann suchte ich unsern Obersten auf; er war erschüttert, als ich ihm von unsern Anstrengungen und unsern Verlusten erzählte. Ich ritt dann in das Divisions-Biwak hinaus, wo ich die beiden andern Bataillone und eine versprengte Abteilung unsres Bataillons traf. Es waren 90 Mann mit einer improvisierten Fahne; darunter auch Leute von meiner Kompanie. Als sie mich sahen, stürzten sie auf mich los und drückten mir die Hände. Sie hatten geglaubt, daß sie der einzige Rest des Bataillons seien.

Am andern Morgen ritt ich nach Rudersdorf zurück. Der Weg führte mich auch zuletzt durch die Schlucht, die am Fuße unsres Wäldchens gelegen war und uns von der Höhe gegenüber getrennt hatte. In dieser Schlucht stand hohes Korn. Ich konnte viele Furchen im Korn sehen; wenn ich diese verfolgte, so lag immer an der Stelle, wo die Furche aufhörte, ein toter Österreicher. Sie hatten sich im Korn herangeschlichen und waren dann von unsern Kugeln getroffen worden … In Rudersdorf traf ich unser Bataillon nicht mehr, ich fand es in Raatsch im Biwak. Man begrüßte mein Kommen. Bald wurde ein opulentes Mahl serviert: Bouillon, Hühner, Buttermilch, an dem fünf gefangene Offiziere vom 16. Jäger-Bataillon teilnahmen. Wir plauderten hin und her … Am Abend waren wir in Trautenau.«

Kaum irgend ein Ereignis des 66er Krieges hat eine so verschiedene Beurteilung erfahren wie dieser Kampf des Franz-Regiments, speziell des 2. Bataillons v. Gaudy, bei Rudersdorf und Alt-Rognitz.

Die Enthusiasten haben sich hinreißen lassen, den übrigens höchst einfachen taktischen Gedanken, der diesem Gefechte zugrunde lag, als den Rettungsgedanken für das ganze Garde-Korps und die prompte, todesmutige Ausführung des entsprechenden Befehls durch Oberstleutnant v. Gaudy als einen Heroismus zu bezeichnen. Die Mäkler und Tadler andrerseits haben nicht Anstand genommen, das Alt-Rognitzer Gefecht als gleichgültig für das Vordringen oder die Sicherheit des Garde-Korps und speziell den Einleitungsakt zu diesem Gefechte als einen Fehler, ja geradezu als eine Kopflosigkeit hinzustellen.

Beide Anschauungen scheinen uns, in Lob wie Tadel, über das richtige Maß hinauszugehn.

Die Dinge verliefen am Vormittage des 28. in dem Frontalgefecht gegen Burkersdorf so rasch und so glänzend, daß auch ein Vorstoß in unsre rechte Flanke (der, nach vorhergegangenen Versäumnissen, vor 12 Uhr nicht wohl erfolgen konnte) an dem Gesamt-Resultat des Tages nichts Erhebliches geändert haben würde. Dies ist nachträglich zugegeben. So gewiß es aber sein mag, daß, der tatsächlichen Lage der Dinge nach, ein unaufgehaltener Vorstoß der Brigade Grivicic irrelevant gewesen wäre, so gewiß ist es doch auch, daß dieser Vorstoß, wenn zwei Stunden früher und mit zwei Brigaden ausgeführt, unser Garde-Korps allerdings in die allermißlichste Lage hätte bringen müssen. Daß die Dinge rein zufällig oder infolge von Unterlassungen seitens des Gegners glücklicher für uns lagen, kann hinterher das Gefecht, das unter andern berechtigten Voraussetzungen geliefert wurde, nicht um sein zuständiges Maß von Anerkennung bringen.

Soviel über den Wert oder Unwert des Gefechts selbst. Auch noch ein Wort über die Haltung des Führers und seiner Truppe. Die Art, wie Oberstleutnant v. Gaudy das Gefecht einleitete und wie das Bataillon selbst (nach 10 Minuten fast all seiner Offiziere beraubt) diesen Kampf fortsetzte, war weder einerseits ein Heroismus, noch andrerseits eine Kopflosigkeit. Auch hier wieder geziemt sich eine Mittelstellung. Ein bestimmter Befehl* lag vor; mit Umsicht diesem Befehle gehorsamend, wurde der Angriff disponiert, mit Bravour ausgeführt; auch an Menschlichkeiten fehlte es nicht. Was geleistet wurde, war nicht Laune, nicht Heldenmarotte. Auch in Ausführung des Gedankens geschah nur das Gebotene, das Pflichtmäßige, das Korrekte, wie der Gedanke selbst einfach ein korrekter gewesen war. Die Lober wie die Tadler des Gefechts werden sich zu Konzessionen bequemen müssen.

Wie immer aber auch das Urteil der Eingeweihten sich zu »Rudersdorf und Alt-Rognitz« stellen mag, das Empfinden des Volks hat längst seine Stellung genommen, und unbekümmert um den militärischen Wert oder Unwert dieses Kampfes, das Stück lebendiger Poesie gewürdigt, das er vertritt. Die versereiche, etwas Rot in Rot gehaltene Ballade von den »Franz-Grenadieren bei Alt-Rognitz« mit ihrem volkstümlichen Refrain:

> Wie viele seid ihr noch? Sag an, sag an, mein Sohn!
> »220 Mann vom 2. Bataillon.«

ist seit dem Sommer 1866 zu einem Lieblingsstück auf Straßen und Höfen geworden, und der tapfre Führer (v. Gaudy), der seinen Namen für immer mit dem Tage von Alt-Rognitz verwoben hat, hat auch im Liede den Lohn gefunden, der ihm und seiner Treue gebührt.

> Still war's, ein glühender Junitag,
> Und stumm die Ähren sich senkten,
> Brütend die Sonne darüber lag,
> Als zum Dorfe wir schwenkten.

* Der Befehl lautete: »Das 2. Bataillon steigt die Schlucht hinauf; rechts liegt ein Dorf, darin soll der Feind stecken (es können aber auch Truppen von unsern I. Korps sein); ist es der Feind, so stößt das Bataillon auf Trautenau durch.«

Der Kommandeur in die Ferne zeigt,
Er hebt sich höher im Bügel –
Da kräuseln sich weißliche Wölkchen leicht,
Da knatterts herüber vom Hügel.

Vorwärts! Vorwärts! der Führer winkt,
Hell blitzt in der Sonne sein Degen,
Da bäumt sich sein Roß und der Reiter sinkt
Tot dem Feinde entgegen.

Noch hält den Degen die starre Hand,
Der Leib mit Blut begossen,
Es war unser Oberstleutnant
Durch Herz und Mund geschossen.

* * *

Still war's, eine schwüle Juninacht,
Von lauem Taue gefeuchtet,
Und von des Mondes stummer Pracht
Weiß schimmernd überleuchtet.

Dort an dem Kruzifix von Stein,
Von weichem Schein umflossen,
Bereiten ihm ein Lager fein
Freiwillige Kampfgenossen.

Am Kreuzstock und bei Mondenlicht,
So ward der Held begraben;
Kein besser Bettlein weiß ich nicht,
Kein andres möcht ich haben.

Mit Gott für König und Vaterland,
So ward der Held erschlagen;
Von unserm Oberstleutnant
Wir wollen singen und sagen.

Singen und sagen zu jeder Stund,
Fritz Gaudy hieß er mit Namen,
Er war geschossen durch Herz und Mund;
Gott helf uns allen. Amen.

Das Gefecht bei Königinhof

RHEBLICHE Erfolge hatten die Aktion des Garde-Korps am 28. begleitet. Wir rekapitulieren dieselben in aller Kürze wie folgt:

Die Defilees von Eypel und Trautenau waren geöffnet;

das Gablenzsche Korps war in zwei Gefechten (bei Burkersdorf und Alt-Rognitz) geschlagen, die Brigade Grivicic nahezu aufgerieben;

die großen Straßen auf die Elbe zu lagen offen da; der abziehende Feind konnte erst an dieser im Schutz seiner Festungen wieder Stellung nehmen (er tat es);

der Vereinigung der gesamten II. Armee auf dem Plateau zwischen Gradlitz und Königinhof stand kein nennenswerter Widerstand mehr im Wege.

In der Tat, der 28. war auf der ganzen Linie zwischen Nachod-Skalitz und Eypel-Trautenau der Tag der Entscheidung gewesen. Diese war zu unsern Gunsten ausgefallen. Der 29. zog nur die Konsequenzen. Das V. Korps, den Widerstand bei Schweinschädel rasch brechend, rückte gegen Gradlitz vor; das Garde-Korps nahm Königinhof* im Sturm. Beide Korps, vom I. und VI. gefolgt, erreichten dadurch ihr Rendezvous an der Elbe.

Wir folgen zunächst den Garden.

Die 1. Garde-Division, nach dem Gefecht am 28., hielt die Linie Neu-Rognitz-Burkersdorf mit ihrem Gros besetzt; die Avantgarde, unter Vorschiebung ihrer Vorposten gegen Prausnitz, Soor und Ober-Altenbuch, biwakierte in einer von der Königinhofer Chaussee durchschnittenen Waldparzelle.

Die Nacht verlief ruhig. Am 29. vormittags (11½ Uhr) ging der Avantgarde – die man inzwischen um eine Jäger-Kompanie, zwei Eskadronen und eine Batterie verstärkt hatte – Befehl zu: auf Königinhof zu marschieren und dieses zu besetzen.

Bald nach 12 Uhr brach die Avantgarde (Oberst v. Kessel) auf. An der Tête derselben marschierten:

3 Züge Garde-Husaren,
das 3. Bataillon vom Garde-Füsilier-Regiment,
2 Kompanien Garde-Jäger

unter speziellem Kommando des Oberstleutnants Grafen v. Waldersee vom Garde-Füsilier-Regiment. Fünfhundert Schritt dahinter folgte das Gros der Avantgarde:

die Füsilier-Bataillone vom 1., 2. und 3. Garde-Regiment,
2 Garde-Batterien,
2 Kompanien Garde-Pioniere.

Die Entfernung von Burkersdorf bis Königinhof beträgt kaum zwei Meilen; die große Hitze und die mangelnde Verpflegung (die Proviant-Kolonnen waren nicht eingetroffen, und in den Dörfern fand sich nichts) machten diesen großenteils durch Wald führenden Marsch

* Königinhof, am linken Elb-Ufer zwischen Arnau und Josephstadt gelegen, zählt zu den ältesten böhmischen Ortschaften. Der Kern der Stadt ist klein, fünf Vorstädte fassen diesen Kern aber von allen Seiten ein. Der Ort hat ein Schloß und eine Dechanteikirche. Im Kirchturm fand Professor Hanka 1817 ein altböhmisches Manuskript (eine beträchtliche Zahl lyrischer und epischer Dichtungen enthaltend), das seitdem nicht nur unter dem Namen der »Königinhofer Handschrift« berühmt geworden ist, sondern auch den Namen der Stadt bekannter gemacht hat als irgend etwas anderes. Den Streit, der sich über die Echtheit dieses jedenfalls sehr interessanten Manuskripts erhoben hat, lassen wir an dieser Stelle wie billig auf sich beruhn; nur so viel, daß man von der Auffindung dieser »Königinhofer Handschrift« das Wiederaufleben einer tschechischen Literatur datieren darf.

nichtsdestoweniger zu einem der beschwerlichsten. Wir begegnen folgender Schilderung: »Als wir bei Weiberkränke jenes Wald- und Felsenterrain betraten, das, etwa eine halbe Meile lang, den Namen des »Königreich-Waldes« führt, bot sich uns – und zwar auf der ganzen Strecke bis Rettendorf hin, das an dem entgegengesetzten Ausgang des Waldes liegt – ein ebenso unerwarteter als für unser Soldatenauge betrübender Anblick dar. Wir sahen die vollständige Niederlage des Feindes, der uns gestern gegenüber gestanden hatte. Die ganze Chaussee war mit weggeworfenen österreichischen Effekten bedeckt. Da lagen Tornister, Röcke (diese ganz neu), Lederzeug, Tschakos, Stiefel, Kochkessel, dazu Waffen in einer Anzahl, die wir uns kaum zu erklären vermochten. Hunderte von Gewehren waren in die Chausseegräben geworfen oder ausgestreut, ebenso viele, zu Pyramiden zusammengesetzt, standen am Wege.

Was war hier vorgegangen? Jeder von uns legte sich die Frage vor. Viel größere Abteilungen, als wir hatten abziehen sehen, mußten hier entlanggekommen und durch falschen Lärm erschreckt (vielleicht in der Nacht), nach allen Seiten hin zerstoben sein. Wir hatten den Eindruck einer vollständigen Deroute, und von diesem Tage an stand es bei uns fest, daß der Krieg bald und glänzend beendet sein werde. Auch nach einer Niederlage, dies durfte keiner Truppe passieren, die sich als ebenbürtig mit uns messen wollte.«

Der Marsch durch den »Königreich-Wald« mochte zwei Stunden gedauert haben. Es war 3 Uhr, als die Avantgarde bei Rettendorf aus dem Walde heraus trat und nun nach Süden und Westen hin ein weites Landschaftsbild vor sich ausgebreitet sah, erst Wiesen und Kornfelder, dann Vorstadt-Gehöfte, dann die Stadt selbst, in Flanke und Rücken der Stadt das Band der Elbe und jenseits des Flusses ein Eisenbahndamm und Höhenzüge. Auf diesen Höhenzügen, also im Rücken von Stadt und Fluß, bemerkte man abziehende feindliche Kolonnen, wahrscheinlich die Reste des X. Korps. Um diesen Abzug zu decken, ein Durchschneiden der Rückzugslinie zu hindern oder doch zu erschweren, waren von seiten des Armee-Oberkommandos zwei Maßregeln angeordnet:

Jenseits der Elbe, auf dem Höhenzuge, waren Batterien aufgefahren, die das Terrain bis Rettendorf unter Feuer nehmen konnten;

diesseits der Elbe, in Königinhof selbst, stand eine vorgeschobene Halbbrigade (Regiment Coronini, Oberst v. Stocklin) mit dem Befehl, den an dieser Stelle nachdringenden Feind aufzuhalten.

Diese Aufgabe war eben so schwierig wie ehrenvoll. Die Lage der Stadt, besonders auch die Lage der beiden Elbbrücken, machten das

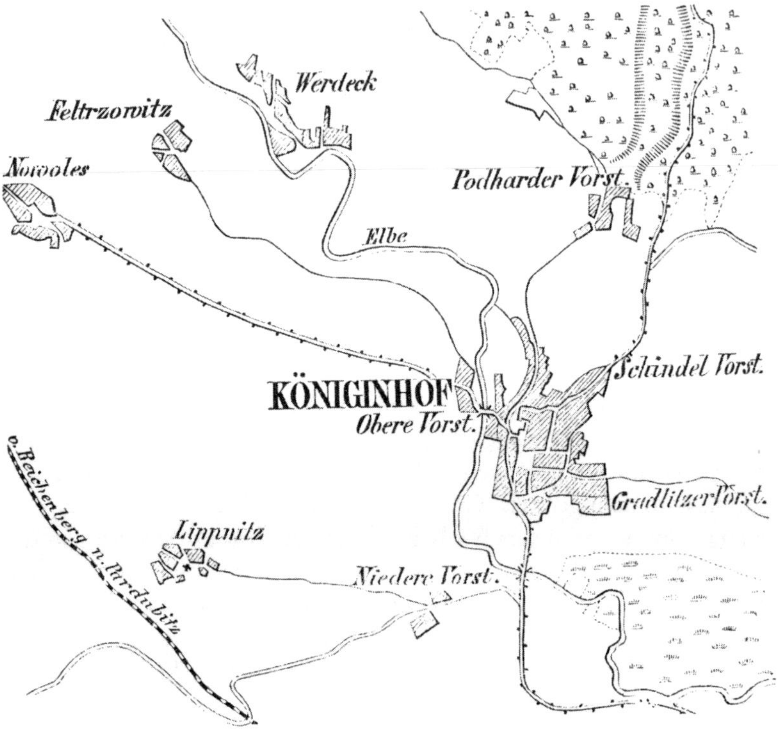

Regiment Coronini mehr oder weniger zu einem verlorenen Posten. Glückte es uns, den Verteidiger so lange im Norden der Stadt festzuhalten, bis wir auch den Süden und Westen umspannt hatten, so war alles, was sich noch in der Stadt befand, verloren. Und in der Tat nahmen die Dinge einen ähnlichen Verlauf. Ein nicht unerheblicher Bruchteil des Regiments Coronini wurde gefangengenommen.

Das Gefecht selbst hatte drei Momente:

eine Kanonade von Rettendorf aus;
ein Schützengefecht im Vorterrain;
die Wegnahme der Stadt.

Die Kanonade

Die Spitze der Avantgarde (Garde-Jäger und Garde-Füsiliere), als sie aus dem Königreich-Wald heraustrat, hatte, wie bereits hervorgehoben, auf den gewundenen Wegen des jenseits der Elbe gelegenen Höhenzuges abziehende feindliche Kolonnen wahrgenommen.

Sofort – während die übrigen Truppen der Avantgarde ihren Marsch auf Königinhof fortsetzten – wurden die beiden Garde-Batterien Braun und Eltester vorgezogen und eröffneten, von einem südlich Rettendorf gelegenen Punkte aus, ihr Feuer auf die feindlichen Kolonnen jenseits der Elbe. Die Entfernung war aber zu bedeutend, und da die Avantgarde, ihren Vormarsch ruhig fortsetzend, inzwischen ein 2000 bis 3000 Schritt weiter vorgelegenes Wäldchen erreicht und sich in demselben (Front auf die Stadt zu) festgesetzt hatte, so wurde, um ein wirksameres Feuer erzielen zu können, eine der Batterien bis an den Südrand dieses Wäldchens vorgezogen, von wo aus sie, nunmehr unmittelbar auf die Stadt gerichtet, einen alten Torturm zu beschießen begann, in dem unsrerseits der nächstgelegene (nördliche) Eingang in die Stadt vermutet wurde.

Das Schützengefecht im Vorterrain

Die Spitze der Avantgarde – während die übrigen Bataillone noch zurückgehalten wurden – hatte inzwischen die Südlisiere des ebengenannten Wäldchens bereits überschritten. Zwischen diesem Wäldchen und der Stadt selbst lag nur noch die Schindel-Vorstadt, links und rechts von Wiesengründen und Kornfeldern flankiert. In diesen steckte der Feind.

Oberstleutnant Graf Waldersee ergriff unverzüglich die Offensive. Links, östlich der Chaussee, ließ er die 2. Jäger-Kompanie und die 9. Kompanie des Garde-Füsilier-Regiments mit starken Schützenschwärmen gegen den Wiesengrund vorgehn; die 12. Kompanie folgte geschlossen, *tambour battant.* Rechts avancierte die 10. Kompanie. Die 11. Kompanie hielt das Zentrum: die Chaussee.

Bei dieser Offensiv-Bewegung gab der Feind seine Stellung im Vorterrain auf und zog sich auf die Lisiere der eigentlichen Stadt zurück, nicht ohne tapfren Widerstand und im Zurückgehn immer wieder Position nehmend. Ein Bericht sagt: »Die feindlichen Schützen lagen im hohen Roggen verborgen; sie waren im Nachteil, weil sie sich erheben mußten, um ihre Gewehre zu laden, während unsre Schützen dabei sich decken konnten. Die Kolonnen gingen, in guter Haltung, geschlossen zurück; in dem weiten Getreidefelde, das sie zu passieren hatten, waren die Verluste bedeutend; das ruhig abgegebene Feuer der Füsiliere und besonders der Jäger war sehr wirksam; es richtete sich dann stets mit besonderer Lebhaftigkeit auf den Feind, wenn dieser, zurückgehend, in Bewegung war. Es lagen sehr viel Tote und Verwundete im Getreide, die alle durch Kopf oder Brust geschossen waren. So näherten wir uns, zu beiden Seiten der Chaussee vorgehend, der Stadt, die wir nunmehr an ihrem ganzen Nordrande von feindlichen Abteilungen besetzt fanden. Wir schossen uns mit diesen Abteilungen herum. Nach einer Viertelstunde wurde das feindliche Feuer schwächer.«

Die Wegnahme der Stadt

Das Füsilier-Bataillon 1. Garde-Regiments, das der Spitze der Avantgarde zunächst gefolgt war, war inzwischen heran. Oberstleutnant Graf Waldersee, durch Eintreffen dieses Bataillons um 4 Kompanien verstärkt, beschloß den Angriff auf die Stadt. Er disponierte dahin:

die 10. Kompanie 1. Garde-Regiments und
die 11. Kompanie Garde-Füsilier-Regiments,

diese jener folgend, dringen von Norden her in die Stadt ein; die übrigen disponiblen Kompanien avancieren in beiden Flanken und suchen die Brücken zu gewinnen beziehungsweise den Feind von seiner Rückzugslinie abzuschneiden.

Dieser Disposition gemäß erfolgte der Angriff. Wir werden im Einklang damit

über ein Renkontre am Nordeingange der Stadt,
über ein Straßengefecht der von den Seiten her eingedrungenen Kompanien und schließlich
über ein Brücken-Scharmützel

beziehungsweise über eine Kanonade zu berichten haben, deren Objekt die Brücke war.

[**Das Gefecht am Nordeingange.**] Der Feind, nachdem er aus dem Vorterrain gewichen war, hatte sich, wie wir bereits wissen, am Nordrand der Stadt abermals gesetzt. Alle Häuser an dieser Stelle waren mit Schießscharten versehen, die Dächer, soweit es der Zweck erforderte, abgedeckt worden, besonders aber war ein unmittelbar an der hier einmündenden Trautmauer Straße gelegenes, einen weiten Hofraum umschließendes Gehöft zu einem Reduit eingerichtet worden. In diesem Gehöft steckte der Feind; war er hier vertrieben, so war der Eingang in die Stadt gewonnen. Unsrerseits gingen deshalb die beiden genannten Kompanien zum Angriff über. Die 10. Kompanie 1. Garde-

Regiments hatte die Tête und attackierte mit solcher Energie, daß das Gehöft, trotz teilweise tapfren Widerstandes, fast im ersten Anlauf genommen wurde. Ein Fähnrich und 30 Mann wurden gefangengenommen. Die nachrückende 11. Kompanie Garde-Füsilier-Regiments fand keine Arbeit mehr und rückte weiter in die Stadt bis auf den Marktplatz vor.

[**Das Straßengefecht.**] Während dieses kurzen Renkontres am Nordeingange waren die beiden 12. Kompanien der hier vorzugsweise in Aktion tretenden Regimenter (1. Garde-Regiment und Garde-Füsiliere) von rechts und links her in die Stadt eingedrungen. Das Ineinandergreifen dieser beiden Kompanien, das sich zufällig machte und dem bei der Besonderheit der ganzen Situation kein Plan zugrunde liegen konnte, führte zu einem interessanten Straßengefecht. Wir versuchen eine Beschreibung.

Als die 12. Kompanie 1. Garde-Regiments (Hauptmann Graf Rantzau) den Marktplatz von Osten her fast erreicht hatte, wurde sie von einer etwa 250 Mann starken Kolonne, die wahrscheinlich einen Ausweg nach der südlichen Elbbrücke suchte, attackiert. Ein starkes Schnellfeuer hemmte die Attacke und veranlaßte die feindliche Kolonne, in eine von Osten nach Westen führende Querstraße auszubiegen, um nunmehr, statt der südlichen, die westliche Elbbrücke zu gewinnen.

Sie hatte etwa die Hälfte der Strecke zwischen dem Markt und dieser westlichen Brücke zurückgelegt, als sie mit ihrer Tête auf die Queue der 12. Kompanie vom Garde-Füsilier-Regiment stieß, welche (durch die Podharder Vorstadt) von Nordwesten her in die Stadt eingedrungen war und dasselbe Ziel zu erreichen suchte wie die feindliche Kolonne: die westliche Elbbrücke. Nach einem Moment des Stutzens versuchte die österreichische Kolonne, die, von einem Feinde gedrängt, hier unerwartet auf einen neuen stieß, diesen letztern zu intimidieren. Sie griff an. Der letzte Halbzug der Garde-Füsilier-Kompanie aber machte kehrt und richtete ein so wirksames Feuer auf den Feind, daß dieser von seinem Angriffe abstand. Ein mit dem Rufe: »Es lebe der Kaiser« vordringender Offizier war von dem diesseitigen Führer auf 10 Schritt Entfernung erschossen worden.

Die Entschlossenheit, mit der dieser Halbzug der Garde-Füsiliere hier auftrat, während der Rest der Kompanie, unangefochten durch diesen Zwischenfall, seinen Marsch auf die westliche Elbbrücke fortsetzte, veranlaßte die feindliche Kolonne umzukehren und sich wieder in die Stadt hineinzuwenden. Sie mußte dabei notwendig auf dieselbe

12. Kompanie vom 1. Garde-Regiment stoßen, vor der sie, 5 Minuten früher, nach der westlichen Brücke zu ausgebogen war. Der Halbzug der Garde-Füsiliere folgte beobachtend. Ein Eingeschlossenwerden wurde immer wahrscheinlicher; nur das Gewirr der Quergassen gab noch Aussicht auf Entkommen.

Die feindliche Kolonne, der wir folgen, marschierte in die Stadt zurück. Sie hatte von der Außenstadt her, in der sie sich bereits befand, eben wieder den Punkt gewonnen, an welchem (bei einem alten Torbau der eigentlichen Innenstadt) der Weg anzusteigen beginnt, bis er die Höhe eines dort gelegenen Kirchhofes erreicht, als plötzlich, schon im Angesicht unsrer hier haltenden 12. Kompanie 1. Garde-Regiments, ein verwundetes österreichisches Offizierpferd die dichtgeschlossen stehende feindliche Kolonne derart auseinander sprengte, daß sich alles spalierartig gegen die Häuser drängte, während in der Mitte eine Art Gasse frei wurde. Im selben Augenblick erhob sich inmitten dieser Gasse eine österreichische Fahne.

Kaum daß unsre zuvorderst stehenden Schützen dieser Fahne ansichtig wurden, so warfen sie sich mit Hurra in die, durch das verwundete Pferd, gebildete Gasse hinein und stürzten auf den Fahnenträger zu. Dieser hielt sich tapfer; Freund und Feind drängte auf die Fahne zu;

Füsilier Bochnia ergriff sie, und wiewohl vierfach verwundet, wußte er sie dem Feinde zu entreißen und trug sie unter dem Jubel der nachdrängenden Füsiliere aus dem Gewühl zurück. Die ganze feindliche Kolonne, eingeschlossen und durch diesen Zwischenfall überrascht, streckte die Waffen.*

Die 12. Kompanie 1. Garde-Regiments, ihre Gefangnen mit sich führend, sammelte sich auf dem Marktplatz; die 12. Kompanie Garde-Füsilier-Regiments setzte ihren Marsch bis zur westlichen Elbbrücke und, als sie hier keinem Feinde begegnete, an der Lisiere der Stadt hin bis zur südlichen Elbbrücke fort.

[**Das Gefecht an der südlichen Elbbrücke.**] Die Stadt war nun unser; das Regiment Coronini entweder gefangengenommen oder hinausgedrängt. Nichtsdestoweniger war unsre Lage gefährdet genug. Von den Höhen jenseits der Elbe her unterhielt der Feind nicht nur ein starkes Feuer, sondern auch die schon erwähnten, wie es schien, auf Josephstadt zu sich bewegenden feindlichen Kolonnen (die Reste des X., vielleicht auch Abteilungen des IV. Korps) konnten plötzlich ihre Marschrichtung ändern und einen Versuch machen, den eben verlorengegangenen Punkt: Königinhof, mit überlegenen Kräften wieder zu erobern. Jäger-Abteilungen hatten sich ohnehin in den Häusern und Gebüschen jenseits des Flusses eingenistet und schossen sich mit den Unsrigen herum.

Dieser Gefahr einer Wiedereroberung der Stadt vorzubeugen, mußte natürlich vor allem Aufgabe sein. Ein Versuch unsrerseits, durch über die Brücke vorgehende Abteilungen von Garde-Husaren und Garde-Füsilieren die feindliche Artillerie samt ihrer Bedeckung zum Aufgeben ihrer Stellung zu veranlassen, war gescheitert; es blieb also zu eigener Sicherstellung nichts übrig als Abbrechung beziehungsweise bis zu Ausführung dieser Maßregel Besetzung der südlichen Brücke. Zum Abbrechen der Brücke wurden Garde-Pioniere, unter Hauptmann v. Adler, zur Besetzung die 9. Kompanie 2. Garde-Regiments herangezogen. Auf

* Etwa 30 Schritt von der Stelle, wo die Eroberung der Fahne durch den Füsilier Bochnia stattfand, hatte (dicht an der Mauer des oben erwähnten Kirchhofes), und zwar um dieselbe Zeit, ein Soldat vom Garde-Füsilier-Regiment eine Fahne unter den dort liegenden toten Österreichern gefunden. Er hob sie auf; sie wurde ihm aber sofort wieder entrissen, ohne daß er bemerken konnte, von wem. Wahrscheinlich hielten sich einige Österreicher hinter der Kirchhofsmauer verborgen und rissen dem Füsilier, von hinten her, die eben gefundene Fahne wieder aus der Hand. – Es hat dieser bis zu einem gewissen Grade unaufgeklärt gebliebene Vorgang zu der irrtümlichen Erzählung Veranlassung gegeben: es seien in Königinhof zwei Fahnen erobert worden. Das ist nicht der Fall.

diese beinah ungedeckt stehenden Truppenabteilungen richtete sich nunmehr unausgesetzt das feindliche Feuer. Hunderte von Granaten schlugen ein; zwei faßten und rissen 12 Mann nieder.

Bei der Wichtigkeit der Position indes konnte dies im Granatfeuer-Halten den betreffenden Kompanien nicht erspart werden.

Der Feind verzichtete schließlich auf jeden Versuch zur Wiedereroberung der Stadt und bewerkstelligte (übrigens unbehelligt von uns) seinen Abzug.

Unsrerseits waren inzwischen die erschöpften Truppen der Avantgarde, namentlich auch die an der südlichen Elbbrücke stehenden Füsiliere des 2. Garde-Regiments, durch vier frische Bataillone, unter Generalmajor v. Alvensleben, abgelöst worden. Das Grenadier-Bataillon Petery vom 2. Garde-Regiment* besetzte die Brücke; andere Bataillone durchsuchten die Stadt und die Vorstädte und richteten sich in den

* Als das Grenadier-Bataillon Petery zur Ablösung der 9. Kompanie desselben Regiments an die Brücke rückte, war diese noch unter dem heftigsten Feuer des Feindes. Major v. Petery hielt es für gut, ein Beispiel zu geben. Er stieg vom Pferde und ließ sich einen Schemel bringen. Die Grenadiere wollten denselben in Sicherheit hinter einem Hause aufstellen. »Stellt ihn nur an die Brücke; hier kann ich ja nichts sehen.« Und so setzte sich Petery mitten in den Granatregen hinein und rauchte seine Zigarre. Dies verfehlte nicht einen tiefen Eindruck zu machen; die Mannschaft wurde so ruhig wie ihr Kommandeur.

Häusern, besonders an der Südwestseite, zur Verteidigung ein. Hierbei kam es vor, daß in einem großen Hause, das man eben mit Schießscharten und Blenden ausrüstete, einer der Grenadiere sich ans Klavier setzte und seine Stücke spielte. Die Kanonade dauerte fort. »Die Österreicher kommen«, hieß es plötzlich. »Desto besser; da können sie zur Musik marschieren.« Und weiter klang es über den Markt hin: »Ich bin ein Preuße«.

Die Österreicher kamen aber nicht.

Ihr Gesamtverlust belief sich auf gegen 600 Mann, darunter nahe an 100 Tote, alle vom Regiment Coronini. Unter den Gefangenen befand sich Oberst v. Stocklin. Er, wie sämtliche Stabsoffiziere, waren verwundet. Die verlorene Fahne gehörte dem 3. Bataillon.

Unsrerseits war dieser Erfolg mit verhältnismäßig geringen Opfern errungen worden.

DER 30. war ein Ruhetag. Der Feind beschränkte sich darauf, vom rechten Elbufer aus eine Kanonade gegen uns zu eröffnen. Aber diese Kanonade (übrigens fast wirkungslos) vermochte nichts an der Tatsache zu ändern, daß die gesamte II. Armee, infolge dreitägiger, siegreicher Kämpfe, nunmehr an der Elbe hielt. Alle vier Korps hatten das Rendezvous erreicht:

das V. Korps (linker Flügel) stand bei Gradlitz;
das I. Korps (rechter Flügel) bei Arnau;
das Garde-Korps (Zentrum) bei Königinhof;
das VI. Korps bildete das Soutien des V.

Noch einmal, die II. Armee hatte ihre erste Aufgabe: »Debouche aus dem Gebirge in 3 Kolonnen bis an die Elbe« glänzend gelöst, und am 1. Juli durfte der Kronprinz folgenden Armee-Befehl erlassen:

> Nur wenige Tage sind vergangen, seitdem wir die Grenze Böhmens überschritten haben, und bereits bezeichnen wiederholte glänzende Siege unser glückliches Vordringen sowie das Erreichen unsres ersten Zieles: die Elb-Übergänge zu besetzen und mit der I. Armee vereinigt zu sein.
>
> Das tapfere V. Armee-Korps, unter Leitung seines heldenmütigen Führers, schlug drei Tage hintereinander je ein neu herangeholtes feindliches Korps mit bewunderungswürdiger Auszeichnung. Die Garden bestanden zwei glückliche Gefechte und warfen den Feind in glänzender Weise zurück; das I. Armee-Korps schlug sich mit außerordentlicher Tapferkeit unter den allererschwerendsten Umständen. 5 Fahnen, 2 Standarten, 20 Geschütze, 8000 Gefangene sind in unsren Händen, und viele Tausend Tote und Verwundete beweisen, wie groß der Verlust des Feindes sein muß.

Leider haben wir den Verlust mancher braven Kameraden zu beklagen, die, teils tot oder verwundet, in unsren Reihen fehlen. Aber der Gedanke, für unsern König und das Vaterland zu fallen, vereint mit dem Bewußtsein, gesiegt zu haben, wird ihnen Trost im Sterben, Linderung im Leiden gewähren. Möge Gott nun auch fernerhin unsren Waffen den Sieg verleihen. Ich danke den Herren Generalen und Offizieren sowie den Soldaten der II. Armee für ihre Tapferkeit im Kampfe und ihre Ausdauer im Überwinden der schwierigsten Verhältnisse, indem ich mich stolz fühle, solche Truppen zu führen.

Haupt-Quartier Prausnitz, den 1. Juli 1866.

Friedrich Wilhelm,
Kronprinz.

An demselben Tage (1. Juli), an dem der Kronprinz diesen Armee-Befehl an die II. Armee erließ, traf der König bei der I. Armee (Prinz Friedrich Karl) ein und nahm sein Hauptquartier in Gitschin.

Die I. Armee selbst stand an diesem Tage bereits erheblich über Gitschin hinaus; ihr äußerster linker Flügel, die 5. Division, berührte sich nahezu (nur zwei Meilen lagen dazwischen) mit dem rechten Flügel der II. Armee.

Die volle Vereinigung beider Armeen erfolgte zwei Tage später auf dem Felde von Königgrätz.

Ehe wir zur Schilderung dieses entscheidenden Tages übergehen, versuchen wir noch einen Rückblick auf die Gesamtaktion des Gegners vom 26. bis 30.

Rückblick

ENEDEK ist für den Grundplan, auf dem seine ganze Kriegführung basierte, bei Freund und Feind und – was vielleicht am meisten ins Gewicht fällt – auch bei unbeteiligten Dritten hart getadelt worden. »Er verstieß« – so heißt es – »gegen gewisse Fundamental-Prinzipien. Er hatte zwei Armeen gegen sich, eine nah und in der Flanke, die andre fern und in der Front. Statt sich gegen den nahen Flanken-Feind zu dirigieren und diesen mit überlegener Kraft zu vernichten, hielt er eigensinnig an dem Plane fest, an dem näher stehenden Feinde vorbei, sich auf den ferner stehenden zu werfen. Er gab, im Vorbeimarsch an dem Flanken-Feind, diesem seine rechte Seite preis und mußte schließlich, tief erschüttert durch die Flankenstöße der II. Armee, gewahr werden, daß er zu seinem und seines Kaisers Schaden die Fundamental-Prinzipien aller Kriegführung außer acht gelassen habe.«

So etwa die Urteile über ihn, am knappsten in der Broschüre des englischen Oberstleutnant Cooke. Dieser schrieb: »Der Feldzeugmeister verkannte von Anfang an die strategische Aufgabe des Feldzuges. Anstatt den Anmarsch des Prinzen Friedrich Karl nur aufzuhalten und sich mit der Hauptmacht auf den Kronprinzen zu werfen, verfolgte er die umgekehrte Absicht und suchte den Kronprinzen mit zwei Korps an das Gebirge zu bannen, während er mit den Hauptkräften gegen Gitschin marschierte. Dies war eine unglückliche Maßregel. Ihr Erfolg hing davon ab, ob die vier Korps des Kronprinzen durch die beiden mit dieser Aufgabe betrauten österreichischen Korps in Schach gehalten werden konnten. Sie konnten es nicht; oder wenigstens: sie scheiterten tatsächlich. Der Kronprinz schlug die ihm entgegengestellten Kräfte. Die drei zur Verstärkung der Österreicher bei Gitschin beorderten Korps (das II., III., IV.) wurden zurückberufen, und in diesem kritischen Momente der Kampagne sah Benedek einen Teil seiner Armee durch den Kronprinzen, einen andern Teil durch den Prinzen Friedrich Karl überwältigt, während die drei Korps, welche ihm nach einer Seite hin die Übermacht verleihen konnten, hilflos zwischen beiden Seiten oszillierten. So bestrafte sich die Nichtbeachtung der Grundsätze der Kriegführung.«

Soweit dieser Tadel sich gegen das »Oszillieren« richtet, sind wir damit einverstanden. Wenn er aber, wie unverkennbar, den Grundplan treffen soll, so geben wir auch hier wieder der Ansicht Ausdruck (vergl.

S. 126), daß die Verurteilung Benedeks in solcher Form und Allgemeinheit nicht wohl aufrechterhalten werden kann und daß es falsch ist, einem an und für sich richtigen Satze zuliebe, andre, äußerliche wie innerliche Faktoren außer acht zu lassen, Faktoren, die das Recht beansprucheu dürfen, als mitwirkende oder selbst ausschlaggebende in Rechnung gestellt zu werden. Wir gehen, indem wir diese vielleicht gewagten Sätze niederschreiben, davon aus, daß es mit der Kriegskunst sich sehr wahrscheinlich ähnlich verhalten wird wie mit der Kunst überhaupt und daß sogenannte Fundamental-Sätze nur so lange Allgemeingültigkeit haben, bis sie durch immer neue Erfahrungen oder durch immer wachsende Ausnahmefälle wo nicht umgestoßen, so doch wenigstens eingeschränkt und begrenzt werden. Es verhält sich dann schließlich mit diesen Fundamental-Sätzen ähnlich wie mit den Gesetzen der einen oder andern Sprache, wo gelegentlich auch die Frage entsteht, ob es nicht besser wäre, im Sichvertrautmachen mit jedem Einzelfall die Regel ganz fallenzulassen.

Soviel im allgemeinen. In dem vorliegenden Falle mag gern zugegeben werden (und zwar um so mehr, als wir betreff andrer mit wirkender Faktoren doch nur auf bloße Mutmaßungen angewiesen sind), daß ein Sichwerfen auf die II. Armee näherliegend, natürlicher und besser gewesen wäre als das eigensinnige Festhalten an dem Verlangen, zunächst bei Gitschin mit der I. Armee abrechnen zu wollen. Dennoch, wie immer wieder gesagt werden muß, war dieses Verlangen nicht absolut verwerflich, und daß es unheilvoll verlief, lag weniger an der unbedingten Mangelhaftigkeit des Planes als wie an seiner mangelhaften, im letzten Moment energielosen Ausführung. Benedek hielt hartnäckig an seinem Plane fest, zu einer Zeit, wo es gewiß besser gewesen wäre, ihn aufzugeben, und ließ ihn fallen, als die Dinge bereits so weit gediehen waren, daß nur noch ein rücksichtsloses »Durch«, nur noch ein hartnäckiges Ausharren retten konnte.

Die Frage – zugleich die Entscheidung in dieser Kontroverse in sich schließend – liegt für uns einfach so:

Konnte Benedek, auch nach den Gefechten am 27. (die übrigens, was Benedeks Plan erheblich gefördert haben würde, am besten ganz vermieden worden wären), noch an der II. Armee vorbei, und wenn er an ihr vorbei war, war es alsdann wahrscheinlich, daß er die I. Armee schlug?

Wir versuchen eine Antwort darauf.

Benedeks Lage am 27. gestattete ihm noch volle Freiheit der Aktion. Das III. und IV. Korps standen bereits am rechten Elbufer, Josephstadt im Rücken. Wenn der Feldzeugmeister, unbeirrt durch den Mißerfolg bei Nachod, in der Nacht vom 27. auf den 28. das VI. und VIII. Korps bis über die Elbe, das II., noch zurückstehende Korps bis wenigstens an die Elbe dirigierte und das am Tage vorher siegreiche X. Korps beziehungsweise – wenn dasselbe zu erschüttert war – ein aus verschiedenen

Truppenkörpern kombiniertes Korps dazu verwendete, Scheingefechte gegen unsre großenteils noch in den Defileen steckende II. Armee zu führen, so hatte er Zeit, vollauf am 29. mittags mit 5 Korps bei Gitschin zu stehen, am 30. früh gewiß. War sein Eintreffen sicher, so war es den Austro-Sachsen ein leichtes, Gitschin vom 29. bis zum 30. zu halten. Am 30. dann entbrannte der Kampf, in dem 7 Korps gegen 4½ gestanden hätten. Wir wissen nicht, was der Ausgang dieses Kampfes gewesen wäre. Aber wer wird leugnen wollen, daß bei einem solchen Zahlenverhältnis Benedek eine starke Chance gehabt hätte, den Sieg an seine Fahne zu fesseln. Und wenn siegreich, – die moralische Bedeutung eines solchen Schlages, der Einfluß desselben auf eine zweite, nunmehr gegen die Kronprinzliche Armee zu richtende Aktion wäre unberechenbar gewesen. Die Siegeszuversicht hätte reichlich die Zahlenverluste ausgeglichen.

Wir wissen sehr wohl, daß sich die Gedanken leichter bequemen als die Sachen und daß sich Hergänge der Art nicht wie ein Rechenexempel feststellen lassen. Wir wollten auch nur zeigen, daß der Benedeksche Plan nicht so unbedingt verwerflich war. Der andre Plan, in Verfolgung des Näherliegenden, wäre besser gewesen, aber deshalb war dieser, der das Fernerliegende wollte, noch nicht schlecht. Schlecht wurde er erst durch seine Ausführung, durch die Inkonsequenzen und Verstöße, die ihn kreuzten, lähmten, aufhoben.

Wie Benedek aber unter dem Zusammenbrechen seines Planes schließlich selbst zusammenbrach, noch ehe der 3. Juli die eigentliche Katastrophe brachte, davon im nächsten Abschnitt.

VOM 1. BIS 3. JULI

Hüben und Drüben am 1. Juli

Die preußische Stellung

IE am 27., 28. und 29. seitens unsrer I. und II. Armee stattgehabten Kämpfe hatten zu einer entschiedenen Annäherung beider großen Heerkörper geführt. Bereits am 29. abends war Fühlung gewonnen worden. Am 30. stellten größere Kavallerie-Abteilungen eine direkte, wenn auch immer noch lose Verbindung her. In dem von der Avantgarde des ostpreußischen Armee-Korps besetzten Arnau (an der Elbe) erschien von seiten der I. Armee das 1. Garde-Dragoner-Regiment, unter Oberstleutnant v. Barner. Dies war ein Handreichen. Eine wirkliche Vereinigung unsrer gesamten Streitkräfte war für diesen und die nächstfolgenden Tage noch nicht beabsichtigt.

Unsre Aufstellung am 1. Juli war die folgende:

Elb-Armee (rechter Flügel) zwischen Zeretitz und Gitschinowes.

Mit der Avantgarde bis Hochwesely;

I. Armee (Zentrum) auf der Linie Aujezd, Horsitz, Miletin.

Mit der Avantgarde bis Groß-Jeritz und Milowitz;

II. Armee (linker Flügel) von Arnau über Königinhof bis Gradlitz. Avantgarde: Ober-Prausnitz.

Diese Aufstellung beschrieb einen Halbkreis von 4 Meilen Spannung, entbehrte also der Tiefe. Man zog es aber vor, in diesem lockren Verbande, der große Vorzüge bei wenig Nachteil bot, zu verbleiben. »Fand man den Gegner« – so sagt der preußische Bericht – »in einer Stellung, welche durch den bloß frontalen Angriff nicht zu bewältigen war, so hätte man die Gesamtmacht nur versammelt gehabt, um sie behufs flankierenden Angriffs wieder trennen zu müssen.« Eine wirkliche Gefahr aber konnte sich aus diesem lockren Verbande nicht leicht ergeben, da die einzelnen Armeen nur in Entfernung eines kurzen Marsches voneinander standen.

Die Armee verblieb in dieser Aufstellung auch am 2. Juli; nur die Avantgarde der Elb-Armee wurde bis Smidar vorgeschoben. Die Tage vom 30. Juni bis zum 3. Juli waren im wesentlichen Ruhetage, lediglich unterbrochen durch die Vorkommnisse des kleinen Krieges: Rekognoszierungen, Scharmützel, Überfälle. (Das interessanteste Beutestück war eine kaiserliche Feldpost.) Eine große Aktion unterblieb und zwar aus doppeltem Grunde. Die Armee bedurfte der Ruhe, das war eins; was aber nicht minder ins Gewicht fiel, war der Zweifel, in welcher Richtung der Feind zu suchen, wohin der entscheidende Stoß zu führen sei. Mit andern Worten, man mußte den Feind erst haben, um ihn fassen zu können. Wo war er? Man vermutete ihn, von Gitschin aus gerechnet, in einer Stellung hinter der Elbe, mit den Festungen Josephstadt und Königgrätz auf den Flügeln. Er stand aber diesseits, am rechten Ufer des Flusses. Sehen wir, wo.

Die österreichische Stellung. Benedek an den Kaiser. Hauptquartier Königgrätz

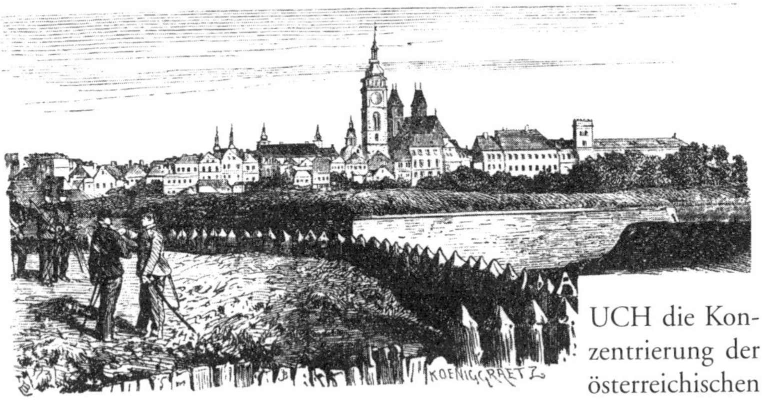

AUCH die Konzentrierung der österreichischen Armee hatte sich inzwischen vollzogen. (Am 30.) Alle Korps hielten an dem vorausbestimmten Rendezvous, auf dem Plateau von Dubenetz, hart an der Elbe, zwischen Königinhof und Josephstadt. Sie hielten an vorausbestimmter Stelle, aber in welcher Verfassung!

Das österreichische Generalstabswerk gibt uns folgenden Einblick in die Situation am 30.:

»Für das Armee-Kommando waren schwere Stunden angebrochen. Es konnte sich der Erkenntnis nicht mehr verschließen, daß seine Pläne durchkreuzt und daß die Operationen völlig mißlungen waren. Die Armee war nun wohl in der ihr seit Beginn der Operationen zugedachten Stellung, aber unter höchst ungünstigen Umständen angelangt.

In der Idee, die Armee in diese vorteilhaft scheinende Position zu führen und es da mit gesamter Macht gegen das feindliche Gesamtheer oder mit Übermacht weiter westlich gegen die feindliche Armeehälfte, unter Prinz Friedrich Karl, zum entscheidenden Kampfe kommen zu lassen, war in den Tagen des 27. und 28. Juni die Gelegenheit nicht benutzt worden, die nähere und isolierte Armeehälfte des Kronprinzen von Preußen mit Übermacht anzugreifen und zu schlagen.

Zum Zweck der Deckung der beabsichtigten Operation waren aber gleichwohl nacheinander jeder der beiden Armeehälften mehrere Armee-Korps vereinzelt entgegengestellt worden, und diese hatten sich, da ihnen nur unklar oder nicht rechtzeitig oder gar nicht die eigentliche Absicht des Armee-Kommandanten bekannt gegeben ward, auf allen Punkten in außerordentlich blutigen Kämpfen gegen den überlegenen Feind erschöpft. Jeder der vergangenen drei Tage hatte so, mit

Ausnahme eines Falles, nur bedauerliche Mißerfolge gebracht, während der Feind einen leichten Triumph nach dem andren über die isolierten österreichischen Korps erkämpfte und dabei das schwierige Manöver seiner Vereinigung angesichts des kaiserlichen Heeres vollzog.«

So die österreichische Darstellung.* In der Tat, nur zwei Korps, das II. und III., waren noch intakt; alle andern Truppenteile waren im Gefecht gewesen und hatten, wenigstens teilweise, enorme Verluste erlitten. Im Ganzen 30000 Mann oder mehr. Davon entfielen, in runder Summe, auf das I. Korps 8000 Mann, auf das IV. Korps (Schweinschädel und Königinhof) 2000, auf das VI. (Nachod) 5500, auf das VIII. (Skalitz) 5000, und auf das X. (Trautenau, Soor, Rudersdorf) 8600. Dazu die Sachsen (Gitschin) mit 600 Mann. Alles in allem fehlte also bereits der Bestand eines ganzen Armee-Korps. Noch mehr fiel ins Gewicht, was die Armee moralisch gelitten: die Einbuße an Vertrauen und Zuversicht. Die stattliche Armee von Olmütz, die so sicher gewesen war, den Sieg an ihre Fahne zu fesseln, stand nun auf dem Plateau von Dubenetz, aber unfähig zur Initiative. Benedek beschloß, die Armee aus der kaum erreichten Rendezvousstellung in eine weiter rückwärts gelegene Stellung zurückzunehmen. Er telegraphierte an den Kaiser: »Debakel des I. und sächsischen Armee-Korps nötigt mich, den Rückzug in der Richtung von Königgrätz anzutreten. Hauptquartier morgen dort in der Nähe.«

3 Uhr nachmittags, am 30., wurde den einzelnen Korps der Entschluß zum Rückzug bekannt gegeben. Der Entschluß selbst wurde durch folgenden Erlaß motiviert:

* Die Sprache, wie sie das offizielle österreichische Werk hier führt, ist vielfach beanstandet, namentlich die direkte und beinah ausschließliche Verurteilung Benedeks als ungerecht getadelt worden. »Anstatt sich nicht zu verhehlen«, – so bemerkt ein preußischer Offizier, – »daß wir unsrem Gegner an Taktik, Bewaffnung, Organisation, Geist und Intelligenz überlegen waren, gefällt man sich darin, einen Mann für den Ausgang des Krieges verantwortlich zu machen; Benedek wird geopfert als Sündenbock für das Ganze.« Wir vermögen diese Ansicht nicht zu teilen. Trotz eines lebhaften Gefühls für den tapfren und kriegsbewährten Mann, der uns gegenüberstand (ein Gefühl, dem wir wiederholentlich Ausdruck gegeben haben), ja trotz einer mehr als einmal versuchten Rechtfertigung seines Kriegs-Planes, können wir doch nicht umhin, ganz im Einklange mit den Worten, wie wir sie vorstehend im Texte mitgeteilt, die Hauptschuld des Mißerfolges, oder doch mindestens die eklatanteste Unzulänglichkeit, bei Benedek selbst zu suchen. Wir müssen dabei auf das verweisen, was wir S. 267 und S. 378 ausführlich gesagt haben. An solchem Wirrwarr der Befehle mußte schließlich alles scheitern. Benedek hatte das Spiel am 28. in der Hand; er hatte aber kein Auge für die Gunst der Situation. Er war der Größe seiner Aufgabe (wir kommen später noch einmal darauf zurück) entschieden nicht gewachsen. Was immer die Mängel der österreichischen Armee sein mochten, das VI., X. und VIII. Korps schlugen sich am 27. und 28. mit ausgezeichneter Bravour, die Führung war nicht schlecht, und das Zünglein der Waage, wie wir gesehen haben, schwankte. Aber die Unklarheit an oberster Stelle verdarb alles.

»Dubenetz, 30. Juni.

Die nicht unbedeutenden Verluste, die einzelne Armee-Korps in den jüngsten Tagen in partiellen Gefechten erlitten haben, die Notwendigkeit, den Truppen die Zeit zu geben, sich wieder vollständig zu ordnen, auszuruhen und – nachdem die Armee endlich versammelt ist – für entscheidende Schläge vorzubereiten, die Rücksicht endlich darauf, daß die Verpflegung der Armee nach dem raschen Vormarsche wieder in ganz regelmäßiger Weise aktiviert werde, – das alles bestimmt mich, die Truppen in eine weiter rückwärts gelegene Aufstellung zu beordern.

Die Ausführung dieser Maßregel muß ohne die mindeste Übereilung und in der größten Ordnung stattfinden, und dazu ist die erhöhte und energischste Tätigkeit aller Herren Generale und Truppenkommandanten notwendig, die ich hier im Namen des Allerhöchsten Dienstes mit aller Entschiedenheit in Anspruch nehme.

Ich verlange pünktliche Vollführung der Dispositionen, verlange die Forterhaltung der strengsten Disziplin und Ordnung von seiten der Mannschaft, die Vermeidung aller deprimierenden Äußerungen und alarmierenden Gerüchte und erwarte insbesondere eine zweckmäßige Detail-Disposition bezüglich der Trains, sowie deren strengste Einhaltung, damit die Truppen selbst sich möglichst frei und ungehindert bewegen, eventuell auch ungehindert kämpfen können.

Erfasse jeder die Wichtigkeit des Momentes und handle danach, denn ich müßte sonst – wo immer ich die kleinste Unordnung wahrnehmen oder erfahren sollte – mich diesfalls mit der rücksichtslosesten Strenge an die betreffenden Kommandanten halten.

Ich verlange von der ganzen Armee die schwierigste Probe ihres vortrefflichen Geistes, die Zügelung ihrer Kampfbegierde, die Ertragung vielleicht noch einiger Beschwerden, – hoffe aber, daß die Armee diese Probe glänzend bestehen wird, so wie sie bisher überall, wo sie mit dem Feinde gekämpft, die glänzendste und über jedes Lob erhabene Tapferkeit bewährt hat.«

In der Nacht vom 30. Juni zum 1. Juli räumte, diesen Anordnungen gemäß, die kaiserliche Armee die Stellung bei Dubenetz, marschierte südlich (rückwärts) auf Königgrätz und stand am 1. Juli abends im wesentlichen wie folgt:

das I. Armee-Korps bei Kuklena
das II. Armee-Korps bei Trotina

das III. Armee-Korps bei Sadowa
das IV. Armee-Korps bei Nedelist
das VI. Armee-Korps bei Westar und Rosnitz
das VIII. Armee-Korps (neben dem IV.) bei Nedelist
das X. Armee-Korps bei Lipa
das sächsische Armee-Korps bei Lubno, Nieder-Prim, Nechanitz
die 1. leichte Kavallerie-Division bei Stößer
die 2. leichte Kavallerie-Division vorwärts Trotina
die 1. Reserve-Kavallerie-Division bei Lochenitz
die 2. Reserve-Kavallerie-Division bei Westar
die 3. Reserve-Kavallerie-Division bei Sadowa
die Armee-Geschütz-Reserve bei Nedelist
das Armee-Hauptquartier in Königgrätz.

Dies etwa war am 1. Juli abends die Stellung der kaiserlichen Armee. Die Rückwärtsbewegung war im wesentlichen ohne Störung ausgeführt worden. Benedek, auf dem Wege von Josephstadt nach Königgrätz, hatte das Terrain rekognosziert. Es war für die Verteidigung gut gewählt. Der Ansturm des immer kühner werdenden Gegners mochte an der defensiven Kraft dieser wenigstens taktisch erhebliche Vorteile bietenden Stellung scheitern. Die Situation war noch immer nicht hoffnungslos. Nur dem Feldzeugmeister, vorahnend, erschien sie so, als er über das Feld hinritt, das seinen Ruhm begraben sollte. Unter den Mißerfolgen und Strapazen der letzten vier Tage war seine Kraft zusammengebrochen.

»Von einer tiefen Verstimmung erfaßt«, sagt der österreichische Generalstabsbericht, »hatte der Feldzeugmeister bereits alles Vertrauen in sich, seine Umgebung, sein Heer und die große Sache verloren, um derenwillen die Armee in den Kampf gegangen war. In Königgrätz angekommen, erhielt er ein Telegramm, welches Se. Majestät der Kaiser als Antwort auf die Depesche, die den Rückzug der Armee angezeigt (S. 474), um 9¾ Uhr hatte absenden lassen. Dies Telegramm des Kaisers lautete:

> »Obschon seit Ihren Berichten vom 27. und 28. v. M. aus Josephstadt, dann der telegraphischen Meldungen vom 29. aus Dubenetz das Resultat der Operationen Mir unbekannt ist, so habe Ich – trotz der Nachricht bezüglich des auf Königgrätz nötig gewordenen Rückzuges – das feste Vertrauen, daß Ihre energische Führung demnächst günstige Erfolge erzielen und Ihre Kraft die Ordnung erhalten wird.«

Doch konnten auch diese großherzigen Worte des Kaisers, so fährt der Bericht fort, den gesunkenen Mut des unglücklichen Feldherrn nicht aufrichten; Feldzeugmeister v. Benedek sah den nächsten Tagen hoffnungslos entgegen und sandte um 11½ Uhr vormittags, ohne daß irgendjemand aus seiner Umgebung darum wußte, das folgende Telegramm an den Kaiser ab:

> »Bitte Euer Majestät dringend, um jeden Preis den Frieden zu schließen; Katastrophe für Armee unvermeidlich. Oberstleutnant Beck (Generaladjutant des Kaisers, der in der Nacht vorher im Hauptquartier eingetroffen war) geht gleich zurück.«

Der Kaiser, wir zitieren weiter, konnte auf den Rat des Armeekommandanten nicht eingehen. Mochte der letztre die Verhältnisse der Armee nach allen Unfällen, die einzelne Korps erlitten, noch so ungünstig betrachten, so rechtfertigte doch nichts, mit dem Feinde in Unterhandlungen zu treten, bevor eine Schlacht geschlagen worden und dieselbe über das Schicksal des Heeres und des Staates entschieden hatte. Auch mußte es jedem Unbefangenen, der den unmittelbaren Eindrükken des Schauplatzes entrückt war, undenkbar erscheinen, daß die Armee völlig kampfunfähig und eine Katastrophe unvermeidlich sei. Es mußten daher auch Unterhandlungen mit dem Gegner sich als ganz unzeitig und in jeder Beziehung ungerechtfertigt darstellen. Se. Majestät der Kaiser antworteten sonach um 2 Uhr 10 Minuten mittags telegraphisch dem Armeekommandanten:

> »Einen Frieden zu schließen unmöglich. Ich befehle – wenn unausweichlich – den Rückzug in größter Ordnung anzutreten. Hat eine Schlacht stattgefunden?«

Hierauf meldete der Armeekommandant (der inzwischen zu einer ruhigeren, wenn auch zu keiner hoffnungsvollen Anschauung zurückgekehrt war) telegraphisch um 11 Uhr nachts dem Kaiser folgendes:

> »Ew. Majestät Telegramme erhalten, Chiffren verstanden. – VI. und X. Korps haben außerordentlich, VIII. Korps sehr stark gelitten; I. Korps, wie ich mich heute persönlich überzeugt, und sächsisches Korps teilweise ebenfalls außerordentlich hergenommen und brauchen mehrere Tage, um sich zu sammeln; auch IV. Korps hat Verluste gehabt.
>
> Von acht Korps sind mithin ohne Schlacht, bloß nach partiellen Gefechten, nur zwei ganz intakt, aber auch diese so wie die Kavallerie- und Artillerie-Reserve sehr fatiguiert; brauchen alle notwendig Erholung und Beschuhung und sonstige Bedürfnisse, X. Korps insbesondere auch Kochgeschirre. Die großen Verluste entstanden hauptsächlich durch Zündnadelgewehrfeuer, von dessen mörderischer Wirkung alle ohne Unterschied impressioniert bleiben, die im Gefechte waren.

Alles dieses zwang mich nach gestrigen Erfahrungen und telegraphisch gemeldetem Debakel des I. und sächsischen Korps, hierher zu repliieren. Auf dem Wege fand ich den massenhaften Train der Armee, der nicht mehr weit genug zurückdisponiert werden konnte, und wenn unter solchen Umständen ein energischer Angriff des Gegners erfolgt wäre oder noch erfolgt, bevor das erste Korps und die Sachsen wieder geordnet und die Armee sich einigermaßen erholt haben, wäre Katastrophe unvermeidlich. Glücklicherweise drängte der Feind heute bis zur Stunde nicht; ich lasse daher morgen die Armee ruhen und den Train zurückdisponieren; kann aber nicht länger hierbleiben, weil bis übermorgen Mangel an Trinkwasser in den Lagern eintreten wird, und setze am 3. den Rückzug gegen Pardubitz fort.

Werde ich nicht überflügelt, kann ich auf die Truppen wieder zählen, und ergibt sich die Gelegenheit zu einem Offensivstoß, so werde ich ihn machen, sonst aber trachten, die Armee so gut wie möglich wieder nach Olmütz zu bringen und Ew. Majestät Allerhöchste Befehle, soweit es nur immer in meinen Kräften steht, gewiß aber mit unbedingter Aufopferung auszuführen.«

So am 1. Juli abends. Der schlimmste Moment lag bereits zurück. Die Aussendung von Patrouillen nach allen Seiten hin wurde angeordnet, zugleich folgender Armee-Befehl erlassen:

»Die Armee bleibt morgen (2. Juli) in der heute bezogenen Aufstellung. Die großen Bagagen der Truppen sind noch im Laufe der heutigen Nacht zurückzuschaffen. (Folgen die nähern Bestimmungen.) Der Train des Hauptquartiers bleibt morgen in Raudnicka. Der Munitionspark steht am linken Elbufer bei Königgrätz. Die Armee-Intendanz wird am 3. d. M. nach Brünn verlegt. Das Armee-Hauptquartier befindet sich in der Prager-Vorstadt von Königgrätz im Gasthofe zur Stadt Prag.«

Auf Vorposten

»Dubenetz, 1. Juli abends.

WENIGE Zeilen, die ich Dir vorgestern (29.) von Königinhof aus schrieb und die H. zu befördern versprach, sind hoffentlich in Deine Hände gelangt. Die zwei Tage, die seitdem vergangen sind, haben die Situation nicht wesentlich verändert, nur speziell für unsre Brigade ist sie eine andre geworden: Wir sind als Avantgarde vorgeschoben worden und befinden uns seit heut nachmittag auf dem rechten Elbufer. Einige Bataillone liegen in Daubrawitz, Liebthal, Sibojed, mein Bataillon liegt am weitesten vor, im Dorfe Dubenetz. Das Haus, in dem ich diese Zeilen schreibe, war in letzter Nacht noch das österreichische Hauptquartier. Vor drei Tagen (in Burkersdorf) zogen wir in Gablenz' Wohnung ein, nun gar in Benedeks. Wer weiß, wohin wir noch alles kommen.

Wir wurden hier, trotzdem alles tschechisch ist, gut empfangen. Königinhof schien ausgestorben, als wir einrückten, nur ein paar alte Frauen waren zurückgeblieben; hier fanden wir ein Dutzend junge Mädchen vor, so ziemlich die ersten, die wir seit unserm Einmarsch in Böhmen gesehn. Allem Anschein nach finden sie, daß mit uns zu leben ist.

Einzelne unsrer Kompanien biwakieren außerhalb des Dorfes. Sie sind guter Dinge, lachen, singen, und die heitren Szenen, wie Du sie von Düppel her kennst, wiederholen sich hier. Da wir noch auf weitre zwei, drei Ruhetage rechnen, wenn man Vorpostentage überhaupt zu den Ruhetagen rechnen darf, so haben sie sich Hütten gebaut, die einen aus Laub, die andern aus Stroh, und mit Hilfe von allerhand Aufschriften eine Carlsstraße und Große Friedrichsstraße geschaffen.

Eine Freude, die wir heute hatten, war das Eintreffen der 1. Garde-Dragoner, die, wie Du vielleicht weißt, zur I. Armee gehören. Sie kamen aus der Nähe von Gitschin und hatten bis Dubenetz (über Arnau) einen Ritt von 6½ Meile gemacht. Man kann sagen, als wir ihnen die Hände reichten, war die Kette geschlossen, die Fühlung zwischen der I. und II. Armee gewonnen. Nach kurzem Aufenthalt kehrten sie zur Armee des Prinzen Friedrich Karl zurück. Das gibt einen Ritt von dreizehn Meilen *en suite*.

Wir haben hier schon manchen guten Fang getan, im großen und kleinen. So fanden wir im Stall eines Nachbargehöfts erst ein Offizierpferd, dann den Burschen, zuletzt das Gepäck. Wir trieben die Diskretion nicht so weit, den Mantelsack ununtersucht zu lassen; er war gut ausgestattet, darunter (wie immer) die Karte von Brandenburg und der Plan von Berlin. Sie waren ihrer Sache doch allzu gewiß. Daß alle Gefangenen, die wir bisher machten, dicke Mäntel trugen, ›um, wie sie aussagten, in schmucken weißen Röcken in Berlin einrücken zu können‹, schrieb ich Dir schon von Königinhof aus. Offiziersbriefe, die wir einer österreichischen Feldpost abnahmen, sind im Einklang damit und drücken denselben Geist der Überhebung aus. Sie werden uns ›abprügeln‹, sie werden uns ›das Lederzeug anstreichen‹ – diese und ähnliche Wendungen wiederholen sich, und zwar in Briefen, die nach Nachod und Skalitz, nach Burkersdorf und Trautenau geschrieben wurden. Anders freilich klingeln die Briefe der Soldaten. Sie sind rührend in ihrer Art: ›Liebe Peppi! Ich werde Dich wohl nicht wiedersehen, denn der Preuße schlägt alles tot.‹ Das klingt schon anders. – Heute sind Siegesnachrichten von allen Seiten her bei uns eingetroffen. Eine frohe Zuversicht ist über uns gekommen; wohl wissen wir, daß der Hauptschlag noch geführt werden muß, aber wir denken, daß wir ihn gut und glücklich führen werden. Jeder hofft, daß alles rasch zu Ende geht. Zunächst erwarten wir den König. Eh eine Woche um ist, muß sich viel entschieden haben.«

Bei der I. Armee, wenigstens bei der Avantgarde, empfand man es bestimmter, daß die Entscheidung nahe sei. Ein Offizier schrieb:

»Schloß Cerekwitz, 1. Juli (nachts).

... Nun laß Dir meine letzten Erlebnisse erzählen.

Heute mittag rückte unser Füsilier-Bataillon (27er) mit klingendem Spiel durch Horsitz und marschierte auf Groß-Jersitz zu); eine halbe Meile in Front unsrer Division, die bei Horsitz verblieb. Noch ehe wir Groß-Jersitz erreicht hatten, kam Befehl, über dies letztre Dorf hinaus bis Cerekwitz vorzurücken, das wiederum ¾ Meilen weiter vor gelegen ist. Ein Blick auf die Karte ließ uns keinen Zweifel darüber, daß wir auf einen sehr exponierten Posten geschickt wurden, und was wir nun seit zwei Stunden hier realiter vor uns und um uns haben, ist nicht angetan, unsere Lage als minder bedroht erscheinen zu lassen. Doch ich greife vor.

Es war bereits dämmrig, als wir vor Groß-Jersitz hielten, und noch ehe wir es im Rücken hatten, brach die Dunkelheit herein. Glücklicherweise hatten wir im Dorf einen deutschsprechenden Mann gefunden, den wir als Führer benutzen konnten, selbstverständlich unter steter Kontrolle. Die Spannung wuchs, als nach einer Viertelstunde auf unsre vorgeschobenen Kavallerie-Patrouillen geschossen wurde. Diese sprengten zurück und waren nun in der Dunkelheit nicht mehr zu gebrauchen; Infanteriepatrouillen mußten an ihre Stelle treten. Es war eine höchst peinliche Situation; unsre Phantasie war erhitzt und hinter jedem Baum und Busch glaubten wir einen Gewehrlauf blitzen oder den Federbusch eines Jägers sich bewegen zu sehn. Langsam ging es weiter, immer tiefer in die Nacht hinein.

Wir passierten das auf halbem Wege gelegene Dorf Trzebowitz. Endlos schien die noch zurückzulegende halbe Stunde. Zuletzt sahen wir Lichter; aus der Dunkelheit trat ein mächtiges, von einer Ringmauer umgebenes Gebäude hervor – Schloß Cerekwitz. Dahinter das Dorf gleichen Namens.

Unser Regimentskommandeur (Oberst v. Zychlinski), der persönlich beim Bataillon war, traf rasch seine Dispositionen. Er führte uns durch das Portal eines Turmes, besetzte die marktartige Erweiterung sowie die beiden Hauptstraßen des Dorfes und warf nun unsre 9. Kompanie ins Schloß. Die Sache war schnell getan. Wir drangen in das weitläufige Gebäude ein, das von allerhand Flüchtlingen wimmelte, die sich, von Soor und Trautenau aus, hierhergezogen hatten. Sie gaben sich widerstandslos gefangen.

Von diesem Schloß aus schreib' ich Dir nun. Die Besitzerin, eine Witwe (Baronin v. Kleeborn) ist abwesend; doch sind ein Verwalter, ein Hauswart, eine Köchin und ein Stubenmädchen zurückgeblieben. Die letztre (Käthe) meint es gut mit uns; auch die Köchin läßt mit sich

reden. Sie hat uns ein Warmbier gekocht, ein Abendbrot bereitet und die Schlüssel der Speisekammer vertrauensvoll in unsre Hände gelegt. Wir haben bedeutende Mehlvorräte im Hause selbst und in der benachbarten Brauerei einen Vorrat von gutem Bier gefunden. Wir sitzen also hier, wenn Du willst, wie in Abrahams Schoß; und wenn ich hinzufüge, daß ich diese Zeilen in einem großen, saalartigen Zimmer mit zwei Kaminen, Stuckpfeilern und einem Mahagoni-Himmelbett schreibe, so könnte Dir ein Anflug von Neid kommen, mich so *en grand Seigneur* beherbergt zu wissen.

Aber beneide mich nicht. Der Boden ist doch über die Maßen vulkanisch und zwar derart, daß jedes jeden Augenblick verschwinden kann. In Entfernung von kaum einer halben Meile, an Abhang und Rücken eines Höhenzuges hin, brennen zahllose Wachtfeuer; sie leuchten, daß man glauben könnte, dann und wann die einzelnen Gestalten zu erkennen, bis in mein Zimmer hinein. Als wir vor zwei Stunden das Schloß besetzten und der vielen Feuer ansichtig wurden, dachten wir noch an die Möglichkeit, daß es die Biwaks der Elb-Armee oder vielleicht unsrer 8. Division seien. Seit einer Stunde wissen wir aber, daß es der Feind ist, wenigstens ein Armee-Korps stark. Unser Oberst hat Meldung an den Prinzen geschickt. Ist der Feind so stark, wie die Leute hier erzählen (sie sprechen von drei Korps und mehr), so haben wir binnen 36 Stunden eine Schlacht. Vielleicht die Entscheidung. Gott sei mit uns. Dein ...«

König Wilhelm in Gitschin

KÖNIG Wilhelm hatte inzwischen, am 30. Juni früh, seine Hauptstadt verlassen. Der Tag vorher (29.) war ein Tag eintreffender Siegesnachrichten (Skalitz, Soor, Münchengrätz) und jubelnder Umzüge und Demonstrationen gewesen. Noch am Abend hatte der König, vom Balkon aus, zu dem sein Palais umdrängenden Volke gesprochen: »Großes ist geschehen, aber das Größere bleibt zu tun.« Diese größere Aufgabe zu lösen, brach er jetzt auf. Mit ihm sein Bruder, Generalfeldzeugmeister Prinz Carl und das große Hauptquartier.

Das Hauptquartier bestand aus dem Chef des Generalstabes, General der Infanterie Freiherr v. Moltke, seinem Adjutanten (Major Wright) und den Offizieren des Generalstabes; ferner aus dem Generalquartiermeister, Generalmajor v. Podbielski; dem Generalinspekteur des Ingenieur-Korps, Generalleutnant v. Wasserschleben, dem Generalinspekteur der Artillerie, Generalleutnant v. Hindersin, dem Chef des Generalstabes der Artillerie, Oberst v. Bergmann, und einer Anzahl

von Offizieren beider Spezial-Waffen. Ferner aus dem Generaladjutanten, Generalleutnant v. Alvensleben, aus dem General *à la suite* Sr.

Majestät, Generalmajor v. Boyen, aus dem Chef des Militärkabinetts, Generalmajor v. Tresckow, aus dem Inspekteur der Jäger und Schützen, Oberst Graf zu Dohna, und aus den Flügeladjutanten des Königs: Obersten v. Steinäcker und v. Stiehle, Oberstleutnants Graf Kanitz, Freiherr v. Loë, Graf Finck v. Finckenstein und Major Graf Lehndorff. Im Hauptquartier anwesend (außer dem Generalfeldzeugmeister Prinz Carl von Preußen) waren noch der General der Infanterie, Kriegsminister v. Roon, der Ministerpräsident Graf v. Bismarck, Prinz Reuß, Geheimer Legationsrat Abeken, Wirklicher Legationsrat Baron v. Keudell und eine Anzahl preußischer und fremdherrlicher Offiziere, unter jenen der Fürst Pückler-Muskau und der Herzog v. Ujest, unter diesen der russische Generalmajor Graf Kutusoff, der italienische Oberst Graf

Avet und der mecklenburg-schwerinische Major v. Brandenstein. Der Geheime Kabinettsrat v. Mühler, Chef des Zivil-Kabinetts, war ebenfalls dem Hauptquartier attachiert.

Zum Hauptquartier gehörte auch die aus allen Infanterie- und Kavallerie-Regimentern der Armee gebildete Stabswache, unter dem Kommando des Oberstleutnants v. Krosigk. Ihr fiel die Bewachung und der militärische Dienst zu. Die Infanterie war in ein Bataillon, die Kavallerie in eine Eskadron formiert. Die letztre, das sei gleich hier bemerkt, ritt, wenn sich das Hauptquartier in Bewegung setzte, dem königlichen Wagen vorauf und zwar abwechselnd entweder Kürassiere und Dragoner oder Husaren und Ulanen. Die Infanterie marschierte (oft um einen Tagemarsch) voraus oder folgte auch, wenn das Hauptquartier aufbrach.

Die Reise des Königs, vom Niederschlesischen Bahnhof aus, geschah über Frankfurt, Görlitz, Zittau; – so weit sie durch preußisches Land ging, war sie, schon jetzt, ein Triumphzug. Gegen Abend traf der König in Reichenberg in Böhmen ein und nahm Quartier im Schlosse des Grafen Clam-Gallas, desselben, der in den Kämpfen an der Iser und bei Gitschin das I. österreichische Korps kommandiert hatte.

Bis 1. Juli mittags verblieb der König in Reichenberg, dann verlegte er sein Hauptquartier nach Schloß Sichrow (dem schönen Prinz Rohanschen Besitze), am 2. von Schloß Sichrow nach Gitschin. Der Weg dahin, an Libun* und Brada vorbei, führte bereits mitten über Schlachtengrund. Der Krieg lag nun rundum.

Bis auf dies Schlachtfeld kam Prinz Friedrich Karl (wie immer in der roten Uniform der Zietenschen Husaren) von seinem Hauptquartier Horsitz her, in einem offenen Jagdwagen seinem königlichen Oheim entgegengefahren, der ihn sofort in seinen Wagen einsteigen und sich über den Gang des Gefechtes am 29. und über den Stand der Dinge bei der I. Armee rapportieren ließ. Fühlung mit der II. Armee (wie wir bereits wissen) war gewonnen. Von Gitschin aus konnte sich der König, je nach Lage der Dinge, entweder nach Horsitz oder nach Königinhof, d. h. also entweder zur I. oder zur II. Armee begeben. Die Entfernungen waren nicht erheblich verschieden. In dem Augenblick als der König Gitschin erreichte, war darüber noch nichts beschlossen, konnte

* In diesem Dorfe Libun ließ der König vor einem Hause halten, das durch das bekannte rote Kreuz im weißen Fahnentuch als Lazarett bezeichnet war. Er fand hier schwerverwundete Offiziere von Freund und Feind. Leutnant Hellhof, dem (S. 265) eine Kugel beide Beine fortgerissen hatte, den sächsischen Oberst v. Boxberg, den Grafen Voß (Mecklenburger) vom Dragoner-Regiment Savoyen usw. Den Namen des Leutnants Hellhof ließ der König sofort notieren, für den Fall, daß der Verwundete später der königlichen Gnade bedürfen sollte.

auch nicht beschlossen sein, da man eben noch nicht wußte, wohin die große österreichische Armee sich gewendet habe, ob sie diesseits oder jenseits der Elbe stand.

Auf dem Gitschiner Ring (der König nahm Wohnung im Gasthofe) stand eine Ehrenwache des Grenadier-Regiments König Friedrich Wilhelm IV., dessen 2. Bataillon am 29. so heiß im Kampf gewesen und bei Unter-Lochow dezimiert worden war. Die Erscheinung der Truppen, abgeschossene Helmspitzen und durchlöcherte Beschläge, deuteten darauf hin, wie ernst sie im Feuer gestanden hatten.

Der König musterte; als er die Reihe entlang schritt, brachen die Mannschaften in laute Hurras aus, die unter präsentiertem Gewehr, bis zum Schlusse der Inspektion, fortdauerten.

Auf dem Marktplatze hatten sich auch der Magistrat und die Geistlichkeit aufgestellt, um den König zu begrüßen und eine Audienz zu erbitten. Diese wurde gewährt. Zweck war, den König zu versichern, daß von seiten der Gitschiner Bürger nicht auf die einrückenden Preußen (am Abend des 29.) geschossen worden sei. Der König antwortete:

> »Ich führe keinen Krieg gegen Ihre Nation, sondern nur gegen die Armeen, die Mir gegenüberstehn. Wollen die Einwohner sich aber ohne alle Veranlassung feindlich gegen Meine Truppen betragen, so werde Ich Mich zu Repressalien genötigt sehen. Meine

Truppen sind keine wilden Horden und verlangen nur das zum Leben unbedingt Notwendige. Ihre Sorge ist es, ihnen keine Veranlassung zu gerechter Klage zu geben. Sagen Sie es den Einwohnern, daß Ich nicht gekommen bin, um Krieg gegen friedliche Bürger zu führen, sondern die Ehre Preußens gegen Verunglimpfung zu verteidigen.«

Der König besuchte darauf die zu einem Lazarett eingerichtete Jesuiten-Kirche, in der sich nur österreichische Verwundete befanden; der Oberst und Kommandeur des Regiments Liechtenstein-Husaren Graf Piacewitz, der schwer verwundet in unsre Gefangenschaft gefallen war, erhielt, wie schon erzählt, auf Befürwortung des Prinzen Friedrich Karl, sofort Erlaubnis, sich über Dresden nach Wien zu begeben. Der König ging weiter und gab Befehl, daß alle verwundeten österreichischen Offiziere, wenn sie ihr Ehrenwort geben wollten, in diesem Kriege nicht mehr gegen Preußen zu dienen, ebenfalls in ihre Heimat entlassen werden sollten.*

Von Gitschin aus war es auch, daß der König einen Gruß, eine Ansprache an seine Armee erließ, an seine Armee, die persönlich gegen den Feind zu führen er nunmehr sich anschickte. Die Ansprache lautete:

> Soldaten Meiner Armee!
>
> Ich begebe Mich heute zu Euch, Meinen im Felde stehenden braven Truppen, und biete Euch Meinen Königlichen Gruß. In wenigen Tagen sind durch Eure Tapferkeit und Hingebung Resultate erfochten worden, welche sich würdig anreihen an die Großtaten unsrer Väter. Mit Stolz blicke Ich auf sämtliche Abteilungen Meines treuen Heeres und sehe den nächsten Kriegsereignissen mit freudiger Zuversicht entgegen. Soldaten! Zahlreiche Feinde stehen gegen uns im Kampf. Laßt uns indes auf Gott den Herrn, den Lenker aller Schlachten, und auf unsre gerechte Sache bauen; Er wird durch Eure Tapferkeit und Ausdauer die sieggewohnten preußischen Fahnen zu neuen Siegen führen.
>
> Wilhelm.

Prinz Friedrich Karl, nach eingehenden Besprechungen mit dem König, kehrte in sein Hauptquartier nach Horsitz zurück. Ein Generalstabsoffizier stattete im Laufe des Nachmittags Bericht ab über die Details der Stellungen, die Terrainbeschaffenheit und die bisherige Fechtart des Feindes. Das Resultat aller dieser Besprechungen war das, daß ein ferneres Ausruhen (auf ein oder zwei Tage) der durch Strapazen hart mitgenommenen Truppen wünschenswert sei und daß das militärische Gefolge sich für den nächsten Morgen um 9 Uhr bereit zu halten habe, um den König zu einer Besprechung mit dem Kronprinzen nach Königinhof zu begleiten.

Niemand – in der Stunde, in der diese Entschlüsse gefaßt wurden – hatte eine Ahnung davon, daß 24 Stunden später die große Schlacht bereits geschlagen und der Ausgang dieses Krieges entschieden sein würde.

Wir begeben uns nunmehr zur I. Armee, um zu zeigen, welche Nachrichten es waren, die die friedlichen, für den 3. Juli gefaßten Entschlüsse umstießen und den Entschluß zur Schlacht an ihre Stelle setzten.

* Später wurde diese Begünstigung in besonders dazu angetanen Fällen auch auf unverwundete kaiserliche Offiziere ausgedehnt und freudig von ihnen benutzt, was ihnen nach dem Kriege (und nach unsrem Gefühl nicht ganz mit Unrecht) in ihrem Vaterlande schwere Verantwortung zugezogen haben soll.

Der Tag vor der Schlacht

Die Rekognoszierungen. Major v. Ungers Ritt

IE Erste Armee stand am Morgen des 2. Juli auf der Linie Miletin-Horsitz-Wostromer; das III. Korps (Brandenburg) hatte den linken, das II. Korps (Pommern) den rechten Flügel, das IV. Korps (Magdeburg-Türingen) hielt im Zentrum. Das IV. Korps gab auch die Avantgarden. Am weitesten vorgeschoben stand die Vorhut der 7. Division: das Detachement Zychlinski. Mit diesem, dessen Meldungen für den Entschluß zur Schlacht entscheidend werden sollten, werden wir uns auf den nächsten Seiten zu beschäftigen haben.

Das Detachement Zychlinski stand seit dem 1. Juli abends in Dorf und Schloß Cerekwitz. Ein Brief, den wir mitteilten (S. 481 bis 482), zeigte uns den Marsch dieses Detachements, die Besetzung des Schlosses und zuletzt die feindlichen Lagerfeuer, die, in Entfernung von wenig mehr als einer halben Meile, auf den gegenübergelegenen Höhen brannten. Derselbe Brief erwähnte auch der Meldungen, die, spät abends noch, über die mutmaßliche Stärke des Feindes in das Hauptquartier des Prinzen gemacht worden seien.

In der Tat, diese Meldungen waren ergangen, bei der Wichtigkeit der Sache aber konnte es bei Mitteilungen nicht sein Bewenden haben, die, in allem was Zahlenangaben betraf, auf bloßen Aussagen von Schloßbeamten und Dorfleuten beruhten. Eigne Anschauung hatte festzustellen, wieviel vom Feinde auf den Höhen gegenüber lagere, welche Truppen und in welcher Ausdehnung. Der nächste Morgen war dazu ausersehen.

Die Nacht verging ruhig. Bei Tagesanbruch traf Verstärkung ein: das 2. Bataillon (Major v. Busse) vom 27. Regiment. Oberst v. Zychlinski – um wenigstens gegen einen plötzlichen Überfall gesichert zu sein – verstärkte sofort seine Vorposten auf beiden Flügeln, umgab sich mit einem Kreis von Feldwachen und richtete das Schloß selbst durch Verrammelungen und Einschlagen von Schießscharten zu einer Art von Festung ein, in der er entschlossen war, sich mit seinen beiden Bataillonen (2. und Füsilier-Bataillon) bis zum äußersten zu halten. Auf dem Turm über der Schloßkapelle wurde ein Posten mit einem Fernglase aufgestellt, der über die Bewegungen des Feindes zu rapportieren hatte. Nach allen Seiten hin wurde patrouilliert, und von den Feldwachen gingen alsbald zahlreiche Meldungen ein, alle dahin lautend, daß der Feind Fouragierungen vornähme, daß unabsehbare Wagenkolonnen sichtbar wären, vor allem, daß der Feind in der Richtung auf Lipa zu und zwar besonders in der Waldblöße zwischen Sadowa und Cistowes verschiedene Batterien aufgefahren habe.

Dies alles war von äußerster Wichtigkeit. Daß man den Feind vor sich habe, daran war nicht länger zu zweifeln; um indessen das Hauptquartier des Prinzen nicht durch übertriebene Angaben zu alarmieren, beschloß Oberst v. Zychlinski, wie bereits hervorgehoben, zu direkten Rekognoszierungen womöglich bis in den Rücken des Feindes zu schreiten. Er erteilte dem Premierleutnant v. Heister, der die dem Detachement beigegebene Eskadron Ascherslebner Husaren führte, Befehl, mit 15 Pferden zunächst die 8. Division (die rechts stehen sollte) aufzusuchen, dann auf der Straße gegen Lipa den Feind zu rekognoszieren und etwa über Benatek zurückzukehren. Dies war um 7 Uhr früh.

Premierleutnant v. Heister hielt sich südwestlich, suchte erst Hnewcowes, wo in der Nacht vorher feindliche Jäger gewesen waren, dann Sowetitz ab und hielt sich nun auf Sadowa zu, in dessen Nähe er das ganze feindliche Lager überblicken konnte. Es lag ihm aber daran, Gefangene zu machen. In den Dörfern hatte er in Erfahrung gebracht, daß in Ober-Cernatek eine feindliche Jägerkompanie stecke; er schwenkte deshalb rechts und ritt nun im Schritt erst die Chaussee, dann einen Feldweg hinauf, um die hier und da aufgestellten Posten glauben zu machen, es sei eine sächsische Reiter-Abteilung, die sorglos ruhig des Weges geritten komme. Dreihundert Schritt westlich von Ober-Cernatek wurde man eines Piketts ansichtig, das, 80 bis 100 Mann stark, in der Tat sich täuschen lassen zu wollen schien. Bis auf 50 Schritt waren unsre Husaren heran. Da gab ein Doppelposten Feuer.

Im nächsten Moment jagten unsre Husaren auf das Pikett los, das Knäul zu formieren und unregelmäßig zu feuern begann; zwei von den Jägern aber, die nicht mehr Zeit gehabt hatten zu retirieren, wurden in Front des Knäuls gepackt und trotz des verfolgenden Feuers der Jäger in Sicherheit gebracht. Mit diesen ging es nach Cerekwitz zurück. Sie gehörten zum 34. Jäger-Bataillon und sagten aus, daß das III. österreichische Korps auf der Höhe von Lipa stehe. Diesem Korps also hatten die Wachtfeuer angehört, die am Abend vorher bis nach Schloß Cerekwitz hin geleuchtet hatten. Ob hinter oder neben dem III. Korps noch andre feindliche Abteilungen massiert stünden, war von den Gefangenen nicht in Erfahrung zu bringen. Doch deuteten alle Aussagen der tschechischen Bevölkerung, soweit man sich mit ihnen verständigen konnte, darauf hin. Namentlich hörte man von den »Sachsen«.

Die Meldung davon ging etwa gegen Mittag von Cerekwitz nach Schloß Kamenitz in das Hauptquartier des Prinzen. Dieser hatte inzwischen – auf die ersten Meldungen vom Obersten v. Zychlinski gestützt – bereits seinerseits und zwar direkt vom Hauptquartier aus, einen ähnlichen Rekognoszierungsritt, wie den eben erzählten, angeordnet und einem gutberittenen Offizier seines Generalstabes, dem Major v. Unger, den Befehl erteilt, womöglich bis an die Bistritz vorzugehen.

Major v. Unger (wir geben diese Rekognoszierung in ausführlicher Erzählung) begab sich zunächst zu General v. Fransecky nach Horsitz, von dort nach Gutwasser zum General v. Horn. Was er an beiden Orten erfuhr, war im wesentlichen gleichbedeutend mit den im Hauptquartier bereits bekannt gewordenen Meldungen; immer mehr stellte sich die Notwendigkeit heraus, in den Rücken der feindlichen Vorpostenstellung zu gelangen. General v. Horn bewilligte zu diesem Behuf eine Schwadron vom Thüringischen Ulanen-Regiment als Bedeckung; da indessen die Pferde noch nicht abgefüttert hatten, so beschloß Major v. Unger mit 1 Gefreiten und 5 Ulanen unverzüglich vorzugehen, – die Eskadron sollte folgen.

Major v. Unger hielt zunächst die große Straße, passierte die am weitesten vorgeschobene Ulanen-Feldwache der 8. Division und bog dann rechts ab, um auf Nebenwegen bis an die Bistritz oder doch bis an den unmittelbar in Front gelegenen Höhenzug (die Höhe von Dub) zu gelangen, die einen Überblick über das Bistritz-Tal gestattete. Der Ritt ging unbehelligt bis an eine dem letztgenannten Tal vorgelegene, ebenfalls von einem Bach oder Fließ durchzogene Terrainsenkung, von deren diesseitigem Rande Major v. Unger sofort wahrnahm, daß das mutmaßlich hinter der jenseitigen Höhe aufgeschlagene österreichische Lager Vorposten bis in diese parallel mit der Bistritz laufende Talmulde vorgeschoben habe. Er sah dies um so deutlicher, als die Vorposten eben abgelöst wurden. In den Rücken dieser vordersten feindlichen Linie galt es nunmehr zu gelangen. Es war dazu nötig, den einen Abhang hinab-, den andern hinaufzureiten und dabei die in der Tiefe gelegenen, zum Teil vom Feinde besetzten Dörfer zu vermeiden.

Major v. Unger zog jetzt die bereits erwähnte Ulanen-Feldwache an sich heran, brachte dadurch seinen Trupp auf 16 Pferde und ging nun in der Richtung auf das in der Tiefe gelegene Dorf Klenitz, aber rechts von demselben, vor. Noch ehe er halb den Abhang hinab war, ritt auf 100 Schritt Entfernung eine österreichische Ulanen-Patrouille, in entgegengesetzter Richtung, an ihm vorüber. Die Offiziere von hüben und drüben salutierten einander, einer der thüringischen Ulanen aber, ohne den Gruß zu beachten, gab Feuer aus seiner Sackpistole. Ein nie da gewesener Fall – die Kugel saß. Das ins Blatt getroffene Pferd stürzte, der Reiter mit ihm und der Hintermann wieder über den Vordermann. Der ganze feindliche Trupp stob auseinander; die beiden gestürzten Ulanen wurden gefangengenommen.

Näher an Klenitz heran trafen die Unsern auf Dorfleute. Die Auskunft, die sie gaben, stimmte mit den Aussagen der beiden gefangenen Ulanen überein. Bei Sadowa, so hieß es, stehe das III., hinter diesem, auf Königgrätz zu, das X. und das I. Korps; die Sachsen stünden bei Problus. Das III. Korps habe eine Brigade, die Brigade Prohaska, bis auf die Höhe von Dub und über diese hinaus vorgeschoben. War dies richtig (und daran war nicht länger zu zweifeln), so gehörten die Truppen, die man vor sich hatte, dem III. Korps an. In der Tat war es die Brigade Prohaska.

Unsre Ulanen hatten inzwischen die Talsohle erreicht. Das Wässerchen, das hier floß, war zu beiden Seiten von schwer passierbaren Sumpf- und Wiesenstreifen eingefaßt; die Pferde sanken ein, es war ein diffiziles Terrain. Endlich fand man eine Art Steindamm, der einen Übergang ermöglichte. Major v. Unger, sofort die Wichtigkeit dieses Punktes erkennend, ließ an der Übergangsstelle einen Ulanenposten zurück, um für den Fall, daß er verfolgt würde, diese einzig passierbare Stelle schon von weit her erkennen zu können. Diese Vorsicht rettete ihn späterhin.

Es ging nun hügelan, erst an einzelnen Posten, dann, auf kurze Entfernung, bei dem Dorfe Dub vorbei, das – noch diesseits der Höhe gelegen – bereits voll österreichischer Jäger steckte. Kein Schuß fiel. Es war ersichtlich, daß unsre Ulanen, wie schon vorher bei der Begegnung mit den Dorfleuten, für sächsische Reiter gehalten wurden; man winkte ihnen sogar zu; jeder Gruß wurde selbstverständlich erwidert.

Jetzt endlich hatten die Unsren, über Dub hinaus, den Kamm der gleichnamigen Höhe erreicht, und vor ihnen lag das Bistritz-Tal. Ein einziger Blick reichte aus, um die Überzeugung zu geben, daß man sich einem starken Bruchteil der gesamten feindlichen Armee gegenüber befinde. Ein Blick genügte, aber – er mußt' es auch; denn in demselben Momente fast, in dem die Unsrigen die Höhe erreicht hatten, brach aus dem unmittelbar zu Füßen gelegenen Sadowa (vielleicht alarmiert durch die flüchtigen Reiter jener ersten Patrouille) eine feindliche Ulanen-Schwadron hervor und ging zur Attacke über.

Kampf war nicht Zweck; die Unsrigen machten kehrt, und nun begann, bei der Kupiertheit des Terrains, ein vollständiges *steeple-chase.* Die feindlichen Ulanen, auf frischen Pferden, überholten alsbald die Unsrigen, trotz des Vorsprungs, den diese hatten, und voll großer Gewandtheit in Führung ihrer Waffe (es waren Polen) suchten sie unsre vor ihnen hinstiebenden und sich duckenden Ulanen durch immer neue Kreisschwingungen mit ihrer Lanze aus dem Sattel zu schlagen. Der beste Reiter, auf zehn Schritt den übrigen voraus, hing sich an den Major v. Unger selbst, durchstach ihm, kurz über der Hüfte, den Rockschoß, wurde aber, als er nicht ablassen wollte, durch einen Unteroffizier unsres Trupps vom Pferde geschossen. Über Hecken und Gräben ging es wie im Fluge; jetzt – der Ulanenposten am Fließ wurde sichtbar, und eine Minute später jagte der ganze Trupp über den Steindamm glücklich hinüber. Ein neuer Vorsprung war gewonnen, und die nunmehr auf der diesseitigen Höhe erscheinende, von Gutwasser aus nachgeschickte Ulanen-Schwadron nahm die Flüchtigen auf und hemmte die Verfolgung.

Ohne Verlust an Pferden und Mannschaften war dieser Ritt ausgeführt worden. Zwischen 6 und 7 Uhr nachmittags war Major v. Unger in Schloß Kamenitz zurück. Seine Meldungen reiften den Entschluß zur Schlacht und zwar um so mehr, als die verschiedenen Gefangenen, die im Laufe des Tages von der Vorpostenkette her ins Hauptquartier gebracht worden waren, alle dieselbe Aussage gemacht hatten, dahin lautend: daß das III., X. und I. Korps im Bistritztal stünden.

Der Prinz war nunmehr entschlossen – einem etwa beabsichtigten Angriff zuvorkommend – den Feind am Morgen des 3. anzugreifen. Um 9 Uhr ergingen die entsprechenden Befehle an die ihm unterstellten Führer beider Armeen (der I. und der Elb-Armee), gleichzeitig richtete er ein Schreiben an den Kronprinzen, worin er die Mitwirkung der II. Armee für den nächsten Tag erbat. Dieses Schreiben lautete:

»Durch Se. Majestät den König ist mir Kenntnis geworden von dem Eurer Königlichen Hoheit für morgen (den 3. Juli) erteilten

Auftrag einer Rekognoszierung gegen die Aupa und Metau. Nachdem indessen eine am heutigen Tage diesseits unternommene Rekognoszierung und die bezüglichen Meldungen der Vorposten-Truppen ergeben haben, daß bei Sadowa und Lipa an der Straße von Horsitz auf Königgrätz sehr bedeutende feindliche Kräfte vereinigt sind, welche ihre Avantgarde bis Dub vorgeschoben haben, liegt es in meiner Absicht, morgen den 3. Juli den Feind anzugreifen und denselben in Gemäßheit des mir erteilten Auftrages gegen die Elbe zu drängen.

Da indessen auch von Josephstadt aus stärkere feindliche Truppenmassen auf das rechte Elb-Ufer übergegangen sind, so kann ich darin nur die Absicht erblicken, daß dieselben, bei etwaigem Vorgehen meinerseits auf Königgrätz, gegen meinen linken Flügel operieren wollen. Eine solche Diversion würde mich zwingen, meine Kräfte zu teilen, wodurch ich also den gewünschten Zweck: Vernichtung des feindlichen Korps, nicht vollständig erreichen würde.

Eure Königliche Hoheit bitte ich deshalb, morgen, den 3. Juli, mit dem Garde-Korps oder mehr über Königinhof zur Sicherung meines linken Flügels in der Direktion auf Josephstadt auf dem rechten Elbufer vorgehen zu wollen. Ich spreche dieses Ersuchen um so mehr aus, als ich meinerseits auf ein rechtzeitiges Eintreffen des Korps von Bonin, der weiten Entfernung wegen, nicht rechnen kann, und als ich andererseits voraussetze, daß Eure Königliche Hoheit bei der für morgen dortseits zu unternehmenden Rekognoszierung nicht auf starke feindliche Kräfte stoßen werden. Ich füge, hinzu, daß mein linker Flügel bei Groß-Jersitz und Cerekwitz stehen wird.

gez. Friedrich Karl,
Prinz von Preußen.«

Der Leutnant v. Normann, vom Zietenschen Husaren-Regiment, wurde mit Überbringung dieses Schreibens beauftragt. Er erreichte Königinhof um 1 Uhr früh und war um 4 Uhr in Schloß Kamenitz zurück.

So waren denn seitens des Oberkommandos der I. Armee alle Vorbereitungen zu einem starken, vielleicht entscheidenden Schlage für den nächsten Tag geschehen; alle diese Anordnungen indes bedurften der Gutheißung des Königs, der von dem Augenblick an, wo er in Gitschin eingetroffen war, den Oberbefehl über die gesamte Armee übernommen hatte. Generalleutnant v. Voigts-Rhetz, Chef des Generalstabes der

I. Armee, begab sich deshalb, im Auftrage des Prinzen, von Schloß Kamenitz nach Gitschin, um unter Darlegung der Sachlage die Zustimmung, jedenfalls die weitren Befehle des Königs einzuholen.

Abends 11 Uhr traf der General v. Voigts-Rhetz ein. Die Lage war mißlich. Die Truppen beider Armeen waren durch die Gefechte seit dem 20. Juni und durch ununterbrochene, anstrengende Märsche so ermüdet, daß man es im Laufe des 2. Juli allseitig für notwendig gehalten hatte, den Soldaten wenigstens einige Tage Ruhe zu gönnen. Die Entfernung der II. Armee von dem mutmaßlichen Schauplatz des Kampfes war erheblich (für einzelne Korps 3 Meilen); der König schwankte. Er verfolgte zunächst auf der Karte die möglichen Stellungen des Feindes, soweit man diese aus den Rekognoszierungen hatte herausfühlen können; dann befahl er, die Generäle v. Moltke, v. Roon, v. Alvensleben und v. Tresckow zu Abhaltung eines Kriegsrates zusammen zu berufen. Dies geschah. Es scheint, daß die Meinungen wenig auseinandergingen; man stimmte für die Schlacht. Der König erteilte nunmehr seine Befehle.

General v. Voigts-Rhetz kehrte nach Schloß Kamenitz zurück, um dem Prinzen Friedrich Karl die Genehmigung zum Angriff zu überbringen.

Oberstleutnant Graf Finckenstein, Flügeladjutant des Königs, erhielt Befehl nach Königinhof zu reiten und dem Kronprinzen die schriftliche Weisung* zum sofortigen Vormarsch in der Richtung auf das wahrscheinliche Schlachtfeld zu überreichen.

* Das betreffende Schreiben lautete: »Den bei der I. Armee eingegangenen Nachrichten zufolge ist der Feind in der Stärke von etwa drei Korps, welche jedoch noch weiter ver-

Der Aufbruch des Königs selbst wurde für den nächsten Morgen statt auf 9 Uhr (wie vorher bestimmt) auf 5 Uhr festgesetzt.

Um 1 Uhr war der Kriegsrat geschlossen. Es war 2 Uhr, als der König sich zu kurzer Ruhe zurückzog.

Während der Nachtstunden war es auf allen Straßen, die von Westen und Nordwesten her gegen die Elbe führen, lebendig.

Die Elb-Armee war schon um 2 auf dem Marsch. Sie marschierte (laut Befehl) von Hoch-Wessely nach Smidar, von da auf Nechanitz.

»Der Himmel war düster. Ein Bataillon nach dem andern kam aus dem nassen Biwak. Die Kolonnen marschierten im Morgengrau an uns vorüber; einzelne der Offiziere fragten halblaut und neugierig: ›Also heut!‹ Es begann zu regnen. Die Morgenkälte durchfröstelte uns und dabei leere Feldflaschen überall.

Solange wir auf der Chaussee marschierten (auf Smidar zu), ging alles vortrefflich. Es sollte aber bald anders kommen. Der Regen dauerte nicht nur an, sondern fiel immer heftiger. Bei Smidar schwenkten wir links ab und gerieten nun auf aufgeweichte Landwege, dann ging es über Gräben und Wiesen. Wie unsre Artillerie da hinübergekommen ist, ist mir ein Wunder.« So ein Bericht von einem Augenzeugen.

An der Spitze der I. Armee, die auf verschiedenen Linien anrückte, marschierten die Divisionen Fransecky und Horn. Die thüringische Division hielt die große Straße und marschierte auf Milowitz; die magdeburgische Division avancierte unmittelbar links daneben und ging von Horsitz über Groß-Jersitz auf das, wie wir wissen, seit dem 1. Juli abends bereits besetzte Schloß Cerekwitz.

stärkt werden können, bis über den Abschnitt der Bistritz bei Sadowa vorgegangen und ist dort ein Renkontre mit der I. Armee morgen in aller Frühe zu erwarten.

Die I. Armee steht befohlenermaßen morgen, den 3. Juli, früh um 2 Uhr mit zwei Divisionen bei Horsitz, mit einer bei Milowitz, mit einer bei Cerekwitz, mit zwei bei Psanek und Bristan; das Kavallerie-Korps bei Gutwasser.

Ew. Königliche Hoheit wollen sogleich die nötigen Anordnungen treffen, um mit allen Kräften zur Unterstützung der I. Armee gegen die rechte Flanke des voraussichtlichen, feindlichen Anmarsches vorrücken zu können und dabei sobald als möglich eingreifen. Die heute nachmittag unter anderen Verhältnissen gegebenen diesseitigen Anordnungen sind nun nicht mehr maßgebend.

gez. v. Moltke.«

Graf Finckenstein ritt über Miletin auf Königinhof; bei der Wichtigkeit dieses Schreibens aber wurde ein gleichlautendes zweites Exemplar über Kamenitz auf Königinhof befördert. – Beide Schreiben trafen beim Kronprinzen ein.

»... Waren wir auch schon öfters im Dunkeln marschiert, so waren wir doch, all diese Tage über, nie nüchtern und nie vor Anbruch des Tages aus dem Biwak gerückt. Alles fröstelte. Die tiefe Finsternis wurde durch einen undurchdringlichen Nebel erhöht, der zuerst um uns lagerte, dann aber in einen feinen durchdringenden Regen sich aufzulösen begann. Der Weg war schlüpfrig, so daß der Marsch, da man nicht sehen konnte, wohin man trat, ein höchst unsichrer, anstrengender wurde; das Gepäck war nicht abgelegt und belästigte uns um so mehr, als es, bei dem unsichren Gange, alle Schwankungen des Körpers mitmachte und uns so aus dem Gleichgewicht zu bringen drohte.

Unter diesen Verhältnissen war die Stimmung keine besonders gehobene, und der Marsch geschah meist in lautloser Stille, nur dann und wann durch das Witzwort eines übermütigen Burschen unterbrochen, das dann auf Momente die nächste Umgebung erheiterte und wie ein Lauffeuer weiterlief.

Als wir etwa halb heran waren (an Cerekwitz), wurde haltgemacht. Der Tag begann zu grauen; aber die Sonne ging nicht auf; statt dessen strömte der Regen jetzt auf uns hernieder. Es mochte 5 Uhr sein. Aus der mitgebrachten eisernen Ration wurde Kaffee gekocht; einzelne eilten um Holz und Wasser heranzuholen, andere warfen sich in den aufgeweichten Lehmboden und schliefen ein. Der Kaffee erfrischte uns. Dann wieder vorwärts. Für viele war es die letzte Mahlzeit gewesen.«

So oder ähnlich klingen die Berichte von allen Divisionen.

Das II. Korps (Pommern) ging rechts neben der thüringischen Division vor; das III. Korps (Brandenburg) folgte als Reserve.

Um 5 Uhr, zum Teil früher schon, waren die Truppen in die ihnen angewiesenen Stellungen eingerückt. Das Bistritz-Tal lag vor ihnen.

Um 5 Uhr brach auch der König von Gitschin auf. Mit ihm das ganze militärische Personal des Hauptquartiers. Auch Graf Bismarck. Der König fuhr in einem offenen Wagen; in fliegender Eile ging es die Chaussee entlang, mitten durch die Wasserlachen, die überall auf der halb aufgeweichten Chaussee standen. Die Truppen, an welchen der König vorüberfuhr, brachen in lauten Jubel aus, sobald sie an den vorreitenden Kavallerie-Mannschaften der Stabswache gewahr wurden, daß ihr Kriegsherr in ihrer Nähe sei. Jedes Mal, wenn ein solcher Jubelruf schon von fern her an sein Ohr schlug, wechselte der ernste, nachdenkliche Ausdruck seiner Züge mit jenem freundlichen Gruß, durch den er allezeit seine Soldaten zu begeistern wußte.

Auf der Höhe von Dub hielt der Wagen. Der König bestieg eins der dort haltenden Marstall-Pferde, eine Rappstute. Er ritt an den Rand vor; da lag die Bistritz, dort unten Sadowa, ein Wald dahinter, hinter dem Walde, allmählich ansteigend die Höhe von Lipa und das gleichnamige Dorf.

In diesem Augenblick blitzte es von drüben her durch den Nebel; dann ein dumpfes Rollen. Der erste Kanonenschuß war gefallen.

KÖNIGGRÄTZ

An der Bistritz

Terrain. Aufstellung

N das Bistritz-Tal hinab sah der König. Versuchen wir, ehe wir von Dub aus die Niederung hinauf und hinunter blicken, eine Schilderung des Gesamt-Terrains.

Die Elbe, auf ihrem fast einen rechten Winkel bildenden Oberlaufe, umspannt nach Westen hin ein ziemlich ausgedehntes Plateau: das Plateau von Gitschin.

Schneiden wir aus diesem Plateau einen Bruchteil heraus, dessen östliche Seite durch den Lauf der Elbe zwischen Josephstadt und Königgrätz, dessen westliche Seite aber durch die Linie Horsitz-Neu-Bidsow gebildet wird, so haben wir im wesentlichen ein zwei Meilen langes und zwei Meilen breites Quadratstück, das wir im weiteren Sinne als das Schlachtfeld von Königgrätz bezeichnen können.

Dies Quadratstück – hüglig und wellenförmig wie das ganze Plateau – wird durch den Lauf des Bistritz-Baches in zwei Hälften von ziemlich gleicher Größe geteilt. Auf der westlichen Hälfte, nach Horsitz und Gitschin zu, standen die Preußen; auf der östlichen Hälfte, nach Josephstadt und Königgrätz zu (nur diese Hälfte gibt die vorstehende Karte), standen die Österreicher. Zwischen beiden die Talmulde. Die Stellung beider Teile war insofern verwandt, als jeder, der zum Angriff schritt, erst in das Tal hinab, dann die gegenüberliegende Höhe hinauf mußte. Doch hatte die preußische Stellung den Vorzug guter Rückzugslinien über das Gitschiner Plateau hin, während die Rückzugslinien der Österreicher auf die fast unmittelbar hinter ihnen gelegene Elbe führten.

Dies war ein großer Nachteil, der auch dem Auge des Feldzeugmeisters schwerlich entgehen konnte. Dennoch wählte er diese Stellung, weil sie, wenn der Gegner unerwartet rasch nachdrängte, wenigstens taktisch eine vorzügliche Defensive bot.

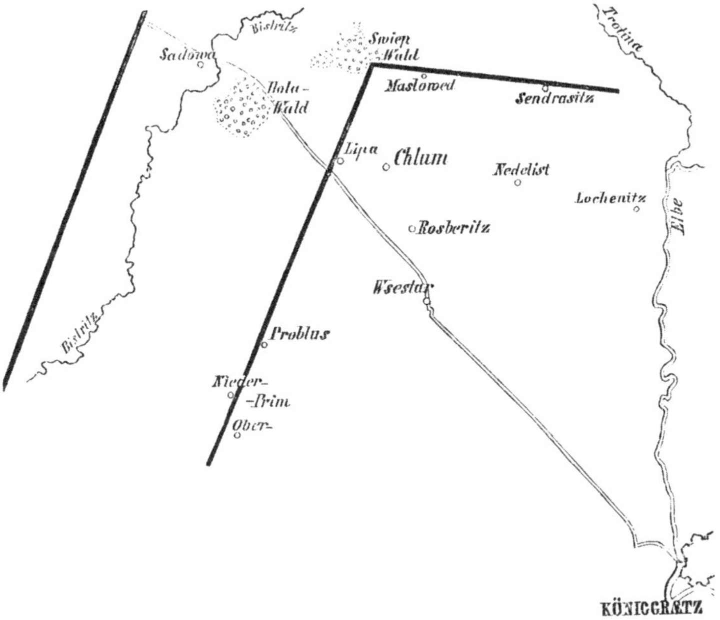

In der Front gewiß. Von den Flügeln nahm freilich nur der rechte an der natürlichen Festigkeit der Stellung teil. Hier nämlich füllten mehrere, rechtwinklig auf die Frontal-Höhe gestellte Querriegel den kaum eine Meile betragenden Raum zwischen Bistritz und Elbe vollständig aus und schufen eine natürliche, aus drei Wallreihen bestehende Festung, die weder zu umgehn, noch – wenn der Verteidiger seine Schuldigkeit tat – ohne die größten Opfer zu erstürmen war.

Die linke Flügelstellung war schwach. Die hier sich abflachenden Höhen gestatteten eine Umgehung; ein Kurvenmarsch mußte, auch ohne Kampf, in den Rücken des Gegners führen. Diese Schwäche der Stellung – bei der Notwendigkeit raschen Eingreifens – konnte indes (wie wir in der Folge zeigen werden) unsrerseits nicht ausgenutzt werden.

Rekapitulieren wir, so war das Hügel-Terrain, das die Österreicher jenseits der Bistritz innehatten, eine einen Haken bildende Erdfestung.* Die lange Seite des Hakens richtete sich gegen Westen, die kurze gegen Norden. Die höchsten Punkte befanden sich da, wo die Hakenarme zusammenstießen. Der vielgenannte »Wald von Maslowed« (Swiep-Wald) war eine vorgelegene Bastion.

So das Terrain, auf dem unser Gegner seine Aufstellung genommen hatte. Es erübrigt uns nur noch die Angabe, wie die österreichischen Streitkräfte auf diesem Terrain verteilt standen.

Sie standen massiert im Zentrum, zu beiden Seiten der von Königgrätz nach Lipa-Sadowa führenden Chaussee. Am weitesten vorgeschoben das III. und X., dahinter (als Reserve) das I. und VI. Korps; neben und hinter ihnen die drei Reserve-Kavallerie-Divisionen, samt der Armee-Geschütz-Reserve.

Den rechten Flügel, hakenförmig zurückgebogen, hielt das IV. Korps. Rechts daneben das II.

Am linken Flügel standen die Sachsen und das VIII. österreichische Korps; beide (weiter links) gedeckt durch die leichte Kavallerie-Division Edelsheim.

Von der Höhe von Dub aus, in dem Augenblick als der König in Front erschien, war die ganze österreichische Schlachtlinie, trotz des Nebel- und Regenwetters, zu übersehen.

Zu Füßen lag Sadowa mit seiner Chaussee und seiner Bistritz-Brücke; dahinter das Sadowa-Gehölz, hinter dem Gehölz die Höhe von Lipa.

Links in der Bistritz-Mulde Benatek; höher ansteigend Horenowes und Cistowes; zwischen beiden, anscheinend greifbar nahe, der Swiep-Wald.

Rechts hin die zu Sadowa gehörige Zuckerfabrik, deren hoher Schornstein weithin sichtbar war; dahinter Dohalitz und Dohalitzka.

Noch weiter rechts, hart vor Nechanitz, stand die Elb-Armee bereits im Feuer. Ihr Vorgehen war von Dub aus nicht erkennbar; nur das Aufblitzen der Kanonen zeigte, wo das Gefecht sich einleitete.

* Unsre in den Text gedruckte Karte soll nur ganz allgemein, ohne allen Anspruch auf Richtigkeit im Detail, das Hakenförmige einerseits der hier in Betracht kommenden Höhenzüge, andrerseits der österreichischen Aufstellung andeuten. Insonderheit was den österreichischen rechten Flügel angeht, so ist die Stellung desselben, selbst wenn man es wollte, kaum zu fixieren. Alles war von Anfang an in Bewegung. Man kann nur sagen: Bei Beginn der Schlacht stand der österreichische rechte Flügel, wie unsere Zeichnung es zeigt, nahezu rechtwinklig auf die eigentliche Frontlinie und schwenkte dann mehr und mehr aus seiner Hakenstellung in diese Frontlinie ein. Wir kommen später ausführlich darauf zurück.

PRINZ·CARL V·PR·FELDM

KOENIG WILHELM

Auf der Höhe von Dub, am Morgen des 3. Juli 1866.

Auf der ganzen Linie (eine deutsche Meile) rückten die Unsren gegen die Bistritz vor. Die Schlacht begann.

Diese Schlacht in ihrem Gesamtverlauf, in ihren großen Zügen zu schildern, sei, ehe wir uns den einzelnen Kämpfen zuwenden, unsre nächste Aufgabe.

Der Plan des Prinzen Friedrich Karl ging dahin, mit der I. Armee (bei Sadowa) die Bistritz zu forcieren, die dahinter gelegene Höhe (die Höhe von Lipa) zu erstürmen und dadurch das feindliche Zentrum zu durchbrechen. Das gleichzeitige Vorgehen der Elb-Armee über Nechanitz, ein Stoß auf den feindlichen linken Flügel beziehungsweise eine Umgehung desselben, sollte den Hauptstoß im Zentrum unterstützen.

In dem Moment, in dem die Schlacht begann, wußte man preußischerseits noch nicht, daß man die ganze feindliche Armee gegenüber habe. Man rechnete auf drei Korps und die Sachsen. Darauf hin war der Plan, soweit wir ihn mitgeteilt, entworfen.

Der Feind stand uns aber nicht mit seiner halben, sondern mit seiner ganzen Armee gegenüber. Glücklicherweise war dieser Fall – wenn auch nicht geglaubt – so doch als Möglichkeit in die Berechnung gezogen. Um ganz sicher zu gehen, war, wie wir bereits wissen, der Kronprinz um seine Mitwirkung angegangen worden. Kam er, ohne daß seine Hilfe dringend benötigt war, so war nichts verloren; wurde seine Hilfe aber erforderlich, stand man dem ganzen Feinde gegenüber, so hing der Sieg an seinen Fahnen. Wir wissen jetzt, daß das letztre der Fall war.

In den ersten Stunden ging alles gut. Die Bistritz, auf der ganzen Linie, wurde überschritten. Die Avantgarde der Elb-Armee nahm Nechanitz; ebenso avancierten die drei Angriffs-Kolonnen im Zentrum:

> die 3. Division (rechtes Zentrum) besetzte Dohalitzka und Mokrowous;
>
> die 7. Division (linkes Zentrum) drang über Benatek bis in den Swiep-Wald vor;
>
> die 8. und 4. Division (im eigentlichen Zentrum) nahmen Sadowa und besetzten das Sadowa-Gehölz.
>
> Es war jetzt 10 Uhr. Glückte es, die Höhe von Lipa zu gewinnen, so war die Schlacht gewonnen, noch ehe der Kronprinz kam.

Aber alle Angriffe auf diese Stellung scheiterten. Immer neue Truppen, pommersche, thüringische, magdeburgische, zuletzt auch (aus der Reserve herangezogen) brandenburgische Regimenter, wurden gegen die Höhe geführt. Aber vergeblich. Ein Stocken kam in die Bewegung; einzelne Bataillone mußten zurück; nur mit ungeheuren Verlusten hielt man sich im Zentrum.

Man sah zunächst nach rechts. Wenn die Elb-Armee, wie erwartet war, vordrang, wenn sie den Gegner überflügelte und seine einzige Rückzugslinie: die Königgrätzer Chaussee, bedrohte, vielleicht wirklich durchschnitt, so war ein Erfolg im Zentrum, zu dessen Erringung man jeden Augenblick das in Reserve gehaltene III. Armee-Korps vorschikken konnte, immerhin noch möglich; – aber dies erwartete rasche Vorgehn der Elb-Armee (ohne daß diese ein Tadel träfe) blieb aus. Die Lage am rechten Flügel war ebendieselbe wie im Zentrum: Die mit Artillerie besetzten Höhen boten einen Widerstand, der nicht im ersten Ansturm zu brechen war.

In diesen Momenten der Bedrängnis, wo von rechts her die Einwirkung nicht kam, auf die man gerechnet hatte, wurde es klar, daß die Entscheidung nur noch von links her kommen könne. Und sie kam. Von Norden her, um die dritte Stunde des Nachmittags, stieß die Kronprinzliche Armee, nach vorhergegangenen leichten Gefechten, in Flanke und Rücken der österreichischen Stellung. Die beiden Garde-Divisionen, Chlum und Lipa im ersten Anlauf nehmend, trieben sich wie ein Keil mitten in die Seite des Gegners hinein. Links neben ihnen, über die drei Querriegel hinweg, avancierte gleichzeitig das VI. Korps und faßte den Feind bereits im Rücken. Um sein Mißgeschick voll zu machen, flankierte eben jetzt auch die Elb-Armee von Süden her die Stellung; seine einzige Rückzugslinie: die Königgrätzer Chaussee, konnte jeden Augenblick von zwei Seiten her durchschnitten werden.

Diesem drohenden Schicksal zu entgehen, das gleichbedeutend gewesen wäre mit Gefangennahme oder Vernichtung der Armee, wurde der Rückzug in fliegender Eile angeordnet; Kavallerie und Artillerie opferten sich. Besonders die letztre hielt aus bis zuletzt. Daß sie so viel an Geschützen verlor, gereicht ihr nicht zum Vorwurf, sondern vielmehr zum Ruhm. Aufprotzen und abfahren ist immer das leichteste.

Der Rückzug ging über die Elbe. Über die Schrecken, die ihn begleiteten, an andrer Stelle. Wie erst würde das Bild gewesen sein, wenn der Sieger verfolgt hätte! Die Verfolgung unterblieb. Die Unsren, in weitem Umkreis, rasteten auf dem hart erstrittenen Grund.

Wir gehen nunmehr zu den Einzelheiten des Kampfes über.

Der Kampf bei Problus und Prim

IE Elb-Armee hatte den rechten Flügel. Ihr gegenüber standen die Sachsen; dahinter das VIII. Korps, zunächst nur zwei Brigaden stark. Nach rechts hin unterhielt der Feind Fühlung mit seinem X. und I. Korps. Die linke Flanke deckte die Kavallerie-Division Edelsheim.

Das Terrain, das sich dem Auge der Elb-Armee darbot, als dieselbe am diesseitigen Rande der Bistritz erschien, kann man als zwei hintereinander gelegene Mulden bezeichnen. Der mittlere Höhenzug beiden gemeinsam.

Der anfängliche Plan der Sachsen war dahin gegangen, diesen mittleren Höhenzug stark zu besetzen, mit andern Worten, dem Gegner schon das Passieren der ersten Mulde (in der die Bistritz fließt) streitig zu machen. Schon am 2. Juli abends waren zu diesem Behufe auf eben diesem Höhenzuge, der »Höhe von Hradek«, Geschützeinschnitte hergestellt worden. Die speziellen Anordnungen Benedeks aber, die eine so weite Ausdehnung seiner Schlachtreihe nicht gestatteten, führten dazu, daß die eigentliche Bistritzlinie an dieser Stelle aufgegeben und statt des Ost-Randes der ersten Mulde der Ost-Rand der zweiten Mulde gewählt wurde. Die Sachsen nahmen ihre Aufstellung auf der Höhe von Problus-Nieder-Prim, nur einzelne Bataillone bis an die Bistritz-Übergänge vorschiebend. Diese vorgeschobenen Bataillone standen wie folgt:

in Tresowitz (rechter Flügel, nur eine Viertelmeile von Dohalitzka) das 5. Bataillon

zwischen Tresowitz und Popowitz das 6. Bataillon

in Popowitz das 2. Jäger-Bataillon

in Lubno das 9. Bataillonin Alt-Nechanitz das 8. Bataillon

in Nechanitz das 7. Bataillon

in Kuncitz das 11. Bataillon

Die Aufgabe der Elb-Armee bestand nunmehr darin, diese Bistritz-Übergänge (oder doch die wichtigsten derselben) zu forcieren, die dahinter gelegene Höhe von Hradek zu ersteigen und von eben dieser Höhe aus, durch die zweite Mulde vorgehend, die Stellung Problus-Nieder-Prim zu nehmen.

Diese Stellung war in der Front von erheblicher Stärke. Ihre Schwäche, wie schon S. 503 hervorgehoben, bestand darin, daß sie, ohne besondere Schwierigkeiten, von uns aus nach rechts hin umgangen werden konnte und daß die ihr vorgelegene Hradeker Höhe der dominierende Punkt war.

Die Avantgarde forciert die Bistritz und nimmt Aufstellung auf der Linie Lubno-Hradek. 7–9 Uhr

Die Avantgarde der Elb-Armee, Generalmajor v. Schöler, war um 3½ Uhr aus Smidar aufgebrochen. Sie ging über Skriwan, Kralic, Kobilitz und stand um 7 Uhr, sieben Bataillone und zwei Batterien stark, an der Bistritz. Diese sieben Bataillone waren die folgenden:

Füsilier-Bataillon vom 28., Major Mettler

2. Bataillon vom 33., Oberstleutnant v. Marschall

Füsilier-Bataillon vom 17., Oberstleutnant v. Koblinski

Jäger-Bataillon Nr. 8, Major Zierold

Füsilier-Bataillon vom 69., Major Marschall v. Sulicki

1. Bataillon vom 40., Oberstleutnant v. Conrady

2. Bataillon vom 56., Major v. Thielau

Nur bei Nechanitz war eine feste Brücke; sonst, auf- und abwärts, gingen nur Stege über den Fluß, so daß, um die Armee, insonderheit die Artillerie, auf die andre Seite der Bistritz führen zu können, vor allem Nechanitz in unsren Händen sein mußte. Das Füsilier-Bataillon vom 28. dirigierte sich gegen dasselbe, während das Füsilier-Bataillon vom 17. und das 2. Bataillon vom 33. diese Bewegung in der linken und rechten Flanke und zwar durch ein Vorgehen gegen Lubno und Kuncitz unterstützten.

Kuncitz, so scheint es, wurde zuerst genommen. Die 33er drangen

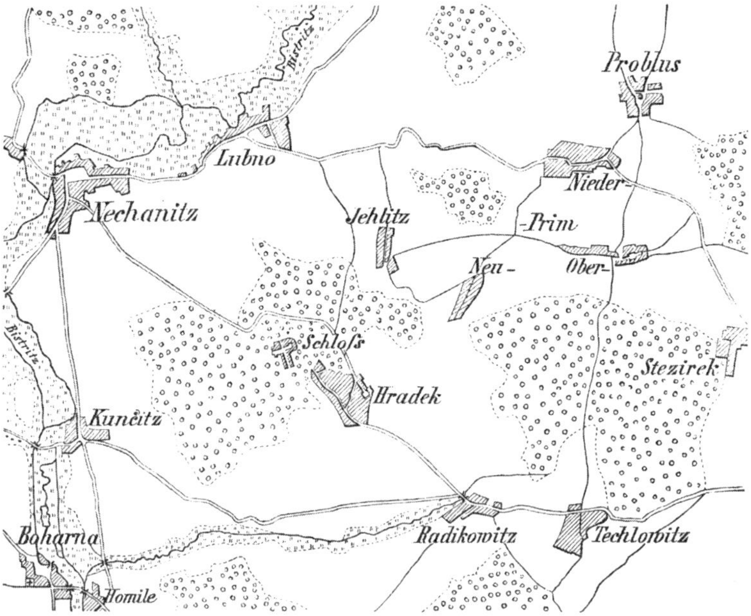

rasch vor; der hier fechtende Bruchteil vom sächsischen 11. Bataillon zog sich durch den Tiergarten von Hradek nach Nieder-Prim zurück.

Das Zurückgehen dieser Kompanien und als unmittelbare Folge davon das Erscheinen unserer 33er in Flanke und Rücken des bei Nechanitz noch im Gefecht stehenden Feindes konnte auf die Verteidigung dieses Hauptüberganges über die Bistritz nicht ohne Einfluß bleiben. – Alt-Nechanitz (diesseits des Flusses gelegen) war von unsren hier vordringenden 28ern ohne Anstrengung genommen worden; desto hartnäckiger wurde Nechanitz selbst durch die hier kämpfenden sächsischen Bataillone, das 7. und 8., und die auf dem Kirchhofe aufgefahrene reitende Batterie Zenker verteidigt. Erst nachdem es geglückt war, die halb abgetragene Brücke über die Bistritz durch ausgehobene Torflügel wieder passierbar zu machen, gelang es unsren 28ern hier vorzudringen und den Feind aus Nechanitz hinauszudrängen. Die 1. Kompanie des sächsischen 8. Bataillons, die unmittelbar an der Brücke ihren Stand gehabt, hatte bei diesem Gefecht nicht unerhebliche Verluste. Die Batterie Zenker ging ebenfalls zurück.

Das Erscheinen unsrer 33er in Kuncitz (so bemerkten wir bereits) hatte die Verteidigung von Nechanitz beeinflußt und an der Räumung dieses Ortes mitgewirkt; ebenso begann jetzt unser Erscheinen in Nechanitz die bis dahin mit großer Energie geführte Verteidigung von

Lubno zu beeinflussen. Das 9. sächsische Bataillon, das bis dahin, von der Granatkanonen-Batterie v. d. Pforte unterstützt, die Dorfumfassung,

insonderheit aber den Häuser-Komplex an der Mühle mit großer Energie verteidigt und unsrem hier vorgehenden Füsilier-Bataillon vom 17. erhebliche Verluste bereitet hatte (das Bataillon verlor hier 3 Offiziere und 80 Mann), zog sich, nunmehr in seiner linken Flanke bedroht, auf Problus zurück. Die auf dem äußersten rechten Flügel, in Tresowitz und Popowitz stehenden drei Bataillone (das 5. und 6. Bataillon und die 2. Jäger) folgten, ohne daß sich unsrerseits ein Angriff gegen sie gerichtet hätte, dieser Rückwärtsbewegung. Das Bedrohen der feindlichen linken Flanke hatte also, in Wiederholung derselben Situation, von Kuncitz her begonnen und über Nechanitz und Lubno hinaus, bis an den äußersten rechten Flügel sich fortgesetzt.

Sämtliche 7 sächsische Avantgarden-Bataillone gingen in die Stellung Problus-Nieder-Prim zurück; sämtliche 7 preußische Avantgarden-Bataillone folgten ihnen und nahmen Stellung auf dem mittleren Höhenzug zwischen Lubno und Hradek. Ihre Aufstellung von links nach rechts war wie folgt:

Füsilier-Bataillon vom 17.
Jäger-Bataillon Nr. 8
Füsilier-Bataillon vom 28.
1. Bataillon vom Füsilier-Regiment Nr. 40
Füsilier-Bataillon vom 69.
2. Bataillon vom Füsilier-Regiment Nr. 33
2. Bataillon vom 56

In der Mitte dieser Stellung, ebenfalls auf der Höhe, fuhren die beiden Avantgarden-Batterien, Wolff und Pilgrim, auf. Die zweite Mulde lag offen da und auf dem jenseitigen Höhenrande derselben die Dörfer Problus, Nieder- und Ober-Prim.

Artilleriekampf. Die Avantgarde nimmt Jehlitz, Neu-Prim und die Fasanerie. 10–12 Uhr

Es mochte 10 Uhr sein, als unsre Avantgarden-Batterien in Position standen und ihre Feuer gegen die feindliche Stellung eröffneten. Der Feind, drei gezogene Batterien auf die Höhe zwischen Problus und Nieder-Prim vorziehend, antwortete sofort; allmählich wuchs die Kanonade nach dem Maße eintreffender Verstärkungen. Die Sachsen, vor Ablauf einer Stunde, wurden durch zwei österreichische Batterien des in Reserve stehenden VIII. Korps, die Unsren durch zwei gezogene Batterien der Division Canstein unterstützt, etwa um 11 Uhr standen sich 34 und 24 Geschütze gegenüber. Die Kanonade, zum Teil infolge der großen Entfernung (4000 Schritt), verlief ziemlich wirkungslos.

Generalmajor v. Schöler, ohne ängstlich abzuwägen zwischen den Kräften hüben und drüben, zugleich unlustig, ein immer zweifelhafter werdendes Resultat der Kanonade abzuwarten, beschloß mit seinen 7 Bataillonen zum Angriff überzugehen und in drei Kolonnen, links, rechts und im Zentrum, gegen die feindliche Stellung zu avancieren. Die vielen in Mitte der Mulde sich hinziehenden Gehöfte und Waldparzellen kamen solchem Vorgehen, da sie Deckung boten, zu Hilfe, und in der Tat wurde nach unerheblichen Verlusten auf der ganzen Linie Terrain gewonnen. Die 17er am äußersten linken Flügel drangen bis in die zwischen Popowitz und Problus gelegene Waldparzelle, die 56er am äußersten rechten Flügel bis in den Wald von Stezirek vor; im Zentrum aber wurden Jehlitz und Neu-Prim und als wichtigster Punkt die zwischen beiden Dörfern gelegene Fasanerie von den 33ern und 40ern genommen. Selbst über diesen Punkt hinaus, auf Nieder-Prim zu, wurde ein Versuch gemacht, der indessen, bei der Stärke der feindlichen Stellung, scheitern mußte.

Die Fasanerie selbst blieb in unsren Händen; wenigstens zunächst.

Vorstoß der sächsischen Leib-Brigade. 12–1 Uhr

Wir hatten an Terrain gewonnen und standen auf der ganzen Linie etwa in Mitte der Mulde. Unser Avancieren hatte indessen den Kronprinzen von Sachsen über unsre numerische Schwäche nicht täuschen können; die 15. Division (Canstein), die der Avantgarde zunächst gefolgt war, war noch immer nicht heran, und so beschloß denn der feindliche Kommandierende seinerseits, zur Offensive überzugehn. Die sächsische Leib-Brigade, also die Infanterie-Bataillone 13, 14, 15, 16, wurden vom rechten Flügel der gegnerischen Aufstellung (Problus)auf den linken (Nieder-Prim) gezogen, um von hier aus vorzustoßen und

Neu-Prim und die Fasanerie wiederzunehmen. Die Granat-Kanonen-Batterie Hering-Göppingen erhielt Befehl, den Angriff zu unterstützen.

Ehe wir die sächsische Brigade bei diesem ihrem Vorgehn begleiten, werfen wir zuvor einen Blick auf die Position Problus-Nieder-Prim zu dieser Stunde des Tages, sowohl auf die Örtlichkeit wie auf die lebende Verteidigung.

Problus und Nieder-Prim, ersteres Kirchdorf und beide auf dem Kamm der Höhe gelegen, waren durch sächsische Pioniere, unter Beihilfe einer österreichischen Abteilung, in möglichst guten Verteidigungszustand gesetzt worden. Das Schloß und die Wirtschaftsgebäude von Nieder-Prim hatte man durch Einschneiden von Schießluken, Anbringung von Fensterblenden, Brustwehren, namentlich auch durch Schützengräben und Verhaue längs der Umfassung, möglichst fest zu machen gesucht.

Zur Verteidigung beider Dörfer war die dritte Infanterie-Brigade bestimmt. In Problus standen das 9. und 10. Infanterie-Bataillon und die 3. Jäger; in Nieder-Prim das 11. und 12. Bataillon und die 4. Jäger (diese letztren von der Leib-Brigade).

Die Aufstellung der übrigen Truppenteile war wie folgt:

die gesamte Infanterie (1., 2. und 4. Brigade) in verdeckter Aufstellung dicht hinter dem Kamm der Höhe zwischen Problus und Nieder-Prim, die 4. Brigade am rechten, die 1. am linken Flügel, die 2. nordöstlich von beiden;

die Reiterei rechts neben der Infanterie, zur Verbindung mit dem X. österreichischen Korps;

die Reserve-Artillerie links rückwärts.

Bei Problus selbst lag also für diesen Teil des Schlachtfeldes die Entscheidung.

Unmittelbar hinter den Sachsen, wie schon eingangs hervorgehoben, stand das VIII. Korps. Es hielt den Wald von Bor, 1000 bis 2000 Schritt ostwärts von der Linie Problus-Nieder-Prim besetzt, die Brigade Schulz am rechten, die Brigade Roth am linken Flügel, Brigade Wöber zwischen beiden, aber weiter rückwärts, fast am Ostrande des Waldes.* Noch weiter zurück (außerhalb des Gehölzes) die österreichische Korps-Geschütz-Reserve und das 3. Ulanen-Regiment, Erzherzog Karl.

Die austro-sächsische Gesamtaufstellung war also eine sehr konzentrierte und hatte bei einer Front von zunächst (sie verlängerte sich später) kaum 2000 Schritt eine Tiefe von 4000. Massiert stand man am rechten Flügel.

Das war die bedeutende Macht (40000 Mann), die, unsre Schwäche gewahr werdend, nunmehr ihrerseits zur Offensive überzugehen begann. Die Leib-Brigade, wie bereits in der Kürze erwähnt, rückte hinter dem Kamm der Höhe weg, unter klingendem Spiel, vom rechten Flügel (Problus) bis an den linken (Nieder-Prim), schwenkte ein und griff, unter Benutzung einer südlich des Dorfes gelegenen Terrainsenkung, die zwischen Neu-Prim und Jehlitz sich hinziehenden, von unsren 33ern und 40ern besetzten Holzungen, besonders die mehrfach genannte Fasanerie, mit großer Energie an. Das 15. Bataillon, mit dichten Plänklerlinien vorauf, hatte die Tête; das 4. Jäger-Bataillon aus der westlichen Lisiere des Dorfes (Nieder-Prim) hervorbrechend, unter-

* Alle drei Brigaden des VIII. Korps rückten aus ihrem Lager bei Nedelist in diese ihnen angewiesenen Positionen ein. Brigade Schulz um 9 Uhr, Brigade Roth (früher Fragnern) etwa um dieselbe Zeit, Brigade Wöber (früher Kreyssern) erst zwischen 1 und 2 Uhr. Diese letztre Brigade hatte, in der Nacht vorher, zwei Bataillone auf Vorposten gegeben und traf deshalb, da sie die Ablösung derselben nicht hatte abwarten können und ein drittes Bataillon detachiert war, nur in etwa halber Stärke auf dem linken Flügel ein.

stützte die Offensivbewegung; die Granatkanonen-Batterie Hering-Göppingen bewarf die Unseren mit Schrapnells.

Der Angriff glückte; unsre 33er und 40er, unter nicht unerheblichen Verlusten, mußten zurück, alle Holzungen bis nach Jehlitz und Neu-Prim heran wurden vom Feinde wiedergenommen, der eben Miene machte, seinen Erfolg im Zentrum unsrer Aufstellung noch weiter auszubeuten, als das Erscheinen preußischer Helmspitzen in seiner linken Flanke seinem Vordringen ein Ziel setzte. Diese im Anmarsch begriffene preußische Kolonne war das auf unsrem äußersten rechten Flügel und zwar im Walde von Stezirek vorgegangene 2. Bataillon vom 56., das sich eben anschickte, von der Nordlisiere dieses Waldes aus mit halb links gegen Ober-Prim zu avancieren.

Sächsischerseits wurden diese Abteilungen entweder überschätzt, oder aber man war unsrer in weiter Kurve um Schloß Hradek herummarschierenden Bataillone der Division Canstein, und zwar früher als wir selbst, ansichtig geworden. Manches spricht für die letztre Annahme. Gleichviel indes, unter allen Umständen war es das unerwartete Erscheinen größerer oder kleinerer Abteilungen der Unsren von Südwesten her, was der feindlichen Offensiv-Bewegung einen Stillstand gab. Unter Deckung des gegen die bedrohte Flanke sich wendenden 13. Bataillons gingen alle übrigen sächsischen Abteilungen in die Stellung bei Nieder-Prim zurück. Nur die Fasanerie blieb besetzt (vom 15. Bataillon).

Vorstoß der 2. sächsischen Brigade. 1–2 Uhr

Die Offensivbewegung der Leib-Brigade, gut eingeleitet, hatte doch nur einen halben Erfolg gehabt. Der Kommandierende beschloß deshalb, dem ersten Vorstoß einen zweiten und zwar in derselben Richtung folgen zu lassen. Die 2. Brigade wurde dazu auserwählt. Um die Vorwärtsbewegung nicht wieder durch eine Bedrohung der linken Flanke gehemmt zu sehen, erging an den Kommandierenden des österreichischen VIII. Korps die dringende Aufforderung, eine Brigade oder mehr nach Ober-Prim vorrücken zu lassen. Der Kommandierende des VIII. Korps kam dieser Aufforderung nach. Ober-Prim und das vorgelegene Terrain wurden unverzüglich durch die Brigade Schulz (Regimenter Gerstner und Nobili) besetzt. Eine unmittelbare Bedrohung in der Flanke war dadurch unmöglich gemacht; die Österreicher standen so, daß ein einfaches Linksum einen Hakenarm, eine lebendige Wand schuf, unter deren Seitenschutz der Vorstoß erfolgen konnte.

Und er erfolgte wirklich. Die 2. Brigade – ganz wie vorher die Leib-

Brigade – aus ihrer Reserve-Stellung bei Problus in die Stellung bei Nieder-Prim gezogen, rückte in zwei Treffen, das 6. Bataillon an der Tête, auf dem welligen Terrain zwischen der Fasanerie und Neu-Prim gegen die dahinter gelegenen sich weit ostwärts erstreckenden Holzungen des Schlosses von Hradek vor und begann bereits unsre Artillerie-Aufstellung auf der Höhe von Hradek in Gefahr zu bringen, als wieder von der linken Flanke her (ganz wie eine Stunde früher beim Vorgehn der Leib-Brigade) das Hemmnis und bald eine allgemeine Verwirrung, kam. Diesmal waren es nicht preußische, von fern her wie eine Drohung wirkende Abteilungen, diesmal waren es österreichische Bataillone, die, bereits durchbrochen, an einzelnen Stellen zertrümmert, nunmehr in wirrer Flucht sich auf die Flanke der eben avancierenden 2. Brigade warfen. Sie, die eine Wand und Wehr hatten bilden sollen, schufen jetzt, nach dem Unfall, der sie betroffen, mehr Not und Verwirrung, als sie vorher Schutz geschaffen hatten.

Um diese Vorgänge klar zu haben, müssen wir, um ein Erhebliches in unserer Darstellung zurückgreifend, die 15. preußische Division auf ihrem Vormarsch begleiten.

Die 15. Division, die hinter Hochwesely, also drei Meilen von der Bistritz entfernt, biwakiert hatte, war, trotz frühen Aufbruchs und raschen Marsches, erst gegen 11 Uhr beim Brücken-Defilee in Nechanitz eingetroffen. Hier empfing die Division Befehl, sich rechts zu halten und über Hradek gegen die feindliche linke Flanke, besonders

gegen Ober-Prim zu operieren. General v. Canstein, in Ausführung dieses Befehls, hatte die 30. Brigade (v. Glasenapp) gegen den Wald von Stezirek, die 29. Brigade (v. Stückradt) links daneben gegen Neu-Prim dirigiert; – um 1½ Uhr, genau um dieselbe Zeit, als die sächsische 2. Brigade, unteren Flankenschutz der österreichischen Brigade Schulz, ihren Vorstoß von Nieder-Prim aus einzuleiten begann, waren die beiden preußischen Brigaden an den ihnen angewiesenen Plätzen (Neu-Prim und Wald von Stezirek) eingetroffen. General v. Canstein, der sich bei der Brigade Glasenapp, Regimenter 68 und 28, befand, gab Order zu unverzüglichem Vorgehn gegen die feindliche Flanke, so daß der preußische Vorstoß von Süd nach Nord mit dem sächsischen Vorstoß von Ost nach West unmittelbar zusammenfiel. Zwischen beiden, auf der Linie Neu-Prim – Ober-Prim, stand in Hakenstellung, wie mehrfach hervorgehoben, die österreichische Brigade Schulz. Von der Hal-

tung dieser Brigade hing alles ab. Sie versagte. Das Füsilier-Bataillon vom 68. Regiment an der Tête, brach die Brigade Glasenapp unter Hurra aus dem Walde von Stezirek hervor, durchstieß die nunmehr mit Front gegen Süden aufgestellte österreichische Brigade wie einen Bogen Papier, warf die eine Hälfte rechts hin, nach Ober-Prim hinein und jagte die andere Hälfte links hin, auf Neu-Prim zu. Hier vom Feuer der Brigade Stückradt empfangen, nahm die Flucht eine neue Richtung (nordwärts) und ergoß sich in das zwischen Nieder-Prim und der Fasanerie gelegene Terrain.

Das wurde zu besondrem Unheil. Auf letztgenanntem Terrain rückte eben jetzt, wie wir wissen, die 2. sächsische Brigade zum Angriff vor.

Es war der ungünstigste Moment! Dieselben Regimenter (Gerstner und Nobili), unter deren Schutz der Vorstoß erfolgen sollte, warfen sich in heilloser Verwirrung in die linke Flanke der eben avancierenden sächsischen Bataillone und rissen die vordersten (das 6. und 8.) mit in die eigene Flucht hinein. Vom Kreuzfeuer der beiden preußischen Brigaden mit Kugeln überschüttet, erlitten alle gegenüberstehenden Truppenteile, namentlich auch die beiden sächsischen Bataillone, große Verluste an Toten und Verwundeten. Erst die vorzügliche Haltung des aus dem zweiten Treffen vorgezogenen 2. sächsischen Jäger-Bataillons, das in geschlossener Linie, Schützen rechts und links, mit voller Musik gegen die bedrohte Flanke avancierte, den Schwarm der Flüchtenden durchließ, dann aber sich wieder schloß und seine Salven gegen unsre nachdrängenden Bataillone abgab, setzte der Verwirrung ein Ziel.

Die Sachsen gingen in ihre Aufnahmestellung hinter Nieder-Prim zurück; die Reste der österreichischen Brigade (die an 1000 Mann verloren hatte) konzentrierten sich in Ober-Prim.

Die 30. Brigade (v. Glasenapp) nimmt Ober-Prim. 2 Uhr

Der Flankenstoß von Süden her, der, wie wir eben geschildert, die österreichische Brigade Schulz* halb zertrümmert und die 2. sächsische Brigade zum Zurückgehn in ihre Stellung gezwungen hatte, hatte die Entscheidung wenn nicht gebracht, so doch eingeleitet. General v. Canstein war rasch entschlossen, den errungenen Erfolg vollständig zu

* Aus dem inzwischen erschienenen österreichischen Generalstabswerk geht hervor, daß uns an dieser Stelle zwei Brigaden gegenüberstanden. Brigade Roth (so ersehen wir) wurde beordert, zur Unterstützung der Brigade Schulz, links neben dieser, vorzugehn. Regiment Salvator nahm die Tête; Regiment Nassau und das 5. Jäger-Bataillon folgten; so rückte die Brigade von Ober-Prim aus gegen den Wald von Stezirek. Zunächst in guter Ordnung. Aber das Eindringen in die Lisiere entbehrte einer festen taktischen Ordnung, und das 5. Jäger-Bataillon, wie auch starke Abteilungen von Nassau-Infanterie, prellten vor und gerieten dadurch in die Intervalle des Regiments Salvator. Das schuf Verwirrung; im selben Augenblick, so scheint es, stießen unsre 68er in die linke Flanke des Gegners und rollten ihn auf. So viel über die Brigade Roth. (Die Brigade Wöber traf zu spät ein, um an dieser Stelle noch Verwendung zu finden.) Es mag hier übrigens angedeutet werden, daß das VIII. österreichische Korps am 3. Juli nicht seinen guten Tag hatte. Der sächsische Bericht spricht dies ziemlich unverhohlen aus und wie wir glauben mit Recht. Es zeigte sich wenig von der außerordentlichen Bravour, mit der dasselbe Korps (die Brigaden Fragnern und Kreyssern) bei Skalitz gekämpft hatte. Wir unsrerseits hatten hier – die Dinge entziehen sich einer bestimmten Berechnung – sehr wahrscheinlich nicht mehr als drei, gewiß nicht mehr als sechs Bataillone zur Hand, und doch genügten sie, um den wenigstens doppelt so starken Feind in weniger als einer halben Stunde total zu werfen. Nur Ober-Prim selbst, wie wir auf den nächsten Seiten zeigen werden, wurde gut verteidigt.

machen. Er gab Befehl zum Angriff auf Nieder- und Ober-Prim. Letztres, als Flankenpunkt leichter faßbar, wurde zuerst genommen (durch die 30. Brigade).

Der Angriff erfolgte konzentrisch und zwar derart, daß die 68er unter Oberst v. Gayl von Westen und Südwesten her, die 28er unter Oberst v. Gerstein von Süden und Südosten her, in das Dorf eindrangen. Die 68er zuerst; Hauptmann v. Bolschwing, 11. Kompanie, fiel. Das durch Gerstner-Infanterie (3. Bataillon) mit vieler Bravour verteidigte Dorf konnte, wenigstens zunächst, nur Schritt um Schritt genommen werden; als aber die Überflügelung seitens der 28er die nach dem »Walde von Bor« hinführende Rückzugslinie zu durchschneiden drohte, räumte der Feind auch die zweite Hälfte des Dorfes und floh in hellen Haufen auf den ebengenannten 1000 Schritt rückwärts gelegenen Wald zu. Die Unsren drängten nach.

Auf halbem Wege zwischen Ober-Prim und der Waldlisiere war es, wo der österreichische Brigadier, Generalmajor v. Schulz, von zwei Kugeln durch die Brust getroffen, auf den Tod verwundet vom Pferde sank.*

Ober-Prim war nun unser; aber der Feind gedachte nicht, uns ohne

* Mannschaften vom 28. Regiment, unter Führung von Hauptmann Perizonius und Leutnant Tempel, versuchten den General, der alsbald mitten im Granatfeuer seiner eigenen Batterien lag, vom Gefechtsfelde nach Ober-Prim hineinzutragen, aber noch ehe sie das Dorf mit ihm erreichten, verschied er. Die Leiche wurde in die vorderste Scheune niedergelegt und am Morgen des 4. Juli, dreißig Schritt vom Dorf entfernt, bestattet. Sein Tod erregte bei einzelnen Truppenteilen eine besondere Teilnahme. Die 34er, die bald nach dem Gefecht

weitres an diesem wichtigen Flankenpunkte zu belassen, der früher oder später auch über den Besitz von Nieder-Prim und Problus entscheiden mußte.

Österreichischerseits – sei es infolge der eingerissenen Verwirrung, oder sei es, weil man die eigene Stellung (den Wald von Bor) noch nicht erheblich gefährdet sah – mangelte es, allem Anschein nach, an klarer Erkenntnis der Situation; desto klarer sahen die Sachsen, wie es stand. Ober-Prim mußte wiedergenommen und, wenn dies scheiterte, wenigstens ein weiteres Vordringen der Preußen von Ober-Prim auf Nieder-Prim gehindert werden.

Zu diesem Behuf avancierte jetzt die 1. sächsische Infanterie-Brigade (dieselbe, die bei Gitschin so schwere Verluste gehabt hatte) aus ihrer Reservestellung bei Problus bis an den Wald von Bor und nahm an der Westlisiere dieses Waldes, etwa in Höhe von Nieder-Prim, eine durch Verhaue gedeckte, feste Position. Das schmale Terrain zwischen Problus-Nieder-Prim und dem dahinter gelegenen Walde (Bor) wurde dadurch zu einem schwer passierbaren Defilee, das es gestattete, einen hier vorrückenden Feind unter Kreuzfeuer zu nehmen.

Zu gleicher Zeit aber begann man sächsischerseits ein immer wachsendes Granatfeuer gegen Ober-Prim zu richten. Während die gezogenen Batterien von ihrer Höhenstellung bei Nieder-Prim aus fortfuhren, mit Front gegen Westen, unsre Artillerieposition bei Hradek unter Feuer zu nehmen, fuhren, in Hakenstellung zu den fünf gezogenen Batterien (also mit Front gegen Süden), alle die glatten und Granatkanonen-Batterien auf, die man sächsischerseits noch zur Verfügung hatte. Dreißig Geschütze. Sie eröffneten, auf nächste Distanz, ein formidables Feuer gegen Ober-Prim, schossen es in Brand und zwangen unsre 68er und 28er das Dorf aufzugeben und außerhalb desselben, in Terrainsenkungen und Waldparzellen, Deckung zu suchen.

Dies Granatfeuer erreichte soviel, daß ein Vorbrechen unsrer 30. Brigade von Ober-Prim auf Nieder-Prim allerdings zeitweilig gehindert wurde; aber von andrer Seite her und zwar von der Front aus, erfolgte inzwischen der Angriff, der auch über Nieder-Prim entschied.

in Ober-Prim einrückten, kannten ihn von Rastatt her, wo er, kurz vor Ausbruch des Krieges, ebenfalls in Garnison gestanden hatte und mit dem Kommandeur des 34, Regiments, Oberst v. Schmeling, befreundet gewesen war. – Übrigens wurde der General später auf Befehl des Kaisers wieder ausgegraben und auf dem Königgrätzer Kirchhofe beigesetzt, wo ihm inzwischen ein Denkmal errichtet worden ist. (Bei der Exhumierung der Leiche zeigten sich bei dem Gefallenen: 2 Schußwunden am linken Schenkel, 2 in der linken Brust, ein Schuß durch die Oberlippe, der Leib durch einen Granatsplitter aufgerissen, der linke Arm und linke Fuß gebrochen.)

Die Reserve-Artillerie rückt vor. Die 29. Brigade (v. Stückradt) nimmt Nieder-Prim

Etwa um 2 Uhr sammelte General v. Stückradt seine den linken Flügel der Division Canstein bildenden Bataillone zum Angriff auf Nieder-Prim. Ehe er jedoch vorbrach, avancierte unsre Artillerie, die bis dahin ihr Feuer von der Hradeker Höhe aus geführt hatte, auf Kernschußweite an den Feind und eröffnete nunmehr aus 66 Geschützen (die Reserve-Artillerie unter Oberst v. Bülow war eingetroffen) ein Feuer, gegen das sich die 34 gezogenen Geschütze des Gegners nicht länger behaupten konnten.

Als sein Feuer zu erlahmen begann, brachen die Bataillone der 29. Brigade, 65er und 40er, aus der Fasanerie hervor und gingen im Sturmschritt gegen das von der halben 3. Brigade (11. und 12. Bataillon) und vom 4. Jäger-Bataillon verteidigte Dorf vor. Die Brauerei, dicht am Schloß, stand schon in Flammen; die 6. Kompanie vom 65. drang von Südwesten her in das Dorf ein und stürmte den Schloßhof; andre Kompanien desselben Regiments, ebenso 40er und 33er (letztre von der Avantgarde) drängten nach. Das 4. Jäger-Bataillon räumte fechtend,

Schritt vor Schritt, den Ort, den dasselbe, in Gemeinschaft mit den beiden obengenannten Infanterie-Bataillonen, trotz unsres 5-stündigen, nach und nach sich immer steigernden Geschützfeuers standhaft

behauptet hatte und zog, ohne irgendwelche Unordnung zu zeigen, an Problus vorbei in nordöstlicher Richtung ab. Die Unsren waren zu ermattet, um unmittelbar folgen zu können.

Die 14. Division (v. Münster) stürmt Problus. 3 Uhr

Beinah gleichzeitig mit Nieder-Prim fiel Problus. Dieser wichtigste Punkt der Stellung – der wichtigste, weil er der Verbindungspunkt war – würde, nach Verlust von Ober- und Nieder-Prim, ohnehin haben geräumt werden müssen; als der Angriff gegen Problus aber sich vorbereitete (etwa 2 Uhr), waren die beiden in seiner Flanke gelegenen Dörfer noch nicht genommen, und die Gesamtlage der Schlacht erwies sich als derart, daß auf allmähliche, eins aus dem andren sich ergebende Resultate nicht gewartet werden konnte. Das Zentrum zu degagieren, auch wenn der Kronprinz nicht kam oder später kam als erwartet, war um 2 Uhr zur dringendsten Aufgabe geworden.

So stand die Partie, als General v. Herwarth der 14. Division den Sturm auf Problus befahl.

Die 14. Division, Generalleutnant Graf Münster-Meinhövel, nach dreimeiligem Marsch auf grundlosen Wegen oder querfeldein über Ackerland, hatte um 1 Uhr Nechanitz, um 1½ Uhr Lubno und bald nach 2 Uhr den zwischen Popowitz und Problus gelegenen, bereits seit drei Stunden vom linken Flügel-Bataillon der Avantgarde (17er Füsiliere) besetzten Wald erreicht. Hier formierten sich beide Brigaden der

Division zum Angriff: die 27. Brigade, Generalmajor v. Schwartzkoppen, im Walde selbst; die 28. Brigade, Generalmajor v. Hiller, rechts rückwärts an der Südspitze des Waldes. Das Ziel jener war Problus selbst (der Kirchturm als *point de vue*), das Ziel dieser die südlich von Problus gelegene Höhe.

Die 27. Brigade avancierte zuerst; die Füsiliere und das 1. Bataillon vom 56. Regiment hatten die Tête. General v. Herwarth, Graf Münster, Generalmajor v. Schwartzkoppen erschienen vor der Front der Bataillone und feuerten durch kernigen Zuruf die Truppen an. Die Fahne entrollt, unter dem Klange der Regiments-Musik, brachen jetzt die Bataillone mit Siegeszuversicht aus dem Walde hervor.

Eine Strecke von nahezu 1800 Schritt war bis an die stark besetzte Lisiere des Dorfes, unter heftigem Artilleriefeuer aus Front und Flanke (von einer bei Stresetitz aufgefahrenen, feindlichen Batterie), zurückzulegen. Die Bataillone blieben im Vormarsch; das Füsilier-Bataillon, mit halbrechts, dirigierte sich gegen die südliche Hälfte des Dorfes, das 1. Bataillon, mit gradaus, ging auf die Mitte. Die Granaten schlugen ein, die ersten Toten und Verwundeten fielen; die Füsiliere hatten erhebliche Verluste. Oberst v. Dorpowski wurde durch eine Kugel in den Schenkel vom Pferde geschossen; Oberstleutnant v. Busse übernahm das Kommando. Jetzt war man heran. Die Flügelkompanien des Füsilier-Bataillons erreichten den Rand des Dorfes; aber hier harrte ihrer die schwerste Aufgabe. Bei dem Versuche, die Verhaue und Heckenzäune zu nehmen, die das Dorf umgaben, fielen Hauptmann v.

Montbart, Hauptmann v. Bolschwing, Premierleutnant v. Consbruch, alle drei von Kugeln tödlich getroffen; Leutnant v. Montowt erhielt einen Schuß mitten durchs Herz; sieben andre Offiziere (alle vom Füsilier-Bataillon) wurden innerhalb 10 Minuten mehr oder minder schwer verwundet. Zwei Fahnenträger fielen; die Fahne ging bereits in die dritte Hand. Endlich gab eine Erdkante, dicht am Dorfe hinlaufend, leidliche Deckung. Die Füsiliere warfen sich hier nieder und eröffneten nun ihr Feuer gegen das Dorf.

Das 1. Bataillon war auf die Mitte zu avanciert. Es litt weniger, aber immer noch erheblich genug. Als es in die von den Füsilieren besetzte Linie einrückte, sprangen diese hinter dem Erdwall wieder auf, und gemeinschaftlich, von zwei Seiten her (die 3. Kompanie, Hauptmann Michaelis, hatte das Dorf nach Norden hin flankiert), drangen jetzt beide Bataillone in Problus ein. In den Umzäunungen, Hecken und Gebäuden, besonders am Kirchhof, entspann sich ein hartnäckiges Feuergefecht. Major v. Hymmen, Kommandeur des 1. Bataillons, durch einen Schuß in den Fuß außer Gefecht gesetzt, wurde zurückgetragen; Major v. Mutius übernahm das Kommando. Leutnant Madelung fiel tödlich getroffen, der letzten Opfer eines. Die jenseitige Lisiere des Dorfes war gewonnen; der Feind, der mit großer Bravour gekämpft hatte (besonders das 3. Jäger-Bataillon), wich nach allen Seiten. An zweihundert Gefangene, meist verwundet, fielen in unsre Hände. Auch Problus war unser.

Beinah gleichzeitig hatte rechts neben der 27. Brigade die 28. (Generalmajor v. Hiller) die Höhe zwischen Problus und Nieder-Prim genommen. Die Vorgänge waren hier nahezu dieselben. Wie gegen Dorf Problus zwei Bataillone vom 56. die Tête hatten, so gegen die Höhe von Problus zwei Bataillone vom 57. (und ein Bataillon vom 17.). Die Verluste waren hier geringer, zum Teil, weil das Terrain mehr Dekkung bot.

Um 3 Uhr waren Dorf und Höhe von Problus in unsrem Besitz; der Feind, unterm Schutz seiner Batterien, zog in nordöstlicher Richtung ab.* Nur der Wald von Bor, der teils auf, teils neben seiner Rückzugs-

* Etwa eine Stunde später, um dieselbe Zeit, als auf der ganzen Schlachtlinie die österreichischen Reserven, VI. und I. Korps, vorgeführt wurden, um (besonders am rechten Flügel) die verlorengegangenen Positionen wieder zu erobern, wurde auch gegen Problus, am linken Flügel, ein Versuch gemacht. Die Brigade Piret, Regiment Constantin und das 29. Jäger-Bataillon im ersten, Regiment Sigismund im zweiten Treffen, erhielt Befehl zum Vorgehn. Die feindliche Brigade avancierte im heftigsten Feuer unsrer Schützen, drängte auch die in den Hecken außerhalb des Dorfes postierten vordersten Tirailleurs bis an die eigentliche Lisiere des Dorfes zurück, erhielt indessen hier so heftiges Feuer, daß sie kehrt machte,

linie lag, wurde noch an seinem nordwestlichen Rande durch die sächsische 1. Brigade, an seiner Südwestecke durch Bataillone der österreichischen Brigade Wöber, besonders durch das 24. Jäger-Bataillon gehalten.

Die Unsren, auf den Tod erschöpft, drängten nicht nach, so daß die genannten feindlichen Abteilungen ohne erhebliche Verluste ihren Rückzug antreten konnten.

Die Sachsen gingen zunächst auf Rosnitz und Briza, die Brigaden des VIII. Korps folgten in derselben Richtung oder nahmen Stellung bei Charbusitz.

Die Elbarmee – ohne daß die 16. Division, die gegen 3 Uhr erst aus Nechanitz debouchierte, bis dahin mit eingegriffen – hatte ihre Aufgabe gelöst. Der feindliche linke Flügel war geworfen, stille Umgehung (durch die 16. Division) bereitete sich vor. Die Verluste waren groß: 71 Offiziere (22 tot) und 1557 Mann.

nachdem viele ihrer Offiziere und Mannschaften, namentlich vom 29. Jäger-Bataillon, unsren Kugeln erlegen waren. Oberst v. Ripper, Kommandeur des Regiments Sigismund, fiel. Die bei Stresetitz postierte feindliche Batterie setzte ihr Granatfeuer, das schon vorher Problus in Brand geschossen hatte, bis zu einer späteren Stunde fort.

Im Zentrum. Der Artilleriekampf

M Zentrum (ein linker Flügel existierte vorläufig nicht, er wuchs erst heran) stand die I. Armee, Prinz Friedrich Karl, wie am rechten Flügel die Elb-Armee.

Die Aufgabe war, hier wie dort, im wesentlichen dieselbe. Es handelte sich darum, die Vortruppen des Feindes zu werfen, die Bistritz zu forcieren und je nach den Verhältnissen die jenseits gelegenen Höhen entweder zu stürmen oder aber, wenn diese sich zu stark erweisen sollten, ihnen gegenüber die Bistritz-Linie unter allen Umständen bis zum Erscheinen des Kronprinzen zu halten.

Die Kräfte, die hier im Zentrum zur Verfügung standen, waren 6 Divisionen stark: 2 pommersche, 2 magdeburgisch-thüringische, 2 brandenburgische. Die beiden brandenburgischen Divisionen (5. und 6.) wurden links der Höhe von Dub in Reserve gehalten; verblieben vier Divisionen zum Angriff. Aus diesen vier Divisionen wurden drei große Angriffskolonnen formiert, von denen die Flankenkolonnen links und rechts jede eine Division, die mittlere Kolonne aber zwei Divisionen stark war.

Alle drei Kolonnen stießen auf den Feind. Wir werden mithin im Zentrum drei Gefechte zu unterscheiden haben:

ein Gefecht am rechten Zentrum, bei Mokrowous und Dohalitzka;
ein Gefecht im eigentlichen Zentrum bei Sadowa, Dohalitz und im »Hola-Wald«; endlich

ein Gefecht am linken Zentrum zwischen Benatek, Maslowed und Cistowes, im »Swiep-Wald«.

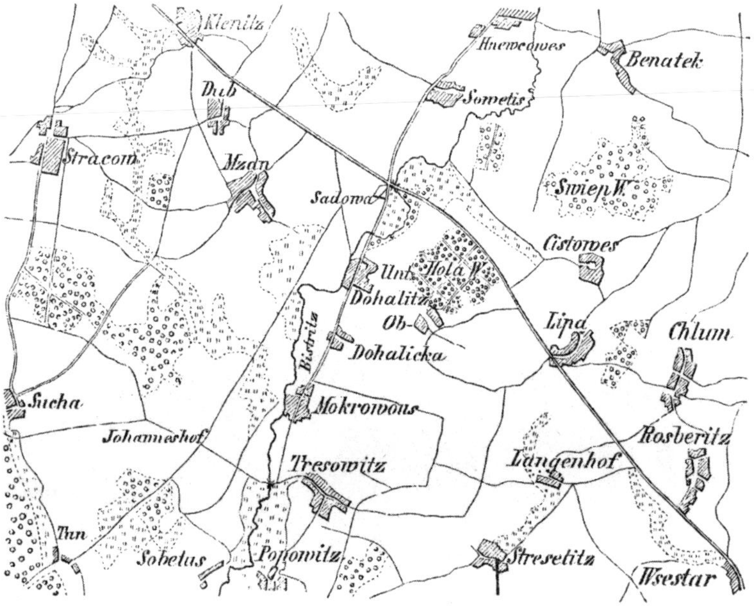

Die Gefechte selbst, ihrer Aufgabe nach gleich, gestalteten sich doch abweichend voneinander. Auch die Opfer, die sie kosteten, waren sehr verschieden. Während das Gefecht am rechten Flügel am wenigsten Verluste forderte, war das am linken Flügel das blutigste.

Unsren drei Angriffskolonnen gegenüber standen österreichischerseits das X. und III. Korps, um Lipa herum, und das IV. und II. Korps auf der Linie Chlum-Maslowed. So fochten wir vier Divisionen gegen vier Armee-Korps. Was aber, mehr als dies Zahlenverhältnis von 1 zu 2, zu unsren Ungunsten in die Waage fiel, war die für die Defensive und speziell für die Artilleriewirkung vorzügliche Höhen-Position, die der Feind am jenseitigen Ufer der Bistritz inne hatte. Alle Anordnungen des Feldzeugmeisters erwiesen sich bald als darauf berechnet, den doppelten Vorteil einer trefflichen Position und einer überlegenen Artillerie gleichzeitig auszunutzen; alle Weisungen lauteten dahin: nach leichtem Gefecht im Vorterrain in die eigentliche Defensiv-Stellung zurückzugehen und hier den Angriff des Gegners abzuwarten, nicht selbst zum Angriff überzugehn. Hieraus entwickelte sich, nachdem die Vorstöße unsrer Infanterie jedesmal gescheitert waren, mit einer gewissen Folgerichtigkeit ein großer Artilleriekampf. Nur am linken Zentrum, wo die

7. Division ihr berühmt gewordenes Waldgefecht hatte, entspann sich, neben dem Geschützkampf, auch ein Kampf Mann gegen Mann. Zum Unheil des Gegners, trotz momentaner Vorteile, die er errang! Wir kommen ausführlicher darauf zurück.

Zunächst aber soll uns die durch 6 Stunden hin geführte, in früheren Schlachten, was Zahl der Geschütze angeht, wohl kaum ihresgleichen findende Kanonade beschäftigen. Wir unterscheiden dabei, die österreichische Aufstellung zugrunde legend, zwei voneinander gesonderte Haupt-Artilleriekämpfe:

den Kampf gegen Lipa und
den Kampf gegen Maslowed.

Der Artilleriekampf gegen Lipa

In und um Lipa, zu beiden Seiten der Königgrätzer Chaussee, standen das X. und III. Korps. Der linke Flügel des erstren erstreckte sich bis Stresetitz, der rechte Flügel des letztren bis Chlum. Unmittelbar in Front beider Korps, mit Richtung gegen Westen und Nordwesten, dehnte sich, in geschützten Stellungen, jene mehr als eine Viertelmeile lange Geschützreihe, die unter dem Namen der »Artillerieposition von Lipa« berühmt geworden ist. Sie bestand, während der ersten Stunden des Kampfes, aus 17 Batterien (um Lipa 7, westlich Langenhof 10*), und die 136 Geschütze derselben schleuderten unter einem betäubenden Donner ihre Granaten in das Tal hinab. Das Geschützfeuer war so heftig, daß bis gegen 11 Uhr schon drei Batterien des X. Korps sich verschossen hatten. Der Kommandierende letztgenannten Korps (Feldmarschalleutnant v. Gablenz), um das Feuer keinen Augenblick an Intensität verlieren zu lassen, suchte bei der 3. Reserve-Kavallerie-Division und auch beim Armee-Kommando um eine Aushilfe an Batterien nach. Beide Gesuche wurden gewährt, und es fuhren alsbald die 2 Batterien der erwähnten Kavallerie-Division und 4 Batterien der Armee-Geschütz-Reserve in der großen Artillerielinie bei Langenhof auf. So standen denn, nach Zurücknahme jener 3 Batterien des X. Korps, bald nach 11 Uhr 20 Batterien mit im ganzen 160 Geschützen bei Lipa und

* Das III. Korps verfügte ursprünglich über 8, das X. Korps über 9 Batterien. Es scheint aber, daß eine Kavallerie-Batterie des erstgenannten Korps, bald nach Beginn des Kampfes, von der nördlichen Seite der Chaussee (Lipa-Chlum) auf die südliche Seite (Langenhof-Stresetitz) hinübergezogen wurde, wodurch sich die Zahlen 7 und 10 ergaben. Namentlich die 7 Batterien bei Lipa standen etagenförmig, 3 derselben in Tags zuvor angelegten Geschützdeckungen auf dem Plateau zwischen Chlum und Lipa, rechts rückwärts des letztgenannten Dorfes.

Langenhof, die nun ununterbrochen, bis der Rückzug begann, ihr Feuer fortsetzten.

Sehen wir jetzt, was wir dieser feindlichen Artilleriekraft gegenüberzustellen hatten. Wir verfügten zunächst über die zwölf Batterien der 8., 4. und 3. Division. Dazu gesellten sich, etwa um 10 Uhr oder etwas später, vier Batterien der pommerschen Reserve-Artillerie unter Oberst v. Puttkamer und etwa um 12 Uhr vier weitre Batterien des brandenburgischen Artillerie-Regiments Nr. 3 unter Major Rüstow. Unsre gesamte Artilleriekraft an dieser Stelle, der Position Lipa-Langenhof gegenüber, bestand also um 12 Uhr Mittag:

aus 12 Batterien der 8., 4. und 3. Division, 72 Geschütze;
aus 4 Batterien der pommerschen Reserve-Artillerie, 24 Geschütze;
aus 4 Batterien des brandenburgischen Artillerie-Regiments, 24 Geschütze.

Zusammen aus 120 Geschützen. Aber von dieser Zahl war um die genannte Stunde wenig mehr als die Hälfte in Tätigkeit. Die Batterien der 4. und 3. Division, nachdem sie bei Beginn des Gefechts Erfolge errungen und die gegen Sadowa, Dohalitz und Dohalitzka vorgeschobene feindliche Artillerie zum Zurückgehen gezwungen hatten, hatten sich (mit alleiniger Ausnahme der vierpfündigen Batterie Gallus, die bis zuletzt aushielt) gegen das Feuer von Lipa her nicht behaupten können und waren, die einen früher, die andern später, in Aufnahmestellungen am diesseitigen Bistritz-Ufer zurückgegangen. Der dadurch entstehende Ausfall war erheblich, so daß unsrerseits nur 12 Batterien statt 20 den Kampf gegen die um diese Zeit (Mittag) 160 Geschütze starke feindliche Position unterhielten. Von diesen 12 Batterien standen 3 nördlich, 9 südlich der Chaussee und zwar waren jene, nach links hin, zwischen dem Hola-Wald und dem Swiep-Wald, diese, nach rechts hin, zwischen dem Hola-Wald und Dohalitzka aufgefahren. Diese 12 Batterien, die hier so todesmutig ausharrten, waren die folgenden:

Links, zwischen Hola-Wald und Swiep-Wald:

6pfündige Batterie Anton
4pfündige Batterie v. Schlotheim } der 8. Division.
4pfündige Batterie Kipping

Rechts, zwischen Zola-Wald und Dohalitzka:

4pfündige Batterie Gallus von der 3. Division.

4pfündige Batterie v. d. Dollen
4pfündige Batterie Bode } der pommerschen Reserven-Artillerie.
6pfündige Batterie Möwes
6pfündige Batterie Rautenberg

6pfündige Batterie v. d. Goltz 4pfündige Batterie Grieß 4pfündige Batterie Munk 4pfündige Batterie Hirschberg	vom brandenburgischen Feld-Artillerie-Regiment.

72 Geschütze, in ungedeckten Positionen, suchten sich gegen den mehr als doppelt so starken Feind zu behaupten; es wurde aber von Minute zu Minute fühlbarer – einzelne Batterien verloren ihren halben Bestand –, daß wir in diesem ungleichen Kampf* unterliegen mußten, wenn nicht Verstärkung kam. Endlich kam sie. Die Armee-Reserve-

* In dieser Stunde ungleichen Kampfes fiel auch Major Rüstow, zunächst nur schwer, nicht tödlich verwundet. Er starb erst infolge zwiefacher Amputation. Wir entnehmen einem Berichte folgendes: »Major Rüstow hielt auf dem rechten Flügel der 1. 4pfündigen Batterie (Grieß), als er die Meldung empfing, daß es an Munition zu mangeln beginne. Er erwiderte, es solle gleich dafür gesorgt werden, und ritt selbst zurück. Auf der Chaussee von Unter-Dohalitz nach Dohalitzka angekommen, 2 bis 4 Schritt von dem bei seinen Mannschaften stehenden Leutnant v. d. Bosch des 5. Brandenburgischen Infanterie-Regiments Nr. 48, krepierte eine Granate dicht am Chausseegraben und zerschmetterte durch einen Splitter dem Major Rüstow den rechten Fuß. Auf den Hilferuf des den Major begleitenden Trompeters wandte sich der Leutnant v. d. Bosch um, in demselben Augenblicke, als der Major Rüstow vom Pferde sank. Man hob ihn auf und legte ihn in den Chausseegraben. Wiederholt drückte der Verwundete dem Leutnant v. d. Bosch die Hand mit den Worten: ›Ich werde nun sterben, Gott gebe uns den Sieg!‹ – Noch beim Fortschaffen auf der Krankentrage winkte er mit der Hand den nächststehenden Mannschaften zu und mahnte: ›Haltet Euch brav, Leute!‹ In Unter-Dohalitz wurde er durch den stellvertretenden Stabsarzt Dr. Birawer amputiert. Er bat denselben dringend, ihn weiter zurückschaffen zu lassen, da er fürchtete, in seinem hilflosen Zustande den Österreichern in die Hände zu fallen. Nach der Amputation – der abgeschnittene Fuß lag am Kopfende auf der Tragbahre – wurde er bei dem Leutnant v. d. Bosch im Dorfe vorbeigetragen, dem er nochmals die Hand zum Abschiede entgegenstreckte. In dem Lazarett zu Horsitz, wohin er inzwischen gebracht war, mußte er sich einer zweiten Amputation unterwerfen, deren Folgen er nicht zu überstehen vermochte. Er starb am 25. Juli 1866, nachdem ihn die Nachricht von dem Tode seines im Gefecht bei Wiesenthal gefallenen Bruders, Major im 2. Westfälischen Infanterie-Regiment Nr. 15, auf das tiefste erschüttert hatte.« Die Armee verlor in ihm einen ausgezeichneten Offizier. 1824 zu Brandenburg geboren, trat er 1842 in die 2. Artillerie-Brigade ein. 1850 nahm er den Abschied und machte als Batteriechef in der schleswig-holsteinischen Armee die Schlacht bei Idstedt und das Gefecht bei Missunde mit. 1852 trat er in seine alte Armee zurück und machte nunmehr als preußischer Batteriechef 1864 den Sturm auf Düppel mit. Bei Gitschin (vergleiche daselbst) zeigte sich seine hervorragende Begabung. Er hielt sich mit den vier Batterien der 5. Division gegen die 90 Geschütze des Feindes. Einer seiner Batteriechefs nannte ihn damals »das Ideal eines Kommandeurs der Divisions-Artillerie«. Im Leben heftig und von leicht erregbarem Temperament, bewahrte er im Gefecht eine unerschütterliche Ruhe. Major Rüstow war der jüngere Bruder des bekannten Militärschriftstellers W. Rüstow (in Zürich). Dieser letztre schreibt über den Bruder: »Daß er mit dem Gedanken an den Soldatentod völlig vertraut war, versteht sich von selbst. Daß er ganz und gar seinen artilleristischen Maximen bis in den Tod treu blieb, ist weniger bekannt. ›Ich bin froh‹, so schrieb er mir am 1. Mai 1866, ›daß ich in diesem Feldzug ganz genau weiß, was ich zu tun habe. Vorgehn ohne viel zu manövrieren und dann feuern.‹«

Artillerie, unter General Schwartz, war jetzt heran, und in raschem Vorgehn wurden nunmehr die Positionen links und rechts vom Hola-Walde, diese durch 4, jene durch 5 Batterien verstärkt. Unsre Artilleriekraft wuchs dadurch von 12 auf 21 Batterien und erhielt sich, selbst nach dem Zurückgehn solcher, die sich verschossen oder am schwersten gelitten hatten, von da ab auf einer Höhe von 100 Geschützen. Weiter das Mißverhältnis auszugleichen, war unmöglich. »Es entstand nun (so sagt ein Bericht) ein Geschützkampf, der vielleicht nicht seinesgleichen in der Geschichte hat; es waren nicht einzelne Schüsse, welche man hörte, sondern ein fortgesetztes Donnerrollen, welches, verbunden mit dem Pfeifen und Prasseln der umherfliegenden und krepierenden Granaten, einen betäubenden Lärm verursachte.« Der allmählich sich aufklärende Tag, indem er den Unsrigen ein sichreres Zielen gestattete, raubte dem Gegner etwas von den Vorteilen, deren er sich bis dahin durchweg erfreut hatte; einzelne Infanterie-Vorstöße, die er versuchte, wurden zurückgewiesen; das Heranrücken der II. Armee begann fühlbar zu werden; die ersten Zeichen der Unsicherheit wurden erkennbar. Alles wirkte zusammen, um uns in dem Artilleriekampf, der noch zwei Stunden lang forttobte, wenigstens ein Behaupten möglich zu machen. Mehr verbot sich. Erfolg, Entscheidung mußten von andrer Seite kommen.

Der Verfasser der schon bei unsrer Darstellung des Gefechts von Trautenau zitierten »Taktischen Rückblicke« sagt, mit Rücksicht auf diesen Geschützkampf, für den er wenig Bewunderung hat, das Folgende: »Die I. Armee führte von 8 bis nach 2 Uhr im wesentlichen eine Artillerieschlacht; aber hat ihre Artillerie ihren Zweck erreicht? Das Ziel konnte doch nur sein, in die feindliche Aufstellung eine Bresche zu schießen (die dann die Infanterie stürmen kann) und so die Vernichtung vorzubereiten. Aber es gelang der Artillerie nicht einmal, der imposanten österreichischen Geschützstellung gegenüber zur Entwicklung zu kommen. Sie kam dazu, sich notdürftig ihrer Haut zu wehren. Ohne das Erscheinen der preußischen Infanterie im Rücken der österreichischen Artillerie hätte diese gar keine Veranlassung gehabt, ihre Stellung aufzugeben. Es war also in diesem Gefecht die Artillerie nicht imstande, ihre Aufgabe zu erfüllen. Wäre es schließlich noch zum Sturme in der Front gekommen, würde für diesen Sturm die Artillerievorbereitung genügend gewesen sein?«

Auf diese Frage antworten wir, zunächst ganz im Sinne des Verfassers, mit einem bestimmten »Nein«. Es ist unzweifelhaft, daß unser sechsstündiges Kanonieren den Feind nicht erschüttert, einen Sturm nicht vorbereitet hatte, aber um so zweifelhafter will es uns erscheinen, ob man befugt ist, an ein solches Ausbleiben einer erwünschten Wirkung unter allen Umständen einen Vorwurf zu knüpfen. Gewisse Dinge lassen sich eben nicht erzwingen. Will man unsrer Artillerie einen Vorwurf daraus machen, daß sie am 2. Februar vor Missunde vergeblich kanonierte? Die Frage ist also nicht dahin zu stellen: Wieviel oder wiewenig leistete die Artillerie in dem Geschützkampf gegen Lipa, sondern die Frage mußte lauten: Leistete sie, was sie unter den betreffenden, für die Offensive höchst ungünstigen Verhältnissen leisten konnte? Und diese Frage beantworten wir, wie die obige mit »Nein«, so diese mit einem ebenso bestimmten »Ja«. Im wesentlichen war nichts zu machen. Einen »Sturm vorbereiten«, auch in einer Situation wie die bei Lipa, kann unmöglich all und jeder Zweck der Artillerie sein. Sie hatte an dieser Stelle wesentlich einen andern, und zwar den: das Feuer auf sich zu ziehen, der Infanterie ihre furchtbare Aufgabe überhaupt möglich zu machen. Und das hat sie getan! Einzelne Unzulänglichkeiten können an dieser Tatsache und diesem Verdienst nichts ändern.

Der Artilleriekampf gegen Maslowed

Mit noch ungleicheren Kräften focht unsre Artillerie am linken Zentrum, von Benatek aus. Während unsre weiter rechts, bei Sadowa, Dohalitz und Dohalitzka kämpfenden Divisionen, die 8., 4. und 3., sich gegenseitig unterstützten, führte unsre 7. Division einen abgetrennten, beinahe isolierten Kampf. Ganz besonders die Artillerie. Der Swiep-Wald – in seinem Innern der gleichzeitige Schauplatz blutiger Infanterie-Gefechte – lag zwischen ihr und der großen feindlichen Artillerie-Position bei Lipa. Ihr Feind hielt bei Maslowed.

Was unsrerseits hier in Aktion trat, waren nur die vier Batterien der mehrgenannten 7. Division. Sehr bald nach Wegnahme von Benatek und fast noch vor Beginn des großen Kampfes im Swiep-Wald fuhren diese Batterien südlich und östlich von Benatek auf. Es waren die folgenden:

12pfündige Batterie v. Notz
6pfündige Batterie Kühne
4pfündige Batterie v. Nordeck
4pfündige Batterie v. Raußendorf

Von unwesentlichen Zwischenfällen abgesehen, verblieben diese vier Batterien durch 6 Stunden hindurch in derselben Aufstellung. Zwischen Benatek und Maslowed tobte der Kampf; man bewegte sich auf engstem Raume, man operierte nicht, man hielt nur fest. Die feindliche Übermacht gestattete nicht mehr.

Wie groß diese Übermacht war, ersehen wir aus den inzwischen erschienenen gegnerischen Berichten. Wie bei Lipa-Langenhof, so wurden auch hier bei Maslowed immer neue Batterien in die Feuerlinie gezogen, erst 4, dann 10, dann 14; etwa um Mittag (und nur auf kurze Zeit) noch eine 15. Batterie. Es waren dies, beinah in eben dieser Reihenfolge erscheinend:

die 4 Brigade-Batterien vom IV. Korps
die 6 Batterien der Geschütz-Reserve vom IV. Korps
2 Batterien (der Brigaden Württemberg und Saffran) vom II. Korps
3 Batterien der Geschütz-Reserve vom II. Korps

zusammen 15 Batterien mit 120 Geschützen,* die, Maslowed in

weitem Halbkreis umziehend, von dieser Hügelstellung aus ihr superiores Feuer gegen unsre 24 Geschütze richteten.

Etwa um Mittag stand der Kampf auf seiner Höhe. Von da ab (die Spitzen der Kronprinzlichen Armee waren heran) führte ihn der Feind, der seine bedrohte rechte Flanke mehr und mehr zu schützen hatte, mit immer schwächer werdenden Kräften. Die Brigaden des II. Korps zogen sich staffelförmig ab, um die ihnen angewiesene Hakenstellung

* Der Kommandierende der gesamten österreichischen Artillerie war Erzherzog Wilhelm. Wir geben vorstehend sein Bildnis.

gegen Norden einzunehmen, und die Brigade-Batterien folgten selbstverständlich den Bewegungen ihrer Infanterie. Auch das IV. Korps ging zurück. Um 2 Uhr war der feindliche Geschützkreis um Maslowed verschwunden, und unsere 4 Batterien avancierten nunmehr auf eben die Höhe zu, gegen die sie so lange im Feuer gestanden. Sie beschossen von ihrer neuen Position aus den in südöstlicher Richtung abziehenden Feind.

Heldenmütig wie die ganze 7. Division, so hatte sich auch die ihr zugehörige Artillerie auf hartbestrittenem Terrain gehalten. Es schien uns Pflicht, auch dieser zu gedenken.

Wir wenden uns nun, nur noch hie und da auf das Vorgehen einzelner Batterien in Kürze zurückkommend, den Infanteriegefechten im Zentrum zu, zu denen der Artilleriekampf, wie wir ihn bis hierher in seinen verschiedenen Phasen geschildert, nur den großen Rahmen bildete. Zu Zeiten freilich einen Rahmen, in dem das übrige Schlachtenbild unterging.

Die 3. Division nimmt Dohalitzka und Mokrowous

IE 3. Division, v. Werder, biwakierte bei Aujezd-Sylvara und stand mit Tagesanbruch bei Psanek. Um 6 Uhr traf Befehl ein, gegen die Bistritz-Linie vorzugehn; drei Stunden später (9 Uhr) vollendete die Division ihren Aufmarsch südlich von Zawadilka, 2000 Schritt in Front von Dohalitzka und Mokrowous. Links neben der 3. Division hielt die 4.; nach rechts hin war lose Fühlung mit der Elb-Armee.

Nebel und Regen ließen die feindliche Stellung, sowohl an der Bistritz hin wie jenseits derselben, nicht überblicken; nur an dem Aufblitzen der feindlichen Schüsse war zu erkennen, daß eine starke Artillerie gegenüber stand. Die Batterien beider pommerschen Divisionen (3. und 4.) nahmen Stellung auf der Anhöhe bei Mzan und eröffneten ihr Feuer. Zunächst mit Erfolg. Die vorgeschobenen feindlichen Batterien gingen in ihre eigentliche Lipa-Stellung zurück. Dieser Moment wurde unsrerseits wahrgenommen, um, von Zawadilka aus, gegen die jenseits der Bistritz gelegenen Dörfer Mokrowous und Dohalitzka vorzustoßen.

Die 6. Infanterie-Brigade, Generalmajor v. Winterfeld, erhielt Befehl zum Aagriff und avancierte sofort, das Regiment Nr. 54 im ersten, das Regiment Nr. 14 im zweiten Treffen.

Die Übergänge über die hier drei bis vier Fuß tiefe Bistritz waren sämtlich zerstört, die Truppen durchwateten ohne Zaudern den Bach, und nach kurzem Gefecht nahm das Füsilier-Bataillon, Hauptmann v. Pestel, vom 54. Regiment Mokrowous, das 1. und 2. Bataillon, unter Beteiligung einiger Kompanien 14er, Dohalitzka. Es kam nur zum Plänkeln mit der Brigade Wimpffen. In Dohalitzka hatte uns das 2. Bataillon von Erzherzog Stephan-Infanterie, in Mokrowous das 1. und 3. Bataillon ebengenannten Regiments sowie das 2. Bataillon vom Regiment Bamberg* gegenübergestanden. Nur die letztren versuchten einen einigermaßen ernstren Widerstand; sie verloren dabei 3 Offiziere und 70 Mann, den Regimentern Bamberg und Erzherzog Stephan zugehörig, an Gefangenen. Die anderweiten Verluste waren gering.

Inzwischen wurden durch die Pionier-Sektionen die zerstörten Übergänge wiederhergestellt. Die 12pfündige Batterie Crüger und 4pfündige Batterie Gallus konnten der 6. Infanterie-Brigade folgen. Alles übrige verblieb vorläufig noch diesseits der Bistritz.

Das Gefecht mit den österreichischen Vor-Truppen war durch diese Vorgänge, wenigstens soweit die 3. Division in Betracht kam, erledigt. Man stand der feindlichen Hauptstellung, der Höhe von Lipa, gegenüber.

* Diese Angaben stützen sich auf beglaubigte Berichte des Gegners. Dem österreichischen Generalstabswerk zufolge (S. 283 desselben) scheinen sogar, außer der Brigade Wimpffen, noch zwei Bataillone der Brigade Knebel und zwar vom Regiment Erzherzog Karl an der übrigens nur leicht geführten Verteidigung von Dohalitzka und Mokrowous Anteil genommen zu haben.

Gegen diese Hauptstellung begann nun, durch vier Stunden hin, jener Artilleriekampf, den wir S. 529 ausführlicher geschildert haben. Die Infanterie hatte keine andre Aufgabe als festzuhalten, auszuharren. In Dohalitzka richtete sie Kirche und Schulhaus zur Verteidigung ein. Es glückte ihr, gegen das immer wachsende Granatfeuer einigermaßen Deckung zu finden. Von Zeit zu Zeit, wie auf der ganzen Linie,

erwuchs auch hier ein kaum zurückzuhaltender Drang, in großen und kleinen Kolonnen gegen die im Feuer stehende Höhe von Lipa vorzubrechen; aber die striktesten Befehle des Divisionärs (General v. Werder) wußten diesen Drang zu zügeln.

Der Gemessenheit dieser Befehle und ihrer prompten Ausführung ist es zu nicht geringem Teile zuzuschreiben, daß die Verluste an dieser Stelle geringer waren als im eigentlichen Zentrum bei Sadowa.

Diesem Teil des Kampfes wenden wir uns nunmehr zu.

Die 8. und 4. Division im Hola-Wald

Anmarsch. Aufstellung des Feindes

WEI Divisionen, die 8. und 4., avancierten im eigentlichen Zentrum auf Sadowa zu.

Die 8. Division, nach einem Biwak bei Gutwasser, stand um 4 Uhr früh bei Milowitz. Hier traf sie der Befehl zum Vormarsch. Sie ging über Klenitz und Dub. Die Avantgarde (Füsilier-Bataillone vom 31. und 71.) besetzte die Ziegelei von Sadowa; Gros und Reserve hielten sich links und nahmen Aufstellung hinter dem Roskos-Berg. 7 Uhr.

Die 4. Division, nach einem Biwak bei Wostromer, stand um 5 Uhr früh bei Bristan. Hier traf sie der Befehl zum Vormarsch. Sie ging, an Stracow vorbei, auf Mzan, das sie mit der Avantgarde (Regiment Nr. 49) besetzte. Gros und Reserve nahm eine verdeckte Position hinter Mzan. 8 Uhr. – Die Aufstellung beider Divisionen war also derart, daß

die 8. *à cheval* der Chaussee, die 4., Generalleutnant Herwarth v. Bittenfeld, in geringer Entfernung rechts daneben stand.

Wie stand der Feind?

Lipa (oder, was gleichbedeutend ist, die Königgrätzer Chaussee) war Berührungspunkt für das III. und X. Korps. Der Kommandeur des

erstern war Erzherzog Ernst von Österreich. Jedes dieser beiden Korps – und wir treten damit in die Details ihrer Aufstellung ein – hielt, bei Beginn des Kampfes, mit zwei Brigaden die Höhe, mit zwei andren Brigaden das Vorterrain, die Position an der Bistritz, besetzt. Auf der Höhe standen die Brigaden Benedek und Kirchsberg vom III., die Brigaden Mondl und Grivicic (letztre nur 4 schwache Bataillone stark) vom X. Korps. Brigade Benedek: zwischen Chlum und Lipa; Brigade Kirchsberg: in und um Lipa selbst; Brigade Mondl und Grivicic: in und um Langenhof.

So die Aufstellung auf der Höhe. Die vier vorgeschobenen Brigaden beider Korps aber standen wie folgt:

Brigade Appiano in und am Swiep-Wald;
Brigade Prohaska in Sadowa, im Hola- und Skalka-Gehölz;
Brigade Knebel in der Sadowa-Zuckerfabrik, in Unter- und Ober-Dohalitz;
Brigade Wimpffen in Dohalitzka und Mokrowous.

Das Gefecht, das die letztgenannte Brigade in beiden Dörfern (also, von uns aus gerechnet, am rechten Flügel des Zentrums) hatte, haben wir im vorigen Kapitel geschildert. Im eigentlichen Zentrum, vorgeschoben, standen die Brigade Knebel vom X., die Brigade Prohaska* vom III. Korps. Gegen diese richtete sich nunmehr, in erster Reihe, der Angriff unsrer hier vorgehenden Divisionen.

Die 8. Division nimmt den Hola-Wald

Um 8 Uhr – der König war eben auf der Höhe von Dub erschienen – war die Stellung unsrer im eigentlichen Zentrum vorgehenden Divisionen, der 8. und 4., wie folgt:

Avantgarde der 8. Division bei der Ziegelei von Sadowa,;
Avantgarde der 4. Division in Front von Mzan;
Gros und Reserve der 8. Division hinter dem Roskos-Berg;
Gros und Reserve der 4. Division hinter Mzan.

Vom Roskos-Berge und von Mzan aus feuerten bereits unsre Batterien. Es entstand die Frage, ob man den Bistritz-Übergang bei Sadowa forcieren oder den Feind, durch Überflügelung rechts und links, zum Aufgeben dieser wichtigen, weil die große Straße beherrschenden Position zwingen solle. Man entschied sich für das letztere. Die Avantgarde der 8. Division wurde angewiesen, das bereits in Front von Sadowa ein-

* Die Brigade Prohaska, links neben der Brigade Knebel, hielt
Sadowa selbst mit dem 34. Jäger-Bataillon und dem 1. und 2. Bataillon Roman-Banat,
den Hola-Wald mit dem 3. Bataillon Roman-Banat,
das Skalka-Gehölz mit dem 33. Jäger-Bataillon und
das Terrain zwischen Hola-Wald und Skalka-Gehölz mit dem 4, Bataillon Gondrecourt und dem 4. Bataillon Gorizutti besetzt.
Die Detail-Aufstellung der Brigade Knebel geben wir an andrer Stelle.

geleitete Schützengefecht hinzuhalten, während das Gros der 8. und die Avantgarde der 4. Division Befehl erhielten, von links und von rechts her in den bereits im Rücken von Sadowa gelegenen Hola-Wald einzudringen. Das Gros der 4. Division verblieb vorläufig in Reserve bei Mzan.

Diese Umgehungen wurden rasch und mit großer Präzision ausgeführt. Die 8. Division, von links her die in Sadowa stehenden feindlichen Abteilungen überflügelnd, war die erste im Walde. Wir folgen ihr deshalb zunächst. Vorher noch ein Wort über den Hola-Wald selbst.

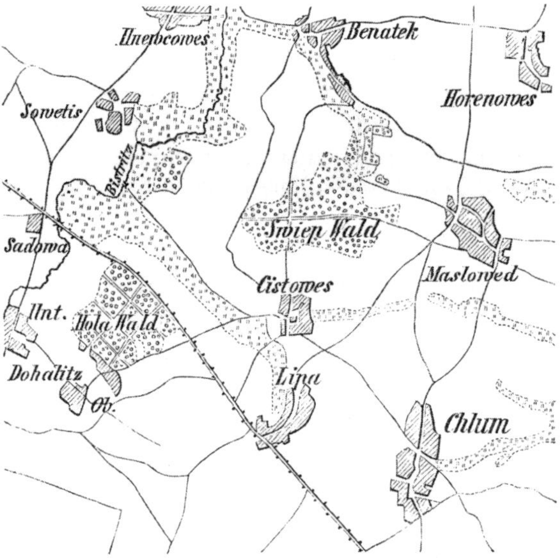

Der Hola-Wald ist ein kleines Gehölz von etwa 1200 Schritt im Quadrat. An seiner Nordseite hin läuft die Königgrätzer Chaussee; an den Ecken der Südlisiere liegen Unter- und Ober-Dohalitz, jenes hart an der Bistritz, dieses auf Lipa zu. Schmale Wege, sogenannte Gestelle, durchziehen das Gehölz, das nach der Höhe zu leise ansteigt, nach der Bistritz zu leise sich senkt. Zwischen dieser und dem Gehölz ist ein 500 Schritt breiter, freier Raum, der später zur Aufstellung der Reserven diente. An eben dieser Stelle, nach Norden und Westen zu, hatte man feindlicherseits den Wald zur Verteidigung eingerichtet; Bäume waren gefällt und die abgehaunen Kronen zu einer Art Flechtwerk benutzt worden. Schutz gegen Granatfeuer, wenn überhaupt, konnte der Wald nur sehr mangelhaft bieten; das Gehölz war zu jung, die Stämme zu dünn. So der »Hola-Wald«. Unmittelbar nach den Kriegsereignissen pflegte er als »Sadowa-Wald« bezeichnet zu werden; da aber auch dem weiter links gelegenen »Swiep-Walde« derselbe Name beigelegt wurde, so haben wir, um Irrtümer zu vermeiden und um keinem der beiden Wälder zunahezutreten, ihre richtigen und ursprünglichen Namen in unsre Darstellung wieder aufgenommen.

»In den Hola-Wald von Norden her einzudringen«, so lautete der Befehl an die 8. Division. Das Gros der Division, die beiden Musketier-Bataillone vom 31. Regiment im ersten, die beiden Musketier-Bataillone vom 71. Regiment im zweiten Treffen, setzte sich sofort in Marsch, schwenkte, immer sich links haltend, um den Roskos-Berg herum, kam in Granatfeuer, erreichte Sowetitz, passierte, in Front und Flanke des vom 33. Jäger-Bataillon besetzten Skalka-Gehölzes, die Bistritz und drang in raschem Anlauf, an den sich zurückziehenden Bataillonen Gorizutti und Gondrecourt vorbei, über die Königgrätzer Chaussee hinweg, in die Nordspitze des Hola-Waldes ein.

Der Kampf, der sich zunächst an dieser Stelle entspann, war unerheblich. Das Gros der Brigade Prohaska (in Sadowa selbst), wohl wahrnehmend, worauf wir abzielten, und zugleich erkennend, daß es abgeschnitten und gefangen war, wenn unsre Umgehungskolonnen das Wäldchen an der Chaussee eher erreichten, als es seinerseits aus dem Dorfe heraus war, hatte unter leichtem Geplänkel Sadowa geräumt und hielt nur noch den Hola-Wald mit schwachen Abteilungen, wahrscheinlich vom 34. Jäger-Bataillon und dem Regimente Roman-Banat, besetzt. Diese zogen sich jetzt in leichtem Schützengefecht auf Lipa zurück; was mehr nach Westen hin stand, in dem »Verhau« des Waldes, wurde gefangengenommen.

Mit geringen Opfern war dieser erste Erfolg errungen. Sadowa, die Bistritz-Brücke, die große Straße waren unser, ebenso der Hola-Wald. Die dem Feinde zugekehrte Lisiere wurde besetzt; einzelne Schützenzüge drangen bis an die Südspitze des Waldes und das hier gelegene Dorf Ober-Dohalitz vor. Sie fanden es bereits von der Avantgarde der 4. Division, Regiment Nr. 49, besetzt.

Die Avantgarde der 4. Division nimmt Unter- und Ober-Dohalitz

Um dieselbe Zeit, als dem Gros der 8. Division der Befehl wurde, unter Linksumgehung von Sadowa, von Norden her in den Hola-Wald einzudringen, erhielt die Avantgarde der 4. Division, Regiment Nr. 49,

Befehl, von rechts her den Wald zu fassen und sich in den Dörfern Unter- und Ober-Dohalitz festzusetzen, jenes an der Südwestecke, dieses an der Südspitze des Waldes gelegen.

Das Regiment hielt seit 8 Uhr bei Mzan. Oberst v. Wietersheim ritt vor die Front. »Soldaten«, rief er, »in Berlin habe ich Sr. Majestät dem Könige versprochen, daß wir ein Loch in den Feind machen wollen. Heute stehen wir vor dem Feind. 49er, wir werden ein Loch machen. Fahnen deployiert. Regiment vorwärts.«

Alle drei Bataillone traten an. Das 2. Bataillon, Major v. Tiedewitz, nahm den linken, das Füsilier-Bataillon, Major v. Rechenberg, den rechten Flügel, das 1. Bataillon, Major v. Salpius, folgte.

Das 2. Bataillon, an der Tête die 8. Kompanie, Premierleutnant v. Mach, warf sich auf die halben Wegs zwischen Sadowa und Unter-Dohalitz gelegene Zuckerfabrik, passierte Graben und Zaun und drang unter Hurra in die Fabrikgebäude ein. Der Feind wich auf den Wald zu, eine Anzahl Gefangener, wahrscheinlich von der Brigade Knebel, in unsren Händen lassend.

Das Füsilier-Bataillon, eine zwischen Mzan und der Bistritz gelegene Hopfenplantage in leichtem Feuergefecht durchschreitend, avancierte rechts neben dem 2. Bataillon auf Unter-Dohalitz und nahm das Dorf im Fluge. Der Widerstand, der geleistet wurde, war unerheblich. Die Leutnants Gritzner (eine Granate riß ihm später das Bein fort) und v. Kehler drangen in eine große Scheune ein und nahmen hier 2 Offiziere und 70 Mann gefangen. Sie waren vom 3. Jäger-Bataillon und Regiment Heß Nr. 49.* »Die Offiziere« (so schrieb ein Augenzeuge) »überreichten ihre Visitenkarten und stellten sich uns vor. Uns war aber nicht nach Salongetue zu Sinn. Wir schickten sie einfach auf Mzan zurück.«

So war denn die Bistritz überschritten, Unter-Dohalitz unser, die Westecke des Hola-Waldes nahezu erreicht. Alle drei Bataillone sammelten sich, um nunmehr nach kurzer Rast abermals in drei Kolonnen, aber diesmal *en ligne* in der Richtung auf Lipa vorzugehn. Das 2. Bataillon behielt den linken Flügel, das Füsilier-Bataillon wurde Zentrum, das I. Bataillon rückte als rechter Flügel ein. In gleichem Moment ging es vorwärts. Das 1. Bataillon, v. Salpius, als es den Punkt erreicht hatte, wo der Weg nach Ober-Dohalitz und Dohalitzka sich gabelt, dirigierte sich rechts und drang in raschem Anlauf in die Nordlisiere des letztgenannten Dorfes ein. Es fand hier aber schon die 54er vor. Dohalitzka

* Diese Angaben werden von unsren 49ern aufs bestimmteste gemacht; wir haben sie deshalb im Texte beibehalten, müssen aber doch bemerken, daß das österreichische Generalstabswerk nur von zwei an dieser Stelle vorgeschobenen Brigaden (Prohaska und Knebel) und nicht zugleich von einer dritten spricht. Eine solche dritte Brigade müßte aber hier gestanden haben, wenn die diesseitigen Angaben richtig sind, denn das 3. Jäger-Bataillon und das Regiment Heß gehörten zur Brigade Kirchsberg, die um diese Stunde, nach österreichischem offiziellen Bericht, noch intakt bei Lipa hielt und erst drei Stunden später, von der Höhe herab, ihren Vorstoß machte. Nach demselben Bericht waren die hier in Rede kommenden Punkte wie folgt besetzt:

Zuckerfabrik: 28. Jäger-Bataillon und 3. Bataillon Kaiser;

Unter-Dohalitz: 1. Bataillon Kaiser;

Zwischen Zuckerfabrik und Unter-Dohalitz: 2. Bataillon Kaiser.

und Mokrowous (vergleiche S. 536) waren von der 3. Division genommen worden.

Das 2. und das Füsilier-Bataillon avancierten am Südrande des Hola-Waldes hin, fanden einige Deckung und drangen unter ähnlichen Verhältnissen wie in Unter-Dohalitz, so jetzt in Ober-Dohalitz ein. Die Füsiliere zuerst. Der Feind zog plänkelnd, auf die Höhe zu, ab. Die Unsrigen suchten sich in Ober-Dohalitz einzurichten; aber noch ehe sie annähernd Deckung gefunden hatten, begann das infernale Feuer von Lipa her.

Im Hola-Wald von 10 bis 12 Uhr

Um 10 Uhr war unsre Stellung wie folgt:

4 Bataillone der 8. Division hielten den Ostrand des Hola-Waldes besetzt und zwar die 71er am linken, die 31er am rechten Flügel, jene nach der Chaussee, diese nach Ober-Dohalitz zu,

das 2. und das Füsilier-Bataillon 49. Regiments standen in Ober-Dohalitz und an der Südspitze des Waldes (das 1. Bataillon in Dohalitzka).

So war die Stellung in Front des Gehölzes; unmittelbar hinter demselben standen die Reserven. Bereits in erheblicher Stärke. Alles, was die 8. und 4. Division noch zur Verfügung hatten, war hier auf schmalem Raum zusammengedrängt. Es waren folgende Truppenteile:

Von der 8. Division:

Füsilier-Bataillon vom 71. . . .	1 Bataillon
Füsilier-Bataillon vom 31. . . .	1 Bataillon
2. Bataillon vom 72. . . .	1 Bataillon
Füsilier-Bataillon vom 72. . . .	1 Bataillon
	Summa 4 Bataillone

Von der 4. Division:

Regiment Nr. 61 . . .	3 Bataillone
Regiment Nr. 21 . . .	3 Bataillone
Regiment Nr. 9 . . .	2 Bataillone
	Summa 8 Bataillone

Also 7 Bataillone in Front, 12 Bataillone (als Reserve) im Rücken des Waldes.

Dies war eine erhebliche Kraft, stark genug, einen Stoß zu führen, vielleicht, wenn ein äußerstes gewagt werden sollte, selbst einen siegreichen. Aber dies äußerste nicht zu wagen, war Gebot. »Den Hola-Wald festhalten mit jedem Opfer«, dahin lauteten alle Befehle; aber eben so bestimmt gingen sie dahin, »nicht über den Wald hinaus vorzubrechen.«

Die gestellte schwere Aufgabe wurde gelöst, aber mit größtem Opfern. Die Verluste waren enorm. Man hielt 3 Stunden lang unterm Granatfeuer von weit über 100 Geschützen, das nur allzu oft von der Bekämpfung unsrer Artillerie sich abwandte, um Wald und Dorf unter Feuer zu nehmen. »Wir suchten Schutz, aber wo war Schutz zu finden gegen ein solches Feuer! Die Vollgranaten schlugen durch die Lehmwände wie durch eine Pappe durch; endlich steckten die springenden Geschosse das Dorf in Brand. Wir zogen uns links in den Wald hinein; aber hier war es nicht besser; Zacken und mächtige Baumsplitter flogen um uns her. Zuletzt kam es wie Apathie über uns. Wir zogen unsre Uhren und zählten. Ich stand neben der Fahne. In zehn Sekunden krepierten 4 Granaten und 1 Schrapnell dicht vor uns. Wenn ein Schrapnell in der Luft krepiert, so prasselt es wie Hagel auf die Erde nieder und in der Luft steigt ein schöner Ring von Rauch auf, immer mehr sich erweiternd, bis er verfließt. Ich sah das alles. Jeder fühlte, er stehe in Gottes Hand. Den Tod um uns, vor uns, war Ruhe über uns gekommen.«

Um 11 Uhr waren die an der Waldlisiere stehenden Reihen namentlich der 71er derart gelichtet, daß die 8. Division ihre letzten Bataillone in den Wald zog. Sie rückten in die Front, eine Art Ablösung bildend; einzelne Kompanien aber, insonderheit am rechten Flügel, wo General v. Bose kommandierte, wollten nicht weichen. 31er und 49er hielten hier aus bis zuletzt.

Von 12 bis 2 Uhr. Das Heranziehen der Reserven

Sie hielten aus bis zuletzt. Indessen bis auf Züge und Halbzüge zersplittert, war es ersichtlich, daß es diesen todesmutigen, aber auch todesmatten Abteilungen in dem Augenblick, in dem der Feind zur Offensive sich aufraffe, an Widerstandskraft gebrechen werde. Darin lag eine Gefahr, und ihr vorzubeugen wurden die letzten Reserven herangezogen.

Oberst v. Michaelis erhielt Befehl, mit dem 61. Regiment die Ostlisiere des Waldes zu besetzen und zu halten. Der Oberst schickte das 1. Bataillon, Oberstleutnant v. Beckedorff, auf dem zweiten der mit der großen Straße parallel laufenden Gestelle vor und ließ die ganze Ostlisière zwischen Chaussee und Ober-Dohalitz mit allen vier Kompanien besetzen. Die Szenen der früheren Stunden wiederholten sich; die Kompanien, Schutz suchend vor dem immer wachsenden Feuer und durch einen gegen Befehl unternommenen Vorstoß ohnehin dezimiert, zogen sich rechts nach Ober-Dohalitz hinein, freilich nur um hier eben so wenig Deckung zu finden wie in dem nebengelegenen Walde. Es war eine während dieser heißen Stunden immer wiederkehrende Erscheinung, daß alles, was im Dorfe war, nach links in den Wald, und alles, was im Walde war, nach rechts in das Dorf drängte; aber, hier oder dort, Gefahr und Opfer blieben dieselben.

Das sich Hineinziehn des Bataillons nach Ober-Dohalitz (nur die 3. Kompanie hielt an der ihr angewiesenen Stelle aus) hatte den Waldrand, vereinzelte Abteilungen abgerechnet, nahezu ohne Verteidigung gelassen. Oberst v. Michaelis, die breiten Lücken wahrnehmend, nahm jetzt das Füsilier-Bataillon, Hauptmann v. Below, vor. Das Füsilier-Bataillon avancierte auf der Chaussee, hielt sich dann rechts und rückte nunmehr seinerseits in die Lücken ein.

Diese Verstärkung war zu rechter Stunde eingetroffen (1 Uhr). Es begannen eben jetzt die Versuche des Feindes, sich der am Vormittag verlorengegangenen Position wieder zu bemächtigen, Ober-Dohalitz und den Hola-Wald zurückzuerobern. Vielleicht auch – man mochte unsre Stellung für erschüttert halten, und sie war es – handelte es sich auch nicht mehr um bloße Rückeroberung, sondern um wirkliche Offensive, um Durchbrechung unsres Zentrums.

Diese ersten Versuche des Gegners indes hatten einen bloß einleitenden Charakter. Zwei Halb-Bataillone rückten geschlossen vor. Unsre 61er (auch wohl andre Abteilungen links und rechts) ließen den Feind bis auf Kernschußweite heran, dann traten die Soutiens in die Intervalle der Schützenlinie und – Feuer! Die Österreicher stoben auseinander und eilten in ihre Stellung südlich Lipa zurück.

Diesen Erfolg rasch auszunutzen, wurden unsre Schützenzüge nun-

mehr unter Benutzung eines hohlwegartigen Einschnittes weiter in Front des Waldes vorgeschoben und versuchten von diesem Einschnitt aus auf eine Entfernung von wenigstens 800 Schritt die Pferde und Bedienungsmannschaften der zunächststehenden feindlichen Batterie wegzublasen. Wie es schien, nicht ganz ohne Erfolg; denn plötzlich attackierte die Partikular-Bedeckung der Batterie, eine Schwadron Mensdorff-Ulanen, und ritt im Galopp auf unsre Schützenzüge ein. Leutnant L. rief »liegen bleiben«, und die Ulanen, durch eine erste Salve wenig behelligt, brausten jetzt über die an der Erde liegenden Schützen fort. Im nächsten Augenblick aber, vom Walde aus, mit Kugeln überhagelt, stob, was nicht auf dem Platze blieb, nach allen Seiten hin auseinander, zum Teil in weitem Bogen bis zur Chaussee hin, dann diese entlang. Ein kleiner Trupp ging in derselben Linie zurück, in der er gekommen war; an der Spitze dieses Trupps der Schwadronsführer. Er ritt, augenscheinlich ein brillanter Reiter, auf unsren Schützenoffizier ein und hieb nach ihm. So entspann sich, inmitten beider Schlachtlinien und von Geschossen umschwirrt, ein Einzelkampf. Leutnant L. trachtete seinem Gegner die linke Seite abzugewinnen, um gegen die rasch fallenden Säbelhiebe gedeckt zu sein; ... die Kugel eines 61ers machte dem Zweikampf ein Ende.

Vorstoß der Brigade Kirchsberg. 2 Uhr

Immer weitre Abteilungen wurden in die Front gezogen: das 2. Bataillon 61. Regiments, das 1. Bataillon vom 21.* Generalleutnant v. Schmidt, immer die Möglichkeit einer Durchbrechung des Zen-

* Etwa um dieselbe Stunde, oder vielleicht schon früher, wurden aus der Armee-Reserve (5. und 6. Division) das 2. Bataillon vom 12., das 1. und Füsilier-Bataillon vom 18., endlich das 2. und 3. Bataillon vom Brandenburgischen Füsilier-Regiment Nr. 35 in den Hola-Wald vorgenommen. Mit klingendem Spiel zogen die beiden letztgenannten Bataillone, die sich beim Düppelsturm ausgezeichnet hatten, unter Hoch und Hurra, an König Wilhelm vorüber; Prinz Friedrich Karl rief ihnen zu: »35er, heute gilt's, Habsburg oder Brandenburg!« So rückten sie in den Wald ein, in dem schon so viele Kameraden geblutet hatten. Ein Johanniter-Ritter, der ihr Vorgehn begleitete, schilderte uns den Moment wie folgt: »Ich entsinne mich nicht, einen Anblick gehabt zu haben, der meinem Soldatenauge je eine größere Befriedigung gewährt hätte. Die Gestelle boten nicht Platz für die in breiter Front anrükkenden Kolonnen; mit einer Sicherheit, als avanciere man zum Tanz, trennten sich die Glieder, um sich schon im nächsten Augenblicke wieder zu schließen. Die Granaten, die drüber hin prasselten, das niederstürzende Geäst; wurden nicht beachtet im Geschwindschritt schlängelten sich die Bataillone durch das dichtbestandene Gehölz, im Nu abbrechend und wieder aufmarschierend, als ging es über eine gestampfte Tenne. Mir schlug das Herz höher. Die zwingen's, dacht ich. Aber es war übermenschliches Können. Was war Düppel gegen die Höhe von Lipa! Aushalten war alles, was sich leisten ließ.«

trums vor Augen, glaubte dieser Möglichkeit mit allen Kräften entgegentreten zu müssen. Nur zwei Bataillone vom 21. und zwei Bataillone vom 9. Regiment standen noch in Reserve. Unsre Aufstellung in Front des Waldes war um diese Stunde etwa die folgende:

Am linken Flügel, nach der Chaussee zu, 71er, 21er, 61er;
am rechten Flügel, nach Ober-Dohalitz zu, 49er und 31er;
in Ober-Dohalitz selbst (bunt durcheinander) 49er, 61er, 31er;
in Mokrowous, nach rechts hin abgekommen, das 1. Bataillon vom 49., Major v. Salpius.

So zersplittert, durcheinandergekommen, dezimiert (das Regiment Nr. 61 hatte bereits 300 Mann verloren) diese Abteilungen waren, so repräsentierten sie doch immerhin noch eine respektable Kraft von wenigstens 8 Bataillonen, eine Macht, die wohl durch feindliches Granatfeuer geschädigt, vielleicht vernichtet werden konnte, die aber doch viel zu stark war, um durch einen Infanteriestoß ohne weiteres überrannt zu werden.

Zu seinem Unheil machte der Feind einen Versuch dazu, einen ernsteren Versuch, nachdem leichtere Angriffe, wie wir gesehn, gescheitert waren. Brigade Kirchsberg, die Regimenter Erzherzog Albrecht Nr. 44 (Ungarn) und Baron Heß Nr. 49 (Niederösterreicher) traten aus ihrer gedeckten Stellung auf den Kamm der Höhe, avancierten bergab und rückten, das letztgenannte Regiment im ersten Treffen, in einer Terrainvertiefung gegen Ober-Dohalitz vor. Es war ein prächtiger Anblick: fliegende Fahnen, die Regimentskommandeure vor der Front. Die Unsrigen, wie nach Verabredung, ließen die Bataillons-Kolonnen bis auf 350 Schritt heran und gaben nun auf der ganzen Linie Feuer, das in Flanke und Front gleich mörderisch traf. Die Kolonnen avancierten weiter, hielten und gaben eine regelrechte Salve. Aber es war ein zu ungleicher Kampf; sie gaben's auf; ungebrochen, in musterhafter Ordnung gingen sie, von unsrem Feuer verfolgt, in ihre Höhenstellung zurück. Dieser Versuch war der letzte.

Unter den Gefallenen war Oberst v. Binder, Kommandeur des 49. Regiments; eine Kugel war ihm durchs Herz gegangen. Eine halbe Stunde später, nur 300 Schritt weiter herwärts, an der Dorflisiere von Ober-Dohalitz, fiel auch der Kommandeur unsres 49. Regiments, Oberst v. Wietersheim. Eine volle Granate zerschmetterte ihm den Schenkel.

Das Wort, das er dem Könige gegeben, »wir wollen ein Loch in den Feind machen«, er hatte es gelöst. Und noch sterbend war er Zeuge davon. Er erlag seiner Wunde am 5. Juli.

Die 7. Division im Swiep-Wald

M linken Zentrum avancierte die 7. Division. Sie brach um Mitternacht von Horsitz auf und stand um 3 Uhr bei Cerekwitz, das, wie wir wissen, Oberst v. Zychlinski bereits seit dem 1. abends mit zwei Bataillonen der Avantgarde besetzt hatte. Führer der gesamten Avantgarde, 4 Bataillone stark, war Generalmajor v. Gordon.

Der Tag brach an, aber bei dem Regen, der fiel, herrschte noch immer eine graue Dämmerung. Die Stunden schlichen hin. Der Divisions-Kommandeur, Generalleutnant v. Franseck, dem es beschieden war, seinen Namen an diesem Tage noch in die Blätter unsrer Geschichte einzutragen, erwartete mit Ungeduld das Geschützfeuer aus Südwesten, das ihm das Signal geben sollte, seinerseits zum Angriff gegen das eine drittel Meile südlich von Cerekwitz gelegene Benatek vorzugehn. Endlich um 7 Uhr klang deutlich, wenn auch durch die dicke Nebelluft gedämpft, der Kanonendonner von Sadowa herüber. Jetzt war es Zeit.

Die gesamten 4 Bataillone der Avantgarde formierten sich nunmehr dahin, daß die Füsilier-Bataillone 27 und 67, unter Führung des Obersten v. Zychlinski, die Tête nahmen; die beiden Musketier-Bataillone vom 27. folgten unmittelbar; eine Schwadron vom 10. Husaren-Regiment war bei der Tête. Oberst v. Zychlinski, das Füsilier-Bataillon 27 rechts, das Füsilier-Bataillon 67 links des Weges, führte die genannten beiden Bataillone durch hohe Kornfelder gegen Benatek vor. Der Feind gab einige wirkungslose Salven und räumte südwärts abziehend das Dorf. Benatek wurde besetzt. Sofort weiter vorzudringen verbot sich, da ziemlich in demselben Augenblicke, in dem die Unsrigen aus dem Dorfe debouchieren wollten, starke feindliche Abteilungen in der

linken Flanke, bei Maslowed, sichtbar wurden. Generalleutnant v. Franseck erteilte deshalb Befehl, vor weitrer Offensive das Eintreffen des Gros der Division, Regimenter 26 und 66, abzuwarten.

Die Pause im Gefecht, die dadurch entstand, gab eine gute Gelegenheit, von einem unmittelbar in Front des Dorfes gelegenen Höhenpunkte aus das Gefechtsfeld und bis zu einem gewissen Grade auch (freilich sehr unvollkommen nur) die feindliche Aufstellung zu überblicken.

Der Swiep-Wald

Auf Büchsenschuß-Entfernung, geradlinig nach Süden zu, stieg ein Wald auf: der durch die Kämpfe der 7. Division seitdem so berühmt gewordene Swiep-Wald.

Dieser Swiep-Wald war auf den Karten kaum verzeichnet, am wenigsten kannte man seine Beschaffenheit, seine Ausdehnung und Tiefe. Jetzt kennt man ihn. Wir versuchen danach eine Beschreibung.

Der Swiep-Wald ist ein an seiner höchsten Stelle 917 Fuß hoher Waldberg, der, nach Nordosten hin steil abfallend, nach Westen und Südwesten hin allmählicher sich abflacht. Die Form dieses Waldgebietes, das eine Länge von etwa 2000 und eine Breite von etwa 1200 Schritt hat, ist die eines ziemlich unregelmäßigen Rhombus. Zwischen den gegenüber gelegenen Spitzen desselben ziehen sich von Ost nach West und von Nord nach Süd zwei Hauptwege hin, die ungefähr da, wo sie sich schneiden, auch den höchsten Punkt des Waldes treffen. Das Terrain ist voller Kuppen, Einsattlungen und Schluchten und so verschieden wie in seiner Formation, so abweichend auch in seinem Forstbestande. Tannen und Eichen wechseln untereinander ab; im allgemeinen aber läßt sich sagen, daß die westliche Hälfte mehr Hochwald, die

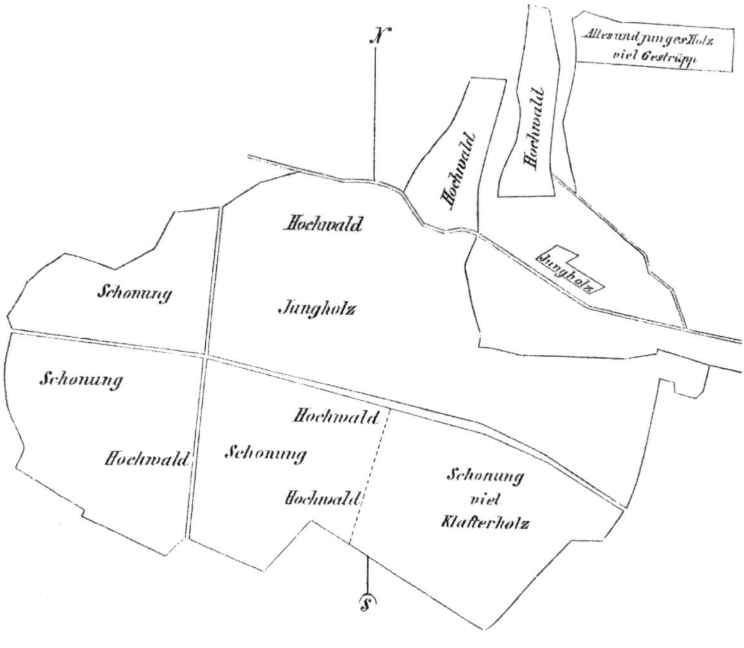

östliche mehr Eichenschonung aufzuweisen hat. Am Tage der Schlacht – was für das Schützengefecht von Bedeutung war – lag in dem Südostviertel des Waldes viel aufgeschichtetes Stammholz, hunderte von Klaftern.*

* Wir finden nachträglich noch folgende Schilderung, an der namentlich die kursiv gedruckten Zeilen bemerkenswert sind. »Jenes Gehölz« (so heißt es darin), »das man gewöhnlich mit dem Namen des Swiep-Waldes bezeichnet, wird von Benatek durch eine etwa fünfhundert Schritt breite Wiese getrennt, die mit einzelnen hohen Bäumen bestanden ist. *Hinter dieser Wiese steigt der Wald mit scharf begrenzten Rändern stark bergan, bildet einen Rücken, dann eine buschige Schlucht, steigt wieder an und endigt mit seiner größten*

Die Aufstellung des Feindes, wie sie unsrerseits damals freilich nicht eingesehn werden konnte, war die folgende:

Statt auf der Linie Chlum-Nedelist zu stehn, mit andren Worten: statt den südlichsten der drei Riegel, von denen wir S. 503 ausführlich gesprochen haben, besetzt zu halten, war das IV. österreichische Korps, Feldmarschalleutnant Graf Festetics, auf den mittleren Riegel (Maslowed), ja zum Teil auf den nördlichsten (Horenowes) vorgerückt und stand, indem es zugleich eine Halblinksschwenkung ausgeführt hatte, nunmehr auf der Linie Cistowes-Maslowed-Horenowes. Chlum war besetzt, aber von Truppen des III. Korps (Brigade Appiano). Dieses mit einer Frontveränderung verbundene Vorrücken – an dem auch das II. österreichische Korps mit der Mehrzahl seiner Brigaden teilnahm – schuf in der Tat zu erheblichem Grade jene vielbesprochene Lücke, durch die es der Armee des Kronprinzen möglich wurde, fast ohne auf ernsten Widerstand gestoßen zu sein, in Flanke und Rücken der österreichischen Stellung vorzudringen; während aber auf diese Weise der Armee des Kronprinzen aus der Halblinksschwenkung des IV. und II. österreichischen Korps oder, mit andern Worten, aus der halb-kreisförmigen Umfassung des Swiep-Waldes allerdings ein großer Vorteil erwuchs, erwuchs eben dadurch unsrer zum Kampf im Swiep-Walde vorgehenden 7. Division eine beinah nicht zu lösende Aufgabe. Man schritt, glücklicherweise ohne es zu wissen, zu einem Kampfe 1 gegen 3.

Diesen Kampf – der blutigste, aber auch zugleich der verworrenste, der in diesem Kriege geführt worden ist – werden wir nunmehr zu beschreiben haben. Eine schwierige Aufgabe. Um den Leser schrittweise in das Verständnis desselben einzuführen, schicken wir, der Anschaulichkeit halber, einen Vergleich voraus, dessen »kühnes Wagen« wir zu entschuldigen bitten.

Man vergesse einen Augenblick den Wald und denke sich zunächst einen großen reichgegliederten Ovalbau mit drei Höfen und drei Portalen. Die drei Portale öffnen sich nach Süden; das mittelste das Hauptportal. Die drei dahinter gelegenen Höfe unterhalten durch gewölbte Passagen Verbindung miteinander; hohe und niedrige Balkone, Säulengänge, vorspringende Pfeiler, Freitreppen, Gitterfenster und Kelleröffnungen unterbrechen die Fassade, beleben das Bild; den rechtsgelege-

Breite auf dem Höhenrande, ungefähr fünfhundert Schritt vor dem Dorfe Cistowes, welches tiefer im Grunde liegt. Den Bestand des Gehölzes bildet teils Hochwald mit und ohne Unterholz, teils Eichenschonungen, in welchen damals Klafterholz geschichtet lag. Um Cistowes ist das Gelände, einige Obstplantagen ausgenommen, freier Acker, steigt aber gleich wieder und zum Teil stark bewaldet, südlich zu den Höhen von Lipa und Chlum.«

nen Hof aber (von der Südseite aus gerechnet) überragt ein Donjon, ein vierkantiger, massiver Turm, zu dessen breiter, plattformartiger Zinne nur eine steile, schwerzugängliche Treppe führt.

Dies Bild möge gelten, schlimmstenfalls wie man Hypothesen gelten läßt, die erst den Boden schaffen müssen für eine sonst unmögliche Beweisführung.

Um diesen Ovalbau mit seinen drei Höfen wurde gekämpft. Drei starke feindliche Kolonnen drangen von Süden her gegen die drei Portale vor; die Angriffe links und rechts scheiterten, durch das große Mittelportal aber avancierte die dritte und stärkste Kolonne, warf uns nach blutigstem, unter Ausnutzung der Lokalität zwischen Pfeilern und Säulen, auf Treppen und Balkonen geführten Gefecht aus dem Mittelhof hinaus und drang zugleich durch die gewölbten Verbindungsgänge links und rechts auch in die beiden Flankenhöfe ein. Dadurch im Rücken gefaßt, räumten wir auch diese, behaupteten uns aber in dem westlichen Hofe hinter einem hochgelegenen Pfeilerwald, im östlichen Hofe (mittelbar) durch Besetzung des dominierenden Donjon. Als uns durch Dransetzung letzter Kräfte auch dieser entrissen werden sollte, kam Entsatz. Der Feind wich. Die drei Höfe wurden wiedergenommen.*

Wenn es uns geglückt ist, mit Hilfe dieses Vergleiches ein Bild des Gefechtes in seinen großen Zügen zu geben, so wird anschaulich geworden sein, daß der Kampf im Swiep-Walde ein dreifacher war, daß an beiden Flügeln und im Zentrum gekämpft wurde, daß die beiden Flügel bis zur Durchbrechung des Zentrums sich hielten, daß nach Durchbrechung des Zentrums der ganze Wald verlorenging, bis auf einzelne Parzellen und das im Nordosten gelegene »Waldbastion«, und daß die wenigen, die auf dieser hohen Warte aushielten, die Freude hatten, die endliche Wiedereroberung des Waldes in erster Reihe einleiten zu können. Wir unterscheiden also im Einklang hiermit folgende Momente des Kampfes:**

* Dieser Schilderung liegt noch die Anschauung zugrunde, daß die im Zentrum vorgehende Brigade Poeckh (vergleiche S. 617) den Ausschlag gab und infolge unsrer Besiegung im Zentrum auch über das Schicksal der beiden Flügel entschied. Nach der inzwischen erschienenen österreichisch-offiziellen Darstellung dieses Gefechts stellt sich die Sachlage etwas anders. Gerade die Brigade Poeckh, nachdem sie anfangs siegreich vorgedrungen war, wurde schließlich unter den ungeheuersten Verlusten geworfen und was uns dennoch, auch im Zentrum, unterliegen ließ, war der Angriff einer aus der Flanke avancierenden feindlichen Doppel-Kolonne, die in den östlichen Flügelhof und zwar durch ein Seitenportal eindrang. Danach wäre unser obiges Bild, das in allem übrigen bestehen bleibt, zu modifizieren. Die Ausführung ergibt sich von selbst.

** Die Ordre de Bataille der 7. Division war für den 3. Juli die folgende:

die 14. Brigade (Generalmajor v. Gordon) am rechten Flügel;
die 13. Brigade (Generalmajor v. Schwarzhoff) im Zentrum;
die Bataillone v. Wiedner und Gilsa am linken Flügel;
die Verteidigung des Waldbastion (des »Donjon«) am Nordrande;
die Wiedereroberung des Waldes.

Wir werden in unsrer Darstellung auch diese Reihenfolge beibehalten.

Die 14. Brigade (Generalmajor v. Gordon) am rechten Flügel

Benatek war unser. Vom Südrande des Dorfes aus wurden Schüsse gewechselt mit den im Swiep-Walde versteckten feindlichen Jägern. Sie gehörten (27. Jäger-Bataillon) zur Brigade Brandenstein vom IV. Korps. Hinter und neben ihnen standen die Regimenter Großfürst Michael und Erzherzog Wilhelm derselben Brigade.

Um 8 Uhr erhielt die Avantgarde Befehl, gegen den Wald vorzugehn

Avantgarde. Generalmajor v. Gordon
Infanterie-Regiment Nr. 27 (Oberst v. Zychlinski)
Füsilier-Bataillon Nr. 67 (Oberstleutnant v. Buttlar)
Husaren-Regiment Nr. 10 (Oberst v. Besser)
Gros. Generalmajor v. Schwarzhoff
Infanterie-Regiment Nr. 26 (Oberst v. Medem)
Infanterie-Regiment Nr. 66 (Oberst v. Blanckensee)
Reserve. Oberst v. Bothmer
1. und 2. Bataillon Nr. 67

Es traf sich während des Kampfes so, daß die letztgenannten beiden Reserve-Bataillone an der Stelle (in der westlichen Hälfte des Waldes) eingriffen, wo die Avantgarde focht, so daß dadurch die 14. Brigade wieder vollständig wurde und – soweit das in diesem Kampfe überhaupt möglich war – eine Einheit repräsentierte. Dagegen zweigten sich umgekehrt von dem nach der Ordre de Bataille als Einheit auftretenden Gros (13. Brigade) im Laufe des Gefechts zwei Bataillone: v. Wiedner und v. Gilsa, ab und bildeten einen linken Flügel. Die folgenden Seiten werden dies näher ausführen.

und ihn zu nehmen. Generalmajor v. Gordon mit den beiden Musketier-Bataillonen Nr. 27 nahm den rechten, Oberst v. Zychlinski mit den Füsilier-Bataillonen 27 und 67 den linken Flügel. Die Waldlisiere wurde ohne besondre Verluste erreicht, und alle 4 Bataillone drangen etwa gleichzeitig, den Feind, insonderheit das 2. Bataillon Großfürst Michael vor sich hertreibend, in den Wald ein. Der Widerstand war nicht überall derselbe, je mehr nach rechts desto schwächer, je mehr nach links (dem Zentrum zu) desto stärker. Das 1. Bataillon 27., das den äußersten rechten Flügel bildete, passierte die westliche Waldspitze ohne erhebliche Einbuße und erlitt erst Verluste jenseits des Waldes, als es sich gegen das 500 Schritt südlich desselben gelegene Dorf Cistowes

wandte. Bei diesem Vorgehn fiel Oberstleutnant v. Sommerfeld, Kommandeur des 1. Bataillons. Zwei nach Westen hin ausgebaute Gehöfte des Dorfes wurden besetzt.

Gegen eben dies Dorf ging auch Oberst v. Zychlinski. Er war, weil mehr das Zentrum des Waldes treffend, von Anfang an in ein ernsteres Gefecht verwickelt worden und hatte durch Infanteriefeuer in der Front, noch mehr durch Granatfeuer von Maslowed her gelitten. Das Füsilier-Bataillon 67. war ihm nach links hin außer Gesicht gekommen, dafür war ihm von rechts her das 2. Bataillon 27, das links neben dem 1. marschierte, zur Verfügung gestellt worden. So waren es denn jetzt nicht die beiden Füsilier-Bataillone der Brigade, sondern das Füsilier- und das 2. Bataillon seines eigenen Regiments (Nr. 27), die Oberst v. Zychlinski durch die Westhälfte des Waldes hindurch bis an die südliche Lisiere desselben führte.

Er erreichte dieselbe und hatte nun, während das 1. Bataillon bereits in den westlichen Gehöften sich festsetzte, die Nordostecke von Cistowes vor sich, gegen welche Ecke jetzt, mit kleineren und größeren Abteilungen, seine Angriffe sich zu richten begannen. Aber sie scheiterten. Cistowes war stark besetzt. Hinter allen Häusern und Hecken, besonders in den blockhausartigen Scheunen, steckten vorgeschobene Bataillone der Brigade Appiano vom III. Korps, und als die Schwäche unsrer Kolonnen dem Feinde nicht länger verborgen bleiben konnte, brachen das 4. Jäger-Bataillon und ein oder zwei Bataillone vom Regiment Erzherzog Heinrich aus Cistowes hervor, um die Unsren in den Wald zurückzujagen.

Dieser Vorstoß wurde mit so großer Raschheit und Geschicklichkeit ausgeführt, daß er unsre am Waldrand stehenden Bataillone in Flanke und Rücken faßte, die zumeist vorgeschobenen Abteilungen wurden abgeschnitten, gefangengenommen, und unsre Verluste – auch der linke Flügel der eben jetzt (9½ Uhr) vorgehenden Brigade Fleischhakker traf unsre 27er – würden an eben dieser Stelle noch weit erheblicher gewesen sein, wenn nicht, beinah gleichzeitig, im Rücken der uns überflügelnden feindlichen Bataillone, zwei Bataillone unsrer 67er unter Oberst v. Bothmer erschienen wären und nun ihrerseits den uns umfassenden Feind umfaßt hätten.

Eine drohendste Gefahr war durch das Erscheinen dieser beiden unsre einzige Reserve bildenden Bataillone allerdings abgewandt; aber nicht auf lange. Die beiden Bataillone 27er waren zertrümmert, alle Hauptleute tot oder verwundet oder abgedrängt; eben jetzt erhielt auch Oberst v. Zychlinski einen Schuß in den Schenkel, und mühsam sich aufrecht haltend, führte er die Trümmer seiner Bataillone nach den ausgebauten westlichen Gehöften von Cistowes, wo er Generalmajor v. Gordon und das 1. Bataillon vom Regiment 27 fand.

Die Situation an der hartbestrittenen Stelle zwischen Dorf und Waldrand hatte sich also im wesentlichen nur dahin geändert, daß an die

Stelle zweier Bataillone 27er jetzt zwei Bataillone 67er traten und an Stelle Oberst v. Zychlinski's Oberst v. Bothmer das Kommando übernahm.

Er hielt aus, wie jener ausgehalten hatte. Aber immer übermächtiger wurde der Feind; eine neue Brigade, die Brigade Poeckh, zunächst das Zentrum treffend, wurde vorgeführt, und in derselben Weise wie eine Stunde früher das unerwartete rasche Eingreifen der Brigade Fleischhacker zu einer Umfassung unsrer 27er geführt hatte, führte jetzt das rasche Vorbrechen dieser neuen Brigade (Poeckh) zur Umfassung unsrer 67er.

Aber auch diesmal blieb die Hilfe nicht aus. Die um eben diese Stunde am Skalka-Gehölz vorbeimarschierende, ihre Richtung auf Sadowa und den Hola-Wald nehmende 8. Division war um Unterstützung der im Swiep-Walde so hart bedrängten 7. Division angegangen worden, Generalleutnant v. Horn hatte diesem Ansuchen nachgegeben, und in dem Momente höchster Bedrängnis für unsre 67er erschienen jetzt, von Nordwesten her, das Magdeburgische Jäger-Bataillon und das 1. Bataillon 72. Regiments, um nun den bereits in unsrem Rücken stehenden Feind: 8. Feldjäger-Bataillon und Regiment Erzherzog Karl Ferdinand von der Brigade Poeckh, in derselben Weise von hinten her zu umfassen, wie die 67er bei ihrem Erscheinen die vordersten Bataillone der Brigade Fleischhacker: 13. Jäger-Bataillon und Regiment Großfürst Thronfolger, umfaßt hatten.

Es war jetzt 11 Uhr. Diese letzten Kämpfe hatten schwere Opfer gekostet. Drei Kompanien 67er (die 1., 6., 7.) hatten in kürzester Frist 9 Offiziere und 169 Mann verloren, darunter 6 Offiziere und 57 Mann tot. Den Feind am Eindringen in den Wald zu hindern, war um so weniger geglückt, als seine Erfolge im Zentrum, auf das er jedesmal die Hauptstöße seiner Brigaden richtete, es ihm möglich gemacht hatten, sich im Rücken beider Flügel mehr und mehr auszubreiten. Es wurde stiller und stiller im Wald. Auch am rechten Flügel. Der Feind zögerte, den letzten entscheidenden Schlag zu tun, und die Unsren waren zu matt und numerisch zu schwach, um von den zerstreuten Waldstücken aus, die sie noch inne hatten, den Kampf wieder aufzunehmen. Einzelne Abteilungen der Unsren, nach links hin abgedrängt, standen mit auf jener Waldbastion, die, wie wir zeigen werden, General v. Fransecky entschlossen war mit Dransetzung auch der letzten Kraft zu halten; andre Kompanien waren bis an das Skalka-Gehölz und bis nach dem Hola-Walde hin verschlagen. Kompakte Körper bildeten nur noch das 1. Bataillon vom 27., das die Westecke von Cistowes hielt, und im Walde selbst, am äußersten Flügel desselben, die zuletzt aufgetretenen

Hilfs-Bataillone der 8. Division: das Magdeburgische Jäger-Bataillon und das 1. Bataillon vom 72.

Soviel in den großen Zügen über den Verlauf dieses Kampfes am rechten Flügel. Detail-Schilderungen, die uns vorliegen, mögen das Bild vervollständigen. Niemand hat den poetischen Graus dieser Vorgänge lebendiger, anziehender zu schildern vermocht, als Oberst v. Zychlinski selbst, der, durch drei Stunden hin (von 8 bis 11) im Mittelpunkt dieses Kampfes stand. Wir hören ihn zuerst:

»... Ich hielt noch,« so erzählt er, »abwartend am Südrande von Benatek. Da avancierten rechts neben mir meine Musketier-Bataillone. Jetzt befahl auch ich wieder anzutreten, und ohne Verlust nahmen meine Füsiliere die uns gegenüber liegende Waldlisiere.

Bis dahin war alles gut gegangen. Kaum aber befanden wir uns im Walde, als der entsetzlichste Hagel zerspringender Granaten sich über uns ergoß und die Gewehrkugeln der im Walde versteckten Jäger um uns wie peitschender Regen knatternd einschlugen. Instinktmäßig fühlte jeder, daß es nur ein Entrinnen nach vorwärts gäbe. Alle Übersicht hörte natürlich auf. Ich mußte um jeden Preis sie wieder zu gewinnen suchen. Da fand ich einen Fußsteig, der mich nach der westlichen Lisiere hinausführte ... Ich ritt von Ost nach West und umgekehrt hin und her. Der Geschoßhagel dauerte mit entsetzlicher Heftigkeit fort und umfaßte uns nach einiger Zeit auch von der linken Flanke und vom Rücken her. Fort und fort auf dem gedachten Wege hin und her reitend, befand ich mich in dem beweglichen Mittelpunkt eines wirren Knäuels, dessen Kern meine beiden Bataillone bildeten, umwickelt von feindlichen Schwärmen und Haufen. Granaten und Kartätschen zerrissen denselben jeden Augenblick nach allen Richtungen, Gewehrkugeln wickelten ihn gleichsam wieder zusammen, da sie, auf die Front, auf die linke Flanke und in den Rücken geschleudert, den Zusammenhang um den Kern herzustellen nötigten. Ach! sie fielen um mich herum, meine Offiziere und Mannschaften, wie gemäht, tot und verwundet: Fähnrich Hellmut, der hoffnungsvolle Jüngling, nahm mit einem unvergeßlichen Blick voll Schmerz Abschied von mir; Leutnant v. Zedtwitz fiel, in der Schulter schwer verwundet; Hauptmann v. Westernhagen wurde in das Dickicht des Waldes an mir vorübergetragen; Hauptmann Joffroy ließ die schwerverletzte Hand sich verbinden, um sofort seine Kompanie weiterzuführen.

Allmählich nach Südwest, gegen die beiden einzelnen Höfe des Dorfes Cistowes (an dessen Westende), rollte mein Knäuel sich weiter. Dort hatte das 1. Bataillon Nr. 27, die Spitze des Waldes schneller passierend, bereits Posto gefaßt. . . . Immer heftiger und umfassender werdende Angriffe des Feindes nötigten mich, mit den Trümmern meiner Bataillone den Wald zu verlassen, und diese Trümmer zu kleineren und größeren Abteilungen zusammenfassend, ging ich mit ihnen *tambour battant* gegen den Hauptteil von Cistowes vor. Aber vergebens; wir mußten zurück.

Schon zwei volle Stunden hatten wir uns gehalten, da gedacht ich nochmals, meine Leute zum Sturm gegen Cistowes zu encouragieren, und ritt bis zur Lisiere des Waldes hinaus. Ein Granatsplitter fiel dicht vor die Füße meines Pferdes. Ich ließ ihn mir aufheben und steckte ihn in die Tasche. Gleich darauf flog ein zweiter der Stute so nah an der Nase vorbei, daß sie eine Kontusion erhielt. Sie machte kehrt. Ich riß sie herum, wieder in die Lisiere hinein. Da wurden ihr beide Kinnbakken von einer Gewehrkugel durchlöchert. Sie blieb wie angewurzelt stehn; ich bekam sie nicht mehr von der Stelle und mußte absteigen. Das Blut strömte ihr in einem großen Strahl zur linken Seite des Kopfes heraus. Wohl fünf Minuten blieb ich bei dem Tiere stehen und konnte mich nicht entschließen, es zu verlassen.

... Gleich darauf erhielt ich einen Schuß durch den Oberschenkel. Um diese Zeit muß es auch gewesen sein, wo ein Granatsplitter meiner Stute das Kreuz zerschmetterte. Vom Oberstleutnant v. Zedtwitz unterstützt, ging ich in das nächste der beiden Gehöfte von Cistowes. Dort fand ich meinen Brigade-Kommandeur (Generalmajor v. Gordon), dem sein Pferd unterm Leibe getötet worden war ... Hier hielten wir aus bis zuletzt.«

So weit Oberst v. Zychlinski. Er zog sich, wie schon erwähnt, ungefähr in derselben Viertelstunde auf Cistowes zu, in der die 67er unter Oberst v. Bothmer, als eine Art Ablösung der 27er, am Waldrande eintrafen. Ein Unteroffizier vom 67sten (Freiherr v. Gablenz) schildert seine Erlebnisse beim Vorgehn und dann an dieser Stelle wie folgt:

»... Wir hielten seit einer Stunde bei Benatek. Das Dorf brannte bereits. Da kam Befehl zum Vorrücken; – wir traten an. Höher begann unser Herz zu schlagen, denn in geringer Entfernung von uns lag ein Waldstück (der Swiep-Wald), in dem unser Füsilier-Bataillon und das ganze 27. Regiment, zu deren Unterstützung wir vorgingen, schon mit dem Feinde handgemein waren.

Bis in die nächste Nähe des Waldes marschierten wir in Sektions-Kolonne; dann wurde zugweise aufmarschiert und die Kompanien auseinandergezogen ... Da wir uns mit gleicher Front neben unsre anderen Kompanien setzen mußten, so gab unser Bataillons-Kommandeur, Oberstleutnant v. Hochstetter, als wir kaum den Wald betreten hatten, Befehl, die linke Schulter vorzunehmen und die Züge auszurichten, nachdem wir in Halbzügen abgebrochen waren. Hierbei muß ich bemerken, daß die Ruhe, mit der dieser Befehl gegeben wurde, inmitten des feindlichen Feuers seine Wirkung auf die Mannschaft nicht verfehlte und daß sich alle sicherer, unüberwindlicher fühlten, als sie von neuem fester aneinandergeschlossen dastanden.

Indessen ein geschlossenes Vorgehn im Walde selbst war unmöglich. ... Der Kampf, nachdem wir aufgelöst waren und in zerstreuter Ordnung fochten, ist schwer zu beschreiben. Es war den Offizieren kaum möglich, ihre Züge oder selbst kleinere Abteilungen zusammenzuhalten; jeder Mann focht gewissermaßen auf eigne Faust; aber der Granatregen, der über uns kam, die Äste und Baumsplitter, die uns von allen Seiten umflogen, drängten uns instinktmäßig vorwärts, lediglich in der Hoffnung, weiter vordringend aus dieser kritischen Situation herauszukommen.

Das Terrain vor uns stieg steil an, und ich fiel bei dem raschen Vorgehn, erdrückt durch die Last meines Gepäcks, zu Boden. Als ich mich wieder erhob, war meine Abteilung schon weit voraus, und ich mußte mich einer andern anschließen. So kam ich an die südliche Lisiere. Um das vor und neben uns liegende Kornfeld, aus dem dann und wann feindliche Jäger auftauchten, besser übersehn zu können, trat ich ins Freie hinaus. Hier hatt' ich alsbald Gelegenheit zu erfahren, welchen unendlichen Vorteil unser Zündnadelgewehr bietet. Denn als 7 österreichische Jäger links neben mir und zwar in langsamem Tempo ebenfalls den Wald verließen, sandte ich noch eine Kugel unter sie, um sie zu einer rascheren Gangart zu bewegen. Fünf liefen eiligst davon, zwei aber wollten die Mahnung nicht verstehn und wandten sich gegen mich. Ehe sie indes noch Zeit zum Schießen fanden, war mein Gewehr aufs neue geladen und einer meiner Angreifer verwundet.

Mit diesen Jägern beschäftigt, bemerkte ich nicht, daß die Abteilung, der ich mich angeschlossen hatte, zurückgeblieben war, wohl aber sah ich, wie ein frisches österreichisches Bataillon in Front vorrückte, während seitwärts aus den Kornfeldern heranschleichende Jäger mir den Rückweg abschnitten. Meine Lage war eine verzweiflungsvolle und schien mir in der Tat keine andre Wahl zu bleiben, als erschossen oder gefangen zu werden. In dieser Situation folgte ich, kurz entschlossen, dem Beispiele des Handwerksburschen, der von einem Bären verfolgt wurde, d. h. ich warf mich, mich totstellend, auf mein Gesicht, platt auf die Erde, in einen Graben. Als nun von beiden Seiten die Österreicher weiter vorrückten und mir ziemlich nahe kamen, lag ich zwar mit ausgespreizten Gliedern unbeweglich, aber ich glaubte in der Einbildung den Kitzel eines Bajonetts des einen oder andern zu verspüren, der sich vergewissern wollte, ob ich auch wirklich tot sei. Wie lange ich in dieser Lage verblieben, weiß ich nicht, da mir die Sekunden zu Ewigkeiten wurden und ich ausharren mußte, bis das Bataillon, das allerdings nicht weit vordringen konnte, geschlagen zurückkam.

Das Zeitmaß während des Kampfes fehlte uns Fechtenden überhaupt.

Unsre höheren Offiziere (zu kommandieren gab es nichts) vermochten nur durch ihr Beispiel persönlicher Bravour auf die sie unmittelbar umgebende Mannschaft einzuwirken. Und dies Beispiel war nicht umsonst. Ich kann mich keines Falles entsinnen, wo ich das Aufgeben des Kampfes auch nur eines einzigen unverwundeten Mannes gesehen hätte.

Aber, wie wir uns auch halten mochten, die Gefahr unserer gänzlichen Vernichtung rückte immer näher. Glaubten wir den Gegner geschlagen zu haben, so ging er mit neuen Truppenmassen vor, und es traten dann gewöhnlich Momente ein, wo wir, von allen Seiten Feuer erhaltend, zurück mußten, ohne geschlagen zu sein. In solchen Augenblicken traf uns das Wort unsrer Offiziere: ›Nur noch eine halbe Stunde‹ und kein Einziger war unter uns, der bei diesem Zuruf nicht den Entschluß gefaßt hätte: ›Nun, wenn dir Gott das Leben läßt, so wirst du auch diese halbe Stunde noch aushalten.‹«

Wir brechen hier in diesen Detailschilderungen, die uns vorzüglich geeignet schienen, den Charakter dieses Kampfes zu veranschaulichen, ab und wenden uns nunmehr den gleichzeitigen Vorgängen im Zentrum des Swiep-Waldes zu.

Die 13. Brigade (Generalmajor v. Schwarzhoff) im Zentrum

Links neben der 14. Brigade, Generalmajor v. Gordon, rückte die 13. Brigade, Generalmajor v. Schwarzhoff, in den Swiep-Wald ein. An dieser Stelle befand sich auch der Divisions-Kommandeur, Generalleutnant v. Fransecky.

An der Spitze der Brigade marschierten das Füsilier-Bataillon, Oberstleutnant v. Schmeling, und das 1. Bataillon, Major Schweiger, 66. Regiments; die vier andern Bataillone wurden vorläufig noch im Norden von Benatek zurückgehalten.

Es mochte 8½ Uhr sein, als beide Bataillone den Waldrand überschritten; unmittelbar vor ihnen standen einzelne Füsilier-Kompanien 27. und 67. Regiments im heftigsten Feuer. Das Erscheinen der 66er degagierte diese und gab momentan den Ausschlag. Die schon erschütterten Bataillone der Brigade Brandenstein, die bis dahin (Brigade Appiano focht, von uns aus, weiter rechts) ausschließlich den Kampf an dieser Stelle geführt hatten, wichen rasch, und wie am rechten Flügel die 27er Musketiere, so drangen hier im Zentrum die 66er vor. Der Swiep-Wald im großen und ganzen war gewonnen.

Aber dieser rasche Erfolg, wie wir wissen, sollte sehr bald wieder in Frage gestellt werden. Zumal im Zentrum. Gegen dieses begannen jetzt, und zwar mit immer wachsender Energie, die Wiedereroberungs-Versuche der nachrückenden österreichischen Brigaden sich zu richten.

Zunächst der Brigade Fleischhacker (9 Uhr). Das Regiment Großfürst Thronfolger avancierte in geschlossenen Kolonnen und drängte unsre schwachen Abteilungen durch die Wucht seines Angriffs zurück.

Ihnen entgegen beorderte jetzt Generalleutnant v. Fransecky die vier hinter Benatek in Reserve stehenden Bataillone des Gros. Zwei (wir begegnen ihnen später wieder) machten eine Achtelschwenkung nach links; die beiden andern, das 1. und das Füsilier-Bataillon 26. Regiments, dirigierten sich gegen das Zentrum und warfen sich auf die bis dahin siegreichen Bataillone von »Großfürst Thronfolger«. Diese, nach tapferster Gegenwehr, wichen. Die Unsern drangen zum zweiten Male bis an den südlichen Waldrand vor und suchten sich eben in dem der Verteidigung, namentlich da wo das Klafterholz lag, günstigen Terrain festzusetzen, als das Vorgehen der dritten Brigade (Poeckh) des österreichischen IV. Korps unsren Erfolg abermals und ernster denn vorher in Frage stellte. Das 8. Jäger-Bataillon, links daneben zwei Bataillone Reischach und Este, nach rechts hin das ganze Regiment Erzherzog Karl Ferdinand, so avancierte die Brigade mit großer Bravour und warf sich in Front und Flanke, bald auch im Rücken, auf unsre erschöpften und auseinander gekommenen Bataillone.

Chaotisches Durcheinander! Es kommt zum blutigsten Nahgefecht mit Kolben und Bajonett. Dazwischen hageln die Granaten gleich verderblich für Freund und Feind. Generalleutnant v. Fransecky, Generalmajor v. Schwarzhoff, Oberst v. Medem, Major Paucke verlieren ihre Pferde; Major v. Schönholz erhält einen Schuß ins Genick; Premierleutnant Biber, Brigade-Adjutant, Premierleutnant Ewald, Führer der 11. Kompanie, Premierleutnant Wernecke vom Landwehr-Bataillon Neu-Haldensleben werden tödlich getroffen; die Leutnants v. Platen und v. Schierstädt fallen schwer verwundet; drei Westernhagens (zwei Hauptleute, ein Premierleutnant) bluten; Leutnant v. Schulz sieht sich plötzlich von mehreren ungarischen Infanteristen umringt, hört ein wildes Eljenrufen und stürzt dann, von einem Bajonettstich durchbohrt, bewußtlos zusammen. Wie Bienen, in immer dichter werdenden Trupps, schwärmen die Jäger durch den Wald. Unsre beiden hier kämpfenden Bataillone vom 26. Regiment haben bereits einen Verlust von 17 Offizieren; Schritt für Schritt räumen sie den Wald und gehen in Aufnahmestellung bis Benatek zurück.

Dieser Darstellung der Vorgänge im Zentrum liegt die preußische Auffassung zugrunde, wie sie sich bald nach dem Kriege gestaltete. Der österreichische Bericht indes, wie bereits S. 556 hervorgehoben, weicht sehr wesentlich davon ab. Als das Verwunderlichste stellt sich dabei heraus, daß jeder Teil (ein Fall, der vielleicht noch nie vorgekommen ist) freimütig sein Unterliegen konstatiert und seine Relation damit schließt: »Nach ungeheuren Verlusten zogen wir uns in eine Aufnahmestellung zurück«. Wir lassen zunächst, um dann prüfen zu können, den Bericht der Brigade Poeckh im Wortlaut folgen:

»Der Sturm«, so heißt es, »begann ohne Vorbereitung. Auf Anordnung des Brigadiers Oberst Poeckh wurden nur einige Schwärme vorgesendet. Darauf stürmte das 1. Treffen der Brigade: 2. Bataillon Reischach und 1. Bataillon Este am linken, alle drei Bataillone Erzherzog Karl Ferdinand am rechten Flügel, das 8. Jäger-Bataillon im Zentrum, mit unaufhaltsamem Ungestüm den Abhang hinab, über feindliche Leichen in den Wald hinein, vertrieb den Gegner vom Waldrande, durchbrach mehrere Male die preußische Linie und rückte bis zum westlichen Ausgange des Waldes vor. Der Gegner floh in großer Unordnung. Einen einzigen Moment der Stockung überwand der Einfluß und das heldenmütige Benehmen des stets an der Spitze seiner Brigade befindlichen Obersten Poeckh. Schnell und erneut wurde vorgestürmt.

Die Mannschaft war jedoch erschöpft. Bei dem fortwährenden Auf- und Absteigen durch Wald und Gestrüpp versagten endlich die Lungen den Dienst; es mußte gehalten werden.

Da wurden plötzlich auf einer waldbedeckten Anhöhe in der rechten Flanke preußische Massen bemerkbar, welche ein mörderisches Feuer auf die tiefer befindliche Brigade eröffneten. Hier erlitt dieselbe die größten Verluste. Der Brigadier und alle Stabsoffiziere (bis auf einen) fielen … Von allen Seiten eingeschlossen, blieb nichts übrig, als sich durchzuschlagen.* Zum Teil mit dem Gegner ins Handgemenge geratend, gelang der Rückzug nur einem kleinen Teile … Die Trümmer des 8. Jäger-Bataillons mit vier Offizieren zogen sich gegen die linke Flanke der Aufstellung. Die Verluste dieses Jäger-Bataillons, wie des Regiments Erzherzog Karl Ferdinand und der beiden Bataillone Reischach und Este, waren ungeheuer. Das 1. Treffen der Brigade Poeckh war nahezu aufgerieben.«**

Die Frage entsteht: Wie löst sich der Widerspruch, daß jeder Teil sich als den Besiegten anerkennt! Einfach dadurch, daß das, was uns schließlich warf, nachdem wir unsrerseits das erste Treffen der Brigade Poeckh geworfen hatten, nicht das zweite Treffen dieser Brigade, sondern eben ein ganz andrer Truppenkörper war, von dessen beinah gleichzeitigem Vorgehn und Erfolg die Brigade Poeckh nicht die geringste Kenntnis hatte. Während diese letztre in der Front unterlag, drangen zwei starke Kolonnen des II. Korps (die Brigaden Württemberg und Saffran) von der Flanke her in den östlichen Teil des Waldes ein, eroberten diesen und warfen, in raschem Anlauf auch in das Zentrum eindringend, uns nach Norden zu (auf Benatek) hinaus. Den Ausschlag gab also das II. Korps, das mit zwei Brigaden, rechtwinklig auf das IV., am Ostrand des Waldes stand und als erstes Angriffsobjekt unsren linken Flügel hatte, dessen Aufstellung und Kampf wir nun zunächst in Nachstehendem schildern.

Die Bataillone v. Wiedner und v. Gilsa am linken Flügel

Das 2. Bataillon, Major v. Gilsa, vom 26. und das 2. Bataillon, Major v. Wiedner, vom 66. Regiment hatten sich (wir deuteten es schon an) links gehalten, als die vier am spätesten vorgezogenen Bataillone der

* Das 1. Bataillon vom Regiment Erzherzog Karl Ferdinand verlor dabei die Direktion und trat, statt sich südöstlich zu halten, an der Nordwestseite des Waldes ins Freie. Hier warf sich Rittmeister v. Humbert, der mit der 1. Eskadron 10. Husaren-Regiments in einer Mulde südwestlich von Benatek hielt, sofort auf das überraschte Bataillon und nahm es, ohne auf Widerstand zu stoßen, in der Stärke von beinah 709 Mann (darunter 16 Offiziere) gefangen. Es zählt diese Attacke, wie durch Bravour, so namentlich auch durch richtige Erfassung des Moments, zu dem Glänzendsten, was während des 66er Feldzuges seitens unsrer Kavallerie geleistet worden ist. Nachher von bloßem »Glück« sprechen, ist leicht. Wer richtig zufaßt, hat immer Glück.

** Das 2. Treffen der Brigade Poeckh, das Regiment Erzherzog Joseph, kam um diese Zeit gar nicht zur Aktion; erst drittehalb Stunden später, etwa um 1, als das ganze IV. Korps in die Stellung Chlum-Nedelist einrückte, hatte auch noch das ebengenannte Regiment, indem es ganz ohne Not den Swiep-Wald passierte, ein nachträgliches Gefecht.

13. Brigade den Waldrand erreichten. Diese Linksschwenkung war Ursache, daß die genannten beiden Bataillone, während alle andren Abteilungen der 7. Division mit Front gegen Süden standen, ihren Kampf mit Front gegen Osten führten. Sie hatten hier – soweit der enge Raum eine Trennung überhaupt zuließ – ein abgetrenntes Gefecht.

Bis 11 Uhr waren sie in der Lage, dies Gefecht ohne besondre Verluste führen zu können; die meist in schräger Linie und zwar in der Richtung von Südost gegen Nordwest vorgehenden feindlichen Bataillone streiften unsren linken Flügel nur eben, und das ihm seit etwa 9 Uhr mit den Brigaden Württemberg und Saffran gegenüberstehende II. Korps – fast als ob es dem IV. Korps die Ehre nicht schmälern wollte, den Gegner allein aus dem Swiep-Walde geworfen zu haben – begnügte sich vorläufig damit, über einen breiten Wiesenstreifen hin, der zwischen Maslowed und dem Ostrande des Waldes sich ausdehnt, ein lebhaftes Feuergefecht gegen die Unsrigen zu unterhalten. In diesem Feuergefecht erwies sich die ganze Überlegenheit des Zündnadelgewehrs, vielleicht noch mehr die Überlegenheit unsrer Taktik; die Bataillone v. Wiedner und Gilsa verloren wenig, während das uns gegenüberstehende Regiment Mecklenburg (alle übrigen Abteilungen hielt man vorläufig noch in Reserve) die schwersten Einbußen erlitt. Und beinahe zwecklos.

So standen die Dinge bis etwa gegen 11 Uhr, als plötzlich, auch hier am linken Flügel, das Gefecht eine andere Gestalt anzunehmen begann. Feldmarschalleutnant Mollinary – bald nach Übernahme des Kommandos an Stelle des schwerverwundeten Grafen Festetics – hatte sich überzeugt, daß die brigadeweisen Vorstöße zu nichts fruchten konnten, und war nunmehr entschlossen, an die Stelle der einzelnen Vorstöße von Südosten, einen konzentrischen Angriff von drei Seiten her treten zu lassen. Das II. Korps, dem, seiner Aufstellung nach, der Angriff von Osten her naturgemäß zufallen mußte, wurde um seine Mitwirkung angegangen und sagte dieselbe zu, während sich, von Süden und Südosten her, einerseits die bereits geworfenen Brigaden Brandenstein und Fleischhacker, andrerseits die frische Brigade Poeckh gegen den Swiep-Wald in Bewegung setzten.

Was das Vorgehen dieser letztgenannten drei Brigaden, insonderheit den Angriff der Brigade Poeckh angeht, so haben wir desselben bei Besprechung der Vorgänge im Zentrum ausführlich Erwähnung getan); entscheidend für seinen Erfolg aber wurde sehr wahrscheinlich (durch die österreichische Relation inzwischen zur Gewißheit erhoben) das eine halbe Stunde später erfolgende Eingreifen des II. Korps von Osten her. Dieser Angriff traf, wenigstens in seinem ersten Stadium, beinah ausschließlich die beiden Bataillone Wiedner und Gilsa. Besonders das letztere. Ehe wir dem Angriff folgen, geben wir die Aufstellung des Feindes.

Das II. Korps, den Bewegungen des IV. folgend, hatte ebenfalls, statt die Linie Chlum-Nedelist, diesen Hakenarm der Frontal-Position zu halten, eine große Linksschwenkung ausgeführt und stand, wie in der Kürze bereits angegeben, seit 9 Uhr früh mit zwei Brigaden bei Maslowed, rechtwinklig auf das IV. Korps. Die Brigade Württemberg, das Regiment Mecklenburg nach rechts hin hinauswerfend, hielt Maslowed besetzt); die Brigade Saffran stand in Reserve.

Diese Aufstellung wurde beibehalten bis gegen 11 Uhr.

Um 11 Uhr – die Brigade Poeckh war bereits von Süden her in den Wald eingedrungen – formierten sich beide Brigaden zum Angriff: Das 11. und 20. Jäger-Bataillon nahmen die Tête, während dahinter, in langer Linie, die Regimenter Sachsen-Weimar, Hartung und Holstein folgten. Hartung im Zentrum, Sachsen-Weimar und Holstein am linken und rechten Flügel. Das Regiment Mecklenburg, das bis dahin allein im Feuer gestanden hatte, wurde zurückbehalten.

Es entspann sich nun einer der erbittertsten Kämpfe. Die feindlichen Bataillone, Schützen vorauf, avancierten mit großer Bravour; Major v. Gilsa, zunächst leicht am Arm verwundet und der Wunde nicht ach-

tend, sank alsbald von einer Jägerkugel schwer getroffen vom Pferde, erhob sich aber gleich wieder, nicht gewillt das Kommando des Bataillons in dieser Stunde äußerster Bedrängnis in andere Hände übergehn zu lassen. Es galt ein Beispiel zu geben. Gestützt auf seinen treuen Begleiter, den Hornisten Pieroh, ging er vor der Front des Bataillons auf und ab, die Leute belobend und zum Ausharren ermunternd. Endlich, als er mehr und mehr das Schwinden seiner Kräfte fühlte (er war zum Tode getroffen), übergab er den Befehl an Hauptmann Fritsch: »Nun will ich gerne sterben, nachdem ich gesehn, wie tapfer sich mein Bataillon geschlagen hat«.

Hauptmann Fritsch, um die Trümmer des Bataillons zu neuem Angriff zu sammeln, führte alles, was zur Hand war, in die Waldlisiare zurück. Aber wie gelichtet die Reihen! Außer ihm selbst nur Premierleutnant v. Bismarck noch bei der Fahne; die Hälfte der Mannschaften tot, verwundet, abgedrängt, zerstoben. Und doch mußte es gewagt sein, gewagt um jeden Preis. Vorwärts, vorwärts! Und wieder ging es über die Lisiere des Waldes hinaus. Der Fahnenträger, Sergeant Täger, sinkt, von zwei Kugeln getroffen, im ersten Moment zusammen; Sergeant Seibt ergreift die Fahne und springt vor die Front. Kein Schuß fällt. Das Gewehr zur Attacke werfen sich die gesammelten Reste des Bataillons Gilsa und links neben ihm das 2. Bataillon vom 66. (Major v. Wiedner) auf die zu neuem Ansturm vordringenden Kolonnen des Regiments Holstein. Dies, unsrem Angriff bequemer zu begegnen, hält jetzt und gibt Salve auf Salve. Das Terrain ist glatt wie eine Tenne; nirgends Schutz; die Unsren sinken rechts und links; aber bei schlagenden Tambours geht es weiter auf den Feind, der gewillt scheint, die Bajonette mit uns zu kreuzen. Doch einen Augenblick nur; im letzten Moment sinkt ihm der Mut; – als wir auf 40 Schritt heran sind, wendet er sich zur Flucht. Jetzt, instinktmäßig und ohne Kommando abzuwarten, macht unser inzwischen immer mehr zusammengeschmolzenes Häuflein, das bis dahin keinen Schuß abgegeben hatte, halt und eröffnet Schnellfeuer auf die zurückgehenden Bataillone. Als Hauptmann

Fritsch das Schnellfeuer stopft, waren die feindlichen Kolonnen wie zerstoben. In langen Reihen lagen die Toten und Verwundeten da; was noch lebte, stand auf freiem Felde, warf die Gewehre fort und erhob bittend die Hände.*

Aber dieser Erfolg am linken Flügel war wenig andres als eine glückliche Episode. Unsre 2 Bataillone, die längst keine Bataillone mehr waren, waren zu schwach, um gegen 2 Brigaden sich auf die Dauer halten zu können. Die Regimenter Hartung und Sachsen-Weimar, trotz des Echecs, den das Regiment Holstein erfahren, blieben im Avancieren; Regiment Mecklenburg, frische Angriffs-Kolonnen bildend, griff aufs neue ein; so in Front von Übermacht gefaßt, in beiden Flanken umgangen oder bedroht, mußten die Trümmer unsres linken Flügels zurück. Ein Teil ging auf Benatek. Die feindlichen Bataillone drangen bis in die Mitte des Waldes ein, wo sie mit den von Süden her vorgegangenen, zum Teil schon wieder weichenden Abteilungen der Brigade Poeckh zusammenstießen.

Es war jetzt 11 ½ Uhr.

»Hier sterben wir«

Der Swiep-Wald war uns nun zu größtem Teil verloren. Von seinen Umgebungen hielten wir Benatek, das Skalka-Gehölz und die Nordwestecke von Cistowes besetzt; vom Walde selbst, außer seiner West-

* Nach einer kurzen Darstellung, die Hauptmann Fritsch selbst von diesem Kampfe gibt, war es das Regiment Mecklenburg Nr. 57, das diesen Angriff am feindlichen rechten Flügel machte. Er nennt auch den Hauptmann Matuschka, der hier gefangengenommen wurde. Nichtsdestoweniger müssen wir nach einem in der Streffleurschen Zeitschrift erschienenen Aufsatze von ersichtlich offiziellem Ursprunge: »Das II. Armee-Korps im Feldzug von 1866« annehmen, daß es (wie wir im Text angegeben) das Regiment Holstein war, das hier zum Sturme vorging. Nach einem beigegebenen Croquis geschah der Angriff wie folgt:

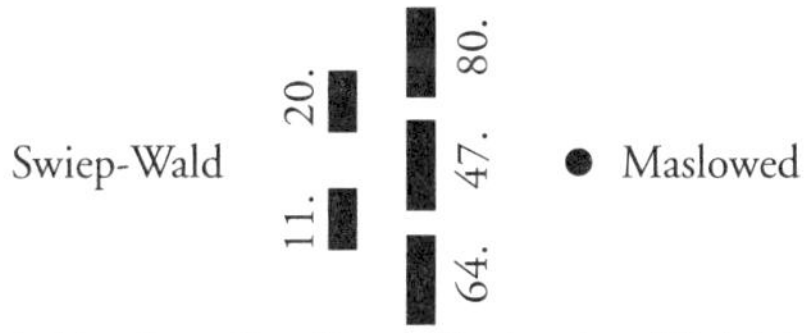

11. und 20. sind die beiden Jäger-Bataillone, die den Angriff einleiteten; 64., 47., 80. sind die Regimenter Sachsen-Weimar, Hartung, Holstein (Italiener). Das seit 9 Uhr bereits hart mitgenommene Regiment Mecklenburg (Polen) stand, als dieser Angriff erfolgte, rechts rückwärts hinter dem Regiment Holstein und griff erst später wieder mit ein. Es heißt in dem Bericht des II. Armee-Korps wörtlich: »Die Truppen (Jäger, Hartung und Sachsen-Weimar) drangen in den Wald ein, während das Infanterie-Regiment Holstein Nr. 80 wegen des offenen Terrains, über welches es vorrücken mußte, trotz der Tapferkeit keinen Erfolg erringen konnte.«

spitze, drin 72er und Magdeburger Jäger sich behaupteten, war nur noch die »Waldbastion« am Nordostrande in unsren Händen.

Hier sammelte Generalleutnant v. Fransecki die zersprengten Trümmer aller Regimenter um sich her, an seiner Seite die, wie durch ein Wunder bewahrt gebliebenen Brigade- und Regiments-Kommandeure: Generalmajor v. Schwarzhoff, Oberst v. Medem, Oberst v. Blanckensee. Der Feind – zumal mit seinen Jäger-Bataillonen, sechs an der Zahl – pirschte durch den Wald; der Granathagel ließ nach, bald auch das Gewehrfeuer. Aber diese beinah plötzlich eintretende Stille gewährte keine Beruhigung. Ein jeder fühlte, daß es die Stille vor dem Sturme war und daß der Feind sich anschickte, auch die letzten Punkte, die wir noch hielten, vor allem die Nordost-Bastion – das »Donjon«, wie wir es an andrer Stelle genannt haben – uns zu entreißen. Wäre darüber noch ein Zweifel gewesen, so hätte ihn der Augenschein widerlegt. Von seiner Hochstellung aus sah Generalleutnant v. Fransecki die Vorbereitungen zu diesem letzten Stoß; von Süden aus rückte die letzte Brigade (Erzherzog Joseph) des IV. Korps in die Front, von Osten her wurden alle noch verfügbaren Bataillone der Brigade Thom: 2. Jäger-Bataillon, Regiment Roßbach, ein Bataillon Jellacic, neben die Brigaden Württemberg und Saffran beordert, um den entscheidenden Angriff ins Werk zu setzen. Es war ersichtlich, daß die Unsren solchem erneuten Ansturm nicht zu widerstehen vermochten, und doch sollte dieser Widerstand versucht und die Verteidigung der »Bastion« mit Dransetzung des letzten Lebens geleistet werden. Generalleutnant v. Fransecki gab die Losung: »Hier sterben wir.«*

* Der Divisions-Kommandeur hatte gleich am Morgen, bei Beginn des Gefechts, die Wichtigkeit dieser »nördlichen Bastion« erkannt und die Besetzung derselben durch 2 Bataillone angeordnet. »Diese Ecke ist der Pfeiler, daran der linke Flügel sich zu stützen hat und welcher nicht verloren gehen darf.« Und er ging in der Tat nicht verloren. Das österreichische Generalstabswerk ignoriert diese Tatsache und läßt, um Mittag, das 2. Jäger-Bataillon und das Regiment Mecklenburg an dieser Stelle stehn. Das ist ein Irrtum. Vielleicht hat der Umstand Veranlassung dazu gegeben, daß Abteilungen der Brigaden Württemberg und Thom in dem niedrigen Eichengestrüpp (Kusseln), welches den nördlichen Abhang des vor der »nördlichen Waldbastion« gelegenen freien Platzes bedeckte, sowie auf diesem Platze selbst, mit diesseitigen Abteilungen einen sehr erbitterten Kampf zu führen hatten, der in seinen Wechseln zuweilen die Angreifer, zuweilen die Verteidiger in den Besitz des östlichen Teils jenes Gestrüpps brachte, und die ersteren dann glauben ließ, daß sie mit diesem Gewinn zugleich das letzte noch zu erobernde Stück vom Wald erlangt hätten. Aber rückwärts, seitwärts dieses Gestrüpps bildete hohes Stammholz, welches sich, den östlichen Rand der Schlucht bedeckend, bis zum Masloweder Wege hinzog, die eigentliche Position, und von dieser aus wiesen die Verteidiger sowohl mit ihrem Schnellfeuer als auch ausfallend mit dem Bajonett die Angreifer so oft zurück, als dieselben versuchten, sich ihr zu nahen. Das beweisen noch heute die vielen Gräber, welche die betreffenden Seiten der »Bastion« umsäumen und die umliegenden Felder bedecken.

FRIEDR. WILHELM

Man war bereit, das Opfer zu bringen, aber Gott wollte es anders, es wurde nicht gefordert. Im Augenblick höchster Not war, wie immer, die Hilfe am nächsten.

Der Angriff blieb aus.

»Im ersten Moment«, so schreibt ein Augenzeuge, »waren wir außerstande, uns die Ursache davon zu erklären. Die Hoffnung auf Hilfe hatten wir fast schon aufgegeben. Aber bald überkam uns ein unbeschreibliches, erhebendes Gefühl, bei dem Anblick, der sich nunmehr unsren Augen darbot: Eine Garde-Division rückte vor. In bester Ordnung, geschlossen wie eine Mauer. Der Kronprinz war da. Dann und wann glitzerten die Helme, die Bajonette. Konnten wir auch die einzelnen nicht erkennen, nicht in ihren Zügen lesen, so gab uns doch das ruhige, feste Vorgehn auf einmal die volle Sicherheit des Sieges, – des Sieges, den wir bis zu dieser entscheidenden Stunde mit dem Herzblut so vieler Kameraden an unsre Fahne zu fesseln gestrebt hatten. Stolz, den Sieg jetzt in unsern Händen zu wissen, konnten wir es ruhig diesen jetzt vorgehenden Truppen überlassen, die schönsten Lorbeeren des Tages zu pflücken.«

Die II. Armee griff ein

Ehe wir sie auf ihrem Vormarsch begleiten, noch ein Wort über den »Kampf im Swiep-Walde«. Er entschied, indem er zwei feindliche Korps nahezu nutzlos konsumierte, mehr als irgend etwas über den Ausgang der Schlacht. Diese zwei Korps waren dieselben, denen es obgelegen hätte, den von Norden kommenden Stoß der II. Armee zu hindern. Als dieser erfolgte, standen nur noch Trümmer auf der zu haltenden Stelle: auf dem Querriegel Chlum-Nedelist. Der Kampf um den Swiep-Wald, wenn man hier nicht zu siegen und durch einen Flankenstoß gegen den Hola-Wald unser Zentrum zu durchbrechen verstand, war österreichischerseits ein Fehler. Das ist jetzt zugestanden. Ihr eigener Bericht sagt:

»Genau genommen war der Besitz des Waldes für die österreichische Schlachtstellung nicht unumgänglich notwendig. . . . Ward die Nordfront von Lipa und Chlum mit hinreichender Artillerie versehen, der Wald zwischen beiden Orten zu deren Deckung gut mit Infanterie besetzt, fuhren endlich mehrere Batterien auf den Höhen nächst Maslowed auf, so war ein Vordringen des Feindes aus dem Walde gegen Lipa, Chlum und Maslowed nicht zu besorgen. Der Swiep-Wald gehörte recht eigentlich zur Domäne der österreichischen Artillerie; diese allein hätte ihn säubern können; einzelne feindliche Abteilungen konnten sich darin wohl erhalten, aber für die nächste Umgebung nicht leicht gefährlich werden. Es wäre besser gewesen, nach dem ersten Gefecht der Brigade Brandenstein, sich alle weiteren Angriffe auf den Wald zu sparen.«

Es erübrigt uns noch eine Art Statistik dieser Angriffe zu geben: ihre Zahl, ihre Stunde, ihre Stärke. Wir verfahren dabei chronologisch, manches lediglich rekapitulierend, und unterscheiden 4 Haupt-Angriffe:

Angriff der Brigaden Brandenstein und Appiano gegen die Ost- und Westhälfte des Waldes. 9 Uhr.

Angriff der Brigade Fleischhacker gegen die Westhälfte des Waldes und Cistowes. 9½ Uhr.

Angriff der Brigade Poeckh gegen die Mitte des Waldes. 10½ Uhr.

Angriff der Brigaden Saffran und Württemberg gegen die Ostlisiere des Waldes. 11 Uhr.

Ein fünfter Angriff (wie bereits erzählt), an dem die Brigade Thom teilnehmen und der unsren letzten Widerstand brechen sollte, unterblieb.

Die Frage nach der Stärke der einzelnen Brigaden ist vielfach ventiliert worden. Man hat anfänglich 56 Bataillone herausgerechnet, mit denen man im Swiep-Walde den harten Strauß zu bestehen hatte. Das ist zu hoch gegriffen. Mit Hilfe des österreichischen Generalstabswerkes sind wir imstande, genau festzustellen, was wir gegenüber hatten und was nicht. Danach stellen sich die Dinge wie folgt:

Brigade Appiano und Brandenstein	4. Jäger-Bataillon	1
	1. und 2. Bataillon Erzherzog Heinrich	2
	1. Bataillon Sachsen-Meiningen	1
	27. Jäger-Bataillon	1
	2. und 3. Bataillon Großfürst Michael	2
	1., 2. und 3. Bataillon Erzherzog Wilhelm	3
Brigade Fleischhacker	13. Jäger-Bataillon	1
	1., 2. und 3. Bataillon Coronini	3
	1., 2. und 3. Bataillon Großfürst Thronfolger	3
	1 Jäger-Bataillon (Hilfstruppe von der Brigade Benedek)	1

Brigade Poeckh	8. Jäger-Bataillon	1
	1., 2. und 3. Bataillon Erzherzog Karl Ferdinand	3
	1., 2. und 3. Bataillon Erzherzog Joseph (ein nachträgliches Gefecht führend)	3
	1. Bataillon Este vom VIII Korps	1
	2. Bataillon Reischach vom VIII Korps	1
Brigade Saffran und Württemberg	11. Jäger-Bataillon	1
	1., 2. und 3. Bataillon Sachsen-Weimar	3
	1., 2. und 3. Bataillon Holstein	3
	20. Jäger-Bataillon	1
	1., 2. und 3. Bataillon Hartung	3
	1., 2. und 3. Bataillon Mecklenburg	3
	30. Jäger-Bataillon (von er Brigade Erzherzog Joseph)	1
	2. Jäger-Bataillon (von der Brigade Thom)	1

Dies ergibt – mehrere der aufgezählten Truppenkörper sind wohl kaum zur Aktion gekommen – ein Total von 43 Bataillonen. Wir fochten also, 14 gegen 43, im Verhältnis von 1 zu 3. Dazu kam die große Überlegenheit der feindlichen Artillerie. Dennoch waren die Verluste des Gegners auch in diesem Kampfe wieder über alles Verhältnis groß. Dieselben genau festzustellen ist nicht möglich, da alle hier zur Verwendung gekommenen Brigaden auch den Kampf gegen die Kronprinzliche Armee in erster Reihe, wenn auch ohne Nachhaltigkeit aufzunehmen hatten. Der Verlust wird sich aber wenig unter 10000 beziffern.

Das 1. Treffen der Brigade Poeckh, sechs Bataillone stark, wurde, nach eigner österreichischer Angabe, nahezu aufgerieben. Das 30. Jäger-Bataillon von der Brigade Erzherzog Joseph, das nur ganz zuletzt noch mit eingriff, verlor allein 11 Offiziere und 500 Mann. Ähnlich andere Truppenteile. Schwer war die Einbuße an höheren Offizieren.

Dem Grafen Festeties, Kommandierenden des IV. Korps, hatte gleich zu Anfang des Gefechts eine Granate den rechten Fuß zerschmettert); Generalmajor v. Brandenstein, Brigadier Oberst Poeckh, Generalstabschef Oberst Görz, viele Regiments-Kommandeure waren tot oder verwundet. Wohl darf ein österreichischer Bericht sagen: »Wer je Zeuge der furchtbaren Wirkungen des Schnelladegewehrs war und unsre Truppen in immer neuem Ansturm sich todesmutig hinopfern sah, wird ihnen stille Bewunderung nicht versagen können und wohl auch zugestehen, daß das kaiserliche Heer an diesem Tage noch tapfrer Taten fähig war.«

Auch die zweite Hälfte des Tages sollte noch den Beweis davon führen. Dieser wenden wir uns jetzt zu.

Der Anmarsch der II. Armee

M 4 Uhr morgens war Oberstleutnant Graf Finckenstein in Königinhof eingetroffen und hatte in einem an den Kronprinzen gerichteten Schreiben (vergleiche S. 495) den Befehl zum Vormarsch für die ganze II. Armee überbracht. Die Kronprinzliche Armee stand, am 3. früh, mit ihren Massen noch am linken Elbufer in und hinter Königinhof. Nur das I. (ostpreußische) Armee-Korps und die Avantgarde der I. Garde-Division waren bis über die Elbe, jenes bis Prausnitz-Auhlejow, die Avantgarde der I. Garde-Division bis Daubrawitz vorgeschoben.

Um 5 Uhr erfolgte seitens des Oberkommandos der II. Armee der Befehl zum Vorrücken. Die Weisungen, die gegeben wurden, ordneten den Vormarsch nur bis etwa an den Mittellauf der Trotina oder, was dasselbe sagen will, bis halben Wegs zwischen Königinhof und Sadowa; von da ab mußte eignes Ermessen entscheiden. Die Richtung des Marsches ging von Nord nach Süd; die Truppenteile selbst mußten also auf jene drei großen Querriegel zwischen Elbe und Bistritz treffen, die wir bei unsrer Terrainschilderung (S. 503) ausführlicher besprochen haben. Die Marschbefehle für die einzelnen Armee-Korps waren im wesentlichen die folgenden:

das I. Armee-Korps geht über Zabres auf Groß-Bürglitz;
das Garde-Korps geht von Königinhof auf Jericek;
das VI. Armee-Korps marschiert von Gradlitz auf Welchow;
das V. Korps folgt dem VI.

Die Stellung der einzelnen Truppenteile war derart, daß voraussichtlich die Avantgarde des I. (ostpreußischen) Armee-Korps, die 1. Garde-Division und die II. und 12. Division zunächst auf dem Schlachtfelde eintreffen mußten. Und so geschah es auch. Nur die Avantgarde des I. Armee-Korps, weil sich ihr besondere Schwierigkeiten in den Weg stellten, erschien um fast zwei Stunden später. Als sie eintraf, gab sie den Ausschlag.

Der Befehl zu unverzüglichem Aufbruch war, je nach der näheren oder entfernteren Stellung der Truppenteile, um 7 oder auch erst um

8 Uhr in Händen aller Korps- und Divisions-Kommandeure. Sofortige Alarmierung. Um 8 beziehungsweise 9 Uhr setzten sich die Kolonnen der II. Armee von ihren verschiedenen Biwaksplätzen aus in Marsch. Die 1. Garde-Division, die 11. und 12. Division hielten sich, zunächst mit ihren Avantgarden, dann mit ihren Gros *en ligne* und rückten in drei großen Kolonnen derartig auf dem Terrain zwischen Elbe und Trotina vor, daß die Garde-Division den rechten Flügel, die 11. Division das Zentrum, die 12. Division den linken Flügel hatte. In dieser Stellung zueinander beharrten sie den ganzen Tag über, während des Marsches sowohl wie während des Gefechts.

Der Marsch war eine glänzende Leistung an sich. Der Kanonendonner klang herüber, dumpf, aber immer vernehmbarer; das »machte Beine«, – die Avantgarde der 1. Garde-Division legte 1¾ Meilen in 2 Stunden zurück. Um 11 Uhr, unter Innehaltung (wenigstens im wesentlichen) der vorgeschriebenen Marschlinien, waren nicht nur die festgesetzten Punkte Jericek und Welchow, sondern erheblich weiter vor gelegene Ortschaften von den drei Têten-Divisionen erreicht.

Die Avantgarde der 1. Garde-Division stand in Zizelowes;*

die Avantgarde der 11. Division stand unmittelbar nördlich von Racitz;

die Avantgarde der 12. Division links daneben (aber durch die Trotina** von ihr getrennt) am Horicka-Berg.

* Die am 1. Juli neugebildete Avantgarde der 1. Garde-Division unter Generalmajor v. Alvensleben (bis dahin hatte die Füsilier-Brigade v. Kessel die Tête gehabt) bestand aus folgenden, eine linke und eine rechte Flügelkolonne bildenden Truppenteilen:

Linke Flügelkolonne: Oberst v. Pape.	1. Bataillon vom 2. Garde-Regiment, Major v. Petery 2. Bataillon vom 2. Garde-Regiment, Major v. Reuß 1. Eskadron Garde-Husaren, Rittmeister v. Stralendorff 3. und 4. Garde-Jäger-Kompanie (v. Arnim, v. Lettow) 1. sechspfündige Batterie, Hauptmann Braun
Rechte Flügelkolonne: Oberst v. Werder.	1. Bataillon vom Garde-Füsilier-Regiment 2. Bataillon vom Garde-Füsilier-Regiment 3. Eskadron Garde-Husaren, Rittmeister v. Rundstedt 5. vierpfündige Garde-Batterie, Hauptmann v. Eltester

** Dieser Wasserlauf der Trotina bedingte doch eine erhebliche Scheidung zwischen der 11. und 12. Division, trotzdem man, auf nächste Distanz, nebeneinander marschierte. So zeigt uns denn auch die erste Hälfte des Kampfes weit mehr ein gemeinschaftliches Operieren der 1. Garde- und 11. Division als der 11. und 12. Erst nachdem um 12 oder 1 Uhr die 12. Division die Trotina dicht bei ihrer Einmündung in die Elbe (in Höhe von Sendrasitz) passiert hatte, änderte sich dies, und die beiden schlesischen Divisionen griffen nun zusammen ein. – Übrigens ist es nötig, Trotina und Trotinka scharf zu unterscheiden. Bei Racitz fließen zwei Bäche zusammen, von denen der von Osten kommende Trotinka, der von Norden kommende Trotina heißt. Dicht vor der Einmündung dieser in die Elbe liegt das Dorf Trotina, etwas weiter nördlich Trotina-Mühle

Die Gros der Divisionen rückten dicht nach.

Unsre Aufstellung um 11 Uhr hielt die Linie Zelkowitz-Racitz-Horicka-Berg. Wir hatten die Nordgrenzlinie des Schlachtfeldes erreicht. Die ersten feindlichen Granaten schlugen ein. Vor uns lag eine Mulde, in dieser Mulde ein Dorf (Horenowes), jenseits beider ein Hügelzug. Dieser Hügelzug war der erste Querriegel, die vielgenannte »Zwei-Lindenhöhe«, die Höhe von Horenowes.

Der Artilleriekampf gegen die Höhe von Horenowes

Wegnahme von Horenowes, Racitz, Trotina

Um 11 Uhr, so sagten wir, standen drei Avantgarden, die Têten der 1. Garde-, der 11. und 12. Division, dem Höhenzug von Horenowes und jenseits des Zusammenflusses von Trotina und Trotinka; dem »Horicka-Berge« gegenüber. Die Punkte, die unsre Avantgarden besetzt hielten, waren, in der Reihenfolge vom rechten zum linken Flügel: Zelkowitz, Wrchownitz, Frantower-Mühle, Habrina. In Zelkowitz befanden sich das 1. und 2. Bataillon vom Garde-Füsilier-Regiment, in Wrchownitz das 1. Bataillon vom 2. Garde-Regiment und die 4. Garde-Jäger-Kompanie, an der Frantower-Mühle, auf Racitz zu, standen in vorderster Reihe das 1. und 2. Bataillon 50. Regiments und in Habrina, am Fuße (nordöstlich) des Horicka-Berges die drei Bataillone vom Regiment Nr. 23; zwei Bataillone 22er weiter zurück.

In diese Stellungen eingerückt, machten die Avantgarden halt, um das Eintreffen und den Aufmarsch der andern Teile ihrer resp. Divisionen, ganz besonders aber auch das Eintreffen ihrer Batterien abzuwarten. Der Höhenzug, dem man sich gegenüber befand, zeigte zwar nirgends starke Infanterie-Kolonnen; man hatte aber allen Grund, das Vorhandensein solcher Kolonnen unmittelbar jenseits des Höhenzuges anzunehmen, und war unter allen Umständen, wie immer es mit der feindlichen Infanterie-Aufstellung beschaffen sein mochte, zu schwach, um mit wenigen Bataillonen eine so starke Artillerie-Position, als welche sich die Höhe von Horenowes sofort erwies, im Sturme nehmen zu können. In der Mulde zu Füßen fehlte ein Wasserlauf; in allem übrigen aber standen hier um 11 Uhr die Têten der II. Armee dem Horenowes-Höhenzug sehr ähnlich gegenüber, wie die I. Armee seit 8 Uhr dem Höhenzug von Lipa. Wie die Artillerie-Position von Lipa Front gegen Westen machte, so die Artillerie-Position von Horenowes Front gegen Norden.

Das Terrain, auf dem die Unsren standen, gestattete einen guten Überblick.

Die feindlichen Batterien, wenigstens zum größten Teil, feuerten, als die Spitzen unsrer Kolonnen sichtbar wurden, in westlicher Richtung auf Benatek und den Swiep-Wald zu; erst allmählich, als die von der Seite her drohende Gefahr ihnen fühlbarer werden mochte, warfen sie die Geschütze nach rechts herum und feuerten nun gegen Norden. Drei Geschützlinien waren erkennbar: eine starke im Zentrum, zwei schwächere an den Flügeln. Die Hauptgeschützlinie befand sich auf dem Höhenzug zwischen Horenowes und Racitz, teils in Front, teils rechts und links von den historischen zwei Linden. Hier feuerten fünf Batterien, von denen eine der Brigade Thom, die vier andern der Geschütz-Reserve des II. Armee-Korps angehörten. Am feindlichen linken Flügel, westlich von Horenowes, standen die beiden Batterien der bereits im Gefecht gewesenen Brigaden Württemberg und Saffran; am rechten Flügel des Feindes, in Nähe vom Dorf Trotina, zeigten sich die 8 Geschütze der Brigade Henriquez. Wir standen also auf der ganzen Linie 64 Geschützen gegenüber.

Unsre Reserve-Artillerie war noch erheblich zurück; dagegen glückte es, die Batterien der Divisions-Artillerie, die schon während des Marsches vorgegangen waren, derartig in Position zu bringen, daß um 11¾ Uhr

die beiden Garde-Batterien Braun und Eltester am rechten Flügel,

die vier Batterien der 11. Division, unter Major Bröcker, im Zentrum, und

etwa ¾ Stunden später auch die beiden Batterien der 12. Division, unter Major Forst, ihr Feuer gegen die ganze feindliche Geschützlinie eröffnen konnten.

Der Hauptkampf entwickelte sich im Zentrum. Major Bröcker hat eine kurze Darstellung desselben gegeben: »Unsre vier gezogenen Batterien (im Zentrum) waren zu einer großen Batterie vereinigt worden, deren 800 Schritt lange Frontlinie zwischen Wrchownitz und Frantower-Mühle sich hinzog und deren linker Flügel noch etwa 1000 Schritt von Racitz entfernt war. In dieser Aufstellung konnte der feindliche rechte Flügel wirksam flankiert werden. Die Entfernung betrug 2500 Schritt. Rechts neben uns feuerten zwei Garde-Batterien; unsrerseits fiel von der 4pfündigen Batterie v. Garczynski der erste Schuß. Bald war der Geschützkampf auf beiden Seiten heftig entbrannt. Unsern 24 Geschützen standen 40 gegenüber, welche außerordentlich gut trafen, was indessen nicht auffallen darf, da man in Defensiv-Stellungen sich stets mit den zu beschießenden Entfernungen bekannt zu machen pflegt. Augenscheinlich war dies beim Gegner geschehen, denn er traf Schuß auf Schuß und würde mit seinen 8pfündigen Granaten uns viel Verlust beigebracht haben, wenn wir nicht die Vorsicht gebraucht hätten, unsre Geschütze, da es an Raum vorläufig nicht mangelte, mit 30 Schritt Intervallen zu plazieren, und wenn seine Geschosse sämtlich gesprengt worden wären. Tatsache ist es, daß bei drei Vierteilen seiner Granaten die Zünder den Dienst versagten. Die unsren wirkten desto besser; einzelne Protzen fuhren ab, zwei Munitionswagen flogen in die Luft.«

So der Bericht. Immer heftiger wurde das Feuer. Unsre vier Batterien hatten bereits 600 Schuß getan und wohl noch mehr empfangen; der Kampf tobte schon anderthalb Stunden auf der ganzen Linie, ohne daß sich eine Entscheidung ergeben wollte. Endlich gegen 1¼ Uhr brach der Feind beinah plötzlich das Gefecht ab und trat auf der ganzen Linie den Rückzug an. Die sieben Batterien, die unsrem Zentrum und rechtem Flügel gegenüber gestanden hatten, gingen in rascher Gangart über den zweiten Riegel hinweg bis auf den dritten Riegel Chlum-Nedelist zurück, während die Batterie am linken Flügel, nachdem sie anfänglich bis in Höhe der Trotina-Mühle vorgezogen war, gegen Lochenitz hin abzog. Auf der ganzen Linie drängten wir nach.

Das plötzliche Abbrechen des Gefechts seitens unsrer Gegner hatte in zweierlei seinen Grund. Einmal darin, daß um 1 Uhr ungefähr unsre Artillerie-Aufstellung im Zentrum und am rechten Flügel durch das Eintreffen der Reserve-Artillerie, unter Oberst v. Miesitscheck, so wie mehrerer Divisions-Batterien eine so erhebliche Kräftigung erfahren hatte, daß wir jetzt mit 90 Geschützen das Feuer von 64 beantworten konnten, andrerseits darin, daß, unter dem Schutze dieses superioren Feuers, unsre Infanterie aus den von ihr innegehabten Positionen hervorgebrochen war und die der feindlichen Artillerie-Aufstellung unmittelbar vorgelegenen Dörfer: Horenowes, Racitz, Trotina, teils genommen, teils mit Überflügelung bedroht hatte.

Die Kämpfe, die zur Besitznahme dieser drei Dörfer führten, geben wir zunächst in kurzer Schilderung.

[**Die Wegnahme von Horenowes.**] Wrchownitz – wir hoben es bereits hervor – war seit unsrem Erscheinen an der Nordgrenzlinie des Schlachtfeldes vom 1. Bataillon 2. Garde-Regiments,* Major v. Petery, besetzt.

General v. Alvensleben, etwa seit 12½ Uhr das Wachsen unsres Geschützfeuers und zugleich das Vorrücken des Gros der 1. Garde-Division beobachtend, gab nunmehr Befehl, das 1000 Schritt in Front gelegene Horenowes wegzunehmen. Major v. Petery, der bereits mit größter Ungeduld in Wrchownitz gehalten hatte, brach sofort vor, die vordersten Kompanien ganz in Schützen aufgelöst, mit der Weisung dicht am Dorfe sich wieder zusammenzuschließen. Er wählte diese Vorsicht, um sein Bataillon nach Möglichkeit gegen das Schrapnellfeuer des Feindes zu schützen.

Horenowes selbst war von 2 Bataillonen Roßbach-Infanterie, die südlich vom Dorfe gelegene Fasanerie aber durch das 2. Jäger-Batail-

* Das 2. Bataillon, Major v. Reuß, 2. Garde-Regiments, das gleichzeitig mit dem 1. in Zizelowes eingetroffen war, hatte durch General v. Hiller Befehl erhalten, sofort zur Unterstützung der im Swiep-Walde so hart bedrängten 7. Division auf Benatek vorzugehn. Oberst v. Pape, Kommandeur des 2. Garde-Regiments, begleitete das Bataillon auf diesem Marsch. Um 12¼ rückte man in Benatek ein. Das Dorf brannte und trug die Spuren eines harten Kampfes. Zwischen den Trümmern waren Tote und Verwundete angehäuft. Oberst v. Pape ritt zunächst gegen den Swiep-Wald vor, um sich über den Stand des Gefechts zu informieren. »Dort (so schreibt der Oberst) bot sich ein schrecklicher Anblick dar. Die braven Re-

lon, das schon gegen den Swiep-Wald gekämpft hatte, besetzt. Die Dorflisiere und die Straßen waren verbarrikadiert, die Häuser verrammelt, und es schien eine hartnäckige Verteidigung stattfinden zu sollen. Doch kam es kaum dazu. Die 4. Garde-Jäger-Kompanie, Hauptmann v. Lettow, die den Angriff in erster Linie mitmachte, und neben ihr die 1., 2. und 4. Kompanie vom Bataillon Petery drangen im ersten Anlauf ein. Der Feind schoß lebhaft aus den Häusern und Kellern, ergab sich aber bald, als man ihm herzhaft zu Leibe ging. Es wurden 300 Gefangene gemacht. Die Kompanien drangen durch das Dorf hindurch und stürmten mit halblinks gegen die »Zwei-Lindenhöhe« vor, von der die letzten feindlichen Batterien abfuhren, als sie das Dorf in unsren Händen und dadurch sich selber aller Infanterie-Deckung beraubt sahen.

Beinah gleichzeitig wurde auch die Fasanerie genommen. Gegen diese richtete sich die 3. Kompanie 2. Garde-Regiments, Hauptmann v. Herwarth III. Das 2. Jäger-Bataillon wich nach kurzem Kampf. Der Schützenzug, unter Leutnant Chorus,* folgte dem zurückgehenden Feind, während der Rest der 3. Kompanie sich ebenfalls auf die Zwei-Lindenhöhe zog.

gimenter der Magdeburger Division mußten einen furchtbaren Stand gehabt haben, und noch jetzt ließ das unausgesetzte Einschlagen der Granaten, das Krachen der abgeschlagenen Baumzacken und das anhaltend rollende Gewehrfeuer es schwer begreifen, wie es ihnen möglich geworden war, so lange Stunden gegen die kolossale Übermacht dort standzuhalten. Ihre Zähigkeit vermochte nur die höchste Anerkennung und Bewunderung zu erregen. Es war wohl natürlich, daß von Offizieren wie Mannschaften unser Erscheinen in dieser mehr als schweren Lage mit größter Freude begrüßt wurde.« – Das Bataillon v. Reuß wurde übrigens, als Oberst v. Pape es eben gegen den Swiep-Wald vorführen wollte, zur Division zurückbeordert und ihm die »Baumhöhe von Horenowes«, wie so vielen andern Truppenteilen an diesem Tage, als *point de vue* angegeben.

* Leutnant Chorus, in rastloser Verfolgung des Feindes, kam von seinem Bataillon völlig ab und fand dasselbe erst zwei Stunden später am Walde von Lipa wieder. Es glückte ihm in dieser Zeit, mitten durch feindliche Massen sich hindurchziehend, an einem glänzenden Handstreich in erster Reihe teilnehmen zu können. Halben Wegs zwischen Chlum und Nedelist stieß er auf eine feindliche Batterie von 12 Geschützen. Auf 600 Schritt eröffnete er das Feuer auf dieselbe, ging aber, als dies nicht genügend wirkte, auf 300 Schritt heran und beschoß, obschon mit Kartätschen überschüttet, die Infanterie-Bedeckung so wirksam, daß dieselbe abrückte. Hierauf wurde es in der Batterie, auf welche sich nun das Feuer des Zuges konzentrierte, unruhig, und Leutnant Chorus hielt den Moment für gekommen, sich ihrer zu bemächtigen. Unter lautem Hurra stürzte er sich mit seinem Zug vorwärts, empfing noch 20 Schritt vor der Mündung der Geschütze eine Kartätschlage, die aber, da die Batterie zu hoch stand, unschädlich über den Köpfen hinwegschwirrte, und war im nächsten Augenblick in der Batterie, von der er die vier rechten Flügelgeschütze besetzte, während eine herbeieilende Kompanie des 8. Garde-Regiments die übrigen acht wegnahm. Leutnant Chorus, vom Kronprinzen für diese schöne Waffentat beglückwünscht, erhielt den *pour le mérite.*

[**Die Wegnahme von Racitz.**] Etwa um dieselbe Zeit (wahrscheinlich eine Viertelstunde früher), zu welcher General v. Alvensleben das 1. Bataillon 2. Garde-Regiments gegen Horenowes vorbeorderte, beorderte General v. Zastrow (Porträt siehe oben) das 1. Bataillon 50. Regiments gegen Racitz. Das letztre war durch 2 Bataillone vom Regiment Jellacic, wie Horenowes durch 2 Bataillone Roßbach, besetzt; unmittelbar dahinter, auf den Waldhöhen des rechten Trotinka-Ufers hatte das 9. Jäger-Bataillon (Steiermärker und zur Brigade Henriquez gehörig) Stellung genommen.

Racitz selbst wurde im ersten Anlauf genommen. Der Angriff erfolgte derart, daß die 1. und 4. Kompanie in der Front vorgingen, während die 3. die linke Flanke deckte und die 2. in Reserve folgte. Der Führer der I. Kompanie, Hauptmann v. Schlutterbach, feierte durch Wegnahme von Racitz den Jahrestag seines Gefechts von Lundbye (3. Juli 1864). 250 Gefangene wurden gemacht, eine Fahne erobert.

Bis hierher hatten die 50er kaum Verluste gehabt; diese stellten sich aber ein, als sie Racitz nach Süden hin passierten und nunmehr gegen jene langgestreckte, am rechten Trotina-Ufer gelegene Waldhöhe vorgingen, darin, wie schon erwähnt, das 9. Jäger-Bataillon steckte. Dieses, aus dem verhauartig hergerichteten Waldrande hervor, empfing unsre zwei vordersten Kompanien, die 1. und 4., mit wohlgezielten Schüssen. Nach kurzem Feuergefecht schickten sich die Unsrigen eben zum Sturme an, als ein Jäger-Offizier vortrat und mit einem weißen Taschentuch winkte, das er an die Spitze seines Degens gesteckt hatte. »Unser Hauptmann« – so schreibt ein 50er – »befahl, sofort das Feuer einzustellen, was auch augenblicklich geschah. Wir stiegen nun arglos den Hügel hinan, um dem Feinde die Gewehre abzunehmen. Aber plötzlich, als wir auf 150 Schritt heran sein mochten, gaben die Elenden Feuer auf uns. Ein Glück, daß einer von ihnen vorschoß und sozusagen die Verräterei annoncierte, die man gegen uns vorhatte. Wie ein Blitz warfen wir uns zu Boden, so daß die Salve unschädlich über uns hinkrachte. Aber jetzt gingen wir wütend los; es wurde kein Pardon gegeben; was wir faßten, mußte über die Klinge springen; der feindliche Offizier, der diesen bösen Streich gewagt hatte, hatte sechs Schußwunden.«

So der Bericht. – Die Tête der 11. Division (1. Bataillon vom 50. Regiment) warf also nicht nur zwei Bataillone Jellacic aus Racitz hinaus, sie vertrieb auch von dem unmittelbar hinter dem Dorf gelegenen Waldrücken die dort aufgestellten feindlichen Jäger und drängte dieselben über das Plateau fort auf Sendrasitz zurück.

Die Vertreibung dieser Jäger-Abteilung war aber nicht allein ein Werk der 50er; in erster Reihe wirkte dabei vielmehr die 12. Division mit, die am linken Trotina-Ufer vorgehend und eben jetzt den Bach nach rechts hin durchwatend, mit mehreren Halbbataillonen des Regiments Nr. 23 den Feind in beiden Flanken faßte.

Wir geben nunmehr auch diese Vorgänge am äußersten linken Flügel.

[Die Wegnahme von Horicka-Berg, Trotina-Mühle und Dorf Trotina.] Die Tête der 12. Division stand, wie wir wissen, bald nach 11 Uhr am Fuße des Horicka-Berges; ihr gegenüber, in erheblicher Entfernung (bei Dorf Trotina) die Brigade Henriquez: das Regiment Belgien im ersten, das Regiment Hessen im zweiten Treffen. Zwischen unsrer und der feindlichen Aufstellung, am rechten Trotina-Ufer bis zur Südspitze von Racitz hin, das mehrgenannte 9. Jäger-Bataillon.

Der nächste Punkt, dessen wir uns zu versichern hatten, war der Horicka-Berg; er war um 12 Uhr, oder wenig später, in unsrn Händen, und ganz in derselben Weise, wie bei Horenowes und Racitz unsre siegreichen Bataillone gleich durchstießen, um den dahinter gelegenen

Höhenzug zu besetzen, so rückte auch die 12. Division ohne Zögern weiter südlich vor, um sich *en ligne* mit den rechts neben ihr avancierenden Divisionen zu halten.

Generalleutnant v. Prondzynski (Porträt siehe oben) nahm dabei das Regiment Nr. 23, in sechs Halbbataillonen formiert, an die Tête.

Als die vorrückenden Halbbataillone um etwa 12¾ Uhr sich in Höhe des Punktes befinden mochten, wo am jenseitigen Trotina-Ufer die 9. Jäger und unsere 50er soeben im Kampfe standen, ließ Generalleutnant v. Prondzynski, unter Zurückbehaltung des Halbbataillons Fehrenteil (6. und 8. Kompanie), die übrigen fünf Halbbataillone rechts schwenken und beorderte sie in beide Flanken des Feindes. Die 23er, zum Teil bis unter den Arm im Wasser, durchwateten den Bach, faßten das Jäger-Bataillon von rechts und links und gaben dadurch dem durch unsre 50er eingeleiteten Gefecht die sofortige Entscheidung. Die Jäger, wie wir gesehen haben, gingen auf Sendrasitz zurück, die Unsren folgten.

In diesem Augenblick, sehr wahrscheinlich um die Jäger zu degagieren, avancierte von Dorf Trotina aus die feindliche Brigade, das berühmte Regiment Belgien an der Tête, dasselbe Regiment, das noch zuletzt im 64er Kriege unter Herzog Wilhelm von Württemberg, seinem damaligen Obersten, mit glänzendster Bravour die Dänen aus ihrer Stellung bei Oeversee hinaus gestürmt hatte. Gleichzeitig mit dem Regiment Belgien rückte die Brigade-Batterie bis in die Höhe der Trotina-Mühle vor.

Aber diese kurze Offensiv-Bewegung, wenn sie auch darin reüssierte, daß sie den zurückgehenden Jägern Luft schaffte, vermochte doch nicht dem Vorrücken unserer 23er, dem sich das schlesische Jäger-Bataillon Nr. 6 anschloß, wirksam zu begegnen. Zu beiden Seiten der Trotina drangen die Halbbataillone vor, am rechten Ufer auf Sendrasitz, am

linken auf Trotina-Mühle und Dorf Trotina. Besonders diese letztre Bewegung, weil sie das Regiment Belgien in seiner rechten Flanke umging, wurde entscheidend. Ein Zug der 2. Jäger-Kompanie unter Leutnant v. Oldenshausen bemächtigte sich der mehrgenannten Mühle, das Halbbataillon Fehrenteil aber, zunächst Rodow passierend, in dessen Nähe eine springende Granate einige Mannschaften außer Gefecht setzte, drang im Laufschritt in das Dorf Trotina ein und machte daselbst zahlreiche Gefangene. Bei dem eiligen Passieren versäumte man indes eine exakte Durchsuchung der Häuser, worin noch Hunderte von Feinden versteckt waren, die dann während der Nacht Gelegenheit fanden, über die Elbe oder nach Josephstadt zu entschlüpfen.

Die Brigade Henriquez, nachdem Trotina in unsern Händen war, zog sich südlich auf Lochenitz, an der Elbe. Hier werden wir ihr zu einer spätern Stunde wieder begegnen.

Auf der Höhe von Maslowed

ETWA um 2 Uhr war Dorf Trotina in Händen der 12. Division. Unser äußerster linker Flügel stand also bereits halb im Rücken des bei Lipa und Chlum noch immer unerschütterten Feindes.

Generalleutnant v. Prondzynski, die Kräfte seiner Division aufs äußerste anspannend, war in dem rastlosen Streben, nicht zurückzubleiben, den beiden neben ihm kämpfenden Divisionen sehr wahrscheinlich um eine Spanne vorausgekommen; freilich (wenn überhaupt) doch immer um eine Spanne nur. Denn auch die 11. Division im Zentrum und die 1. Garde-Division am rechten Flügel waren in unausgesetztem Vorgehn geblieben und hatten sich, von dem ersten Querriegel aus, alsbald auch in Besitz des zweiten gesetzt. Die Têten aller drei Divisionen befanden sich also im wesentlichen wieder *en ligne*; die Gros der Divisionen waren dicht heran oder rückten bereits in die Intervalle ein. Die Artillerie fuhr auf. Man hielt, nach Wegnahme der gleichnamigen Dörfer, auf dem Höhenzug zwischen Maslowed* und Sendrasitz, den dritten Riegel vor sich.

* Maslowed wurde durch die 4. Garde-Jäger-Kompanie unter Hauptmann v. Lettow, vielleicht unter Mitwirkung kleinerer Abteilungen vom 2. Garde-Regiment (Bataillon Petery)

Unser Vorrücken in diese Stellung, mit Ausnahme des Dorfgefechts um Maslowed, war nirgends einem Widerstande begegnet; wir sahen, noch während wir die Höhe von Horenowes hielten, abrückende feindliche Kolonnen, die, soweit es sich erkennen ließ, den dritten Riegel, also den Höhenzug zwischen Chlum und Nedelist, zu erreichen trachteten, aber keine dieser Kolonnen machte Miene, das zwischen dem ersten und dritten Riegel gelegene Terrain zu behaupten; ihr Zweck schien lediglich darauf gerichtet, ohne Zwischenfälle, ohne kämpfe unterwegs, die nur den beschlossenen Aufmarsch stören konnten, die bezeichnete Linie Chlum-Nedelist zu erreichen.

Dies Bestreben war so ersichtlich, daß unsrerseits der Entschluß gefaßt wurde, diesen Abzug nach Möglichkeit zu hindern. Da dies bei dem bedeutenden Vorsprung, den der Feind hatte, mit unsern Fußtruppen nicht möglich war, so befahl Generalmajor Graf Bismarck, der mit seiner kombinierten Kavallerie-Brigade (3. Ulanen- und 2. Dragoner-Regiment) auf der Höhe von Horenowes hielt, die abziehenden Bataillone zu attackieren. Es geschah dies in zwei aus dem Dragoner-Regiment gebildeten Kolonnen, von denen die weiter links vorgehende (1. und 5. Schwadron) der Major v. Steinbrück, die weiter rechts vorgehende (2., 3., 4. Schwadron) der Regimentskommandeur, Oberstleutnant Heinichen, gegen die feindliche Infanterie vorführte.

Das Schicksal beider Attacken war dasselbe. Die Schwadronen ritten nieder oder nahmen gefangen, was sich ihnen an kleineren Knäueln in den Weg stellte, mußten aber unter Verlust zurück, als sie mit müden Pferden in die Karree bildenden Bataillone hineinsprengen wollten.

Besonders blutig verlief die Attacke auf das die Queue bildende 3. Bataillon vom Regiment Sachsen-Weimar, das, um den Abzug aller übrigen Bataillone zu decken, wie wir wissen, bis zuletzt Maslowed besetzt gehalten hatte und in geschlossener Haltung, 6 Geschütze vorauf, eben jetzt über den zweiten Riegel hinweg seinen Abzug auf Nedelist bewerkstelligte. Gegen dies Bataillon führte Oberstleutnant Heinichen seine Schwadronen. Das Anreiten war brillant. Im Galopp

nach kurzem Kampf genommen. Die Verteidigung des Dorfes lag dem 3. Bataillon Sachsen-Weimar ob. Das österreichische Generalstabswerk, soweit das genannte Bataillon (Sachsen-Weimar) dabei in Betracht kommt, erwähnt dieses kurzen Kampfes um Maslowed nicht, sondern spricht nur von einer Verteidigung des Dorfes durch das 2. Bataillon Steininger. Dies erklärt sich so, daß Maslowed, bei dem stundenlangen Hin- und Herwogen von Freund und Feind, verschiedentlich besetzt und genommen wurde. Das 2. Bataillon Steininger, als es in das vielgenannte Dorf einrückte, fand es seitens unserer Garde-Jäger längst geräumt und hielt es unangefochten, bis die Avantgarde der in dieser Richtung gegen Lipa vorgehenden 2. Garde-Division es ihm, in einem zweiten Dorfgefecht, entriß.

wurde der tief eingeschnittene Hohlweg passiert. Die das Bataillon umgebenden Schützenschwärme wurden übergeritten und das Karree, trotzdem die Eskadronen erst auf 40 Schritt die erste Salve erhielten, mit dem ersten Schock genommen. Schon fingen die Feinde an, die Waffen zu strecken, als die Eskadronen von der linken Flanke Geschütz- und Gewehrfeuer aus einer Entfernung von 12 Schritt erhielten. Oberstleutnant Heinichen, der mit der Energie und Kaltblütigkeit, die ihm in einem seltenen Maße eigen waren, auf die Front des Karrees zugeritten war, erhielt vier Kugeln, von denen die eine durch den linken Kinnbacken in das Genick drang und ihn sofort tötete. Er sank lautlos auf den Hals des Pferdes nieder und glitt von demselben dicht vor dem Karree herunter. Auch sein Pferd war von vier Kugeln getroffen worden.* – Das Bataillon Sachsen-Weimar setzte seinen Abmarsch unbehindert fort.

Diese Kavallerie-Angriffe mochten um 1½ oder 1¾ Uhr stattgefunden haben; während sie stattfanden (wir deuteten es schon an), rückten die Têten der 1. Garde- und 11. Division, hart unter Granatfeuer genommen, aber sonst unbehelligt, vom ersten Riegel auf den zweiten vor und hielten eine Viertelstunde später auf dem Höhenzug zwischen Maslowed und Sendrasitz. Der feindliche rechte Flügel (IV. und II. Korps) hatte inzwischen die ursprünglich angeordnete Hakenstellung, die er während des Swiepwald-Kampfes aufgegeben hatte, wieder eingenommen und stand nunmehr zwischen Chlum-Nedelist unsern zwei Divisionen, ganz besonders unsrer an dieser Stelle vorgehenden 1. Garde-Division gegenüber.

Einen erbitterten Kampf sollten die nächsten Stunden bringen. Ehe wir ihn schildern, ist es nötig, die Aufstellung des Feindes, wenigstens in ihren großen Zügen, zu geben.

* Sogleich nach beendeter Attacke wurde der Leichnam von Leuten der 1. Eskadron des Regiments auf einem Wagen in das Totenhaus auf dem Friedhofe von Horenowes gebracht, wo man ihn am nächsten Tage begrub. Hier ruhte er bis zum Januar 1868, zu welcher Zeit ein Freund des Gefallenen, Amtsrat Dietze, die Leiche ausgraben und nach Barby überführen ließ. Dort fand am 25. Januar die Beisetzung statt. – Die schmerzliche Nachricht von dem Tode eines Bruders und zweier naher Verwandten, welche als Hannoversche Offiziere in der Schlacht von Langensalza blieben, ist dem Verstorbenen erspart geblieben. König Wilhelm ehrte das Andenken dieses ausgezeichneten Offiziers durch folgende Inschrift, welche auf einer silbernen Schleife an der Standarte des 1. Brandenburgischen Dragoner-Regiments Nr. 2 angebracht ist: »In der Schlacht bei Königgrätz am 3. Juli 1866 fiel an der Spitze des Regiments der Kommandeur desselben, Oberstleutnant Heinichen, in der Nähe dieser Standarte.«

Aufstellung des Feindes um 2 Uhr

Die nunmehr eingenommene Hakenstellung des IV. und II. Korps war im wesentlichen eine Aufstellung zwischen Chlum und Nedelist. Vor derselben lagen vier Schanzen und zwar derart, daß Schanze 4 unmittelbar in Front von Chlum, Schanze 1 in Front von Nedelist gelegen war. Diese Schanzen, erst in der Nacht vorher entstanden, waren unbesetzt geblieben und entbehrten somit für den Gang des Gefechts all und jeder Bedeutung; wir legen aber Gewicht auf sie, weil sie in betreff der feindlichen Aufstellung vorzügliche Markpunkte abgeben, mit deren Hilfe es möglich wird, sich leichter zu orientieren.*

In, bei und hinter Chlum stand die Brigade Appiano vom III. Korps. Links daneben (im Lipa-Gehölz) Brigade Benedek. In Front von Chlum, etwa bei Schanze 4, drei Batterien; im Rücken des Dorfes eine vierte.

Rechts neben Chlum, auf dem Terrain zwischen Schanze 4 und 2, stand das IV. Korps in zwei Treffen formiert und zwar:

* Drei weitere, übrigens Seite 529 bei Gelegenheit des großen Artilleriekampfes gegen Lipa bereits näher bezeichnete Schanzen (5, 6, 7) befanden sich links von Chlum in und am Lipa-Gehölz; sie waren aber für den hier zu schildernden Teil des Kampfes auch als bloße Markpunkte ohne alle Bedeutung. – Die vorstehende Karte ist nach einem österreichischen Croquis angefertigt. Sie stimmt nicht ganz mit unsren im Text gemachten Angaben überein. Die letztren sind die richtigeren. Die Differenz zeigt sich namentlich bei den Batterien in Front und Rücken von Chlum. Hier befanden sich mehr Batterien, als unsre Karte aufweist.

a. die intakte Brigade Erzherzog Joseph, die drei Jäger-Bataillone 8, 30, 27 und zwei Batterien im ersten,
b. die Trümmer der Brigaden Brandenstein und Poeckh sowie eine Batterie im zweiten Treffen. (Die 4. Brigade des Korps, Brigade Fleischhacker, war abgetrennt und befand sich noch in Cistowes. Wir begegnen ihr später.)
c. In dem Zwischenraum zwischen den Brigaden Poeckh und Brandenstein des zweiten Treffens waren acht Batterien der Armee-Geschütz-Reserve unter Oberstleutnant v. Hofbauer aufgefahren.

Rechts neben dem IV. Korps und der Armee-Geschütz-Reserve, auf dem Terrain zwischen Schanze 2 und 1, in Front und bald auch im Rücken von Nedelist, hielten die Brigaden Thom, Württemberg, Saffran. (Rechts neben diesen wieder die 2. leichte Kavallerie-Division und, als äußerster rechter Flügel, hart an der Elbe: Brigade Henriquez.)

Unsre hier vorgehenden Divisionen stießen also zwischen Chlum und Nedelist auf 120 Geschütze und 6 Brigaden. Es scheint indes, daß die genannten drei Brigaden des II. Korps (Brigade Henriquez kam an dieser Stelle ohnehin nicht in Betracht) kaum irgendwo einen ernstern Widerstand versuchten, vielmehr nach schnell wechselnden Aufstellungen echellonweise ihren Abmarsch auf die Elbe bewerkstelligten. Mit Recht ist dies vorzeitige sich in Sicherheit bringen, das die ganze Haltung des II. Korps am Nachmittage des 3. charakterisiert, getadelt worden. Das IV. Korps, wenn es auch durch seine Linksschwenkung und seinen allzu hartnäckigen Kampf im Swiep-Wald gewiß einen Ungehorsam, vielleicht selbst einen Fehler beging, hat wenigstens durch Ausharren und sich opfern beides wieder gutzumachen gesucht.

Von unsern beiden gegen die Linie Chlum-Nedelist avancierenden Divisionen ging die 11. auf Nedelist, nahm es und drang von da aus weiter vor. Wir werden ihr bei diesem Vorgehn, wie auch der 12. Division, wieder begegnen. Im eigentlichen aber war der blutige Kampf, der sich auf der mehrgenannten Linie entwickelte, ein Kampf der 1. Garde-Division, die, alles vor sich niederwerfend, fast im ersten Anlauf die ganze Stellung nahm.

Wir treten nunmehr in die Einzelheiten dieses Gardekampfes ein.

Die Grenadier-Brigade v. Obernitz nimmt Chlum

WIR verließen die Avantgarden-Brigade von Alvensleben um 2 Uhr. Um diese Stunde befanden sich

das 1. und 2. Bataillon vom Garde-Füsilier-Regiment und das 2. Bataillon vom 2. Garde-Regiment etwa 1000 Schritt östlich von Maslowed,

das 1. Bataillon vom 2. Garde-Regiment aber 1200 Schritt südlich von Maslowed, in einem zwischen Cistowes und Nedelist sich hinziehenden Grunde. – Dies Bataillon v. Petery (dasselbe, das Horenowes genommen hatte) stand also zunächst am Feind, etwa in Büchsenschuß-Entfernung von Chlum.

Alle vier Bataillone schickten sich eben zu weitrem Vormarsch an, als ihnen durch einen Befehl Generalleutnants v. Hiller Halt geboten wurde. Diesem Befehle nachkommend, traten die genannten Bataillone vorläufig in eine Reserve-Stellung ein, und die beiden andern Brigaden der 1. Garde-Division: die Grenadier-Brigade v. Obernitz und die Füsilier-Brigade v. Kessel, marschierten nunmehr an ihnen vorbei auf Chlum zu, zunächst auf das zwischen Schanze 4 und 2 gelegene Terrain. Als die Brigade Obernitz das Bataillon Petery passierte, war es 2¼ Uhr.

Etwa um dieselbe Zeit hatte auch die Garde-Artillerie, die dem Vorgehn der Infanterie rasch gefolgt war, ihre Schräg-Aufstellung zwischen Maslowed und Nedelist glücklich ausgeführt und eröffnete, acht Batterien stark, ihr Feuer. Es waren dies die vier Divisions-Batterien Braun, Eltester, Witte, v. Schmeling, dahinter in zweiter Linie die vier Batterien der Reserve-Artillerie unter Oberstleutnant v. Miesitscheck. 48 Geschütze stark trat die Garde-Artillerie in den Kampf gegen 120 feindliche Geschütze.*

Das Feuer steigerte sich alsbald zu einer unglaublichen Heftigkeit. Auch zwischen Lipa und der Bistritz erreichte eben jetzt der Artilleriekampf seine Höhe. Einzelne Schüsse waren seit langem nicht mehr zu unterscheiden; ein fortwährendes Rollen erschütterte Luft und Erde. Auf dem Gesamt-Terrain der Schlacht feuerten über 500 Geschütze. Es ist fraglich, ob selbst bei Borodino, Leipzig, Waterloo ähnliche Geschützmassen gleichzeitig in Aktion traten.

Während dieses Getöses – die Avantgarden-Brigade in der angegebenen Weise überschreitend – rückten die Brigaden v. Obernitz und v. Kessel gegen die Linie Chlum-Nedelist vor.

Wir folgen zunächst der erstern auf Chlum.

Chlum, ein Kirchdorf, auf der gleichnamigen Höhe (»Höhe von Chlum«) gelegen, dehnt sich, lang und schmal, in der Richtung von Norden gegen Süden aus und zwar derart, daß der südlichste Teil mit der hübschen, weithin sichtbaren Kirche auf dem höchsten Punkte der Höhe liegt. Gegen Norden hin fällt der Ort, der sehr unregelmäßig gebaut ist und aus den landesüblichen ärmlichen Holzhütten besteht, mehr und mehr ab. Nur wenige Häuser sind von festerem Bau, alle aber sind mit Gärten umgeben. Die Verbindung wird durch eine Längs- und eine Quergasse hergestellt, die sich ziemlich in Mitte des Dorfes

* Es ist nicht wahrscheinlich, daß der Kampf tatsächlich mit so ungleichen Kräften geführt worden ist, sicherlich nicht andauernd. Wir möchten annehmen, daß nur die 64 Geschütze der Armee-Geschütz-Reserve (vergl. S. 593) uns ernsthaft zu schaffen machten. Was nach Westen hin links daneben stand, also alle Arten Batterien des IV. Korps, kam nicht sehr in Betracht. Diese Batterien, seit 8 Uhr früh bereits im Feuer, hatten sich teils verschossen, teils schwer gelitten; vor allem aber drang unsre Infanterie mit solcher Rapidität vor, daß die am feindlichen linken Flügel stehenden Batterien entweder genommen wurden oder ihre Stellungen aufgeben mußten. Dadurch entstand einigermaßen eine Gleichheit der Kräfte hüben und drüben. – Die links neben unsrer Garde-Artillerie vorgehende Artillerie der 11. Division unter Major Bröcker scheint an diesem Teil des Kampfes keinen erheblichen Anteil genommen und erst nach Wegnahme von Rosberitz, als der Schlußakt des großen Dramas sich vorbereitete, wieder in hervorragender Weise eingegriffen zu haben.

kreuzen. Die Quergasse ist kurz, läuft in einer mäßigen Vertiefung und teilt den Ort erkennbar in eine nördliche und südliche Hälfte. In ihrer Verlängerung nach Westen und Osten hin führt diese Quergasse einerseits, sich gabelnd, nach Lipa und Cistowes, andererseits nach Nedelist. Die Längsgasse läuft südlich (durch einen Hohlweg) auf Rosberitz zu. Überhaupt haben alle Straßen und Pfade mehr oder weniger einen Hohlweg-Charakter. Das wichtigste aber in bezug auf die Terrain-Konfiguration ist, daß man von keinem Punkt des Ortes oder selbst der Ortsumfassung aus einen freien Blick nach dem Fuß der Höhe hat; man kann nur dann hinuntersehen, wenn man unmittelbar an den Abhang tritt. – Wir werden sehen, von wie großer Bedeutung diese Terrainbeschaffenheit für die Vorgänge wurde, die sich alsbald hier entwickeln sollten.

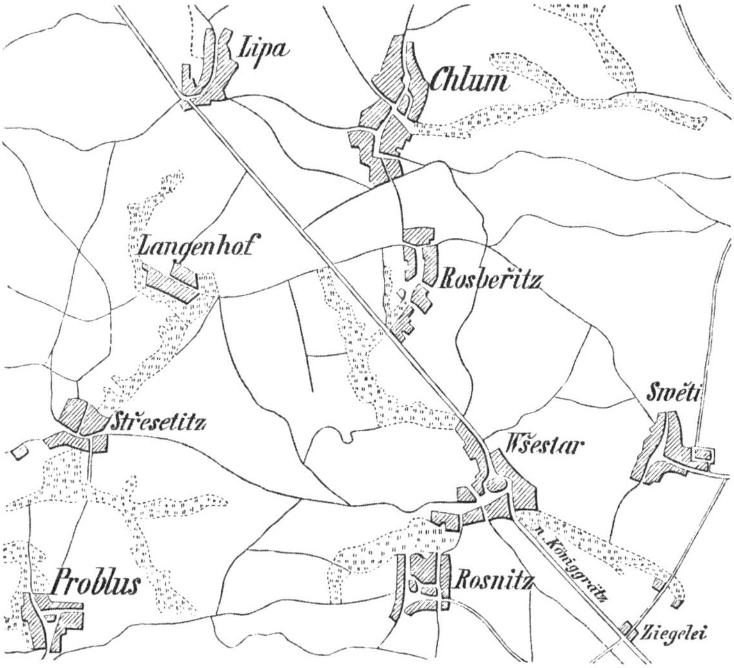

Chlum, wie wir wissen, war durch die Brigade Appiano besetzt. Einzelne Teile dieser Brigade hatten, während der Vormittagsstunden, von Cistowes aus an dem Kampfe im Swiep-Walde teilgenommen; seit 11 Uhr aber waren alle Abteilungen auf die Höhe gezogen und war ihre Aufstellung um diese Stunde wie folgt:

in Chlum das 2. und 3. Bataillon Sachsen-Meiningen;
hinter Chlum (auf der Höhe) das 1. Bataillon Sachsen-Meiningen, das 4. Jäger-Bataillon, das Regiment Erzherzog Heinrich zur größeren Hälfte. (Die kleinere Hälfte verblieb in Cistowes.)

Diese Aufstellung wurde aber, und zwar sehr zum Schaden unsres Gegners, nicht beibehalten. Als nach 1 Uhr unser Geschützfeuer, von der Höhe von Horenowes aus, immer heftiger zu werden und das 2. Bataillon Sachsen-Meiningen bereits Verluste zu erleiden begann, ordnete der in Chlum anwesende Generalmajor v. Appiano den Rückmarsch des zweiten Treffens hinter den Kamm der Höhe an. Die betreffenden Bataillone rückten dahin ab und standen nun am Fuß des Hügels. Der Schutz, den diese veränderte Stellung momentan gewährte, sollte später teuer bezahlt werden. Die Offiziere hatten eine Vorahnung davon. Sie sagten sich, die Höhe, die man jetzt freiwillig aufgebe, werde binnen kurzem wieder erstürmt werden müssen. Aber der strikte Befehl ließ keine Wahl.

Um etwa 2 Uhr war die neue Stellung eingenommen, und das 1. Bataillon Sachsen-Meiningen, das 4. Jäger-Bataillon, das Regiment Erzherzog Heinrich standen nunmehr am Fuße der Chlum-Höhe, westlich von Rosberitz, in der Richtung nach der Chaussee hin. Nur die eigentliche Besatzung von Chlum war in ihrer alten Stellung verblieben. Das 2. Bataillon Sachsen-Meiningen, Oberstleutnant Baron Schimmelpenning, hielt nach wie vor die Nordhälfte des Dorfes besetzt; das 3. Bataillon, Major Jaczkowski, stand in der östlichen Verlängerung der Quergasse, in einer nach Nedelist führenden Terrainmulde. Die Aufstellung war derart, daß die Bataillone weder einen freien Blick auf den Feind, noch Verbindung untereinander hatten. Die Verteidigung des Orts war dem Kommandeur des Regiments Sachsen-Meiningen, dem Obersten Slaveczki, anvertraut. Wie es scheint, keine besonders glückliche Wahl. Er war kurzsichtig, schien von der Existenz einer II. preußischen Armee oder doch von der Möglichkeit ihres Erscheinens nur eine vage Vorstellung zu unterhalten und beantwortete bis zuletzt die Meldungen, die bei ihm eingingen, mit der stereotypen Phrase: »Sie sind ein Schwarzseher«. Er hatte seinen Stand beim 3. Bataillon genommen.

Um 2½ Uhr (wir folgen in Nachstehendem den Angaben eines österreichischen Berichtes) trafen rasch hintereinander immer neue Rapporte ein, »daß die preußischen Kolonnen dicht heran seien und zwischen Chlum und Nedelist durchzubrechen trachteten«. Oberst Slaveczki schüttelte den Kopf, lugte aus und sagte dann ruhig: »Das sind die Sachsen«.

In der Tat schien er einen Moment in der bequemen Vorstellung, daß kein Feind nahe sei, recht behalten zu sollen. Unsre Kolonnen, in dem kupierten Terrain unsichtbar werdend, waren plötzlich wie verschwunden; aber im nächsten Augenblick schon in dichten Schwärmen aus der Erde wachsend,* warfen sie sich von rechts her auf das an der Ostseite des Dorfes, in der Verlängerung der Quergasse stehende 3. Bataillon. Der Stoß traf zunächst den rechten Flügel; Oberst Slaveczki hielt am linken. Der Regimentsadjutant sprengte heran, um ihm zu melden ..., »Sie sind ein Schwarzseher«, unterbrach ihn der Oberst. Es waren seine letzten Worte. Die Unsren an drei, vier Stellen den rechten Flügel durchbrechend und die führerlosen Bruchstücke in ihre Schützenschwärme einwickelnd, hatten innerhalb 5 Minuten das ganze 3. Bataillon aufgelöst, getötet, gefangengenommen; kleine Reste des linken Flügels retteten sich südlich um den Fuß der Höhe herum und nahmen Aufstellung neben dem 1. Bataillon, Major Noak.

Der preußische Stoß, ohne Zeitverlust, ging in der eingeschlagenen Richtung weiter, und die Mitte des Dorfes quer durchschneidend, gestaltete er sich zu einem vorgeschobenen Riegel, der, wenn es nicht

* Wer Chlum kennt, wird die totale Überraschung, die hier stattfand, minder verwunderlich finden als alle diejenigen, die diese eigentümliche Terrain-Konfiguration nie mit Augen gesehn haben. Mit Recht sagt ein österreichischer Bericht: »Es war ein trüber Tag und die Aussicht beschränkt. Dazu kam, daß das Getreide auf den Feldern mannshoch stand und die sich in dasselbe weisenden Kolonnen sofort dem Blicke entzog. Endlich ziehen sich von Maslowed auf Chlum und Nedelist mehrere Einsenkungen, die es den vorrückenden Kolonnen möglich machten, unbemerkt heranzukommen. Nur dann und wann ein Aufblinken der Gewehre, das sich eben so schnell wieder verlor. So sah man den Feind erst deutlich, als man ihn fühlte.«

glückte, ihn zu durchbrechen, das ganze 2. Bataillon auf einen Schlag zu Gefangenen machte.

Das 2. Bataillon, wie wir wissen, hielt in der Nordhälfte des Dorfes. Oberstleutnant Baron Schimmelpenning war während des heftigen Feuergefechts bis an den östlichen Ausgang des Dorfes vorgeschritten, und rasch wahrnehmend, daß er in Gefahr sei mit seinem ganzen Bataillon abgeschnitten zu werden, sprengte er zurück und gab Befehl, über die verhängnisvolle Quergasse hinaus in die höher gelegene südliche Hälfte des Dorfes hinaufzurücken. In Eile traten die Kompanien an, aber die Unsren waren rascher gewesen; die Tür war zu, der Riegel vorgeschoben. Ein schwacher Versuch ihn zu öffnen, scheiterte unter dem Schnellfeuer der bereits in Häusern und Hecken einlogierten preußischen Schützen; Baron Schimmelpenning fiel, und vor Ablauf von abermals 5 Minuten waren 100 Mann vom 2. Bataillon tot und verwundet, 600 gefangen.

In nicht mehr Zeit, als wir gebraucht haben über diese Vorgänge zu berichten, war Chlum genommen, der Schlüsselpunkt der feindlichen Stellung in unsren Händen. Es war das I. Bataillon, Major v. Kleist, vom 1. Garde-Regiment zu Fuß, das durch einen in halber Höhe des Dorfes von Osten her ausgeführten Flankenstoß diesen glänzenden Erfolg fast wie im Fluge errungen hatte. Von Norden her, den Feind festhaltend und ihn verwirrend, hatte die 1. Garde-Jäger-Kompanie an diesem Erfolge teilgenommen.

Chlum war nun unser. Erst jetzt, wo es verloren war, schien dem Gegner die volle Bedeutung dieses Punktes klar zu werden. Der von den Offizieren vorausgesehene Moment war jetzt da: Die Höhe mußte vom Fuß des Berges aus wiedererobert werden. Das 1. Bataillon Sachsen-Meiningen, Major Noak, avancierte mit großer Bravour, und trotz empfindlichster Verluste seine Reihen immer aufs neue schließend, hatte es bereits die halbe Höhe des Abhangs erreicht, als ein von der großen Chaussee her heranstürmendes österreichisches Ulanen-Regiment (wir kommen später auf diese Attacke zurück) plötzlich ausbog, um der furchtbaren Wirkung unsres Schnellfeuers zu entgehn, und im Ausbiegen sich auf das eben hügelan avancierende Bataillon Sachsen-Meiningen warf. Im Nu war der ganze Truppenkörper überritten, zertrümmert, zerstäubt. Major Noak verlor das Pferd; zu Fuß weiterkämpfend und bemüht, das Übel gut zu machen, fiel er schwer verwundet in Gefangenschaft. Neben ihm ging die Fahne des Bataillons (zwei Fahnenträger fielen) nach ehrenvollem Kampf verloren.

Vincenz Cristofek, Hauptmann im Regiment Sachsen-Meiningen,

dessen eingehendem Bericht über den Kampf bei Chlum wir die vorstehenden Daten zu großem Teil entnommen haben, schließt seine Darstellung mit folgenden Betrachtungen:

»Die Ulanen kamen und gingen wie die Windsbraut. Ihre Bahn bezeichneten unsre und ihre Toten. Das war die Hilfe, die sie uns gebracht.

In und bei Chlum, zu dieser Stunde des Tages, hat nur das Regiment Sachsen-Meiningen gestritten. Daß es nicht in hellen Haufen davongelaufen ist, wie man zu behaupten wagte, das beweisen seine Verluste, 620 Tote und Verwundete. Obwohl besiegt, darf doch das Regiment stolz darauf sein, auch im Feldzug von 1866, wie 1859 in Italien, gegen Garden und nicht so ganz mit Unehre gekämpft zu haben. Dem Regiment Sachsen-Meiningen ist aber sein Recht noch nicht geworden.«

Wir haben gern diese Worte zitiert. Die schweren Verluste des Regiments sollten wenigstens österreichischerseits zu nachsichtiger Beurteilung stimmen. Auch scheint es in der Tat, daß sich einzelne Abteilungen (namentlich das 1. Bataillon, das 6 tote und 9 verwundete Offiziere hatte) mit anerkennenswerter Bravour geschlagen haben. Im großen und ganzen aber wird man freilich weder der Aufstellung, noch der Führung, noch der Haltung des Regiments besondre Lobsprüche machen können. Unsre Garden vernichteten es beinah spielend. Es war ein Kesseltreiben; Hunderte ergaben sich ohne jeden Widerstandsversuch. Vorher schon mürbe gemacht, sieben Stunden lang den Feind erwartend und endlich da ihn findend wo er nicht erwartet wurde, scheint angesichts der »Riesen vom 1. Garde-Regiment« (auch das wirkte mit) eine Panik über ganze Abteilungen, namentlich über das 2. Bataillon gekommen zu sein.

So wurde Chlum genommen und gegen einen ersten Versuch, es wieder zu nehmen, behauptet. Der Schlüsselpunkt der feindlichen Stellung war in unsern Händen und blieb es. Die Überraschung hatte die Kraft des Feindes momentan gelähmt.

Unter denen, die durch die Wegnahme vollständig überrascht worden waren, war vor allen auch Benedek selbst. Er hielt, 300 Schritt vom Dorf entfernt, auf dem mehrgenannten Hochplateau zwischen Chlum und Lipa. Er hatte keine Ahnung von dem, was sich, auf so nahe Distanz, in seiner rechten Flanke zutrug. Generalstabsoberst Neuber brachte die erste Meldung. Nach österreichischer Angabe 2 Uhr 55 Minuten.

»Haben Sie den Feind in Chlum gesehn?« fragte der Feldzeugmeister.

»Ja, ich wurde mit Flintenschüssen empfangen.«

»Einen Augenblick schien der Feldzeugmeister unschlüssig, was zu tun sei« (so sagt ein österreichischer Bericht), »dann sprengte er, um sich persönlich zu überzeugen, an der Spitze seiner zahlreichen Suite auf Chlum zu. Eine Garde-Kompanie, die sich bereits außerhalb des Orts Chlum festgesetzt hatte, empfing den Stab mit einem mörderischen Schnellfeuer, das eine Menge Personen und Pferde zu Boden streckte. Major und Flügeladjutant Graf Grünne wurde tödlich getroffen, Feldmarschalleutnant Henikstein und Major Fürst Esterhazy verloren die Pferde unterm Leibe. Die Suite zerstob nach allen Richtungen, die Mehrzahl suchte sich dem vernichtenden Feuer dadurch zu entziehen, daß sie den Abhang hinab einem Fabrikgebäude zueilte. Aber auch hier war bereits der Feind, der den Generalstab mit neuen Dechargen empfing; Erzherzog Wilhelm wurde verwundet. Zum Überfluß erschienen in diesem Augenblick auch noch zwei unsrer eignen Batterien und überschütteten die Häusergruppe, in denen allerdings der Feind steckte, mit einem solchen Schrapnellhagel, daß dem Armeekommandanten samt seinem Stabe minutenlang nur die Alternative blieb, durch feindliche Gewehrkugeln oder die eigenen Schrapnells niedergestreckt zu werden. Endlich glückte es, sich aus dem Kreuzfeuer frei zu machen.« Benedek selbst ritt auf Lipa zu; die Generalstabsoffiziere sprengten gegen Westen, um den Angriff der beiden Reserve-Korps vorzubereiten.

Auf diese Wiedereroberungsversuche kommen wir in den folgenden Kapiteln verschiedentlich zurück.

Die Füsilier-Brigade v. Kessel nimmt Rosberitz

IE Füsilier-Brigade v. Kessel, nur aus drei Bataillonen bestehend, war der Grenadier-Brigade v. Obernitz, zum Teil in deren Intervalle einrückend unmittelbar gefolgt und schwenkte ebenfalls rechts, als sie die Linie zwischen Schanze 4 und 2 überschritten und den abziehenden feindlichen Kolonnen einige Salven nachgeschickt hatte.

Dies Rechtsschwenken der Füsilier-Bataillone erfolgte aber nicht gleichzeitig, so daß je nach dem Punkte, von dem aus die Schwenkung begann, auch der Punkt verschieden war, auf den sie traf. Nur die Richtung nach rechts hin war allen dreien gemeinsam.

Das Füsilier-Bataillon 1. Garde-Regiments, Oberstleutnant v. Helldorf, traf auf die hochgelegene Südspitze von Chlum ziemlich genau in demselben Moment, in dem das 1. Bataillon 1. Garde-Regiments, mitten durch das ebengenannte Dorf hindurch, von Ost nach West den Riegel vorgeschoben und das 2. Bataillon Sachsen-Meiningen gefangengenommen hatte. Das Erscheinen des Füsilier-Bataillons wirkte zu diesem raschen Erfolge nicht wenig mit, ganz besonders durch Wegnahme einer an der Westseite von Chlum haltenden Kavallerie-Batterie, die das aus der Quergasse, auf Lipa zu, hervorbrechende 1. Bataillon (in erster Reihe die 3. Kompanie) mit Kartätschen überschüttete. Sieben Geschütze wurden genommen, eins entkam.* – Das Bataillon

* Die hier von den Unsrigen fast im Umsehn gestürmte Batterie war die Kavallerie-Batterie Nr. 7 des III. Korps unter Hauptmann v. h. Gröben. Dieser, als er Meldung empfing,

v. Helldorf verblieb am Südende des Dorfes, wies, im Verein mit andern Abteilungen, die mannigfachen Versuche zur Wiedereroberung Chlums zurück und beteiligte sich später an dem blutigen Kampfe um Rosberitz. Bei Schilderung desselben werden wir ihm wiederbegegnen.

Das 3. Bataillon Garde-Füsilier-Regiments, Graf Waldersee, machte seine Rechtsschwenkung von einem einige hundert Schritt weiter südlich gelegenen Punkte aus, traf, statt auf die Südspitze von Chlum, auf den zwischen Chlum und Rosberitz sich hinziehenden, die Verbindung zwischen beiden Dörfern herstellenden Hohlweg und schickte sich eben an, unter Benutzung dieses Hohlwegs gegen Rosberitz vorzugehn, als ihm Befehl kam, den Hohlweg zu überschreiten und Front gegen Westen den Anmarsch eines feindlichen Bataillons aufzuhalten, das von der Chaussee her hügelan auf Chlum zu avancierte.

Das Bataillon Graf Waldersee, in zwei Halbbataillone formiert, nahm sofort Aufstellung mit Front gegen Westen und trat bereits an, um sich dem rasch avancierenden feindlichen Bataillone nunmehr seinerseits entgegenzuwerfen, als das Erscheinen einer bedeutenden feindlichen Kavallerie-Masse, die denselben Zweck und dieselbe Richtung wie das eben vorrückende österreichische Bataillon verfolgen zu wollen schien, Stillstand gebot, um dem Schock mit Salvenfeuer begegnen zu können. Das Bataillon entwickelte sich in Linie.

Inzwischen war die feindliche Reitermasse bis an die Höhe heran. Es war die österreichische Brigade Schindlöcker, bestehend aus den Kaiser-Ulanen und dem Kürassier-Regiment Kaiser Franz Joseph im ersten, aus dem Kürassier-Regiment Graf Stadion im zweiten Treffen. Die vordersten Regimenter waren in Eskadronen-Kolonne formiert, beide dicht nebeneinander. Die Kürassiere kamen in prächtiger Haltung heran, geschlossen, in langem, gleichmäßigem Galopp. Die neben ihnen befindlichen Ulanen waren etwas lockerer. Beide Regimenter ritten in grader Linie auf unsre Füsilier-Linie los. Auf 250 Schritt erfolgte die erste Salve, die zu hoch zu gehen schien, wenigstens verharrten die Kürassiere in ihrem Anreiten. Auf den Zuruf unsrer Offiziere aber: »Tiefer halten!« begann nunmehr das Stürzen von Roß und Reiter. Auf 120 Schritt machte die vorderste Kürassier-Schwadron rechts um; die

daß Chlum genommen sei, ließ seine Batterie auf zweihundert Schritt an die Dorflisiere heranfahren und unsre debouchierenden Kolonnen beschießen. »Das feindliche Schnellfeuer aber«, so sagt der österreichische Bericht, »richtete unter der Mannschaft und Bespannung eine solche Verheerung an, daß im Moment Hauptmann v. d. Gröben, 1 Offizier, 52 Mann und 68 Pferde fielen.« Ein preußischer Artillerieoffizier bezeichnete uns das deckungslose Vorgehn der Batterie bis auf 200 Schritt kurz dahin: »Menschlich eine Heldentat, artilleristisch ein Unsinn«.

2. Schwadron ritt bis in gleiche Höhe vor und litt ebenfalls bedeutend; die 3. brach unter dem Feuer zusammen. Die Reste aller Schwadronen warfen sich jetzt auf das Ulanen-Regiment, und der ganze Knäuel wälzte sich fliehend auf Rosberitz zu.* – Das Kürassier-Regiment Stadion des zweiten Treffens versuchte gar keinen Angriff, sondern ritt bloß bis gegen die Höhe vor und folgte dann den beiden zurückgehenden Regimentern.

Die Verluste des Feindes, die dieser unheilvolle und schwer verständliche Ansturm ihm zuzog, waren enorm. 250 Reiter lagen am Boden, darunter der Kommandeur des Kürassier-Regiments, Oberst v. Koziebrodski. Die 3. Eskadron (8 Offiziere und 160 Reiter) hatte sämtliche Offiziere und 134 Mann tot oder verwundet. Sie waren hingeopfert. Was noch wichtiger war, war, daß die wilde Flucht der Kürassiere und Ulanen das 1. Bataillon Sachsen-Meiningen, wie wir im vorigen Kapitel gesehen haben, mit in den partiellen Untergang dieser glänzenden Regimenter verwickelte.

Im übrigen sei gleich noch an dieser Stelle bemerkt, daß unmittelbar nach Abweis der Kavallerie-Attacke und nach Gefangennahme des 1. Bataillons Sachsen-Meiningen (vergleiche S. 600) sowohl das Bataillon Waldersee wie die Kompanie v. Görne an die Nordwestecke von Rosberitz rückten, von welcher Stellung aus sie noch verschiedene Angriffe zurückwiesen, die von der Chaussee her zur Wiedereroberung der Position Chlum-Rosberitz, vielleicht mit unausreichenden Kräften, gewiß aber mit unausreichender Energie gemacht wurden. (Die energischen, von dem Reserve-Korps ausgehenden Versuche zur Wiedereroberung der genannten Position – wir werden sie weiterhin ausführlicher zu schildern haben – fallen um fast eine Stunde später.)

Das Füsilier-Bataillon 2. Garde-Regiments, Major v. Erckert (nach dem Abschwenken der 9. Kompanie, Hauptmann v. Görne, nur drei Kompanien stark), rückte am weitesten gegen Süden und zwar bis zu

* Am linken Flügel des Bataillons Waldersee, das diesen Reitersturm abwies, und zwar etwas vorgezogen, stand die 9. Kompanie (Hauptmann v. Görne) des 2. Garde-Regiments, die, der Rechtsschwenkung der beiden Bataillone v. Helldorf und Graf Waldersee folgend, von dem Gros des eignen, zunächst in grader Linie weiter südwärts marschierenden Bataillons abgekommen war. Die Kompanie v. Görne operierte auch während aller ferneren Gefechtsmomente in Gemeinschaft mit den Garde-Füsilieren (Bataillon Waldersee). In dem Kampfe gegen die Brigade Schindlöcker wirkte sie, wie es ihre Aufstellung mit sich brachte, in erster Linie bei Vernichtung des Kürassier-Regiments Kaiser Franz Joseph mit. (Auch Abteilungen vom 2. Bataillon 1. Garde-Regiments nahmen an dieser Episode des Kampfes teil.)

einem Punkte vor, von wo der Bogen, den es nach rechts hin schlug, nicht Chlum traf, auch nicht das Terrain zwischen Chlum und Rosberitz, sondern Rosberitz selbst. Dies – von zurückgehenden Abteilungen nur schwach verteidigt – wurde rasch genommen.

Das Vorrücken des Bataillons v. Erckert bis zu dem Punkte hin, von wo es seine Rechtsschwenkung ausführte, läßt sich als eine Kette kleiner Gefechte, als eine ganze Reihenfolge von glücklichen Attacken einerseits, von abgewiesenen Angriffen andrerseits bezeichnen.

Die 10. und 11. Kompanie bildeten den rechten Flügel; die Linie, auf der sie avancierten, führte sie hart an der Ostseite von Rosberitz vorbei. Als sie die Nordostecke des Dorfes nahezu erreicht haben mochten, sahen sie sich plötzlich von zwei feindlichen Bataillonen, wahrscheinlich vom Regiment Erzherzog Heinrich, angegriffen, die unter dem Ruf: »Es lebe der Kaiser« auf sie eindrangen. Die 10. Kompanie nahm das Gewehr zur Attacke rechts; von hüben und drüben schritt man zum Angriff. Die nächste Minute mußte zeigen, wer das festere Herz hatte. Bis auf 80 Schritt kam das erste feindliche Bataillon heran, dann aber stutzte es, wankte, machte kehrt; vom Schnellfeuer verfolgt, wirbelte die Masse vollständig durch- und auseinander. Ebenso das andre Bataillon unterm Feuer der 11. Kompanie.

Die 12. Kompanie, Hauptmann v. Kropff, war mit der 10. und 11. in einer Linie, auf deren linken Flügel vorgerückt. Sie wies den Angriff

eines Bataillons zurück, nahm unter erheblichen Verlusten eine feindliche Batterie im Feuer und rückte, zunächst hart an der Ostseite von Rosberitz vorbei; dann aber wieder südlich sich haltend, bis gegen die Chaussee vor. Sie stand hier um ein paar hundert Schritt über die Linie der beiden andern Kompanien hinaus. Plötzlich erschien vor der Front der Kompanie eine große feindliche Masse, mehrere Bataillone stark, mit Kavallerie gemischt, alles durcheinander, welche, die südliche Ecke des Dorfes fast streifend, in der Richtung auf Westar und Sweti zurückging. Es waren mutmaßlich die Trümmer der Brigade Appiano, vielleicht auch der Brigade Brandenstein. Sofort ließ Hauptmann v. Kropff aufmarschieren und die Massen beschießen. Das Feuer dauerte an 5 Minuten; ein Vorbeischießen war bei der Länge und Tiefe der Kolonne nicht möglich; stumm und untätig wie eine Zugscheibe zog sie vorüber. Die Wirkung war entsetzlich. Da es schließlich in ein widerstandsloses Morden mißgeleiteter und durch schlechte Führung wehrlos gewordener Menschen ausartete, so ließ Hauptmann v. Kropff im Widerwillen hierüber das Feuer aufhören, ging nach Rosberitz hinein und sammelte die Kompanie, ziemlich an der Südspitze des Dorfes, an dem Pflaumengarten hinter einer massiven Scheune.

Die 10. und 11. Kompanie hatten sich schon vorher links und rechts neben dieser Scheune festgesetzt. Es war jetzt 3 Uhr.

Die Avantgarde der 1. Garde-Division nimmt das Lipa-Gehölz

IESE raschen Erfolge der Brigaden Obernitz und Kessel wurden durch Vorgänge zu beiden Seiten erheblich unterstützt:

in der linken Flanke wurde Nedelist durch vorgeschobene Abteilungen der 11. Division,

in der rechten Flanke wurde das Lipa-Gehölz durch die wieder in Aktion tretende Avantgarden-Brigade der 1. Garde-Division genommen.

Über die Besetzung von Nedelist berichten wir an andrer Stelle; hier soll uns zunächst die Wegnahme des Lipa-Gehölzes beschäftigen. Schon auf dem Vormarsche gegen dieses Gehölz kam es zu einem Zusammenstoß. Wir geben diesen zuerst.

Der Zusammenstoß mit der Brigade Fleischhacker

Die Avantgarden-Brigade v. Alvensleben, vier Bataillone stark, stand bei Maslowed.

Das Bataillon Petery in Front, die drei andern Bataillone zur Seite (östlich) des Dorfes. Beide Abteilungen hatten ihre Renkontres und zwar, was am meisten auffallen muß, im Rücken unsrer bereits weit vorgerückten beiden andren Brigaden.

Dies zu erklären ist es nötig, uns vorher dem Feinde zuzuwenden. –

Brigade Fleischhacker, während die andern Brigaden des IV. Korps ihren Abmarsch in die Linie Chlum-Nedelist bewerkstelligten, war, wie bereits hervorgehoben, in und bei Cistowes zurückgeblieben. Seitdem waren zwei Stunden oder mehr vergangen, und der Brigadeführer empfand mit nur allzu gutem Grunde, daß er verloren sei, wenn es ihm nicht noch glückte, sich nördlich an Chlum vorbei auf die übrigen Brigaden seines Korps zurückzuziehen. Diesen Rückzug auszuführen, wählte Oberst Fleischhacker die schmale, wohl eine halbe Meile lange Wiesenniederung, die einer natürlichen Straße zwischen Cistowes und Nedelist entspricht. In eben diesem Wiesengrunde, in Front von Maslowed, stand das Bataillon Petery. Ein Zusammenstoß war also unvermeidlich.

Es mochte 2½ Uhr sein, als die feindliche Brigade in einer langen Kolonne von Cistowes aufbrach. Das Husaren-Regiment Prinz Friedrich Karl von Preußen Nr. 7 hatte die Tête, dann folgte die Brigade-Batterie, dann das 13. Jäger-Bataillon und die Regimenter Coronini und Großfürst Thronfolger. So ging es an der Nordlisiere von Chlum vorbei, bis die Husarenspitze etwa Schanze 3 und an eben dieser Stelle das Bataillon Petery erreicht hatte. Sofort unter Feuer genommen, brach der vorderste Zug zusammen, die andern stoben auseinander, und so entstand während einer Viertelstunde und über eine sehr beträchtliche Strecke des Schlachtfeldes hin ein grausig-malerisches Hirsch- und Jägerspiel. Die auseinandergewirbelten Husaren suchten in größeren und kleineren Abteilungen nach allen Seiten hin zu entkommen, aber wohin sie sich auch wenden mochten, links nach Maslowed, rechts nach Chlum, oder selbst in weiterem Bogen auf Horenowes und Racitz zu, überall wurden sie von feindlichem Feuer empfangen oder da, wo sie in unsre Batterien blindlings hineinsprengten, von den Kanonieren mit Hebebäumen und Wischerstangen niedergeschlagen. Einige Schwärme jagten von Maslowed auf Sendrasitz zu und wurden hier, nachdem sie den eben an dieser Stelle erscheinenden Kronprinzen samt seinem Stabe bedroht hatten, von unsren an der Tête der 2. Garde-Division marschierenden Garde-Husaren gefangengenommen.* Ein gleiches Schicksal traf die Batterie der Brigade Fleischhacker, die, an verschie-

* Unter den Gefangenen befand sich auch ein junger kaiserlicher Offizier, der in den leidenschaftlichsten Ausdrücken lärmte und sich beklagte, etwa so als ob der ganze Hergang eine Ungehörigkeit, eine preußische Anmaßung sei. Man ließ ihn lange gewähren. Endlich riß einem Garde-Husaren die Geduld. »Herr Kamerad, beruhigen Sie sich; wenn's Ihnen so sehr mißfällt, unser Gefangener zu sein, so hätten Sie's anders einrichten sollen.«

denen Stellen in unser Infanterie-Feuer geratend, beinah sämtliche Geschütze einbüßte.

Die Infanterie-Bataillone der Brigade Fleischhacker waren inzwischen in der Richtung auf Nedelist und zwar zunächst unbehelligt weiter vorgerückt; hier aber trafen sie, wie die Tête auf das Bataillon Petery gestoßen war, auf das, von östlich Maslowed her, eben im Vorrücken begriffene Gros unsrer Avantgarde, in dessen erstem Treffen das 1. und 2. Bataillon vom Garde-Füsilier-Regiment marschierten. Generalmajor v. Alvensleben, sobald er der anrückenden feindlichen Kolonne ansichtig wurde, warf das rechte Flügel-Bataillon, das 2. des Garde-Füsilier-Regiments, Oberstleutnant v. d. Knesebeck, in die Flanke dieser Kolonne, die von unsren Schützen sofort umwickelt, sich teils ergab, teils auseinanderlief oder rückwärts auf Cistowes sich flüchtete, wohin das Bataillon Knesebeck folgte. Die beiden letzten Geschütze der Brigade-Batterie fielen hier in unsre Hände.

Die Wegnahme des Lipa-Gehölzes

Während Generalmajor v. Alvensleben das Bataillon Knesebeck nach rechts hinauswarf, um die abziehende feindliche Kolonne in ihrem Marsch zu hindern (was, wie wir gesehen haben, aufs erfolgreichste gelang), rückten die übrigen drei Bataillone der Avantgarde weiter vor:

Das 1. Bataillon 2. Garde-Regiments, Major v. Petery, das ohnehin um 1000 Schritt voraus war, ging durch die Nordspitze von Chlum hindurch und nahm an der Westlisiere des Dorfes seine Aufstellung;

das 1. Bataillon Garde-Füsilier-Regiments, Major v. Tietzen, in Kompanie-Kolonnen aufgelöst, avancierte in verschiedenen Richtungen;

das 2. Bataillon 2. Garde-Regiments aber, Major v. Reuß, samt der 3. Garde-Jäger-Kompanie, Hauptmann v. Arnim, ging als ein kompakter Körper gegen das Gehölz von Lipa vor.

Das Gehölz von Lipa, eine etwa 800 Schritt lange, mit Verhauen, Schützengräben und Geschütz-Emplacements versehene, unregelmäßig geformte Schonung zwischen Chlum und Lipa, war von der Brigade Benedek: 1. Jäger-Bataillon, Regimenter Sokcevic und Erzherzog Franz Karl besetzt, von denen das letztgenannte Regiment (Franz Karl) an der Westseite von Chlum das erste Treffen, das Regiment Sokcevic an der Ostseite von Lipa das zweite Treffen bildete. Im Gehölz befand sich auch die Brigade-Batterie. Das 1. Jäger-Bataillon stand in Lipa. Die ganze Aufstellung der Brigade ging nunmehr mit Front gegen Osten (Chlum), nachdem sie bis dahin mit Front gegen die Bistritz gestanden hatte.

Das Bataillon Reuß, als es sich anschickte, die ziemlich steile Höhe zu ersteigen, erhielt Feuer aus dem Gehölz. Der sofort eingeleitete Angriff faßte den Feind, ihn überflügelnd, von drei Seiten: rechts, von Norden her, avancierte die 3. Jäger-Kompanie; links, von Süden her, griff das, wie wir wissen, unmittelbar neben Chlum stehende Bataillon Petery mit zwei Kompanien ein; in der Front, Richtung von Ost nach West, avancierte das Bataillon Reuß in Kompanie-Kolonnen auseinandergezogen; vor diesen Kompanien, in erster Reihe, zwei Züge des Garde-Füsilier-Regiments unter Leutnant v. Obernitz. Der Feind eröffnete ein heftiges Granatfeuer, das das Vorterrain gegen Osten hin bestrich, gleichzeitig rückten geschlossene österreichische Trupps in die Waldlisiere ein, um Salven zu geben. In diesem Augenblick allgemeinen Angriffs wurde Major v. Reuß, als er, vom rechten Flügel aus, weiter links auf den

Oberstleutnant v. Neumann zusprengte, durch eine Granate vom Pferde geworfen. Jeder, der ihn fallen sah, wußte daß er zum Tode getroffen sei. Aber ein Halten und Zögern war unmöglich. Oberstleutnant v. Neumann ergriff sofort das Kommando, und den Augenblick wahrnehmend, in welchem die österreichischen Abteilungen ihre zu hoch gehenden Salven abgegeben hatten, führte er die Kompanien, Schützen kurz vor der Front, mit Marsch-Marsch gegen die Waldlisiere vor. Beinah gleichzeitig drang von Norden her die Garde-Jäger-Kompanie v. Arnim, von Süden her ein Teil des Bataillons v. Petery in das Gehölz von Lipa ein.

Diesem kombinierten Angriff leistete der Feind, bei im einzelnen verzweifelter Gegenwehr, nur schwachen Widerstand; die Kraft, womit der Stoß geführt wurde, schien ihn decontenanciert zu haben; er ergab sich in hellen Haufen; mehr als 1500 Mann, zumeist vom Regiment Erzherzog Franz Karl, aber auch zahlreiche Versprengte von andern Regimentern wurden gefangengenommen und unter starker Bedeckung rückwärts geschickt.

Der eigne Verlust war gering); nur der Tod des Majors v. Reuß, eines ausgezeichneten Offiziers, wurde lebhaft beklagt. Erst am andern Morgen konnte seine Leiche gesucht werden. Man fand ihn an derselben Stelle, wo er gefallen war, in einem Haferfelde zwischen Chlum und Cistowes, etwa 500 Schritt vom Nordausgang des erstgenannten Dorfes entfernt. Eine 4pfündige Granate hatte ihm die linke Brust und Schulter weggerissen. Das Geschoß, welches unzersprengt war, lag neben dem Leichnam.

Der Wiedereroberungsversuch

Das Lipa-Gehölz war genommen; alle Kompanien, die an Wegnahme des Wäldchens teilgenommen hatten, gingen in verschiedenen Linien durch dasselbe hindurch, im wesentlichen in der Richtung von Nordost nach Südwest, und nahmen Aufstellung an der entgegengesetzten Lisiere. Sie standen hier, parallel mit der Chaussee, den Blick auf diese. Den linken Flügel dieser Aufstellung bildete das Bataillon Petery, an das sich, noch weiter links, bis Chlum hin, eine halbe Kompanie 1. Garde-Regiments und die 3. Kompanie Garde-Füsilier-Regiments anlehnte.

Kaum war diese Aufstellung genommen, so ließ sich wahrnehmen, daß der eben erst aus dem Lipa-Gehölz hinausgeworfene Feind zu einer Wiedereroberung dieses wichtigen Punktes überging. Es wiederholte sich also hier, was, nur zwei- oder dreihundert Schritt von dieser Stelle entfernt, vor wenig mehr als einer Viertelstunde gegen Chlum versucht worden war. Wie dort gegen die »Chlum-Höhe« die Reserven der Brigade Appiano, so wurden hier gegen das Lipa-Gehölz die Reserven der Brigade Benedek zur Wiedereroberung der eben verlorengegangenen Stellung vorgeführt.

Der Angriff nahm eine solche Richtung, daß er auf unsre am meisten in Front stehenden Kompanien (1. und 4.) des Bataillons Petery stoßen mußte.

Diese hatten sich zu besserer Deckung in einer unregelmäßigen Vertiefung, halb Hohlweg, halb Kiesgrube, aufgestellt und erwarteten den Angriff. Es bedurfte nur eines kurzen Zurufs an die Grenadiere, sie sollten fest stehn und ruhig feuern. Diese antworteten wie aus einem Munde: »Keine Sorge, sie sollen nur kommen.«

Und sie kamen näher und näher. Unter einem Hagel von Granaten, der den Angriff einleitete, rückten sie in eigentümlicher Formation von der Chaussee her den Hügel hinauf; es schienen 6 Divisions-Kolonnen,*

* Man ist diesseits lange in Ungewißheit darüber gewesen, durch welche Truppenteile

zu zwei und zwei dicht aneinander und zu drei hintereinander, Schützen nur etwa 10 Schritt vorauf. Unsre beiden Kompanien sahen mit fertig gemachtem Gewehr dem Näherkommen entgegen. Als auf etwa 100 Schritt die Têten heran waren, krachte ihnen die Salve der 1., dann der 4. Kompanie entgegen; wiederum der 1. und dann der 4. Die Kolonnen blieben trotz alledem im Vorrücken; die Grenadiere eröffneten nun ein heftiges Schnellfeuer, die österreichischen Bataillone wankten, machten kehrt und liefen die Höhe hinab. Inzwischen hatte Hauptmann v. Herwarth III. auch die weiter rückwärts stehende 3. Kompanie des Bataillons Petery bis an den Waldrand vorgeführt und beschoß die zurückgehenden Bataillone in der Flanke; auch die schon genannten, in der Nähe stehenden Abteilungen des 1. Garde- und des Garde-Füsilier-Regiments waren bei Abweis dieses Angriffs tätig. Die Verluste des Feindes waren enorm; seine Toten und Verwundeten lagen so dicht, daß es eine Stunde später unmöglich war, den Raum zu Pferde zu passieren. Unsrerseits war kein Mann getroffen; die österreichischen Schützen feuerten viel zu hoch. Der Bericht eines Augenzeugen (vom 2. Garde-Regiment) sagt: »… Der Angriff geschah mit großer Energie; der Kommandeur des Regiments, auf einem Schimmel, mit ausgezeichneter Bravour immer vorauf, brach, samt seinem Pferde, unter unsrem Kugelregen zusammen. Wären die österreichischen Kolonnen noch 60 Schritt weiter vorgerückt, so hätten sie unsre beiden Kompanien unter ihren Fersen zertreten. Aber im letzten Moment versagte die Kraft.«

So war denn auch dieser Angriff abgeschlagen, wie der gegen die Chlum-Höhe gescheitert war. Brigadier Oberst Benedek, erheblich verwundet, führte die Trümmer seiner Brigade in der Richtung auf Langenhof zurück.

dieser Wiedereroberungsversuch des Gehölzes von Lipa unternommen wurde. Nach dem österreichischen Generalstabsbericht können es nur das 2. und 3. Bataillon vom kroatischen Regiment Sokcevic gewesen sein, die in sechs Divisionskolonnen (1 österreichische Division = 2 Kompanien; jedes Bataillon 6 Kompanien oder 3 Divisionen stark) anrückten. Die beiden Bataillone hatten in weniger als 10 Minuten elf Offiziere: drei Hauptleute, vier Ober- und vier Unterleutnants tot. – Dem österreichischen Generalstabswerk zufolge unternahem freilich auch eine Abteilung vom Regiment Roman-Banat, unter persönlicher Führung des Obersten Baron Catty, Generalstabschef des III. Korps, einen Angriff gegen das Gehölz von Lipa, bei welchem Angriff Oberst Catty schwer verwundet wurde. Dieser Angriff kann aber an dieser Stelle nicht gemeint sein. Er erfolgte wahrscheinlich um eine Viertel-, vielleicht um eine halbe Stunde später und wurde, da es sich dabei um eine bloße Demonstration handelte (der Abzug der Brigaden Kirchsberg und Prohaska sollte gedeckt werden), mit verhältnismäßig geringen Kräften, 1 oder 2 Divisionen, ausgeführt. Die sechs Divisionskolonnen sind aber das Charakteristische des im Text geschilderten Angriffs.

Die Avantgarde der 2. Garde-Division nimmt Lipa

IEMLICH gleichzeitig mit dem Lipa-Gehölz wurde auch Lipa selbst genommen, und zwar wie jenes durch die Avantgarde der 1. Garde-Division, Generalmajor v. Alvensleben, so dieses durch die Avantgarde der 2. Garde-Division, Generalmajor v. Budritzki. Die Bataillone dieser Brigade waren den Brigaden Obernitz und Kessel gefolgt und hatten, bei Überschreitung des Wiesengrundes zwischen Maslowed und Chlum halb rechts schwenkend, sich gegen den Nordrand des Dorfes Lipa dirigiert.

Dorf Lipa, mit seinem Südwestrande hart an der großen Chaussee gelegen, hatte für den Feind eine gleiche Bedeutung wie Sadowa für uns. Demgemäß war man bemüht gewesen, ihm die größte Defensivkraft zu geben. Zahllose Batterien, etagenförmig angelegt, umkränzten es von allen Seiten; außerdem war es durch Verhaue an seiner Nord- und Westlisiere geschützt. Gegen Lipa vorzugehn, im Zentrum einen Erfolg zu erringen, war seit 8 Uhr morgens versucht worden; seit 11 Uhr hatte man diese Versuche aufgegeben. Was indessen in der Front gescheitert war, sollte jetzt von Flanke und Rücken aus gelingen. Nach Eroberung des Lipa-Gehölzes war die Wegnahme von Lipa selbst überhaupt nur noch eine Frage der Zeit. Es geschah dies in erster Reihe durch einen Angriff des Garde-Schützen-Bataillons unter Führung des Majors v. Besser.

Etwa 300 Schritt in Front von Lipa, die nördliche Seite desselben umspannend, zieht sich ein Wiesenstreifen. Die dem Dorfe zugekehrte Seite dieser Niederung war von österreichischen Jägern besetzt, die, gedeckt durch hohe Kornfelder, die bis an den Wiesengrund hinantraten, unsern Schützen die ersten Verluste zufügten. Bald indes wahrnehmend, daß unser Vordringen durch diese Verluste nicht gehindert wurde, zogen sich die feindlichen Jäger in die Nordhälfte des überhaupt von Truppenteilen des III. Armee-Korps dicht besetzten Dorfes zurück. Unsre Garde-Schützen folgten sofort, und zwar derart, daß

die 3. Kompanie, Premierleutnant v. Bassewitz, die Nordseite (Zentrum),

die 4. Kompanie, Hauptmann v. Gelieu, die Nordostecke (linker Flügel),

die 2. Kompanie, Hauptmann v. Laue, die Nordwestecke (rechter Flügel)

als Angriffspunkte nahm. (Die 1. Kompanie, Premierleutnant v. Massow, die bei Maslowed in das Gefecht gegen die Friedrich Karl-Husaren mit eingegriffen hatte, war noch zurück.)

Die vorderen Züge der genannten drei Kompanien wurden aufgelöst und die Soutiens möglichst gedeckt aufgestellt, um abzuwarten, wo eine Verstärkung der Schützenlinie nötig sein würde. Dieser Fall trat ein, sobald dieselbe die Lisiere beinah erreicht hatte, und auf Befehl des Kommandeurs wurden nunmehr sämtliche Soutiens aufgelöst. Mit lautem Hurraruf warfen sich die drei Kompanien, die oben angegebene Richtung innehaltend, in das hartnäckig verteidigte Dorf, die Hauptleute an der Tête, der Kommandeur (Major v. Besser) im Galopp den Tirailleurs der 3. Kompanie voran. Die 4. Kompanie, v. Gelieu, stieß zuerst auf Widerstand und mußte (nordöstlich) ein vor dem Lipaer Wäldchen befindliches Verhau, sodann die entsprechende Waldecke nehmen, ehe sie in das Dorf selbst eindringen konnte. Die beiden andern Kompanien hatten, zunächst wenigstens, geringere Schwierigkeiten zu überwinden und stürmten von Nord und Nordwesten her die Dorfgasse hinauf. Der Feind, besonders Jäger vom 1., 3., 5. und 17. Bataillon,* wehrte sich zum Teil verzweifelt, Haus für Haus mußte

* Die Gefangenen waren, nach übereinstimmenden diesseitigen Angaben, nicht nur von den obengenannten vier Jäger-Bataillonen (1., 3., 5., 17.), sondern auch noch vom 9. Dies ist wohl möglich. Das 1. und 8. Jäger-Bataillon standen seit früh morgens in und bei Lipa, das 17. bei Rosberitz, also nur 2000 Schritt weiter zurück. Was die Nummern 5 und 9 angeht (deren Bataillone bei Problus und Trotina fochten), so waren die betreffenden Gefangenen, die wir machten, wahrscheinlich Bruchteile der beiden kombinierten Jäger-Bataillone (Nr. 33 und 34), die zur Brigade Prohaska gehörten, verschiedenes Material enthielten und ebenfalls dicht bei Lipa Aufstellung genommen hatten.

erobert werden, und sein Kreuzfeuer, welches besonders von den höher gelegenen Stellen aus die Dorfgasse mit Kartätschen und Granaten bestrich, fügte den Unsrigen empfindlichen Schaden zu. Sich diesem Feuer zu entziehn, zugleich um es unschädlich zu machen, stürmten die Schützen mit verdoppelter Energie von Position zu Position, bis sie den westlichen und südwestlichen Dorfrand erreicht, die dominierenden Punkte besetzt und die in unmittelbarer Nähe haltenden Brigade-Batterien zum Abfahren gezwungen hatten.

Die Verluste unsres Garde-Schützen-Bataillons bei Umfassung und Wegnahme des Dorfes waren nicht unerheblich. Hauptmann v. Laue, der nach dem Eindringen in Lipa mit der Hälfte seiner Kompanie das Dorf rechts flankiert hatte, wurde, als er bereits bis an den östlichen Chausseegraben der großen Königgrätzer Straße vorgedrungen war, von der Ziegelei aus (die der Feind bis zuletzt hielt) durch das rechte Knie geschossen; Sekondeleutnant Bethusy-Huc blieb, in die Stirn getroffen, auf der Stelle tot, als er seinen Zug gleich am Dorfeingange in eins der neugebauten Gehöfte führte; Gardeschütze Wende von der 2. Kompanie wurde von einer Granate so durchbohrt, daß der Rumpf, von den Beinen getrennt, 20 Schritt fortflog.

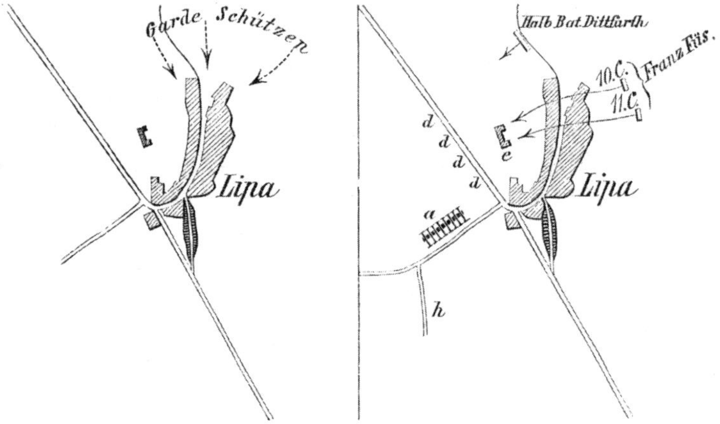

Bei diesem Kampf um Lipa hatten die beiden andern Bataillone der Avantgarde der 2. Garde-Division: die Füsiliere der Regimenter Franz und Alexander, erheblich mitgewirkt. Zwei Kompanien (10. und 11.) der Franz-Füsiliere drangen ziemlich genau an derselben Stelle (Nordostecke) wie die Garde-Schützen-Kompanie v. Gelieu in Lipa ein, stießen aber, während die Garde-Schützen die Dorfgasse der Länge nach eroberten, quer durch und nahmen die mit besonderer Hartnäckigkeit verteidigte, in der Ausbuchtung zwischen Dorf und Chaussee gelegene Ziegelei (e). Hierbei wurde Premierleutnant v. Rechenberg I. zum Tode getroffen; wenige Minuten später fiel auch Premierleutnant v. Notz, als er seine 10. Kompanie gegen den von feindlichen Jägern dicht besetzten Chausseegraben führte (dd).

Der aus Bruchteilen der verschiedensten Bataillone zusammengesetzte Feind wurde verjagt oder gefangengenommen, die Chaussee besetzt; jenseits derselben aber, in Front von Langenhof, standen noch einzelne ausharrende Batterien jener großen Artillerielinie, die seit 9 Uhr früh das Hervorbrechen unsrer 8. und 4. Division aus dem Hola-Walde gehindert hatte. Es waren 24 Geschütze. Die Hälfte derselben, nachdem Lipa verloren und die eigne Aufstellung fast schon umgangen war, suchte abzufahren, brach aber unterm Feuer der zunächststehenden Alexander-Füsiliere zusammen; die 12 andern Geschütze (a), die in Position geblieben waren und ihr Feuer auch jetzt noch gegen die Bistritz-Linie fortsetzten, wurden von verschiedenen über die Chaussee vorbrechenden Abteilungen: von Garde-Schützen unter Hauptmann v. Gelieu, von Franz-Füsilieren unter Leutnant v. Delitz und von Garde-Füsilieren (aus dem Lipa-Gehölz bis hierher vorgedrungen)

unter Leutnant v. Mirbach, genommen. Mit wahrem Heroismus hatten die Kanoniere bis zuletzt ausgehalten. Als die Unsren schon bis auf 50 Schritt heran waren, feuerte eines dieser Geschütze, nur noch von drei Mann bedient, seinen letzten Schuß gegen Dohalitz ab.

Das feindliche Zentrum war durchbrochen. Lipa war unser. Unsere am weitesten vorgedrungenen Abteilungen, zahlreiche eroberte Geschütze um sich her, standen bis Langenhof. Noch im letzten Moment dieses Kampfes war der Kommandeur der Franz-Füsiliere,

Major v. Delitz, in ebenso eigentümlicher wie schmerzhafter Weise verwundet worden: Eine Granate riß einem Füsilier den Hals weg, und die fortgeschleuderte Schnalle seiner Halsbinde traf den hinter ihm stehenden Major wie ein Schuß in den Mund. – (Etwa um eben diese Zeit, oder doch nur wenig später, fiel in Front von Lipa der Oberstleutnant v. Pannewitz, Kommandeur des 2. Bataillons im Grenadier-Regiment Elisabeth. Mit ihm fiel sein Adjutant, Leutnant v. Wurmb. Ein Granatschuß hatte beide getötet.)

Die 11. und 12. Division nehmen Nedelist und Lochenitz

WIR brechen hier die Schilderung der Garde-kämpfe ab und wenden uns zunächst wieder dem linken Flügel der Kronprinzlichen Armee, dem in gleicher Rapidität vordringenden VI. Armee-Korps zu.

Um 2 Uhr oder vielleicht schon etwas früher hatte die 11. Division Sendrasitz, die 12. Division Dorf Trotina erreicht und genommen. In diesen Stellungen verließen wir dieselben. Nach kurzer Rast setzten beide Divisionen ihre Vorwärtsbewegung fort und zwar zunächst noch in vorwiegend südlicher Richtung. Die 11. Division dirigierte sich auf Nedelist, die 12. auf Lochenitz. Wir folgen beiden.

[**Die Wegnahme von Nedelist**], nachdem wiederholte Attacken von drei Eskadronen Haller-Husaren den Vormarsch vergeblich zu hindern gesucht hatten, erfolgte ohne ernsteren Kampf. Die hier haltenden Brigaden Saffran und Württemberg waren nach den vorangegangenen Gefechten wenig mehr in der Verfassung, einen geordneten und ausgiebigen Widerstand zu leisten; nur die unmittelbar westlich des Ortes im Feuer stehenden vier Batterien der Armee-Geschütz-Reserve hielten aus und verursachten uns erhebliche Verluste.

Ein Offizier vom 50. Regiment schreibt über dieses Vorgehn: »Unser 2. Bataillon, Major v. Berken, hatte die Tête.* Auf der Höhe westlich von Nedelist angekommen, erhielt das Gros des Bataillons so furchtbares Granatfeuer, daß dasselbe genötigt wurde, sich in das Dorf zu werfen; nur die lange Tirailleurlinie, die bereits 300 Schritt voraus war, blieb im Avancieren und suchte Schutz in einer vorgelegenen Niederung, jenem vielgenannten, sich von Cistowes und Chlum auf Nedelist ziehenden Wiesenstreifen. Der Schützenzug der 8. Kompanie, der sich links gehalten und von den andern Schützen getrennt hatte, stieg unter Führung der Leutnants v. Both und Nasch sofort die nächste Höhe hinauf; ein feindlicher Offizier, der sich auf der Höhe zeigte, wurde niedergeschossen. Durch das Getreide gedeckt, kamen die Schützen die Höhe hinauf. Hier sahen sie plötzlich Artillerie aufgefahren. Unter lautem Hurra stürzte sich der Zug auf die Geschütze, von denen fünf zum Schuß kamen, ohne vielen Schaden anzurichten. Ein sechstes, dessen Bedienungsmannschaft erschossen oder entflohen war, wurde von einem Offizier auf 15 Schritt Entfernung abgeschossen, schmetterte mehrere der Unsren zu Boden, aber die Nachdringenden nahmen's und stießen den Offizier sofort nieder. Zwei Geschütze, denen es gelungen war abzufahren, wurden noch auf 200 Schritt durch die Gewehrkugeln zum Stehen gebracht und genommen. Der schlimmste Moment aber trat ein, als eine andre, 300 Schritt seitwärts

* Auf dem Wege von der Frantower Mühle bis Nedelist lösten sich die drei Bataillone des Regiments Nr. 50 untereinander ab. Das 1. Bataillon, Major v. Sperling, war das erste in Racitz, das Füsilier-Bataillon, Major v, Salisch, das erste in Sendrasitz, das 2. Bataillon, Major v. Berken, nahm die Tête gegen Nedelist. So wurde, im Avancieren von Dorf zu Dorf, eine Art Turnus innegehalten.

stehende Batterie abprotzte und unsern Tirailleurzug mit Kartätschen beschoß; die braven Schützen warfen sich an den eroberten Geschützen nieder, hinter denen sie Deckung fanden, und beschossen jetzt die feindliche Batterie mit solchem Erfolg, daß diese ihr Feuer einstellte und abfuhr. 9 Geschütze wurden erobert.*

Das nach links ausgebogene Gros des Bataillons hatte sich inzwischen in dem schwach verteidigten Nedelist festgesetzt. (2½ Uhr.) Man stand jetzt inmitten der Schlacht, nach links und rechts tobte der Kampf. Der Divisionär General v. Zastrow beschloß, vor weitrem Vorgehn die Konzentrierung seiner Regimenter an dieser Stelle abzuwarten. Etwa um 3¼ Uhr war diese Konzentrierung erfolgt. Wir werden sehen, wie die 11. Division weiterhin eingriff.

[**Die Wegnahme von Lochenitz**] seitens der 12. Division erfolgte eine halbe Stunde später als die Besetzung von Nedelist.

Wir verließen die genannte Division** um 2 Uhr an der Trotina. Der größre Teil dieser Truppe, nach dem Gefecht südlich von Racitz (am Trotina-Ufer), hatte sich mit fünf Halbbataillonen des Regiments Nr. 23 und dem Jäger-Halbbataillon Minkwitz südwestlich gehalten und bei dieser Gelegenheit an den Kämpfen der 11. Division, erst bei Sendrasitz, dann bei Nedelist, einen größern oder geringern Anteil genommen. Der kleinere, am äußersten linken Flügel verbliebene Teil der Division, der, wie wir wissen, Dorf Trotina nach kurzem Kampfe genommen hatte, ging gegen Lochenitz vor. Hier befand sich auch der

* Bei Wegnahme dieser Geschütze westlich von Nedelist (ihre Zahl ist nicht mit Genauigkeit festzustellen) wirkten die verschiedensten Truppenteile mit: Schützenzüge vom 50. Regiment, wie vorstehend erzählt, ein Schützenzug vom 2. Garde-Regiment unter Leutnant Chorus (vergl. S. 586) und zwei Kompanien, v. Arnim und v. Lobenthal, 3. Garde-Regiments. Die Geschütze, die der Feind hier einbüßte, gehörten der großen Armee-Geschütz-Reserve an, von der die 3. und 4. Division (zusammen 8 Batterien) in die Stellung bei Langenhof, die 1. und 2. Division in die Stellung westlich Nedelist eingefahren waren. Den Hauptverlust hatte die 7. Batterie der 2. Division. Ein österreichischer Bericht sagt: »Diese Batterie hielt zu lange im Feuer aus. Der Hauptmann, 27 Mann und 41 Pferde waren schon außer Gefecht gebracht, als sie immer noch mit Kartätschen gegen die auf nächste Distanz herangekommenen feindlichen Tirailleurs feuerte. Alle Geschütze gingen verloren. Zwei Munitionswagen waren schon in der ersten Aufstellung (bei Horenowes) in die Luft geflogen.« Die übrigen Batterien hatten geringere Verluste, wenigstens an dieser Stelle. Es sei gleich hier erwähnt, daß sie im Retirieren noch mehrfach Stellung zu nehmen und, sich selber preisgebend, den Rückzug der Armee nach Möglichkeit zu decken suchten. Zuerst bei Westar und Sweti, zuletzt in einer Flankenstellung bei Plotist.

** Sie bestand, nach Zurücklassung des 1. Bataillons vom Regiment Nr. 22 in Habrina, nur noch aus 5 Bataillonen und zwar aus dem Regiment Nr. 23 (drei Bataillone), aus dem Schlesischen Jäger-Bataillon Nr. 6 und dem Füsilier-Bataillon Nr. 22.

Divisionär, General v. Prondzynski. Dieser sammelte, was er noch zur Hand hatte. Es waren:

das Jäger-Halbbataillon Müller
das Füsilier-Bataillon, Major v. Lyncker, 22. Regiments
die 6. und 8. Kompanie 23. Regiments
das 6. Husaren-Regiment
zwei gezogene Batterien unter Major Forst
Mehr stand zur Wegnahme von Lochenitz nicht zur Verfügung.

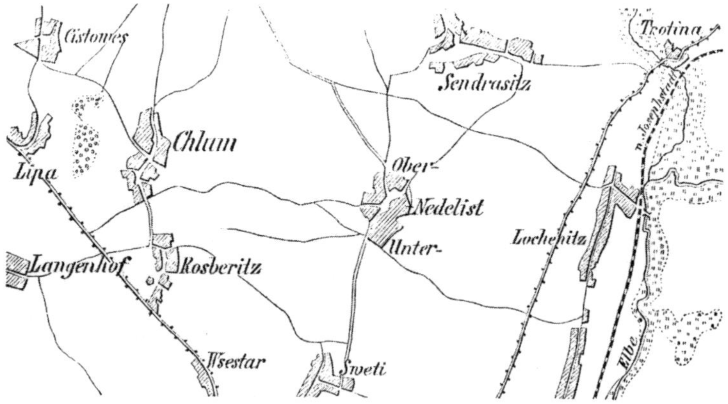

Lochenitz, ein langgestrecktes Dorf hart an der Elbe und zwar zwischen Chaussee und Eisenbahndamm gelegen, war vom Regiment Belgien besetzt, das Befehl hatte, diesen Punkt bis zum Abzug der übrigen Bataillone der Brigade Henriquez zu halten. Es scheint, daß das Regiment diese Aufgabe im wesentlichen löste.

General v. Prondzynski ließ es zunächst seine Sorge sein, eine aus dem Jäger-Halbbataillon Müller, der 8. Kompanie 23. Regiments, Hauptmann Graf Henneberg, und der 11. Kompanie 22. Regiments formierte Reserve herzustellen. Er gab dieser an dem Kreuzpunkt, den der von Lochenitz nach Sendrasitz führende Weg mit der Chaussee bildet, eine Aufstellung und ließ nunmehr das Füsilier-Bataillon Nr. 22 auf dem schmalen Streifen zwischen Eisenbahn und Chaussee avancieren. Der Feind glaubte, dem Angriff durch einen Vorstoß seinerseits begegnen zu müssen; die Füsiliere warfen ihn aber nach kurzem Gefecht wieder in das Dorf hinein. Mit einzelnen Zügen rasch nachdrängend, gerieten unsre 22er alsbald in ein heftiges Kartätsch- und Gewehrfeuer, wobei der Fahnenträger, Sergeant Metzner, zweimal blessiert und zweimal zu Boden gesunken, dennoch nur mit Mühe bewogen werden konnte, die Fahne einem andern zu überlassen. Die Lisiere wurde genommen; gleichzeitig drang von rechts her die 6. Kompanie 23. Regiments in den nordwestlichen, nach Maslowed führenden Ausgang des Dorfes ein.

Die Soutiens suchten Lochenitz noch weiter südlich in der Flanke zu fassen; aber in eben diesem Augenblick erschollen Hornsignale aus allen Teilen des Dorfes und ließen erkennen, daß der Feind seinen Abzug über die Elbbrücke in möglichster Raschheit zu bewerkstelligen trachtete. Ihm wenigstens nach Kräften Abbruch zu tun, entsandte Major v. Lyncker die 9. und 10. Kompanie gegen die Ostseite des Dorfes. Glückte dies, erreichten die Unsren eher die Brücke, als die »Belgier« hinüber waren, so war alles gefangen, was noch im Dorfe steckte. Dies fühlten unsre oberschlesischen Füsiliere. Sie überstiegen im heftigen feindlichen Feuer den Eisenbahndamm und durchwateten dann, bis an die Brust im schlammigen Wasser, die Trotina in der Nähe ihrer Mündung. Als sie diesen Punkt erreicht hatten, sahen sie den Feind 400 Schritt weiter südlich die Elbe passieren. Wollte man ihn fangen, so mußte man auch noch durch die Elbe hindurch. Hauptmann v. Gottberg stürzte sich in der Hitze des Gefechts mit seiner Kompanie in den Fluß und konnte nur durch wiederholten Befehl des Majors v. Lyncker – dem bei dem Gefecht um Lochenitz ein Pferd unter dem Leibe getötet, ein andres tödlich blessiert worden war – wieder ans Ufer zurückgerufen werden. Die an diesem Tage hochgehende Elbe würde die Kompanie andernfalls sehr wahrscheinlich verschlungen haben.*

Der Umgehungsversuch, trotz aller Raschheit und Bravour, womit die Bewegung ausgeführt worden war, war mißglückt; Major v. Lyncker entschloß sich deshalb, die von rechts nach links über die Trotina geschickten Kompanien, unter abermaliger Durchwatung des Flüßchens, von links nach rechts zurückzunehmen und an die Stelle der Umgehung ein einfaches Verfolgen durch das Dorf hindurch, auf die Brücke zu, eintreten zu lassen. Als diese indessen erreicht wurde, war sie bereits von den letzten feindlichen Abteilungen passiert. Es zeigte sich dabei, daß die Österreicher beschäftigt gewesen waren, neben der stehenden Brücke noch eine Pontonbrücke über die Elbe zu schlagen; sie hatten also von Anfang an Lochenitz als Rückzugspunkt ihres rechten Flügels in Aussicht genommen.

Die feindliche Pontonbrücke (12 Hakets mit allem Zubehör) lag

* Die oberschlesischen Regimenter bewährten sich übrigens an diesem Tage als echte »Wasserpolacken«. Einzelne Kompanien wateten einmal durch die Trotinka, zweimal durch die Trotina und versuchten es schließlich selbst mit der Elbe.

zum Teil im Wasser, zum Teil auf dem Lande, ein großer Teil der Pioniere und der Zugpferde mit tödlichen Schußwunden daneben. Ein umgestürztes feindliches Geschütz stand unbeschädigt in der Dorfstraße; in geringer Entfernung davon ein Munitionswagen. Zahlreiche Feinde, verwundet und unverwundet, wurden bei der Brücke, in den Gärten und Häusern zu Gefangenen gemacht. Noch mehrere, die sich versteckt hielten, wußten in der Nacht zu entkommen.

Um 3 Uhr war der dritte Riegel und seine Verlängerung bis an die Elbe hin in unsern Händen. Unsre drei Têten-Divisionen standen auf der Linie:

Chlum-Nedelist-Lochenitz.

Um 3 Uhr

NSERE drei Têten-Divisionen hielten, 3 Uhr, auf der Linie: »Chlum-Nedelist-Lochenitz« – so schlossen wir das vorige Kapitel. Die 1. Garde-Division streckte ihre Arme weit vor (Rosberitz war genommen), während ihr Leib bei Chlum und am Walde von Lipa stand. Die Avantgarde der 2. Garde-Division: Gardeschützen, Alexander- und Franz-Füsiliere, hielten Lipa und Langenhof besetzt.

Von dem Hochplateau zwischen Chlum und Lipa aus bot sich den Unsrigen jetzt ein prächtiger Anblick. Fast zu Füßen der Höhe, in kaum 2000 Schritt Entfernung, erblickte man unmittelbar um Rosberitz herum, auf Westar, Sweti und Rosnitz zu, die imposanten Massen der österreichischen Reserve-Korps (VI. und I.), dahinter eine zahlreiche Kavallerie, wohl 15 bis 20 Regimenter und eine gleiche Anzahl von Batterien; alles in allem wohl 40 bis 50000 Mann. Weiterhin, gegen Problus zu, sah man bei dem heller gewordenen Wetter den aufsteigenden Dampf scharfen Geschützfeuers und bekam dadurch eine Anschauung von dem Umfange des Kampfes.

Ein prächtiger Anblick! Aber doch zugleich ein Anblick, der Bedenken erregen konnte.

Was wir bei Chlum und Lipa zusammen hatten, waren höchstens 12000 Mann, die also, wenn der Gegner seine Reserven gegen diesen Schlüsselpunkt der Stellung vorführte, sich gegen eine vierfache Übermacht behaupten mußten.*

Das numerische Verhältnis war so sehr zu unsern Ungunsten, die feindliche Artillerie der unsrigen immer noch so an Zahl überlegen, daß man sich einen Augenblick versucht fühlen könnte, den Wiedereroberungsversuch der Chlum-Stellung, der sich nunmehr einleitete, gerechtfertigt zu finden. Dennoch war es gewiß ein Fehler. Wir wissen jetzt, wie bedenklich es momentan um uns stand und kennen alle Schwächen und Verlegenheiten, die in jenem Augenblick zusammendrängten, aber Benedek konnte sie nicht kennen, und er hatte kein Recht, das, was er nicht kannte, bloß zu supponieren. Für ihn mußte einfach die Tatsache feststehn, daß, mit dem Erscheinen unsrer II. Armee auf dem Schlachtfelde, eine Verdopplung unsrer Kräfte eingetreten oder doch jeden Augenblick zu gewärtigen war und daß er nicht hoffen durfte, dieser unsrer ganzen Kraft gegenüber das ausführen zu können, was er bis dahin gegen die Hälfte nicht vermocht hatte.

Noch einmal, der rechte Moment für die Offensive war versäumt. Um 11 Uhr hätte der Feldzeugmeister mit seinen Reserven vorbrechen oder aber um 12 Uhr das IV. und II. Korps (womöglich beide unterstützend) in ihrer Vorwärtsbewegung gegen den Swiep-Wald, gegen Benatek und das Sadowa-Gehölz belassen müssen. Diese Vorwärtsbewegung hätte immerhin noch Chancen des Erfolges gehabt. Doch 12 Uhr war die höchste Zeit. Jetzt, wo dieser Zeitpunkt bereits drei Stunden zurücklag, mußte die Situation umgekehrt den Eindruck auf ihn machen, daß es zu spät sei und daß er mit seinen Reserven nur den Rückzug zu decken, nicht aber das Verlorene wieder einzubringen habe. Daß er es tat, war sein bedenklichster Fehler und schuf erst eigentlich die Niederlage.

Indes, Fehler oder nicht, die Wiedereroberung war beschlossen, und die Kolonnen setzten sich in Marsch. Wir haben zwei Haupt-Angriffe**

* Es waren, selbst einschließlich der Avantgarde der 2. Garde-Division, höchstens 12000 Mann, da, von den Verlusten und abkommandierten Mannschaften ganz abgesehn, das 2. Bataillon 3. Garde-Regiments weit vor gegen Sweti zu, das 2. Bataillon Garde-Füsilier-Regiments erheblich zurück in Cistowes stand, also bei Verteidigung der Chlum-Lipa-Höhe, ebenso wenig wie die bei Nedelist sich sammelnde 11. Division, unmittelbar mitwirken konnten. Diese Chlum-Lipa-Höhe aber wurde immer mehr der entscheidende Punkt.

** Der vor 3 Uhr meist mit sehr unausreichenden Kräften unternommenen Versuche zur Wiedereroberung Chlums haben wir in früheren Kapiteln bereits gedacht. Es waren die folgenden fünf:

zu unterscheiden: einen zersplitterten Angriff des VI. und einen kompakten des I. Korps. Beide Angriffe scheiterten. Der Ansturm des VI. Korps nahm Rosberitz; aber Rosberitz war nur Außenwerk, war nur Staffel, nicht Ziel. Das Ziel war Chlum. Dies, aller Anstrengungen unerachtet, wurde nicht erreicht. An dem Besitz dieses Höhenpunktes, der das in der Tiefe gelegene Rosberitz beherrschte, hing die Schlacht. Mit Chlum hielten wir den Sieg.

Wir geben nun die Details der sich um Chlum-Rosberitz entspinnenden Kämpfe.

Angriff des 1. Bataillons Sachsen-Meiningen (Brigade Appiano)
Angriff des 1. und 3. Bataillons Erzherzog Franz Karl (Brigade Benedek)
Angriff einzelner Bataillone von Großfürst Michael und Erzherzog Wilhelm (Brigade Brandenstein)
Angriff von zwei Bataillonen Erzherzog Heinrich (Brigade Appiano)
Angriff von zwei Bataillonen Sokcevic (Brigade Benedek)

Der letztere war der ernsteste; der dritte und vierte scheiterten, noch ehe sie sich entwikkeln konnten. Die meisten dieser Angriffe erfolgten von Rosberitz, zwei (der 2. und 5.) vom Lipa-Gehölz und Dorf Lipa aus.

Das Eingreifen der österreichischen Reserven (VI. und I. Korps)

IE Wiedereroberung Chlums, so sagten wir, war beschlossene Sache. Das VI. Korps, Feldmarschalleutnant Ramming, erhielt Befehl zum Angriff. Diese Order, lang ersehnt, wurde von allen Offizieren mit Freuden begrüßt, denn der ungünstige Eindruck, den die Ereignisse in der Front bei den in Reserve stehenden Truppen hervorriefen, war bereits unverkennbar und mußte sich mit jedem ungenützten Augenblick verschlimmern. Feldmarschalleutnant Ramming ließ sein Korps zum Gefecht entwickeln. Zwei Batterien suchten den Sturm einigermaßen vorzubereiten, dann rückte die Brigade Rosenzweig, mit dem 17. Jäger-Bataillon und dem Regiment Deutschmeister im ersten, mit dem Regiment Gondrecourt im zweiten Treffen gegen Chlum vor. Es war Aufgabe, an Rosberitz vorbei, direkt den Schlüsselpunkt der Stellung, die eigentliche »Festung«, zu attackieren; von Rosberitz aus aber heftig beschossen, gaben beide Treffen das eigentliche Objekt ihres Angriffs auf und dirigierten sich, statt auf die hochgelegene Festung Chlum, auf das zu Füßen gelegene Außenwerk Rosberitz. Das Jäger- Bataillon und die »Deutschmeister« drangen in Südwestecke und Mitte des Dorfes, das Regiment Gondrecourt,* bis dahin zweites Treffen, in das nördliche Drittel ein, von welcher Stelle aus es sich wahrscheinlich unmittelbar gegen die Höhe von Chlum wandte. Nach kurzem Kampf, der namentlich an den Gartenzäunen der Südwestecke (wo das 3. Bataillon Deutschmeister anstürmte) mit großer Erbitterung geführt wurde, mußten die Unsrigen in das Schluchten- und Hohlweg-Terrain zwischen Rosberitz und Chlum zurück, und dieser Hügelabhang wurde nun während der nächsten halben Stunde zum Hauptschauplatz der Ereignisse. Immer neue Angriffe wurden versucht; alle scheiterten. Wir kommen darauf zurück.

Zunächst geben wir die verschiedenen Phasen des Kampfes um das Außenwerk Rosberitz.

Der Kampf um Rosberitz

Dorf Rosberitz war im wesentlichen von den drei Bataillonen der Füsilier-Brigade v. Kessel besetzt. Sie standen (das Bataillon v. Helldorf im Hin- und Hergewoge des Kampfes zu einem kombinierten geworden) von Süd nach Nord in drei Echelons, die beinah selbstständig operierten und kaum Verbindung miteinander unterhielten.

In drei Echelons, so sagten wir, standen die Unsren, und in drei Hauptkolonnen – jede Kolonne wieder aus mehreren Divisionskolonnen zusammengesetzt – avancierte jetzt der Feind, schwenkte mit beiden Flügeln rechts und links, dirigierte seine Mittelkolonne gegen das Südende des Dorfes und trachtete ersichtlich danach, das ihm als ein bloßes Marschhindernis im Wege liegende Rosberitz durch gleichzeitige Angriffe in Front, Flanke, Rücken in seine Gewalt zu bringen.

* Das österreichische Generalstabswerk nennt das Regiment Gondrecourt bei dem Angriff auf Rosberitz nicht ausdrücklich; es heißt vielmehr an betreffender Stelle wörtlich: »Generalmajor Rosenzweig gab dem 17. Jäger-Bataillon und dem Regiment Deutschmeister Befehl, das in Brand geratene Rosberitz zu besetzen, während er persönlich mit dem Regiment Gondrecourt (zweites Treffen) den Angriff gegen Chlum fortsetzte.« Dies scheint darauf hinzudeuten, daß der Kampf gegen Rosberitz nur seitens des Jäger-Bataillons und der »Deutschmeister« geführt wurde. Aber dem kann kaum so sein. Alle diesseitigen Berichte sprechen von sechs deutlich erkennbaren Kolonnen, die sich von Westen her gegen das nördliche Drittel von Rosberitz dirigierten, und wenn wir diese sechs Kolonnen auch nur als Divisions-Kolonnen (eine Division gleich 2 Kompanien) ansehen wollen, so würden sie doch, wenn sie dem Regiment Deutschmeister angehört hätten, für Eroberung und Besetzung der Südhälfte des Dorfes nichts Erhebliches, jedenfalls nichts Ausreichendes übrig gelassen haben. Wir meinen deshalb: Es war höchstwahrscheinlich das Regiment Gondrecourt, das in starken Massen hier vorging und, Chlum immer im Auge behaltend, unter Beiseiteschiebung unsrer fünf schwachen Kompanien durch die Nordecke von Rosberitz einfach hindurchschritt.

Es gelang. Die einzelnen Momente dieses Kampfes lassen wir nunmehr folgen.

[**Der Kampf am Südende des Dorfes.**] Am Südende des Dorfes – wir greifen zunächst um eine halbe Stunde zurück – hielt das Füsilier-Bataillon 2. Garde-Regiments zu Fuß, unter Major v. Erckert. Alle drei Kompanien (die 9. befand sich am Nordende des Dorfes) waren in der Aufstellung verblieben, die sie nach der Besitzergreifung von Rosberitz eingenommen hatten. Die 10. Kompanie hielt die äußerste Spitze der Chaussee, die 11. und 12. Kompanie standen rechts und links etwas dahinter. Namentlich die 10. Kompanie unterhielt auf wenig mehr als 20 Schritt ein lebhaftes Feuergefecht gegen ein feindliches Jäger-Bataillon, das hinter Bäumen und Chausseegräben in guter Deckung lag. Ein plötzlicher Angriff, den die Jäger versuchten, wurde abgewiesen; die am meisten vorgedrungenen feindlichen Trupps wichen wieder und kehrten in ihre Stellungen jenseits der Chaussee zurück. Diese momentan günstige Situation etwa durch einen Bajonettangriff auszubeuten, verbot sich, weil hinter unsren drei hier kämpfenden Füsilier-Kompanien, wenige Kompanien in der Mitte des Dorfes abgerechnet, keine unmittelbare Unterstützung stand. So mußte denn einfach ausgehalten werden.

Dies sollte bald als eine immer schwerer zu lösende Aufgabe sich erweisen. Das Gefecht, in seinem bisherigen Verlauf, war nur Vorspiel gewesen. Der Feind überschüttete jetzt, wie zur Einleitung eines entscheidenden Angriffs, ganz Rosberitz mit einer unglaublichen Masse von Geschossen. Der südliche Teil des Dorfes geriet in Flammen; der ganze Raum wurde mit Granaten, Schrapnells und Kartätschen förmlich besät, Baumzacken, Steine, Splitter flogen umher und verwundeten viele. Die Granaten (auch preußische) schlugen durch die Gebäude, warfen Mauern um, unter denen Gesunde und Verwundete begraben wurden, große Staubwolken, durch Zermalmung von Kalk und Ziegelsteinen verursacht, stiegen auf – es war ein Zustand als wenn die Welt untergehen sollte. Aber die Füsiliere hielten aus; würdig ihres alten Stammes, des Schillschen Füsilier-Bataillons, fielen sie reihenweise, ohne eines Schrittes Breite zu wanken. Ihr braver Kommandeur, Major v. Erckert, hielt mitten unter ihnen zu Pferde, den österreichischen Jägern, deren Zahl zu wachsen statt zu schwinden schien, auf nächste Distanz gegenüber. Eine Kugel traf sein Pferd in den Hals; sich vornüberbeugend, um nach der Wunde zu sehen, erhielt er einen Schuß in den Oberarm und die Seite und fast gleichzeitig einen Schuß vorn in den Hals, der ihm am Rücken wieder herausfuhr. Er sank vom Pferde und wurde aus dem Dorfe hinausgetragen und östlich desselben am Rande eines Kornfeldes niedergelegt.*

Hauptmann v. Kropff übernahm das Kommando über die 3 Kompanien. Die Lage wurde kritisch; bei dem fast eine Stunde lang anhaltenden heftigen Feuer begann es an Patronen zu mangeln. Sorgsam wurden sie den Toten und Verwundeten abgenommen und verwendet, aber der Zustand konnte nicht lange mehr so fortdauern, um so weniger, als ein neuer Ansturm sich vorbereitete.

Die Österreicher nämlich, als sie unser Feuer, teils infolge unsrer Verluste, teils infolge des Patronenmangels schwächer werden sahen, auch unsre Position durch das rasende Artilleriefeuer als hinreichend erschüttert ansehen mochten, formierten nunmehr jene drei starken, am Beginn unsres Kapitels mehrerwähnten Angriffskolonnen, von denen die mittlere ausschließlich, die östliche wenigstens partiell das Südende von Rosberitz traf.

Unsre geschwächten, ermatteten und durch den Mangel an Patronen fast widerstandslosen Kompanien konnten dem Druck nicht mehr widerstehen. Ohne all und jede Unterstützung wichen sie zurück. In der Mitte des Dorfes kamen alle drei Kompanien durcheinander, und jede Rangierung hörte auf. Die Österreicher rückten auf 10 Schritt hinter der wirren Masse her. Da sie auf verschiedenen Seiten in Rosberitz eingedrungen waren, so waren sie so gedrängt, daß sie sich gegenseitig hinderten. Premierleutnant Graf Rantzau glitt aus und fiel zu Boden; in völliger Ermattung und Erschöpfung vermochte er nicht, sich sofort wieder zu erheben. Um sich der andringenden Österreicher zu erwehren und sein Leben so teuer wie möglich zu verkaufen, zog er den Revolver und schoß in die andringende Masse. Diese stutzte. Leutnant v. Horn benutzte diesen Moment, warf sich den Österreichern entgegen, raffte den Gefallenen auf und brachte ihn in Sicherheit.

Von der 11. Kompanie war noch eine Abteilung von etwa 20 Mann, bei der sich die Fahne befand, zurück, weil der Fahnenträger, Sergeant Gursch, nicht weichen wollte. Dieser brave Unteroffizier drang sogar mit hochgeschwungner Fahne den Österreichern entgegen und suchte alles mit sich fortzureißen. Der Fahnenstock erhielt eine Kartätschkugel, und die metallne Fahnenspitze ertönte von einem hellvernehmba-

* An dieser Stelle gingen später zwei feindliche Bataillone über ihn hinweg, die ihn für tot hielten, während er die Besinnung nicht einen Augenblick verlor und genau beobachtete. Ein österreichischer General hielt längere Zeit in seiner Nähe und sah der Niederlage seiner Truppen mit eisiger Ruhe zu. Es hieß später (ob mit Recht, stehe dahin), es sei Graf Gondrecourt gewesen.

ren Klange, ohne jedoch eine Verletzung zu zeigen. Da die österreichischen Massen auch von der Ostseite eindrangen, so geriet die Fahne in das äußerste Gedränge. Der Feind stürzte durch die Gehöfte und über Zäune springend auf dieselbe los, um sich ihrer zu bemächtigen. Die kleine Schar aber war zu heldenmütiger Verteidigung entflammt und nicht willens, sich lebend ihr Panier entreißen zu lassen. Leutnant v. Versen (der bei Verteidigung der Fahne einen Schuß in die Hüfte erhielt) und Portepee-Fähnrich v. Bülow warfen sich heran, und nur ihren äußersten Anstrengungen gelang es, die Fahne zu retten. Keine österreichische Hand hatte das Heiligtum berührt.

Alle drei Kompanien zogen sich bis an den mehrfach genannten Hohlweg zwischen Rosberitz und Chlum zurück. Hier werden wir ihnen wieder begegnen.

[**Der Kampf in der Mitte des Dorfes.**] In der Mitte des Dorfes hielt Oberstleutnant v. Helldorf mit einem schwachen, aus drei Kompanien kombinierten Bataillon. Diese drei Kompanien gehörten verschiedenen Truppenteilen an. Es waren:

die 4. Kompanie (Premierleutnant v. d. Knesebeck) vom 1. Garde-Regiment;
die 2. Kompanie (Premierleutnant v. Löwenfeld) vom 3. Garde-Regiment;
die 9. Kompanie (Hauptmann v. Oppell) vom Füsilier-Bataillon 1. Garde-Regiments.

In der letztgenannten Kompanie stand Prinz Anton von Hohenzollern.

Die Vorgänge in der Mitte des Dorfes waren im wesentlichen dieselben wie am Südende. Gegen die ersten schwächeren Angriffe hatten sich auch hier unsere 3 Kompanien zu halten gewußt. Derselbe umfassende Angriff aber, der uns das Südende von Rosberitz entriß, entriß uns auch die Mitte. Welche Kolonne diesen Teil des Dorfes vorzugsweise traf, ist schwer zu sagen; von rechts und links kam der Feind, doch mag es an dieser Stelle vorzugsweise die Ostkolonne gewesen sein, die das Bataillon Helldorf in ähnlicher Weise traf, wie das Bataillon Erckert vorzugsweise von der Mittelkolonne getroffen wurde. Beinah mehr noch als die Überzahl des Feindes war es sein Erscheinen von allen Seiten, was die Verteidigung verwirrte, indem ein Überblick über die Lage zu einer Unmöglichkeit wurde. Von Taktik keine Rede mehr, das Ganze ein Geraufe, ein Kampf Mann gegen Mann.

Oberstleutnant v. Helldorf, trotzdem sich kein Überblick ermöglichte, war im furchtbarsten Geschützfeuer bemüht, seine drei Kompanien zur Behauptung der Dorfmitte zu sammeln. Er ritt zu diesem Zweck nach dem aus Rosberitz gegen Nedelist führenden Ausgang zu und war eben mit dem Ordnen der Leute beschäftigt, um ihnen gegen Osten hin einen Halt und eine Aufstellung zu geben, als ihn ein Granatsplitter an der linken Seite des Kopfes traf. Mit ausgebreiteten Armen stürzte er lautlos vom Pferde; noch während der Adjutant des Füsilier-Bataillons, Leutnant v. Müller, hinzusprang, erfolgte sein Tod.

Jede eigentliche Führung war jetzt verloren. Man kämpfte in einzelnen Trupps, jedes Haus, jede Hecke wurden festzuhalten gesucht. Aber der Feinde wurden immer mehr; in dichten Massen drängten sie nach; Prinz Anton v. Hohenzollern fiel schwer verwundet; die bloße Wucht des Angriffs schob unsre zersplitterten Trupps dem Nordende des

Dorfes und dann hügelan gegen Chlum zu. Herr v. Woyrsch, der an der Seite des Prinzen diese furchtbare halbe Stunde durchmachte, hat folgende Schilderung jener Momente gegeben. Sie gibt zugleich eine Schilderung des Kampfes selbst. »Ich hatte mich dem Prinzen von Hohenzollern angeschlossen, um welchen aber nur noch eine Schar von ungefähr 40 Mann vereinigt war. Wir 40 Mann also und eine Kompanie des 3. Garde-Regiments, die sich in dem Dörfchen gehalten hatte, wollten uns solange verteidigen, bis Verstärkung, die unmöglich lange ausbleiben konnte, herbeikäme. Glücklicherweise hatten wir augenblicklich weniger vom Granatfeuer zu leiden, da wir den nächsten Feinden bis wohl auf 50 Schritt gegenüberlagen, also zu nahe, um von der Artillerie beschossen zu werden. Aber von den Gewehrkugeln stürzte ein Mann nach dem andern. Bald waren wir nur noch 6 Mann zusammen. Jetzt wurde der Prinz ins Knie getroffen. Drei von uns sprangen hinzu, um ihm Beistand zu leisten und ihn in Sicherheit zu bringen. Kaum waren wir 10 Schritt gegangen, als der Prinz noch 2 Schuß erhielt; einer von uns dreien wurde erschossen, der zweite bekam einen Schuß ins Koppel. Auch ich war zweimal getroffen, ohne jedoch Schaden zu nehmen. Die eine Kugel traf mich vor den Leib und fiel herab, die zweite durchlöcherte mein Taschentuch auf ganz tolle Weise. Eben hatten wir den Prinzen in ein Haus getragen, die Stiefel herabgeschnitten und zu verbinden angefangen, als das österreichische Signal zum Avancieren uns die Ohren zerschnitt. Ich griff nach meinem Gewehr, um lieber zu sterben als mich gefangennehmen zu lassen. Einige freundliche Worte des Prinzen aber, der mit äußerster Ruhe und Geduld seine schwere Leiden ertrug, riefen mir ins Bewußtsein, wie ich durch Widerstand jetzt, ohne die geringste Aussicht auf Erfolg, nur das Leben des Prinzen gefährden würde. So gab ich mich gefangen.«

In kleinen Trupps, unter beständigem Gefecht, zogen sich die Kompanien auch aus der Mitte des Dorfes auf den Hohlweg zwischen Rosberitz und Chlum zu. Die 4. Kompanie 1. Garde-Regiments hatte alle Offiziere, bis auf einen, tot oder verwundet; der jüngste (Leutnant v. Werder) übernahm das Kommando. Die 2. Kompanie 3. Garde-Regiments hielt bis zuletzt; sie deckte den Abzug.

[**Der Kampf am Nordende des Dorfes**] Am Nordende des Dorfes hielt Oberstleutnant Graf Waldersee mit dem 3. Bataillon Garde-Füsilier-Regiments, dem sich, wie bereits mehrfach hervorgehoben, die 9. Kompanie 2. Garde-Regiments, Hauptmann v. Görne, angeschlossen hatte. Ihrer Zahl und ihrer Stellung nach stärker als die weitervorgeschobenen Abteilungen unter Major v. Erckert und Oberstleutnant v. Helldorf, hielten sie sich um etwas länger gegen den übermächtigen Feind oder wurden später von ihm erreicht. Endlich mußten auch sie zurück.

Die westliche Kolonne, die das Südende von Rosberitz gar nicht berührt und die Mitte mit ihren rechten Flügel-Kompanien nur gestreift hatte, traf mit voller Wucht auf das Nordende des Dorfes. Es war mutmaßlich (vergl. S. 629) das ganze zweite Treffen der Brigade Rosenzweig: das Regiment Gondrecourt. Diesem Massenandrange zu widerstehen waren unsre fünf Kompanien zu schwach. Sie räumten fechtend das Nordende des Dorfes und zogen sich hügelan in der von Rosberitz nach Chlum führenden Straße zurück. Der Hohlweg-Charakter dieser Straße gab einigen Schutz. Hauptmann v. Görne, der aus dem Hohlweg heraustrat, um Umschau zu gewinnen, fiel sofort, von einer Gewehrkugel durch den Leib geschossen. Noch andre Verluste waren zu beklagen.

In dieser Stellung verblieben die Kompanien eine Viertelstunde.

Der Sturm gegen Chlum

Die Österreicher hatten sich inzwischen in allen Teilen von Rosberitz festgesetzt; was verwundet oder unverwundet (etwa 70 Mann) zurückgeblieben war, befand sich in Gefangenschaft. Das VI. Korps, soweit es zur Verwendung gekommen war, hatte seine Schuldigkeit getan. Noch einmal lächelte es dem Feldzeugmeister wie Sieg. Aber es war das letzte Lächeln, und ein flüchtiges.

Die Wegnahme von Rosberitz war ein Erfolg; unzweifelhaft. Aber so wenig dieser Erfolg nach einer Seite hin zu unterschätzen war, so wenig wog er nach der andern Seite. Moralisch, wie jeder Erfolg, war er von Bedeutung; taktisch, wie mehr als einmal angedeutet, war er bedeutungslos. Erst wer Chlum hatte, beherrschte die Situation. Glückte es dem Feldzeugmeister, uns von Rosberitz aus auch diesen Punkt zu entreißen, so war in Wirklichkeit viel gewonnen und viel verloren. Und zur Erreichung dieses Zieles schickte der Feind sich jetzt noch einmal und ohne weitres Zögern an. Wie zwischen 3 und 4 Uhr das III. und IV. Korps ihre letzten, noch verwendbaren Bataillone an die Wiedereroberung von Chlum gesetzt hatten, so setzten jetzt, eine Stunde später, das VI. und I. Korps ihre frische Kraft an dieselbe Aufgabe. Es mochte schon gelingen. Von den neun Brigaden der beiden Reserve-Korps waren noch acht intakt. Nur erst die Brigade Rosenzweig war im Feuer gewesen. Wie wir wissen, mit Erfolg. Brigaden und Bataillone, wie sie zur Hand waren, setzten sich nunmehr in Bewegung. Ein diesseitiger Bericht sagt:

»Gradaus und von Westen her unsre Stellung überflügelnd, gingen nach kurzer Rast die österreichischen Bataillone gegen den Abhang vor. Unsre zerschossenen Kompanien, einer Überflügelung zu entgehn, zogen sich fechtend aus dem senkrecht laufenden Hohlweg zurück, um rechts daneben und zwar etwas höher hinauf, einen quer laufenden Hohlweg zu gewinnen, der, weil eine Querlinie bildend, auch zugleich eine bessere Verteidigungslinie, ein breiteres Schußfeld bot. Dieser Rückzug, so gering die Entfernung war, kostete schwere Opfer, zumal der Kompanie v. Görne. Leutnant v. Pape, schon vorher in Arm und Seite verwundet, wurde durch ein Granatstück, das ihm quer durch den Leib ging, niedergerissen und erhielt im Liegen noch einen Gewehrschuß in die rechte Hüfte; er starb am folgenden Tage zu Chlum. Portepee-Fähnrich Graf Schwerin erhielt einen Schuß in den Oberschenkel, dem er später erlag; Portepee-Fähnrich v. Fallois, erst am 18. Juni aus dem Kadetten-Korps beim Regiment eingetroffen, erhielt einen Schuß durch den Unterleib und fünf Granatstücke in den Rücken. Alle Offiziere der Kompanie waren tot oder verwundet. Auch die andern hier fechtenden Truppenteile hatten erhebliche Verluste.

Der Quer-Hohlweg war endlich gewonnen, und hier brachte Oberstleutnant Graf Waldersee die ganze Bewegung zum Stehn. Er pflanzte die Fahne seines Bataillons auf und bestimmte die Trümmer der verschiedensten Abteilungen, die sich alsbald um die Fahne sammelten, zu dem festen Entschluß, auszuharren, nicht weiter zu weichen. Wie im Swiep-Wald, so hieß es auch hier: Keinen Schritt weiter zurück. Eine dichte Schützenlinie nahm Aufstellung am Hohlweg hin und erwartete den Feind.

Dieser schien durch seine eigne Massenhaftigkeit in seinen Bewegungen gehemmt zu sein. Bald aber kam wieder Fluß in die Massen, und das Debouchieren aus Rosberitz heraus begann. Einzelne Kolonnen rückten geradaus den Hügel hinauf, andere debouchierten links und rechts aus der Dorflisiere und suchten den Frontangriff durch Umfassung in der Flanke zu unterstützen. Fortwährend riefen die Jägerhörner zum Avancieren, und man hörte deutlich aus den vordringenden Sturmkolonnen die Klänge der Hymne: »Gott erhalte Franz den Kaiser«. Immer näher rückten die Kolonnen und mit ihnen der entscheidende Moment. Das Bataillon Waldersee, mit allem, was sich ihm angeschlossen hatte, lag im Anschlag. Da plötzlich krachte von links her eine Artillerie-Salve. Eine Garde-Batterie (die 4pfündige Batterie Eltester) war 150 Schritt seitwärts aufgefahren und spie Tod und Verderben in die dichtgeschlossenen feindlichen Bataillone. Die Distanz war so nah, daß sie zu Hunderten fielen. Nichtsdestoweniger blieben die Kolonnen im Avancieren. Namentlich ein Jäger-Bataillon, das, an der Tête marschierend, bisher seine Richtung auf den Hohlweg zu genommen hatte, schwenkte sofort rechts und ging im Laufschritt gegen die Batterie vor. Aber zu seinem Verderben. Von der Batterie in Front, von den Garde-Füsilieren in seiner linken Flanke gefaßt, brach das Bataillon zusammen.

Der Angriff war abgeschlagen; der Feind zog sich bis gegen den nördlichen Ausgang von Rosberitz zurück, wo er sich festsetzte.«

So etwa stellte sich der Angriff dem Auge der Unsrigen* dar. Was aber, von der Höhe von Chlum aus gesehen, eine einzige große Aktion repräsentierte, war in Wirklichkeit eine Aneinanderkettung von Sturmversuchen, die zwar rasch aufeinanderfolgten, aber doch, mit Ausnahme des letzten (wir kommen darauf zurück), eine Gemeinsamkeit der Aktion vermissen ließen. Bloß allein das VI. Korps unternahm vier Angriffe:

* Ein andrer Bericht sagt: »Aus dem Dorfe, links und rechts daneben, hier über das Feld hin, dort den Abhang hinauf, überall avancierte der Feind in geschlossenen Bataillonen (mehr als zwanzig an der Zahl), erreichte eine bestimmte Stelle, wirbelte durcheinander und wich. Schon im Vorgehn kreuzten sich seine Linien, im Zurückgehn war es ein Chaos; das Ganze ein farbenreiches, aber wirres Schlachtenbild.«

Generalmajor Rosenzweig, wie schon S. 628 hervorgehoben,
führte zunächst das Regiment Gondrecourt,
Feldmarschalleutnant v. Ramming das Regiment Wasa,
Oberst Jonak das Regiment Kronprinz von Preußen, endlich
Generalmajor Hertwek seine ganze Brigade

vor, aber all diese Versuche entbehrten einer rechtzeitigen Soutenierung und erreichten kaum die halbe Höhe des Abhangs, mit alleiniger Ausnahme des Regiments Gondrecourt, das einen vorübergehenden Erfolg zu erringen und bis an die in Front des Dorfes gelegene Kirche vorzudringen wußte. Hier aber brach sich der Angriff. Unter enormen Verlusten mußte das Regiment nach Rosberitz zurück.

Dem Feldzeugmeister, wie chaotisch die Situation sich auch bereits zu gestalten begann, konnte bei dem scharfen Auge, mit dem er zu sehen gewohnt war, nicht entgangen sein, daß die Anstrengungen des VI. Korps vor allem an ihrer Zersplittertheit, an einem Mangel von Zusammenfassung gescheitert waren; dem wenigstens sollte abgeholfen werden, und so erfolgte denn der letzte große Angriff, der Massen-Angriff des I. Korps. Über diesen liegt ein Bericht des Gegners vor. Wir lassen ihn selbst sprechen.

»Das österreichische I. Korps hatte sich während des Kampfes um Rosberitz nach rechts entwickelt und machte, als es die Anstrengungen des VI. Korps, auch Chlum in seine Gewalt zu bringen, scheitern sah, nunmehr seinerseits einen breit angelegten und energischen Versuch, den dominierenden Punkt, den Schlüssel der Stellung, zurückzuerobern. Unter dem Feuer ihrer auf dem Hange südöstlich von Rosberitz plazierten Batterie debouchierte die Brigade Poschacher aus dem letztgenannten Orte, während links von ihr die Brigade Ringelsheim ebenfalls gegen Chlum vorrückte.

Wir folgen jeder der beiden Kolonnen.

Die Tête der Brigade Poschacher hatte das Regiment König von Preußen. Es warf schwache, preußischerseits aufs neue bis gegen Rosberitz vorgeschobene Abteilungen zurück, erstieg unter Benutzung des senkrechten Hohlweges den Abhang, als es aber in den Schußbereich des Quer-Hohlweges eintrat, erlitt es so enorme Verluste (im ganzen 1600 Mann), daß das Regiment Martini zur Ablösung vorgezogen werden mußte. Ein Teil der Höhe von Chlum war genommen, das Dorf selbst aber nicht erreicht.*

Die Tête der Brigade Ringelsheim hatte das Regiment Hannover, rechts daneben das 26. Jäger-Bataillon. Das Regiment Württemberg im zweiten Treffen, so avancierte die ganze Brigade mit dem rechten Flügel bei dem an der Chaussee-Brücke befindlichen Gehöfte vorbei, gegen Chlum. Als Reserve folgte die Brigade Leiningen, links von dieser die

* Von dem Durcheinander dieses Kampfes, von der außerordentlichen Bravour des Feindes, vor allem auch von der Gefahr in der sich momentan unsre Chlumstellung befand, mag die nachstehende Schilderung Zeugnis ablegen, die wir einem Spezialberichte unsrer Garde-Artillerie entnehmen, gegen deren Reserve-Batterien sich der Angriff der »eisernen Brigade« (Poschacher) in erster Reihe richtete.

»Um 4½ Uhr avancierte die Brigade Poschacher und erstieg mit dem Regiment König von Preußen, rechts daneben das 18. Jäger-Bataillon, die Höhe südöstlich von Chlum. Die Batterien v. Heineccius, v. Mutius, v. Werder und v. Eltester standen noch unbeweglich im Feuer. Der Kommandeur der Reserve-Artillerie, Oberst Prinz Hohenlohe, sah die auf die Höhe in unsrer linken Flanke heraufkommenden Kolonnen und ritt, in der Meinung, es sei unsre zurückweichende Infanterie, darauf zu, um sie zu bitten, unsren linken Flügel zu decken. Da er während dieses Rittes nach den Batterien hinsah, um zu beobachten, was sich in der Front zutrug, befand er sich zu seiner Überraschung plötzlich zwischen den österreichischen 18. Jägern, von denen er Offiziere persönlich erkannte, die er zwei Jahre vorher in der Kaserne am Kupfergraben in Berlin bewirtet hatte. Die österreichischen Jäger achteten auf die beiden einzelnen Reiter nicht, und als er mit seiner Ordonnanz aus den Reihen der Österreicher entkommen war, gab er Befehl zum Zurückgehen der drei Batterien Heineccius, Mutius, v. Werder. Die Batterie Eltester blieb noch. – Der Angriff der österreichischen Brigade war im wesentlichen auf die Intervalle zwischen der 4pfündigen Batterie v. Werder und der 4pfündigen Batterie v. Eltester gegangen, welche letztre beinah 1000 Schritt links von der Batterie v. Werder stand. Eine Infanteriemasse, wahrscheinlich das Regiment König von Preußen, nach österreichischem Bericht das zur Unterstützung in die Front gezogene Regiment Martini, drang auch bis dicht an die Batterie Eltester vor (etwa bis auf 100 Schritt), wurde dann aber durch das Kartätschfeuer derselben und die Salven der 10. Kompanie des Garde-Füsilier-Regiments einen Moment zurückgewiesen, welchen Augenblick des Stutzens die Batterie Eltester benutzte, um aufzuprotzen und ebenfalls auf die Höhe zurückzugehn. (Das Kartätschfeuer der Batterie v. Eltester war es sehr wahrscheinlicherweise, was dem anstürmenden Feinde seine schwersten Verluste zufügte.)

Brigade Knebel vom X. Korps, die sich diesem Angriff aus freien Stükken anschloß.

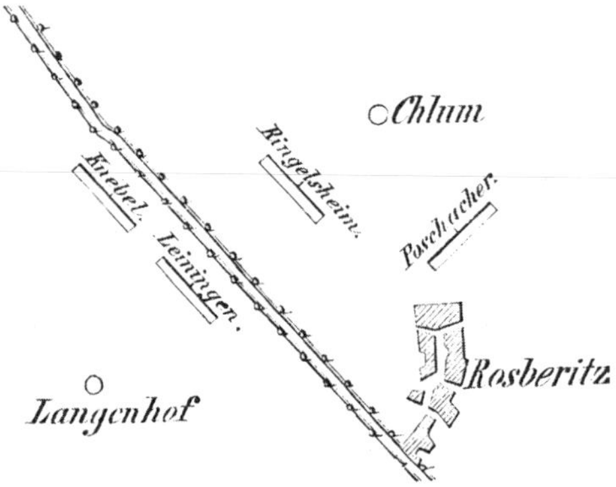

Dieser Angriff, bei seiner großen Stärke, durfte einen Erfolg versprechen. Die Brigade Ringelsheim indes hatte kaum die Chaussee passiert, als sie nicht nur von den Höhen und aus dem Orte Chlum, sondern auch in den Flanken von feindlichem Kleingewehrfeuer und von den Projektilen der mittlerweile am südlichen Ende von Chlum aufgefahrenen feindlichen Batterien förmlich überschüttet wurde. Nichtsdestoweniger drang die Brigade vor.

Um dieselbe gegen einen feindlichen Flankenangriff zu sichern, ließ Generalmajor Graf Gondrecourt die Batterie der Brigade Leiningen auffahren und feuern, letztere Brigade links herausschwenken und vorrükken. Das Regiment Haugwitz und das 3. Bataillon Gyulai gelangten bis auf den Rücken des Höhenzuges nordöstlich Langenhof, dort aber gebot ihnen das überaus heftige Feuer der feindlichen Infanterie, dann das plötzliche Erscheinen feindlicher Kavallerie Halt. Die Brigaden Leiningen und Knebel formierten Karrees, beschossen sich aber teilweise selbst und traten den Rückzug an, als sie fühlten, daß der Angriff gescheitert sei.

Ihnen folgte zunächst, von der Chlum-Höhe aus, die Brigade Poschacher, deren tapfrer Führer gleich beim ersten Ansturm den Tod gefunden hatte; endlich auch die Brigade Ringelsheim.

Das I. Korps büßte in diesem Kampfe, der etwa 20 Minuten gedauert haben mag, und auf dem Rückzug bis Rosberitz und Westar 279 Offiziere, 10000 Mann und 23 Geschütze ein. Mehr als die Hälfte seines Bestandes.«

Alle Opfer waren umsonst gebracht. Chlum war nicht zurückerobert. Über den Ausgang des Tages war entschieden.

Die Wiedereroberung von Rosberitz

Die 1. und 11. Division bringen die Entscheidung

ER Feind war nach Rosberitz zurückgegangen; aber von der Position aus, die die Unsren am Quer-Hohlweg und rechts und links daneben inne hatten, ließ sich deutlich wahrnehmen, daß man noch immer nicht gewillt war, das Spiel verloren zu geben. Man sammelte und formierte. War ein dritter und letzter großer Angriff beschlossen? Und wenn er beschlossen war, waren wir imstande, einer letzten großen Anstrengung zu widerstehen? Der Feind verfügte noch immer über drei intakte Brigaden: Hertwek,* Waldstätten, Abele; war es wahrscheinlich, daß die Trümmer-Bataillone der 1. Garde-Division dem Ansturm von neuen 20 Bataillonen würden Widerstand leisten können?

Wer durfte ein Ja auf diese Frage haben.

Da plötzlich änderte sich die Situation. Von rückwärts her, bis in die dünne Linie der Unsern hinein, sprengten einzelne Reiter mit

* Die Brigade Hertwek war zwar schon vorher vorgeführt worden, doch hatte sie weder den Abhang über halbe Höhe hinaus erstiegen, noch irgendwie nennenswerte Verluste erlitten.

geschwärzten Helmen: »Meine Herren, gibt es hier noch etwas zu tun?« Es waren Batteriechefs des I. Armee-Korps, denen es im ersten Augenblick kaum glaublich erscheinen wollte, daß die nahen, in diesem Augenblick ganz unbeweglich dichten Kolonnen am Nordende von Rosberitz feindliche seien. Aber bald des Richtigen belehrt, fuhr Batterie neben Batterie in sausendem Galopp heran, Litauische Dragoner erschienen zu ihrer Deckung, zwischen Nedelist und Sweti erschien die schwere Kavallerie-Brigade: Gardes du Korps und Garde-Kürassiere, (ein prächtiger Anblick!), auf Lipa zu rückte die 4. Garde-Infanterie-Brigade, die Regimenter Franz und Augusta, auf der Höhe von Chlum erschien der Kronprinz, und an ihm vorbei durch Chlum debouchierte jetzt die Avantgarde des I. Armee-Korps, die Regimenter Kronprinz und Nr. 41, das ostpreußische Jäger-Bataillon, Major v. Sommerfeld, an der Tête. Am Südwestausgange des Dorfes, hart an der Stelle, an der das Bataillon vorüber mußte, hielt Generalleutnant v. Hiller. Hier am expo-

niertesten, aber einen vollen Überblick gewährenden Platz hielt er seit einer Stunde und leitete das Gefecht. An ihn sprengte jetzt Major v. Sommerfeld heran, um zu melden.

»Gott sei Dank, da kommt ihr! Was bringen Sie mit?«

»Mein Bataillon, gefolgt von der Avantgarde des I. Korps.«

»Nun wird alles gut werden!« In diesem Augenblick fuhr General v. Hiller mit der Hand nach der Brust. »Herr Kamerad, helfen Sie, ich bin verwundet.« Das waren seine letzten Worte. Ein Sprengstück war ihm von der Seite in die Brust gedrungen. Er sank lautlos aus dem Sattel. So starb General v. Hiller in demselben Augenblick, der die Entscheidung brachte, den Sieg, an dessen Erringung er und seine Division die letzten Kräfte gesetzt hatten.

Einzelne Jäger trugen ihn nach Chlum zurück; das Bataillon aber avancierte bis an die Hohlweglinie, dann über diese hinaus, und gefolgt vom 1. und Füsilier-Bataillon Nr. 41 im ersten, von den beiden Grenadier-Bataillonen des Regiments Kronprinz im zweiten Treffen, drangen jetzt die Ostpreußen, wie zur Wettmachung des Tages von Trautenau, mit stürmender Gewalt in Rosberitz ein. Die Kraft des Feindes schien gebrochen; 3000 Gefangene, eine Anzahl Geschütze fielen den Ostpreußen in die Hände. Rosberitz war unser.

Zu diesem glänzenden Erfolge hatte ein gleichzeitiger Flankenstoß der 11. Division (v. Zastrow) zu erheblichem Teile mitgewirkt. Wir verließen dieselbe um 3 Uhr nach der Wegnahme von Nedelist durch das 2. Bataillon 50. Regiments. Es folgte nun eine mehr als halbstündige Pause, während welcher die Division am Nordrande ebengenannten Dorfes sich sammelte; dann, auf Befehl des kommandierenden Generals v. Mutius, dirigierte sich die Brigade Hoffmann, Regimenter 51 und 38, gegen Rosberitz, während Brigade Hanenfeld, Regimenter 10 und 50, gegen Sweti und Westar ging. Beide Brigaden avancierten mit gleicher Bravour, dabei so rasch und ungestüm, daß ein Offizier von der Brigade Hanenfeld auf die verwunderte Frage über die gehabten geringen Verluste antworten durfte: »Wir hatten nicht Zeit zu fallen.« Sweti wurde durch das 10. Regiment genommen, die 51er aber drangen von Osten her in Rosberitz ein, im selben Augenblick fast, in dem die Avantgarde des I. (ostpreußischen) Armee-Korps das Dorf von Norden her faßte. Das zufällige, sich jeder Vorausberechnung entziehende Zusammenwirken dieser Angriffe decontenancierte den Feind völlig und gab an dieser Stelle recht eigentlich den Ausschlag.

Beiden Brigaden, die in rastlosem Vordringen (erst bis an die Chaussee, dann über diese hinaus) mehr als irgendein andrer Truppenteil den Rückzug des Feindes beschleunigten, indem sie seine Rückzugslinie bedrohten, werden wir noch zu einer spätern Stunde, bei Wegnahme von Briza und Klacow (6 Uhr), wiederbegegnen.

Vorwärts!

König Wilhelm auf der Höhe von Lipa

SCHON als der Kampf um Rosberitz noch tobte, vielleicht in demselben Augenblick, wo die Tête des I. Armee-Korps aus Chlum debouchierte, befahl der König, der seit 8 Stunden vom Roskos-Berge aus dem Gange der Schlacht gefolgt war, ein Vorgehn auf der ganzen Linie. Mit Jubel vernahm die bis dahin nur mit Mühe an der Bistritz zurückgehaltene I. Armee den Befehl ihres Kriegsherrn. Die Chaussee gegen Lipa hinauf jagten die Batterien aller hier im Kampf gewesenen Divisionen; links neben ihnen setzten sich die Regimenter 9 und 21 (das »Regiment Colberg« im ersten Treffen) in Marsch; unmittelbar rechts von der Chaussee, aus der Lisiere des hartbestrittenen Hola-Waldes, brachen die tapfren Verteidiger dieses Wäldchens, die zerschossenen Bataillone vom 31. und 71., vom 49. und 61. mit Hurra hervor, und noch weiter rechts, über Dohalitzka lind Mokrowous hinaus, avancierten die bis dahin in Reserve gehaltenen Regimenter der 5. und 6. Division. Auf Lipa, auf Langenhof, auf Stresetitz zu ging es in viertelmeilenbreiter Front.

Auf der Höhe von Lipa, die einen Überblick über das ganze Schlachtfeld, also auch über das Vorgehn der beiden Flügel-Armeen gestattete,

PRINZ FR. HEINR.
ALBRECHT GEN.
A. LÜTKE GEST.

KOENIG WILHELM
von seinen Truppen begrüszt bei Langenhof am Nachmittage des 3. Juli 1866

bot sich jetzt ein zauberhaftes Schauspiel. Ein Augenzeuge schreibt: »Der Nebel, der sich bis dahin dick über dem blutigen Ehrenfelde gelagert hatte, zerriß, und fast plötzlich sah man in weitem, nach Südosten sich öffnenden Bogen die ganze preußische Armee im Anmarsch, Brigade neben Brigade, Bataillon neben Bataillon. Unter klingendem Spiel drängte alles vor. Mir stürzten die Tränen in die Augen, daß es mir vergönnt war, diesen Moment zu erleben. So ist es gewiß vielen ergangen. Wiederholt schüttelten wir uns die Hand in innigem Dankgefühl gegen den allmächtigen Geber alles Guten, daß er uns gewürdigt hatte, bei so großer Tat mitzuwirken, daß er dieses Anblicks uns teilhaftig gemacht. Immer vorwärts, unaufhaltsam nach Westar und Briza, nach Stresetitz und Problus zu drängten die preußischen Heerscharen; links die Garden, das I. und das VI. Korps, rechts Herwarth mit Rheinland und Westfalen. Ich blieb halten und genoß in stummer, unsäglicher Freude des ergreifendsten Anblicks meines Lebens.«

Allen Bataillonen vorauf oder doch im Fluge sie überholend, brach jetzt die Kavallerie in den Feind. An ihrer Tête der König. Ein andrer Bericht sagt: »An die Spitze der großen Vorwärtsbewegung, ein Moment symbolischer Bedeutung, stellte sich König Wilhelm selbst; – auf seinem edlen Tier, das seitdem den stolzen Namen Sadowa führt, gefolgt von seiner Suite, an den Trümmern der Hola-Wald-Division vorbei, ritt der König gegen den Feind. Als er die Höhe von Lipa erreicht, den Punkt, um den sich 7 Stunden lang der blutige Kampf gedreht hatte, warf die Spät-Nachmittagssonne aus dem dunklen Regengewölk hervor einen breiten goldnen Schein über das Feld, über das Feld, das nun sein war. Die Garde-Truppen, die hier hielten, erkannten ihn, und ein Schauspiel, das alles lohnte, was wir gebangt und gelitten, bot sich dar. Bruchteile aller Bataillone: Garde-Schützen, Franz-, Alexander-, Elisabeth-Füsiliere drängten sich an ihren Kriegs- und Siegesherrn heran, umklammerten ihn und küßten ihm die Hände.« Er selber schreibt: »Ich mußt' es gewähren lassen.«

Der König, über das Plateau hin, an Langenhof vorbei, sprengte in die vorderste Gefechtslinie bis gegen Stresetitz vor. Hier war er Zeuge jener Reitergefechte, die den Widerstand des Feindes brachen. Von fliehenden österreichischen Reitern fast enveloppiert und in Gefahr, mit fortgerissen zu werden, ritt Graf Bismarck an den König heran: »Als Major habe ich Ew. Majestät auf dem Schlachtfelde keinen Rat zu erteilen, als Ministerpräsident bin ich aber verpflichtet, Ew. Majestät zu bitten, sich nicht auf diese Weise der Gefahr auszusetzen.« Der König gab dieser Vorstellung nach.

Die Reitergefechte selbst geben wir im nächsten Kapitel.

Die Reitergefechte bei Stresetitz

S war halb vier Uhr, als der König selbst, zugleich sich an die Spitze setzend, den weithin gehörten Befehl erteilte: »Kavallerie vor!« In seiner Nähe, zwischen dem Roskos-Berg und Sadowa, hielten um diese Stunde die beiden leichten Brigaden: v. d. Gröben und Wilhelm von Mecklenburg, der Kavallerie-Division Hann.* Beide Brigaden brachen, links der Chaussee, sofort gegen die Höhe von Lipa vor.

Ehe wir ihnen folgen, werfen wir einen Blick auf das Schlachtfeld, wie es in diesem Moment sich darstellte.

* Die Kavallerie-Division Hann bestand aus der schweren Brigade v. d. Goltz und aus den zwei leichten Brigaden v. d. Gröben und Herzog Wilhelm von Mecklenburg. Die Zusammensetzung der beiden letztern war die folgende:

Brigade Wilhelm von Mecklenburg
- Brandenburgisches Husaren-Regiment (Zietensches) Nr. 3
- 2. Brandenburgisches Ulanen-Regiment Nr. 11
- 2. Garde-Dragoner-Regiment

Brigade v. d. Gröben
- Thüringisches Husaren-Regiment Nr. 12
- Neumärkisches Dragoner-Regiment Nr. 3

Von den in den Text gedruckten Karten reicht die auf S. 597 (bei Schilderung der Chlum-Lokalität) im wesentlichen zum Verständnis der Reitergefechte aus.

Der Feind, mit allen seinen in Front gestandenen Armee-Korps, war im Rückzug und zu erheblichem Teile schon über Sweti und Rosnitz hinaus; die Angriffe des VI. Korps waren eben gescheitert; nur die 5 Brigaden des I. Korps hielten noch das Plateau zwischen Rosberitz und Westar; drei dieser Brigaden (denen sich, wie wir wissen, die Brigade Knebel vom X. Korps freiwillig angeschlossen hatte) stürmten gegen Chlum. Die formidable Geschützlinie zu beiden Seiten von Lipa existierte nicht mehr; was nicht zurückgegangen war, um in neuen Stellungen den Abzug zu decken, war genommen. Von den fünf Kavallerie-Divisionen deckten die beiden leichten (Taxis und Edelsheim) den Rückzug des rechten und linken Flügels; die 2. schwere Kavallerie-Division hielt bei Klacow; nur die 1. und 3. schwere Kavallerie-Division befanden sich noch in unmittelbarer Nähe des Gefechtsfeldes, die 1. Division (Prinz Holstein) hinter Westar, die 3. Division (Graf Coudenhove) hinter Stresetitz. Aber auch diese beiden im Abzug. Im Zentrum und nach rechts hin ein freies Feld, ein halbkreisförmiges, von den Dörfern Langenhof, Problus und Rosnitz umspanntes Plateau; nur nach links hinüber, auf dem kupierten Terrain zwischen Rosberitz und Chlum, stand der Feind, tobte der Kampf.

So stellte sich das Bild dar, als um etwa 4 Uhr die beiden leichten Kavallerie-Brigaden der Division Hann das Plateau erreichten. Unmittelbar vor ihnen, auf Langenhof und weiter rechts auf Problus zu, bewegten sich bereits die vordersten Abteilungen unsrer vom Hola-Walde, von Dohalitzka und Mokrowous her vorgegangenen Infanterie-Kompanien und Halbbataillone vom 9., 31. und 35. Regiment. Langenhof war von Gardetruppen besetzt. Die Batterien Gallus und Munk feuerten in den Feind; andre Batterien des II. und III. Korps, dazwischen 12er, 21er, 49er, folgten in breiter Linie nach.

Das Reitergefecht (gegen die Division Holstein) zwischen Rosberitz-Langenhof und Stresetitz

Die Brigade v. d. Gröben erreichte Lipa zuerst. Beide Regimenter, die Thüringischen Husaren links, die Neumärkischen Dragoner rechts, waren bereits im Vorgehn auf Langenhof, als ihnen der Befehl kam, sich links, auf Rosberitz zu, zu halten, aus dessen Südspitze soeben ein feindliches Infanterie-Bataillon auf die Chaussee hinaustrat. Dieser Befehl traf aber nur das Thüringische Husaren-Regiment, das nun, alsbald von den beiden Linken-Flügel-Schwadronen (4. und 5.) der Neumärkischen Dragoner gefolgt, in der angegebenen Richtung einschwenkte, während die drei andern Schwadronen des Dragoner-Regiments ihren Ritt auf Langenhof zu fortsetzten.

Oberst v. Barnekow, der die »Thüringer« führte, nahm im Vorgehn wahr, daß außer dem ihm als Angriffsobjekt bezeichneten österreichischen Bataillon zwei andre Bataillone samt Artillerie aus der Dorflisiere (Rosberitz) heraustraten. Einesteils um durch Geschützfeuer möglichst wenig zu leiden, andrerseits um den Bataillonen keine Zeit zum Formieren zu lassen, ließ der Oberst seine Husaren erst in Galopp und dann zum Schock übergehen. Das erste feindliche Bataillon wurde völlig überritten und gesprengt, aber kaum darüber hinaus erhielt der linke Flügel des Husaren-Regiments von dem nächststehenden Bataillon eine Salve und beinah gleichzeitig eine Kartätschlage. Ebenso lebhaft wurde der rechte Flügel beschossen. Ein momentanes Stutzen; dann sprengte die 3. Eskadron in die Infanterie-Knäuel, die 2. und 4. in die Batterie hinein; die Führer der Geschütze wurden vom Pferde gehauen. Alles versprach einen glücklichen Erfolg. Es war die abziehende Brigade Leiningen (auch der österreichische Bericht macht keine genaueren Angaben), die hier ereilt wurde.

In diesem Moment allgemeinen Durcheinanders zeigte sich in nicht zu großer Entfernung, auf dem schmalen Terrain zwischen Westar und Rosnitz, eine große feindliche Reitermasse. Es war die 1. Reserve-Kavallerie-Division Prinz Holstein: auf dem rechten Flügel die Brigade Schindlöcker, auf dem linken (etwas zurück) die Brigade Solms, dieselbe, die auf dem Plateau zwischen Wysokow und Wenzelsberg das Gefecht gegen unsre 1. Ulanen und 8. Dragoner bestanden hatte.*

Die 4. und 5. Eskadron der Neumärkischen Dragoner, die, rechts neben den Husaren, an dem Kampfe gegen die Infanterieknäuel nicht teilgenommen hatten, waren die ersten, die der heranwogenden feind-

* Die Ordre de Bataille der Division Holstein war die folgende:

- Brigade Solms
  - Ferdinand-Kürassiere
  - Hessen-Kürassiere
  - Kaiser Max-Ulanen
- Brigade Schindlöcker
  - Stadion-Kürassiere
  - Kaiser Franz Joseph-Kürassiere
  - Kaiser Franz Joseph-Ulanen

Die beiden Ulanen-Regimenter nahmen an dem Gefecht, das sich nun entwickelte, nicht teil. Die Kaiser Franz Joseph-Ulanen waren (vergl. S. 569) südlich Chlum durch unser Feuer hart mitgenommen worden und hielten mit ihren Trümmern bei Sweti; ebendaselbst, als Geschützbedeckung, befanden sich auch die Max-Ulanen. (Südlich Chlum hatte unser Salvenfeuer, wie wir wissen, auch die 3. Eskadron der Kaiser Franz Joseph-Kürassiere aufgerieben, so daß die Brigade Schindlöcker nur aus 7, die Brigade Solms nur aus 8 Eskadronen bestand.)

lichen Kavalleriemasse, Brigade Schindlöcker, ansichtig wurden. Die 5. Eskadron, hinter der 4. rechts abschwenkend, warf sich in die Flanke der Stadion-Kürassiere, durchbrach die vorderste Eskadron, wurde dann aber von der Wucht der nächstfolgenden erfaßt und, in die allgemeine Vorwärtsbewegung des Feindes hineingetragen, endlich völlig mit fortgerissen.

Das Thüringische Husaren-Regiment, dem sich die 4. Eskadron der Neumärkischen Dragoner allgeschlossen hatte, hatte inzwischen seine Attacke fortgesetzt, als es plötzlich auch seinerseits der feindlichen Kürassiermasse ansichtig wurde. Sich gegen diese zu wenden, war bei der Zerstreutheit, in die das Husaren-Regiment durch seine Kämpfe gegen verschiedene Infanterieknäuel geraten war, unmöglich; Oberst v. Barnekow ließ also Appell blasen und suchte seine Thüringer in guter Ordnung zurückzuführen. Aber die Stadion- und Kaiser Franz Joseph-Kürassiere, untermischt mit zum I. Armee-Korps gehörigen Nicolaus-Husaren, hingen sich an ihn, und so wälzte sich die aus Freund und Feind, aus Husaren, Dragonern und Kürassieren bunt zusammengesetzte Streitmasse im wildesten Jagen auf Langenhof zu.

In diesem für unsre Husaren und Dragoner gleich bedrängnisvollen Moment erschien auf der Höhe von Lipa das zur Divisions-Kavallerie des II. Armee-Korps gehörige Pommersche Ulanen-Regiment Nr. 4. Oberst v. Kleist, Kommandeur des Regiments, ließ sofort das Signal zum Aufmarsch geben und warf sich echelonsweise mit der 1. und 2. Eskadron auf die anstürmende feindliche Kürassiermasse. Nach einem 8 bis 10 Minuten dauernden, hartnäckigen Kampfe, in dem Oberst v. Kleist vom Pferde gehaun wurde, glückte es, die Kürassier-Brigade zu werfen und sie über das Plateau hin zu verfolgen. Die 3. Ulanen-Eskadron griff hierbei mit ein. Dann wendeten sich unsre auseinandergekommenen Abteilungen: Husaren, Dragoner, Ulanen, und gingen, auf Langenhof zu, zurück, um sich östlich desselben, unter dem Schutz der 4., in Reserve verbliebenen Ulanen-Eskadron zu ralliieren.

Aber noch ehe diese Ralliierung erfolgen konnte, bereitete sich ein dritter Gefechtsmoment vor. Auf Langenhof zu, während die Trümmer der Brigade Schindlöcker südwärts abzogen, avancierte jetzt die zweite Brigade der Kavallerie-Division Holstein: die Brigade Solms. Auf dem Plateau befand sich in diesem Augenblick unsrerseits nichts Verfügbares. Die bei Langenhof sich sammelnden Schwadronen waren noch nicht fest genug, um sich den anrückenden Kürassieren entgegenwerfen zu können. Ebensowenig würden sie die Kraft gehabt haben, einen Stoß erfolgreich zu parieren. Die langsam und geschlossen vorrückenden feindlichen Reiter, zwei Eskadronen Ferdinand-Kürassiere, verzichteten aber darauf, unsre erst sich sammelnden Kavallerie-Trupps anzugreifen, sondern wandten sich gegen den Schäfereihof und umritten denselben auf beiden Seiten.

Die Schäferei war soeben von Schützen des Colbergschen Regiments besetzt worden; zwischen ihr und dem Dorfe Langenhof aber stand eine geschlossene Kompanie dieses Regiments, den anreitenden Ferdinand-Kürassieren die linke Flanke bietend. Diese (die österreichischen Berichte sprechen von einer Schein-Attacke) machten indes durchaus nicht Miene, die Kompanie Colberg anzugreifen, sondern ritten im Galopp ungefähr auf 50 Schritt an deren Front vorüber und erhielten nun ein so mörderisches Schnellfeuer, daß fast alles, was sich der Schäferei genähert hatte, stürzte.

In eben diesem Augenblick trafen auch unsrerseits frische Kavalleriekräfte ein, freilich zunächst nur schwach. Anderthalb Eskadronen vom Zietenschen Husaren-Regiment (Brigade Mecklenburg) hatten den Wasserlauf hart östlich Langenhof übersprungen und warfen sich gegen den rechten Flügel der ohnehin schon erschütterten Kürassiere, die nun sofort aufgerollt und in südlicher Richtung bis gegen Rosnitz hin verfolgt wurden. Feindliches Artilleriefeuer hinderte die Verfolgung fortzusetzen, und die anderthalb Eskadronen Zieten-Husaren, unter Rittmeister v. Thiele, kehrten in eine Aufnahmestellung südlich Langenhof zurück.

Der Kampf gegen die Kavallerie-Division Holstein hatte aber auch hiermit seinen Abschluß noch nicht erreicht. Von den vier Kürassier-Regimentern der Division (vergleiche die Anmerkung S. 650) war das Regiment Hessen-Kürassiere noch intakt und wollte augenscheinlich das Feld nicht räumen, ohne auch seinerseits einen Versuch gegen unsre immer noch in verhältnismäßig schwachen Abteilungen auftretende Kavallerie gemacht zu haben. Die Hessen-Kürassiere, übrigens anscheinend nur zwei Eskadronen stark, trabten gerade auf Langenhof zu. Ihnen den Weg zu verlegen, waren in diesem Augenblick nur anderthalb Eskadronen vom 4. Ulanen-Regiment und 2 ½ Eskadronen Zieten-Husaren zur Hand, die unter ihrem Regimentskommandeur, Oberstleutnant v. Kalkreuth, soeben den schon erwähnten Wasserlauf passiert und in einer kleinen Wiesensenkung, mit dem linken Flügel gegen Langenhof zu, Stellung genommen hatten. Südlich davon (nordöstlich von der Schäferei) hielten noch weitere 1½ schwache Eskadronen vom 4. Ulanen-Regiment. Bei den Zietenschen Husaren befand sich der Kommandeur der 2. Kavallerie-Division, Generalmajor v. Hann. Er selbst gibt folgende Schilderung des sich nun entspinnenden Renkontres:

»An die anderthalb Eskadronen vom 4. Ulanen-Regiment hatte ich Befehl gesandt, die vorgehenden Kürassiere in der rechten Flanke anzugreifen, während die Zieten-Husaren sie in der Front anfallen sollten.

Die 2 Eskadronen Hessen-Kürassiere rückten ruhig und vorzüglich geschlossen an; ich machte noch meinen Adjutanten auf die vortreffliche Haltung aufmerksam. Die Offiziere hatten sich in der Front aufnehmen lassen und hörte man sie den Leuten zurufen: Zusammen! – Zusammen! – Einen General sah ich nicht, auch bemerkte ich keine Standarte.

Ich war den Ulanen entgegengeritten, die in Zugkolonne herantrabten und die in einiger Entfernung vorübergehenden Kürassiere mit Hurra! begrüßten; die Kürassiere gingen jedoch in der angenommenen Richtung weiter, obgleich sie dadurch ihren Rücken preisgaben. Dies wurde sofort benutzt und in Zugkolonne in voller Karriere auf die festgeschlossene Linie von hinten gefallen. Nahe vor dem zweiten feindlichen Gliede angekommen, glaubte ich noch nicht, daß es möglich sein würde, diese Kürassiermauer zu durchbrechen, aber der Stoß war so mächtig, daß sich sofort eine Gasse öffnete und ich mit geringer Kniequetschung durch die Kürassiere hindurchreiten konnte.

In diesem Moment griffen auch die 2½ Eskadronen Zieten-Husaren in der Front an. Es kam nur während eines kurzen Momentes zum stehenden Gefecht, dann wandten sich die Kürassiere südwestwärts; da aber mußte Oberstleutnant v. Kalkreuth sich wahrscheinlich mit seinen gesammelten Leuten auf die Tête werfen, denn diese machte plötzlich linksumkehrt, und alles jagte in nordöstlicher Richtung, zuletzt in der Richtung auf Rosnitz fort, hart verfolgt von den Husaren und Ulanen. Viel war den Kürassieren jetzt jedoch nicht mehr anzuhaben, denn sie ritten in einem dicken Haufen zusammen, so daß man nicht hinein konnte; dennoch kann der Verlust nicht ganz gering gewesen sein, während er bei uns ganz unbedeutend blieb. Die Verfolgung wurde so lange fortgesetzt, bis die österreichische bei Rosnitz stehende Artillerie uns beschoß. Erst dann wurde zum Sammeln geblasen.«

Hiermit endlich hatte der komplizierte, in viele Einzelgefechte zerfallende Reiterkampf auf dem Plateau zwischen Rosberitz und Langenhof sein Ende erreicht, an dem unsrerseits der Kommandeur des Kavallerie-Korps, Prinz Albrecht Vater, persönlich teilgenommen hatte.

Alle Abteilungen der feindlichen Kürassier-Division, erst brigade-, dann regimenterweise waren zur Aktion gekommen; überall hatten sie weichen müssen. Inwieweit unsre Infanterie und Artillerie dabei mitgewirkt hatten, darauf kommen wir an andrer Stelle zurück.

Das Reitergefecht (gegen die Division Coudenhove) zwischen Stresetitz und Problus

Der Befehl Generalmajors v. d. Gröben: sich auf Rosberitz zu, gegen dort erscheinende feindliche Infanterie zu halten, hatte, wie wir wissen, nur das Thüringische Husaren-Regiment und die beiden linken Flügel-Schwadronen der Neumärkischen Dragoner erreicht; die drei übrigen Eskadronen (1., 2., 3.) letztgenannten Regiments unter Oberstleutnant v. Willisen verblieben in der eingeschlagenen Richtung und gingen, an Langenhof vorbei, bis gegen Stresetitz vor, wo sie in einer kleinen Senkung Aufstellung nahmen.

Die »Neumärker« hatten hier kaum Deckung gefunden, als sie, von Rosnitz her, das Herannahen einer feindlichen Kürassier-Brigade bemerkten. Es war die Hälfte der Kavallerie-Division Coudenhove,* die Brigade Fürst Windischgrätz.

Oberstleutnant v. Willisen ging der feindlichen Brigade langsam entgegen, zog sich indes bald wieder zurück, teils in der Absicht, die feindliche Kavallerie dadurch in das Feuer der mehr rückwärts sich formierenden diesseitigen Infanterie zu ziehen, teils, um bei einer zu unternehmenden Attacke auf die Unterstützung andrer preußischer Kavallerie-Regimenter rechnen zu können.

Die feindliche Brigade setzte ihre Vorwärtsbewegung in ruhigem Trabe fort.

Das Dragoner-Regiment mußte demgegenüber einen Entschluß fassen. Als es eine Strecke zurückgegangen war, schwenkte es wieder

* Die Ordre de Bataille der Division Coudenhove war die folgende:
Brigade Fürst Windischgrätz
Prinz Karl von Preußen-Kürassiere
Wrangel-Kürassiere
Ulanen-Regiment Erzherzog Karl Ludwig
Brigade Generalmajor Mengen
König von Bayern-Kürassiere
Graf Neipperg-Kürassiere
Alexander-Ulanen
Das Ulanen-Regiment Erzherzog Karl Ludwig war wahrscheinlich abkommandiert, wenigstens wird es weder in dem Gefechtsbericht erwähnt, noch figuriert es in den Verlustlisten.

Front, deployierte und stand nun der inzwischen ebenfalls entwickelten Kürassier-Brigade:

Regiment Prinz Karl von Preußen in Front,
Regiment Graf Wrangel in Divisionen auf den Flügeln folgend,

gegenüber.

In dieser Formation waren sich die beiden Gegner so nahe gekommen, daß Oberstleutnant v. Willisen, dem Feinde etwas die rechte Flanke abgewinnend, sich mit Marsch-Marsch auf ihn werfen konnte. Der Anprall war ein gewaltiger; gegenseitig wurden die Linien durchbrochen; die 3. Eskadron hieb im Rücken der Kürassiere ein; ein allgemeines Handgemenge folgte. Aber dem mächtigen Drucke der Kürassier-Brigade konnten unsre drei Eskadronen schließlich nicht widerstehen, sie wichen langsam fechtend zurück.

In diesem Momente hatte sich das 2. Brandenburgische Ulanen-Regiment Nr. 11 (Brigade Mecklenburg), unter Oberstleutnant Prinz zu Hohenlohe, östlich von Stresetitz dem Gefechtsfelde genähert, marschierte, einen tiefen Hohlweg überspringend, aus der Eskadronen-Zugkolonne auf, attackierte und warf sich auf den feindlichen linken Flügel. Dieser, durch den heftigen Stoß erschüttert, wich und floh mit der Standarte in südlicher Richtung über das Schlachtfeld hin, während eine etwa anderthalb Eskadronen starke, ebenfalls noch zum linken Flügel gehörige Abteilung, von den Ulanen in den Rücken genommen, in nördlicher Richtung gegen den östlich von Stresetitz liegenden tiefen und breiten Hohlweg getrieben wurde. Was nicht in den Hohlweg stürzte, wurde niedergestochen oder fiel unter den Kugeln des an dieser Stelle eingetroffenen 35. Regiments.

Der rechte Flügel der feindlichen Kürassier-Brigade, der von dem Schock des Ulanen-Regiments am wenigsten berührt worden war, setzte die Attacke inzwischen in nördlicher Richtung, gegen Langenhof hin, fort. Was sich auf seinem Wege befand: Infanterie-Abteilungen des 35. und 49. Regiments, wurde heldenmütig attackiert, alle Angriffe aber abgeschlagen. Nichtsdestoweniger stürmten die Kader der braven feindlichen Brigade weiter vor und zwar einer aus fünf Batterien bestehenden großen Geschützreihe zwischen Langenhof und Stresetitz entgegen, bei der Feldzeugmeister Prinz Karl eben eingetroffen war.

Und hier war es, wo der todesmutigen Kühnheit der Brigade Windischgrätz ein Ziel gesteckt wurde. Mit Kartätschenfeuer empfangen, brachen die feindlichen Reiter, besonders die Prinz Karl-Kürassiere (die hier angesichts ihres preußischen Chefs fochten) zusammen; was nicht zum Tode getroffen war, fiel großenteils verwundet in Gefangenschaft. Der Verlust beider Regimenter: Prinz Karl von Preußen und Graf Wrangel, belief sich, nach österreichischer Angabe, auf 378 Mann und 470 Pferde. Generalmajor Fürst Windischgrätz, immer an der Spitze seiner Brigade, war unter denen, die schwer verwundet das Schlachtfeld deckten.

Die zweite Hälfte der Division Coudenhove, die Brigade Mengen, war anfänglich der Brigade Windischgrätz gefolgt. Als Generalmajor Mengen indes andre preußische Kavallerie als die bisher auf dem Plateau wahrgenommene in gerader Richtung von West nach Ost hervorbrechen sah, schwenkte er Front gegen diese, warf das Regiment Alexander-Ulanen links, das Kürassier-Regiment König von Bayern rechts heraus und folgte mit dem Kürassier-Regiment Graf Neipperg. Die wahrgenommene, jetzt bereits von Problus her im Anreiten begriffene Kavallerie-Abteilung war unser 1. Garde-Dragoner-Regiment, die Tête der über Nechanitz vorgegangenen Kavallerie-Division Alvensleben.* Die Zwischenräume schwanden wie im Fluge, und in Eskadronen-Zugkolonne formiert, warfen sich die Dragoner, nachdem auf beiden Seiten die Linien hergestellt waren, in einer vehementen Attacke auf die Alexander-Ulanen. Die beiden Regimenter ritten durcheinander durch, dann wandten sich die Dragoner und trieben, in hitzigem Gefecht, die Ulanen teils nordwärts, auf Stresetitz zu, teils südwärts um Problus herum. Ein anderer Teil, völlig umschlossen, ward gefangengenommen.

Unmittelbar rechts neben den Alexander-Ulanen waren, wie bereits hervorgehoben, die Bayern-Kürassiere vorgegangen. Ehe dieselben indes links schwenken und durch Eindringen in unsre linke Flanke dem Gefecht eine andere Wendung geben konnten, waren unsrerseits, von Unter-Dohalitz her, die zur pommerschen Division Werder gehörigen

* Die Kavallerie-Division von Alvensleben bestand (nach Abkommandierung der Kavallerie-Brigade Prinz Albrecht Sohn) aus der schweren Brigade v. Pfuel und der leichten Brigade v. Rheinbaben. Die ganze Division hatte um 3 Uhr Befehl erhalten, sich von Johanneshof aus an den rechten Flügel (Elb-Armee) zu begeben, und passierte mit der leichten Brigade Rheinbaben kurz nach 4 Uhr die Brücke bei Nechanitz. Die letztgenannte Brigade, die nur noch zur Aktion kam (und im wesentlichen nur mit ihrem Têten-Regiment), bestand aus dem

1. Garde-Dragoner-Regiment, Oberstleutnant v. Barner
1. Garde-Ulanen-Regiment
2. Garde-Ulanen-Regiment

Die Garde-Dragoner hatten Verluste (durch Granatfeuer), noch ehe sie das eigentliche Kampffeld erreichten; Rittmeister v. Bodelschwingh wurde unweit Lubno tödlich getroffen.

Blücher-Husaren auf dem Plateau erschienen und attackierten ohne Zögern die Bayern-Kürassiere. Der Feind wurde gefaßt, bevor er noch die Linie hergestellt hatte, und so glückte es der Raschheit der Aktion, ihn zu werfen. Die Kürassiere jagten rückwärts.* Die Blücherschen folgten. In der Verfolgung aber stießen diese auf die in verschiedenen Richtungen vorgegangenen 1. Garde-Dragoner, und wenig fehlte, so wäre es zwischen beiden Regimentern, die sich gegenseitig für Feinde hielten, zum Handgemenge gekommen.

Das erste Treffen der Brigade Mengen, nach den Vorgängen, die wir geschildert, war gesprengt; Ulanen und Kürassiere in größeren und kleineren Trupps stoben über das Plateau hin; der verlustreichste Teil des Kampfes aber stand noch bevor.

Der nach dem ersten Zusammenstoß gegen Süden hin ausgewichene Teil der Alexander-Ulanen war inzwischen an der Südostecke von Problus erschienen, wo Hauptmann Caspari vom Rheinischen Feldartillerie-Regiment schon vorher seine Batterie in Position gebracht hatte. Die Ulanen, mit einer Kartätschlage empfangen, wandten sich nunmehr in weitem Bogen um Dorf Problus herum nördlich und suchten dem auf Stresetitz zujagenden, größeren Teile des Regiments sich anzuschließen; aber sie erreichten es nur, um mit in sein Schicksal verwickelt zu werden, und was nicht in die Lanzen des eben erscheinenden 1. Garde-Ulanen-Regiments hineingetrieben wurde, brach unter dem aus dem Dorfe kommenden Infanteriefeuer zusammen. Achtzig bis hundert Reiter, die dem allgemeinen Gemetzel zunächst entkommen waren, nahmen ihre Richtung auf den Punkt zu, von wo aus König Wilhelm (inzwischen an dieser Stelle des Schlachtfeldes erschienen) Zeuge der

* Nach dem österreichischen Generalstabswerke waren es nicht die Bayern-Kürassiere, sondern die Neipperg-Kürassiere, die hier auftraten. Alle andern Angaben aber (auch die österreichischen) stimmen mit unsrem Text überein. Die Verlustlisten übernehmen die weitre Beweisführung, wiewohl auch diese durch Druckfehler, Auslassungen und Widersprüche nicht allzu wertvoll sind. Die Österreicher haben eine Neigung, alles zu schematisieren, begnügen sich aber damit, wenn es gut aussieht. Einem Fremden, der ein Auge für Zahlen hat, wird heiß dabei. Erst ringt er, die Rätsel zu lösen, bis er schließlich wahrnimmt, daß er in ein bodenloses Moor geraten ist, drin man nur um so tiefer versinkt, je mehr man nach festem Grund sucht. Diese Art mit *facts and figures*, mit Zahlen und Tatsachen umzugehn, ist höchst charakteristisch, und es wird nicht eher besser werden, als bis, auf Kosten der Phantasie, auf diesem Punkt eine innerliche Reform eingetreten ist. Bayern-Kürassiere verloren 6 Offiziere, Neipperg-Kürassiere 1; wie ist es diesen Zahlen gegenüber möglich, daß in einem Generalstabswerke (dessen anderweite Verdienste wir nicht unterschätzen) beide Regimenter dahin verwechselt werden können, daß es schließlich heißt: »Ein Stoß der Neipperg-Kürassiere löste das Handgemenge; das Regiment Bayern-Kürassiere schwenkte rechts heraus, kam aber nicht mehr zum Gefecht.« (Es verlor, außer den 6 Offizieren, 56 Mann und 122 Pferde nach eigner österreichischer Angabe.)

eben geschilderten Kampfesszenen gewesen war. Der Moment war kritisch. Flügeladjutant, Oberstleutnant Graf Finckenstein, eilte schon mit den beiden zur Hand befindlichen Zügen der Stabswache herbei, um sich auf die Ulanen zu werfen, aber die linken Flügel-Kompanien zweier in einiger Entfernung stehenden Bataillone vom Brandenburgischen Füsilier-Regiment (Nr. 35) beseitigten durch ihr Feuer die Gefahr und trieben die vergebens einen Ausgang suchenden Ulanen wieder auf Problus zu. Nur wenige der an dieser Stelle des Schlachtfeldes auftretenden Reiter vermochten sich in südlicher Richtung zu retten.

Das Kürassier-Regiment Graf Neipperg, trotzdem es nicht unerhebliche Verluste hatte, war nicht zur Attacke gekommen.

Die ganze Division Coudenhove ging teils hinter Briza, teils hinter der nordöstlich Klacow haltenden 2. Reserve-Kavallerie-Division zurück. Das österreichische Generalstabswerk spricht nur eine verdiente Anerkennung aus, wenn es am Schlusse der betreffenden Schilderungen sagt: »Die beiden Kavallerie-Divisionen Holstein und Coudenhove hatten sich nicht umsonst geopfert. Das retirierende Heer konnte, unbelästigt durch die feindliche Reiterei, seine Bewegung gegen und über die Elbe fortsetzen.«

So endete, wenn wir die geschilderten Einzelgefechte als ein Ganzes fassen, der größte Reiterkampf der neuren Zeit. Selbst bei Waterloo, wo Napoleon seine Kürassier-Division im Kampfe gegen die englische Artillerie hinopferte, hatten sich nicht solche Massen wie hier mit der blanken Waffe gegenübergestanden. Freund wie Feind führten jeder mehr als 30 Schwadronen in den Kampf, so daß unter dem Huftritt von nahezu 10000 Pferden die Nachbarfelder zwischen Stresetitz und Langenhof und zwischen Stresetitz und Problus erdröhnten.* Die Verluste der beiden feindlichen Reiter-Divisionen waren schwer; sie verloren, nach eigener Angabe, 1256 Mann tot oder verwundet und nahe an 2000 Pferde. Auch die Unsren waren hart betroffen, namentlich die Neumärkischen Dragoner, die den schwersten Stand gehabt und sich

* Wir haben, im Gegensatz zu andern Darstellungen, die meist eine Dreiteilung des Gesamtreiterkampfes gewählt haben, diese Zweiteilung vorgezogen. Es war nicht nur links und rechts, also nach zwei Seiten hin, ein Kampf um Stresetitz, es war auch ein Kampf gegen zwei getrennt auftretende feindliche Divisionen. Überall also eine Zweiheit. Will man indes diese einfach sich bietende Zweiteilung nicht gutheißen, so bleibt nichts übrig, als vier oder vielleicht noch richtiger sechs Einzelgefechte zu geben.

mit der größten Bravour geschlagen hatten. Sie büßten 12 Offiziere und 189 Mann ein, ein Verlust, den selbst unter den feindlichen Regimentern nur eines (das Kürassier-Regiment Prinz Karl von Preußen) erreicht.

Wie über alle Kavallerie-Gefechte dieses Krieges, so gehen ganz besonders über die »große Reiterschlacht bei Stresetitz« die Ansichten auseinander; beide Teile schreiben sich den Sieg zu. Die Österreicher mit der größten Entschiedenheit. In ihrem Generalstabswerke heißt es wörtlich: »Die Brigade Solms sammelte sich in der Niederung östlich Langenhof und blieb, trotz des von allen Seiten einschlagenden Feuers über ¼ Stunde daselbst stehen. Aber wie bei Stresetitz (wo die Brigade Mengen hielt) zeigte sich auch hier die preußische Kavallerie nicht mehr.«

Dies wird einfach durch die Tatsache widerlegt, daß zu einer Zeit, als der hin- und herwogende Kampf zwischen Stresetitz und Problus sein Ende noch nicht erreicht hatte, unsrerseits bereits zwei Regimenter (die 1. und 2. Garde-Ulanen) auf nahe Distanz in Sicht waren, zwei Regimenter, die bei ihrem gleich darauf erfolgenden Eintreffen auf der wirklichen Kampfesstätte gar nicht mehr zu nennenswerter Aktion kamen, weil kein Objekt mehr da war, gegen das sie sich hätten wenden können.

Wir sind uns bewußt, ohne alle Voreingenommenheit an diese Frage herangetreten zu sein, wenn aber doch, somit einer gewissen Präokkupiertheit zugunsten unsres Gegners. Das Unglück und die Tapferkeit dieser ausgezeichneten Regimenter, zudem eine angeborne Neigung, jedes Recht und jeden Vorzug zunächst auf Seite des Gegners zu suchen, – alles stimmte uns für Österreich in dieser wie in mancher andern Frage. Die andauerndste Beschäftigung mit dem Gegenstande aber hat uns schließlich trotz alledem und alledem zu der Überzeugung geführt, daß die österreichische Kavallerie in diesem allerdings die mannigfachsten und widersprechendsten Momente ausweisenden großen Reiterkampfe nicht durch allerhand Zwischenfälle, nicht durch Artillerie- und Infanteriefeuer, sondern durch unsre Reiterei überwältigt wurde. In den verschiedenen Zusammenstößen, nachdem uns vorübergehend Mißerfolge getroffen, warfen wir schließlich jedes Mal den Gegner und zwar Mann gegen Mann, Säbel gegen Säbel. Daß er dabei erhebliche Verluste erlitten habe, Verluste, die wenn nicht anderes hinzugekommen wäre, ihn hätten veranlassen müssen, das Schlachtfeld zu räumen, soll nicht behauptet werden; im Gegenteil ist zuzugestehn, daß unsre Säbel (die Lanze tat etwas mehr) nur wenig gegen die dicken, weißen Mäntel der Kürassiere vermochten. Aber wie wenig wir auch imstande waren, mit der blanken Waffe in der Hand, durch Tod und Wunden den Gegner direkt zu schädigen, – der vehemente Stoß unsrer attackierenden Regimenter gab schließlich immer den Ausschlag, drängte die feindlichen Reiter hier hin, dort hin über das Schlachtfeld und wurde so, – nicht unmittelbar, wohl aber mittelbar durch das Hineintreiben des Gegners in unsre rückwärts stehenden Feuerlinien, – die Ursach auch jener enormen Verluste, die ihn ereilten. Wir warfen ihn, wo nicht das Zahlen-Mißverhältnis es hinderte (wie bei beiden Angriffen der Neumärkischen Dragoner) echt reitermäßig durch die Energie des Schocks, durch die Wucht und Kraft des Angriffs. Einen einzigen Fall abgerechnet (vergleiche S. 652), war der Feind in den Momenten, wo dieser Angriff erfolgte, durch vorher empfangenes Infanteriefeuer noch nicht erschüttert.

All dies ist nur zur Abwehr gesagt. Im übrigen zählen wir zu den letzten, die sich bemüßigt sehen könnten, den Ruhmeskranz der österreichischen Reiter-Divisionen zu bemängeln. Ihre todesmutige Tapferkeit gehört der Geschichte an, und alle diejenigen, die Zeuge dieser Tapferkeit waren, haben ihr ein begeistertes Angedenken bewahrt. »Diese ausgezeichneten Regimenter« – so schreibt einer der Unsren – »hatten allerdings ein Recht, sich der besten Reiterei Europas stolz an die Seite zu stellen. Wir mußten sie bekämpfen, aber ihren Untergang konnten wir nur mit soldatischem Mitgefühl betrachten. Es machte einen erschütternden Eindruck, die Massen der Weißmäntel dahinschmelzen zu sehen wie den Schnee an der Sonne.«

Der Rückzug

ÄHREND diese Reitergefechte tobten und von Minute zu Minute immer größere Opfer forderten, hatten die abziehenden Infanteriemassen allerdings einen Vorsprung gewonnen und wälzten sich, hier geschlossen und geordnet, dort der Auflösung nahe, auf Königgrätz und die links und rechts davon gelegenen Elb-Übergänge zu. Selbst die Brigaden des I. Korps, auf die Hälfte ihres Bestandes zusammengeschmolzen, waren über Westar und Rosnitz hinaus. Die Brigade Abele (noch intakt) deckte den Rückzug. Ein eigentliches Nachdrängen fand, über die Linie Charbusitz-Klacow-Briza hinaus, nicht statt; nur unser Artilleriefeuer* war hinterher und beschleunigte den Abzug, so daß wir

* Unsre Artillerie – und der Unterschätzung resp. Verurteilung gegenüber, die sie erfahren hat, geziemt es sich, doppelt dies hervorzuheben – entwickelte bis zuletzt eine außerordentliche Tätigkeit. Batterien aller Armee-Korps wetteiferten in rastloser Energie und folgten nicht nur der unermüdlich vordringenden Infanterie (namentlich der 11. Division), sondern waren ihr zuzeiten vorauf. Von halber Stunde zu halber Stunde, oft noch rascher wurden die Positionen gewechselt, und so avancierten denn 5, 10, zuletzt mehr als 30 Batterien erst von Langenhof-Rosberitz auf Westar-Sweti, dann auf Rosnitz, zuletzt bis in die Linie Charbusitz-Klacow-Briza. Hier, nachdem noch einmal gegen die letzte feindliche Artillerie-Position: Stößer, Freihöfen, Ziegelschlag, Plotist, eine heftige Kanonade geführt

wenigstens mittelbar von einer Verfolgung des Feindes sprechen können. Daß ein weitres direktes Folgen, namentlich mit Kavallerie über die genannte Linie hinaus, oder gar ein Durchschneiden seiner Rückzugslinie (was sehr wohl in der Möglichkeit lag) zur Gefangennahme immer neuer Massen und zur völligen Auflösung der feindlichen Armee geführt haben würde, ist wohl unbestreitbar, aber auch durch unsre bloße Feuerverfolgung erreichten wir das Außerordentlichste. Bei Dunkelwerden kam eine völlige Panik über das österreichische Heer.

Zu dieser Panik wirkte verschiedenes mit. Die Festung war nicht nur geschlossen und weigerte Aufnahme, man hatte auch das Vorterrain unter Wasser gesetzt; so versagte denn der Rettungshafen, dem man zudrängte, die Aufnahme; Stopfungen entstanden, und von diesem Augenblicke an brach das volle Unheil herein. Über die Köpfe der voranwatenden und schwimmenden Infanterie hinweg, die schließlich zu einem bloßen Grabenfutter wurde, sind, wie wiederholt Beteiligte in den Lazaretten ausgesagt haben, die Nachstürmenden wie über Brükken weg zum andern Ufer gegangen. Wir lassen dahingestellt sein, wie viel daran märchenhafte Erfindung ist. Jedenfalls traten in diesen letzten Stunden erst die beinah beispiellosen Verluste ein.

Briefe, die damals geschrieben wurden, geben das anschaulichste Bild. Ein österreichischer Militärarzt berichtet:

»Es war zwischen 4 und 5, die rückgängige Bewegung hatte schon begonnen; wir Ärzte waren noch vollauf beschäftigt mit dem Verbinden der Verwundeten, deren viele Hunderte noch der Abfertigung harrten. Plötzlich sprengte Kavallerie auf uns heran, unsre eignen Regimenter, Kürassiere, Ulanen, und stürmten neben und hinter uns über Hügel und Felder (gleichzeitig mit dieser auch Artillerie und Trainwagen) gegen Königgrätz zu. Viele Kavalleristen stürzten und wurden von den nachstürmenden Pferden völlig zerstampft. Wagen fielen um und zerdrückten die sich dazwischen drängenden Fußgänger. Wir waren niemals so nahe dem Tode wie bei diesem Rückmarsche. Wir wurden vom Verbandplatze, der plötzlich verschwand, auseinandergeworfen; man rief uns zu: »Rettet euch!« Achttausend Reiter waren ohne Führer auseinandergejagt, viele Verwundete mit sich führend. Inmitten dieses

worden war, erstarb der Kampf und die Verfolgung. Die 11. Division war im wesentlichen bis in dieselbe Linie vorgedrungen:

die Brigade Hanenfeldt (von Sweti aus) über Briza,

die Brigade Hoffmann (von Rosberitz-Westar aus) über Rosnitz auf Klacow,

das schon unmittelbar vorher von Truppen der Elb-Armee besetzt worden war. Klacow war der Punkt, wo, in Front der I. Armee, die II. und Elb-Armee mit ihren vorgeschobenen Abteilungen sich kreuzten.

Geschreies hörte man den Donner der Kanonen, und Granatsplitter fielen in unsre Massen. So wurden wir von der Menge fortgedrückt, ohne zu wissen, wohin und wo wir unser Ende finden würden; ich hatte mit dem Leben abgeschlossen und hoffte nur noch von einem außerordentlichen Zufall Rettung.

Plötzlich hatten wir Wasser vor uns, rechts einen Eisenbahndamm, links einen Hohlweg, vollgestopft mit unseren schwerfälligen Requisiten- und Verwundetenwagen und hinter uns noch immer eine unabsehbare Schar von Reitern. Befehl kam, die Stränge der Pferde abzuschneiden, die Pferde zu retten und die Wagen zurückzulassen. Wir Fußgänger waren der Verzweiflung nahe, wir wateten wiederholt bis über die Knie durchs Wasser, in der Angst, jeden Augenblick zu ertrinken oder niedergestoßen zu werden; endlich gelangten wir an den 2000 Schritt in Front von Königgrätz gelegenen Bahnhof, der wieder ganz verrammelt war. Viele durchbrachen die Verrammelung, die anderen sprangen darüber hinweg; ich lief mit Tausenden von Infanteristen hinterher; endlich kamen wir zur Elbe, durchwateten sie, kletterten über Palisaden, gingen abermals bis an den Hals durch einen zweiten Flußarm, stiegen eine Anhöhe hinauf, sprangen über gefällte Bäume und langten erschöpft um 1 Uhr nachts in einem Wäldchen an, wo wir vor Fieber und Erschöpfung niederfielen. Einige meiner Leidensgefährten machten Feuer an, und so lagen wir, uns am Feuer erwärmend, um wenigstens nicht vor Frost umzukommen. Um 3 Uhr marschierten wir, noch triefend vor Nässe; die Dörfer, die wir passierten, standen leer, keine Menschen, kein Vieh, keine Lebensmittel, nicht einmal Trinkwasser; die Menschen geflüchtet, das Vieh zersprengt, die Lebensmittel aufgezehrt; ich will das Bild nicht weiter ausmalen.«

Ein andrer Bericht sagt: »Wir hielten jetzt bei den ›Freihöfen‹, südlich von der Chaussee. Von allen Seiten kamen zurückgehende Truppenmassen an uns vorbei und dirigierten sich auf Königgrätz zu, wo aber auf dem Glacis, wegen der im Zickzack dem Tore der Festung zuführenden Straße, ein greuliches Durcheinander entstand. Die Wasserwerke waren geöffnet worden, und die quer hinübergehenden Soldaten sahen sich auf einer kaum erst noch trockenen Wiesenfläche plötzlich in ein immer tiefer anschwellendes Wassermeer versetzt. Hunderte ertranken. Auf dem engen Wege drängte sich nun alles zusammen, Kanonenfuhrwerke stürzten um, die fliehenden Soldaten der italienischen Regimenter schossen ihre Gewehre ab, kurz, es war wie beim Übergang über die Beresina.«

Aber inmitten dieser Panik, die ganze Korps ergriff, gaben einzelne Regimenter leuchtende Beispiele der Disziplin, der Bravour, der Hingebung. Vor allem die Artillerie; immer neue Positionen nehmend, hielt sie sich bis zuletzt, mit seltener Treue und Ausdauer sich selbst zum Opfer bringend.

Aber sie stand nicht allein. Das sächsische 1. Jäger-Bataillon, den Kronprinzen von Sachsen in seine Mitte nehmend, wand sich, Mann dicht an Mann gedrängt, glücklich durch dieses Chaos und marschierte, die Stadt links liegen lassend, auf der Eisenbahn nach Pardubitz.

Ebenso hielten sich einige österreichische Regimenter. Das Regiment Gyulai sah sich von drei Seiten umringt, aber sämtliche Mannschaften des Regiments hatten sich vor Beginn des Kampfes das Wort gegeben, lieber zu sterben, als um Pardon zu bitten, und sie hielten ihr Versprechen. Das Kleinod dieses Regiments, die Fahne, fiel nicht in die Hände des Siegers, sondern wurde von Hand zu Hand gereicht, bis sie auf der Spitze eines Hügels angelangt war, von wo aus man sie in Sicherheit brachte.

Voll gleicher Ehrliebe stellte sich das ungarische Regiment Wasa, stolz auf seinen alten Waffenruhm, mitten in die Flucht hinein, wich nicht und gab Salve auf Salve. Endlich, als die Verluste zu groß wurden, kommandierte der Oberst Gewehr über, um die Bataillone dem Granathagel zu entziehn. Aber das Regiment wollte nicht zurück. Einer der Soldaten schlug auf den Obersten an, und als der zunächststehende Offizier vorsprang, um den Soldaten niederzuhaun, empfing er selbst einen Schuß in die Seite. Die Disziplin war gebrochen, nicht der Mut.

So hielten sich noch andre Regimenter. Freilich nicht viele. Einen erschütternden Eindruck machten bei dem schrecklichen Durcheinander zwei Musikbanden, die, seitwärts des sich auf der engen Straße dahinwälzenden Menschenknäuels auf einer Wiese, in Front des Eisenbahndammes, stehend, die Nationalhymne und den Radetzky-Marsch spielten, um die Fliehenden zu ermutigen und zur Ehre zurückzurufen.

Am 3. abends

DER Tag ging zu Rüste. Von der Höhe von Chlum aus bot sich ein wunderbares Bild. Das Licht der untergehenden Sonne fiel grell auf die Festung Königgrätz, und in weitem Umkreise wurde das Schlachtfeld von dem Gebirge eingerahmt, über dem dunkle Wolken sich jagten und sich phantastisch durcheinanderschiebend, die Schlacht fortzusetzen schienen. Die Sonne warf erst dunkelrote, dann immer bleicher werdende Lichter in das Gewölk hinein. Am Himmel wetterleuchtete es, und unten, jenseits Problus, blitzten dann und wann noch einige Granatschüsse.

Der Feind, wenn auch in vielen Truppenteilen gelöst, in andern gelockert, hatte seinen Rückzug bewerkstelligt. Dieser ging auf Pardubitz. Das II. und IV. Korps (in betreff des II. hoben wir es schon hervor) hatten bald nach 3 Uhr bei Lochenitz, Predmeritz und Placka die Elbe überschritten; von den übrigen Korps gelangte nur ein kleiner Teil, teils durch Königgrätz hindurch, teils unter Benutzung südlich gelegener Brücken, auf das jenseitige Elbufer; die große Masse der Armee blieb diesseits und zog auf und neben dem Eisenbahndamme südwärts.

Im großen und ganzen unbehelligt. Gegen 7 wurde Befehl gegeben, daß unsre I. Armee gegen Königgrätz, die II. Armee gegen Josephstadt die Vorposten zu stellen, die Elb-Armee, »soweit dies möglich, eine Verfolgung des in der Richtung auf Pardubitz zurückgegangenen Feindes auszuführen« haben, aber diese Möglichkeit war eine sehr begrenzte. Die

16. Division, Generalleutnant v. Etzel, war zu schwach, die andern Truppen zu hart mitgenommen durch Strapazen und Kampf.

Die verschiedenen Divisionen bezogen Biwaks, im wesentlichen wie folgt:

die 14., 15. und 16. Division (Elb-Armee) bei Problus, Prim und Stezirek;

die 3. Division am Walde von Bor; die 4. am Hola-Wald; die 5. bei Westar; die 6. am Roskos-Berg; die 7. und 8. zwischen Lipa, Langenhof und Stresetitz;

die 1. Garde-Division bei Westar; die 2. Garde-Division südlich Langenhof; die 11. Division bei Briza; die 12. bei Sweti; das I. (ostpreußische) Armee-Korps westlich von Rosnitz; das V., das um 8 Uhr auf dem Schlachtfelde eintraf, südlich von Rosnitz.

Der Kronprinz, noch ehe der Kampf völlig schwieg, war mit dem Prinzen Friedrich Karl auf der Höhe von Chlum, dem Punkt, der die Entscheidung gab, zusammengetroffen. In stolzer Siegesfreude hatten sich beide beglückwünscht und umarmt. Von hier aus wandte sich der Kronprinz weiter südlich über das Plateau hin, um seinen königlichen Vater aufzusuchen. »Es währte längere Zeit,« so heißt es in einem Briefe, »ehe wir ihn (den König) fanden; überall, wohin wir kamen, hatte er die jubelnden Truppenteile schon wieder verlassen. Auch unser Ritt glich einem Triumphzuge, die II. Armee dankte es ihrem General, daß er sie im rechten Augenblicke zum Siege geführt. Endlich wurden wir von weitem des Königs ansichtig, und freudig eilte ihm der Kronprinz entgegen – wir hinterher, die müden Pferde zum letzten raschen Ritt anspornend. Der König streckte dem siegreichen Sohne die Hand entgegen, in seiner Freude keines Wortes mächtig. Der Kronprinz erfaßte sie und bedeckte sie mit Küssen, bis der König den Prinzen in seine Arme schloß, an seine Brust drückte und zärtlich küßte. Kein Wort wurde gesprochen, alle Anwesenden blickten mit nassen Augen auf diese Gruppe. Endlich fand der König Worte – welche, weiß ich nicht, aber gewiß Worte der glänzendsten Anerkennung, denn er überreichte dabei dem Kronprinzen den Orden *pour le mérite.*«

Die Truppen lagerten so dicht und die verschiedensten Divisionen waren so nah aneinandergeschoben, daß die wunderbarsten Erkennungs- und Begrüßungs-Szenen stattfanden. Freunde, die sich seit 30 Jahren, viele die sich seit ihrer Kadetten- und Leutnantszeit nicht wiedergesehen hatten, an diesem Tage, auf diesem hartbestrittenen Siegesfelde, fanden sie sich wieder.

Um 9 Uhr brannten die Lagerfeuer. Die Hautboisten bliesen über das Feld hin: »Nun danket alle Gott«; tausend Kehlen und hunderttausend Herzen stimmten mit ein.

In dem Hohlwege, der von Chlum nach Rosberitz hinunterführt, lagen, dicht beieinander, Verwundete und Todmatte beider Heere. Man war unfähig, sich noch länger zu befehden. Es erinnerte an die bekannte Szene aus der Schlacht bei Torgau, wo Freund und Feind, matt und frierend, sich bei den Wachtfeuern fanden und übereinkamen, daß der Gefangner sein solle, der im Laufe des Tages unterlegen habe.

Der König, während Schlaf über die Ermatteten fiel, fuhr nach Horsitz zurück. Zu seiner leiblichen Erquickung fand er nichts vor als eine Tasse Tee und ein Gasthofs-Sofa. Nach Berlin hin wurde zunächst telegraphisch gemeldet: »Einen vollständigen Sieg über die österreichische Armee, nahe an Königgrätz, zwischen der Elbe und der Bistritz, haben wir heute in einer achtstündigen Schlacht erfochten. Verluste des Feindes und Trophäen noch nicht gezählt, aber bedeutend. Einige 20 Kanonen. Alle 8 Korps haben gefochten, aber große schmerzliche Verluste. Ich preise Gott für Seine Gnade. Wir sind alle wohl. Der Gouverneur soll Victoria schießen.«

Am andern Morgen schrieb der König, die Ereignisse des vorigen Tages zusammenfassend, an die Königin:*

* Wir geben diesen Brief, einmal weil er ein historisches Dokument geworden ist, andererseits aber auch, weil er die Ereignisse des Tages in kürzester Foren noch einmal rekapituliert und die Schlacht in ihren Hauptmomenten dem Leser in besonderer Anschaulichkeit vorüberführt.

»Am 2. verließ mich Fritz Karl um 3 Uhr nachmittags nach einem Kriegsrat, in welchem beschlossen wurde, den durch Märsche und Kämpfe erschöpften Mannschaften ein bis zwei Ruhetage zu gönnen. Um 10½ Uhr abends traf jedoch General Voigts-Rhetz wieder bei mir ein, um die Ausbeute der Rekognoszierungen des Tages zu melden, die dahin ging, daß bedeutende feindliche Massen von Josephstadt nach Königgrätz; diesseits der Elbe sich von 8 bis 3 Uhr bewegt hätten, Gefangene aussagten, die Armee konzentriere sich zwischen Elbe und Bistritz um Königgrätz; es wurde mir daher vorgeschlagen, den günstigen Umstand, daß die feindliche Armee sich diesseits der Elbe schlagen zu wollen scheine, zu benutzen und ihr die Schlacht anzubieten. Zu dem Ende sollte sich die erste Armee mit dem II., III. und IV. Korps im Zentrum, Sadowa vor sich habend, aufstellen, General Herwarth mit seinen 1½ Korps über Nechanitz in die linke Flanke, Fritz mit der II. Armee, Garde, I., V. und VI. Korps, von Königinhof – seinen linken Flügel längs der Elbe – in die rechte Flanke des Feindes vorgehen. Erst um Mitternacht hatte ich mit General Moltke alles festgestellt, bestimmte meinen Aufbruch auf 5 Uhr früh, da die Armee sofort nachts 2 Uhr den Marsch anzutreten hatte. Ich hatte fast 4 Meilen zu fahren und glaubte immer noch nicht recht an die Richtigkeit der Annahme, daß der Feind diesseits der Elbe stehen könne. Aber nur zu bald sollte sich die Richtigkeit herausstellen. Als ich in einem kleinen Dorfe, Dub, zu Pferde stieg, regnete es und dauerte derselbe mit langen Unterbrechungen den Tag über an. Schon bei den Truppen vorüberfahrend, wurde ich fortwährend von denselben mit Hurra begrüßt.

Das Gefecht fing soeben, 8 Uhr, mit Artilleriefeuer des II. Korps an, als ich in Sadowa ankam und auf einer Höhe Posto faßte; dies Korps stand rechts von hier. Die 8. Division (Horn) ging bei Sadowa über die Bistritz und griff vorliegende waldige Höhen an, gewann aber bei der Heftigkeit der Verteidigung wenig Terrain. Die 7. Division (Fransecky) entwickelte sich mehr links mit gleich schwankendem Erfolge, Herwarth griff schon nach 1½ Stunden von Nechanitz kommend ins Gefecht ein, welches von nun an fast während 5 Stunden hauptsächlich in Artilleriegefecht bestand, untermischt mit Infanteriegefecht in waldigen Bergen. Mit Sehnsucht sahen wir dem Eintreffen der II. Armee entgegen, denn bei diesem langen Artilleriekampf mußte dieselbe mehrere Male bereits ihre Reservemunition verausgaben.

Das Infanteriegefecht schwankte hin und her. Endlich entdeckten wir die ersten Spuren der Annäherung des Garde-Korps, aber das Gefecht konnte man nicht sehen, indem es jenseits einer Höhe vor sich ging und man nur dasselbe aus der feindlichen Flankenstellung annehmen konnte. Trotz dieser Umgehung und trotz des allmählichen, sehr langsamen Vordringens Herwarths hielt der Feind in dem Zentrum immer noch festen Stand. Jetzt wurde die 9. Brigade (Schimmelmann), das Leib- und 48. Regiment zur Unterstützung des Angriffs auf das Zentrum vorgeschoben. Ich ritt durch die Regimenter durch, die mich mit lautem Jubel begrüßten, während Piefke im Marsch ›Heil Dir im Siegerkranz‹ blies – ein ergreifender Moment! Plötzlich wurde das Artilleriefeuer im Zentrum schwächer und wurde Kavallerie verlangt – ein Zeichen, daß der Feind anfange zu weichen. Jetzt verließ ich meine Höhe, weil der Sieg anfing sich durch den Flankenangriff der II. Armee zu entscheiden, und ritt mit der Kavallerie vor. Hier stieß ich zuerst auf die in vollem Avancieren begriffene, *tambour battant*, 2. Garde-Division und Teile des Garde-Füsilier-Regiments, inmitten eben genommener 12 Kanonen. Der Jubel, der ausbrach, als diese Truppen mich sahen, ist nicht zu beschreiben; die Offiziere stürzten sich auf meine Hände, um sie zu küssen, was ich diesmal gestatten mußte, und so ging es allerdings im Kanonenfeuer immer vorwärts und von einer Truppe zur andern, und überall das nicht enden wollende Hurrarufen! Das sind Augenblicke, die man erlebt haben muß, um sie zu begreifen, zu verstehen! So traf ich auch noch die Truppen des I., VI. und V. Armee-Korps, auch mein Infanterie-Regiment; vom VIII. Korps nur das 8. Jäger-Bataillon und vom VII. nur das 17. Regiment; die übrigen waren zu weit schon entfernt in der Verfolgung des Feindes. Jetzt brachen unsre Kavallerie-Regimenter vor, es kam zu einem mörderischen Kavalleriegefecht vor meinen Augen, Wilhelm an der Spitze seiner Brigade: 1. Garde-Dragoner, Zieten-Husaren, 11. Ulanen-Regiment, gegen österreichische Kürassiere und Ulanen, die total culbutiert wurden, und das Gefechtsfeld, das ich gleich darauf beschritt, sah fürchterlich aus von zerhauenen Österreichern, tot, lebend! So avancierte dann wieder die Infanterie bis zum Talrande der Elbe, wo jenseits dieses Flusses noch heftiges Granatfeuer erfolgte, in das auch ich geriet, aus dem mich Bismarck ernstlich entfernte. Ich ritt aber nun noch immer umher, um noch ungesehene Truppen zu begrüßen, wo ich Mutius, Württemberg und Bonin auch antraf. Alle diese Wiedersehen waren unbeschreiblich. Steinmetz, Herwarth fand ich nicht. Wie sah das Schlachtfeld aus! Wir zählten 35 Kanonen, es scheinen über 50 genommen zu sein, mehrere Fahnen. Alles lag voller Gewehre, Tornister, Patrontaschen; wir rechnen bis heute 12000 Gefangene, hier befinden sich 50 gefangene Offiziere. Aber nun der Revers der Medaille! Unser Verlust ist noch nicht ermittelt, er wird hoch sein; daß General Hiller von der Garde geblieben ist, wirst Du schon wissen; ein großer Verlust! Anton Hohenzollern hat vier Gewehrkugeln im Bein, ich weiß nicht, wie es ihm heute geht, er soll enorm brav gewesen sein. Erckert ist schwer blessiert, ebenso Oberst Obernitz am Kopfe. Das 1. Garde-Regiment hat solche Verluste, daß aus zwei Bataillonen eins formiert ist. In welcher Aufregung ich war, kannst Du denken – und zwar der gemischtesten Art, Freude und Wehmut. – Endlich begegnete ich noch spät, 8 Uhr, Fritz mit seinem Stabe. Welch ein Moment nach allem Erlebten und am Abend dieses Tages! Ich übergab ihm selbst den Orden *pour le merite*; die Tränen stürzten ihm herab, denn er hatte mein Telegramm mit der Verleihung nicht erhalten.* Also völlige Überraschung! Einstens alles mündlich! Erst um 11 Uhr war ich hier ohne alles, so daß ich auf einem Sofa kampierte.«

* Der Kronprinz (in seinem Tagebuche) schreibt über diese Begegnung: »Endlich nach vielem Suchen und Fragen fanden wir den König, ich meldete Ihm die Anwesenheit meiner Armee auf dem Schlachtfelde und küßte ihm die Hand, – worauf er mich umarmte. Beide konnten wir eine Zeitlang nicht sprechen, bis Er zuerst wieder Worte fand und mir sagte, Er freue sich, daß ich bisher glückliche Erfolge gehabt, auch Befähigung zur Führung bewiesen; Er habe mir, wie ich wohl durch sein Telegramm wisse, für die vorhergegangenen Siege den *Pour le mérite* verliehen. Jenes Telegramm hatte ich nicht erhalten, und so überreichte mir denn mein Vater und König auf dem Schlachtfelde, wo ich den Sieg mitentschieden, unsren höchsten Militär-Verdienstorden. Ich war tief davon ergriffen, und auch die Umstehenden schienen bewegt.«

zu Seite 632.

KOENIG WILHELM

verleiht dem KRONPRINZEN den Orden pour le Mérite auf dem Schlachtfelde bei Problus am Abend d. 3. Juli

FÜNF Fahnen, 160 Geschütze, viele tausend Gewehre, 20,000 Gefangene waren in unsre Hände gefallen; schwerer als alles das wog das Bewußtsein, daß mit diesem Siege die Kriegs-Entscheidung überhaupt gegeben war. Der Dualismus hatte sein Ende erreicht; der Bundestag war tot; ein neues Deutschland war geboren.

Ein großes Resultat, aber der Einsatz war hoch. Wir verloren an diesem Tage 359 Offiziere und 8794 Mann, davon 99 Offiziere und 1830 Mann tot. Am härtesten war die 7. Division im Swiep-Wald, nächst ihr die 1. Garde-Division bei Chlum und Rosberitz betroffen worden. Wir geben nachstehend die Verluste der am heißesten im Gefecht gewesenen Regimenter.

Im Swiep-Wald	26. Infanterie-Regiment:	26	Offiziere,	709	Mann
	66. Infanterie-Regiment:	13	"	476	"
	27. Infanterie-Regiment:	25	"	444	"
	67. Infanterie-Regiment:	17	"	400	"
Chlum und Rosberitz	1. Garde-Regiment:	13	"	380	"
	2. Garde-Regiment:	10	"	251	"
	3. Garde-Regiment:	4	"	246	"

Im Hola-Wald	49. Regiment:	5	"	327	"
	61. Regiment:	10	"	370	"
	31. Regiment:	10	"	207	"
	71. Regiment:	9	"	291	"
Problus und Prim.	56. Regiment:	14	"	341	"
	28. Regiment:	12	"	213	"

Von Generalen war Generalleutnant Freiherr v. Hiller tot, Generalmajor Graf Groeben verwundet. Unser sonstiger Verlust an Stabsoffizieren erreichte die Zahl 32. Davon waren tot oder erlagen ihren Wunden:

Oberst v. Wietersheim, Kommandeur des 49. Regiments,
Oberstleutnant v. Helldorf vom 1. Garde-Regiment,
Oberstleutnant v. Pannewitz vom Regiment Elisabeth,
Oberstleutnant v. Sommerfeld vom 27. Regiment,
Oberstleutnant Heinichen, Kommandeur des Brandenburgischen Dragoner-Regiments Nr. 2,
Major v. Reuß vom 2. Garde-Regiment,
Major v. Gilsa vom 26. Regiment,
Major Rüstow vom 3. Feldartillerie-Regiment (General-Feldzeugmeister).

Besondere Trauer weckte der Tod des General v. Hiller, der, bei Chlum-Rosberitz die Entscheidung bringend (wie einst sein Vater bei Belle-Alliance) im Moment des Sieges fiel. Wir geben kurz die Daten seines Lebens:

Wilhelm, Freiherr Hiller von Gärtringen, einem alten ursprünglich und bis zum 14. Jahrhundert in Graubündten seßhaften Reichsrittergeschlecht entstammend, war am 28. August 1809 zu Pasewalk in Pommern geboren. 1826 trat er als Freiwilliger ins 1. Garde-Regiment,* besuchte von 1834 – 37 die Kriegsschule, erhielt 1842 Urlaub, machte bis 1844 die Kämpfe im Kaukasus mit, kehrte zurück, avancierte von Stufe zu Stufe, wurde 1856 Oberst und 1859 Brigadier. Im Januar 1866 erhielt er das Kommando der 1. Garde-Division, derselben Division, in welcher er Brigade- und Regimentskommandeur gewesen war

* »Ich war glücklich«, schrieb er in späteren Jahren, »das jüngste Mitglied dieser ausgezeichneten Truppe werden zu können. Das Regiment verdiente diese Bezeichnung damals und hat sie unausgesetzt verdient, was der am besten zu beurteilen vermag, der in demselben seine erste militärische Erziehung erhielt und dem später Gelegenheit wurde, mannigfache andre militärische Verhältnisse näher kennenzulernen. Der Geist des altpreußischen Dienstes, der von Friedrich Wilhelm I. begründeten, das Fundament des preußischen Offizierstandes bildenden Anschauungen und Begriffe hatte sich am lebendigsten von Generation zu Generation erhalten in der alten Pflanzschule der preußischen Armee in Potsdam.«

und in welcher er seine militärische Laufbahn begonnen hatte. An der Spitze dieser Division zog er in Böhmen ein, schlug mit ihr das siegreiche Gefecht bei Burkersdorf, nahm Königinhof und brach mit ihr, instinktiv den Punkt erkennend, wo die Entscheidung lag, am 3. Juli gegen Chlum vor. Chlum und gleich darauf Rosberitz wurden genommen. Wir haben diese Kämpfe in Ausführlichkeit geschildert.

»Während dieses Kampfes und der nun folgenden Ereignisse« (so schreibt die Hand eines überlebenden Waffengefährten) »hielt General v. Hiller auf der Höhe am Südwestausgange von Chlum an der Stelle, welche den freiesten und weitesten Überblick gewährte und als solche, wenn auch im hohen Grade exponiert, doch der angemessenste Platz für den Divisions-Kommandeur war. Seine Truppen, durch die Terrainverhältnisse und durch sein unaufhaltsam schnelles Vorgehn in der Tiefe wie in der Breite weit auseinandergezogen, fochten rings um ihn, an all den Punkten, die wir genannt. Seine Adjutanten waren fast beständig unterwegs, um die Verbindung in der Division aufrechtzuerhalten; einer von ihnen, der junge, lebensmutige und hoffnungsvolle The-Losen, fand dabei am Nordausgang von Chlum den Tod. Der General, am Südende des Dorfes, war oft ganz einsam; nur wenige Kompanien des 1. Garde-Regiments zu Fuß befanden sich in seiner Nähe inmitten eines Granatfeuers von unerhörter Heftigkeit. Ruhig im Sattel bleibend, hielt der Generalleutnant länger als ¾ Stunden darin aus. –

Das waren wohl Viertelstunden tiefster innerer Erregung! Zwar wurden die Attacken österreichischer Infanteriemassen gegen den Abhang mehrfach abgeschlagen, aber die isolierte Stellung der Division, bei ihrem kühnen Vordringen zu dieser verhängnisvollen Höhe von Chlum, wurde doch von Minute zu Minute kritischer. Rosberitz ging verloren. Da zu rechter Zeit, wie wir wissen, erschienen vier Batterien der Reserve-Artillerie der Garde und begannen ein wohlgezieltes, gewaltiges Feuer auf die Kolonnen der österreichischen Reserven.

Mit welchem Gefühl mußte der General das Schlachtfeld überblikken! Wie mußte es ihn gemahnen an seines Vaters Ehrentag, an Belle-Alliance! Denn dem Vater gleich, hatte auch er durch heldenhaft kühnes Vorgehen mit stürmender Hand den blutigen Lorbeer gepflückt. Daß es zum Siege ginge, daran kam ihm wohl kaum noch ein Zweifel. Schon begannen die Rückwärtsbewegungen in den feindlichen Massen, und nur eine Sorge konnte den General noch erfüllen, die, ob die andern Korps der II. Armee frühzeitig genug bei Chlum eintreffen würden, um ihre volle Wucht in die Waagschale des ungeheuren Flankenangriffs hineinwerfen zu können. Wir wissen jetzt, wie in immer kürzeren Zwischenräumen Division auf Division dem entscheidenden Punkte zueilte; wir wissen aber auch, daß im Augenblick glorreicher Lösung einer selten bedeutungsvollen Aufgabe, die sich, wie es schien, vom Vater auf den Sohn vererbte – eine Granate ihn tot aus dem Sattel warf.«

Wilhelm v. Hiller war eine stattliche, hochaufgerichtete und straffe Soldatengestalt, dunkel von Auge und Haar, ernst und gemessen in Haltung und Bewegung. Wen er kannte und wem er vertraute, dem gab er sich unbefangen und gesprächig; unbekannten oder unerwünschten Persönlichkeiten gegenüber verstand er eine ganz besonders kühle, vornehm reservierte Haltung zu zeigen, die oft vielleicht energischer zurückwies, als beabsichtigt war. Die echt ritterlichen Grundlagen seiner durchaus edlen Natur prägten sich in seinem ganzen Wesen aus und erwarben und sicherten ihm die Neigung aller Besten.

Die Klage um ihn war groß. Der König in seinem Briefe an die Königin nannte ihn unter allen Gefallenen zuerst: »Daß General Hiller von der Garde geblieben ist, wirst Du schon wissen; ein großer Verlust.« Lieder besangen ihn, den »Sohn des Löwen von Planchenoit«.

Ein Kriegsmann war er, blank wie Stahl,
Den Sieg, den wußt' er zu zwingen, –
Es führte die Garde des Königs zum Kampf
Herr Hiller von Gärtringen.

Den frischen Lorbeer von Trautenau
Um die Heldenstirne gewunden –
Den Tod für König und Vaterland
Hat er bei Chlum gefunden.

So klang es damals.

Neben dem Tode des General Hiller weckte das Schicksal des jungen Prinzen Anton von Hohenzollern eine besondre Teilnahme. Auch seiner erwähnt der Brief des Königs in den schmeichelhaftesten Ausdrücken. »Prinz Anton von Hohenzollern schlug sich enorm brav.« Die Kampfesmomente, die seine tödliche Verwundung herbeiführten, haben wir S. 633 ausführlich geschildert. Wir fügen nur weniges noch hinzu.

Vor dem Beginn des Krieges befand sich der Prinz auf einer Reise im Orient; er eilte zurück zu seinem Regiment (1. Garde-Regiment), bei dem er kurz vor dem Ausmarsch eintraf. Alle Beschwerden des Marsches ertrug er gern mit seinen Kameraden und Untergebenen; in den glücklichen Gefechten von Staudenz, Burkersdorf und Königinhof war er für alle ein leuchtendes Beispiel von Hingebung und Tapferkeit. Am 3. führte er einen Zug der 9. Kompanie. An der Spitze dieses Zuges drang er in Rosberitz ein und nahm hervorragenden Anteil an der Verteidigung dieses Dorfes, bis er durch 4 Kugeln im Oberschenkel schwer verwundet wurde. Gefangen und wieder befreit, brachte man den jugendlichen Helden nach Königinhof. Hier starb er nach dreiunddreißig Tagen qualvollen Leidens. Seine letzten Worte waren: »Es gereicht mir zur großen Beruhigung, unter den Hohenzollern derjenige zu sein, welcher durch seinen Tod neues Zeugnis ablegt von der Tapferkeit unsrer braven Armee.«

Groß und schmerzlich waren unsre Einbußen, aber sie verschwanden neben den österreichischen. Weil der Kaiserstaat nie zuvor eine gleich zahlreiche Armee ins Feld gestellt oder, wenn ins Feld gestellt, doch nicht in einer einzigen Entscheidungsschlacht engagiert hatte, so waren auch die Verluste an Menschen wie Material größer denn je zuvor. Und wie der Verlust im ganzen ein ungeheurer war, so hatten namentlich einzelne Regimenter bis zur Hälfte ihres Bestandes eingebüßt. Wohl mochte ein Soldat vom Regiment Deutschmeister schreiben: »Allerliebste Eltern. Den 3. Juli war die Schlacht bei Königgrätz. Da bin ich nur eine Viertelstunde zurückgewesen. Den 3. Juli merk ich mir mein Leben bis in den Tod. Den 3. Juli war's nur um eine Viertelstunde, so hätten uns schon die Preußen gehabt. Den Tag merk ich mir, den 3. Juli; da hat's was gegeben. Den Tag haben wir retirieren müssen. Ach Gott, das war ein Übel. Ich hab weggeworfen, was ich gehabt hab. Jeder hat wollen der erste zurück sein. Ach Gott, den 3. Juli, den merk ich mir.«

Was Österreich an Trophäen einbüßte, haben wir bereits aufgezählt, an Offizieren und Soldaten verlor es über 44000 Mann, darunter 26000 Vermißte. Von diesen 26000 Vermißten waren aber nur 20000 gefangen, so daß wir die Differenzzahl (6000) noch zum großen Teil den Toten und tödlich Verwundeten zuzurechnen haben.

Wirklich Genaues und absolut Zuverlässiges über die österreichischen Verluste zu erfahren (vergleiche unsre Anmerkung S. 656), darauf werden wir wohl für alle Zeiten verzichten müssen. Ist erst der große Sturm vorüber, so fehlt entweder das Interesse (die Toten sind tot) oder die Zahlen werden dieser oder jener Anschauung zuliebe zurechtgemacht. Die Angaben der ersten Wochen, trotz einzelner Unkorrektheiten, bleiben deshalb oft die besten. Das *convenu*, das in der Kriegsgeschichte eine so große Rolle spielt, hat dann seine Wirksamkeit noch nicht äußern können. Als unbedingt zuverlässig sind nur die Listen anzusehn, die das Namensverzeichnis der gefallenen Offiziere geben.*

Die verschiedenen österreichischen Militär-Zeitschriften, wie hiernach selbstverständlich, weichen in ihren Verlustangaben nicht unerheblich ab. In den großen Zügen stimmt es aber, und wenn man nicht um einzelne Hundert rechnen und rechten will, so stellt sich heraus, daß das I. Korps etwa 10000, das IV. Korps 9000, das III. Korps 6500, das II. Korps 6000 Mann verlor. Das IV. und I. Korps verloren also, jedes einzeln gerechnet, mehr als unsre ganze Armee. Die geringste Einbuße erlitten die Sachsen trotz schwerer Verluste an Toten und Verwundeten; aber bis zuletzt durch musterhafte Disziplin zusammengehalten, zählten ihre Gefangenen und Vermißten nur eben nach Hunderten.

Bemerkenswert, wie in fast allen österreichischen Kriegen, erwies sich wiederum die große Zahl der gefallenen und verwundeten Offiziere aller Grade.

Generalmajor v. Schulz vom VIII. Korps
Generalmajor v. Poschacher vom I. Korps
Oberst Prinz Hohenlohe-Langenburg vom I. Korps
Brigadier Oberst Poeckh vom IV. Korps
Generalstabsoberst v. Görtz vom IV. Korps
Oberstleutnant im Generalstabe v. Gareiß vom IV. Korps

und acht Regimentskommandeure:

Oberst Binder vom Regiment Heß Nr. 49
Oberst Slawecki vom Regiment Meiningen Nr. 46
Oberst v. Ripper vom Regiment Sigismund Nr. 45
Oberst Graf Bissingen vom Regiment Steininger Nr. 68
Oberst v. Reitzenstein vom 8. Jäger-Bataillon
Oberst Bergou vom Regiment Martini Nr. 30
Oberst Zerbs vom Regiment Gyulai Nr. 33
Oberst v. Lebzeltern vom Regiment Gorizutti Nr. 56

waren tot oder erlagen ihren Wunden; die Gesamtzahl der gefallenen Offiziere ging weit über 500 hinaus. Drei und vierfach war die Zahl der Verwundeten. Über die enormen Verluste des IV. Korps, namentlich auch an höheren Offizieren, haben wir S. 576 gesprochen.

* Das Vorstehende sind Worte, die vor dem Erscheinen des österreichischen Generalstabswerkes niedergeschrieben wurden; wie wir glauben mit Recht. Auch nach dem Erscheinen jenes Werkes bleibt das bestehn, was wir in der Anmerkung zu S. 656 gesagt haben. Andrerseits muß aber durchaus hervorgehoben werden, daß, wenige Fälle abgerechnet, von einem offiziellen Beschönigen der Tatsachen oder gar von einem Verkleinern der gehabten Verluste nirgends die Rede sein kann. Im Gegenteil, man hat hier und da den Eindruck, als wäre es dem österreichischen Generalstabe, nur um den Gegner nach dieser Seite hin zufriedenzustellen, gelegentlich auf ein Halbtausend mehr oder weniger gar nicht angekommen.

Dem im österreichischen Offizierkorps lebenden Geiste, der Bravour, der Hingebung jedes einzelnen, wird durch diese Zahlen ein glänzendes Zeugnis ausgestellt. 1849 bei Novara traten die Offiziere in langer Linie vor die Front und erzwangen fast persönlich den Sieg. Das wirft, wir wiederholen es, ein helles Licht auf das Offizierkorps, aber fast einen Schatten auf die Armee. Rüstow hat recht, wenn er, zwischen den preußischen und österreichischen Verlusten abwägend, schließlich bemerkt: »Die Wahrnehmung, daß das preußische Offizierkorps verhältnismäßig nur wenig mehr Verluste hatte als die Mannschaft, – auch diese Wahrnehmung spricht für Preußen. Es gibt eben kein höheres Lob als dieses für den allgemeinen Geist der Truppen. Denn im wesentlichen heißt dies nichts anderes, als daß die Offiziere nicht nötig hatten, sich außerordentlich zu exponieren, um ihre Leute vorwärts zu bringen oder am Fleck zu erhalten. Besonders schön tritt dies bei der 7. Division im Swiep-Walde hervor. Der unverhältnismäßige Mehrverlust von Offizieren auf österreichischer Seite zeigt nur, um wie vieles besser der allgemeine Stoff des preußischen Heeres ist.« Diese Sätze erscheinen uns richtig, und wir müssen uns zu ihnen bekennen, wie abgeneigt wir auch sind, den unterlegenen Feind zu unterschätzen oder zu verletzen.

Zu den Verlusten Österreichs an diesem Tage dürfen wir auch zählen, daß es seinen Feldherrn oder, was dasselbe sagen will, seinen Glauben an ihn einbüßte. Benedek war nach dem 3. Juli ein toter Mann. Was eine Niederlage dem Kaiser, dem Lande, ihm selbst bedeutete, – er wußte es, noch ehe die Niederlage in ihrem ganzen Schrecken da war. Wohl mocht ihm das Verlangen kommen, dem allem zu entgehn. Als er sah (so wird erzählt), welchen Ausgang die Schlacht zu nehmen drohte, suchte er den Tod. Er jagte mitten in den Hagel hinein. Ähnliches wie das historisch gewordene: »Will denn keine v... Kugel mich treffen!« mochte durch seine Seele gehn. Offiziere, die wahrnahmen, was in ihm vorging, wichen nicht von ihm und suchten ihn (einer wurde verwundet) zu decken bis zuletzt. Es gelang. Vielleicht mehr, als dem lieb war, dem die Liebestat galt. Er blieb übrigens äußerlich ruhig und gab kein Zeichen der Schwäche. »Ich habe alles verloren, nur das Leben nicht,« so soll er gesprochen haben.

Bald nach Mitternacht war er in Hohenmauth. Um 3 Uhr früh richtete er folgendes Telegramm an den Kaiser:

> »Nach mehr als fünfstündigem brillanten Kampfe der ganzen Armee und der Sachsen in teilweise verschanzter Stellung vor

Königgrätz, mit dem Zentrum in Lipa, gelang es den Feinden, sich unbemerkt in Chlum festzusetzen. Das Regenwetter hielt den Pulverdampf am Boden, so daß er eine bestimmte Aussicht unmöglich machte. Hierdurch gelang es dem Gegner, bei Chlum in unsre Stellung vorzudringen. Plötzlich und unvermutet in Flanke und Rücken heftig beschossen, wankten die nächsten Truppen, und ungeachtet aller Anstrengungen konnte es nicht gelingen, dem Rückzuge Einhalt zu tun. Derselbe ging anfangs langsam vor sich, nahm jedoch an Eile zu, je mehr der Feind drängte, bis sich alles über die Kriegsbrücken der Elbe sowie nach Pardubitz zurückzog. Der Verlust ist noch nicht zu übersehen, ist aber gewiß sehr bedeutend.«

Die Wirkung dieses Telegramms, das der Draht nach allen Hauptstädten weitertrug, war wie ein Donnerschlag. Der Kaiser in der Hofburg brach zusammen. In den Tuilerien stand man verlegen vor einem fein gesponnenen und nun zerrissenen Gewebe. Kardinal Antonelli soll ausgerufen haben: Die Welt stürzt ein.

Und wie in den Kabinetten, so in den Bevölkerungen. In Frankreich hieß es: Das ist ein Tag wie Waterloo. Am ruhigsten erschien man da, wo man den Schlag am direktesten empfinden mußte, – in Wien. Man bewahrte Haltung, vielleicht weil man noch mehr empört und erbittert, als gebrochen und unglücklich war. »Weg mit den alten Zuständen,« dieser Ruf war lauter als »Weg mit den Preußen.« Die Neue Freie Presse, eins der besten und angesehensten Blätter, schrieb:

»Wir haben eine große Schlacht verloren und werden die Folgen einer entscheidenden Niederlage zu tragen haben, ob nun der Krieg mit dem Aufwande der äußersten Mittel fortgeführt wird oder zunächst ein Waffenstillstand als Einleitung zu einem Friedensschlusse zustande kommt. Der Gedanke der Fortsetzung des Krieges mit den äußersten Mitteln besteht in maßgebenden Kreisen. Man will Venetien an Kaiser Napoleon abtreten, damit Italien befriedigt werde, die Süd-Armee unter Erzherzog Albrecht herausziehen und die ralliierten Reste der Nord-Armee vereint mit dem verfügbar gewordenen Heere, welches jüngst bei Custozza gesiegt, den Preußen entgegenstellen.

Das alles ist gut und läßt sich hören.

Ist es aber wahr, was man verbreitet, daß seit der verhängnisvollen Schlacht bei Königgrätz eine Nord-Armee als taktische Größe nicht mehr vorhanden ist; ist es wahr, daß eine der schönsten Armeen, die Österreich jemals ins Feld gestellt hat, von den Preußen nicht nur geschlagen, sondern zersprengt, gefangen und vernichtet wurde; ist es wahr, daß dieses Preußen einen Sieg errungen, wie es einen solchen niemals zu träumen gewagt, – so fürchten wir, daß auch die Süd-Armee nicht mehr rechtzeitig auf dem Platze erscheinen kann, um den Feind aufzuhalten, die Reichshauptstadt erfolgreich zu verteidigen und die siegreich vorrückende preußische Armee zurückzuschlagen.

Da hilft nur eins. Unsre jetzige Regierung oder eine andre muß sich entschließen, die politischen Hebel in Bewegung zu setzen, die ihr zu Gebote stehen. Dazu gehört vor allem die Berufung an das Rechts- und Ehrgefühl, an die Begeisterung der Völker Österreichs und die Lösung der ungarischen Frage durch eine kaiserliche Initiative im großen Stile. Heute handelt es sich nicht mehr um Parteiprogramme, um Zentralisation, Föderalismus, Dualismus; heute gilt es, die bedrohte Existenz des Reiches, seine Machtstellung, seine Würde, sein Recht, seine Ehre zu retten.«

Wer wollte hierin eine würdige Sprache verkennen! Weder Kleinlichkeit, noch Kleinmut. Herber klangen die Stimmen »aus dem Lager«: »Der seit Oeversee zu höchstem Ansehn gelangten fixen Idee, daß Bajonettangriff und Kolbendreinschlagen die eigentliche Taktik seien, ist unsre Armee geopfert worden. Unsre Infanterie ging vor, bis sie fiel; aber die Führer hätten nach den großen Verlusten der ersten Kämpfe einsehen sollen, daß mit der Dreschflegelmethode nicht aufzukommen sei, da man nicht mit toten Bataillonen Siege erficht. Nichtsdestoweniger blieben sie der fehlerhaften Taktik treu. Wir glauben, daß die Verachtung des Menschenlebens eine Frucht des Systems genannt werden kann, wollen aber dem Scharfsinn der Leser überlassen, die Ursache zu ergründen. In Rußland, wo dieselben Iden maßgebend sind, treten dieselben Erscheinungen zutage. Man kann eine Truppe dahin bringen, daß sie zu sterben weiß und doch nicht zu siegen versteht.«

Und in einem andern Briefe hieß es:

»Zweierlei hat uns ruiniert: ein blindes Unterschätzen des Feindes und ein vermessenes Überschätzen der eigenen Kräfte und Mittel. Die jüngsten Tage dürften nun endlich der Überzeugung Eingang verschaßt haben, daß die Kriegskunst eine profunde Wissenschaft geworden sei und der Kampf keine bloße Schlägerei, aus der nur jener als Sieger hervorgehen müsse, der mit derberen Fäusten und intensiverer Blindheit »hineingeht«. Trotz all der Millionen, die wir auf Militärzwecke ausgegeben, mit denen man heute kein Heer mehr furchtbar macht, haben wir den Feldzug verloren; nicht weil die Tapferkeit unsrer Soldaten eine geringere, die Bravour eine weniger entschiedene ist, sondern weil unsre Kriegstechnik eine veraltete, die Strategie eine verlümmelte und die Taktik eine gänzlich verrostete ist. Mit all unsren Millionen, mit all unsren Kommissionen haben wir uns dem neuen Systeme der Kriegsführung nicht zu akkommodieren gewußt, und deshalb ist das alte unter der Wucht eines neuen zusammengebrochen.«

Das »System« wurde verurteilt (zugegeben, mit Recht), das System in Staat, Schule, Armee. Wie der »Vierundzwanzigpfünder« den dänischen Krieg gewonnen hatte, so hatte das »System« diesen Krieg verloren. Nicht Benedek, wenigstens nicht in den Augen der Menge.

An ihm, an seinem alten Lieblinge, hielt das Volk mit seltner Treue fest und gab ein schönes Beispiel nachsichtiger, andauernder Liebe, ein Beispiel, zu dem die Geschichte nur wenige Seitenstücke bietet. Seine Irrtümer wurden zugegeben, aber in aller Herzen schien das Dichterwort lebendig zu werden:

Auch der blut'ge Sohn des Unglücks,
Auch der heldenmüt'ge Kämpfer,
Der dem ungeheuren Schicksal
Unterlag, wird weiter leben
In der Menschen Angedenken.

Wir fügen, da wir dem Kaiserlichen Oberfeldherrn, trotzdem er die zertrümmerte Armee glücklich nach Mähren zurückführte, auf den folgenden Blättern nur noch vorübergehend, nur noch als einem Namen begegnen werden, gleich an dieser Stelle eine kurze Darstellung hinzu, die Auskunft geben mag, wie seine Laufbahn endete. Bis zu seinem Eintreffen in Olmütz führte er das Oberkommando fort; dann ging er nach Wien, stellte sich, und ein Kriegsgericht trat zusammen, »um über ihn zu befinden«. Der Friede war längst da, Österreich von unsren Truppen geräumt, als das Kriegsgericht endlich sein Urteil sprach. Aber es war kein eigentliches Urteil mehr eine Beurteilung, ein Gutachten, ein historisches Charakterbild.

»So schwer es uns wird« (so heißt es in diesem Aktenstück), »wir müssen das harte Wort wiederholen, daß Feldzeugmeister v. Benedek leider einer so großen Aufgabe nicht gewachsen war und daß in seinen Plänen und Dispositionen Mißgriffe stattgefunden haben, welche nach den Regeln der Kriegskunst keineswegs zu rechtfertigen sind. … Indessen, nicht aus Fahrlässigkeit oder Mangel an Tatkraft, nicht aus Gleichgültigkeit oder Unvorsichtigkeit sind die Fehler der Kriegsführung Benedeks entsprungen. Niemand hätte mit besserem Willen und größerem Eifer nach dem Siege unsres Heeres, nach dem Ruhme der Waffen Österreichs streben können; aber politische und militärische

Verhältnisse, wie sie bekanntermaßen vor und während dieses unglücklichen Krieges eintraten, bedurften zu ihrer Beherrschung eines jener genialen Feldherren, deren es zu allen Zeiten so wenige gab und zu denen eben Feldzeugmeister Benedek bei allen seinen hervorragenden Soldateneigenschaften nicht mehr gezählt werden kann. Daß dem so ist, müssen wir nach dem entstandenen, in seiner ganzen Tragweite kaum abzusehenden Unheil tief bedauern; aber es gibt kein Gesetzbuch, das den Mangel höchster geistiger Begabung straffällig erklärt, und nichts erübrigt wohl in ähnlichen Fällen, als die unerläßliche Sühne, welche in der sofortigen bleibenden Entfernung der Betreffenden aus einem unangemessenen Wirkungskreise liegt; eine Sühne, die um so schwerer wiegt, je höher und ehrenvoller jener Wirkungskreis war.«

Diese Worte werden im wesentlichen das Richtige treffen. Die Geschichte wird ihn noch milder beurteilen.

Am Tage nach der Schlacht

S war spät, als es andern Tags in den Biwaks lebendig wurde. Man hatte unter Toten fest geschlafen. Nun begann das Suchen und Bestatten; furchtbare Anblicke boten sich, aber man kam darüber hinweg, die einen durch die hohe Freudigkeit des Sieges, die andern durch lethargische Ermattung, die Körper und Geist gefangenhielt. Noch andre stumpften ab unter der Fülle der Eindrücke. Eine Tatsache ist es, man richtete sich ein, man machte sich's bequem; wer schreiben konnte, schrieb; mancher Tropfen fiel aufs Papier, aber – man lachte auch wieder. Ein Soldatenherz trauert nicht auf lange.

Wo Zeit und Ort es gestatteten, unter Obstbäumen, im Schatten einer Scheune, saß man beisammen und plauderte von den Erlebnissen des Tages vorher. Das Lieblingsthema waren natürlich die Heldenstücke. Hier erzählte man von einem 15jährigen Fähnrich, der, eben aus dem Kadetten-Korps gekommen, gerade so viel Kanonen erobert hatte, als er Jahre zählte, dort von einem Tambour, der (nach Verlust seiner Trommelstöcke) mit blutigen Fingern Sturmmarsch geschlagen; dort gar von einem ganzen Musikkorps, das, im Walde überrascht und eingeschlossen, mit Tuba und Posaune sich den Weg ins Freie gebahnt.

Besondern Beifall fand auch das. Bei Dohalitz hielt ein Fuhrwerk hinter einem Geschütz, das seine Bespannung verloren hatte. Der Kutscher sah neugierig zu. Der Batteriechef sprengte an den Fuhrmann heran: »Spannen Sie Ihre Pferde vors Geschütz. Rasch!« – »Zu Befehl, Herr Hauptmann.« – »Waren Sie Soldat?« – »4. Artillerie-Brigade.« – »Da können Sie gleich den erschossenen Stangenreiter ersetzen.« Und der Fuhrmann tat, wie ihm befohlen.

An andrer Stelle ließ man das Heroische und hielt sich an das ausschließlich Scherzhafte. »Wo willst du hin mit der Gans?« – »Sie ist verwundet, Herr Leutnant, ich hab mich ihrer bloß angenommen.« Bei der 7. Division wußte man von der Jagd zu erzählen, an der, wohl auf 10 Minuten hin, ganze Abteilungen teilgenommen hatten, als zwischen Cistowes und Chlum plötzlich ein aufgescheuchter Hase in Sicht gekommen war; pommersche Grenadiere hatten einen Generalswagen erbeutet, der von einer mit 4 Jungen auf dem Wagenkissen liegenden Leverrier-Hündin energisch verteidigt worden war, »energischer als manche Position«. Rührend war die Geschichte vom Hunde des sächsischen Hauptmanns; der Hund bellte und zerrte, bis man ihm in ein Kornfeld folgte, wo, mit zerschossenen Füßen, unfähig, sich zu bewegen, sein Herr unter den Ähren lag.

An solchen und ähnlichen Zügen war kein Mangel. Ein Offizier hatte sich gebückt, um für seine Braut ein 4-blättriges Kleeblatt zu pflücken; in diesem Augenblick sauste eine Granate dicht über ihn hin. Ein Kaiserjäger, während er für einen verwundet neben ihm liegenden Preußen an den nächsten Graben eilte, um die Feldflasche mit Wasser zu füllen, war von einer preußischen Kugel mitten in seiner Samaritertat hinweggenommen worden. Noch ein andres ging von Mund zu Munde. Am Rande des Sadowa-Gehölzes lagen zwei Verwundete vom 71. Regiment. Sie hatten sich, um Kühlung zu haben, eben bis an den vordersten Graben geschleppt, als jenseits der Chaussee ein Garde-Bataillon quer übers Feld rückte; auf Lipa zu. Die Fahne vorauf, mit voller Musik. Sie spielten das Preußenlied. Die beiden Verwundeten richteten sich auf, sahen einander an und stimmten mit ein. Aber der eine sang es nicht zu Ende. Der Tod hatte Schweigen geboten.

So plauderte man in den Biwaks. –

Wir aber machen noch einmal einen Gang über das Schlachtfeld, an den Szenen vorüber, wie sie der »andre Tag« bot. Unser Weg führt uns wieder vom rechten nach dem linken Flügel.

Auf dem Probluser Kirchhof war man am Begraben. Man hatte meist nicht weit zu tragen, denn am dichtesten lagen die Gefallenen auf dem Kirchhof selbst. Der Kirchhof, in allen modernen Schlachten, ist Lieblings-Kampfesstätte; die Toten fallen zu den Toten. In den Kirchturm hatte eine Granate ein großes Loch geschlagen, das Pfarrhaus war durchlöchert, in dem Zimmer des Pfarrers steckten 11 Kugeln. Vor dem großen Brunnen stand ein Posten, um die letzten Wasserreste für die Verwundeten zu sichern. An der westlichen Dorflisiere, hinter einem Heckzaun, lagen sächsische Jäger in langer Reihe; weiter nach Westen hin, von wo unser Angriff kam, unsre 56er. Eben schritt ein Trauerzug auf den Kirchhof zu. Es waren Füsiliere von der 9. Kompanie, die ihren tapfern Führer, Hauptmann v. Monbart, zu Grabe trugen. Sie hatten für ihn in Eile einen schlichten Sarg gezimmert und sein letztes Haus mit Blumen geschmückt. Diese Braven ehrten sich selber, indem sie ihren Führer ehrten. Als sie ihn in sein Grab gesenkt, dicht an der Kirche, kratzten sie seinen Namen in die Wand des Gotteshauses ein; ehe die Sonne unter war, stand noch manch andrer Name darunter.

Von Problus bis Mokrowous ist eine halbe Stunde. Hier war der Wiesengrund wie gepflügt. In der Meierei lagen 54er. Aus der Meierei heraus trugen sie eine Bahre, auf der zwei Tote lagen, ein galizischer Katholik, ein pommerscher Protestant. Der Ortspfarrer folgte in reichem Ornat, neben ihm ein evangelischer Geistlicher im Feldrock mit Binde und Päffchen. Der eine betete sein *de profundis* und *Pater noster*, der andere schloß mit dem Vater unser. Der katholische Geistliche nahm die Schaufel und warf Erde in die Gruft; dann reichte er sie dem protestantischen Geistlichen, der nun ein gleiches tat. Ein Augenzeuge schreibt: »Ich hatte doch in etwas den Eindruck von dem ›Ich glaube an eine heilige allgemeine christliche Kirche‹«.

Neben Mokrowous liegt Dohalitzka. Mitten im Dorf, auf einem freien Platz, stand ein großes Kruzifix, umgeben von fünf stattlichen Linden. In die eine war eine Granate eingeschlagen und hatte einen mannsstarken Ast wie ein Reis zersplittert; die Splitter lagen umher, das Staket war zertrümmert, aber der Gekreuzigte war unversehrt. Muß doch vor ihm alle Gewalt sich beugen. In der schönen, weithin sichtbaren Kirche befanden sich über hundert Verwundete. Einzelne hockten in den Gängen der hochgewölbten Kirche, die Mehrzahl lag um den Altar herum und blickte hinauf zu dem Bilde des Gekreuzigten. Orgel und Kanzel waren hinausgetragen, die Fenster zerschossen, und doch war das ganze Gotteshaus mit seinen Bewohnern eine gewaltige Predigt von dem »Kommet her zu mir alle, die ihr mühselig und beladen seid, ich will euch erquicken«. Und sie waren mühselig und beladen. Einer lag da mit gespaltenem Schädel, so daß man auf das Hirn sehen konnte; einem andern war die Schulter weggerissen; er starb; auf einem groben leinenen Tuch (er war nicht anders transportierbar) ließen sie ihn in die

Gruft hinab; da lag er in seiner Blöße, und seine gebrochenen Augen, die niemand ihm zugedrückt, schauten aus der Grabestiefe zum Himmel auf. Mangel an allem, kein Stroh, kein Wasser. Einem österreichischen Rittmeister reichte ein Feldgeistlicher ein Bröckchen Schiffszwieback und einen Tropfen Wein; dem wieder Auflebenden stürzten die Dankestränen aus den Augen, und er segnete die Hand, die ihm mit so wenigem so viel getan.

Von Dohalitzka führt ein hübscher Weg etwas bergab nach Sadowa. Es sind nur 20 Minuten. Hier in Sadowa lagen die Schwerverwundeten in der Zuckerfabrik zwischen den Kesseln und hydraulischen Pressen des Siedehauses. In dem Wirtshause, wohin man die verwundeten Offiziere geschafft hatte, war es schon wieder leer geworden. Hier hatten Oberstleutnant v. Pannewitz vom Regiment Elisabeth und Freiherr v. Putlitz vom 49. ausgehaucht; schon hatten sie dem Nepomukbilde gegenüber, das neben dem Wirtshause steht, hart an der Straße »unter den Apfelbäumen von Sadowa« ihr Grab gefunden. Treue Hände richteten eben die schlichten Kreuze auf. Der katholische Totengräber, während die letzten Worte gesprochen wurden, kniete am Grabe und betete mit.* – In dem Wirtshause mußten auch sterbende Österreicher gelegen haben. Eine Soldatengruppe, Pommern vom Colberger Regiment, fanden eben ein kleines Amulett zwischen den Ritzen der Dielen und mühten sich die Inschrift zu entziffern. Es glückte erst, als ein Offizier herantrat. Die Inschrift war in französischer Sprache: »O Maria, ohn' Sünd empfangen, bitt' für uns.« Es mochte hier vom ungarischen Obersten Serinny, Kommandeur des Regiments Württemberg, verloren sein, der die Nachtstunden, ehe man ihn nach Horsitz schaffte, in diesen Räumen zugebracht hatte. Oberst Serinny, als der Johanniterritter v. Werder ihm ein Stück Kommißbrot und ein Restchen Madeira gab, hatte es mit den Dankesworten hingenommen: »Und ich, ich darf nicht einmal wünschen, Ihnen einen gleichen Liebesdienst leisten zu können.«

In Ober-Dohalitz, das nur aus 10 bis 12 Häusler-Etablissements besteht, sah es grausig aus. Aus diesen Häusern, als sie in Brand geraten waren, hatten sich alle Verwundeten, die sich noch bewegen konnten, meist Österreicher, in die Höfe und Gärten geschleppt; die andern waren verbrannt. Jene hatten seit 24 Stunden kein anderes Labsal gehabt als den Nachttau. Als endlich Hilfe kam, hörte man nichts als den Ruf

* »So tat er immer und rührte mich durch seine Inbrunst«, erzählt Pastor Keßler von Brandenburg. »Beim Abschiede bat er mich um ein Andenken, und ich gab ihm das für einen Totengräber wohlgeeignete Büchlein vom ›Tode der Frommen und Gottlosen‹. Seine Freude war unaussprechlich, und unter vielen Tränen küßte er mir die Hand.«

woda, woda, und wenn ihnen Wasser aus einem nahegelegenen Teich gereicht wurde, klang es *dzieki, dzieki* von ihren zitternden Lippen.

Ähnlich wie im Hola-Wald, an dessen Südspitze Ober-Dohalitz liegt, sah es im Swiep-Wald aus und in den Dörfern, die ihn umgeben, in Cistowes, in Benatek, in Maslowed und weiter zurück in Cerekwitz.

In Cistowes lagen viele 27er und Gardefüsiliere. Dazu welche Bilder auf der Dorfgasse! Ein Jäger, an die Wand gelehnt, auf sein Gewehr gestützt, war stehend gestorben. In einem Brunnen, dessen Einfassung zertrümmert, lag ein toter Ulan, mit dem Pferde hineingestürzt. Eine der Scheunen war mit österreichischen Verwundeten angefüllt. Einer, ein Banater vom Regiment Coronini, war durch die Brust geschossen. Unter jammervollem Keuchen bemühte er sich krampfhaft, den Mantel von der blutbedeckten, bloßen Brust wegzuziehn; es wollte nicht glücken; keiner verstand ihn; endlich bemerkte man, daß noch 30 Patronen in der Tasche seines Mantels steckten, deren Gewicht ihm fast den Atem geraubt hatte.

Cerekwitz, außerhalb des eigentlichen Schlachtrayons gelegen, bot wenig Bilder der Zerstörung; aber in seinem Schlosse, das zu einem großen Lazarett eingerichtet worden war (Geheimer Rat Dr. Wilms leitete dasselbe später in einer auch vom Feinde als musterhaft anerkannten Weise), reihte sich Lager an Lager. Auf dem einen lag Hauptmann v. Westernhagen vom 27., durch die Brust geschossen. Er hatte die Hoffnung aller Lungenkranken und Verletzten. »Ich denke wieder besser zu werden.« Der Arzt tröstete ihn. »Steht es so um mich; nun, wie Gott will.« – Nicht weit von ihm lag ein andrer Offizier von der 7. Division. Er wußte, daß es zu Ende ginge. Als der Geistliche an sein Bett trat, sagte er leise: »Ich fühle, daß meine Wunde tödlich ist. Meine Sünden, deren ich viele begangen habe, tun mir herzlich leid, und ich wünschte wohl, daß ich ein neues Leben anfangen könnte. Ach, in der Jugend lebt man so dahin.« Danach ward er still; dann sagte er: »Ich werde wohl sterben, ob ich schon noch leben möchte.« – In die Halle des Schlosses wurde ein 66er Füsilier getragen; man hatte ihn erst spät im Kornfeld gefunden; nun legten sie ihn nieder auf die Fliesen. Er war durch den Mund geschossen, und ein dicker Blutschaum stand auf seinen Lippen. Als einer der Diakonen an ihn herantrat und ihm einen Trunk Wein anbot, erwiderte er: »Ach ja, wie gern, aber ich mache Ihnen ja die Flasche schmutzig.« Wer es hörte, dem traten die Tränen in die Augen, bei diesem Zeugnis von Selbstverleugnung.*

* Hier in Cerekwitz lag auch Füsilier Nuglisch vom 26. Infanterie-Regiment. Er war im Unterschenkel schwer verwundet und starb. In seiner Brieftasche fand sich ein Papier unter Adresse seiner Frau. Unter den viel tausend Briefen, die damals geschrieben worden sind,

Auch im Schlosse von Horenowes war ein Lazarett. Hier lag Oberst v. Zychlinski, für den sein Musterbursche einen mächtigen Topf Rahm in einem Versteck entdeckt hatte. Als der Rahm den Obersten erquickt, trat Pastor Besser aus Waldenburg den Rahmtopf wie eine Erbschaft an, Freund und Feind wurden mit diesem Leckerbissen gespeist, und ein österreichischer Hauptmann vom Regiment Mecklenburg, der bei dem »preußischen Erbsenwerfen«, wie er sich ausdrückte, zwei Kugeln in den Arm erhalten hatte, erklärte einmal über das andre: daß ihm in der

mag keiner sein, der das Beste, das wir haben und das uns recht eigentlich den Sieg gab, einfacher und ergreifender wiedergäbe als der Brief dieses schlichten Mannes. Wir geben ihn deshalb:

»Ich bin am linken Unterschenkel durch einen Granatsplitter am 3. Juli 1866 verwundet worden, in der Schlacht bei Maslowed (Swiep-Wald) … Es war ein ungeheures Blutvergießen; die Menschen lagen wie gemäht … Wir Füsiliere vom 26. Regiment erstürmten eine Anhöhe mit Eichenwaldung, welche der Feind stark verteidigte. Plötzlich bemerkten wir, daß wir vollständig abgeschnitten wurden; die Österreicher feuerten von drei Seiten. Bei diesem Kreuzfeuer bin ich von einer Granate am linken Unterschenkel schwer verwundet worden. Als ich in meinem Schmerz dalag, sah ich, daß die Österreicher wieder die Oberhand hatten und unsre Leute zurückdrängten; … ich sah auch mit Entsetzen, wie sie meine verwundeten Kameraden, die hilflos dalagen, ganz tot schossen und mit dem Kolben schlugen. Als sie heran waren, stellte ich mich tot, aber die Unmenschen konnten sich doch nicht mäßigen und schlugen mich mit dem Kolben auf den linken Hüftknochen. Aber unsre Leute schlugen die Österreicher abermals zurück, und ich dankte meinem Vater im Himmel, als ich erst wieder Preußen sah … Das Schlachtenglück schwankte hin und her; endlich kam der Kronprinz … Meine lieben Leser, ein Schlachtfeld wie dieses anzusehn, ist erstaunlich und macht einen erheblichen Eindruck auf die Seele … Ich wurde am 4. Juli Vormittag vom Schlachtfelde getragen, nach einem naheliegenden Dorfe und kam in eine Scheune mit mehreren Kameraden zu liegen; denselben Nachmittag wurde mein linker Stiefel und Hosenbein mir vom Leibe geschnitten und bekam ich alsdann den ersten Verband. Ich habe noch Streifschüsse von Gewehrkugeln erhalten, welche aber nicht erheblich sind, einen an die linke Hand, einen am rechten Backenknochen dicht unterm Auge und einen an der linken Lende … Der liebe allmächtige Gott und mein Heiland Jesus Christus haben mich bis auf diesen Tag väterlich in Schutz genommen … Ich habe die größte Sehnsucht, meine geliebte Frau, meine lieben Kinder, welche mir so am Herzen liegen, und ebenfalls meine gute alte Mutter wiederzusehn; mich in ihrer Nähe zu wissen, würde Balsam für meine tiefe Wunde sein; selbst wenn ich auf dem Lazarett in Magdeburg sterben müßte, so würde ich auf dem Militärkirchhof ruhiger schlafen als hier auf fremder Erde. Meine Lieben könnten mich besuchen, mein Grab mit Blumen schmücken und ein Gebet zu Gott verrichten. Meine lieben Kinder wüßten dann, wo ihr Vater wäre und wenn er auch im Grabe läge. Ich will aber den lieben Gott bitten, daß er mich wieder gesund macht, daß er mir Kraft gibt, meine Schmerzen auszuhalten. Doch ich spreche wie mein Herr und Heiland: Nicht wie ich will, sondern wie Du willst. … Dies habe ich auf meinem Schmerzenslager geschrieben … Sollte ich hier sterben, so wünsche ich, daß diese Brieftasche mit allem, was sich darin befindet, an meine Frau geschickt wird; ihre Wohnung ist Magdeburg, Schmiedehofstraße Nr. 13. Ich bin der Füsilier Wilhelm Nuglisch vom 1. Magdeburgischen Infanterie-Regiment Nr. 26, 12. Kompanie … Sollte ich aber in Böhmen sterben, – nun, wie Gott will; was Gott tut, das ist wohlgetan.«

»ganzen verflixten Kampagnen« nichts so geschmeckt habe wie dieser Topf Rahm. – Aber solcher heitren Bilder waren nicht viele. Der Major Noak de Huniad vom Regiment Sachsen-Meiningen, ein Serbe von Geburt und nur leicht verwundet, eilte durch alle Gänge des Schlosses und rief nach einem Geistlichen; ein Unteroffizier seines Regiments sei am Sterben. Endlich fand er, was er suchte; ein lutherischer Geistlicher trat an das Lager des griechisch-katholischen Szegediners und reichte ihm das Abendmahl. – Um dieselbe Stunde wurden Gefangene in den Schloßhof gebracht, 11 an der Zahl. Sie hatten vom Saum des Swiep-Waldes aus auf eine unsrer Patrouillen geschossen und waren umstellt und aufgehoben worden. Bei mehreren fanden sich Patronen in den Rocktaschen, bei einem alten Graukopf einige Dutzend Zündnadel-Patronen im Ärmel. Einer war mit dem noch warmen Gewehrlaufe in der Hand gefaßt worden; die andern hatten die Gewehre fortgeworfen.

Wahrscheinlich waren diese elf Strolche (vier von ihnen sollen später gehängt worden sein) ein Bruchteil jener Bande, die, in der Nacht vom 3. auf den 4. auf dem ganzen Schlachtfelde, namentlich aber im Hola- und Swiep-Wald, die Toten geplündert und – es muß gesagt sein – viele von den Verwundeten elendiglich gemordet hat, um auch sie dann als Tote ausrauben zu können. Es ist nur allzu beglaubigt, daß Kannibalen-Taten aller Art geschehen sind, Taten, unter denen die Geschichte vom abgeschnittenen Finger, um den Ring leichter abstreifen zu können, zu den harmloseren zählt. Von dem Schrecklichsten mag der Schleier ungelüftet bleiben. Nur folgendes finde Platz hier. Ein Offizier schreibt: »Ich hatte am 4. Juli *du jour* und mußte das Schlachtfeld passieren. Ganze Reihen lagen tot neben den Gewehren, stürmend von den Kartätschen niedergerissen; daneben die Trophäen unsres Sieges, Waffen, Gewehre, Pulverwagen, Kanonen. Auf einer derselben stand mit Kreide: ›Diese Kanone habe ich erobert. Gottlieb Janke.‹ Darunter hatte ein andrer geschrieben: ›Das ist nicht wahr; ich nahm sie. K. Hencke.‹ Doch ich will Dir von anderem erzählen. Wir kamen in ein Gehölz, das zwischen den drei Dörfern Cistowes, Benatek und Maslowed liegt (der Swiep-Wald). Hier hatte der Kampf fürchterlich gewütet; eine Menge toter Österreicher lagen unter- und übereinander, etwas entfernter sahen wir Gesindel, das beschäftigt schien, die Leichen zu plündern. Um sie, wie Raubvögel, zu verscheuchen, schossen wir unsre Revolver ab. Und wirklich sie verschwanden oder schienen zu verschwinden. In demselben Augenblick, wer beschreibt unser Erstaunen, erhoben sich wohl zwanzig von den Totgeglaubten, streckten uns stehend ihre Arme entgegen und baten mit schwacher Stimme um Wasser. Das Wenige, was wir bei uns hatten, war bald verbraucht. Ich versprach einem österreichischen Oberst, der vorn am Gehölz lag, sobald als möglich mit Wasser und einem Arzt wiederzukommen, und ritt nach dem nächsten Dorf. Aber wo hier Hilfe hernehmen! Endlich glückte es, doch wohl zwei Stunden mochten vergangen sein. Als wir in den Wald zurückkamen, erkannten wir den Platz kaum wieder. Die Österreicher alle geplündert, ohne die Uniformen lagen sie da, keiner regte sich mehr. Ich trat heran und rief: ›hier ist Wasser, Wasser!‹ Alles vergeblich, still blieben sie. Den österreichischen Obersten konnt' ich unter den Toten nicht mehr herausfinden. Entsetzt verließen wir den Wald.«*

Vom Swiep-Walde aus wenden wir uns nach Chlum, um hier unsre Wanderung zu schließen. Es wird erzählt: General Herwarth v. Bittenfeld sei am 4. früh von Problus nach Chlum hinüber geritten; seine Söhne standen in der Garde; sein Vaterherz wollte wissen, wie's »drüben« abgelaufen sei. Als er von Rosberitz nach Chlum hinaufritt, hielt er an, sah in den Hohlweg hinein und sagte dann kopfschüttelnd: »Das geht über Problus.« Und – es ging über Problus! Ein Feldgeistlicher schreibt: »Welch ein Anblick wartete unsrer hier, als wir endlich Chlum erreichten. Gleich am Ausgange des Dorfes, in einem Hohlwege, begegneten wir den Hufspuren des ›roten Pferdes‹, von dem die Apo-

* Auch Taten christlicher Liebe kamen vor; leider wohl nur sehr vereinzelt. Wir geben ein solches Beispiel. Zwischen Ober-Dohalitz und Dohalitzka lag ein 49er, vergessen, unter unsäglichen Schmerzen, kein lebendes Wesen in der Nähe. »Schon glaubte ich mich dem Tode nahe« (so erzählt er selbst), »als ein junges Mädchen erschien, einen großen Weinkrug in der Hand, und mir zu trinken gab, dann holte sie Wasser und wusch und verband meine Wunden. Wie hab ich's da empfunden: ›Und Gott sandte seine Engel‹.« – Der Name des heldenmütigen Mädchens, die noch viele andre in gleicher Weise erquickte, war Josepha Kalina, eine Tschechin. Übrigens sei gleich bei dieser Gelegenheit ausgesprochen, daß es sehr fraglich ist, ob die Schlachtfeld-Geier bloß böhmisches Gesindel waren. Viele Berichte sprechen von »Marodeurs«, und mannigfache Anzeigen liegen vor, daß unsrer eignen Armee seltsame Gestalten folgten. Man hat diesem Punkt auch seine Aufmerksamkeit gewidmet.

kalypse spricht. Schritt vor Schritt wuchsen die Würgezeichen. Unsre Ponys schellten, – ein totes Pferd lag am Wege, dort wieder eins, daneben noch die Leiche des Reiters, eines österreichischen Ulanen, der seinen Säbel in erstarrter Faust hielt. Auf beiden Seiten des Weges, dessen lehmiger Boden reichlich rot gefärbt war« (ein andrer Bericht sagt: »Wie ein roter Bach kam es den Hohlweg herunter«), »zwischen zertrümmerten Wagen und Karren lagen Haufen von Toten ... Die schönen großen Leute vom 1. und 3. Garde-Regiment, Garde-Füsiliere vom Bataillon Waldersee, Braunsberger Jäger und Füsiliere vom 2. Garde-Regiment deckten hier mit ihren Leibern die Wahlstatt. So kamen wir bis auf den Kirchhof. Welch grellen Mißton gab heute der Name ›Friedhof‹. Jedes Grab eine Würgebank.«

In der Chlumer Kirche, deren Turm und Dach von mehreren Granaten getroffen war, lagen die Verwundeten in so dichten Schichten, daß man mit äußerster Behutsamkeit zwischen ihnen gehen mußte, um keinen zu verletzen. Auf dem Altarplatze ruhte, in seinen Feldmantel gehüllt, General v. Hiller; auf dem edlen Angesicht hatte der Tod die Freundlichkeit, die ihn im Leben kennzeichnete, nicht ausgelöscht, sondern verklärt. Neben ihm lag Major v. Reuß. Mancher von den Verstüm-

melten sah auf die Toten und seufzte vor sich hin: »Wär' ich erst soweit.« Gebete wurden gesprochen; deutsch, polnisch, böhmisch, ungarisch klang es laut und leise durcheinander. In der Sakristan-Wohnung neben der Kirche lagen in einem engen Zimmer zwei preußische Offiziere, Leutnant v. Pape vom 2. Garde-Regiment und Hauptmann v. Braun vom 43. Regiment, beide dem Tode nahe. Leutnant v. Pape, mitten durch die Leber geschossen, litt schwer; keine Lage zur Linderung seiner Schmerzen war ihm zu verschaffen. »Ach, es geht auch so nicht«, klagte er mit erlöschender Stimme. Er fühlte, wie es um ihn stand. Hauptmann v. Braun, durch die Lunge getroffen, lechzte nach einem Trunk Selterwasser. Und doch gab es kaum Wasser in Chlum. Die Brunnen waren teils ausgeschöpft, teils absichtlich (in unglaublicher Verblendung von seiten unsrer Feinde) verschüttet und verunreinigt. Mit vieler Mühe mußte das Wasser von dem am Fuße des Dorfes gelegenen Teich heraufgeholt werden. Kam dann ein frischer Trunk, so streckte alles die Hände aus: »Geistlicher Herr, i bitt', mir auch, mir auch, i bitt'!«

Am 4. Juli abends war Begräbnis auf der »Höhe von Chlum«, an selbiger Stelle, auf welcher der Kampf des vorhergehenden Tages zur Entscheidung gebracht worden war. Der Platz bot eine weite Umschau über den größten Teil des weiten Schlachtfeldes. Neben dem für General v. Hiller bestimmten Grabe waren noch neun andre Gräber aufgeworfen, welche die Leichen der übrigen gefallenen Offiziere der 1. Garde-Division aufnehmen sollten. Die Mehrzahl derselben, infolge eines mißverstandenen Befehls, war aber schon an andrer Stelle bestattet worden. Nur Oberstleutnant v. Helldorf fand neben v. Hiller seine Ruhestätte. Unweit der Gräber war ein großer Teil der erbeuteten Geschütze aufgefahren. Der König, um seinen gefallenen General auch im Tode noch zu ehren, war aus dem zwei Stunden entfernten Hauptquartier zur Beerdigung herbeigekommen; auch die Königlichen Prinzen wohnten der Feier bei. Die Offiziere der Division waren vollzählig erschienen. Divisionsprediger Rogge trat an die Gräber und sprach über den Text: »Die Edelsten in Israel sind auf Deiner Höhe erschlagen. Wie sind die Helden gefallen!« Mit sichtlicher Bewegung, nach beendigter Feier, warf der König seine Handvoll Erde in die beiden Gräber; dann hieß es: »Legt hoch an!«, und die Kugeln pfiffen über die Toten hin.

Am andern Tage begrub Oberst v. Pape seinen einzigen Sohn. An der Nordseite der Kirche von Chlum war ihm von seinen Kameraden die letzte Ruhestätte bereitet. Die Gruft war mit grünen Zweigen und Laub ausgelegt, und in vier Soldatenmäntel eingehüllt, wurde der Dahingegangene in dieselbe niedergesenkt. Die Regimentsmusik blies den Choral: »Was Gott tut, das ist wohlgetan« und zum Schluß: »Wie sie so sanft ruhn«. Der Geistliche, der die Feier leitete, schreibt: »Da hab ich gesehn, wie stark der Christenglaube macht. Wohl mochte des Vaters Herz aus vielen Wunden bluten, als er den Sohn hier in fremder Erde zurücklassen mußte, aber er blieb standhaft und fest, und als die Feier geendet und das Grab geschlossen war, wandte er sich an die um dasselbe versammelten Offiziere seines Regiments mit den Worten:

»Meine Herren, das liegt hinter uns, wir aber gehen vorwärts mit Gott für König und Vaterland.«

Auf dem weiten Felde hin überall ein Begraben, meist still, in großen Gräbern, ohne Sang und Klang; kaum daß die Liebe der Kameraden Zeit fand, ein schlichtes, namenloses Kreuz aufzurichten. Aber auch ihnen, den Namenlosen, schlägt dankbar unser Herz.

Schlaft still und fromm in Treue
Bis an den jüngsten Tag,
Wo sich ein Morgen neue
Euch wieder röten mag!
Es blüht um euren Frieden
Gedächtnis golden schön:
Im Siege ward euch beschieden
Für's Vaterland hinnen zu gehn.

Am 5. Juli früh brach die Armee auf, um südwärts zu marschieren. Die Arbeit war getan, die Verwundeten hatten ihr Lager (hart genug), die Toten ihr Grab. Freilich nicht alle; es waren ihrer zu viele; noch am 8. war das Feld nicht völlig klar.* Ein Offizier vom VI. Korps, der an genanntem Tage von Nedelist aus, wo er ein Kommando hatte, einen Ritt über das Schlachtfeld machte, hat uns folgende Schilderung gegeben:

»Verflossenen Sonntag (8. Juli) ließ ich mein Pferd satteln, die ›Bella‹, die Ihr kennt, um einmal ganz allein über das Schlachtfeld zu reiten. Das war jedenfalls für mich an diesem Tage das beste. Ich hatte nichts um mich her als meinen Burschen und einen großen schwarzen Jagdhund, das Geschenk eines sterbenden österreichischen Offiziers. In meiner Kammer sitzend, wußte ich nicht, was ich anfangen sollte. – Die untergehende Sonne warf bereits ihre letzten Strahlen auf das Feld, als ich aus Nedelist herausritt, und der kühle Abendwind trieb mir den Leichen- und Blutgeruch entgegen. Einem nicht an diesen Geruch

* Die böhmischen Dorfbewohner weigerten sich zum Teil beim Grabmachen behilflich zu sein und knurrten auf tschechisch vor sich hin: »Wen die Preußen totgeschossen haben, den mögen sie auch begraben.« Mehr denn einmal bequemten sie sich in der Tat erst, als eine Sektion vorgetreten und das Kommando gegeben war: »Fertig zum Feuern!« Das half jedes Mal, und auch die Nationalsten verstanden dann deutsch. (Daß die bessern tschechischen Klassen uns im allgemeinen günstiger gestimmt waren als die Deutschböhmen, diese Tatsache wird durch solche Einzelvorkommnisse nicht tangiert.)

Gewöhnten würde eine Ohnmacht angekommen sein; ich kannt' ihn schon und ritt weiter, um nach Chlum und Sadowa zu gelangen, wo die Hauptschlacht geschlagen wurde. –

Totenstille herrschte ringsum, welche nur manchmal durch die Unruhe meines Pferdes und Hundes unterbrochen wurde. Sobald wir an eine Stelle kamen, wo ein Verwundeter gelegen hatte, schnaufte Bella mit weit geöffneten Nüstern und stampfte mit den Hufen auf den Boden, der Hund ging in großen Kreisen um die bezeichnete Stelle herum und heulte fürchterlich.

Erst nach einer Aufmunterung mit den Sporen ging das Pferd entschlossen über alles hinweg und jagte endlich eine Lerche auf, die zwar singend in die Höhe stieg, aber einen Gesang anstimmte, wie ich ihn sonst bei Lerchen nie gehört habe. Es klagte mehr als es schmetterte.

Ohne ein gewisses Ziel zu verfolgen, ritt ich weiter und gelangte zu einer Muttergottesstatue. Ach, welch ein trauriges Schauspiel bot sich hier dar! Um die Statue herum lagen wohl an zwanzig Tote mit geöffneten, gebrochenen Augen, die nach dem Marienbilde hin gerichtet waren. Andre hielten Rosenkränze und Kruzifixe in den Händen; sie hatten wahrscheinlich bis zu ihrem Ableben gebetet. An den Leichen zeigten sich die verschiedenartigsten Wunden. Nur wenige schienen an dieser Stelle gefallen zu sein; die meisten waren herangekrochen um angesichts des Muttergottesbildes ihr Leben zu beschließen. Ich sprang vom Pferde und kniete nieder, um für die Toten zu beten.

Über Westar und Sweti ritt ich zurück. Dicht bei Sweti, auf einer hochgelegenen Stelle, wo eine Batterie gestanden haben mochte, ragte eine Wischerstange auf. An die Stange lehnte sich ein österreichischer Artillerist wie schlafend; unter jeden Arm hatte man ihm eine Kugel geschoben. Wie ein Schatten stand das Ganze an dem immer dunkler werdenden Himmel. Es erschütterte mich tief. Ich nahm das Bild mit in meinen Traum.«

VON KÖNIGGRÄTZ BIS VOR WIEN

Am 4. Juli

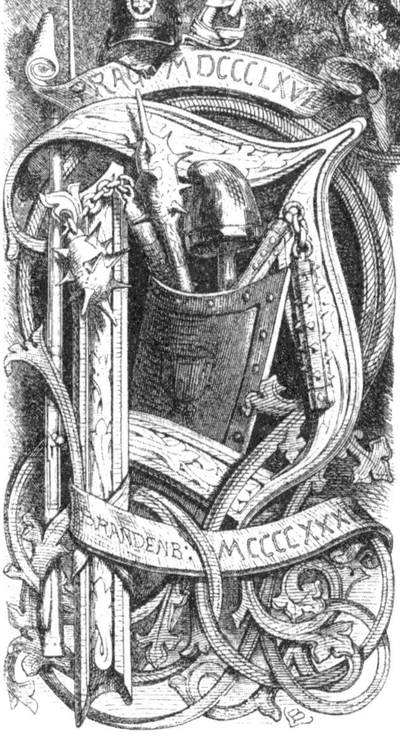

RAG selbst war mit unter den Trophäen des 3. Juli. Seine Besetzung erfolgte am 7. Ehe wir aber dazu übergehn, in aller Kürze die Ereignisse zu schildern, die dieser Besetzung teils unmittelbar vorausgingen, teils sie begleiteten, verweilen wir noch einmal bei dem »Tage nach der Schlacht«, nicht bei ähnlichen Bildern und Vorgängen, wie wir sie am Schlusse des vorigen Abschnitts bereits gegeben, sondern bei Vorkommnissen von allgemeinerer, wenn auch nicht hervorragender Bedeutung. Den Reigen eröffnete ein Husarencoup.

Leutnant v. Wrangel, vom Garde-Husaren-Regiment, erhielt am Morgen des 4. Befehl, mit 30 Husaren gegen die Festung Königgrätz vorzugehn und die Vorposten-Aufstellung des Feindes zu rekognoszieren. (Unsre Vorposten standen ¼ Meile vor der Stadt, außerhalb des Bereichs der Festungsgeschütze.)

v. Wrangel brach auf. Ungefähr 2000 Schritt vor der Festung hatte sich eine endlose Kolonne von Bagage-, Train-, Munitions-, Sanitäts- und Proviantwagen, wohl 300 an der Zahl, festgefahren, und um diese Kolonne herum wimmelte es derart von österreichischen und sächsischen Verwundeten, daß ein Bestreichen der Straße von der Festung her unmöglich wurde.

Dies sicherte, bis zu einem gewissen Grade, die Bewegungen unsres Trupps. Leutnant v. Wrangel ritt mit zwei Husaren weiter vor, um eine Vedette gegen die Festung aufzustellen. Hier stieß er plötzlich auf einen bis dahin durch die Kolonne verdeckt gewesenen österreichischen Doppelposten, welcher hinter einer über einen Elbarm führenden Brücke stand und nur noch 80 Schritt von den Husaren entfernt war. Das gegenseitige Erblicken war überraschend, und die kurze Entfernung gebot schnellen Entschluß. In wenigen Galoppsprüngen war v. Wrangel über die Brücke und forderte den Posten mit gehobenem Revolver auf, sich zu ergeben. Er tat es. Nun folgte eine verwunderliche Szene. In Verbindung mit dieser Feldwache standen von 100 zu 100 Schritt noch andere Posten, welche kreisförmig die Festung umgaben. Um diese heranzuziehen, ließ Leutnant v. Wrangel seine für die Husaren bestimmte Signalpfeife ertönen, winkte mit der Hand, rief ihnen zu, und ehe eine halbe Stunde um war, war die Vorpostenkette verschwunden. Wir hatten 35 (nach einer andern Version nur 12) Mann zu Gefangenen gemacht.

Leutnant v. Wrangel, nach diesem Vorgange, der ihn auf völlige Demoralisation des Feindes schließen ließ, glaubte nunmehr, weitergehn zu dürfen. Daß die Festung kapitulieren werde, schien nicht länger unmöglich. Er ritt deshalb, während der Haupttrupp die Gefangenen zurücktransportierte, mit einem einzigen Husaren im Galopp auf das Festungstor zu, zugleich mit dem Taschentuche winkend, um sich dadurch als Parlamentär zu erkennen zu geben. Demgemäß wurde er am Tor empfangen und mit verbundenen Augen vor den Kommandanten Generalmajor Weigl geführt. Dieser empfing ihn im Kreise seiner Offiziere und nahm die improvisierte Erklärung entgegen: Seine Königliche Hoheit der Kronprinz von Preußen stände mit 150000 Mann siegreicher Truppen vor Königgrätz; die ganze österreichische Armee sei auf der Flucht; die Festung, abgeschnitten von jeder Verbindung mit ihrer Armee, könne einem Angriff nicht widerstehen, weshalb der Kronprinz, um unnötiges Blutvergießen zu verhindern, dem Kommandanten eine ehrenvolle Kapitulation anbieten lasse.*

Die Sicherheit des Vortrags wirkte. General v. Weigl bat um 24 Stunden Bedenkzeit, um die näheren Bedingungen der Übergabe festsetzen zu können.

Diese Botschaft überbrachte nunmehr Leutnant v. Wrangel dem Kronprinzen, welcher die eben so glücklich wie unerwartet angeknüpften Verhandlungen durch einen Generalstabsoffizier fortsetzen ließ. Sie zerschlugen sich aber wieder. Österreichischerseits wird versichert, daß eine ernstliche Absicht zur Kapitulation nie vorhanden gewesen sei. Der Streit mag auf sich beruhn.

Das Erscheinen der Garde-Husaren vor Königgrätz und die sich daran knüpfenden Verhandlungen fielen in den Vormittag des 4.; – am Nachmittag erschien Feldmarschalleutnant Baron Gablenz im Hauptquartier des Königs zu Horsitz und schlug Einstellung nutzloser Feindseligkeiten vor, da ja, nach der großen Aktion vom Tage vorher, der Feldzug ohnehin entschieden sei. Es wurde ihm erwidert, daß man bereit sei, auf politischer Grundlage einen definitiven Frieden zu verhandeln, daß aber ein Stillstand der Operationen den preußischen Heeren nicht zugemutet werden dürfe. Baron Gablenz, der übrigens einer eigentlichen Vollmacht zum Unterhandeln entbehrte, mußte mit diesem Bescheide sich begnügen und verließ unter Eskorte das große Hauptquartier. (Er kehrte in dasselbe – wir schalten das gleich an dieser Stelle ein – am 8. noch einmal zurück, um, unter gewissen Modalitäten, eine Waffenruhe von nicht unter 8 und nicht über 12 Wochen zu proponieren; da aber der Zweck dieser Proposition: Zeitgewinn, um die Süd-Armee aus Italien heranzuziehn, zu klar zu Tage lag, so kam es zu gar keinen Unterhandlungen. Baron Gablenz sprach den Kronprinzen; den König sah er nicht.)

Das Datum des 4. Juli trägt endlich auch der Armee-Befehl, darin König Wilhelm über den erfochtenen Sieg zu seinen Soldaten spricht:

»Soldaten Meiner in Böhmen versammelten Armeen!

Eine Reihe blutiger und ruhmreicher Gefechte hat die rechtzeitige Vereinigung unserer sämtlichen Streitkräfte in Böhmen möglich

* Die Besatzung der Festung bestand nur aus den drei 4. Bataillonen der Regimenter Mazzuchelli, Airoldi und Großfürst Constantin. Sie gehörten zur Brigade des Generalmajor Tomas, der mit den 4. Bataillonen der Regimenter Khevenhüller, Degenfeld, Haugwitz, Ramming und Crenneville in Josephstadt stand.

gemacht. Aus den Mir vorliegenden Berichten ersehe Ich, daß dies Resultat durch die sichere Führung Meiner Generale und durch die Hingebung und Tapferkeit sämtlicher Truppen erreicht worden ist. Unmittelbar darauf hat die Armee, trotz aller Anstrengungen und Entbehrungen der vorhergehenden Tage, unter Meiner Führung den Feind in einer festen Stellung bei Königgrätz energisch angegriffen, die gut verteidigte Position nach heißem Kampfe genommen und einen glorreichen Sieg erkämpft. Viele Trophäen, über hundert eroberte Kanonen, Tausende von Gefangenen geben aufs neue Zeugnis von der Tapferkeit und Hingebung, in welcher alle Waffen miteinander gewetteifert haben. Der Tag von Königgrätz hat schwere Opfer gefordert, aber er ist ein Ehrentag für die ganze Armee, auf welche das Vaterland mit Stolz und Bewunderung blickt. Ich weiß, Ihr werdet auch ferner Meinen Erwartungen entsprechen, denn preußische Truppen wußten stets mit dem Heldenmut diejenige Mannszucht zu vereinigen, ohne welche große Erfolge nicht erkämpft werden können.

Wilhelm.«

Die Garde-Landwehr in Prag

HE wir unsern drei großen Heeressäulen, die sich auf dem Felde von Königgrätz ein Rendezvous gegeben hatten, auf ihrem Weiterzug bis an die Donau folgen, mag uns, wie ein unblutiges Zwischenspiel, der Vormarsch und demnächst die Detachierung eines vierten Heerkörpers beschäftigen, der ebenfalls am 3. Juli, freilich erst nachdem die Entscheidung bereits vorlag, auf unserm rechten Flügel (in und bei Nechanitz) eingetroffen war. Es war dies die Garde-Landwehr-Division Rosenberg.* Ein Brief, der uns vorliegt, gibt Aufschluß über die Anstrengungen, die gemacht wurden, um das Schlachtfeld noch rechtzeitig zu erreichen.

* Die Garde-Landwehr-Division, unter Kommando des Generalmajor v. Rosenberg-Gruszcynski, bildete das erste Echelon des I. Reserve-Armee-Korps; das zweite Echelon war die Landwehr-Division Bentheim. Wie die Garde-Landwehr-Division Rosenberg der Elb-Armee folgte (sie hatte dieselbe beispielsweise in Dresden abgelöst), so folgte die Landwehr-Division Bentheim der Division Rosenberg. Den Befehl über beide Divisionen führte Generalleutnant v. d. Mülbe. Ihre Zusammensetzung war die folgende:

Garde-Landwehr-Division v. Rosenberg-Gruszcynski

1. Garde-Landwehr-Regiment, Oberstleutnant Ranisch
2. Garde-Landwehr-Regiment, Oberst Fronhöfer
1. Garde-Grenadier-Landwehr-Regiment, Oberstleutnant v, Roehl
2. Garde-Grenadier-Landwehr-Regiment, Oberst Freiherr v. Putlitz

Kombinierte Landwehr-Infanterie-Division v. Bentheim

2. Pommersches Landwehr-Regiment Nr. 9, Oberst Orlovius
4. Pommersches Landwehr-Regiment Nr. 21, Oberst v. Suchten

»… In aller Frühe brachen wir von Kopidlo auf, das wir am Abend vorher (2.) erreicht hatten. Die Entfernung bis Königgrätz betrug 5 Meilen. Die Wege aufgeweicht, erbärmlich. Nichtsdestoweniger ging es in forciertem Marsche vorwärts; was liegen blieb, blieb liegen. Um 11 Uhr waren wir in Bitschow noch 2 Meilen vom Schlachtfeld. Ich erhielt neun Häuser für die Kompanie, worin ich sie auf anderthalb Stunden einquartierte. Die Pferde mußten in dem Vorsaal eines verlassenen Hauses untergebracht werden und beruhigten sich erst über das ungewohnte Quartier, als man Hafer in die leergemachten Schubladen einer Kommode geschüttet hatte. Ich war bei zwei verabschiedeten österreichischen Kapitänen, Zwillingsbrüdern, welche mir ihr Sofa überließen, eine Tasse Kaffee, Pfeife und Tabak gaben, meine Satteltasche mit harten Eiern füllten und einmal über das andre versicherten, die Preußen seien »ganz verteufelte Kerle im Marschieren«. Dabei ließen sie, während ich etwas zu schlummern suchte, eine Amsel das Mantellied pfeifen; dann ward Alarm geblasen, und 15 Minuten später marschierten wir zur Stadt hinaus. Im Walde, eine halbe Stunde weiter östlich, hörten wir schon das Donnern der Schlacht und rückten auf eine Höhe, wo wir die Bewegungen der Kolonnen, das Artilleriefeuer und das Wogen des Kampfes sehen konnten. Weiter ging es auf Nechanitz, und hier betraten wir das Schlachtfeld. Die großen Häuser waren voll Verwundeten, die Kirchen voll Gefangenen. Vorwärts im Eilmarsch, um in die Schlachtlinie zu kommen; ein erhebendes Gefühl, welches die Müdigkeit verscheuchte. Das Schlachtfeld sah schrecklich aus; viele Gefallene, die österreichische Kavallerie niedergehaun oder niedergeschossen, an acht Stellen brannte es. … Wir biwakierten auf durchweichtem Boden, naß, hungrig. Erst am andern Morgen erfuhren wir, daß die entscheidende Schlacht geschlagen war.«

Eine lange Rast war der Division nicht gegönnt; sie hatte im Marschieren ihre Aufgabe zu lösen. Schon am 4. erhielt sie Befehl, dem Feinde in der Richtung auf Prelautsch zu folgen; am 5. wurde sie westlich geschoben, um den Marsch der drei großen Armee-Kolonnen gegen etwa in Prag vorhandene feindliche Streitkräfte in der rechten Flanke zu decken. Die Division, durch zwei gezogene Batterien des 7. Artillerie-Regiments verstärkt, marschierte, in Ausführung des ihr gewordenen Befehls, zunächst auf Podiebrad, überschritt hier die Elbe

1. Westfälisches Landwehr-Regiment Nr. 13, Oberstleutnant v. Rekowski
2. Westfälisches Landwehr-Regiment Nr. 15, Oberstleutnant v. Rentz

Zum Armee-Korps gehörten ferner eine kombinierte Landwehr-Kavallerie-Division und ein Reserve-Feldartillerie-Regiment.

und rückte dann, in zwei Tagemärschen, über Sadska und Ober-Pocernitz, bis in die unmittelbare Nähe von Prag. Prag war vom Feinde unbesetzt. Am 7. mittags stand die Tête der Division, das 1. Garde-Landwehr-Regiment unter Oberstleutnant Ranisch, im Dorf Chwala, eine Stunde vor der Hauptstadt, und eine Karte folgenden Inhalts wurde an den Bürgermeister Dr. Belsky hineingesandt: »Ranisch, Oberstleutnant und Kommandeur des 1. Garde-Landwehr-Regiments, designierter Kommandant v. Prag, wünscht, daß höhere Gemeindebeamte nach Dorf Chwala hinauskommen, um wegen Besetzung der Stadt, im Interesse derselben, Rücksprache nehmen zu können.« Infolge dieser Karte fuhren um halb 5 Uhr nachmittags der Bürgermeister und der Kardinal-Erzbischof Fürst Schwarzenberg in der erzbischöflichen Equipage nach Chwala hinaus. Als die Wagen vor dem Dorfe anlangten, hielten die Deputationsmitglieder weiße Fahnen zu den Fensteröffnungen hinaus. Der ganze Zug wurde von unsern Vorposten angehalten. Die Herren verließen nunmehr ihre Wagen und wurden zur Wohnung des Oberstleutnants Ranisch begleitet. Der Kardinal hielt eine Anrede, worin er dem Sieger das Wohl der Stadt ans Herz legte. In gleichem Sinne sprach Dr. Belsky. Oberstleutnant Ranisch kündigte an, daß Prag eine Besatzung von 8000 Mann erhalten werde, und gab im übrigen die beruhigendsten Zusicherungen. Die Deputation kehrte nach der Stadt zurück.

Der Einmarsch erfolgte am 8. vormittags. Das Gros der Division war inzwischen eingetroffen, Generalmajor v. Rosenberg stellte sich an die Spitze, und unter einem ungeheuren Menschenandrang (nur die zahlreichen kaiserlichen Beamten waren geflohn) ging es mit Trommelschlag und Pfeifenschall durch Carolinenthal und das Spitteltor in Prag hineiln, die Spittelstraße entlang bis auf den Josephsplatz.

Das erste Garde-Landwehr-Regiment rückte sofort auf den Hradschin, und die preußische Fahne wurde aufgepflanzt. Die nachfolgenden Regimenter bezogen die Josephs- und Ferdinands-Kaserne; die Bürgerkorps, wo sie sich in der Altstadt, an den Toren und auf der Kleinseite auf Wache befanden, wurden abgelöst; nur die Posten auf dem Wischerad, vor dem Provinzialstrafhaus und dem Invalidenhause blieben in ihren Händen. Unmittelbar vor der Hofburg fuhren 12 Geschütze auf; auch die dienstfreie Infanterie (wenigstens am ersten Tage) erschien mit dem Zündnadelgewehr.

Die Vorsicht auf der einen Seite und die Scheu auf der andern währten indes nicht lange; der Verkehr zwischen Landwehrleuten und Bürgern wurde mit jedem Tage ein freundlicherer; man überzeugte sich bald, hier wie überall, wie wenig schrecklich die »schrecklichen Preußen« seien. Österreichische Lieblingsgerichte wurden ihnen, zum Zeichen wachsenden Vertrauens, vorgesetzt; aber hierin versahen es die freundlichen Wirte. »Was die Verköstigung anbelangt« (so schrieb damals ein Prager Blatt), »so meinten wir es gut mit den Preußen und setzten ihnen das Leibgericht unsrer eignen Soldaten vor: Knödel. Unsre Gäste aber schienen Mehlspeisen nicht sonderlich zu lieben, und so geschah das Unerhörte, Niedagewesene, daß Knödel, sonst der Gegenstand kriegerischer Begehrlichkeit, von den preußischen Landwehrmännern unter unser armes Volk verteilt wurden.«

Die Prager Tage waren Tage der Erholung, denn an Strapazen – trotzdem man nicht an den Feind gekommen war – hatte es der Garde-Landwehr-Division nicht gefehlt. Man genoß nun wieder die Wohltaten einer großen Stadt, noch dazu einer Residenz. In den Nachmittagsstunden waren alle Straßen von schaulustigen Landwehrleuten gefüllt, welche die ehrwürdigen Gebäude, die prachtvollen Denkmäler, die Teinkirche, die Nepomuk- und die Kettenbrücke in Augenschein nahmen. In den Vormittagsstunden sah man sogar einzelne im Fluß durch den Brückenbogen schwimmen. Auch die schönen Umgebungen wurden besucht, von Offizieren ganz besonders das Schwerins-Denkmal, dem »bei Prag mit der Fahne gefallenen Feldmarschall« in Dankbarkeit errichtet.

Die Abende vor allem boten ein Bild tiefsten Friedens. Auf den beiden Moldau-Inseln versammelte sich die ganze dienstfreie Garnison, wo sich auch die Prager schöne Welt, in heitrer Laune und eleganter Toilette, zu den Konzerten einzufinden pflegte.

Die Besetzung Prags war nach mehr als einer Seite hin von Bedeutung; sie machte der Wirksamkeit der kaiserlichen Behörden (die in unsrem Rücken einen Aufstand organisieren konnten) ein Ende, sie deckte die Flanke unsrer Armee gegen Bayern und stellte, wenn auch freilich auf einem erheblichen Umwege, eine Schienenlinie zwischen Turnau und Pardubitz her. Mit andren Worten, unsre Armee, trotz Josephstadt und Königgrätz, trat wieder in ununterbrochene Eisenbahnverbindung mit dem Norden.

Prag, während des ganzen Verlaufs des Feldzuges, blieb von den Unsren besetzt, doch erfolgte ein Wechsel seiner Garnison. Die Garde-Landwehr-Division rückte bis Brünn vor; die Landwehr-Division Bentheim trat an ihre Stelle.

Die österreichische Armee bis Olmütz

Abzug auf Wien

RAG war unser. Es zu behaupten hatte von Anfang an nicht im Plane des Feldzeugmeisters gelegen; nach der Katastrophe vom 3. verbot es sich vollends. Die nach Süden zu abziehende Armee zusammenzuhalten, nicht aber sie durch Detachierungen zu zersplittern, das war nächste Aufgabe. Mit Recht entschloß sich Benedek, die Trümmer seiner Armee unter den Kanonen von Olmütz zu sammeln, ihnen hier Ruh und Rast und neue Festigkeit zu geben.

In diesem Entschluß, wie besonders auch in der klaren und bestimmten Ausführung des Beschlossenen, bewährte der Feldzeugmeister wieder alle seine Gaben. Es war etwas, eine derartig *en déroute* geratene Armee, ihrer Auflösung vorbeugend, an einem gegebenen Punkte zu konzentrieren. Es geschah rasch und ohne Verwirrung. Auch die Truppen bewährten sich dabei, man darf sagen, über Erwartung. Drei Armee-Korps (I., III., VI.) und die Armee-Geschütz-Reserve gingen über Hohenmauth, vier Korps (das II., IV., VIII. und die Sachsen) samt der leichten Kavallerie-Division Taxis dirigierten sich über Wildenschwerd. Nur diese beiden Straßen standen zur Verfügung. Am 11. befand sich die Armee in einem großen verschanzten Lager um Olmütz. Das X. Korps, die leichte Kavallerie-Division Edelsheim und die drei schweren Reiter-Divisionen waren bis Wien zurückbeordert worden; jenes (das X. Korps) unter Benutzung der Eisenbahn.

Der Plan Benedeks, durch eine Flankenstellung bei Olmütz unsern Vormarsch auf Wien zu hindern, kam aber nicht zur Ausführung. Wohl noch früher, als der Entschluß König Wilhelms: »lediglich die II.

Armee vor Olmütz zurückzulassen, mit den beiden andern Armeen aber über Brünn und Znaym bis an die Donau vorzugehn«, in Wien bekannt sein konnte, erging vom Kaiser selbst der Befehl, die Stellung bei Olmütz aufzugeben und mit allen Korps der bedrohten Hauptstadt zu Hilfe zu eilen.

Diesem Befehle mußte gehorsamt werden, und der Feldzeugmeister traf sofort die entsprechenden Anordnungen. Das III. Korps und ein Teil der Sachsen wurden in vierzig Zügen südwärts befördert; alle übrigen Korps aber sollten, nach einem am 13. Juli ausgegebenen Marschplane, zu Fuß über Kremsier, Göding, Stampfen, also das Marchtal hinunter, die Hauptstadt zu gewinnen suchen. Am 14. traten das IV. und II., am 15. das VIII. und I. Korps ihren Marsch an, passierten auch glücklich die Linie, bis zu welcher unsre hart in der rechten Flanke stehende II. Armee, und zwar über Olmütz bereits hinaus, vorgedrungen war.

Die ernsten Gefechte, in welche die abziehenden Korps, namentlich das VIII., dabei verwickelt wurden, ließen keinen Zweifel darüber, daß ein ungestörter Abzug,* das Marchtal hinunter, auf Wien oder Preßburg zu, unmöglich sein werde, und so entschloß sich denn der Feldzeugmeister, dem Gros seiner Armee eine veränderte Marschrichtung anzuweisen. Befehl erging, die Marchlinie aufzugeben und unter Ausbiegung nach links (dabei die kleinen Karpaten überschreitend) die Waaglinie zu halten und in einem Kurvenmarsch erst Preßburg, dann Wien zu erreichen.

Dem wurde nachgekommen. Die österreichischen Korps (es waren noch das IV., II., VIII., I. und VI.) bewährten sich abermals in einer glänzenden Marschleistung.

Ihnen unmittelbar zu folgen, war unmöglich; es hätte dies unsre den linken Flügel bildende II. Armee, durch immer weitres Ausbiegen nach links, außer allem Zusammenhang mit den beiden andern Armeen gebracht. Wir störten also den Marsch des Feindes nicht und rückten, während seine fünf Korps die mehrerwähnte Kurve beschrieben, in gerader Linie gegen die Hauptstadt, richtiger gegen das zwischen Wien und Preßburg gelegene Terrain, das Marchfeld, vor. Da wir (namentlich unsre I. und Elb-Armee) mindestens in gleicher Höhe mit dem

* Ein ungestörter Abzug war um so unwahrscheinlicher, als am selben Tage, dem 15., an dem jene ziemlich ernsten Gefechte (Tobitschau und Prerau) mit der Vorhut unsrer II, Armee stattfanden, auch seitens der erheblich weiter nach Süden vorgedrungenen I. Armee ein Flankenstoß (und zwar von Brünn aus gegen den wichtigen Eisenbahnpunkt Göding) ausgeführt worden war. Irgendwo, an der March hin, durfte der abziehende Feind also sicher sein, durch unsre in seiner rechten Flanke stehenden Armeen ernsthaft bedroht zu werden.

Feinde standen, als dieser seinen Kurvenmarsch begann, so war für uns die Möglichkeit gegeben, vor ihm an der Donau, zwischen Wien und Preßburg einzutreffen. Glückte das, so nahmen wir ihm allerdings nicht absolut die Möglichkeit, Wien zu erreichen, zwangen ihn jedoch abermals auszubiegen und auf erneutem Umwege, statt von Osten, von Süden her der bedrohten Hauptstadt zu Hilfe zu kommen.

Auch ein solches Resultat, weil es die Vereinigung der feindlichen Armeen wenigstens hinausschob, erschien in hohem Maße erstrebenswert, und so wurden denn unsrerseits alle Kräfte angespannt, um uns zwischen die von Olmütz her anrückende und die bei Wien bereits stehende feindliche Armee zu schieben. Unsre 7. und 8. Division feierten aufs neue einen glänzenden Tag. Als aber die Frucht dieser Anstrengungen eben gepflückt und das seinem Abschluß nahe »Gefecht bei Blumenau« uns die Tore Preßburgs öffnen sollte, trat die Waffenruhe dazwischen. Dies war am 22.

Die Kämpfe auf dem östlichen Kriegsschauplatz schlossen mit diesem Gefecht bei Blumenau; eine Anzahl von Renkontres, mal ernsterer, mal leichterer Natur, waren vorausgegangen. Sie zu schildern erübrigt uns noch.

Bevor wir aber zu dieser Schilderung übergehn, begleiten wir – zunächst unter Weglassung aller kriegerischer Zwischenfälle und uns lediglich auf die genrehafte und landschaftliche Seite dieses Marsches beschränkend – unsre drei großen Kolonnen auf ihrem Zuge »durch Böhmen und Mähren«. Wir lassen Augenzeugen sprechen und verweilen abwechselnd bei der einen und andern Armee.

Durch Böhmen und Mähren

»Pardubitz, den 6. Juli

IE Vorhut unserer II. Armee* ist gestern hier eingetroffen, heute wir selbst.

Wir haben das Kronprinzliche Hauptquartier hier; der König und das Große Hauptquartier werden morgen oder übermorgen erwartet.

Unter allen böhmischen Städten, die ich bis jetzt gesehen, ist Pardubitz die böhmischste, von großem malerischen Reiz. Es liegt an der Einmündung des Flüßchens Chrudimka in die Elbe.

Vor der Stadt dehnen sich zwei Vorstädte aus, die an Häuser- und Einwohnerzahl die eigentliche Stadt überragen. Von den beiden Stadttoren – das grüne und das weiße – steht nur noch das erstere, mit einem hohen, schlanken Turme versehn. Hübsche Häuser mit italienischen

* In drei Heeressäulen, zu einem großen Schlachten-Rendezvous, waren die Unsern auf dem Felde von Königgrätz zusammengetroffen, und in drei Heeressäulen (am 5.) verließen sie dasselbe wieder, um dem über Pardubitz auf Olmütz abziehenden Feinde zu folgen. Sie behielten ihre Stellung untereinander bei: die II. Armee (Kronprinz) nahm den linken Flügel, die I. Armee (Prinz Friedrich Karl) das Zentrum, die Elb-Armee den rechten Flügel. Mit andern Worten, die drei Armeen setzten sich über Olmütz (links), Brünn (Zentrum)

Giebeln umgeben den geräumigen Ringplatz. An der Westseite fällt das Rathaus in die Augen, an dem das Wappen der ehemaligen Herren von Pardubitz zu sehen, das zugleich das Wappen der Stadt ist: die Vorderhälfte eines weißen Pferdes im roten Felde. An dieses Wappen knüpft sich eine interessante Sage. Als König Wladislaus II. von Böhmen mit dem Heere Friedrich Barbarossas im Jahre 1158 vor Mailand lag, erstiegen eines Nachts böhmische Krieger die Mauern der lombardischen Hauptstadt und drangen in deren Inneres. Dort entspann sich ein heftiger Kampf mit dem Volke, so daß die Böhmen der Übermacht weichen und durch das Tor, durch welches sie einige der draußen Har-

und Znaym (rechts) auf Wien zu in Marsch. Die Marschlinien, die sie innehielten, erhellen am besten aus der folgenden Tabelle:

Juli.	II. Armee	I. Armee	Elb-Armee	Großes Hauptquartier
5.	Opatowitz	Prelautsch	Chlumetz	Horsitz
6.	Pardubitz	Prelautsch	Chlumetz	Horsitz
7.	Pardubitz	Hermanmestetz	Neuhof	Pardubitz
8.	Hohenmauth	Chrast	Goltsch-Jenikau	Pardubitz
9.	Leutomischel	Richenburg	Deutsch-Brod	Hohen-mauth
10.	Mährisch-Trübau	Neustadt	Iglau	Zwittau
11.	Mährisch-Trübau	Pernstein	Iglau	Zwittau
12.	Mährisch-Trübau	Brünn	Trebitsch	Czernahora
13.	Opatowitz (in Mähren)	Brünn	Trebitsch	Brünn
14.	Konitz	Brünn	Trebitsch	Brünn
15.	Konitz	Brünn	Znaym	Brünn
16.	Rechtsabmarsch der Garden und des VI. Korps von Olmütz auf Brünn	Pawlowitz	Linksabmarsch von der Straße Znaym-Wien auf die Straße Brünn-Wien	Brünn
17.		Lundenburg	Mistelbach-Wülfersdorf	Brünn
18.		Feldsberg	Mistelbach-Wülfersdorf	Nikolsburg bis zum 29.
19.		Duernkruth	Mistelbach-Wülfersdorf	Nikolsburg bis zum 29.
20.		Ebenthal	Wolkersdorf-Gaunersdorf	Nikolsburg bis zum 29.

Die II. Armee (Kronprinz) hörte vom 16. ab auf, eine Einheit zu repräsentieren und operierte in einer Dreiteilung: Das I. (ostpreußische) Korps wurde zur Beobachtung von Olmütz vor dieser Festung zurückgelassen, das VI. Korps (Mutius) und die Garden schoben sich rechts, auf Brünn zu, hinter die I. Armee, und nur das V. Korps (Steinmetz) avancierte in der ursprünglich eingeschlagenen Richtung, südwärts die March hinunter. Am 19. hatte es Napagedl, am 20. Ungarisch-Hradisch erreicht.

renden hereingelassen hatten, sich wieder zurückziehn mußten. Ein Ritter Jezek v. Pardubitz verspätete sich im Kampf und gelangte erst ins Tor, als die Mailänder bereits das Fallgitter herabließen. Dieses sank gerade auf den Rücken des Pferdes und spaltete es in zwei Hälften. Der böhmische Ritter nahm die Vorderhälfte auf die Schultern und trug sie vor seinen König, dem dies Heldenstücklein so sehr gefiel, daß er dem Tapfern das halbe Pferd als Wappen verlieh.

Neben dem Rathause ist das Schloß das wichtigste Gebäude der Stadt. Wilhelm v. Pernstein erbaute es im sechszehnten Jahrhundert. Zu seiner Zeit war es eine wichtige Zitadelle; jetzt dient es den allerfriedlichsten Zwecken. Seine weiten Räume werden teils zu Wohnungen, Kanzleien und einem Archive benutzt, teils stehen sie leer, die Basteien sind in Gärtchen mit Pavillons, die Wallplateaus in Alleen und Wege, der Burggraben in Gärtchen verwandelt, die Wallabhänge mit Obst und Weinreben bepflanzt. Das Äußere der Burg, zu der man auf einer Seitengasse vom Ringe aus gelangt, ist imposant. Drei Tore und eine Bogenbrücke sind bis zur eigentlichen Hochburg zu passieren.

Was jetzt dem Ort eine Bedeutung leiht, ist sein immer wachsender Eisenbahnverkehr, sein großartiger, fast eine Viertelmeile langer Doppelbahnhof und vor allem seine Wettrennen. Anfangs Oktober, wenn die Wettrennen stattfinden, strömen aus Böhmen, Wien, Ungarn, Preußen usw. hohe Kavaliere herbei, so daß um diese Zeit Pardubitz mehr hohen Adel beherbergt als manche mittelgroße deutsche Residenzstadt. Es wimmelt dann von Jockeys, Livreedienern, Reit- und Stallknechten; Schaulustige aus Prag und der Umgegend finden sich in Unmassen ein. Unmittelbar nach dem Rennen beginnen die Hetzjagden, die bis tief in den November währen. Die weite Ebene bietet das günstigste Terrain; zugleich steigern die vielen Teiche und Flußkrümmungen die Mannigfaltigkeit und die Aufregungen des Sports.

Der großen Lebhaftigkeit der Stadt entspricht die Menge ihrer Gasthäuser, von deren Vorhandensein wir, nach den Strapazen der letzten Tage, den größtmöglichen Nutzen ziehn. Das kriegerische und immer wechselnde Bild, das der Marktplatz gewährt, ist von großem Zauber, und ein Wiedersehn drängt das andre. Möchte auch uns ein solches beschieden sein. Wir leben der Hoffnung, daß die große Arbeit bereits getan ist und der Krieg zu Ende geht.«

»Hermanmestetz, den 7. Juli

Herzog Wilhelm von Mecklenburg ist mit der neu formierten Avantgarde der I. Armee, d. h. mit dem ganzen 60. Regiment, mit den Füsilier-Bataillonen der Regimenter 18 und 48, mit dem 4. Jäger-Bataillon und einiger Artillerie und Kavallerie hier eingerückt. Wir finden hier alles anders als in den Dörfern und Städten, die wir bisher passiert. Die Panik, welche die Königgrätzer Niederlage unter dem Landvolk hervorgerufen, hat sich nicht auf die südlich von der Elbe gelegenen Gegenden ausgedehnt, und niemand hat Haus und Hof verlassen. Alles war geschäftig, Bauern arbeiteten auf den Feldern, die Dörfer wimmelten von Frauen und Kindern und boten feil, was sie hatten.

Unser Marsch hielt zum kleineren Teil die große Straße. Meist marschierten wir auf schmalen Landwegen oder über Wiesen und an tiefgelegenen Wassermühlen vorbei, die der Landschaft einen großen Reiz verliehen. Von den Hügelkuppen aus, die wir dann und wann erreichten, überblickten wir eine weite, fruchtbare Ebene und am Horizont, in Entfernung von etwa sechs Meilen, eine blaue Bergkette, die Böhmen von Mähren trennt. Das Korn steht überall in goldner Pracht und verschönt das landschaftliche Bild.

Die Stadt Hermanmestetz ist ganz und gar böhmisch; nur wenige Einwohner, selbst der bessern Klassen, können deutsch sprechen, und die Schilder der Läden und Gasthäuser tragen nur böhmische Inschriften. Sobald die Truppen einmarschiert und in ihre Quartiere entlassen waren, stürzte alles in die Läden und rief nach Tabak und Zigarren. Ebenso nach Kaffee, der bald vollständig vergriffen war. Jede Schankstube ist von einer hungrigen Menge angefüllt, welche begierig nach Speise, Bier und Wein verlangt. Tornister sind auf den Bänken aufgeschichtet, Gewehre stehen massenweise in den Ecken, und ihre Eigentümer umdrängen den Schanktisch, indem jeder durch lautes Sprechen die Bedienung des Wirts für sich zu gewinnen sucht. Doch sind die Soldaten, obgleich hungrig und durstig, immer in guter Laune.

Mit dem Einbruch der Dunkelheit verstummt jedes Geräusch; das Gewühl in den Straßen verschwindet, und die Leute suchen ihr Nachtlager auf. Einige schlafen in den Häusern auf Stroh, andere in Schuppen, viele in den Gärten, denn der Raum in den Häusern ist nicht für alle hinreichend, und überdies ziehen manche klüglicherweise die milde Sommerluft einem überfüllten Zimmer vor. So herrscht denn in der vorher so geräuschvollen Stadt nun tiefe Stille, und die einzigen Laute, welche man vernimmt, sind die Tritte einer Schildwacht oder das Wiehern eines Pferdes.«

»Chrast, den 8. Juli

Unsere I. Armee unter Prinz Friedrich Karl ist jetzt hier in der Umgegend von Chrast verteilt. Die 8. Division steht in der Stadt selbst, das Hauptkorps befindet sich auf dem Wege nach Mährisch-Trübau, während rechts neben uns die Elb-Armee gegen Iglau vorschreitet.

Von Frieden wird viel gesprochen, aber die Armee setzt ihren Vormarsch fort, dabei alle Vorsichtsmaßregeln innehaltend. Die Felder werden reihenweise von Schützen durchstreift, welche mit den auf der Landstraße marschierenden Truppen gleichen Schritt halten, während sie das Korn mit derselben Sorgfalt und Vorsicht durchsuchen, als wären sie Jäger, die den Fuchs in seiner Höhle aufsuchen wollen. Mit aufgekrempelten Beinkleidern schreitet die Infanterie heiter und vergnügt einher und scheint die Wucht der schweren Tornister und Kochkessel nur wenig zu fühlen. Die Helme haben in diesem Feldzug mehr gelitten als irgendein andrer Teil ihrer Ausrüstung; vielen fehlt die Spitze, die gewöhnlich durch eine Kugel oder einen Granatsplitter weggerissen ist; einige Helme sehen aus, als wären sie in dem Drange des Gefechts heruntergestoßen worden und unter die Füße der hinter dem Inhaber marschierenden Reihen geraten. Die Bandeliere sind nicht mehr allzu weiß, und die Stiefel haben jede Spur von Wichse verloren. Die etwas abgemagerten Artilleriepferde, deren Rippen infolge der schweren Anstrengungen und des spärlichen Futters ziemlich auffallend hervorstehen, traben noch munter einher, fast ohne ihre Zugriemen zu spannen. Auf der Landstraße rollen die geraden, stählernen Kanonen mit Leichtigkeit hinter den Tieren einher und erscheinen für sechs Pferde als ein bloßes Spielwerk; wenn aber der Boden von heftigen Regengüssen erweicht ist, wie bei Königgrätz, dann ist es ein anders Ding.

Die Armee marschiert noch in mehreren Kolonnen, und von jeder Anhöhe aus sieht man die verschiedenen Linien gleich langen blauen Schlangen sich durch die Gegend hindurch winden. In Hohlwege niedertauchend, durch Dörfer sich schlängelnd, in Gehölzen und Gebüschen erscheinend und wieder verschwindend, dehnen sie sich meilenweit von der Front bis zur Nachhut. Immer gerade vor sich hinblickend scheinen die Truppen der Festung Olmütz zuzuschreiten, unter deren Mauern die Österreicher ein verschanztes Lager haben, in welchem sie mit mehr als 100000 kampffähigen Leuten und 400 Geschützen stehen sollen. Hier, so heißt es, gedenke die österreichische Armee der preußischen den Weg nach Wien zu versperren.

Wieder haben wir heute ein überaus fruchtbares Stück Land passiert, dessen Bewohner nicht vor uns geflohen waren; wieder marschierten wir auf Landwegen, zum Teil von Obstbäumen überschattet, dann wieder über saftige und blumenreiche Wiesen, die sich über Kalkstein hinziehn und nur eine dünne Erdschicht haben. An manchen Stellen tritt der Fels zutage und erhebt sich zwanzig bis dreißig Fuß hoch, wunderlich geformte Grotten und Höhlen bildend, um die sich Edeltannen und Weymouthkiefern gruppieren, zu deren Füßen wiederum wilde Rosen, Weißdorn, Fingerhut und Nachtschatten blühn.

Alle Gehöfte und Hütten sind aus Backsteinen erbaut, und selbst der kleinste Weiler erfreut sich einer Kirche mit einem Turm, auf dessen höchster Spitze gewöhnlich eine große, in vielen Fällen vergoldete Kugel angebracht ist, eine Einrichtung, die slawischen Ländern eigentümlich zu sein scheint. Hier sieht man keine hölzernen Hütten, denn die Bewohner dieser Gegenden sind wohlhabender als die Bevölkerung nördlich von der Elbe, und in der Tat, als wir diesen Fluß überschritten, ließen wir die aus Fichtenholz gezimmerten Hütten, von denen so viele dem Artilleriefeuer von Freund und Feind zum Opfer fielen, hinter uns zurück.

Alle Häuser, in die wir hier eintreten, sind von äußerster Sauberkeit; die Möbel ohne Farbe und Politur, aber gewaschen und gescheuert und von einer Weiße, die in Nordböhmen nicht anzutreffen war. Alle Messinggegenstände, alle Eisen- und Stahlgerätschaften blitzen und blinken und spiegeln – oft zu gleichem Bedauern von Gast und Wirt – eine Einquartierung wieder, die mit ihren staubigen Röcken und beschmutzten Stiefeln in diese Welt von Sauberkeit nicht recht hinein passen will.

Auch hier seufzt die Bevölkerung über den Krieg, denn ihre Saaten sind beschädigt. Soldaten beider Armeen sind bei den Leuten einquartiert worden (die Österreicher nahmen vor einigen Tagen ihren Rückmarsch durch diese Gegend), und viele unter ihnen haben Söhne und Brüder im österreichischen Kriegsdienst. Doch herrscht kein Groll zwischen ihnen und den preußischen Soldaten. In der Tat sind die letztern von einer solchen Gutmütigkeit, daß es dem Übelwollendsten schwer fallen sollte, Anstoß an ihrer Haltung zu nehmen.

Für diese Nacht ist das Hauptquartier in einem hiesigen Kloster errichtet. Die Priester sind noch hier, doch haben sie den größeren Teil des Hauses dem Prinzen Friedrich Karl und seinem Stabe überlassen. Militärwagen und Pferde sind innerhalb der Umzäunungen des Klosters untergebracht, Offizierburschen gehen pfeifend durch die Korridore und Zellen, und das Gebäude würde bald einer Kaserne vollkommen ähnlich sehen, wenn nicht die Priester umhergingen, um gutmütiger Weise Offizieren und Soldaten Speise und Trank darzubieten; denn obgleich sie dieselben als Feinde ihres Landes und vielleicht auch ihrer Kirche betrachten, so wissen sie doch, daß die Armee einen weiten und beschwerlichen Marsch gemacht hat, und sie üben jene Mildtätigkeit, die das verbindende Glied zwischen allen christlichen Bekenntnissen sein sollte.

Von der in unmittelbarer Nähe des Klosters gelegenen Kirche aus verbreitet sich die kleine Stadt, deren weiße Häuser hell im Sonnenschein erglänzen, in vier, fast rechtwinklig erbauten Straßen. Zwischen und hinter den Häusern erblickt man freundliche kleine Gärten, und jenseits liegen die Felder, deren schwer beladene Ähren der Sichel entgegenreifen. Langsam läutet die Kirchenglocke zur Vesper, denn es ist Sonntag; einige Frauenzimmer, den Schal nach böhmischer Weise über den Kopf gezogen, treten soeben unter das Portal der Kirche, und man sieht sie am Eingange derselben sich mit dem heiligen Weihwasser bekreuzen. Dies alles würde in seiner Gesamtheit ein Bild des tiefsten Friedens bilden; aber die zahlreichen Bajonette vor jeder Tür, das beständige Gewühl der in den Straßen hin und her schreitenden Soldaten, die wandernden Krämer, welche ihre Verkaufstische vor der Kirchentür aufgestellt haben und mit Soldaten über den Wert von schwarzen Zigarren und Schnaps disputieren, verraten nur zu deutlich, daß dieses freundliche Städtchen augenblicklich das Hauptquartier einer Armee ist, die soeben von einem Schlachtfelde kommt und wieder vordringt, um ihren Feind zu einer abermaligen Schlacht zu zwingen; – denn es liegt nun offenbar im Interesse der Preußen, sich an die Fersen der sich zurückziehenden Österreicher zu heften und sie zum Kampf zu nötigen, bevor sie sich aufs neue zu organisieren imstande sind.«

»Brünn, den 14. Juli

Seit vier Tagen haben wir Böhmen hinter uns und stehen nun mitten in Mähren. Vorgestern, am 12., ist die Avantgarde unsrer I. Armee in Brünn, die Hauptstadt Mährens, eingerückt. Die erste Hälfte unsres Marsches auf Wien ist absolviert, und die zweite Hälfte scheint uns wenigstens nicht verlegt werden zu sollen. Der Feind bleibt im Rückzug. Bei Olmütz steht er in einem verschanzten Lager, aber wir werden ihn dort stehen lassen und neben ihm vorbeimarschieren.

Brünn hat 50000 Einwohner und ist reizend gelegen. Hier fühlen wir uns zum ersten Male seit dem Einmarsch in Böhmen wieder inmitten der Kultur. Man bekommt, wenn auch für schweres Geld, doch alles, wonach Herz und Sinne verlangen, und interessant war es für den stillen Beobachter zu sehen, wie Tausende erschlaffter und müder Seelen hier neuen Lebensmut sich holten. Ich gehörte zu beiden, d. h. zu denen, die sich erholten und beobachteten. Sogar das Theater hat hier keine Unterbrechung erlitten, abweichend von andern Plätzen. Gestern abend hörte ich »Martha« und dehnte ich mich auf meinem bezahlten Sperrsitz, so sehr es ein Rezensent ohne Beruf, aber aus Neigung, darf und soll. Die Oper ging sauber und präzis; Chor und Orchester waren

vorzüglich, und die Einzelleistungen entsprachen jeder billigen Kritik. Vor mir saß ein Leutnant von den Hessen-Kassel-Husaren, der in dem Gefecht bei Saar gefangen worden war. Ich traf später im Hotel zum »Schwarzen Bären« noch einmal mit ihm zusammen; und hörte von preußischen Kameraden erzählen, daß er mit dem Pferde gestürzt und so eingeholt worden sei. Es war ein hübscher, schlanker junger Mann, der nicht aussah, als wäre er gutwillig in unsre Hände gegangen.

Heute morgen habe ich den berüchtigten Spielberg besucht, der sich unmittelbar an der Westseite der Stadt erhebt. Das Schloß, das schon seit 7 Jahren aufgehört hat, Staatsgefängnis zu sein, dient jetzt nur als Kaserne und sah nach dem eiligen Abzug der österreichischen Besatzungen noch lüderlich genug aus. Jetzt schildern preußische Wachtposten vor den Toren und auf den Bastionen, von denen man eine wundervolle Aussicht auf die Stadt Brünn und deren Umgebung hat. Die Schauergewölbe, die früher zur Aufbewahrung der Gefangenen dienten und die großenteils unter der Erde liegen, ohne Licht und in eisiger Temperatur, machen mit all ihren Spuren brutaler Tyrannei auf den Besucher einen entsetzlichen Eindruck. Ehre dem großen, menschlichen Kaiser Joseph, der sie schloß! Man zeigte unter anderm noch den Kerker, in dem der bekannte Panduren-Oberst v. Trenk gesessen. Seine Leiche ist in der Gruft der Kapuziner beigesetzt.

Wir befinden uns überhaupt hier auf historischem Boden: eine Meile ostwärts das Schlachtfeld von Austerlitz, vor uns das Marchfeld, das die Böhmen und Ungarn schon kämpfen sah; vielleicht begegnen wir den Feinden dort. Heiß wird der Tag werden, der uns von neuem bevorsteht und der mit seinen Gluten viele Tausende zu verschlingen droht.

Alle die Lippen, die für uns beten,
Alle die Herzen, die wir zertreten,
Tröste und schütze sie, ewiger Gott!

Es liegt schwül auf Herz und Sinn der armen, schwergetroffenen Menschen hierzulande, und die Friedenshoffnung, die gestern auftauchte, war vielen wie ein frischer Luftstrom.«

»Brünn, den 16. Juli

Wie wunderbare Gegensätze! Von hier aus wurde unter der Regierung des Kaisers Sigismund die Mark Brandenburg beherrscht und so schlecht regiert, daß endlich das Haus Hohenzollern dem greulichen Unwesen ein Ende machen mußte. Damals war die Mark an den Markgrafen Jobst von Mähren verpfändet, welcher das unglückliche brandenburgische Land aussaugte, um hier in Mähren Burgen, feste Häuser usw. zu bauen. Jetzt – beinahe 500 Jahre später – hat der Fürst der Mark Brandenburg in Brünn sein Hauptquartier aufgeschlagen, und Brandenburger Landeskinder beleben die Straßen; denn alle echt märkischen Regimenter (das 8., 12., 24., 35., 48., 60., 64.) stehen seit drei Tagen

in Brünn. Mit ihnen General v. Manstein. Damals empfingen die märkischen Edlen und Städte ihre Befehle aus Brünn; jetzt verwalten brandenburgische Männer die Brünner Polizei, Post und alle Staatsanstalten, deren eigentliche Verwalter weggelaufen sind.

Zum gestrigen Tage (Sonntag) hatte der König einen Feldgottesdienst für diejenigen Regimenter der 5. Division befohlen, welche erst am Nachmittage der schon in der Frühe nach Lundenburg abgerückten 6. und 7. Division folgen sollten. Auf dem sogenannten Josephstädter Glacis, zwischen der Statthalterei und der Wohnung des Generalfeldzeugmeisters Prinzen Karl von Preußen, war an der höchsten Stelle desselben ein Altar aufgestellt worden, dessen reicher Blumenschmuck einen besonders gefälligen und gegen die durchaus kriegerische Umgebung kontrastierenden Eindruck machte. In einem Viereck standen auf drei Seiten desselben das Leib-Grenadier-Regiment, das 12. Grenadier-

Regiment (Prinz Karl von Preußen) und das 48. (der jüngere Bruder des Leib-Grenadier-Regiments), jedes mit drei Bataillonen, die Fahnen derselben rechts und links neben dem Altare. Rechts von demselben die Militär-Liturgiesänger und hinter diesen Artilleristen von der Feldzeugmeister-Brigade, – links die Regimentsmusiker und hinter ihnen das Brandenburgische Pionier-Bataillon, also sämtlich Söhne der Mark Brandenburg. Der König erschien um ½9 Uhr, begleitet von dem Großherzog von Mecklenburg-Schwerin (welcher demnächst von hier nach Leipzig abgehen wird, um das Kommando über das dort formierte 2. Reserve-Korps zu übernehmen), den Prinzen Karl und Friedrich Karl von Preußen, gefolgt von den Generaladjutanten, Generalen *à la suite*, Flügeladjutanten und allen Militärpersonen, welche zum Hauptquartier Sr. Majestät gehören, dem Ministerpräsidenten Grafen v. Bismarck sowie den in und bei Brünn anwesenden Generalen. Der Feldgottesdienst wurde nach den dafür im »Kirchenbuch für die Armee« vorgeschriebenen Formen von dem Divisions-Prediger der 5. Division abgehalten, welcher in schwungvoller, von Gottvertrauen durchwehter Rede den Satz durchführte: ›Nicht uns! Nicht uns! Nein, Ihm allein die Ehre!‹ Sie wirkte um so mächtiger, als die ganze Umgebung, der Ort, wo sie gehalten wurde, und die noch so frische Erinnerung an das eben erst Durchlebte, noch mehr vielleicht der Gedanke an das nahe Bevorstehende, die Gemüter ernst und empfänglich stimmte. Mit zwei Versen des aus vollem Herzen kommenden: ›Nun danket alle Gott!‹, dem allgemeinen Kirchengebet und dem Segen schloß der Gottesdienst, den Tausende der Einwohner in musterhafter Stille umstanden.

Heute früh ist bereits die Kavallerie der Stabswache des Hauptquartiers in der Richtung nach Lundenburg abgerückt. Ungefähr drei Meilen von hier, an der Eisenbahn, scheint es gestern zu einem Gefechte mit dem Feinde gekommen zu sein, denn man hörte nachmittags starken Kanonendonner, der sich indessen nach Osten hin entfernte. Die ersten hier eingegangenen Nachrichten konstatieren bereits die Eroberung von abermals 18 Kanonen (bei Tobitschau und Rokeinitz), sprechen auch davon, daß die Österreicher ersichtlich nicht mehr standhalten wollten.«

»Brünn, den 17. Juli

Die Eisenbahn bei Göding ist unfahrbar gemacht, Lundenburg (dieser wichtige Knotenpunkt) besetzt, – Benedek ist nunmehr außerstande, seine bei Olmütz konzentrierten Armee-Korps unter Benutzung der Eisenbahn nach Wien zu schaffen. Sie müssen jetzt über Preßburg und zwar zu Fuß.

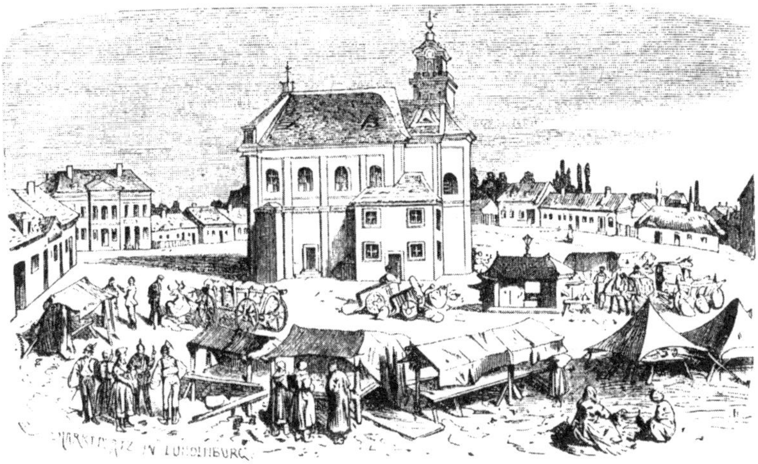

Ob diese Korps noch Lust haben werden, sich mit voller Energie zu schlagen, muß abgewartet werden. Ich bezweifle es. So erzählte mir noch heute der Kutscher aus Lundenburg, der mich fuhr, er sei eigentlich österreichischer Soldat, habe es aber nach der Flucht von dem Schlachtfelde von Königgrätz vorgezogen, sich heimlich vom Regimente zu entfernen und lieber bei seinem Vetter als Knecht in Dienst zu treten, statt sich nutzlos für den Kaiser von Österreich, der es einem doch nicht danke, totschießen zu lassen. So wie er hätten es aber schon viele seiner Kameraden gemacht, und noch eine größere Zahl würde es tun, sobald sie nur Gelegenheit dazu fände. Der gänzliche Mangel an Patriotismus, das Fehlen einer nationalen Begeisterung zeigt sich überhaupt bei der großen Menge der österreichischen Soldaten in diesem Kriege in einem bedauernswerten Lichte. Die einzelnen Offiziere kämpfen großenteils tüchtig und pflichtgetreu, ja, viele mit dem größten Heldenmute, und es sind öfters Fälle vorgekommen, daß Offiziere lieber freiwillig den Tod suchten, als daß sie ihre Niederlage überleben wollten; aber der großen Menge der gemeinen Soldaten ist der Ausgang der Schlachten ziemlich gleichgültig, und das fernere Schicksal des Reiches Österreich, von dem viele überhaupt gar keine Ahnung haben, ist ihnen vollständig einerlei. Gerade aus diesem geistigen Stumpfsinn der Mannschaften in der kaiserlich-königlichen Armee rührt die verhältnismäßig so äußerst große Zahl von Gefangenen her, welche 1859 die Franzosen in Italien, wie auch jetzt wir wieder in Böhmen und Mähren bei jeder Gelegenheit gemacht haben.«*

* Die große Anzahl von Gefangenen, die Österreich in seinen letzten beiden Kriegen,

»Brünn, den 20. Juli

Die Divisionen unsrer I. Armee sind alle längst weiter südlich gerückt, zunächst bis an die Thaya, dann bis an die Donau; mich hielt mein Kommando noch hier. Morgen folg' ich endlich. Diesen letzten Tag hab ich benutzt, um noch einmal den Spielberg zu besuchen, der

auch schon in seinen Kämpfen gegen das erste »Empire« verloren hat, läßt sich freilich kaum anders erklären, als es vorstehend geschieht. Vieles hängt eben nur lose an der habsburgischen Monarchie und wünscht eher ihre Zertrümmerung als ihren Fortbestand. Dennoch würde man fehlgehn, wenn man alles Geschehne aus diesem Gesichtspunkt ansehn und überall ein anti-österreichisches Gefühl oder auch nur eine allgemeine Indifferenz voraussetzen wollte. Nicht nur in seinen deutschen Kernprovinzen, auch in den west- und südslawischen, in den polnischen und selbst in den italienischen Landesteilen verfügte der Kaiser über loyale Untertanen, und es gebrach diesen Elementen nur an einer Organisation, um für uns bedrohlich und selbst bedenklich zu werden. Das Landvolk erhob sich bereits, insonderheit auf dem Terrain zwischen der Ober-Elbe und der schlesischen Grenze, und schon am 14. Juli sah sich der Kommandeur der 12. Division, General v. Prondzynski (der zur Einschließung der Festungen Josephstadt und Königgrätz zurückgeblieben war), zu folgender Proklamation genötigt: »Es haben sich zehn Bauern und Knechte in der Gegend von Königgrätz erfrecht, auf königlich preußische Truppen heimtückisch zu schießen, wobei sie ergriffen und nunmehr vor dem Kriegsgericht in Pardubitz abgeurteilt werden. Bei dieser Gelegenheit warne ich die Bevölkerung davor, ihre bisher ruhige Haltung zu verlassen, und mache hiermit bekannt, daß jede Zivilperson, welche mit den Waffen in der Hand ergriffen wird, die Todesstrafe erleidet, und daß für jeden königlich preußischen Blessierten oder Getöteten ein dem Orte benachbartes Gehöft niedergebrannt wird. Wird aus einem Orte auf königlich preußisches Militär geschossen, so haften, wenn die Täter nicht ermittelt werden, sämtliche Mitglieder der Gemeinde für die Tat, und die Ortschaft wird nach Umständen niedergebrannt.« Die zehn Bauern und Knechte, von denen in dieser Proklamation die Rede ist, wurden (wenn die uns gemachten Angaben zuverlässig sind) wirklich erschossen; in Skalitz fand eine gleiche Exekution statt; aber alle diese Maßregeln blieben wirkungslos; namentlich in der Nähe von Königinhof drängten sich die Fälle, wo von Zivilpersonen auf einzelne Soldaten und auf kleinere Trupps geschossen war.** Man glaubte unsrerseits, wenigstens zu Anfang, noch von »Räubergesindel« sprechen zu dürfen, bald aber mußte man sich überzeugen, daß hier nicht von »Gesindel, sondern von »Landsturm« die Rede war und daß man es im großen und ganzen mit patriotischen Männern zu tun hatte, die für ihren Kaiser, ihre Kirche und ihren Herd zu den Waffen griffen. – Dies zur Einschränkung der Ansichten, wie sie oben im Texte, in dem Briefe aus Brünn, ausgesprochen sind.

** Der interessanteste Überfall der Art war wohl der folgende: »Am 16. Juli (so erzählt ein Unteroffizier vom leichten Feldlazarett des Garde-Korps) kamen wir nach Müglitz (Böhmisch Mohelnice, Stadt von 3400 Einwohnern, Kreis Olmütz, an der March) und blieben dort über Nacht. Am 17. ritten wir nach dem von der Stadt nur 5 Minuten entfernten Dorfe Großbeutel, um dort einen Wagen zu requirieren. Ich war eben im Begriff, den Wagen fortzufahren, als mein Gefreiter angesprengt kam und meldete, daß außerhalb des Dorfes eine bewaffnete Menge Zivilisten preußische Infanterie in ihrer Mitte hätten und sie nach der Stadt führten. Dies kam uns beiden verdächtig vor; wir jagten in einer verdeckten Allee ihnen nach. Als sie uns plötzlich gewahr wurden, gaben sie Feuer auf uns und trieben die drei Infanteristen, die sich in ihrer Mitte befanden, mit Kolbenstößen vor sich her. Wie ein Blitz hatte ich meinen bei Königinhof erbeuteten Revolver zur Hand und der Gefreite seine Pistole.

einen so verhängnisvollen Namen in der Geschichte Österreichs hat. Es ist ein mäßig hoher, von allen Seiten frei sich erhebender Hügel, so daß man bei einem Rundgange um seine Kuppe eine weite Aussicht teils auf das in einem Halbkreise um ihn herum gebaute Brünn mit seinen vielen Türmen, alten Palästen, weitläufigen Klöstern und wieder im Gegensatze zu diesen Monumenten der Vergangenheit auf die riesigen Fabrikgebäude mit ihren hohen Dampfessen und weiten Trockenplätzen genießt. Dazwischen grüne Wiesen, schattige Gartenanlagen, breite Alleen und auch die weiten Gemüsefelder, durch welche die hiesige Gegend bekannt ist. Schmale, grüne Täler und, wenn auch nicht hohe, so doch steil abfallende Hügel mit tief eingeschnittenen Schluchten ziehen sich bis dicht an die Vorstädte heran, während der fernere Horizont auf zwei Seiten durch die niederen Kuppen der Vorberge der südlichen Karpaten begrenzt wird. Es ist eine förmliche Rundsicht, von allen Seiten frei, die man von diesem Spielberge genießt, und wenn sie auch in rein landschaftlicher Hinsicht weiter nicht besonders schön ist (denn das Wasser, dieses Auge der Landschaft, fehlt gänzlich, und die Hügel sind zwar fruchtbar, aber meist kahl und entbehren des Schmukkes der Wälder), so ist sie doch deshalb interessant, weil man einen freien Überblick über einen weiten Teil Mährens mit einem Male erhält. Diese günstige Lage des isolierten Hügels bewog auch schon in frühester Zeit dazu, ein festes Schloß auf ihm zu erbauen, das, später immer mehr verstärkt und erweitert, längere Zeit für eine der festesten Zitadellen in der Monarchie galt. Von diesem Ansehn stieg es herab. Den verbesserten Geschützen gegenüber wurde der Spielberg als

Mit lautemHurra stürzten wir auf den Trupp, der aus 12 bewaffneten Bauern bestand; nochmals begrüßten sie uns mit einer Salve, zwei schoß ich nieder, einen schlug der Gefreite zu Boden. Die drei von ihnen gefangenen Infanteristen, einer vom 4., einer vom 5., einer vom 45. Regiment, zur Armee des Kronprinzen gehörig, waren durch unsern Angriff plötzlich befreit und halfen uns wacker, trotzdem sie keine Gewehre hatten. Zwei Bauern baten um Pardon, wurden aber ohne Gnade niedergeritten. Unsre drei befreiten Gefangenen waren ganz schrecklich mit Schrotschüssen bedeckt, und wir mußten machen, daß wir sie in Sicherheit brachten, denn aus dem Dorfe kamen eine Menge Leute mit Sensen, Flinten, Beilen, Stöcken, sogar Frauen und Kinder waren dabei beteiligt. Wir waren solcher Übermacht nicht gewachsen und wollten uns schnell ihren Kugeln entziehen. Beim Angriff war ich glücklich davongekommen, jetzt aber beim Rückzuge schoß mir einer der Bauern eine Kugel durch die Schulter, und eine zweite streifte mich am Halse. Der Gefreite hatte schon vorher einen Axthieb in den Fuß bekommen. Ich verbiß den Schmerz, und so schnell es unsre Wunden erlaubten, versuchten wir zu entkommen. Mit wahrer Todesangst schlichen wir durch die Wälder und Berge, jede Straße vermeidend. Nach fünfstündigem mühseligen Marsche stießen wir endlich auf preußische Truppen. Ich machte Meldung von dem Geschehenen, und sofort rückte eine Eskadron Garde-Kürassiere und eine Kompanie vom Kaiser Franz-Regiment nach dem genannten Dorfe ab, um die Schuldigen einzufangen.«

Festung wertlos; die meisten Mauern und Bastionen wurden fortgerissen, und an ihre Stelle traten hübsch angelegte Spaziergänge, schattige Rondells, ja, selbst eine Kegelbahn, so daß jetzt der Spielberg eine der beliebtesten Promenaden und ein sehr besuchter Belustigungsort für die Brünner geworden ist. Nur zwei große Kasernen und mehrere andere Gebäude, die ein geschlossenes Viereck ganz oben auf seiner Kuppe bilden (von den Preußen besetzt und jetzt der gesunden Luft wegen zu einem Lazarett eingerichtet), erinnern noch an seine frühere Vergangenheit.

Hier in diesen Gebäuden befinden sich auch die scheußlichen, halb unterirdischen, mit wahrhaft raffinierter Grausamkeit angelegten Kerker, in denen nur zu lange Zeit Österreich seine Staatsgefangenen schmachten ließ. Auch die kleine, enge, niedere, nur spärlich beleuchtete Zelle, in welcher Silvio Pellico von 1822–1830 unter allen möglichen Härten hinsiechen mußte, weil er sein Vaterland Italien von der österreichischen Herrschaft befreien und zu einem großen, einigen, freien Reiche erheben wollte, befindet sich hier. Staatsgefängnisse werden stets eine traurige Notwendigkeit bleiben, und jeder Staat, welche Regierungsform auch in ihm herrschen möge, hat nicht allein das Recht, sondern sogar auch die Pflicht, einzelne Individuen, die sich gegen seine Gesamtheit auflehnen und durch ihren unruhigen Ehrgeiz die friedliche Ruhe seiner Bewohner stören wollen, zu bestrafen und unschädlich zu machen. Aber solche Entziehung der Freiheit darf nicht in Grausamkeit ausarten, und die notwendige Haft soll nicht zu einem Mittel wenigstens scheinbarer Rachsucht werden.

Zwei Meilen von Brünn liegt das berühmte, in der Geschichte Österreichs so verhängnisvolle Schlachtfeld von Austerlitz. Ich habe es vor einigen Jahren einmal genauer besehen, doch hat sich die Gestaltung des Bodens infolge der veränderten Kultur so sehr umgewandelt, daß es kaum noch wiederzuerkennen ist. Besonders die bekannten Teiche, welche für die retirierenden Russen so verhängnisvoll wurden, in denen Napoleon das Eis durch seine Kanonenkugeln zerschmettern ließ, so daß viele ertranken, sind jetzt vollständig ausgetrocknet und in fruchtbare Felder verwandelt. Der bald darauf folgende Friede beraubte Österreich eines bedeutenden Teiles seines Gebietes. Wird der jetzt in nächster Frist geschlossene Friede abermals ein Gleiches tun? Schwerlich dürfte dies der Fall sein, denn Preußen, das als vollständiger Sieger aus diesem Kampfe hervorgeht, kann österreichisches Gebiet nicht gebrauchen und will es daher nicht haben.«

»Wolkersdorf (bei Wien), den 21. Juli

... Du wirst den Vormarsch unsrer drei Armeen verfolgt haben: Die II. Armee ging zunächst auf Olmütz, die I. auf Brünn, die Elb-Armee auf Znaym; wir (die Elb-Armee) hatten also wieder den rechten Flügel. Unser Weg führte uns auf der großen Kaiserstraße. Es war dies nicht die Straße, auf der im wesentlichen die österreichische Armee ihren Rückzug bewerkstelligte. Sie war mehr östlich gegen Olmütz zurückgegangen. Den vor uns stehenden Kavallerie-Regimentern des Feindes, welche unter Edelsheims Kommando unseren Vormarsch beunruhigen und aufhalten sollten, war wenig Abbruch zu tun, da sie sich immer nur aus weiter Ferne zeigten und bei unsrem Vorrücken rasch zurückwichen. So gelang es unsrer Avantgarde nur selten, ihre Kavallerie an den Feind zu bringen.

Ebenso rasch wie Böhmen wurde Mähren durcheilt; nirgends versuchte der Gegner einen ernsteren Widerstand. Von Znaym aus betrat die Elb-Armee das Erzherzogtum Österreich und damit wieder Gegenden deutscher Zunge, die in Böhmen und Mähren nur sporadisch vertreten ist. Am 16. aus Znaym abmarschiert, steht jetzt, seit gestern, dem 20., die Armee in der unmittelbaren Nähe Wiens. Die Avantgarde auf den Höhen bei Wolkersdorf sieht die stolze Kaiserstadt mit dem hervorragenden Stephans-Turm zu ihren Füßen liegen. Jubelnd wurde dieser Anblick von unsern Soldaten als herrliche Belohnung der anstrengenden Märsche seit Königgrätz begrüßt. Es war ein herrlicher Abend, der das Schauspiel noch schöner machte. Klar lag das Häusermeer Wiens in der Ferne, genau die Hauptgebäude und das Schloß von Schönbrunn erkennen lassend. Dahinter in dunkler Masse der Wiener Wald, vorne die Ebene des Marchfeldes, im Osten am Horizont die Höhen der Karpaten. Im Marchfelde mit seinen reichen Saaten und freundlichen Dörfern erkennt man Wagram, Aspern, Eslingen. Rechts erhebt sich auf dem linken Ufer der Donau der Bisam-Berg, der auch vom Feinde verschanzt sein soll, weiterhin das Oberösterreichische Bergland. Es war ein herrliches Panorama, bis jetzt noch von keiner preußischen Armee geschaut; das fühlen auch unsre Soldaten um so stolzer, und jeder wird alles daran setzen, das nächste große Ziel zu erreichen: Wien.«

Die Briefauszüge die wir vorstehend mitgeteilt und die den Leser, in Etappen, vom Königgrätzer Schlachtfelde bis angesichts der Türme von Wien geführt haben, verfolgten, wie eingangs angedeutet, ganz ausschließlich den Zweck: Landschaftsbilder zu geben, Dörfer und Städte,

Land und Leute zu schildern und genrehafte, aber charakteristische Momente des Marsches selbst, wie sie damals sich dem Auge boten, hervorzuheben. In Nachstehendem begleiten wir, und zwar auf denselben Wegen, unsre drei großen Heerkörper zum zweiten Male, diesmal aber lediglich in der Absicht, eine Darstellung der verschiedenen Gefechte zu geben, in die sie, durch rasches Nachdrängen, mit den verschiedenen Arrièregarden des Feindes verwickelt wurden.

Die Gefechte bei Saar und Tischnowitz

(I. Armee am 10. und 11.)

AG um Tag, rastlos, ging die Verfolgung, und trotz des Vorsprungs, den der Feind, vom 3. abends bis zum 5. früh, gewonnen, waren wir ihm doch, bis an die Donau, beständig hart auf den Fersen. Mehrfach kam es deshalb, und zwar auf allen drei Linien, zu leichteren und ernsteren Renkontres, wie wir das vorstehend verschiedentlich bereits angedeutet haben. Die I. Armee, der wir zunächst folgen und die, wie wir wissen, auf der Mittel-Linie, über Brünn, marschierte, hatte die Gefechte bei Saar und Tischnowitz. Wir geben dieselben.

Das Gefecht bei Saar, am 10. Juli
Pommersche Ulanen gegen Radetzky- und Hessen-Kassel-Husaren

Die Kavallerie-Division Hann war an der Spitze der I. Armee dem Feinde gefolgt und hatte, über Prelautsch und Chotebor, am 9. mittags den Flecken Wojnomestetz, nahe der mährischen Grenze, erreicht. Das 2. Pommersche Ulanen-Regiment Nr. 9, Oberst Freiherr v. Diepenbroick-Grüter, hatte die Tête. Man erfuhr, daß feindliche Husaren vor wenigen Stunden den Ort verlassen und sich auf Saar zurückgezogen hätten. Der Vorsprung war indes zu groß, um den Feind einholen zu können.

Am andern Morgen wurde der Marsch auf Saar fortgesetzt.

Das 9. Ulanen-Regiment hatte wieder die Tête der Division;
die 1. Eskadron (Rittmeister v. Schickfus) hatte die Tête des Regiments;
der 4. Zug (Leutnant v. Seckendorff) hatte die Tête der 1. Eskadron.

Das Terrain war hüglig und zum Teil mit Tannen bewachsen, so daß die Übersicht sehr erschwert war. Frische Biwak-Spuren neben der Chaussee zeigten indes, daß der Feind hier genächtigt habe.

So ging es eine Meile südwärts. Diesseits des Dorfes Strizanow stieß Leutnant v. Seckendorff auf einen Husarentrupp, attackierte und jagte den Feind vor sich her. Plötzlich sprengte aus einem an der Chaussee gelegenen Gehöft ein Offizier mit ungefähr 40 Pferden hervor und warf sich mit lautem Hurra auf unsre Ulanen. Beide Teile ritten in einander hinein; nach wenigen Augenblicken aber machten die Husaren kehrt und ergriffen die Flucht. Zwei feindliche Marketender, welche versucht hatten, mit ihren Wagen die steilen Böschungen der Chaussee zu erklimmen und das freie Feld zu erreichen, hatten bei diesem Versuche den Weg fast ganz gesperrt. Die Husaren, in der Auslage rückwärts liegend, ritten in die ihnen unfreiwillig errichtete Barrikade hinein und wurden von den Pferden gestochen oder gefangengenommen. Nur dem Offizier und 10 bis 15 Mann gelang es durchzukommen. Unsrerseits war Leutnant v. Bülow II., der sich, als Eclaireur-Offizier fungierend, aus freien Stücken der Attacke angeschlossen hatte, durch einen Hieb in die Stirn verwundet.

Vor Saar wurde haltgemacht.

Leutnant v. Seckendorff erhielt nun Befehl, mit seinem Zug die Stadt abzusuchen und die Fühlung mit dem Feinde wieder aufzunehmen. Am jenseitigen Ausgange des Orts wurde er von Karabinerschüssen empfangen; auf 200 Schritt Entfernung sah er in schräger Front zu dem nach Wattin führenden Hohlwege 2 Husaren-Eskadronen aufmarschiert; eine Höhe verdeckte die weitere Übersicht. Er machte halt. Als eine der feindlichen Eskadronen vorging, zog er sich zurück; der Feind folgte, nahm Aufstellung am diesseitigen Ausgange der Stadt und eröffnete ein ziemlich lebhaftes Karabinerfeuer. Wir unsrerseits warteten das Eintreffen der übrigen Eskadronen (die 2. war abkommandiert) ab; binnen kurzem war das Regiment vor Saar versammelt.

Die Stadt wieder in Besitz zu nehmen, war nächste Aufgabe. Es lag noch ein besondrer Grund vor, damit keinen Augenblick zu zögern. Mit dem Zuge des Leutnants v. Seckendorff nämlich war gleich anfangs der Regimentsadjutant, Leutnant v. Naso, in die Stadt geritten, um genauere Nachrichten über den Feind einzuziehen. Da die vor dem jenseitigen Ausgang liegende Höhe seine Rekognoszierung verhinderte, kehrte er unverrichteter Sache um. Auf dem Wege durch die Stadt bemerkte er den Kirchturm; er versprach sich dort eine weite Aussicht und erstieg ihn, während er einem unten haltenden Unteroffizier sein Pferd übergab. Kaum oben, bemerkte er zu seiner Bestürzung, wie der Avantgardenzug zurückgedrängt und der unten haltende Unteroffizier mit in die rückgängige Bewegung hineingezwungen wurde. Das Schreien der Stadtleute und ihr beständiges Hinaufweisen auf den Turm zeigten ihm nur zu deutlich, daß er nicht unbemerkt geblieben war. Er befand sich in der peinlichsten Lage; die nächsten Augenblicke drohten ihm Tod oder Gefangenschaft. Den gespannten Revolver in der Hand stellte er sich an den oberen Ausgang der engen Turmtreppe, bereit, sein Leben so teuer wie möglich zu verkaufen. Dieses Äußerste blieb ihm indessen erspart.

Fast in demselben Augenblick, in dem die drei Schwadronen des Regiments vor Saar sich sammelten, meldete auch der flüchtig gewordene Unteroffizier die verzweifelte Lage des Leutnants v. Naso, und sofort gab Oberst v. Grüter Befehl, zu seiner Befreiung vorzugehn. Der erste Zug der 1. Eskadron, unter Leutnant v. Bülow I., erhielt die Avantgarde; ihm folgte der übrige Teil der 1., dann die 3. und 4. Eskadron. Die Avantgarde stieß schon am Eingange der Stadt auf den Feind; die Husaren ritten in der Karriere vor und schossen ihre Karabiner ab; dies Manöver wiederholten sie mehrere Male. Auf dem Markte gab Leutnant v. Bülow das Kommando zur Attacke. Seine Ulanen stürzten sich mit lautem Hurra auf die Husaren, die kehrtmachten und in eiliger Flucht das Weite suchten.* So ging die Jagd bis zum Ausgange der

* Über diesen Kampf auf dem Marktplatze von Saar entnehmen wir dem Briefe eines Augenzeugen noch folgende überaus anschauliche Schilderung: »Dicht vor dem Marktplatz begann ein lebhaftes Gefecht. Die berühmte österreichische Kavallerie wurde von den etwas ermatteten preußischen Reitern angegriffen, und die Lanze kam in offenen Kampf mit dem Säbel. Die Ulanen bildeten eine Linie quer über die Straße, gingen eine kurze Strecke im Schritt vor, dann eine Strecke im Trab, die Lanzen hoch mit den schwarzweißen Fähnchen im Winde flatternd; aber wo sich die Straße zum Marktplatze verbreitert, erschallte ein kurzes scharfes Kommandowort, ein helles Trompetensignal, die Lanzenspitzen senkten sich, und die Pferde setzten sich in Galopp, die Reiter die Zügelhand tief herabgebeugt auf die Pferde, die Lanzenschäfte in fester Hand, die Spitzen mit den flackernden Fähnchen in der Fronte hervorstarrend. So wie die Preußen im Galopp ansetzten, waren die Österreicher auch in Bewegung. Mit mehr lockerem Schluß und in rascherer Bewegung jagten sie heran, die blauen, gelbgestickten Pelze von der Schulter fliegend, den Schwertarm frei lassend. Die Säbel hoch, bereit zum Hiebe, die kleinen, sehnigen Gäule scharf im Schluß, kamen sie näher, gewandt und leicht, und stürzten sich auf die Preußen, als wollten sie über die Lanzenspitzen wegspringen. Die Ulanen wogten schwer zurück vor dem Anpralle; aber sie hielten ihn

Stadt, wo eine halbe Eskadron den Hohlweg gesperrt hatte. Obgleich die Ulanen durch die heftige Verfolgung auseinandergekommen waren, warfen sie sich doch mit großer Entschlossenheit auf den Feind und zwangen ihn, auf die dahinter stehende Eskadron zurückzuweichen. Dem Leutnant v. Bülow wurde hierbei das Pferd unterm Leibe tödlich verwundet.

Inzwischen hatte der Rest der 1. Schwadron, Rittmeister v. Schickfus, die Stadt passiert und ging nun, da zum Aufmarschieren kein Platz vorhanden war, in der Formation zu dreien zur Attacke über. Nach heftigem Handgemenge wurde der Feind geworfen. Unsre 3. Eskadron, Rittmeister v. Maercken, folgte.

Der Feind, jetzt zwei Eskadronen stark, zog sich eilig auf dem nach Groß-Bitesch führenden Wege zurück; Rittmeister v. Maercken setzte sich in Galopp; die Distanz, die ihn von den Husaren trennte, wurde immer kleiner. Da machte die hinterste feindliche Eskadron Front, aber umsonst; im Nu war sie durchbrochen. So ging die Jagd ¾ Meilen auf schlechtem, schlüpfrigen und steinigen Wege bis zum Dorfe Wattin; Freund und Feind gerieten durcheinander; die Husaren wehrten sich tapfer, aber sie mußten weichen. Endlich bestimmte die gänzliche Erschöpfung der Pferde den Rittmeister v. Maercken, die Verfolgung abzubrechen.

Unser Verlust betrug 1 Mann tot; 1 Offizier und 17 Mann verwundet, unter diesen der Sergeant und Regimentsschreiber Dieskau, aus elf Wunden blutend. (Dieskau hatte es sich, bei Beginn des Feldzuges, als eine besondere Gnade ausgebeten, die Feder mit dem Säbel vertauschen zu dürfen. Er wurde, freilich erst nach Verlust eines Auges, wiederhergestellt und ist wie früher Regimentsschreiber.)

Der Feind – je eine Eskadron Radetzki- und Hessen-Kassel-Husaren – verlor 3 Offiziere und 32 Mann, die in Gefangenschaft fielen. Unter den gefangenen Offizieren befand sich Rittmeister Graf Lichtenberg.

aus, drangen dann vor, nur im Schritt. Die Gegner parierten mit dem Säbel wohl die Lanze, konnten aber den Reiter nicht erreichen, bald auch war der Boden bedeckt mit niedergerittenen Pferden und Reitern, welche sich wieder zu erheben versuchten; entsattelte Husaren haschten nach ledigen Pferden, einzelne Linien sprengten zerstreut davon. Sie waren gegen die festere preußische Linie angeritten, wie eine Welle, die gegen eine Klippe brandet und wie eine solche zerstäubt. Die Preußen, stärkere und größere Männer, auf schwereren Pferden, brachten die kleinen Husaren und ihre leichteren Pferde durch die bloße Wucht und körperliche Kraft zum Weichen und aus dem Sattel; ja, oft war der Schock so stark, daß Roß und Mann rückprallend, rasselnd auf den Boden rollten.«

Das Gefecht bei Tischnowitz, 11. Juli
2. Garde-Dragoner-Regiment gegen Wallmoden-Ulanen

Links neben der Division Hann, die den äußersten rechten Flügel der I. Armee bildete, ging die leichte Kavallerie-Brigade des Herzogs Wilhelm von Mecklenburg, an der Schwarzawa hin, gegen Brünn vor.* Am 10. hatte die genannte Brigade Rozinka erreicht; am 11. früh brach sie in südöstlicher Richtung auf. Das 2. Garde-Dragoner-Regiment, Oberst v. Redern, hatte die Tête der Brigade, die 1. Eskadron, Rittmeister v. Korff, die Tête des Regiments, ein Zug unter Leutnant v. Dieskau die Tête der Eskadron.

Der Vormarsch war insofern beschwerlich, als rechts und links das Terrain durch bewaldete Schluchten und steile Höhen das Absuchen erschwerte. Bei Olschy, eine halbe Meile von Tischnowitz, stieß man auf die ersten feindlichen Kavallerie-Abteilungen (Wallmoden-Ulanen, wie sich später ergab), die sich in Front und beiden Flanken zeigten. Oberst v. Redern dirigierte sofort eine Schwadron rechts und links, um die feindlichen Seiten-Detachements zu verdrängen, während der Avantgardenzug unter Leutnant v. Dieskau (bei dem sich Major v. Schack befand) seinen Weg auf Tischnowitz fortsetzte.

Tischnowitz liegt am linken, jenseitigen, seine Vorstadt »Vorkloster« aber am rechten, diesseitigen Schwarzawa-Ufer. Eine Brücke verbindet Stadt und Vorstadt.

In Vorkloster erreichte unser Avantgardenzug einen Zug feindlicher Ulanen, warf sich auf ihn und jagte ihn, über die Brücke hinweg, nach Tischnowitz hinein. Hier aber stockte der Angriff. Auf dem Marktplatz hielten zwei österreichische Eskadronen, und mit dem Rufe: »Die Preußen sind da« sich in die Sättel werfend (man hatte eben abgefuttert) fielen sie *en débandade* über den anrückenden Dragonerzug her und trieben ihn zur Stadt hinaus.

Aber nicht auf lange. Eben jetzt war die 1. Eskadron unter Rittmeister v. Korff heran, und der zweite Angriff auf Tischnowitz wurde eingeleitet. Auf der Schwarzawa-Brücke, zwischen Stadt und Vorstadt, kam es zum Zusammenstoß. Die Ulanen schienen eine undurchdringliche Linie bilden zu wollen; aber unsre Dragoner mit vorwärts ausge-

* Wir erinnern daran, daß Herzog Wilhelm in diesen Tagen nicht nur seine zur Kavallerie-Division Hann gehörige Brigade (2. Garde-Dragoner, Zieten-Husaren, 11. Ulanen), sondern überhaupt die Avantgarde der I. Armee führte. Diese bestand, wie schon S. 712 hervorgehoben, außer der genannten Brigade, die die Spitze bildete, aus dem Infanterie-Regiment Nr. 60, aus den Füsilier-Bataillonen 18 und 48, aus dem 4. Jäger-Bataillon und 3 Batterien.

Wilhelm · Herzog ·

legten Säbeln und die Pferde fest im Zügel, kamen stramm auf sie heran, ließen erst im letzten Momente ihre Pferde los und stürzten zwischen die Ulanen hinein. Major v. Schack wurde durch einen Lanzenstich am linken Schulterblatt verwundet; seine Leute jedoch gingen so dicht in den Feind, daß dessen Lanzen unbrauchbar wurden. Das Handgemenge dauerte nur einige Augenblicke, Rittmeister v. d. Knesebeck, der Führer der feindlichen Eskadron, wurde vom Pferde gehauen, dann wandten die Ulanen und zogen sich in die Stadt zurück. Die Dragoner verfolgten; aber ihre Offiziere hielten strenges Kommando, sie kamen nicht aus der Ordnung. Als sie die Straße gewonnen hatten, die nach dem Marktplatz führt, versuchten die Ulanen abermals Front zu machen, unsre Dragoner aber attackierten sofort aufs neue und drängten den Gegner durch das bloße Gewicht der Pferde und die Kraft der Hiebe zurück. Das harte Gefecht dauerte lange. Die Reiter waren so dicht ineinander gedrängt, daß sie kaum die Waffen gebrauchen konnten, sie rauften miteinander und suchten sich von den Pferden zu reißen; diese, erschreckt und wild gemacht, stampften, bäumten sich und schlugen aus. Die Wucht der Preußen aber überwog; sie drängten ihre Gegner bis wieder auf den mehrgenannten Marktplatz hin, wo ein Madonnenbild von hoher Säule auf den Kampf herunter sah. Hier wurde ein österreichischer Offizier von einem langen preußischen Dragoner mit fast unglaublicher Macht aus dem Sattel geworfen; ein andrer Österreicher wurde vom Griffe seines Gegners so gewaltig im Sattel hintenüber gedrückt, daß ihm das Rückgrat brach; die leichteren österreichischen Reiter konnten überhaupt der größeren Gewalt nicht widerstehen, wandten sich und eilten zur Stadt hinaus, wo sie durch das Regiment Sachsen-Kürassiere, zwei andere Ulanen-Eskadronen und eine Batterie aufgenommen wurden.

Eine Verfolgung fand nicht statt, verbot sich auch bei der Ungleichheit der Kräfte. Es war die Kavallerie-Brigade Soltyk, die uns hier gegenübergestanden hatte. Der Verlust des Feindes betrug 2 Offiziere und 53 Mann teils tot und verwundet, teils gefangen. Wir unsrerseits hatten 2 Tote und 10 Verwundete.

Die Gefechte bei Kralitz und Biskupitz

(II. Armee, 14. Juli)

UCH die II. Armee, die, wie wir wissen, links neben der I. (die auf Brünn ging) sich auf Olmütz dirigierte, hatte ihre Gefechte mit dem abziehenden Feinde. Die ersten Renkontres fanden bereits am 7. und 8. statt. Am 7. glückte es einem gemischten Kommando, unter Oberstleutnant v. Barnekow (das 1. und 5. Kürassier-Regiment und das Ulanen-Regiment Nr. 10 hatten hierzu je 200, das 2 Leib-Husaren-Regiment 100 der kräftigsten Pferde gegeben), eine Kompanie des 4. Bataillons vom Regiment Deutschmeister in der Stärke von 3 Offizieren und 140 Mann gefangenzunehmen; die Wagenkolonne, als deren Bedeckung diese Kompanie marschierte, entkam. Minder glücklich verlief tags darauf (8.) ein Angriff des 2. Leib-Husaren-Regiments, das, als es gegen Haller-Husaren vorzugehn vermeinte, plötzlich unter heftiges Granatfeuer kam und eine Einbuße von 16 Mann und 19 Pferden (nach einem andern Bericht nur 11) erlitt.

Das 1. Leib-Husaren-Regiment bei Kralitz

Seit diesen Renkontres am 7. und 8. war die Kavallerie-Division v. Hartmann, die die Tête der II. Armee bildete, durch fast eine Woche hin nicht mehr an den Feind gekommen. Nunmehr aber (am 13.) befand man sich in der Höhe von Olmütz. Die Kavallerie-Division rückte an genanntem Tage in die Gegend von Konitz. Das 2. Leib-Husaren-Regiment wurde östlich auf der Straße nach Olmütz, das Ulanen-Regiment Nr. 10 südlich auf der Straße nach Proßnitz vorgeschoben. Man stand der um Olmütz konzentrierten feindlichen Armee so nahe, daß ein Zusammenstoß jeden Augenblick erwartet werden konnte. Und in der Tat, die zwei nächsten Tage brachten eine ganze Anzahl leichterer und ernsterer Gefechte.

Das erste Renkontre, am 14. nachmittags, hatten die Leib-Husaren; nicht das zweite Regiment dieses Namens (Garnison Posen-Lissa), das am Tage zuvor von Konitz auf Olmütz zu vorgeschoben worden war, sondern das erste Leib-Husaren-Regiment (Garnison Danzig), das der 2. ostpreußischen Division, Generalleutnant v. Clausewitz, zugeteilt, an der Spitze dieser Division marschierte. Um 5 Uhr nachmittags traf das letztgenannte Regiment, nach einem neunstündigen Marsche, bei Proßnitz ein. Als es sich eben anschickte, ein Biwak zu beziehn, ging ihm, da man bei dem Dorfe Wrahowitz mehrerer Eskadronen feindlicher Kavallerie ansichtig geworden war, der Befehl zu, mit der 2. Eskadron, Rittmeister v. Winterfeld, den Feind zu verfolgen und dessen Rückzug zu beobachten.

Dieser Rückzug ging auf Kralitz. Es waren zwei Eskadronen – nach gegnerischer Angabe nur zwei Züge – des sächsischen 3. Reiter-Regiments. Der Feind, der sich in der Nähe des östlichen Vorsprungs von Kralitz wieder gesammelt hatte, schickte sich eben an, in das Dorf selbst zurückzugehn, als Rittmeister v. Winterfeld, in glücklicher Benutzung des Moments, das Signal zur Attacke gab. Zwischen der Kirchhofsmauer und einem Gehöft kam es zum Handgemenge, da der Feind, beengt und eingeklemmt, nicht schnell ausweichen konnte. Hier wurden die Leutnants v. Keudell und v. Holzendorff und mit ihnen 16 Husaren verwundet. Wir hatten außerdem 2 Tote. Der Feind zog sich auf Biskupitz zurück; seine Verluste betrugen 1 Offizier und 16 Mann.

Das Schlesische Kürassier-Regiment bei Biskupitz

Kaum zwei Stunden später hatte das Schlesische Kürassier-Regiment einen Kampf zu bestehn, der, trotz aller Bravour, mit der er durchgeführt wurde, doch minder glücklich verlief. Das Regiment hatte Befehl erhalten, über Proßnitz und Tobitschau bis gegen Prerau hin zur Zerstörung der dortigen Eisenbahn vorzugehn. Als die Kürassiere, in Ausführung dieses Befehls, etwa um 8¾ Uhr abends das Dorf Biskupitz erreicht hatten, stießen sie, 300 Schritt westlich des Dorfes, auf ein Halb-Bataillon österreichischer Infanterie vom Regiment Sachsen-

Weimar, das sofort Karree bildete. Unsre Kürassiere, der Kommandeur des Regiments, Oberst v. Barby, allen vorauf, gingen eskadronsweise zur Attacke vor. Die I. Eskadron hatte die erste Salve auszuhalten; demnächst folgte die 2., dann die 4. Eskadron; zuletzt die 3. in der linken Flanke. Das Karree wurde durchritten und umzingelt. Ein Bericht sagt: »Die bei Nacht unheimlich aussehenden Salven konnten unsre Eskadronen nicht aufhalten; sämtliche Offiziere, die an das Karree herankamen, sprangen mit eleganten Sätzen, wie man sie, in Friedenszeiten, auf Rennbahnen zu sehen gewohnt ist, über die vorgehaltenen Bajonette mitten in das Karree hinein. Die Eskadronen folgten, und die Feinde lagen zu Boden.«

Bis dahin war alles gut gegangen; während unsre Kürassiere aber dem Halb-Bataillon zuriefen, die Waffen zu strecken, erschien von Biskupitz her, unterm Schutze inzwischen vollständig eingetretener Dunkelheit, eine zweite Infanterie-Abteilung (wahrscheinlich vom Regiment Holstein) und eröffnete ihr Feuer auf unsre Kürassiere. Die Pferde, ohnehin scheuend in der Dunkelheit, waren an die aufblitzenden Schüsse nicht mehr heranzubekommen, so daß das Regiment zurückgehen und diesseits Biskupitz, nach Proßnitz zu, biwakieren mußte.

Die diesseitigen Verluste waren erheblich. Leutnant Graf Lüttichau blieb auf dem Kampfplatze an einem Stich durch den Unterleib; Leutnant v. Elßner starb am andern Tage an einem Schuß durch die Brust. »Grüßen Sie meinen Vater; der Gedanke an seinen Kummer ist das einzige, was es mir schwer macht zu sterben.« Dem Leutnant v. Tschammer-Osten wurde, während er in das Karree hineinsetzte, der rechte Zeigefinger abgeschossen; Leutnant v. Seherr-Thoß, Leutnant v. Watzdorff, Portepée-Fähnrich v. Wostrowsky erhielten Bajonettstiche in Hals, Schulter, Brust. Leutnant v. Ruffer, der innerhalb des Karree stürzte, wurde gefangengenommen; unser Gesamtverlust belief sich auf 20 Tote und Verwundete.

Auch ein österreichischer Bericht liegt über dies Renkontre vor. Seine Angaben sind im wesentlichen im Einklang mit den diesseitigen. Nur von dem Anrücken einer zweiten Infanterie-Abteilung, die den Ausschlag gab, wird nicht gesprochen. Es heißt in dem Bericht: »Das Schlesische Kürassier-Regiment rückte gegen das von der 15. und 16. Kompanie des Regiments Sachsen-Weimar gebildete, vom Hauptmann Kneusel-Herdlitzka befehligte Karree vor und griff dasselbe mit der größten Energie an. Trotz der abgegebenen Salven drangen die feindlichen Reiter in das Karree ein und drängten dasselbe auseinander. Aber die Tapfren von Sachsen-Weimar-Infanterie verteidigten sich mit dem

Bajonett, nahmen einen ins Karree eingedrungenen feindlichen Offizier gefangen und stürmten endlich unter lautem Hurra auf das feindliche Reiter-Regiment los. Dieses wich. Wir hatten nur 4 Mann Verlust. Mit Hilfe dieser schönen Waffentat wurde die Aufstellung der Avantgarden-Brigade bei Biskupitz; sowie die des II. Armee-Korps (Feldmarschalleutnant Graf Thun) bei Tobitschau für diese Nacht gesichert.«

Die Gefechte bei Tobitschau und Prerau

(II. Armee, am 15. Juli)

ICHTIGER als die bis hierher geschilderten Rückzugsgefechte, in denen unsrerseits nur Kavallerie zur Aktion gekommen war, war das Gefecht bei Tobitschau am 15. Juli.

Es zu verstehn, ist es nötig, zuvor einen Blick auf die Gesamt-Situation bei Freund und Feind zu werfen. Einzelnes, was wir dabei hervorzuheben haben, wird nur eine Rekapitulation von bereits früher Gesagtem sein.

Die Hauptmasse des Feindes stand am 10. und 11. bei Olmütz konzentriert. Um dieselbe Zeit trafen aber auch von Wien aus die bestimmtesten Weisungen ein: die Armee an die Donau und zwar bis vor die Tore Wiens zu führen. Diesem Befehle mußte gehorsamt werden. Schon am 12. begann der Truppentransport mittelst Eisenbahn, am 13. wurde eine Marschroute für die sämtlichen, an diesem Tage noch im Lager bei Olmütz befindlichen fünf Korps entworfen, und am 14. begann der Abzug, das March-Tal hinunter über Kremsier, Göding, Stampfen auf Preßburg beziehungsweise Wien. Das IV. und II. Korps bildeten das erste Echelon. Unsre II. Armee, die wenigstens mit ihrer

Vorhut bereits über Olmütz hinaus war, versuchte durch einen Flankenstoß (von Proßnitz aus) den Abzug dieses ersten Echelons zu beunruhigen. Es kam zu den auf den letzten Seiten geschilderten Gefechten bei Kralitz und Biskupitz, die in der Tat nichts andres als eine Beunruhigung des Gegners waren. Dieser setzte seinen Marsch fort; unsre Verluste (namentlich bei Biskupitz) waren empfindlicher als die seinen.

Dies alles am 14. Das Ganze ein im wesentlichen gescheiterter Versuch gegen die rechte Flanke des ersten Echelons (IV. und II. Korps).

Der 15. brachte eine Wiederholung der Vorgänge vom Tage vorher; aber der Verlauf und noch mehr die Nachwirkung gaben diesen Vorgängen eine ganz andre Bedeutung und führten, wie wir S. 707 bereits hervorgehoben, zu einer wesentlichen Modifikation der Marschroute.

Wieder setzten sich zwei feindliche Korps, das I. und VIII., in Bewegung, jenes jenseits der March über Prerau, dieses diesseits der March über Tobitschau, und ebenfalls wie am Tage vorher wurde unsrerseits beschlossen, den Marsch dieser beiden Korps (des zweiten Echelons) zu beunruhigen. Aber was am 14. mit sehr unausreichenden Kräften versucht worden war, sollte am 15. mit erheblicheren Kräften, mit der ganzen Division Hartmann und einer Infanterie-Brigade, versucht werden. Daraus ergaben sich ganz neue Resultate. Alles Weitre werden wir aus dem Folgenden ersehn.

Das Gefecht bei Tobitschau
Brigade Malotki und die Kürassier-Brigade v. Schön gegen die Brigade Rothkirch

Wir sagten: der Feind zog am 15. früh auf zwei Straßen von Olmütz ab, das VIII. Korps über Tobitschau, das I. Korps über Prerau. Die Richtung beider Straßen ging von Nord nach Süd. Die Unsren standen in der Flanke bei Proßnitz, einem Städtchen (bereits südlich von Olmütz) in gleicher Höhe mit Tobitschau und Prerau. Ein Vorstoß von West nach Ost, der letzteren Ort (Prerau) treffen und dort die Eisenbahn zerstören sollte, mußte vorher auf Tobitschau treffen. Und so geschah es. So ging denn das Gefecht bei Tobitschau dem Gefecht bei Prerau um einige Stunden vorauf. Die Truppenteile, die unsrerseits bei Ausführung dieses Flankenstoßes zur Verwendung kommen sollten, waren:

die Brigade Malotki (Regimenter 4 und 44) vom ostpreußischen Armee-Korps, samt der 4pfündigen Batterie Magnus und die Kavallerie-Division v. Hartmann.

Die letztere bestand hinwiederum aus der

Kürassier-Brigade v. Schön (1. und 5. Kürassier-Regiment), aus der leichten Brigade v. Witzleben (2. Leib-Husaren und 10. Ulanen-Regiment), aus der

Landwehr-Brigade v. Frankenberg (1. Landwehr-Ulanen- und 2. Landwehr-Husaren-Regiment) und aus

zwei reitenden Batterien.

Alle diese Truppenteile, mit Ausnahme der leichten Brigade v. Witzleben, kamen auch zur Aktion.

Das Terrain ist ein von einzelnen Hügelzügen, aber vor allem von vielen Wasserläufen durchzogenes Flachland. Alle diese Wasserläufe gehen im wesentlichen von Nord nach Süd. Der Hauptwasserlauf ist die March; er hält auf der Breiten-Strecke zwischen Proßnitz und Prerau genau die Mitte und nimmt die andern Wasserläufe von rechts und links in sich auf. Auf der Strecke aber, die für unsre Gefechtsdarstellung in Betracht kommt, laufen diese Nebenflüsse der March beinah parallel neben dem Hauptfluß her, so daß man, um von Proßnitz nach Prerau zu gelangen,

zuerst (dicht vor Tobitschau) die Blatta,

dann (dicht hinter Tobitschau) die March und

schließlich (erst bei Traubeck, dann bei Prerau) die Beczwa

zu passieren hat. Noch andre Wasserläufe laufen parallel dazwischen. Der ganze Weg wird dadurch zu einem Brücken-Defilee.

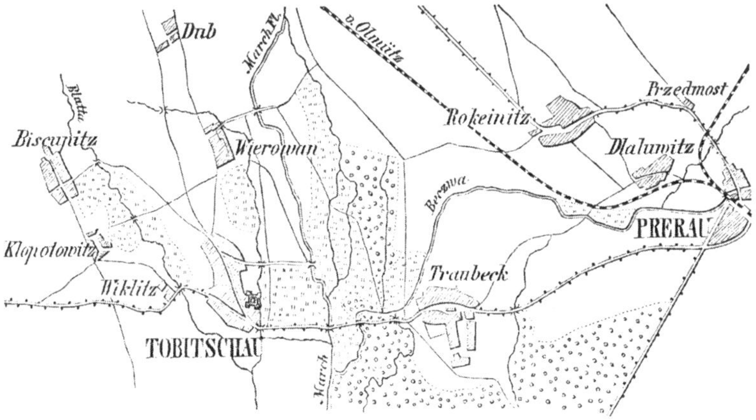

Die beiden Punkte, deren wir uns, wenn ein Vorstoß gegen Prerau nicht zu einem allzu großen Wagnis werden sollte, vorher versichert haben mußten, waren Tobitschau und Traubeck. Zunächst galt es in Front von erstrem Orte (Tobitschau) den Blatta-Fluß zu passieren. Um dies ins Werk zu setzen, war es unerläßlich, sich dreier diesseits des Flusses gelegener Dörfer und der hier vorhandenen Brücken zu bemächtigen. Diese drei Dörfer waren: Wiklitzer Hof, Klopotowitz und Biskupitz. Für alles Weitre müssen wir auf die beigegebene Karte verweisen. Wir gehen nun zur Darstellung des Gefechts selber über.

[Das Infanterie-Gefecht. Die Brigade Malotki besetzt Tobitschau und Traubeck.] Der Feind, um seinen Abzug zu decken, hatte Tobitschau und das nach Westen zu vorgelegene Terrain mit der Brigade Rothkirch vom VIII. Korps besetzt. Es war dies die einzige österreichische Brigade, die noch nicht im Feuer gewesen war; sie bestand aus den Regimentern Mamula und Leopold von Toscana, aus einer Ulanen-Eskadron und einer 4pfündigen Batterie. Dies war die Truppe, auf die die Brigade Malotki stieß.

General v. Malotki war bald nach Tagesanbruch von Proßnitz aus aufgebrochen. Alsbald entwickelte er seine Brigade auf dem zwischen dem Wallowa-Bach und Blatta-Fluß gelegenen Plateau mit Front gegen Osten, die Batterie Magnus am linken Flügel. Die Aufstellung reichte vom Wiklitzer Hof bis Klopotowitz; hier rückte alsbald, einen äußersten linken Flügel bildend, die Kavallerie-Division Hartmann ein, – mit ihr die beiden reitenden Batterien. Als diese Aufstellung genommen war, sah man, unmittelbar jenseits des Blatta-Flusses auf der von Olmütz nach Tobitschau führenden Straße, große Kolonnen des nach Süden abziehenden Feindes, besonders Artillerie.

Wie wir den Feind, so sah dieser uns. Er erkannte das Bedrohliche unsrer ihm so nahgerückten Flankenstellung und ließ drei Batterien (24 Geschütze) aus der Korps-Geschütz-Reserve auffahren, um unser Avancieren zu hemmen und die diesseitigen Bataillone in der linken Flanke zu fassen. Unsre drei Batterien, die Batterie Magnus und die beiden reitenden Batterien nahmen sofort den Kampf auf; es entspann sich eine heftige Kanonade. Wir werden alsbald sehen, wie dieser Teil des Kampfes verlief.

Inzwischen und schon vor Eröffnung des Artilleriefeuers war das Füsilier-Bataillon des im ersten Treffen befindlichen 44. Infanterie-Regiments gegen den Wiklitzer Hof, das 2. Bataillon gegen Klopotowitz, das 1. Bataillon zwischen beiden vorgegangen; da die genannten Örtlichkeiten vom Feinde unbesetzt waren, stiegen die Bataillone, zunächst nur durch die feindliche Artillerie belästigt, den östlichen Rand des Plateaus in das Tal des Blatta-Flusses hinunter. Der Fluß hatte eine so bedeutende Breite und Tiefe, daß er nur auf den beiden einzigen vorhandenen Brücken beim Wiklitzer Hofe passiert werden konnte; hätte der Gegner diesen für uns äußerst ungünstigen Umstand zu benutzen verstanden, so dürfte der Brigade das Defilieren außerordentlich schwer und ohne Unterstützung vielleicht unmöglich geworden sein.

Das Füsilier-Bataillon 44, welches zuerst die Brücke überschritt, stieß jenseits derselben auf 2 feindliche Kompanien, wahrscheinlich die rechte Seitendeckung des Gegners. Dieselben marschierten im Grunde und hatten von unserm Vorrücken nichts gesehen. Schnell warfen sie sich in ein kleines, nordwestlich von Tobitschau gelegenes Wäldchen, und es entspann sich zunächst zwischen ihnen und unsern Füsilieren ein Tirailleurgefecht, währenddessen das erste Bataillon sich links vom Füsilier-Bataillon entwickelte und das zuletzt herangekommene zweite Bataillon dazwischengeschoben wurde.

Das Grenadier-Regiment Nr. 4 folgte dieser Bewegung und defilierte ebenfalls über die Brücke mit dem Füsilier-Bataillon an der Tête. Zwei Kompanien des letzteren erhielten den Befehl, Tobitschau zu nehmen, dadurch die linke Flanke des Gegners zu umfassen und die Übergänge über die March und ihre Nebenarme zu gewinnen; der Rest des Grenadier-Regiments folgte vorläufig dem ersten Treffen.

Dieses rückte jetzt in der ganzen Front gegen die westliche Lisiere des oben erwähnten Wäldchens vor, von der linken Flanke her durch ein außerordentlich heftiges Granatfeuer, von der Front her durch ein nicht minder heftiges Gewehrfeuer empfangen. Entschlossen ging es vorwärts, starke Schützenschwärme an der Tête; mit Hurra wurde die Lisiere, dann das Wäldchen genommen und erst am jenseitigen Rande haltgemacht, um die Kompanien wieder zu sammeln. Die feindlichen Bataillone, welche das Wäldchen besetzt gehalten hatten, zogen sich östlich auf die Chaussee von Olmütz nach Tobitschau zurück und besetzten die ziemlich tiefen Gräben an derselben. Das Gefecht stand einen

Augenblick. Unsrerseits war Oberstleutnant v. Behr, Kommandeur des Füsilier-Bataillons vom 44., bei diesem Angriff gefallen.

Der Gegner schien endlich, aber viel zu spät, zu erkennen, daß es für ihn Hauptsache bleiben mußte, die Straße frei zu behalten und uns über den Blatta-Fluß zurückzuwerfen; er versuchte es daher, mit seinen Bataillonen zum Angriff gegen die östliche Waldlisiere vorzugehen, wurde aber auf nahe Entfernung von einem so mörderischen Schnellfeuer empfangen, daß er sich sofort wieder über die Chaussee zurückzog und die Gräben derselben von neuem besetzte. Jetzt waren indessen unsre Truppen hinlänglich gesammelt, um aus dem Wäldchen debouchieren zu können, und in einem zweiten schnellen Anlauf wurden die feindlichen Bataillone geworfen, die sich zunächst nach einem Wiesengrunde östlich der Chaussee zurückzogen, dann aber sich gegen Norden in der Richtung nach Olmütz auf Wierowan und das angrenzende Rakodan wandten. Auch hierher folgten unsere 44er (das 2. Bataillon) und besetzten beide Dörfer. Die Brigade Rothkirch, samt andren Brigaden, die gefolgt waren, zog sich wieder auf Olmütz zurück.

Wie die 44er, nach links hin, Wierowan und Rakodan, so hatten, in Front des Wiklitzer Hofes, die Grenadiere des 4. Regiments Tobitschau und bald auch Traubeck erreicht und besetzt. An beiden Orten waren die Unsern auf keinen erheblichen Widerstand gestoßen. So war denn das Brücken-Defilee geöffnet, der Übergang über drei Flüsse (Blatta, March, Beczwa) in unsren Händen, und Prerau, das eigentliche Ziel, lag erreichbarbar in Front unsrer Kavallerie. Ehe wir aber den Kavallerie-Vorstoß schildern, der nun in der Tat gegen Prerau unternommen wurde und in Front dieser Stadt zu einem neuen Gefecht führte, haben wir noch, als eine Episode des Kampfes bei Tobitschau, den berühmt gewordenen Angriff des 5. Kürassier-Regiments zu schildern, der, hervorragend als Bravour-Akt, auch durch Wegnahme der feindlichen Artillerie in den Gang des Gefechtes sehr wesentlich eingriff.

[Das Vorgehn der Kürassier-Brigade. Das westpreußische Kürassier-Regiment Nr. 5 nimmt 18 Kanonen.] Am linken Flügel, so sagten wir, drangen die 44er (das 2. Bataillon) bis Wierowan und Rakodan vor; ehe dies Vordringen aber möglich war, mußte die feindliche Artillerie zum Schweigen gebracht oder genommen sein, die – gleich bei Beginn des Gefechtes – ziemlich in Front dieser Dörfer ihre Aufstellung genommen hatte. Dies geschah durch das 5. Kürassier-Regiment.

General v. Hartmann, nicht zufrieden mit der Unterstützung, die seine beiden reitenden Batterien (neben der Batterie Magnus) dem Vorgehn der Brigade Malotki gewährten, gab, als der Artilleriekampf auf der ganzen Linie entbrannt war, der Kürassier-Brigade v. Schön Befehl, einen Übergang weiter aufwärts über den Blatta-Fluß zu suchen, um jenseits desselben, nach Umständen, in das Gefecht einzugreifen.

Die Brigade war in den weiten Wiesengrund der Blatta zwischen Klopotowitz und Biskupitz hinabgestiegen und hatte eben eine, freilich schlechte, Brücke aufgefunden, als der Adjutant der Division, Premierleutnant v. Rosenberg, die Meldung brachte, daß die in vollem Feuer stehende große Batterie des Feindes ohne alle Bedeckung sei.

Sofort ging der Oberstleutnant v. Bredow mit 3 Schwadronen des Westpreußischen Kürassier-Regiments über jene Brücke vor und for-

mierte sich zum Angriff. Der Feind hatte unsere Kürassiere wohl entdeckt, war erst zweifelhaft gewesen, ob er Preußen oder Landsleute vor sich habe, hatte dann aber das Schlesische Kürassier-Regiment, welches im Wiesengrunde zurückblieb, mit Granaten beworfen, während die Westpreußen sich unter geschickter Benutzung einer Terrainfalte seinem Auge entzogen. Auf 900 Schritt ritt Oberstleutnant v. Bredow, seinen Adjutanten, den Rittmeister Schach v. Wittenau, und den Premierleutnant v. Rosenberg dicht neben sich, mit der festgeschlossenen 2. Eskadron direkt auf die feuernden Geschütze los. Die 4. Eskadron folgte als zweites Echelon hinter dem linken Flügel; die 1. Eskadron war rechts seitwärts zur Deckung gegen etwa aus Wierowan vorbrechende Kavallerie vorgeschoben. So jagten die Kürassiere, trotz Granaten- und Kartätschfeuer, mit lautem Hurra in die feindliche Batterie hinein, hieben, stießen und ritten alles vor sich nieder, so daß 18 Geschütze, 7 Munitionskarren, die gesamte Bespannung (168 Pferde) erbeutet und 2 Offiziere, 4 Unteroffiziere und 164 Gemeine gefangengenommen wurden. Nur 2 feindlichen Geschützen und mehreren Munitionskarren gelang es, rechtzeitig abzufahren. Das Hoch auf den König, in das die jubelnde Schar ausbrach, wollte nicht enden, und als schließlich die genommenen Geschütze von ihren eignen Fahrern über die Blatta weggeführt wurden und bei den Schlesischen Kürassieren vorbeidefilierten, stimmten selbst die Gefangenen in das allgemeine Hurra mit ein.

Mit Recht ist hervorgehoben worden, daß diese Tat des Westpreußischen Kürassier-Regiments zu den schönsten gehört, die die Geschichte der Preußischen Kavallerie zu verzeichnen hat. Ein schwieriges Defilee im Rücken, wurde eine Batterie von 18 Geschützen attackiert und fast ganz genommen. Die gesamte Bedienungs-Mannschaft der Batterie war bis dahin unverwundet, die diesseitige Infanterie, mit ihrer Feuerwirkung noch nicht heran. Nur dem glänzenden Mute der tapferen Schar und namentlich ihrer Führer sowie der sehr geschickten Benutzung des Terrains war der unvergleichliche Erfolg der Attacke zu danken. Das Regiment hatte nur 10 Verwundete.

Das Gefecht bei Prerau (Rokeinitz)

Tobitschau samt Traubeck, wie wir wissen, war besetzt, das Brücken-Defilee geöffnet, die Rückzugslinie (auf Proßnitz) für alle Fälle gesichert; – die Kavallerie-Division v. Hartmann war nunmehr in der Lage, an ihre eigentliche Aufgabe: Erreichung von Prerau und Zerstörung von Eisenbahn und Telegraf an diesem Orte, denken zu können.

Das Terrain, was vor ihr lag, war zunächst, auf kaum eine halbe Meile hin, eine offene Ebene; dann aber tritt die Straße von Tobitschau nach Prerau in einen Wald und schließt sich jenseits desselben dem wasserreichen Beczwa-Flusse an, bis sie Prerau erreicht. Es lag auf der Hand, daß hier kein Operationsfeld für eine ganze Kavallerie-Division war, um so weniger, als auch südlich der Straße nach Prerau ein sehr durchschnittenes Terrain die Bewegungsfähigkeit hemmte und das lange Defilee von Tobitschau im Rücken gelassen werden mußte. Von einer Überraschung des Feindes in Prerau konnte, nachdem ein Teil seiner Infanterie, die bei Tobitschau und Traubeck gefochten hatte, dorthin zurückgegangen war, nicht mehr die Rede sein. Es war daher schon hierdurch geboten, nur mit einem Teile der Kavallerie-Division den Vorstoß zu machen. Aber auch die Verhältnisse rückwärts nötigten dazu. Der Feind hatte nördlich Tobitschau, auf der Straße von Olmütz her, bei Dub frische und bedeutendere Kräfte gezeigt; es lag also alle Aufforderung vor, den Generalmajor Malotki durch Zurücklassung eines Teils der Kavallerie-Division in den Stand zu setzen, einem etwaigen Angriffe des Gegners einen kräftigen Widerstand entgegenstellen zu können.

Dies waren die Erwägungen, die den General v. Hartmann bestimmten, zu dem beabsichtigten Unternehmen nur ein Detachement seiner Division und zwar folgende Truppenteile zu verwenden:

die 4. Eskadron des Posenschen Ulanen-Regiments Nr. 10 (bei der sich Oberstleutnant v. Barnekow, der Kommandeur des Regiments, befand);

die 2., 3. und 4. Eskadron des 2. Leib-Husaren-Regiments unter Oberstleutnant v. Schauroth;

das 2. Landwehr-Husaren-Regiment unter Oberst v. Glasenapp;
die reitende Batterie des VI. Armee-Korps unter Hauptmann Le Bauld de Nans.

Die genannten Truppen wurden bis vorwärts Traubeck vorgezogen, futterten und tränkten dort.

Es war eine ganz ungewöhnliche Hitze; Mann und Pferd litten unter den glühenden Strahlen der Sonne. Die Truppen waren in den letzten Tagen durch strapaziöse Märsche (eine Schwadron des Leib-Husaren-Regiments hatte in 65 Stunden wohl umgesattelt, aber nicht abgesattelt) aufs äußerste angestrengt worden.

Die Rekognoszierungen ergaben, daß es nicht geraten sein würde, direkt, in beinah gerader Linie, auf Prerau vorzugehn, daß es sich vielmehr empföhle, nördlich der Straße die Beczwa und jenseits die Eisenbahn zu passieren, um unweit Rokeinitz die sich daselbst unter einem rechten Winkel östlich wendende Straße von Olmütz nach Prerau zu gewinnen. Es fand sich alsbald eine sehr gute Furth; rasch wurde diese und die Eisenbahn passiert; jenseits formierte sich die Ulanen-Eskadron und das Landwehr-Husaren-Regiment im ersten, das 2. Leib-Husaren-Regiment im zweiten Treffen.

Die Unsren hatten gerade vor sich eine Anhöhe, die nach rechts hin sich erstreckte. Hier, vor dem rechten Flügel des ersten Treffens, auf der Höhe, lag das Dorf Dluhonitz (in andern Berichten, wie auch auf unsrer Karte Dlaluwitz) links im Grunde; in gleicher Höhe mit dem zweiten Treffen lag Rokeinitz. Jenseits dieses Dorfes stieg das Terrain rasch zu erheblicher Höhe an; – die Straße von Rokeinitz nach Prerau bleibt im Grunde zwischen den Höhen von Dluhonitz und denen jenseits Rokeinitz.

Vom Feinde sah man vor dem rechten Flügel des ersten Treffens (vor den Ulanen) eine Abteilung Infanterie; Schützen näherten sich im hohen Getreide. Vor der Mitte des ersten Treffens (Landwehr-Husaren) und zwar auf der Höhe stand eine größere Abteilung, wie es schien, ein Bataillon; man sah die Bajonette im hellen Sonnenglanz flimmern. Auf der Straße von Rokeinitz nach Prerau, also links, wirbelte die Queue einer beträchtlichen Wagenkolonne hohe Staubwolken auf.

General v. Hartmann hatte gleichzeitig mit der Formation der Kavallerie die reitende Batterie bis an eine dichte Baumallee, die von Dluhonitz nach Rokeinitz führte, vorgenommen und ihr befohlen, das Feuer gegen die erkennbaren feindlichen Infanterie-Abteilungen zu eröffnen. Auf 1200 Schritt gab die Batterie ihre ersten Schüsse ab. Das Bataillon wurde unruhig. Dies war das Signal für das Vorgehn des ersten Treffens. Den Eskadronenchefs war gesagt worden, jeder solle sich sein besonderes Ziel wählen und rücksichtslos darauflosgehen.

Das Bataillon auf der Höhe (Zentrum) hatte sich der Oberst v. Glasenapp mit der 1. und 2. Eskadron seiner Landwehr-Husaren ausersehn. Es war bald erreicht; es hatte sich von seinem Schrecken noch nicht

erholt; in vollem Zurückgehn wurde es erreicht, durchritten und umzingelt; was nicht niedergeworfen wurde,, wurde gefangengenommen.

Rechts davon ritten die Ulanen gegen die dort wahrgenommene Infanterie an. Diese stand besser; ein ungeregeltes Feuer empfing die Schwadron. Dem Oberstleutnant v. Barnekow und dem Leutnant v. Richthofen wurden die Pferde unterm Leibe erschossen; der Fähnrich v. Bornstedt erhielt einen Schuß durch den Unterschenkel; mehrere Ulanen und acht Pferde fielen, aber das Karree wurde über den Haufen geritten, teils gefangen, teils verfolgt nach Dluhonitz hinein; nur das Feuer aus der Lisiere des Dorfes gebot den Ulanen Halt.

Die 3. Eskadron des Landwehr-Husaren-Regiments hatte sich (links) gegen die Wagenkolonne auf der Chaussee gewandt. Eine unbeschreibliche Verwirrung hatte dieselbe erfaßt. Die Fahrer hatten die Stränge abgehauen und jagten davon, die Wagen waren teils ineinandergefahren, andere lagen seitwärts im Chausseegraben. Noch weiter links hatte der Rittmeister v. Seydlitz mit der 4. Eskadron eine Infanterie-Abteilung entdeckt, die sich rasch in einen Knäuel zusammenballte; er ritt gegen sie an und machte 50 Mann zu Gefangenen.

Alle diese Erfolge veranlaßten nun auch die 2. und 3. Eskadron des Leib-Husaren-Regiments (zweites Treffen), sich ihren Anteil an den Lorbeeren des Tages zu suchen. Sie gewahrten dicht am Ausgange von Rokeinitz feindliche Abteilungen. Rasch entschlossen gingen sie dagegen vor; aber ein tiefer Hohlweg schützte den Gegner; Leutnant v. Stosch (nachdem Premierleutnant v. Blumenthal, Führer der 3. Eskadron, beim ersten Angriff schwer verwundet war) sammelte seine Schar noch einmal; das Terrain-Hindernis aber ließ auch die zweite Attacke scheitern. Die 2. Eskadron war anfangs glücklicher, mußte aber gleichfalls dem Feuer, das von der Flanke her sehr heftig wurde und bedeutende Verluste zufügte, weichen.

Trotz dieses partiellen Mißerfolges lag bis dahin im großen und ganzen ein entschiedener Erfolg vor. Er sollte aber noch ernstlich in Frage gestellt werden. Der Feind (unter eigener Führung des Generals Grafen Gondrecourt, wenn den Aussagen der Gefangenen zu trauen ist) hatte inzwischen Zeit gewonnen, dem gegen ihn geführten Stoß erheblichere Kräfte entgegenzuführen. Auf den Höhen nördlich Rokeinitz trat Artillerie ins Gefecht, wie es schien zwei Batterien. Die gezogenen Geschütze überschütteten das Feld mit Granaten. Von Prerau her erschienen gleichzeitig vier, nach andrer Angabe fünf Eskadronen Haller-Husaren. Es war Zeit, die Brigade zu sammeln und an den Rückmarsch zu denken. Ehe dieser indes ausgeführt werden konnte, kam es noch zu einem ernsteren Renkontre. Reich an Ruhm für uns, aber auch an Verlusten.

Oberst v. Glasenapp, als er die in seiner Flanke und seinem Rücken vorgehenden Haller-Husaren anreiten sah, wandte sich gegen diese; der tapfere Kommandeur selbst (v. Glasenapp) hat folgende Beschreibung von diesem Schlußteile des Gefechtes gegeben:

»... Eben im Begriff die Züge und Eskadronen meiner Landwehr-Husaren zu ordnen, ertönte der Ruf: ›Ungarische Husaren schneiden uns den Rückzug ab‹, und ich sah eine Kolonne feindlicher Husaren in meinem Rücken. Ihr Erscheinen erregte indes keine besondere Besorgnis in mir, um so weniger, als das langsame, bedächtige Vorrücken derselben gerade nicht auf sehr ernstliche Absichten deutete. Ich setzte also das Ordnen fort, ließ aber für die Detachierten ›Appell‹ blasen. Nun schwenkte ich mit Zügen kehrt, um ihnen entgegenzugehn. In demselben Moment erhielt ich die Meldung, daß eine andere Kolonne feindlicher Husaren die Schlucht, rechts von Przedmost, heraufrückte, und sah sie nunmehr auch schon in meinem jetzigen Rücken auf dem Plateau, aber ebenfalls nur bedächtig vorrückend.

Es schien mir nicht rätlich, die beabsichtigte Attacke auf den von Dlaluwitz vordringenden Feind schon jetzt zu machen, da mein Rücken zu sehr bedroht war; andrerseits hielt ich für ebenso wenig ratsam, übereilt einen Ausweg aus dieser Falle zu suchen, weil dadurch nur der Feind ermutigt, meine Husaren aber entmutigt worden wären. Ich ließ deshalb vom rechten Flügel mit Zügen abbrechen und dann, halbrechts gehend, sogleich in den Schritt fallen, um zu sehen, wie der Feind dies aufnehmen würde; wonach ich dann meine weitren Maßregeln zu treffen gedachte. Dies in den Schritt fallen hatte den guten Erfolg, daß der in einem kurzen Trabe anrückende Feind stutzte und ebenfalls in den Schritt fiel. Die Kolonne von Dlaluwitz her drehte sich fast nur auf der Stelle, meiner Bewegung folgend, um die Front gegen mich zu behalten, während die Kolonne im Rücken mir folgte. Diesen Zeitgewinn benutzte ich, um meine Instruktionen an die Eskadronenchefs zu erteilen. Der Führer der 1. Eskadron, Premierleutnant v. Zastrow, erhielt den Befehl, sobald ich das Kommando ›Front‹ geben würde, mit seinen an der Queue marschierenden Zügen sofort kehrt zu schwenken und die uns im Rücken folgende feindliche Kolonne zu attackieren, während die Reste der 2. und 3. Eskadron dahin instruiert wurden, daß auf mein Kommando ›Front‹ jeder einzelne linksum wenden und so in einer festgeschlossenen Masse zur Attacke auf die nunmehr in der linken Flanke befindliche feindliche Kolonne losreiten solle.

Mittlerweile hatte das Regiment Zeit gewonnen, sich so weit längs der Front der feindlichen Kolonne fortzuschieben, daß es die direkte Rückzugslinie zum General v. Hartmann freibekam und nur noch in der Flanke bedroht war. In Erwägung dieses immerhin glücklichen Umstandes hielt ich es nunmehr an der Zeit, dem altpreußischen Reiter-Grundsatze getreu, die sich mir und meinen braven Husaren vielleicht nie wieder darbietende Gelegenheit auch nicht unbenutzt vorüber gehn zu lassen, um uns mit einem Gegner gleicher Waffe zu messen, wenn derselbe uns auch drei- und vierfach überlegen war. Der Rückzug war frei; was kann da einem schneidigen Reiter viel Nachteiliges passieren, wenn er auch nicht reüssiert. Das Zahlenverhältnis war ein solches, daß wir in einer Gesamtstärke von 160 Mann (alles andre war detachiert) zwei Kolonnen gegenüberstanden, von denen die größere, links, drei Eskadronen, die kleinere, in unserem Rücken, zwei Eskadronen zählte. Der Kommandeur der Haller-Husaren hat mir später diese Angaben gemacht.

Ich gab also die Kommandos: Front! und Marsch, Marsch!, die von meinen braven Husaren präzise ausgeführt wurden, indem sie sich, in der vorgeschriebenen Weise und so eilig es ihre total erschöpften Pferde zuließen, kampfesmutig auf die Feinde warfen, welche, von diesem Angriff überrascht, haltmachten und sich stehenden Fußes dichtgeschlossen verteidigten. Von meinem mutigen Pferde rasch gegen den Feind getragen, so daß ich meinen Husaren weit vorkam, wechselte ich mit dem feindlichen Kommandeur und dessen Adjutanten im Vorbei-

reiten einige Hiebe und drang dann in die Têten-Schwadron ein, wo ich aber so eng umzingelt und mit Hieben bedeckt wurde, daß, ehe ich oder meine Husaren mich heraushauen konnten, aus 9 Hiebwunden blutend (6 in Kopf und Genick, 3 in den Armen) besinnungslos vom Pferde sank.

Ein Durchbrechen und Sprengen der feindlichen Masse war bei den geringen Kräften nicht möglich, trotzdem die Husaren unverzagt mit kräftigen Hieben einzudringen suchten und das Gefecht etwa eine Viertelstunde fortsetzten, bis sie, durch die vom General v. Hartmann wiederholt erteilten Signale ›Appell!‹ zurückgerufen, das Gefecht abbrachen und sich, vom Feinde unverfolgt, nach dem Eisenbahndamm zurückzogen, wo der übrige Teil des ganzen Detachements (Posensche Ulanen und Leib-Husaren) bereits gesammelt, sie aufnahm. Es war die höchste Zeit, denn, nachdem der Feind seinen ersten Schreck überwunden und von der geringen Stärke des Detachements Einsicht genommen hatte, rückte er von allen Seiten nach der Furt vor, um dasselbe von dort abzuschneiden. Es gelang ihm aber nicht.«

Soweit der Bericht des Obersten v. Glasenapp. Das Regiment (wir erinnern daran, nur 160 Köpfe stark) hatte schwere Verluste: Außer 3 Mann tot, waren 5 Offiziere und 52 Mann verwundet. Also mehr als ein Drittel. Leutnant Graf Rothkirch-Trach hatte sieben Wunden, und nur seinem treuen Pferde, das er, herabsinkend, um den Hals klammerte, verdankte er seine Rettung vor Gefangenschaft.

Oberst v. Glasenapp fiel in die Hände des Feindes. Bald nach seiner Gefangennehmung war er nach Prerau gebracht und dort verbunden worden. Feldzeugmeister Benedek besuchte ihn gleich darauf, umarmte und küßte ihn und sprach sich in Gegenwart seines ganzen Stabes voll Lob über seine und seiner Husaren Bravour aus. Am Abend desselben Tages erschien der Oberst v. Marburg von den Haller-Husaren mit seinem ganzen Offizierkorps, um ihm und min ihm seinem Regimente seine Hochachtung zu bezeugen. So ritterlich ehrte der Feind den tapfern Obersten und seine Truppe.

General v. Hartmann ging gegen Abend auf Tobitschau zurück und vereinigte dort seine Division.

Das Resultat des Tages war, daß der Vormarsch des zweiten feindlichen Echelons (des VIII. und I. Korps) bei Tobitschau durch die Brigade Malotki, bei Prerau durch ein Detachement der Kavallerie-Division Hartmann gestört worden war. Wir haben bereits S. 707 in der Kürze angedeutet, daß durch diesen Vorstoß der II. Armee von West nach Ost, wie durch den in gleicher Richtung ausgeführten Vorstoß der I. Armee auf Göding und Lundenburg der Abmarsch des Feindes an der March hin unmöglich gemacht und nur noch (östlich ausbiegend) das Waagtal ihm geblieben war. Wir kommen darauf zurück.

Streifzug gegen Humpoles und Pilgram

Renkontre bei Hollabrunn. Streifzug bis Stockerau
(Elb-Armee, am 8., 9. und 16. bis 22. Juli)

AUCH die Elb-Armee, die, wie wir wissen, am rechten Flügel auf der großen Kaiserstraße marschierte, hatte ihre Scharmützel und Renkontres; aber sie waren leichter, unblutiger, und in den meisten Fällen kam es eben nur zur »Fühlung«, zu flüchtigen Berührungen mit dem Feind. Nichts Hervorragendes geschah, aber viel Keckes und Munteres, und ergötzliche Kriegsbilder, Überfälle und Abenteuer reihten sich aneinander. An der Spitze der Elb-Armee marschierte das Königs-Husaren-Regiment (aus Bonn), und immer wach, immer im Sattel, immer dicht am Feind, entspann sich eine Reihenfolge heitrer Szenen und lustiger Verfolgungen, ein bunter Wechsel von Glück und Unglück, von Erfolg und Mißerfolg, den einzelne Beteiligte in anmutiger und lebendiger Weise zur Darstellung gebracht haben. Wir entnehmen daraus einzelne Schilderungen, zunächst den Streifzug der 2. Eskadron (Rittmeister v. Massonneau) gegen Humpoles und Pilgram.

Gegen Humpoles und Pilgram (8. und 9. Juli)

»Nach einem langen Marsch von Czaslau nach Habern«, so heißt es in jenen Schilderungen, »wurde die 2. Eskadron Königs-Husaren-Regiments in der Nähe des letztgenannten Städtchens auf dem Schloß Barocz des Baron v. Marowicz einquartiert. Die Freude über das erste Kantonnement, welches wir seit dem 15. Juni beziehen sollten, war groß, besonders da es schien, als wollte die Gastfreiheit und Liebenswürdigkeit unseres Wirtes und seiner Töchter uns für vieles, das wir seit den letzten drei Wochen entbehrt hatten, entschädigen. – Nach einem guten Diner, das in großem Gegensatz zu den einfachen Mittagsmahlen im Biwak stand, wurde ein kleiner Ball arrangiert. Die Damen gingen auf das bereitwilligste auf den Scherz ein, und so vergaß man für den Augenblick den Krieg mit seinem Elend und sein Greueln.

Die kleine Gesellschaft walzte eben im bunten Gemisch über das Parkett, als eine Ordonnanz eintrat, dem Rittmeister einen Befehl überbrachte, infolgedessen sofort Alarm geblasen wurde. In größter Eile stürzte alles die Treppe hinunter, jeder eilte zu seinem Pferd, und nach wenigen Minuten stand die Schwadron rangiert in dem Schloßhof.

Wir rückten auf der Straße gegen Humpoles vor und erfuhren bald, daß es einer Proviantkolonne von mehreren tausend Wagen gelte, die den Ort Swetlan, in dessen Nähe wir waren, vor drei Tagen passiert hatte. So ritten wir wohl fünf Stunden in dem gebirgigen Terrain fast immer im Trabe fort; es war schon lange dunkel geworden und von der Gegend nur noch wenig zu erkennen. Wir kamen unversehens an einen Hohlweg, der wegen seiner Enge schwierig zu passieren war, wie sich denn auch mehrere Kolonnenwagen, welche wir schon unterwegs getroffen und mitgenommen hatten, darin festfuhren.

Plötzlich wurde vor uns geschossen, und es kam die Meldung von Leutnant v. Böselager, welcher die Avantgarde führte, daß er sich vor Humpoles befände und von Infanterie angegriffen sei. Unsre Lage war schwierig. Es mochte wohl 11 Uhr nachts sein und die Nacht sehr dunkel; dabei befanden wir uns in einer bergigen, ganz unbekannten Gegend, vorn vom Feinde angegriffen, in einen Hohlweg von beiden Seiten zwischen Felswände eingeklemmt, und obendrein versperrten uns die Wagen hinten den Rückzug. Zurück konnten wir also nicht, wollten auch nicht, jedenfalls wollten wir uns erst überzeugen, wie stark die Stadt vom Feinde besetzt sei, und versuchen, denselben herauszuwerfen. Der Fähnrich v. d. Schulenburg wurde daher zur Unterstützung der Spitze vom Rittmeister abgesandt, und so ging es frisch darauf los. Es standen uns, wie sich später zeigte, österreichische Gendarmerie (welche bei den Österreichern auch Kombattanten sind) und sächsische

Infanterie entgegen, und wohl eine halbe Stunde schossen wir uns mit ihnen herum. Allein da bei der Dunkelheit keine Rede von Zielen war, kamen wenig Verwundungen vor. So z. B. gab eine Abteilung Gendarmen in einer Nebengasse auf eine unsrer Patrouillen eine Salve auf 10 Schritt und trafen nicht allein nicht, sondern wurden auch obendrein, nachdem sie die Gewehre weggeworfen hatten, von der Patrouille gefangengenommen.

Inzwischen war die Schwadron selbst auch vorgedrungen, die Hauptstraße gesäubert und auf dem Markt Posto gefaßt. Der Feind zog sich, da er uns wohl für viel stärker hielt, als wir in Wirklichkeit waren, unter fortwährendem Schießen aus der Stadt zurück und erreichte bald die Wälder und Sümpfe, die sich bis an die Stadt erstrecken. Eine weitre Verfolgung war für Kavallerie ganz unmöglich.

In der Stadt war es auch lebendig geworden. Der Bürgermeister ward aus dem Bett geholt und erschien alsbald im schwarzen Frack vor dem Herrn Rittmeister und begrüßte unter vielen Bücklingen die ungebetenen Gäste, die gewaltig nach Essen schrien. Es wurde daher noch in der Nacht geschlachtet und gekocht, und niemals schmeckte das Essen so gut als hier in der Nacht am Feuer auf dem Marktplatz in Humpoles.

Unsre Lage war bei alledem nicht ungefährlich. Wir befanden uns 5 Meilen von jedem andern Truppenteil in nächster Nähe des Feindes, der jeden Augenblick verstärkt zurückkehren konnte. Außerdem hatten wir von den Bürgern nichts Gutes zu erwarten. Gegen letztere jedoch fand der Rittmeister ein sehr wirksames Mittel, er ließ nämlich Holz, Stroh und Teer auf den Platz bringen und erklärte dem Vorstand, bei der geringsten Widersetzlichkeit oder Ungehorsam das ganze Nest in Brand zu stecken. Dies Mittel sicherte gegen die Bürger, welche wir in Verdacht hatten, daß sie sich mit dem Feinde in Verbindung gesetzt und uns verraten würden, vollkommen; gegen die Feinde sicherten wir uns, so gut es ging, durch Posten und Vedetten. Wir verbrachten die Nacht, durch nichts als durch strömenden Regen belästigt, jeder bei seinem Pferde, indem jeder für das seinige Pikettpfahl war, auf dem Markt.

Frühmorgens ging es weiter, um dem Konvoi, dem wir immer näher gekommen waren, keinen neuen Vorsprung zu lassen. Nach mehrstündigem Marsch kamen wir an die alte Abtei Seelau und konnten auf den jenseitigen Bergen deutlich eine lange Wagenreihe erblicken, welche bei Trelowitz, vor welchem Ort wir uns befanden, von der Hauptstraße abgeschwenkt sich jetzt gegen Patzau zu wenden schien. Kaum wurden sie unsrer ansichtig, als die Wagen im Galopp davonjagten. Ein Zug unter Graf Pourtales Führung wurde zur Verfolgung nachgeschickt, und wir holten sie nach einer halbstündigen Hetzjagd ein. Einige Schüsse wurden gewechselt, doch schließlich warfen sich die Gendarmen, unsre Bekannten vom vorigen Abend, seitwärts in die Büsche. Nachdem endlich ein Pferd des ersten Wagens erschossen und vielen andern die Stränge durchhauen waren, zwangen wir die Wagen zum Stehen und führten sie nach Trelowitz zur Schwadron zurück. Außer einigen Gendarmen fanden sich nur Post- und Telegrafen-Beamte auf den Wagen, und ein als ›Preußischer Spion‹ vom Feinde mitgeschlepptes Individuum erlösten wir von seinen Banden. Die Wagen waren mit Hafer, Mehl und anderen Viktualien beladen; doch fanden sich bei genauerer Durchsuchung bedeutende Gelder, welche, obgleich sie als ›Armenfonds‹ und ›Privat-Eigentum‹ bezeichnet waren, doch zur näheren Prüfung mit allem andern, unter Führung der Vize-Wachtmeister Graf Dönhoff und Rieck, unter starker Bedeckung nach Iglau geführt wurden, wo selbige auch glücklich nachts ankamen.

Nach kurzer Rast brach die Schwadron von Trelowitz nach Pilgram auf, wohin sich nach Aussage der Leute der Hauptteil der Kolonne gewendet hatte. Wir opferten die letzten Kräfte unsrer Pferde, allein der Vorsprung war zu groß. Bis auf 3 Stunden waren wir nachgekommen, als wir in Pilgram einrückten, mußten jedoch dicht vor dem Ziel die Verfolgung aufgeben, da die Kolonne ihren Zweck, hinter die österreichischen Vorposten zu kommen, erreicht hatte, und wir den Pferden nach so anstrengenden Märschen (wir hatten in den zwei letzten Tagen fast 17 Meilen gemacht) einige Ruhe gönnen mußten.

Am nächsten Morgen gingen wir, da wir weiter vorwärts nicht konnten, seitwärts nach Iglau zur Avantgarde der Elb-Armee zurück. Zwar hatten wir unsern Zweck nicht vollständig erreicht, vielmehr nur 52 Wagen genommen. Allein wir mußten uns damit begnügen, zogen unter lautem ›Lehm up‹ und Hurraruf mit unseren Gefangenen, 16 an der Zahl, in Iglau ein und wurden herzlich von den Kameraden der Avantgarde begrüßt.«

Das Renkontre bei Hollabrunn (16.). Der Streifzug bis Stockerau (19. und 20.)

Die diesem Streifzuge gegen Humpoles und Pilgram folgende Woche verlief ruhiger. Bis zum 14. verblieben die »Königs-Husaren« an der Spitze der Avantgarde und gingen bis über die Thaya vor. Am 15. Ruhetag. Am 16. Weitermarsch zweier Schwadronen (der 2. und 4.) auf der Kaiserstraße. Dieser Marsch, unter Führung des Majors Prinzen Heinrich von Hessen und bei Rhein, war ein bloßes Manöver, um den am 16. erfolgenden Linksabmarsch der Elb-Armee auf Laa zu verdekken und den Feind in dem Glauben zu lassen, daß unsre ganze rechte Flügel-Armee diese Straße verfolge. Den genannten beiden Schwadronen war weder Infanterie noch Artillerie beigegeben. Was dadurch an Kraft verloren ging, wurde durch Leichtbeweglichkeit gewonnen. Ohnehin galt es eben nur zu demonstrieren, einen Schein zu wecken.

Der kecke Ritt ging bis Stockerau. Den Aufzeichnungen eines Augenzeugen entnehmen wir das Folgende:

»... Am 16. früh brachen wir aus dem Biwak auf (bei Znaym). Wir kamen dicht an ein Dorf vor dem Städtchen Hollabrunn und gewahrten jenseits der Stadt auf einer Höhe drei feindliche Kavallerie-Regimenter, 20 Geschütze und 1 Jäger-Bataillon. Diese Macht imponierte unsern beiden Schwadronen aber nicht; mit Kühnheit rückten wir in die Stadt, requirierten für 10000 Mann Fourage und Lebensmittel und für etwa 100 Offiziere Essen. Die Einwohner weigerten sich nicht, brachten das Requirierte auf Wagen in unser Biwak, wo wir natürlich nicht absattelten, sondern jeden Augenblick zu einem ernsten Gefecht mit der Übermacht bereit sein mußten. Wir setzten Feldwachen aus, und eine Patrouille machte sofort 2 Gefangene vom Regiment Savoyen-Dragoner.

Am 17. blieben wir stehen, stellten Feldwachen und Vedetten aus und schickten größere Patrouillen ins Land, wobei wieder 2 ungarische Husaren vom Regiment Liechtenstein gefangen wurden. – Wir erhielten bald die Nachricht, daß der Feind zurückgegangen sei, und so verfolgten wir ihn am 18. bis Ober-Hollabrunn. Hinter diesem Städtchen holten wir ihn ein; es kam aber zu nichts.

Am 19. gingen wir nun gegen Stockerau vor, drei Meilen südlich, an der Donau. Wir sollten es aber an diesem Tage nicht erreichen. Es war ein prächtiger Ritt. Wir passierten zunächst das wunderschöne Schloß des Grafen Schönbrunn, machten dort Rendezvous und erfuhren, daß die Brigade Appel vor zwei Tagen dort gelegen und wir nun den Grafen Wallis vor uns hatten. Wir ließen uns trefflichen, alten Ungarwein und Butterbrot auf die Chaussee kommen, und nachdem wir gut gefrühstückt hatten, ging es bis Sierndorf, einem Schlosse des Fürsten Colloredo; hier bezogen wir mit beiden Eskadronen den Schloßhof, stellten Feldwachen aus und verbarrikadierten uns. Das Schloß ist ganz wunderschön, mit einem herrlichen Park; wir hatten Lebensmittel und Hafer für unsre Pferde genug, dinierten im Ahnensaal und ließen uns durch die zurückgebliebenen fürstlichen Diener servieren.

Stockerau blieb unser Ziel. Wir hatten erfahren, daß ein Detachement Österreicher daselbst stehe; wir hofften es abfangen zu können. Die

2. Eskadron ging deshalb schon um 5 Uhr morgens links hinter die Stadt und die 4. direkt auf die Stadt los. Aber alles war schon ausgeflogen, wir machten nur eine gute Requisition, sogar einen Rehbock.

Da kam die Nachricht, daß der Feind sehr stark anrücke und uns von drei Seiten eingeschlossen habe. Wir mußten zurück, zogen mit unsrem Proviant ab, erreichten glücklich Schloß Sierndorf, setzten Feldwachen gegen Stockerau aus und gerieten bald mit ungarischen Husaren ins Gefecht. Wir schlugen uns mit ihnen herum, aber sie hielten nicht mehr Stich und zogen sich seitwärts. Noch denselben Abend gingen wir bis Göllendorf zurück (als wir eben Sierndorf verlassen hatten, rückte ein Bataillon österreichischer Jäger ein, um uns zu überfallen) und bezogen bei einem großen Klosterhof ein Biwak.

Am 21. erreichten wir Hollabrunn, also so ziemlich den Punkt, von dem aus wir unsern Streifzug begonnen hatten. Wir blieben hier bis zum andern Tag (22.) und marschierten dann durch Hohlwege und Engpässe, über hohe und steile Berge, links ab von der Straße nach Nieder-Hollabrunn. Hier wurden wir mit Jubel begrüßt; man hatte uns bereits verloren gegeben. Am selben Tage begann die Waffenruhe.«

Diese Waffenruhe indes begann erst, nachdem noch die letzten Stunden des Krieges Zeuge eines unentschiedenen, aber interessanten und mit erheblichen Kräften geführten Gefechtes gewesen waren. Wir geben dasselbe im nächsten Kapitel.

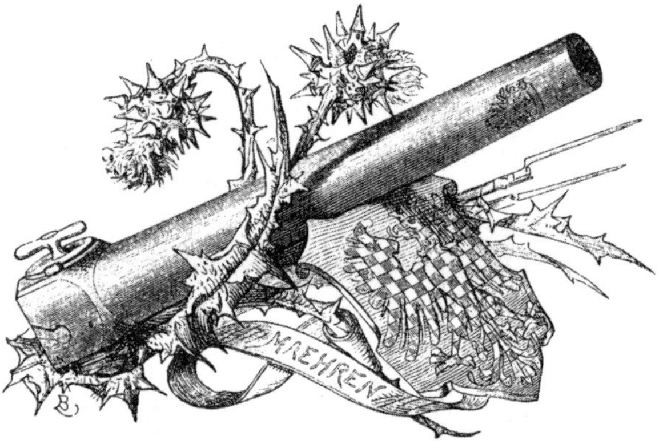

Das Gefecht bei Blumenau

Am 22. Juli

EDEUTSAMER, wenigstens seinem Zweck und seiner Anlage nach, als alle die Rückzugsgefechte, die wir vorstehend auf dem weiten Wege von der Elbe bis zur Donau geschildert haben, war das Schlußgefecht an der Donau selbst, das »Gefecht bei Blumenau« wie wir es, »bei Preßburg« wie die Österreicher es nennen. Der Zweck dieses Gefechtes – und hieraus erhellt am besten seine Bedeutsamkeit – ging unsrerseits dahin: die Vereinigung der bereits an der Donau stehenden österreichischen Armee mit der zu wesentlichem Teile immer noch im Anrückenn begriffenen Nord-Armee zu hindern oder doch hinauszuschieben. Gelang dies, glückte es nach einem siegreichen Gefecht vor den Toren Preßburgs, Preßburg selbst zu besetzen, so standen wir zwischen den beiden österreichischen Armeen und zwangen die an der Donau eintreffende Nord-Armee abermals östlich, nach links hin auszubiegen, etwa erst bei Komorn über die Donau zu gehn und unter Beschreibung eines weiten Bogens von Süden her in Wien einzurücken. Solch ein Bogenmarsch würde unter fünf bis sechs Tagen kaum ausführbar gewesen sein, ein Zeitabschnitt, der für unsre konzentriert im Marchfelde und zwar am Rußbach hin stehende, zusammen 120000 Mann starke I. und Elb-Armee ausgereicht haben würde, einen entscheidenden Schlag gegen Wien zu tun. Aus diesen Andeutungen mag sich die Bedeutung des Gefechtes bei Preßburg ergeben.

Ehe wir zu seiner Schilderung übergehen, geben wir zuvor eine Schilderung der Situation und der Lokalität.

Die Situation war am 21. abends die folgende:
In und bei Wien im Lager zu Florisdorf standen

das V. Armee-Korps,
das IX. Armee-Korps,
das X. Armee-Korps,
das III. Armee-Korps,

mit andern Worten, von einzelnen Garnisons-Truppen abgesehn, zwei Korps der Süd- und zwei Korps der Nord-Armee und zwar jene beiden Korps (das X. und das III.), die nach dem 3. Juli entweder direkt auf Wien gegangen waren oder doch von Olmütz aus eher ihren Marsch gegen Süden angetreten hatten, als unsre Armeen in der Flanke erscheinen und durch ihre Vorstöße (auf Tobitschau, Prerau, Göding und Lundenburg) die nach Süden abziehenden österreichischen Korps zu einem Ausbiegen nach Osten zwingen konnten. Diese letztren Korps: das IV. und II., das VIII. und I., endlich das VI. und die sächsische Division Stieglitz waren zwar bemüht gewesen, durch forcierte Märsche den Zeitverlust wieder zu balancieren und trotz eines bedeutenden Umweges vor uns bei Preßburg, also am äußersten rechten Flügel der an der Donau hin aufgestellten Süd-Armee zu erscheinen; – unsrerseits aber (wie wir dies eingangs bereits hervorgehoben haben) waren ähnliche Anstrengungen gemacht worden, um den erkennbaren Zweck dieser forcierten Märsche zu vereiteln und durch Besetzung Preßburgs einen Riegel zwischen die bereits an der Donau stehende Süd-Armee und die noch im Anrücken begriffene Nord-Armee zu schieben. Man könnte also sagen: Es entspann sich ein Wettlauf zwischen Freund und Feind, wer zuerst Preßburg erreichen resp. wer es behaupten würde.

Auch noch ein Wort über die Lokalität.

Zwischen Wien und Preßburg liegt das Marchfeld, im Süden halbkreisförmig von der Donau, im Norden halbkreisförmig von der Eisenbahn umfaßt. Die Grenze nach Osten hin (eine Meile vor Preßburg senkrecht in die Donau einmündend) bildet die March. Nach Westen hin dehnt sich das Marchfeld bis Wien; an der Ostseite, bis Preßburg und drüber hinaus erheben sich die kleinen Karpaten. Wer also am östlichen Marchufer nach Preßburg will, muß, und dies war unsre Aufgabe, durch den Fuß der Karpaten hindurch, deren einzige von Nordwest nach Südost führende Straße (eben die Straße von Marchegg nach Preßburg) ein Defilee bildet, das etwa eine Meile in Front von Preß-

burg, bei den links und rechts am Abhange gelegenen Dörfern Kaltenbrunn und Blumenau am besten zu verteidigen ist.

Und hier wurde es auch verteidigt. Wir hatten also, wenn wir Preßburg auf nächstem Wege erreichen wollten, diesen Paß bei Blumenau entweder zu forcieren oder ihn, unter kühner Benutzung halb unpassierbarer Gebirgspfade, zu umgehn. Wir werden sehen, daß zur Sicherung des Erfolges beides versucht und im wesentlichen beides erreicht wurde. Als die Waffenruhe, wie beide Teile behaupten, störend dazwischen trat, war unsrerseits jedenfalls bereits ein großer Erfolg errungen, es muß aber – und wir werden das später eingehender hervorheben – allerdings dahingestellt bleiben, ob wir imstande gewesen sein würden, diesen Erfolg festzuhalten, oder ob wir nicht doch in die Lage gekommen wären, diesen errungenen Erfolg wieder schwinden zu sehn.

Wir schreiten nun zur Schilderung des Gefechtes selbst; es wird unvermeidlich sein, dabei einige der schon angedeuteten Punkte noch einmal zu berühren.

Zum Marsche auf Preßburg war unsrerseits das IV. Armee-Korps ausersehn; es waren dieselben Divisionen (7. und 8.), die am 3. Juli in den Kämpfen am Swiep- und Hola-Walde geglänzt und durch ihre ruhmreiche Ausdauer so viel zum Siege beigetragen hatten. Generalleutnant v. Fransecky, Kommandeur der 7. Division, wurde für das Unternehmen auf Preßburg mit dem Kommando des Armee-Korps betraut;

der Führer der 15. Brigade, Generalmajor v. Bose, übernahm das Kommando über die 8. Division. Letztere Division marschierte schon seit dem 17. am linken Marchufer; die 7. ging am 21. bei Anger vom rechten auf das linke Ufer über und rückte bis Stampfen vor. Am 22. früh war die Stellung unsrer für das Unternehmen auf Preßburg bestimmten Truppen die folgende:

die 8. Division (am weitesten vor) südlich Bisternitz;

die 7. Division (eine halbe Meile weiter zurück) bei Maßt und Stampfen;

die Reserve-Artillerie des IV. Armee-Korps (5 Batterien unter Oberst Scherbening) weiter nördlich bei Zohor;

die Kavallerie-Division Hann westlich bei Marchegg;

zusammen 19 Bataillone, 24 Eskadronen, 78 Geschütze. Wir bemerken gleich hier, daß dem ursprünglich 22 Bataillone starken Armee-Korps 3 Bataillone fehlten; das 4. Jäger-Bataillon war zur Avantgarde der I. Armee abkommandiert, das 2. Bataillon 27. Regiments war als Etappen-Besatzung in Horsitz, das 2. Bataillon 26. Regiments zu gleichem Behuf in Brünn zurückgeblieben.

Diesen unsren Streitkräften standen österreichischerseits die Brigade Mondl vom X. Armee-Korps und das ganze II. Armee-Korps gegenüber. Doch muß hervorgehoben werden, daß von dieser etwa 30000 Mann starken feindlichen Armee bei Beginn des Gefechtes nur zwei Brigaden, die Brigaden Mondl und Henriquez, am Platze waren und daß selbst um die Mittagsstunde, als die Waffenruhe eintrat, ein nicht unerheb-

licher Bruchteil des II. Armee-Korps, Feldmarschalleutnant Graf Thun, immer noch jenseits Preßburg (östlich) stand.

Etwa um 5 Uhr früh begann der Vormarsch. Generalleutnant v. Fransecky hatte dahin disponiert:

daß er mit der 7. Division und dem an diesem Tage ihr beigegebenen Regiment Nr. 72 den Feind in der Front festhalten werde, bis die 15. Brigade (Regimenter 31 und 71) unter Generalmajor v. Bose eine Umgehung in der linken Flanke ausgeführt und, zwischen Blumenau und Preßburg sich einschiebend, den Rücken des Feindes gewonnen haben würde.

Dieser Disposition gemäß wurde verfahren. So kurz die nur noch gegebene Zeit war, höchstens 7 Stunden, so würde sie doch sehr wahrscheinlich ausgereicht haben, das Unternehmen glücklich durchzuführen, wenn nicht, durch eine gewisse Ungunst der Verhältnisse, der in der Front auf Meldung wartende General v. Fransecky ohne allen Bericht über das zwar schwierige, aber nirgends zum Stehen gebrachte Vordringen der Umgehungs-Kolonne geblieben wäre. Als endlich Meldung einging, war es zu spät. Der glücklichste Moment, ganz abgesehen von der dazwischen tretenden Waffenruhe, war versäumt.

Wir begleiten zunächst die 7. Division bei ihrem Vorrücken. Sie dirigierte sich in aller Frühe von Stampfen auf Bisternitz, eine halbe Meile in Front der Dörfer Kaltenbrunn und Blumenau. Ein Kavallerie-Renkontre zwischen der 3. Eskadron (Major v. Hymmen) 10. Husaren-

Regiments und zwei schwachen Eskadronen des österreichischen Ulanen-Regiments Kaiser Franz Joseph leitete das Gefecht ein. Die Ulanen wurden geworfen; Major v. Hymmen verwundet. 7 Uhr früh.

Unsre Infanterie – während wir mit 36 Geschützen von südlich Bisternitz aus ein Feuer eröffneten – avancierte inzwischen links und rechts an den Höhen hin und suchte mit der Rechts-Kolonne (2. Bataillon vom 72. und Füsilier-Bataillon vom 66. Regiment) Kaltenbrunn, mit der Links-Kolonne (1. und Füsilier-Bataillon 72, Füsilier-Bataillon 27 und alle drei Bataillone 67) Blumenau zu gewinnen oder doch bis

in die Nähe dieser Dörfer sich vorzuschieben. Fünf weitre Bataillone: das 1. und 3. vom 26., das 1. und 2. vom 66. und das 1. vom 27. Regiment folgten. Um 8 ½ Uhr griffen auch die Batterien der Reserve-Artillerie von südlich Bisternitz ein; 9 ½ Uhr, da das Feuer sich erfolglos erwies, avancierte Oberst Scherbening am rechten Flügel.

Im großen und ganzen kamen wir über diesen Artilleriekampf nicht hinaus. Das Defilee zu forcieren, bevor Meldung über die glücklich ausgeführte Umgehung eingetroffen war, war bei der für Geschützwirkung trefflich gewählten Stellung des Feindes mindestens mißlich, – jene Meldung aber wollte nicht eintreffen. An ihrem Ausbleiben scheiterte das Unternehmen.

Dies war um so beklagenswerter, als die Umgehungs-Kolonne ihre Aufgabe in brillanter Weise gelöst hatte. Wir folgen jetzt dieser.

Um 6 Uhr früh trat die 15. Brigade an. Generalmajor v. Bose bildete eine linke und eine rechte Flügelkolonne; links marschierte das Regiment 31, rechts das Regiment 71; Förster und Bauern waren jeder

Kolonne als Führer beigegeben; so begann der Marsch über die Berge; am Gemsenberge, unmittelbar nördlich von Preßburg und bereits im Rücken der Blumenau-Stellung, sollte die Vereinigung beider Kolonnen stattfinden.

Mit großer Exaktheit, und zwar im wesentlichen ohne Störung durch feindliche Truppenteile, wurden diese Bewegungen ausgeführt. Oberst Avemann, der die rechte Flügelkolonne (Regiment 71) führte, langte zuerst am Fuße des Gemsenberges an; er stieß hier auf das 2. Bataillon Belgien-Infanterie der Brigade Henriquez, nahm sein Füsilier-Bataillon an die Spitze, griff an und warf die »Belgier« unter großen Verlusten vom Gemsenberg hinab. Das geworfene Bataillon zog sich westlich auf Preßburg (den Bahnhof) zu. Beinah unmittelbar nach dieser Aktion traf auch die linke Flügelkolonne (Regiment 31) am Gemsenberge ein.

Generalmajor v. Bose, in raschem Erkennen, daß es sich, wenigstens zunächst, mehr darum handle, unmittelbar in den Rücken der Blumenau-Stellung zu kommen als, vor Öffnung des Defilees, Preßburg zu besetzen, disponierte sofort dahin, daß das Füsilier-Bataillon 71., behufs Rückendeckung in seiner Stellung am Gemsenberge, mit Front gegen Süden, zu verbleiben habe, während er selber den Rest der Brigade, mit einer Rechtsschwenkung, am Eisenbrunnel vorbei (wo das 9. Jäger-Bataillon nach kurzem Kampf geworfen wurde) ins Mühltal bis dicht an die Eisenbahn führte. Hier stand er, genau halben Weges, zwischen Blumenau und Preßburg, seine fünf Bataillone zwischen die in Echelons stehenden Brigaden des Feindes schiebend. Nach Einnahme dieser Stellung meldete er an Generalleutnant v. Fransecky, daß er zwischen Kunstmühle und Prohaskamühle im Rücken des Blumenau-Defilees stehe. Diese Meldung traf ein. Aber schon vorher war auf der ganzen Linie in Front von Blumenau die Waffenruhe verkündet, das Gefecht vor Eintritt in seine Entscheidung abgebrochen worden.

Ein ziemlich erregter literarischer Kampf – wir deuteten dies schon an – ist schließlich darüber geführt worden: was der Ausgang des Gefechtes gewesen sein würde. Beide Teile, einzelne wenige Stimmen abgerechnet, sind der Meinung, daß ihnen der Sieg zugefallen sein würde.

Wir wollen auch mit unsrer Ansicht nicht zurückhalten.

Erwägen wir, daß wir nach einem klar gefaßten Plane, unter Besiegung großer Schwierigkeiten, die zwei Brigaden starke Frontalstellung des Feindes mit großer Präzision und, um das bekannte Wort noch einmal zu zitieren, mit »Eleganz« umgangen hatten; erwägen wir, daß der Feind seit dem Tage von Königgrätz in seiner Zuversicht gebrochen, wir aber, außer durch Führung und Bewaffnung, ihm namentlich an dieser Zuversicht überlegen waren, so will es uns als wahrscheinlich erscheinen, daß wir bei Fortsetzung des Gefechtes in einer einzigen Stunde die bei Blumenau stehenden zwei Brigaden eingeschlossen und gefangengenommen hätten, bevor die in und um Preßburg stehenden drei Brigaden imstande gewesen sein würden, herbeizueilen und das Blatt zugunsten Österreichs zu wenden.

Dieser Supposition liegt aber immer die Annahme unsrer Superiorität zugrunde, einer Superiorität, in die wir uns nicht eitel hineingedacht, sondern die wir in einer Reihe der blutigsten Kämpfe bewiesen hatten. Will man uns diese Superiorität aber nicht zugestehn (und dem Feinde ist dies kaum zuzumuten), glaubt man gegnerischerseits die Bataillone, die sich gegenüberstanden, als gleichgewertete ansehn und gestützt darauf die Partie, die gespielt wurde, als eine Schachpartie ansehn zu dürfen, über deren mutmaßlichen Ausgang es geboten sei, lediglich nach der Stellung* der Figuren zu urteilen, so unterhalten wir allerdings

* Die feindliche Stellung war, unmittelbar vor Eintritt der Waffenruhe, im wesentlichen die folgende.

In Front, gegen die 7. Division (Fransecky) kämpften:

7 Bataillone der Brigade Mondl
1 4pfündige (Brigade) Batterie
9 Eskadronen Ulanen
1. und 2. Bataillon Hessen
2 8pfündige Batterien der Armee-Geschütz-Reserve
2 Kavallerie-Batterien

Im Zentrum – durch unsre Umgehungs-Kolonne bereits durchschnitten und in zwei Hälften geteilt – standen:

nach Blumenau zu	9. Jäger-Bataillon Regiment Belgien Regiment Roßbach
nach Preßburg zu	Regiment Jellacic Regiment Sachsen-Weimar 2 8pfündige Batterien der Korps-Geschütz-Reserve

In Reserve (bei Preßburg) befanden sich:

48 Geschütze
das 3. Bataillon Hessen, und
das Regiment Holstein,

während die ganze Brigade Württemberg uns, von Osten her, in der Flanke faßte. – So die feindliche Aufstellung, um 12 Uhr mittags, im Detail. Unsre Zeichnung (siehe die nächstfolgende Seite) vermeidet einerseits diese Details, andrerseits hat sie – des klareren Bildes halber – die im Zentrum fechtenden Truppenteile schärfer nach Nord und Süd hin getrennt, als es in Wirklichkeit der Fall war. Die Bataillone standen ziemlich dicht, neben und hintereinander, ohne einen solchen bedeutenden Zwischenraum, wie unsre Zeichnung in der Mitte zeigt.

erhebliche Zweifel, ob es uns gestattet sein kann, uns den Sieg so ohne weiteres zuzuschreiben. Wir befanden uns in der Lage dessen, der, während er von hinten her zugreifen will, von hinten her selbst gegriffen wird, und während wir zwei feindlichen Brigaden eine Grube graben wollten, in die sie dann hineinzufallen hatten, gruben drei andre Brigaden uns eine Grube, in die wir (wenn die Grubengräber schnell waren) unsrerseits hineinfallen mußten.

Wir glauben nicht, daß dies geschehen wäre; die moralischen Kräfte waren zu ungleich; aber der sichtbare Stand der Partie sprach nicht unbedingt zu unsren Gunsten.

Dieser sichtbare Stand – wegen der Details verweisen wir auf die Anmerkung der vorstehenden Seite – war bei Eintritt der Waffenruhe im wesentlichen der folgende:

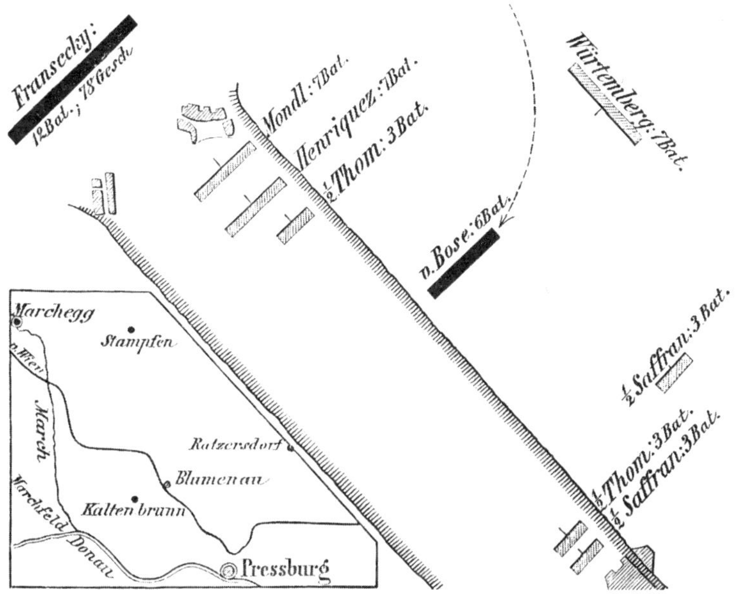

Aus den vorstehenden Linien und Zahlen, so wiederholen wir, soll nur das Bild der Situation, die Sachlage im großen und ganzen erhellen; das abgetrennt stehende Füsilier-Bataillon vom 71., ebenso die detachiert stehenden Jäger-Abteilungen des Gegners sind nicht speziell eingetragen worden, um das Bild nicht zu verwirren.

Unerschüttert in unsrem Vertrauen auf Sieg, haben wir doch auch gegen den Feind Gerechtigkeit üben und alles hervorheben wollen, was für ihn in die Schale fallen mochte.

Neben dem schwebenden Streit ist noch eine andre Frage angeregt worden: ob das Gefecht bei Blumenau, nachdem der Abschluß der Waffenruhe so gut wie gesichert war, nicht Freund und Feind erspart bleiben konnte. Ganz abgesehen davon, daß der Krieg nicht das Terrain ist für derartige Erwägungen, war der Besitz von Preßburg ein Preis, hoch genug, um etwas dafür einzusetzen. Die Einnahme dieser Stadt wäre nicht allein ein neuer sprechender Beweis von der Energie und Umsicht unsrer Heerführung gewesen, sondern es hätten auch die Hilfsmittel der wohlhabenden Stadt unsren durch Entbehrung hart mitgenommenen Truppen während der Waffenstillstandswochen eine erhebliche Erleichterung geboten. Dies Resultat unterblieb, und so mag man denn die Opfer beklagen, die dieser letzte Kampf kostete; aber es war nur in der Ordnung, an die mögliche Gewinnung des Preises auch einen Einsatz zu wagen. Unser Gesamtverlust belief sich auf 8 Offiziere und 199 Mann, zwei Offiziere (die Leutnants v. Rohrscheidt und v. Petersdorff vom Füsilier-Bataillon des 71.) tot. Letztgenanntes Bataillon war überhaupt am härtesten betroffen worden. Die Österreicher verloren 470 Mann; über ein Drittel des Gesamtverlustes entfiel auf das Regiment Belgien.

Unsre im Gefecht gewesenen Truppen gingen, laut Vereinbarung, in die als Demarkationslinie bestimmte Linie Marchegg-Bisternitz-Stampfen zurück.

Zu den Illustrationen

Der Unterzeichnete, betraut mit der schönen Aufgabe der Illustrierung eines Werkes über die großen Erfolge der vaterländischen Waffen im Jahre 1866, hat versucht, in der Darstellung jener Ereignisse vor allem treu, in den allegorischen Illustrationen möglichst verständlich zu sein. Durch besondere Gunst den Vorgängen in Böhmen vom Einmarsch bis Mitte Juli 1866 nahe geführt, Augenzeuge des Tages von Königgrätz, dann am Main Ende Juli und August, im Lager von Cörlin und auf den Gefechtsfeldern der Kronprinzlichen Armee im September, bis zum Einzuge der Truppen in Berlin Studien sammelnd, hat derselbe auf späteren Reisen, 1867 und 1868, vervollständigend, alle wichtigen Punkte von Stade bis Würzburg und Seybottenreuth, von Cörlin bis Preßburg, an Ort und Stelle gezeichnet und diese Aufnahmen und einzelne Photographien den Illustrationen zugrunde gelegt. Ebenso ist derselbe bestrebt gewesen, die Besonderheiten der Ausrüstung der verschiedenen Armeen im Jahre 1866 zu beobachten. Durch besondere Freundlichkeit der Königlichen Hof-Photographen L. Haase u. Comp. hier ist demselben die große Erleichterung gewährt worden, die Porträts der gefallenen Stabsoffiziere dem in ihrem Verlage erschienenen Werk: »Ein Denkmal den gefallenen Kameraden«, entnehmen zu dürfen. Schätzenswerte Notizen und Porträts sind in bereitwilligster Weise von höheren Offizieren zur Benutzung gestattet worden, wofür der Unterzeichnete auch hier an diesem Platze seinen besonderen Dank abstattet.

Daß seine Zeichnungen fast durchweg mit verschwindend wenigen Ausnahmen in rühmlicher Vortrefflichkeit im Holzschnitt ausgeführt sind, wird den besten Beweis von der Höhe der Leistungsfähigkeit des Berliner Holzschnittes geben. Soweit nicht in dem Illustrationsverzeichnis eine auswärtige Holzschnitt-Anstalt genannt ist, rühren alle Holzschnitte von hier am Orte lebenden Holzschneidekünstlern her. Die Leitung der Ausführung dieses Teiles des Werkes ist der Sorge des Herrn Hermann Müller zu allseitiger Zufriedenheit anvertraut gewesen.

Berlin, im April 1870 — Ludwig Burger

Verzeichnis der Illustrationen im Text

Einleitung

In Holz geschnitten von:

Österreich und Preußen rüsten

Die Okkupation Sachsens. Die Manifeste

Böhmen und das Isergebiet. Die Kriegspläne

Der Feldzug im Isergebiet. Die Elb- und I. Armee bis Gitschin

Die II. Armee bis zur Ober-Elbe

Vom 1. bis 3. Juli

Königgrätz

Von Königgrätz bis Wien

Große Gefechtsszenen

Große Porträts

Sämtliche Pläne sind vom Ober-Feuerwerker Kühn gezeichnet und in Holzschnitt von H. Schmidt ausgeführt.

Editorische Notiz

Der Neuausgabe der beiden Bände »Der deutsche Krieg von 1866« liegt die Erstausgabe aus dem Jahr 1871 zugrunde. Eine behutsame Modernisierung der Schreibweise erfolgte auf dem gesicherten Stand der Rechtschreibung vor den diversen Reformen ab 1996. Der Lautstand blieb unangetastet. Eigenheiten Fontanes bei der Zeichensetzung wurden berücksichtigt. Korrigiert wurden Uneinheitlichkeiten in der Schreibung (z. B. Wechsel von c und k oder der Umlaute ae-ä, oe-ö, ue-ue), offensichtliche Druckfehler und Nachlässigkeiten. Bei Personen- und Ortsnamen wurde einheitlich die heute gebräuchliche Schreibung gewählt (Beispiel: Üttingen = Uettingen). Die im Original überwiegend in der französischen Schreibweise gehaltenen militärischen Titel und Begriffe wurden, sofern es sich nicht um feststehende Termini handelt, den gültigen Regeln entsprechend in der eingedeutschten Schreibweise wiedergegeben (Corps = Korps, Seconde-Leutnant = Sekondeleutnant). Bei den militär-terminologischen Komposita folgt unsere Ausgabe der seinerzeit üblichen und von Fontane gewählten gekoppelten Schreibweise (Beispiel: Husaren-Regiment).

Im Anhang »Die Denkmäler« folgt die Schreibweise der Namen sowie der militärischen Titel der tatsächlichen Eintragung auf den Denkmälern und Namenstafeln. Dadurch entstehende Abweichungen von den geprüften Schreibweisen im Text wurden zugunsten der Dokumentation bewußt in Kauf genommen.

Das in der Originalausgabe enthaltene Verzeichnis der Illustrationen und ihrer Urheber wurde übernommen.

Das hinzugefügte Personenregister verzeichnet sämtliche der handelnden Personen. Die römische Ziffer gibt den Band an, die arabische die Seitenzahl. Die abgebildeten Personen wurden ebenfalls nach Band- und Seitenzahl eingearbeitet.

Wegen der Vielzahl heute vergessener Namen war eine sachliche Überprüfung ausgeschlossen; wo möglich, wurden Adelstitel, militärische Rangbezeichnung (in der Regel auf dem Stand von 1866) sowie Vornamen ergänzt.

Die Ausgabe umfaßt zwei Bände.

ISBN-10: 3-360-01268-2
ISBN-13: 978-3-360-01268-5

Neue Grünstraße 18, 10179 Berlin
Druck und Bindung:
fgb · freiburger graphische betriebe, Freiburg i. Br.

Die Bücher des Verlags Das Neue Berlin
erscheinen in der Eulenspiegel Verlagsgruppe.

www.das-neue-berlin.de